Código dos Contratos Públicos

Código dos Contratos Públicos

2017 · 9ª Edição

Modelos de Anúncio de Procedimentos Pré-Contratuais Previstos no Código dos Contratos Públicos

Obras Públicas – Conteúdo Obrigatório do Programa e do Projecto de Execução, Instruções para a Elaboração de Projetos e Classificação por Categorias

Regras Gerais Aplicáveis à Intervenção do Estado nos Processos de Parcerias Público-Privadas

ALMEDINA

CÓDIGO DOS CONTRATOS PÚBLICOS
1ª Edição: Fevereiro, 2008
EDITOR
EDIÇÕES ALMEDINA, S.A.
Rua Fernandes Tomás nºs 76, 78, 80
3000-167 Coimbra
Tel.: 239 851 904 · Fax: 239 851 901
www.almedina.net · editora@almedina.net
DESIGN DE CAPA
FBA.
PRÉ-IMPRESSÃO
EDIÇÕES ALMEDINA, S.A.
IMPRESSÃO E ACABAMENTO
PAPELMUNDE

Setembro, 2017
DEPÓSITO LEGAL
431189/17

Apesar do cuidado e rigor colocados na elaboração da presente obra, devem os diplomas legais dela constantes ser sempre objeto de confirmação com as publicações oficiais.
Toda a legislação contida na presente obra encontra-se atualizada de acordo com os diplomas publicados no Diário da República, independentemente de terem já iniciado a sua vigência ou não.
Os textos legislativos apresentam a grafia com que foram publicados em Diário da República. Por determinação da RCM 8/2011, de 25-01, a partir de 1 de janeiro de 2012 tornou-se obrigatória a aplicação do Acordo Ortográfico à publicação do Diário da República, razão pela qual coexistem ambas as grafias.

ALMEDINA | GRUPOALMEDINA

BIBLIOTECA NACIONAL DE PORTUGAL – CATALOGAÇÃO NA PUBLICAÇÃO

PORTUGAL. Leis, decretos, etc. Código dos contratos públicos
Código dos contratos públicos. – 9ª ed. – (Texto da lei)
ISBN 978-972-40-7164-0
CDU 351

NOTA PRÉVIA À 9ª EDIÇÃO

O Código dos Contratos Públicos, aprovado pelo Decreto-Lei nº 18/2008, de 29 de janeiro, foi, ao longo dos anos, objeto de várias alterações.

Na presente edição apresentamos a mais recente alteração ao Código dos Contratos Públicos, levada a cabo pelo Decreto-Lei nº 111-B/2017, de 31 de agosto, que procede igualmente à transposição da Diretiva nº 2014/23/UE, do Parlamento Europeu e do Conselho, de 26 de fevereiro de 2014, relativa à adjudicação de contratos de concessão; Diretiva nº 2014/24/UE, do Parlamento Europeu e do Conselho, de 26 de fevereiro de 2014, relativa aos contratos públicos e que revoga a Diretiva nº 2004/18/CE, da Diretiva nº 2014/25/UE, do Parlamento Europeu e do Conselho, de 26 de fevereiro de 2014, relativa aos contratos públicos celebrados pelas entidades que operam nos setores da água, da energia, dos transportes e dos serviços postais e que revoga a Diretiva nº 2004/17/CE e da Diretiva nº 2014/55/UE, do Parlamento Europeu e do Conselho, de 16 de abril de 2014, relativa à faturação eletrónica nos contratos públicos.

Nos termos do disposto no referido diploma alterador, as inovações introduzidas ao Código centram-se, essencialmente, na procura da simplificação, desburocratização e flexibilização dos procedimentos de formação dos contratos públicos, com vista ao aumento da eficiência da despesa pública e à promoção de um melhor e mais fácil acesso àqueles contratos por parte dos operadores económicos.

Coimbra, Setembro de 2017
SOFIA BARRACA

Código dos Contratos Públicos

Decreto-Lei nº 18/2008, de 29 de Janeiro

1 – O presente decreto-lei aprova o Código dos Contratos Públicos (CCP), que estabelece a disciplina aplicável à contratação pública e o regime substantivo dos contratos públicos que revistam a natureza de contrato administrativo.

Trata-se do primeiro diploma com um tal duplo objecto no ordenamento jurídico português, assumindo-se, por isso, como um importante marco histórico na evolução do direito administrativo nacional e, em especial, no domínio da actividade contratual da Administração. Para além do objectivo de alinhamento com as mais recentes directivas comunitárias, a cuja transposição aqui se procede, o CCP procede ainda a uma nova sistematização e a uma uniformização de regimes substantivos dos contratos administrativos atomizados até agora.

Em primeiro lugar, o CCP procede à transposição das Directivas nºs 2004/17/CE e 2004/18/CE, ambas do Parlamento Europeu e do Conselho, de 31 de Março, alteradas pela Directiva nº 2005/51/CE, da Comissão, de 7 de Setembro, e rectificadas pela Directiva nº 2005/75/CE, do Parlamento Europeu e da Comissão, de 16 de Novembro. A propósito do cumprimento desta obrigação comunitária, o CCP cria um conjunto homogéneo de normas relativas aos procedimentos pré-contratuais públicos, pelo que o seu conteúdo vai além da mera reprodução das regras constantes das referidas directivas. Na verdade, o CCP envolve não só a transposição e concretização dessas regras, na medida em que o legislador comunitário reservou para o legislador nacional, em vários domínios, uma margem de livre decisão (que importa exercer, nuns casos, em sintonia com a melhor tradição portuguesa e, noutros casos, rompendo com práticas do passado que se não justificavam ou careciam de ajustamentos), mas também a regulação de todos os procedimentos que não se encontram abrangidos pelos âmbitos objectivo e subjectivo das directivas, mas que não deixam, por isso, de revestir a natureza de procedimentos pré-contratuais públicos – pelo que devem beneficiar de um tratamento legislativo integrado.

Em segundo lugar, o CCP desenha também uma linha de continuidade relativamente aos principais regimes jurídicos actualmente em vigor (em especial, os Decretos-Leis nºs 59/99, de 2 de Março, 197/99, de 8 de Junho, e 223/2001, de 9 de Agosto, que têm constituído a matriz da contratação pública portuguesa nos últimos anos), de forma a garantir segurança e estabilidade jurídica aos operadores económicos. Simultaneamente, o CCP representa um esforço de modernização, visível, aliás, a três níveis fundamentais: (*i*) no plano da investigação e desenvolvimento, o CCP prescreve que relativamente a contratos de valor igual ou superior a € 25 000 000 o adjudicatário é obrigado a elaborar um ou vários projectos de investigação e desenvolvimento directamente relacionados com as prestações que constituem o objecto desse contrato, a concretizar em território nacional, pelo próprio ou por terceiros, de valor correspondente, em regra, a pelo menos 1% do preço contratual; (*ii*) no plano da permeabilidade à evolução tecnológica e às possibilidades oferecidas pelas vias electrónicas, o CCP adequa o regime da contratação pública às exigências da actualidade, *maxime* às impostas pelo *e-procurement* e pelas novas exigências decorrentes da Estratégia Nacional de Compras Públicas Ecológicas; (*iii*) no plano da própria evolução jurídica e sua articulação com áreas conexas, o CCP procura, entre outras coisas, ajustar o regime da contratação e da execução dos contratos por ele abrangidos às técnicas de financiamento hoje em dia correntes, sobretudo no domínio dos contratos de concessão, avultando, naturalmente, as de *project finance, acquisition finance* e *asset finance.*

Em terceiro lugar, o CCP – enquanto instrumento de codificação da disciplina aplicável à contratação pública e do regime substantivo dos contratos administrativos, motivado pela necessidade de uniformização de regras dispersas, de regulamentação de vazios jurídicos, de simplificação procedimental e de modernização legislativa – prossegue o objectivo de introduzir um maior rigor e celeridade em matéria de contratação pública e de execução de contratos administrativos, tendo em conta a relevância da actividade administrativa contratualizada, bem como a indispensabilidade do controlo da despesa pública.

2 – No que diz respeito à disciplina aplicável à contratação pública, destaca-se o respectivo âmbito objectivo: a fase de formação dos contratos, qualquer que seja a sua designação e a sua natureza administrativa ou privada, a celebrar pelas entidades adjudicantes. A referida disciplina aplica-se, em especial, à formação de contratos cujo objecto abranja prestações que, designadamente em razão da sua natureza ou das suas características, bem como da posição relativa das partes no contrato ou do contexto da sua própria formação, estão ou sejam susceptíveis de estar submetidas à concorrência de mercado. Nesta cláusula geral cabem os contratos típicos regulados pelas directivas comunitárias, bem como os contratos de concessão de serviços e de sociedade, em relação aos quais o CCP autonomiza, designadamente, o regime substantivo.

Acresce, ainda, a este propósito, uma opção que se reveste de especial importância: a inaplicabilidade das regras da contratação pública à fase de formação de contratos quando se verificarem os pressupostos de (*i*) a entidade adjudicante exercer sobre a actividade da entidade adjudicatária, isoladamente ou em conjunto com outras entidades adjudicantes, um controlo análogo ao que exerce sobre os seus próprios serviços e de (*ii*) a entidade adjudicatária desenvolver o essencial da sua actividade em benefício de uma ou de várias entidades adjudicantes que exerçam sobre ela o referido controlo análogo (a comummente designada contratação *in house*).

Relativamente ao âmbito subjectivo de aplicação das regras da contratação pública, a novidade fundamental diz respeito à rigorosa transposição da noção comunitária de «organismo de direito público» – introduzida de forma a acompanhar o entendimento que tem sido veiculado pela jurisprudência comunitária e portuguesa. Promove-se, pois, a sujeição das entidades instrumentais da Administração Pública às regras dos procedimentos pré-contratuais públicos. Concretamente, inclui-se no âmbito subjectivo de aplicação qualquer pessoa colectiva que, independentemente da sua natureza pública ou privada, tenha sido criada especificamente para satisfazer necessidades de interesse geral, sem carácter industrial ou comercial, e que seja financiada maioritariamente pelas entidades adjudicantes do sector público administrativo tradicional ou esteja sujeita ao seu controlo de gestão ou tenha um órgão de administração, direcção ou fiscalização cujos membros sejam em mais de metade designados, directa ou indirectamente, por aquelas entidades. Acrescentando-se, a título explicativo, que são consideradas pessoas colectivas criadas especificamente para satisfazer necessidades de interesse geral, sem carácter industrial ou comercial, aquelas cuja actividade económica se não submeta à lógica do mercado e da livre concorrência.

Em relação aos procedimentos pré-contratuais, o CCP procede a uma redução do seu número e da sua diversidade, uniformizando a nomenclatura e regras procedimentais aplicáveis. Concretamente, prevêem-se apenas os seguintes procedimentos: ajuste directo, negociação com publicação prévia de anúncio, concurso público, concurso limitado por prévia qualificação e diálogo concorrencial. Eliminam-se, desta forma, os procedimentos que se revelam menos consentâneos com a concorrência ou cujas diferenças em face dos demais não justificariam, apesar disso, a respectiva autonomização (nomeadamente o concurso limitado sem apresentação de candidaturas ou sem publicação de anúncio, a negociação sem publicação prévia de anúncio e a consulta prévia).

Por outro lado, o CCP revê em alta os limites relativos ao valor do contrato em função do procedimento pré-contratual adoptado. Considera-se estratégico pôr fim à actual banalização dos procedimentos de tramitação mais pesada e complexa (designadamente o concurso público e o concurso limitado). Para efeitos da determinação do valor do contrato, consagra-se um sistema que impeça as actuais disfunções relacionadas com o método assente nas estimativas (que só excepcionalmente é permitido). Assim sendo, afirma-se a regra de que a escolha do procedimento condiciona o valor do contrato a celebrar – entendido este último como o valor máximo do benefício económico que, em função do procedimento adoptado, pode ser obtido pelo adjudicatário com a execução de todas as prestações que constituem o objecto contratual.

Relativamente à escolha dos procedimentos em função de critérios materiais, o legislador nacional surge à partida condicionado pelas directivas comunitárias – pelo menos acima dos limiares por elas previstos e para os contratos a elas sujeitos – restando, por isso, uma reduzida margem de opção legislativa. Adicionalmente, foram criadas regras especiais para a escolha do procedimento em função do tipo de contrato a celebrar ou da respectiva entidade adjudicante.

O presente Código introduz uma maior exigência ao nível da qualificação dos candidatos, em sede de concurso limitado e de procedimento de negociação, criando dois modelos de qualificação: (*i*) o modelo simples, que corresponde à verificação do preenchimento de requisitos mínimos de capacidade técnica e de capacidade financeira fixados no programa do procedimento; e (*ii*) o modelo complexo, que assenta num sistema de selecção de um número pré-definido de candidatos qualificados segundo o critério da maior capacidade técnica e financeira, através da utilização de um rigoroso modelo de avaliação das respectivas candidaturas. Ambos os modelos de qualificação garantem uma verdadeira e própria avaliação das capacidades técnica e financeira dos candidatos, implicando a emissão de um juízo valorativo sobre as mesmas – não se bastando apenas, como actualmente, com uma mera verificação documental.

O CCP versa ainda, com inovação e rigor, sobre as regras essenciais atinentes à metodologia de avaliação das propostas. Trata-se, como é sabido, de uma vertente crucial no domínio da formação dos contratos públicos. Na verdade, os factores que densificam o critério de adjudicação constituem a pedra angular de qualquer programa de concurso, pelo que a sua enunciação e publicitação reveste-se de inegável importância, tanto para os concorrentes (que com base em tais factores delinearão, de uma forma ou de outra, a respectiva estratégia e apresentarão, de um modo ou de outro, os seus argumentos concursais) quanto para a entidade adjudicante (posto que é à luz desses factores que se há-de evidenciar a proposta economicamente mais vantajosa na óptica do interesse prosseguido).

Do exposto resultam duas preocupações conexas a que o CCP procura dar resposta cabal: (*i*) por um lado, é imperioso garantir que a enunciação e publicitação dos factores e eventuais subfactores que densificam o critério de adjudicação, bem como dos respectivos coeficientes de ponderação, se faça em moldes conformes com os princípios da igualdade, da concorrência, da imparcialidade, da proporcionalidade, da transparência, da publicidade e da boa fé, parâmetros que reconhecidamente dominam as tramitações procedimentais pré-contratuais; (*ii*) por outro lado, é fundamental assegurar a observância daqueles mesmos princípios ao longo da fase de avaliação das propostas, assim como durante as diligências que a preparam ou que se lhe seguem.

Nesta linha, a metodologia de avaliação deve, desde logo, constar do programa do procedimento, nomeadamente com a enumeração dos factores e subfactores que densificam o critério de adjudicação, acompanhados das respectivas ponderações, no sentido de garantir os apontados princípios gerais.

Além disso, tanto para efeitos de admissão e exclusão de candidaturas e de propostas, quanto para efeitos da sua avaliação e classificação, confere-se especial importância aos respectivos aspectos que relevem dos âmbitos social e ambiental – de resto, no seguimento das orientações perfilhadas pelas directivas comunitárias que se transpõem. Ou seja, é desejável que os requisitos mínimos de qualificação dos candidatos, bem como os factores que densificam o critério de adjudicação e ainda os aspectos vinculados do caderno de encargos dos procedimentos reflictam, ponderem e valorizem preocupações sociais e ambientais relacionadas com o objecto do contrato a celebrar. Aliás, a já referida Estratégia Nacional de Acção de Compras Públicas Ecológicas estabelece igualmente metas e objectivos para a Administração, no que se refere à introdução de critérios ambientais no procedimento de aquisição de bens e serviços pelo Estado.

Em relação às peças do procedimento, destaca-se a previsão expressa de que as cláusulas do caderno de encargos relativas aos aspectos da execução do contrato submetidos à concorrência podem fixar os respectivos parâmetros base a que as propostas estão vinculadas. Os parâmetros base – que podem respeitar ao preço a pagar pela entidade adjudicante, ao prazo de execução das prestações objecto do contrato ou às suas características técnicas ou funcionais – devem ser definidos através de limites mínimos ou máximos e funcionam como delimitadores da concorrência, determinando a exclusão das propostas cujas condições os ultrapassem.

A este propósito merece especial destaque a figura do preço base, definido como o preço máximo que a entidade adjudicante se dispõe a pagar pela execução de todas as prestações que constituem o objecto do contrato a celebrar. O preço base corresponde (*i*) ao valor fixado no caderno de encargos como parâmetro base (*ii*) ao valor máximo do contrato a celebrar permitido pela escolha do procedimento (quando não é efectuada em função de critérios materiais), ou (*iii*) ao valor máximo até ao qual o órgão competente, por lei ou por delegação, pode autorizar a despesa inerente ao contrato a celebrar – consoante o que for mais baixo.

O CCP prossegue o objectivo da simplificação da tramitação procedimental pré-contratual através da aposta nas novas tecnologias de informação. Introduz-se, a título principal, uma adequada participação procedimental através de meios electrónicos. É fundamental, num quadro em que o Governo pretende promover a desburocratização, que a contratação pública seja desmaterializada – o que obriga, entre outras coisas, à criação de um sistema alternativo ao clássico papel, fundando as comunicações em vias electrónicas. Desta forma, assegura-se ainda um importante encurtamento dos prazos procedimentais, tanto reais quanto legais.

Por fim, o CCP acolhe a quase totalidade das mais recentes novidades introduzidas pelas directivas comunitárias em matéria de contratação pública, de entre as quais se destacam: o procedimento de diálogo concorrencial, os leilões electrónicos, os acordos quadro, as centrais de compras e os sistemas de aquisição dinâmicos.

O procedimento de diálogo concorrencial pode ser adoptado quando o contrato a celebrar, qualquer que seja o seu objecto, seja particularmente complexo, impossibilitando a adopção do concurso público ou do concurso limitado por prévia qualificação. Para este efeito, consideram-se particularmente complexos os contratos relativamente aos quais seja objectivamente impossível definir (*i*) a solução técnica mais adequada à satisfação das necessidades da entidade adjudicante com o contrato a celebrar (*ii*) os meios técnicos aptos a concretizar a solução já definida pela entidade adjudicante, ou (*iii*) a estrutura jurídica ou financeira inerentes ao contrato a celebrar. A adopção do procedimento de diálogo concorrencial destina-se, assim, a permitir à entidade adjudicante debater, com os potenciais interessados na execução do contrato a celebrar, os aspectos carecidos de definição. Destaca-se, a este propósito, que a impossibilidade objectiva de definir os referidos aspectos não pode, em qualquer caso, resultar da carência efectiva de apoios de ordem técnica, jurídica ou financeira de que a entidade adjudicante, usando da diligência devida, possa dispor.

O leilão electrónico constitui uma fase facultativa a que entidade adjudicante pode recorrer nos procedimentos de concurso, quando esteja em causa a formação de contratos de locação ou de aquisição de bens móveis ou de contratos de aquisição de serviços. O leilão electrónico destina-se a permitir aos concorrentes melhorar, progressivamente, os atributos das suas propostas, relativos a aspectos da execução do contrato a celebrar submetidos à concorrência pelo caderno de encargos – desde que este fixe os parâmetros base desses aspectos e desde que tais atributos sejam definidos apenas quantitativamente e a sua avaliação seja efectuada através de uma expressão matemática. De acordo com os imperativos comunitários, no decurso do leilão electrónico, a entidade adjudicante não pode divulgar, directa ou indirectamente, a identidade dos concorrentes que nele participam.

O CCP acolhe também a figura do acordo quadro a celebrar pelas entidades adjudicantes, isolada ou conjuntamente, com uma única entidade (quando se encontrem suficientemente especificados todos os aspectos da execução dos contratos a celebrar ao seu abrigo) ou com várias entidades (quando o acordo quadro tenha por objecto a aquisição futura de diferentes lotes ou quando os aspectos da execução dos contratos a celebrar ao seu abrigo não estejam todos contemplados ou não se encontrem suficientemente especificados). Acrescenta-se que, em qualquer caso, a celebração de um acordo quadro deve mostrar-se adequada aos fins a prosseguir pela entidade adjudicante, bem como ao tipo de obras, bens ou serviços em causa, sendo vedada a sua utilização nos casos em que impeça, restrinja ou falseie a concorrência.

O CCP prevê ainda que as entidades adjudicantes possam criar centrais de compras, igualmente sujeitas às disposições do presente Código, destinadas a: (*i*) adjudicar propostas em sede de procedimentos pré-contratuais destinados à formação de contratos de empreitada de obras públicas, de locação ou de aquisição de bens móveis e de aquisição de serviços, a pedido e em representação das entidades adjudicantes; (*ii*) adquirir bens móveis ou serviços destinados a entidades adjudicantes, nomeadamente por forma a promover o agrupamento de encomendas de bens ou serviços; (*iii*) celebrar acordos quadro, também designados por contratos públicos de aprovisionamento, que permitam a posterior formação de contratos ao seu abrigo, por ajuste directo, por parte das entidades adjudicantes.

O CCP recebe ainda a figura de origem comunitária designada por sistemas de aquisição dinâmicos. Tratam-se de sistemas totalmente electrónicos destinados a permitir às entidades adjudicantes a celebração de contratos de aquisição de bens ou de serviços de uso corrente, entendendo-se por tal aqueles bens e serviços cujas especificações técnicas são estandardizadas.

Por fim, consagrou-se a possibilidade de a entidade adjudicante recorrer, nos procedimentos de formação de contratos de concessão de obras públicas ou de concessão de serviços públicos, a uma fase de negociações, após uma primeira avaliação das propostas.

3 – Quanto à matéria relativa ao regime substantivo dos contratos públicos, a primeira nota que importa realçar prende-se com a circunstância da Parte III do CCP apenas se aplicar aos contratos públicos que revistam a natureza de contrato administrativo, deixando-se, desta forma, à margem do mesmo instrumentos contratuais cuja fase de formação se encontra sujeita às regras estabelecidas na Parte II do CCP.

Assinalada a inexistência de sobreposição de âmbitos objectivos de aplicação entre as Partes II e III do CCP, importa ter presente a segunda opção de fundo relativamente à Parte III e que se relaciona com o facto de esta assentar numa estrutura bipartida. Assim, por um lado, integra a Parte III do Código um núcleo de normas comum a todos os contratos que revestem a natureza de contrato administrativo (revogando-se, deste modo, os artigos 178º a 189º do Código do Procedimento Administrativo) – Título I da Parte III – e, por outro lado, nela é especialmente regulada a disciplina jurídica aplicável a certos tipos contratuais em particular – Título II da Parte III: empreitada de obras públicas, concessão de obras públicas e de serviços públicos, aquisição e locação de bens móveis e aquisição de serviços.

O regime estabelecido na Parte III do Código reflecte ainda uma filosofia de reforço claro e deliberado da autonomia contratual das partes, denotando-se, neste contexto, uma predominância evidente de normas de carácter supletivo. Outra marca das grandes opções estruturais relativas à Parte III prende-se com a tendência desregulamentadora (visível, nomeadamente, no domínio das empreitadas de obras públicas) que acompanha, aliás, a óptica anteriormente realçada.

No que concerne ao Título I da Parte III do Código («Contratos Administrativos em Geral»), a primeira nota vai para a preocupação de preservação do *quid specificum* dos contratos administrativos, perceptível através dos seguintes aspectos: (*i*) recorrente apelo aos imperativos de interesse público (por exemplo, na modificação e resolução contratuais); (*ii*) manutenção de importantes poderes do contraente público durante a fase de execução do contrato administrativo; (*iii*) criação de figuras como a da partilha de benefícios; (*iv*) criação de regras especiais para as situações de incumprimento do contraente público; (*v*) introdução de normas que versam, directa ou indirectamente, a repartição de risco entre as partes contratantes.

Numa lógica de maior rigor na gestão dos recursos públicos, a regulamentação do Título I da Parte III imprime, igualmente, uma maior responsabilização de todos os intervenientes nas relações contratuais administrativas. Assim, foram criadas regras de incentivo à boa gestão de recursos financeiros públicos e privados (como as normas relativas aos adiantamentos de preço, à revisão de preços e à liberação da caução) e regras relativas à repartição de responsabilidade durante a fase de execução (destaca-se, quanto a este aspecto, o regime do incumprimento contratual, da cessão e da subcontratação).

Por último, de entre as principais inovações do CCP, não pode deixar de se destacar a criação de regulamentação adequada de alguns aspectos das técnicas de *project finance, acquisition finance* e *asset finance,* que se cruzam com a actividade de contratação pública. Na verdade, esta técnica de obtenção de recursos financeiros para financiamento de projectos, recorrentemente utilizada na Europa e em Portugal (especialmente quando associada a parcerias públicas-privadas consubstanciadas em contratos de concessão) e sem a qual muitos avultados investimentos ao serviço do desenvolvimento do País não teriam sido possíveis, não encontrava qualquer reflexo ao nível da legislação ordinária, o que gerava um conflito entre as técnicas contratuais ditadas, sobretudo, pela prática do *project finance* e as regras legais relativas à contratação pública, de raiz essencialmente comunitária. O novo CCP veio, assim, pôr um termo à divisão entre a prática e a legislação no que respeita a alguns fenómenos generalizados com o *project finance* e combinou a necessária rigidez das normas destinadas à salvaguarda da concorrência garantida pela Parte II do Código com as recorrentes garantias exigidas pelas entidades financiadoras do projecto que, no sucesso deste vêem a fonte quase exclusiva de retribuição do investimento suportado. Destaca-se, portanto, a este respeito, o enquadramento legal atribuído aos direitos de *step in* e *step out,* a regulamentação das alterações societárias e o regime construído a propósito do exercício do direito de sequestro da concessão (este último já no Título II da Parte III do Código).

4 – A abrir o Título II da Parte III do Código («Contratos em especial») encontra-se o capítulo referente ao contrato de empreitada de obras públicas – que se mantém, naturalmente, como um contrato administrativo por determinação da lei – resultante de uma redução substancial do Título IV («Execução da empreitada») do Decreto-Lei nº 59/99, de 2 de Março. Essa redução é fruto, em primeiro lugar, de se considerar como uma solução menos boa a disciplina minuciosa do contrato de empreitadas de obras públicas, como vem sendo tradicional entre nós há várias décadas. Essa disciplina minuciosa contribuiu para a cristalização de um regime que se deveria pretender dinâmico, transformou a lei em «contrato normativo» e, sobretudo, retirou aos sujeitos das relações contratuais um espaço de decisão que

deveria ser deles por excelência. A redução operada resulta ainda, em segundo lugar, da ideia rectora do CCP, particularmente do objectivo de o construir sobre títulos e capítulos equilibrados e com uma estrutura tão homogénea quanto possível e, ainda, do objectivo de remeter para a respectiva parte geral (Título I da Parte III) tudo o que se deva considerar próprio da teoria geral dos contratos públicos e não tanto exclusivo dos contratos de empreitada de obras públicas.

Assim, regista-se desde já que uma parte importante do aludido Título IV do Decreto-Lei nº 59/99, de 2 de Março, surge com uma nova sistematização no Título I da Parte III do Código, sendo que muitas outras regras inscritas naquele diploma deixam de ter reflexo legal no Código, passando o respectivo conteúdo a depender da autonomia do dono do concurso – que as acolherá, ou não, no caderno de encargos – e, ainda que com todas as limitações de que a mesma consabidamente padece, da liberdade contratual das partes – que as inserirão, ou não, no clausulado contratual.

Como principais linhas de força do capítulo das empreitadas de obras públicas, sublinham-se as seguintes: (*i*) abandono da tradicional tricotomia «empreitada por preço global, por série de preços ou por percentagem», sem prejuízo de a entidade adjudicante poder desenhar as empreitadas com qualquer desses figurinos; (*ii*) clarificação do mecanismo de representação das partes e reforço dos poderes do director de fiscalização da obra (antigo «fiscal da obra»); (*iii*) uniformização do regime de garantias administrativas do empreiteiro relativamente a eventos que devam ser formalizados em auto; (*iv*) previsão de um observatório das obras públicas, ainda que dependente de lei especial que o crie e discipline, através do qual se monitorizarão os aspectos mais relevantes da execução dos contratos de empreitadas de obras públicas; (*v*) consagração da regra de que incumbe ao dono da obra (e, no caso de empreitadas integradas em concessões, ao concedente, salvo estipulação em contrário) o procedimento administrativo de expropriação, constituição de servidões e ocupação de prédios necessários à execução dos trabalhos, ficando igualmente sob sua responsabilidade o pagamento das indemnizações devidas; (*vi*) previsão da regra segundo a qual as expropriações devem estar concluídas, na sua totalidade, antes da celebração do contrato, salvo quando o número de prédios a expropriar associado ao prazo de execução da obra tornem esta obrigação manifestamente desproporcionada; (*vii*) circunscrição dos casos em que se admite consignação parcial; (*viii*) racionalização, por via de limitações acrescidas por comparação com o que resultava do Decreto-Lei nº 59/99, de 2 de Março, do regime dos trabalhos a mais, que passam a depender de pressupostos mais apertados e deixam de incluir os trabalhos necessários ao suprimento de erros e omissões; (*ix*) redefinição do regime da responsabilidade por erros e omissões, que passa a assentar na regra de que o empreiteiro assume tal responsabilidade quando tenha a obrigação contratual ou pré-contratual de elaborar o programa ou o projecto de execução, excepto quando aqueles erros ou omissões sejam induzidos pelos elementos elaborados ou disponibilizados pelo dono da obra; (*x*) limitações acrescidas em matéria de subempreitadas; (*xi*) reformulação substancial do regime de garantia da obra, que passa a variar consoante se trate de defeitos relativos a elementos construtivos estruturais (10 anos), a elementos construtivos não estruturais ou a instalações técnicas (5 anos) ou a equipamentos afectos à obra mas dela autonomizáveis (2 anos); (*xii*) previsão de um relatório final da obra; (*xiii*) clarificação do regime de extinção do contrato pelo dono da obra e pelo empreiteiro.

Naturalmente que a disciplina do contrato de empreitada de obras públicas beneficia ainda das linhas de força do regime substantivo geral dos contratos administrativos vertido no Título I da Parte III do CCP.

5 – No que respeita ao regime substantivo dos contratos administrativos, realça-se ainda que o CCP contém, pela primeira vez em Portugal, uma disciplina geral sobre concessões de obras públicas e de serviços públicos, sendo que a maior parte das regras são comuns a estes dois tipos contratuais. Note-se ainda que as disposições gerais em matérias concessórias são subsidiariamente aplicáveis ao contrato de concessão de exploração de bens do domínio público.

A regulamentação em causa inspira-se amplamente na prática contratual existente entre nós neste domínio, solidificada sobretudo desde o início dos anos 90 do século passado.

Em geral, deixa de ser necessária lei de habilitação específica para cada concessão e o legislador preserva a autonomia das partes para a disciplina específica de cada relação concessória. Para além disso, a regulamentação aplicável às concessões é norteada, como se viu supra, pela preocupação de adequação às técnicas, hoje em dia comuns, de *project finance, acquisition finance* e *asset finance.*

Quanto a aspectos a valer igualmente para as concessões de obras e para as de serviços públicos, realçam-se os seguintes: *i*) prevê-se que o prazo de vigência do contrato deve ser fixado em função do período de tempo necessário para amortização e remuneração; *ii*) o contrato deve implicar uma significativa e efectiva transferência do risco para o concessionário; *iii*) os direitos e as obrigações do concedente e do concessionário com base legal são clarificados; *iv*) estabelece-se que o contrato pode atribuir ao concessionário o direito a prestações económico-financeiras pelo concedente, mas apenas se as mesmas não ofenderem as regras comunitárias e nacionais de concorrência, forem essenciais à viabilidade económico-financeira da concessão e não eliminarem a efectiva e significativa transferência do risco da concessão para o concessionário; *v*) consagra-se um regime uniforme de sequestro, resgate e resolução pelo concedente. A regulação de aspectos específicos de um e de outro tipo contratual é relativamente reduzida, seja porque as disposições gerais consomem o essencial, seja porque o título I da parte III é aplicável e dispensa, neste capítulo, disciplina mais exaustiva.

6 – No campo da aquisição e locação de bens e aquisição de serviços, o primeiro tópico a destacar prende-se com a inclusão dos contratos de aquisição de bens móveis, de locação de bens e de aquisição de serviços no rol dos contratos administrativos por determinação legal. Todos os contratos desse tipo celebrados

por um contraente público passam a ser considerados contratos administrativos e a seguir o regime especial estabelecido neste Capítulo e no Título I da Parte III.

Merece ainda menção o facto de a definição de aquisição de bens móveis incluir os contratos que envolvem a aquisição de bens que vão ser fabricados pelo contraente particular, que normalmente são tratados como contratos de aquisição//fornecimento, mas que, de acordo com a orientação tradicional, integrar-se-iam no conceito de empreitada (civil). Correspondem tais contratos aos «contratos de fabrico».

Neste domínio, consagra-se um conjunto reduzido de normas injuntivas especiais aplicáveis à execução de contratos administrativos com este objecto, designadamente, normas relativas a (*i*) conformidade dos bens a fornecer; (*ii*) obrigações do fornecedor em relação aos bens entregues; (*iii*) resolução pelo contraente público, estabelecendo-se, aqui, um prazo especial de três meses de mora na entrega dos bens findo o qual o contraente público pode resolver o contrato. Consagra-se, por outro lado, um conjunto (mais alargado) de normas supletivas especiais aplicáveis à execução de contratos administrativos com este objecto, designadamente: (*i*) normas relativas ao acompanhamento do fabrico; (*ii*) local e condições de entrega de bens; (*iii*) encargos gerais do fornecedor, com licenças, taxas, impostos, presta-ção de cauções, etc.; (*iv*) continuidade de fabrico; (*v*) direitos de propriedade industrial; (*vi*) resolução pelo fornecedor, estabelecendo-se que esta não determina a repetição das prestações já realizadas. Por último, estende-se a aplicação a este contratos de aquisição de bens móveis o disposto na lei que disciplina os aspectos relativos à venda de bens de consumo e das garantias a ela relativas, no que respeita à responsabilidade e obrigações do fornecedor e do produtor e aos direitos do consumidor.

Quanto ao contrato de locação de bens móveis que revista natureza de contrato administrativo, estabelece-se um conjunto de normas injuntivas, especiais relativamente ao regime da locação estabelecido no Código Civil: (*i*) indemnização por mora do contraente público nos pagamentos; (*ii*) cedência do gozo e sublocação do bem locado; (*iii*) resolução pelo contraente público, estabelecendo-se, aqui, um prazo especial de três meses de mora no cumprimento de obrigações de manutenção ou reparação pelo locador, findo o qual o contraente público pode resolver o contrato. Prevê-se ainda, supletivamente, um conjunto de obrigações de reparação e manutenção que impendem sobre o locador privado.

Por fim, a disciplina do contrato de aquisição de serviços assenta fundamentalmente numa remissão, com as necessárias adaptações, para o disposto em sede de contratos de aquisição de bens móveis.

Foram ouvidos os órgãos de governo próprio das Regiões Autónomas, a Associação Nacional de Municípios Portugueses, a Ordem dos Arquitectos, a Autoridade da Concorrência e as associações representativas do sector da construção.

Foi promovida a audição da Associação Nacional de Freguesias e da Ordem dos Engenheiros.

Assim:

Nos termos da alínea *a)* do nº 1 do artigo 198º da Constituição, o Governo decreta o seguinte:
(Cfr. Declaração de Rectificação nº 18-A/2008, de 28-03)

CAPÍTULO I
Disposições gerais

ARTIGO 1º
Aprovação

1 – É aprovado o Código dos Contratos Públicos, que se publica em anexo ao presente decreto-lei e que dele faz parte integrante.

2 – O Código dos Contratos Públicos procede à transposição das Directivas nºs 2004/17/CE e 2004/18/CE, ambas do Parlamento Europeu e do Conselho, de 31 de Março, bem como da Directiva nº 2005/51/CE, da Comissão, de 7 de Setembro, e ainda da Directiva nº 2005/75/CE, do Parlamento Europeu e do Conselho, de 16 de Novembro.

ARTIGO 2º
Publicitação da actualização dos limiares comunitários

O Governo, por portaria dos ministros responsáveis pelas áreas das finanças e das obras públicas, publicita os valores actualizados a que se referem:

a) As alíneas *a)* e *b)* do artigo 16º da Directiva nº 2004/17/CE, do Parlamento Europeu e do Conselho, de 31 de Março;

b) As alíneas *a), b)* e *c)* do artigo 7º da Directiva nº 2004/18/CE, do Parlamento Europeu e do Conselho, de 31 de Março.

ARTIGO 3º
Anúncios

1 – Os anúncios a publicar no *Diário da República,* nos termos previstos no Código dos Contratos Públicos, são enviados à Imprensa Nacional-Casa da Moeda, S. A., através de meios electrónicos, conforme o formato e as modalidades de transmissão indicados no portal do *Diário da República Electrónico.*

2 – A publicação dos anúncios referidos no número anterior deve ser efectuada em tempo real, no caso dos concursos públicos urgentes e, nos demais casos, no prazo máximo de vinte e quatro horas.

ARTIGO 4º
Portal dos contratos públicos e plataformas electrónicas utilizadas pelas entidades adjudicantes

1 – Por portaria conjunta dos ministros responsáveis pelas áreas das finanças, das obras públicas e da ciência e tecnologia, são aprovadas as regras de constituição, de funcionamento e de gestão de um portal único da Internet dedicado aos contratos públicos.

2 – A utilização de plataformas electrónicas pelas entidades adjudicantes para os efeitos previstos no Código dos Contratos Públicos deve obedecer a requisitos e condições a definir por portaria conjunta dos ministros responsáveis pelas áreas das finanças, das obras públicas e da ciência tecnologia.

3 – A portaria referida no número anterior define ainda as regras de funcionamento das plataformas electrónicas utilizadas pelas entidades adjudicantes, as obrigações a que as mesmas se encontram sujeitas, bem como as condições de interligação com o portal único da Internet referido no nº 1 para os efeitos do disposto no artigo 465º do Código dos Contratos Públicos.

CAPÍTULO II
Disposições complementares

ARTIGO 5º
Alteração ao Decreto-Lei nº 33/99, de 5 de Fevereiro

Os artigos 1º e 2º do Decreto-Lei nº 33/99, de 5 de Fevereiro, passam a ter a seguinte redacção:

(Não se transcreve por não se inserir no âmbito da presente publicação)

ARTIGO 6º
Alteração à Lei nº 18/2003, de 11 de Junho

O artigo 45º da Lei nº 18/2003, de 11 de Junho, com as alterações introduzidas pelo Decreto-Lei nº 219/2006, de 11 de Fevereiro, passa a ter a seguinte redacção:

(Não se transcreve por não se inserir no âmbito da presente publicação)

ARTIGO 7º
Alteração ao Decreto-Lei nº 12/2004, de 9 de Janeiro

Os artigos 24º, 29º e 37º do Decreto-Lei nº 12/2004, de 9 de Janeiro, passam a ter a seguinte redacção:

(Não se transcreve por não se inserir no âmbito da presente publicação)

ARTIGO 8º
Alteração ao Decreto-Lei nº 25/2007, de 7 de Fevereiro

1 – O artigo 10º do Decreto-Lei nº 25/2007, de 7 de Fevereiro, passa a ter a seguinte redacção:

(Não se transcreve por não se inserir no âmbito da presente publicação)

2 – O artigo 2º dos Estatutos da Empresa de Gestão Partilhada de Recursos da Administração Pública, E.P.E., publicados em anexo ao Decreto-Lei nº 25/2007, de 7 de Fevereiro, passa a ter a seguinte redacção:

(Não se transcreve por não se inserir no âmbito da presente publicação)

CAPÍTULO III
Disposições transitórias

ARTIGO 9º
Modo de apresentação das propostas e das candidaturas em suporte papel

1 – Até 31 de Outubro de 2009, a entidade adjudicante pode fixar, no programa do procedimento, que os documentos que constituem a proposta ou a candidatura possam ser apresentados em suporte papel.

2 – No caso previsto no número anterior, os documentos que constituem a proposta ou a candidatura devem ser encerrados em invólucro opaco e fechado, no rosto do qual deve ser escrita a palavra «Proposta» ou «Candidatura», indicando-se o nome ou a denominação social do concorrente ou do candidato ou, se for o caso, dos membros do agrupamento concorrente ou candidato, e a designação do contrato a celebrar.

3 – O disposto no número anterior aplica-se às propostas variantes, devendo no rosto do respectivo invólucro ser escrita a expressão «Proposta variante nº ...».

4 – O invólucro que contém os documentos que constituem a proposta ou a candidatura pode ser entregue directamente ou enviado por correio registado, devendo, em qualquer caso, a recepção ocorrer dentro do prazo e no local fixados para a apresentação das propostas ou das candidaturas.

5 – A recepção dos invólucros deve ser registada, anotando-se a data e a hora em que os mesmos são recebidos e, no caso de entrega directa, a identidade das pessoas que a efectuaram, sendo entregue a estas um recibo comprovativo dessa entrega.

(Redacção dada pelo Decreto-Lei nº 223/2009, de 11-09)

ARTIGO 10º
Fornecimento das peças do procedimento

1 – Quando, nos termos do disposto no artigo anterior, os documentos que constituem a proposta ou a candidatura possam ser apresentados em suporte papel, os interessados podem solicitar, em tempo útil, que lhes sejam fornecidas, pela entidade adjudicante, cópias das peças do procedimento, mediante o seu prévio pagamento, ao preço do seu custo, as quais lhes devem ser entregues ou enviadas, em suporte papel ou em ficheiro informático, no prazo máximo de três dias a contar da data de recepção do pedido.

2 – Os serviços da entidade adjudicante devem registar o nome e o endereço dos interessados que solicitem o fornecimento das peças do procedimento.

3 – Quando não seja cumprido o disposto no nº 1, o prazo fixado para a apresentação das propostas ou das candidaturas deve ser prorrogado, a pedido dos interessados, por período equivalente, no mínimo, ao do atraso verificado.

ARTIGO 11º
Acto público

1 – Quando os documentos que constituem a proposta ou a candidatura possam ser apresentados em suporte papel, todos os procedimentos de formação de contratos públicos, excepto o ajuste directo, integram um acto público que tem lugar no dia útil imediatamente subsequente ao termo do prazo fixado para a apresentação das propostas ou das candidaturas.

2 – Por motivo justificado, pode o acto público realizar-se dentro dos cinco dias subsequentes ao indicado no número anterior, em data a determinar pelo órgão competente para a decisão de contratar.

3 – A decisão de alteração da data do acto público deve ser imediatamente notificada a todos os interessados que tenham adquirido as peças do procedimento e a estas deve ser junta cópia daquela decisão.

4 – À sessão do acto público pode assistir qualquer interessado, mas nele apenas podem intervir os concorrentes ou os candidatos e os seus representantes, estes últimos desde que devidamente credenciados.

5 – Os concorrentes ou os candidatos, bem como os seus representantes podem, durante a sessão do acto público, examinar os documentos apresentados no prazo fixado pelo júri e reclamar da lista de concorrentes, nos termos do disposto no artigo seguinte.

(Cfr. Declaração de Rectificação nº 18-A/2008, de 28-03)

ARTIGO 12º
Formalidades do acto público

1 – O presidente do júri inicia o acto público identificando o procedimento através de referência ao respectivo anúncio.

2 – Em seguida, são abertos os invólucros que contêm os documentos que constituem as propostas ou as candidaturas pela ordem da respectiva recepção, procedendo-se à leitura da lista dos concorrentes ou dos candidatos, elaborada pela mesma ordem.

3 – Cumprido o disposto no número anterior, o júri solicita aos representantes dos concorrentes ou dos candidatos as respectivas credenciais.

4 – O interessado que não tenha sido incluído na lista dos concorrentes ou dos candidatos pode reclamar desse facto, devendo para o efeito apresentar o recibo referido no nº 5 do artigo 9º ou documento postal comprovativo da tempestiva recepção do seu invólucro exterior.

5 – Apresentada reclamação nos termos do disposto no número anterior, o júri interrompe a sessão do acto público para averiguar o destino do invólucro.

6 – Se o invólucro não for encontrado, o júri fixa ao reclamante um novo prazo para a apresentação da respectiva proposta ou candidatura, informando os presentes da data e da hora em que a sessão será retomada.

7 – Se o invólucro for encontrado antes do termo do prazo referido no número anterior, dá-se imediato conhecimento do facto ao interessado, procedendo-se à abertura daquele logo que retomada a sessão do acto público.

8 – Cumprido o disposto nos números anteriores, o presidente do júri encerra o acto público, do qual é elaborada acta que deve ser sempre assinada pelo secretário e pelo presidente do júri.

ARTIGO 13º
Comunicações e notificações

1 – Quando os documentos que constituem a proposta ou a candidatura possam ser apresentados em suporte papel, as notificações previstas no Código dos Contratos Públicos podem ser efectuadas através de correio ou de telecópia.

2 – No caso referido no número anterior, as comunicações entre a entidade adjudicante ou o júri do procedimento e os interessados, os candidatos, os concorrentes ou o adjudicatário podem ser feitas pelos meios nele referidos.

CAPÍTULO IV
Disposições finais

ARTIGO 14º
Norma revogatória

1 – São revogados:

a) O artigo 138º do Decreto-Lei nº 498/72, de 9 de Dezembro;

b) Os artigos 10º a 15º do Decreto-Lei nº 390/82, de 17 de Setembro;

c) O Capítulo III da Parte IV do Código do Procedimento Administrativo, aprovado pelo Decreto-Lei nº 442/91, de 15 de Novembro;

d) O Decreto-Lei nº 59/99, de 2 de Março;

e) O Decreto-Lei nº 196/99, de 8 de Junho;

f) O Decreto-Lei nº 197/99, de 8 de Junho, com excepção dos artigos 16º a 22º e 29º;

g) O nº 9 do artigo 107º do Decreto-Lei nº 555/99, de 16 de Dezembro;

h) O Decreto-Lei nº 223/2001, de 9 de Agosto;

i) O Decreto-Lei nº 104/2002, de 12 de Abril;

j) Os artigos 14º a 17º e 24º a 31º do Decreto-Lei nº 185/2002, de 20 de Agosto;

l) O Decreto-Lei nº 245/2003, de 7 de Outubro;

m) As alíneas *a)* a *e)* e *i)* do nº 2 do artigo 24º e as alíneas *a)* a *e)* do nº 3 do artigo 37º, ambos do Decreto-Lei nº 12/2004, de 9 de Janeiro;

n) O Decreto-Lei nº 1/2005, de 4 de Janeiro;

o) O artigo 13º do Decreto-Lei nº 233/2005, de 29 de Dezembro;

p) O artigo 11º do Decreto-Lei nº 50-B/2007, de 28 de Fevereiro.

2 – É igualmente revogada toda a legislação relativa às matérias reguladas pelo Código dos Contratos Públicos, seja ou não com ele incompatível.

3 – Ressalvam-se do disposto no número anterior os actos legislativos que consagrem regimes transitórios em matéria de contratação pública.

4 – Permanecem transitoriamente em vigor, com as necessárias adaptações, os diplomas regulamentares, incluindo as portarias, que tenham sido aprovados ao abrigo dos actos legislativos revogados por efeito do disposto nos nºs 1 e 2, desde que necessários à aplicação do Código dos Contratos Públicos e que com ele sejam compatíveis.

ARTIGO 15º
Remissões para a legislação revogada

Todas as remissões para as disposições legais e para os actos legislativos revogados nos termos do disposto no artigo anterior consideram-se feitas para as correspondentes disposições do Código dos Contratos Públicos.

ARTIGO 16º
Aplicação no tempo

1 – O Código dos Contratos Públicos só é aplicável aos procedimentos de formação de contratos públicos iniciados após a data da sua entrada em vigor e à execução dos contratos que revistam natureza de contrato administrativo celebrados na sequência de procedimentos de formação iniciados após essa data, salvo o disposto no nº 2 do artigo 18º

2 – O Código dos Contratos Públicos não se aplica a prorrogações, expressas ou tácitas, do prazo de execução das prestações que constituem o objecto de contratos públicos cujo procedimento tenha sido iniciado previamente à data de entrada em vigor daquele.

ARTIGO 17º
Acompanhamento da aplicação do Código dos Contratos Públicos

1 – A partir da entrada em vigor do Código dos Contratos Públicos, devem ser recolhidos os elementos relativos à sua aplicação, nomeadamente para a introdução de eventuais alterações que se revelem necessárias.

2 – Para efeitos do disposto no número anterior, é nomeada, por portaria conjunta dos ministros responsáveis pelas áreas das finanças e das obras públicas,

uma comissão de acompanhamento da aplicação do Código dos Contratos Públicos, a qual integrará, designadamente, representantes da Administração Pública e das organizações representativas das principais actividades económicas envolvidas.

ARTIGO 18º
Entrada em vigor

1 – O presente decreto-lei entra em vigor seis meses após a data da sua publi--cação.

2 – A revogação dos artigos 260º, 261º, 262º, 263º e 264º do Decreto-Lei nº 59/99, de 2 de Março, produz efeitos no dia seguinte ao da publicação do presentedecreto--lei, não sendo os mesmos aplicáveis aos contratos já celebrados, sem pre-juízo dos processos de conciliação pendentes àquela data.

Visto e aprovado em Conselho de Ministros de 20 de Setembro de 2007. – *José Sócrates Carvalho Pinto de Sousa – Manuel Lobo Antunes Fernando Teixeira dos Santos – Manuel Pedro Cunha da Silva Pereira – Henrique Nuno Pires Severiano Teixeira – Rui Carlos Pereira – José Manuel Vieira Conde Rodrigues – Rui Nuno Garcia de Pina Neves Baleiras – Manuel António Gomes de Almeida de Pinho – Jaime de Jesus Lopes Silva – Mário Lino Soares Correia – José António Fonseca Vieira da Silva – António Fernando Correia de Campos – Jorge Miguel de Melo Viana Pedreira – José Mariano Rebelo Pires Gago – Maria Isabel da Silva Pires de Lima – Augusto Ernesto Santos Silva.*

Promulgado em 3 de Janeiro de 2008.

Publique-se.

O Presidente da República, ANÍBAL CAVACO SILVA.

Referendado em 4 de Janeiro de 2008.

O Primeiro-Ministro, *José Sócrates Carvalho Pinto de Sousa.*

Decreto-Lei nº 278/2009, de 2 de Outubro

O XVII Governo Constitucional elegeu como um dos seus objectivos primordiais vencer o atraso científico e tecnológico, como condição imprescindível para o progresso económico e social de Portugal.

Nesse sentido, foi reformada a despesa pública, orientando-a para o crescimento e o emprego, e muito especialmente para a elevação dos níveis de qualificação e o reforço das condições de inovação. É, pois, uma prioridade constante do Governo a aposta no desenvolvimento científico e tecnológico do País.

Ora, as actividades de investigação e desenvolvimento prosseguidas pelas instituições de ensino superior e pelas instituições que se dedicam à investigação científica e desenvolvimento tecnológico, tal como previstas no Decreto-Lei nº 125/99, de 20 de Abril, têm necessidades muito específicas no que concerne à aquisição de material científico ou consumível nas actividades de investigação, muito frequentemente apenas disponível num mercado muito reduzido ou no estrangeiro, e de serviços técnicos altamente especializados, em que o custo de oportunidade é muitas vezes crítico em áreas de intensa competição internacional.

Tendo presente essa especificidade, reconhecida no enquadramento dos países mais desenvolvidos, procura-se, com o presente decreto-lei, adaptar os procedimentos administrativos nas instituições científicas e nas instituições de ensino superior possibilitando que as actividades de investigação, designadamente as decorrentes de projectos nacionais ou internacionais ou de acordos internacionais de cooperação científica, sejam desenvolvidas de forma regular e, sobretudo, adequada ao próprio processo científico e aos seus objectivos.

Com efeito, volvido um ano sobre a plena vigência do actual regime legal, constata-se que o mesmo nem sempre se adequa à natureza da actividade das mencionadas instituições, verificando-se, nalgumas situações, constrangimentos à prossecução dos seus objectivos que importa reduzir ou remover, quando confrontadas com as suas congéneres internacionais, ou ainda no quadro da crescente cooperação com empresas em matéria de I&D.

Acresce ainda que as actividades de I&D aqui consideradas são hoje sujeitas a um complexo e exigente sistema de avaliação e controlo que visa garantir e acompanhar a gestão financeira de projectos e instituições, para além da garantia de atribuição competitiva, sob avaliação internacional independente, de fundos públicos.

Pretende-se, pois, dotar as referidas instituições da flexibilidade necessária para a execução dos projectos onde estão envolvidas, de modo a melhor prosseguirem as suas actividades e conseguirem manter e aumentar a respectiva capacidade de captação de receitas próprias, de um modo eficiente, sempre no respeito das regras comunitárias vigentes em matéria de contratação pública e dos princípios de uma criteriosa gestão dos fundos disponíveis.

O acompanhamento efectuado permitiu, sem prejuízo de uma intervenção posterior noutras matérias, identificar os bloqueios cuja superação é tanto mais urgente quanto a própria actividade científica em Portugal atingiu recentemente níveis de desenvolvimento e relevância que justificam tal intervenção.

No âmbito da actividade desenvolvida pela Comissão de Acompanhamento do Código dos Contratos Públicos introduzem-se, desde já, outras alterações no Código com vista a clarificar o respectivo conteúdo e a corrigir lapsos entretanto verificados, sem prejuízo das que venham a resultar dos trabalhos daquela Comissão.

Assim:

Nos termos da alínea *a*) do nº 1 do artigo 198º da Constituição, o Governo decreta o seguinte:

ARTIGO 1º
Alteração ao Código dos Contratos Públicos, aprovado pelo Decreto-Lei nº 18/2008, de 29 de Janeiro

São alterados os artigos 2º, 5º, 55º, 57º, 58º, 83º, 86º, 113º, 115º, 118º, 132º, 164º, 180º, 186º, 295º, 361º, 370º, 373º, 381º e 394º do Código dos Contratos Públicos, aprovado em anexo ao Decreto-Lei nº 18/2008, de 29 de Janeiro, que passam a ter a seguinte redacção:

(Alterações introduzidas no local próprio)

ARTIGO 2º
Aditamento ao Código dos Contratos Públicos, aprovado pelo Decreto-Lei nº 18/2008, de 29 de Janeiro

É aditado o artigo 83º-A ao Código dos Contratos Públicos, aprovado em anexo ao Decreto-Lei nº 18/2008, de 29 de Janeiro, com a seguinte redacção:

(Aditamento introduzido no local próprio)

ARTIGO 3º
Norma revogatória

É revogada a alínea *c*) do nº 2 do artigo 2º do Código dos Contratos Públicos, aprovado em anexo ao Decreto-Lei nº 18/2008, de 29 de Janeiro.

ARTIGO 4º
Republicação

É republicado, no anexo ao presente decreto-lei, do qual faz parte integrante, o Código dos Contratos Públicos, aprovado em anexo ao Decreto-Lei nº 18/2008, de 29 de Janeiro, com a redacção actual.

ARTIGO 5º
Produção de efeitos

O presente decreto-lei só é aplicável aos procedimentos de formação de contratos públicos iniciados após a sua data de entrada em vigor.

Visto e aprovado em Conselho de Ministros de 27 de Agosto de 2009. – *José Sócrates Carvalho Pinto de Sousa – João Titterington Gomes Cravinho – Fernando Teixeira dos Santos – Manuel Pedro Cunha da Silva Pereira – João António da Costa Mira Gomes – Rui Carlos Pereira – José Manuel Vieira Conde Rodrigues – Francisco Carlos da Graça Nunes Correia – Fernando Teixeira dos Santos – Jaime de Jesus Lopes Silva – Mário Lino Soares Correia – Fernando Medina Maciel Almeida Correia – Ana Maria Teodoro Jorge – Valter Victorino Lemos – José Mariano Rebelo Pires Gago – José António de Melo Pinto Ribeiro – Augusto Ernesto Santos Silva.*

Promulgado em 23 de Setembro de 2009.

Publique-se.

O Presidente da República, ANÍBAL CAVACO SILVA.

Referendado em 24 de Setembro de 2009.

O Primeiro-Ministro, *José Sócrates Carvalho Pinto de Sousa.*

Decreto-Lei nº 111-B/2017, de 31 de agosto

O Código dos Contratos Públicos, aprovado pelo Decreto-Lei nº 18/2008, de 29 de janeiro, foi, ao longo dos anos, objeto de várias alterações, introduzidas pela Lei nº 59/2008, de 11 de setembro, pelo Decreto-Lei nº 223/2009, de 11 de setembro, pelo Decreto-Lei nº 278/2009, de 2 de outubro, pela Lei nº 3/2010, de 27 de abril, pelo Decreto-Lei nº 131/2010, de 14 de dezembro, pela Lei nº 64-B/2011, de 30 de dezembro, pelo Decreto-Lei nº 149/2012, de 12 de julho e pelo Decreto-Lei nº 214-G/2015, de 2 de outubro.

Em 2014, foram aprovadas a Diretiva nº 2014/23/UE, do Parlamento Europeu e do Conselho, de 26 de fevereiro, relativa à adjudicação de contratos de concessão, a Diretiva nº 2014/24/UE, do Parlamento Europeu e do Conselho, de 26 de fevereiro, relativa aos contratos públicos e que revoga a Diretiva nº 2004/18/CE e a Diretiva nº 2014/25/UE, do Parlamento Europeu e do Conselho, de 26 de fevereiro, relativa aos contratos públicos celebrados pelas entidades que operam nos setores da água, da energia, dos transportes e dos serviços postais e que revoga a Diretiva nº 2004/17/CE. Foi ainda aprovada a Diretiva nº 2014/55/UE, do Parlamento Europeu e do Conselho, relativa à faturação eletrónica nos contratos públicos.

Assim, o presente decreto-lei introduz alterações ao Código dos Contratos Públicos tendo em vista a transposição daquelas diretivas.

Neste enquadramento, e no cumprimento das obrigações europeias, as inovações introduzidas ao Código centram-se, essencialmente, na procura da simplificação, desburocratização e flexibilização dos procedimentos de formação dos contratos públicos, com vista ao aumento da eficiência da despesa pública e à promoção de um melhor e mais fácil acesso àqueles contratos por parte dos operadores económicos. Esse propósito está igualmente presente no Programa do XXI Governo Constitucional e nas medidas consagradas no Programa Nacional de Reformas em sede de contratação pública, a que a presente revisão dá cumprimento.

Introduzem-se, igualmente, várias melhorias e aperfeiçoamentos ao regime vigente, que visam a correta interpretação e aplicação de diversas normas, beneficiando da experiência de aplicação e do trabalho da jurisprudência e da doutrina sobre o Código dos Contratos Públicos.

As alterações introduzidas agregam-se em três grandes grupos: (*i*) alterações decorrentes da transposição das diretivas; (*ii*) medidas de simplificação, desburocratização e flexibilização; e (*iii*) medidas de transparência e boa gestão pública.

De entre as significativas alterações introduzidas no Código decorrentes da transposição das diretivas, e sem prejuízo de outras, destacam-se: (*i*) o alargamento do regime dos contratos entre entidades do setor público, abrangendo outras formas de cooperação entre entidades públicas; (*ii*) a criação de um novo procedimento para a aquisição de produtos ou serviços inovadores – a parceria para a inovação; (*iii*) a promoção da adjudicação de contratos sob a forma de lotes com vista a incentivar a participação das pequenas e médias empresas; (*iv*) a possibilidade de reserva de contratos para entidades que empreguem pessoas com deficiência ou desfavorecidas; (*v*) a fixação como critério regra de adjudicação, o da proposta economicamente mais vantajosa, tendo por base a melhor relação qualidade-preço e o preço ou custo, utilizando uma análise custo-eficácia, nomeadamente os custos do ciclo de vida, embora sem deixar de permitir a adjudicação pelo preço mais baixo, quando adequado; (*vi*) a alteração da regra de fixação do critério do preço anormalmente baixo, eliminando a sua indexação ao preço base; (*vii*) a disponibilização de forma livre, completa e gratuita das peças do procedimento, na plataforma eletrónica de contratação pública, a partir da data da publicação do anúncio; (*viii*) um novo regime simplificado para serviços de saúde, serviços sociais e outros serviços específicos de valor superior a € 750 000; (*ix*) a previsão da emissão da fatura eletrónica em contratos públicos, antecipando-se, assim, a transposição da diretiva sobre essa matéria; e (*x*) a introdução da noção de trabalhos ou serviços complementares, que substitui os «trabalhos a mais» e os «trabalhos de suprimento de erros e omissões».

Entre as principais medidas de simplificação, desburocratização e flexibilização previstas neste diploma, destacam-se o encurtamento dos prazos mínimos de apresentação de propostas e candidaturas em procedimentos de valor inferior aos limiares europeus, isto é, sem publicidade no *Jornal Oficial da União Europeia*; a previsão de que o valor de 5% da caução passa a ser um valor máximo, deixando de ser um valor fixo e a consagração de um regime de liberação gradual da caução; a recuperação da possibilidade de sanar a preterição de formalidades não essenciais pelas propostas apresentadas, evitando exclusões desproporcionadas e prejudiciais para o interesse público; a inclusão das pequenas empreitadas de obras públicas no regime de ajuste direto simplificado (até € 5000) e o alargamento do procedimento de concurso público urgente às empreitadas cujo valor estimado dos contratos a celebrar não exceda € 300 000; a inclusão do regime de alienação de bens móveis por entidades públicas; e o encurtamento dos prazos do ajuste direto e da consulta prévia.

Destacam-se, por fim, como medidas de transparência e boa gestão pública a introdução da consulta preliminar, de modo a que, antes de um procedimento de contratação, a entidade adjudicante realize consultas informais ao mercado a fim de preparar o procedimento, fixando mecanismos para que isso não se traduza em perda de transparência ou prejuízo para a concorrência; bem como a consagração de um novo procedimento de consulta prévia, com consulta a três fornecedores, limitando o recurso ao ajuste direto; e ainda a necessidade de fundamentação especial dos contratos de valor superior a € 5 000 000, com base numa avaliação custo-benefício.

Destaca-se ainda a criação da figura do gestor do contrato, com a função de acompanhar permanentemente a execução do contrato, o que se afigura importante como ferramenta de promoção de um desempenho de qualidade de todos os que colaboram no exercício de tarefas de relevância pública, e ainda a proibição da utilização do critério do momento de entrega da proposta como critério de desempate.

Relativamente à concretização do Programa Nacional de Reformas, limita-se a utilização do procedimento de ajuste direto com consulta a apenas uma entidade e confere-se novamente autonomia ao procedimento de consulta prévia, com consulta a três entidades, previsto para as aquisições de bens e serviços entre os € 20 000 e € 75 000 e para as empreitadas de obras públicas entre € 30 000 e € 150 000. Prevê-se, igualmente, a instrução dos procedimentos de formação de contratos públicos com a utilização de meios eletrónicos e, genericamente, o alargamento da utilização das plataformas eletrónicas de contratação pública face à situação atual. Determinam-se medidas de prevenção e eliminação de conflito de interesses na condução de procedimentos de formação de contratos, por parte dos diversos intervenientes nos procedimentos, incluindo membros do júri e peritos que lhe prestam apoio.

Por fim, e também em cumprimento do Programa do Governo, ao nível do descongestionamento dos tribunais, estabelece-se um regime que promove a resolução alternativa de litígios, com preferência pelos centros de arbitragem institucionalizados, permitindo um julgamento mais rápido e menos oneroso de litígios que oponham cidadãos e empresas às entidades públicas em matéria de contratação pública.

O presente decreto-lei foi submetido a consulta pública entre agosto e outubro de 2016. Neste âmbito foram ouvidas a Associação Nacional de Municípios Portugueses, a Autoridade da Concorrência, a Ordem dos Arquitetos, a Ordem dos Engenheiros, a Ordem dos Engenheiros Técnicos, bem como as associações representativas do setor da construção.

Assim:

Nos termos da alínea *a*) do nº 1 do artigo 198º da Constituição, o Governo decreta o seguinte:

ARTIGO 1º
Objeto

1 – O presente decreto-lei procede à nona alteração ao Código dos Contratos Públicos, aprovado pelo Decreto-Lei nº 18/2008, de 29 de janeiro, alterado pela Lei nº 59/2008, de 11 de setembro, pelo Decreto-Lei nº 223/2009, de 11 de setembro, pelo Decreto-Lei nº 278/2009, de 2 de outubro, pela Lei nº 3/2010, de 27 de abril,

pelo Decreto-Lei nº 131/2010, de 14 de dezembro, pela Lei nº 64-B/2011, de 30 de dezembro, e pelos Decretos-Leis nºs 149/2012, de 12 de julho, e 214-G/2015, de 2 de outubro.

2 – O presente decreto-lei procede igualmente à transposição:

a) Da Diretiva nº 2014/23/UE, do Parlamento Europeu e do Conselho, de 26 de fevereiro de 2014, relativa à adjudicação de contratos de concessão;

b) Da Diretiva nº 2014/24/UE, do Parlamento Europeu e do Conselho, de 26 de fevereiro de 2014, relativa aos contratos públicos e que revoga a Diretiva nº 2004/ /18/CE;

c) Da Diretiva nº 2014/25/UE, do Parlamento Europeu e do Conselho, de 26 de fevereiro de 2014, relativa aos contratos públicos celebrados pelas entidades que operam nos setores da água, da energia, dos transportes e dos serviços postais e que revoga a Diretiva nº 2004/17/CE;

d) Da Diretiva nº 2014/55/UE, do Parlamento Europeu e do Conselho, de 16 de abril de 2014, relativa à faturação eletrónica nos contratos públicos.

ARTIGO 2º
Portal dos contratos públicos

1 – O portal dos contratos públicos destina-se a divulgar informação pública sobre os contratos públicos sujeitos ao regime do Código dos Contratos Públicos.

2 – O portal dos contratos públicos constitui ainda o instrumento central de produção de informação estatística sobre a contratação pública nacional, nomeadamente para efeitos de elaboração dos relatórios estatísticos a remeter à Comissão Europeia.

3 – As regras de funcionamento e de gestão do portal dos contratos públicos são aprovadas por portaria dos membros do Governo responsáveis pelas áreas das finanças e das obras públicas.

ARTIGO 3º
Alteração ao Código dos Contratos Públicos

Os artigos 1º, 2º, 4º, 5º, 9º, 10º, 11º, 13º, 14º, 16º, 17º, 18º, 19º, 20º, 21º, 22º, 24º, 25º, 26º, 27º, 29º, 31º, 32º, 33º, 34º, 35º, 36º, 39º, 40º, 42º, 43º, 47º, 49º, 50º, 52º, 55º, 57º, 59º, 60º, 62º, 64º, 66º, 67º, 69º, 70º, 71º, 72º, 73º, 74º, 75º, 77º, 78º, 78º-A, 79º, 81º, 86º, 88º, 89º, 96º, 98º, 101º, 104º, 105º, 112º, 113º, 114º, 115º, 117º, 118º, 122º, 123º, 127º, 128º, 131º, 132º, 133º, 135º, 136º, 139º, 146º, 147º, 149º, 151º, 155º, 156º, 157º, 158º, 164º, 165º, 168º, 173º, 174º, 179º, 184º,187º, 188º, 189º, 190º, 191º, 198º, 206º, 237º, 238º, 240º, 245º, 252º, 253º, 256º, 257º, 258º, 259º, 260º, 261º, 267º, 275º, 276º, 280º, 283º, 284º, 285º, 287º, 295º, 302º, 307º, 312º, 313º, 314º, 315º, 318º, 319º, 329º, 338º, 348º, 354º, 370º, 372º, 378º, 380º, 384º, 410º, 413º, 429º, 454º, 455º, 456º, 457º, 458º, 460º, 461º, 462º, 463º, 464º, 465º, 470º e 472º do Código dos Contratos Públicos passam a ter a seguinte redação:

(Alterações inseridas no local próprio)

ARTIGO 4º
Alteração aos anexos ao Código dos Contratos Públicos

Os anexos I, II, III e V ao Código dos Contratos Públicos são alterados com a redação constante do anexo I ao presente decreto-lei, do qual faz parte integrante.

ARTIGO 5º
Aditamento ao Código dos Contratos Públicos

São aditados ao Código dos Contratos Públicos os artigos 1º-A, 5º-A, 5º-B, 6º-A, 6º-B, 27º-A, 30º-A, 35º-A, 46º-A, 49º-A, 54º-A, 55º-A, 62º-A, 87º-A, 218º-A a 218º-D, 219º-A a 219º-J, 241º-A a 241º-D, 250º-A a 250º-D, 256º-A, 266º-A a 266º-C, 290º-A, 299º-B, 301º-A, 318º-A, 321º-A, 410º-A, 420º-A, 454º-A a 454º-C, 464º-A, 474º, 475º e 476º, com a seguinte redação:

(Aditamentos inseridos no local próprio)

ARTIGO 6º
Aditamento de anexos do Código dos Contratos Públicos

São aditados ao Código dos Contratos Públicos os anexos VII a XIV, com a redação constante do anexo II ao presente decreto-lei, do qual faz parte integrante.

ARTIGO 7º
Alterações sistemáticas

São introduzidas ao Código dos Contratos Públicos as seguintes alterações sistemáticas:

a) A epígrafe do capítulo I do título II da parte II passa a ter a redação «Preparação do procedimento»;

b) A epígrafe do capítulo I do título III da parte II passa a ter a redação «Consulta prévia e ajuste direto»;

c) A epígrafe da secção III do capítulo I do título III da parte II passa a ter a redação «Ajuste direto simplificado»;

d) A epígrafe do título I da parte III passa a ter a redação «Regime substantivo dos contratos administrativos»;

e) A epígrafe da parte IV passa a ter a redação «Governação e regime sancionatório»;

f) É aditado um capítulo VI ao título III da parte II com a epígrafe «Parceria para a inovação», que integra os artigos 218º-A a 218º-D;

g) É aditado um capítulo IV ao título IV da parte II com a epígrafe «Serviços sociais e outros serviços específicos», que integra os artigos 250º-A a 250º-D;

h) É aditado um título VI-A à parte II com a epígrafe «Alienação de bens móveis», que integra os artigos 266º-A a 266º-C;

i) É aditado um capítulo I à parte IV com a epígrafe «Governação», que integra os artigos 454º-A a 454º-C;

j) É aditado um capítulo II à parte IV com a epígrafe «Regime sancionatório», que integra os artigos 455º a 464º-A.

k) A epígrafe do artigo 381º passa a ter a redação «Indemnização por redução do preço contratual».

ARTIGO 8º
Remissões

1 – Todas as remissões para as disposições legais e para os atos legislativos revogados nos termos do presente decreto-lei consideram-se feitas para as correspondentes disposições do Código dos Contratos Públicos.

2 – As referências, constantes de qualquer ato legislativo ou regulamentar, aos serviços mencionados no anexo II-B da Diretiva nº 2004/18/CE, do Parlamento Europeu e do Conselho, de 31 de março, consideram-se feitas para os serviços enumerados no anexo IX ao Código dos Contratos Públicos.

ARTIGO 9º
Norma transitória

1 – Até 31 de dezembro de 2018, os cocontratantes podem utilizar mecanismos de faturação diferentes dos previstos no artigo 299º-B do Código dos Contratos Públicos, na redação dada pelo presente decreto-lei.

2 – Os processos contraordenacionais por infração ao Código dos Contratos Públicos que se encontrem pendentes em fase de instrução na Autoridade de Segurança Alimentar e Económica, à data da entrada em vigor do presente decreto-lei, são remetidos oficiosamente ao Instituto dos Mercados Públicos, do Imobiliário e da Construção, I. P.

ARTIGO 10º
Norma revogatória

1 – São revogados:

a) O Decreto-Lei nº 307/94, de 21 de dezembro;

b) Os nºs 4 e 6 do artigo 1º, os nºs 5 a 7 do artigo 5º, o artigo 6º, as alíneas *c*) a *i*) do nº 1 do artigo 9º, o nº 3 do artigo 10º, os nºs 2 e 3 do artigo 20º, o nº 3 do artigo 22º, a alínea *f*) do nº 1 e a alínea *c*) do nº 2 do artigo 24º, o nº 2 do artigo 27º, a alínea *e*) do nº 1 e os nºs 2 a 4 do artigo 29º, o artigo 30º, os nºs 7 a 9 do artigo 32º, o nº 2 do artigo 33º, os nºs 13 e 14 do artigo 49º, a alínea *g*) do nº 1 do artigo 55º, a alínea *d*) do nº 1 do artigo 57º, o artigo 61º, os nºs 2 e 3 do artigo 62º, o nº 2 do artigo 80º, os nºs 3 a 7 do artigo 81º, os artigos 82º, 83º e 84º, o nº 5 do artigo 86º, o nº 2 do artigo 98º, o nº 2 do artigo 100º, o nº 5 do artigo 105º, o artigo 108º, o nº 3 do artigo 115º, o nº 2 do artigo 127º, os nºs 4 e 8 do artigo 131º, os nºs 3 e 6 do artigo 132º, os nºs 3 a 5 do artigo 133º, o artigo 134º, o nº 4 do artigo 136º, o nº 2 do artigo 157º, o nº 2 do artigo 160º, a alínea *i*) do nº 1 do artigo 164º, a alínea *e*) do nº 1 e os nºs 2 e 5 do artigo 165º, a alínea *j*) do nº 2 do artigo 189º, os artigos 219º a 236º, o artigo 239º, os artigos 241º a 244º, o nº 5 do artigo 253º, o nº 3 do artigo 261º, o nº 3 do artigo 283º, o artigo 283º-A, o nº 6 do artigo 295º, o nº 2 do artigo 357º, o nº 2 do artigo 358º, os artigos 376º e 377º, o nº 5 do artigo 378º, o nº 4 do artigo 454º, o nº 2 do artigo 461º, o nº 2 do artigo 465º, o artigo 466º e o anexo IV do Código dos Contratos Públicos;

c) A Portaria nº 701-B/2008, de 29 de julho;

d) A Portaria nº 701-C/2008, de 29 de julho;

e) A Portaria nº 701-D/2008, de 29 de julho;

f) A Portaria nº 701-E/2008, de 29 de julho;

g) A Portaria nº 701-F/2008, de 29 de julho;

h) A Portaria nº 701-I/2008, de 29 de julho;

i) A Portaria nº 701-J/2008, de 29 de julho.

2 – As competências da comissão de acompanhamento e fiscalização dos projetos de investigação e desenvolvimento criada e regulada pela Portaria nº 701-J/2008, de 29 de julho, passam a ser exercidas pela Agência Nacional de Inovação.

ARTIGO 11º
Republicação

1 – É republicado, no anexo III ao presente decreto-lei, do qual faz parte integrante, o Código dos Contratos Públicos, com a redação atual.

2 – Para efeitos de republicação, onde se lê:

a) «Instituto da Construção e do Imobiliário, I. P.» e «Inspeção-Geral das Obras Públicas, Transportes e Comunicações» deve ler-se «Instituto dos Mercados Públicos, do Imobiliário e da Construção, I. P.»;

b) «Ministro» ou «ministros» deve ler-se «membro do Governo» ou «membros do Governo», respetivamente;

c) «Portaria conjunta» deve ler-se «portaria»;

d) «Pública-privada» ou «públicas-privadas» deve ler-se «público-privada» ou «público-privadas», respetivamente;

e) «Trabalhos a mais» e «trabalhos de suprimento de erros e omissões» deve ler-se «trabalhos complementares».

ARTIGO 12º
Aplicação no tempo

1 – Sem prejuízo do disposto nos números seguintes, o presente decreto-lei só é aplicável aos procedimentos de formação de contratos públicos iniciados após a sua data de entrada em vigor, bem como aos contratos que resultem desses procedimentos.

2 – O presente decreto-lei não se aplica a prorrogações, expressas ou tácitas, do prazo de execução das prestações que constituem o objeto de contratos públicos cujo procedimento tenha sido iniciado previamente à data da sua entrada em vigor.

3 – O regime de liberação das cauções previsto no artigo 295º do Código dos Contratos Públicos, na redação dada pelo presente decreto-lei, aplica-se a todos os contratos de empreitadas de obras públicas em vigor, ou que tenham os respetivos prazos de garantia em curso à data da entrada em vigor do presente decreto-lei, ou ainda a contratos a celebrar na sequência de procedimento anterior à data da entrada em vigor do presente decreto-lei.

ARTIGO 13º
Entrada em vigor

O presente decreto-lei entra em vigor a 1 de janeiro de 2018.

Visto e aprovado em Conselho de Ministros de 18 de maio de 2017. – *Mário José Gomes de Freitas Centeno – José Luís Pereira Carneiro – Maria Manuel de Lemos Leitão Marques – Mário José Gomes de Freitas Centeno – José Alberto de Azeredo Ferreira Lopes – Maria Constança Dias Urbano de Sousa – Francisca Eugénia da Silva Dias Van Dunem – Carlos Manuel Soares Miguel – Luís Filipe Carrilho de Castro Mendes – Tiago Brandão Rodrigues – José António Fonseca Vieira da Silva – Adalberto Campos Fernandes – Pedro Manuel Dias de Jesus Marques – Manuel de Herédia Caldeira Cabral – João Pedro Soeiro de Matos Fernandes – Luís Medeiros Vieira – Ana Paula Mendes Vitorino.*

Promulgado em 2 de agosto de 2017.

Publique-se.

O Presidente da República, MARCELO REBELO DE SOUSA.

Referendado em 7 de agosto de 2017.

O Primeiro-Ministro, *António Luís Santos da Costa.*

Código dos Contratos Públicos*

PARTE I
ÂMBITO DE APLICAÇÃO

TÍTULO I
Disposições gerais

ARTIGO 1º
Âmbito

1 – O presente Código estabelece a disciplina aplicável à contratação pública e o regime substantivo dos contratos públicos que revistam a natureza de contrato administrativo.

2 – O regime da contratação pública estabelecido na parte II é aplicável à formação dos contratos públicos que, independentemente da sua designação e natureza, sejam celebrados pelas entidades adjudicantes referidas no presente Código e não sejam excluídos do seu âmbito de aplicação.

3 – O presente Código é igualmente aplicável, com as necessárias adaptações, aos procedimentos destinados à atribuição unilateral, pelas entidades adjudicantes referidas no artigo seguinte, de quaisquer vantagens ou benefícios, através de ato administrativo ou equiparado, em substituição da celebração de um contrato público.

4 – (*Revogado.*)

5 – A parte III do presente Código contém o regime substantivo aplicável à execução, modificação e extinção das relações contratuais administrativas

6 – (*Revogado.*)

* Texto de acordo com a republicação do Decreto-Lei nº 111-B/2017, de 31 de agosto.

ARTIGO 1º-A
Princípios

1 – Na formação e na execução dos contratos públicos devem ser respeitados os princípios gerais decorrentes da Constituição, dos Tratados da União Europeia e do Código do Procedimento Administrativo, em especial os princípios da legalidade, da prossecução do interesse público, da imparcialidade, da proporcionalidade, da boa-fé, da tutela da confiança, da sustentabilidade e da responsabilidade, bem como os princípios da concorrência, da publicidade e da transparência, da igualdade de tratamento e da não-discriminação.

2 – As entidades adjudicantes devem assegurar, na formação e na execução dos contratos públicos, que os operadores económicos respeitam as normas aplicáveis em vigor em matéria social, laboral, ambiental e de igualdade de género, decorrentes do direito internacional, europeu, nacional ou regional.

3 – Sem prejuízo da aplicação das garantias de imparcialidade previstas no Código do Procedimento Administrativo, as entidades adjudicantes devem adotar as medidas adequadas para impedir, identificar e resolver eficazmente os conflitos de interesses que surjam na condução dos procedimentos de formação de contratos públicos, de modo a evitar qualquer distorção da concorrência e garantir a igualdade de tratamento dos operadores económicos.

4 – Para efeitos do disposto no número anterior, considera-se conflito de interesses qualquer situação em que o dirigente ou o trabalhador de uma entidade adjudicante ou de um prestador de serviços que age em nome da entidade adjudicante, que participe na preparação e na condução do procedimento de formação de contrato público ou que possa influenciar os resultados do mesmo, tem direta ou indiretamente um interesse financeiro, económico ou outro interesse pessoal suscetível de comprometer a sua imparcialidade e independência no contexto do referido procedimento.

ARTIGO 2º
Entidades adjudicantes

1 – São entidades adjudicantes:

a) O Estado;

b) As Regiões Autónomas;

c) As autarquias locais;

d) Os institutos públicos;

e) As entidades administrativas independentes;

f) O Banco de Portugal;

g) As fundações públicas;

h) As associações públicas;

i) As associações de que façam parte uma ou várias das pessoas coletivas referidas nas alíneas anteriores, desde que sejam maioritariamente financiadas por estas, estejam sujeitas ao seu controlo de gestão ou tenham um órgão de administração, de direção ou de fiscalização cuja maioria dos titulares seja, direta ou indiretamente, designada pelas mesmas.

2 – São também entidades adjudicantes:

a) Os organismos de direito público, considerando-se como tais quaisquer pessoas coletivas que, independentemente da sua natureza pública ou privada:

i) Tenham sido criadas especificamente para satisfazer necessidades de interesse geral, sem caráter industrial ou comercial, entendendo-se como tais aquelas cuja atividade económica se não submeta à lógica concorrencial de mercado, designadamente por não terem fins lucrativos ou por não assumirem os prejuízos resultantes da sua atividade; e

ii) Sejam maioritariamente financiadas por entidades referidas no número anterior ou por outros organismos de direito público, ou a sua gestão esteja sujeita a controlo por parte dessas entidades, ou tenham órgãos de administração, direção ou fiscalização cujos membros tenham, em mais de metade do seu número, sido designados por essas entidades;

b) Quaisquer pessoas coletivas que se encontrem na situação referida na alínea anterior relativamente a uma entidade que seja, ela própria, uma entidade adjudicante nos termos do disposto na mesma alínea;

c) (*Revogada*.)

d) As associações de que façam parte uma ou várias das pessoas coletivas referidas nas alíneas anteriores, desde que sejam maioritariamente financiadas por estas, estejam sujeitas ao seu controlo de gestão ou tenham um órgão de administração, de direção ou de fiscalização cuja maioria dos titulares seja, direta ou indiretamente, designada pelas mesmas.

3 – (*Revogado*.)

ARTIGO 3º
Contraentes públicos

1 – Para efeitos do presente Código, entende-se por contraentes públicos:

a) As entidades referidas no nº 1 do artigo anterior;

b) As entidades adjudicantes referidas no nº 2 do artigo anterior sempre que os contratos por si celebrados sejam, por vontade das partes, qualificados como contratos administrativos ou submetidos a um regime substantivo de direito público.

2 – São também contraentes públicos quaisquer entidades que, independentemente da sua natureza pública ou privada, celebrem contratos no exercício de funções materialmente administrativas.

ARTIGO 4º
Contratos excluídos

1 – O presente Código não é aplicável aos contratos celebrados ao abrigo:

a) De convenção internacional previamente comunicada à Comissão Europeia, e concluída nos termos dos Tratados da União Europeia, entre a República Portuguesa, e um ou mais Estados terceiros, respeitantes a obras, bens ou serviços destinados à realização ou exploração conjunta de um projeto pelos seus signatários;

b) De procedimento específico de uma organização internacional de que a República Portuguesa seja parte;

c) Das regras aplicáveis aos contratos públicos determinadas por uma organização internacional ou instituição financeira internacional, quando os contratos em questão sejam financiados na íntegra por essa organização ou instituição;

d) De instrumentos de cooperação para o desenvolvimento, com uma entidade sediada num dos Estados dele signatários e em benefício desse mesmo Estado, desde que este não seja signatário do Acordo sobre o Espaço Económico Europeu;

e) Do disposto no artigo 346º do Tratado sobre o Funcionamento da União Europeia;

f) De acordo ou convénio internacional relativo ao estacionamento de tropas e que envolva empresas de um Estado-Membro ou de um país terceiro.

2 – O presente Código não é igualmente aplicável a:

a) Contratos de trabalho em funções públicas e contratos individuais de trabalho;

b) Contratos de doação de bens móveis a favor de qualquer entidade adjudicante;

c) Contratos de compra e venda, de doação, de permuta e de arrendamento de bens imóveis ou contratos similares;

d) Contratos relativos à aquisição, desenvolvimento, produção ou coprodução de programas destinados a serviços de comunicação social audiovisuais ou radiofónicos, adjudicados por prestadores de serviços de comunicação social audiovisuais ou radiofónicos, e aos contratos de tempo de antena ou de fornecimento de programas a eles adjudicados;

e) Contratos que se destinem à satisfação das necessidades dos serviços periféricos ou de delegações das entidades adjudicantes referidas no artigo 2º, situadas fora do território nacional e como tal sujeitas ao regime jurídico da lei que se considere aplicável nos termos gerais do direito internacional, exceto quanto a contratos celebrados e executados no território do Espaço Económico Europeu cujo valor seja superior ao referido nas alíneas *a*), *b*) e *c*) do nº 3 do artigo 474º, caso em que se aplica a parte II.

ARTIGO 5º
Contratação excluída

1 – A parte II não é aplicável à formação de contratos cujo objeto abranja prestações que não estão nem sejam suscetíveis de estar submetidas à concorrência de

mercado, designadamente em razão da sua natureza ou das suas características, bem como da posição relativa das partes no contrato ou do contexto da sua formação.

2 – O disposto no número anterior abrange, designadamente, os acordos ou outros instrumentos jurídicos que organizem a transferência ou delegação de poderes e responsabilidades pela execução de missões públicas entre entidades adjudicantes ou agrupamentos de entidades adjudicantes, e que não prevejam uma remuneração.

3 – (*Revogado.*)

4 – Sem prejuízo do disposto no nº 2 do artigo 11º, a parte II não é igualmente aplicável à formação dos seguintes contratos:

a) Contratos que devam ser celebrados com uma entidade, que seja ela própria uma entidade adjudicante, em virtude de esta beneficiar de um direito exclusivo de prestar o serviço a adquirir, desde que a atribuição desse direito exclusivo seja compatível com as normas e os princípios constitucionais e comunitários aplicáveis;

b) (*Revogada.*)

c) Contratos cujo objeto principal consista na atribuição, por qualquer das entidades adjudicantes referidas no nº 1 do artigo 2º, de subsídios ou de subvenções de qualquer natureza;

d) Contratos de sociedade cujo capital social se destine a ser exclusivamente detido pelas entidades adjudicantes referidas no nº 1 do artigo 2º;

e) Contratos de aquisição de serviços financeiros relativos à emissão, compra, venda ou transferência de valores mobiliários ou outros instrumentos financeiros, na aceção da Diretiva nº 2004/39/CE, do Parlamento Europeu e do Conselho, de 21 de abril de 2004, e respetivos serviços auxiliares, bem como os contratos a celebrar em execução das políticas monetária, cambial ou de gestão de reservas e os de aquisição de serviços de caráter financeiro pelo Banco de Portugal e operações realizadas com o Fundo Europeu de Estabilidade Financeira e com o Mecanismo Europeu de Estabilidade;

f) Contratos de aquisição de serviços financeiros de emissão e gestão de dívida pública e de gestão da tesouraria do Estado;

g) Contratos celebrados entre entidades adjudicantes e centrais de compras públicas para a prestação de serviços de compras centralizadas;

h) Contratos celebrados ao abrigo do disposto no regime jurídico dos contratos públicos no domínio da defesa e da segurança, designadamente do Decreto-Lei nº 104/2011, de 6 de outubro;

i) Contratos que, nos termos da lei, sejam declarados secretos ou cuja execução deva ser acompanhada de medidas especiais de segurança, bem como quando os interesses essenciais de defesa e segurança do Estado o exigirem;

j) Contratos de aquisição de serviços de investigação e desenvolvimento abrangidos pelos códigos CPV referidos no anexo VIII ao presente Código, que dele faz parte integrante, desde que se verifiquem cumulativamente as seguintes condições:

i) Os resultados obtidos com os respetivos serviços não revertam exclusivamente a favor da entidade adjudicante, para utilização no exercício da sua própria atividade;

ii) O pagamento dos serviços em causa não seja integralmente suportado pela entidade adjudicante, designadamente por se tratar de projeto cofinanciado por fundos nacionais ou europeus.

5 – (*Revogado.*)

6 – (*Revogado.*)

7 – (*Revogado.*)

8 – A parte II não é aplicável aos contratos celebrados pelas entidades referidas no nº 2 do artigo 2º, e pelo Banco de Portugal, que não abranjam prestações típicas da empreitada de obras públicas, concessão de obras públicas, concessão de serviços públicos, locação e aquisição de bens móveis ou aquisição de serviços.

ARTIGO 5º-A
Contratos no âmbito do setor público

1 – A parte II não é aplicável à formação dos contratos, independentemente do seu objeto, a celebrar por entidades adjudicantes com uma outra entidade, quando se verifiquem, cumulativamente, as seguintes condições:

a) A entidade adjudicante exerça, direta ou indiretamente, sobre a atividade da outra pessoa coletiva, isoladamente ou em conjunto com outras entidades adjudicantes, um controlo análogo ao que exerce sobre os seus próprios serviços;

b) A entidade controlada desenvolva mais de 80% da sua atividade no desempenho de funções que lhe foram confiadas pela entidade adjudicante ou entidades adjudicantes que a controlam, ou por outra ou outras entidades controladas por aquela ou aquelas entidades adjudicantes, consoante se trate de controlo isolado ou conjunto;

c) Não haja participação direta de capital privado na pessoa coletiva controlada, com exceção de formas de participação de capital privado sem poderes de controlo e sem bloqueio eventualmente exigidas por disposições especiais, em conformidade com os Tratados da União Europeia, e que não exerçam influência decisiva na pessoa coletiva controlada.

2 – É igualmente aplicável o disposto no número anterior aos contratos adjudicados por uma entidade adjudicante a outras pessoas coletivas controladas pela mesma entidade adjudicante, bem como aos contratos adjudicados por uma entidade adjudicante à entidade adjudicante que a controla.

3 – Para efeitos do nº 1, entende-se que existe controlo análogo isolado quando uma única entidade adjudicante pode exercer uma influência decisiva sobre os objetivos estratégicos e as decisões relevantes da entidade controlada.

4 – Para efeitos do nº 1, entende-se que existe controlo análogo conjunto quando estiverem preenchidas, cumulativamente, as seguintes condições:

a) Os órgãos de decisão da pessoa coletiva controlada são compostos por representantes de todas as entidades adjudicantes participantes;

b) As entidades adjudicantes podem exercer conjuntamente uma influência decisiva sobre os objetivos estratégicos e as decisões relevantes da pessoa coletiva controlada; e

c) A pessoa coletiva controlada não prossegue quaisquer interesses contrários aos interesses das entidades adjudicantes que a controlam.

5 – A parte II também não é aplicável à formação dos contratos celebrados exclusivamente entre duas ou mais entidades adjudicantes quando se verifiquem, cumulativamente, as seguintes condições:

a) O contrato estabelece uma cooperação entre as entidades adjudicantes, no âmbito de tarefas públicas que lhes estão atribuídas e que apresentam uma conexão relevante entre si;

b) A cooperação é regida exclusivamente por considerações de interesse público; e

c) As entidades adjudicantes não exercem no mercado livre mais de 20% das atividades abrangidas pelo contrato de cooperação.

6 – Para efeitos do apuramento das percentagens previstas na alínea *b*) do nº 1 e na alínea *c*) do número anterior, deve ser tido em conta o volume médio total de negócios, ou uma medida alternativa adequada, baseada na atividade, tais como os custos suportados pela pessoa coletiva em causa no que diz respeito a serviços, fornecimentos ou obras, nos três anos anteriores ou, quando não tenha três anos de atividade concluídos, a projeção de atividades a desenvolver.

ARTIGO 5º-B
Regime da contratação excluída

1 – A celebração dos contratos a que se referem os artigos 5º e 5º-A fica sujeita aos princípios gerais da atividade administrativa, bem como, com as devidas adaptações face à natureza do contrato, aos princípios gerais da contratação pública previstos no nº 1 do artigo 1º-A, devendo sempre ser feita menção à norma que fundamenta a não aplicação da parte II ao contrato em causa.

2 – Os contratos com objeto passível de ato administrativo e demais contratos sobre o exercício de poderes públicos ficam sujeitos às normas constantes do Código do Procedimento Administrativo, com as necessárias adaptações.

ARTIGO 6º

(*Revogado.*)

ARTIGO 6º-A
Contratos de serviços sociais e de outros serviços específicos

1 – A parte II não é aplicável à formação dos contratos públicos que tenham por objeto a aquisição de serviços sociais e de outros serviços específicos referidos no

anexo IX ao presente Código, que dele faz parte integrante, salvo quando o valor de cada contrato for superior ao limiar previsto na alínea *d*) do nº 3 do artigo 474º, caso em que se aplica o disposto nos artigos 250º-A e seguintes.

2 – À celebração dos contratos referidos no número anterior são aplicáveis, com as devidas adaptações, os princípios gerais da contratação pública previstos no artigo 1º-A.

ARTIGO 6º-B
Acordo sobre Contratos Públicos da Organização Mundial do Comércio

Nos domínios abrangidos pelos anexos 1, 2, 4 e 5, pelas Notas Gerais do Apêndice 1 da União Europeia ao Acordo sobre Contratos Públicos da Organização Mundial do Comércio e pelos outros acordos internacionais a que a União Europeia se encontra vinculada, as entidades adjudicantes abrangidas pelo presente Código devem conceder aos operadores económicos dos Estados signatários desses acordos um tratamento idêntico ao concedido pelas entidades adjudicantes desses Estados aos operadores económicos da União Europeia.

TÍTULO II
Setores da água, da energia, dos transportes e dos serviços postais

ARTIGO 7º
Entidades adjudicantes nos setores da água, da energia, dos transportes e dos serviços postais

1 – São ainda entidades adjudicantes:

a) Quaisquer pessoas coletivas não abrangidas pelo artigo 2º, ainda que criadas especificamente para satisfazer necessidades de interesse geral, com carácter industrial ou comercial, que exerçam uma ou várias atividades nos setores da água, da energia, dos transportes e dos serviços postais e em relação às quais qualquer das entidades adjudicantes referidas no artigo 2º possa exercer, direta ou indiretamente, uma influência dominante;

b) Quaisquer pessoas coletivas não abrangidas pelo artigo 2º que gozem de direitos especiais ou exclusivos não atribuídos no âmbito de um procedimento de formação de contrato com publicidade internacional e que tenham por efeito:

i) Reservar-lhes, isolada ou conjuntamente com outras entidades, o exercício de uma ou várias atividades nos setores da água, da energia, dos transportes e dos serviços postais; e

ii) Afetar substancialmente a capacidade de quaisquer outras entidades exercerem uma ou várias dessas atividades;

c) Quaisquer pessoas coletivas constituídas exclusivamente por entidades adjudicantes referidas nas alíneas anteriores ou que sejam por elas maioritariamente financiadas, estejam sujeitas ao seu controlo de gestão ou tenham um órgão de administração, de direção ou de fiscalização cuja maioria dos titulares seja, direta ou indiretamente, designada por aquelas entidades, desde que se destinem ao exercício em comum de atividade nos setores da água, da energia, dos transportes e dos serviços postais.

2 – Para os efeitos do disposto na alínea *b*) do número anterior, considera-se que uma entidade adjudicante pode exercer influência dominante quando detiver, nomeadamente, a maioria do capital social, a maioria dos direitos de voto, o controlo de gestão ou o direito de designar, direta ou indiretamente, a maioria dos titulares de um órgão de administração, de direção ou de fiscalização.

ARTIGO 8º
Contraentes públicos nos setores da água, da energia, dos transportes e dos serviços postais

São ainda contraentes públicos as entidades adjudicantes referidas no artigo anterior sempre que os contratos por si celebrados, a cuja formação seja aplicável a parte II do presente Código, sejam, por vontade das partes, qualificados como contratos administrativos ou submetidos a um regime substantivo de direito público.

ARTIGO 9º
Atividades nos setores da água, da energia, dos transportes e dos serviços postais

1 – Para efeitos do presente Código, consideram-se atividades do setor da energia:

a) As de disponibilização ou exploração de redes fixas destinadas à prestação de serviços ao público no domínio da produção, do transporte ou da distribuição de gás, calor ou eletricidade, bem como a alimentação dessas redes com gás, calor ou eletricidade, respetivamente;

b) As de exploração de uma área geográfica para efeitos de extração de petróleo ou gás ou de prospeção ou extração de carvão ou de outros combustíveis sólidos;

c) (*Revogada.*)

d) (*Revogada.*)

e) (*Revogada.*)

f) (*Revogada.*)

g) (*Revogada.*)

h) (*Revogada.*)

i) (*Revogada.*)

2 – Para efeitos do presente Código, consideram-se atividades do setor da água a disponibilização ou exploração de redes fixas destinadas à prestação de serviços ao público no domínio da produção, do transporte ou da distribuição de água potável, bem como a alimentação dessas redes com água potável, bem como a eliminação ou tratamento de águas residuais.

3 – Para efeitos do presente Código consideram-se atividades do setor dos serviços de transporte:

a) As que tenham por objetivo a disponibilização ou exploração de redes destinadas à prestação de serviços ao público no domínio dos transportes por caminho-de-ferro, sistemas automáticos, carros elétricos, tróleis, autocarros ou cabo e por vias navegáveis entre terminais marítimos ou fluviais;

b) As que tenham por objetivo a exploração de uma área geográfica para disponibilizar aeroportos e portos marítimos ou fluviais ou outros terminais de transportes às empresas de transporte aéreo, marítimo ou fluvial.

4 – No que diz respeito aos serviços de transporte, considera-se que existe uma rede quando o serviço é prestado nas condições estabelecidas por uma entidade adjudicante.

5 – Para efeitos do presente Código consideram-se atividades do setor dos serviços postais:

a) Os serviços que consistam na aceitação, no tratamento, no transporte e na distribuição de envios postais;

b) Outros serviços afins, tais como:

i) A gestão de serviços postais, designadamente os serviços pré e pós envio, incluindo os serviços de gestão e de preparação interna do correio;

ii) Os serviços relativos a envios postais não incluídos na alínea anterior, tais como a publicidade postal sem endereço.

ARTIGO 10º
Atividades excecionadas nos setores da água, da energia e dos transportes

1 – Excetua-se do disposto nos nºs 1 e 2 do artigo anterior a atividade de alimentação de redes fixas de prestação de serviços ao público no domínio da produção de eletricidade e água potável quando:

a) A produção de água potável ou de eletricidade pela entidade adjudicante seja necessária ao exercício de uma atividade diferente das referidas no artigo anterior;

b) A alimentação daquela rede dependa apenas do consumo próprio da entidade adjudicante e não tenha excedido 30% da produção total de água potável ou de eletricidade dessa entidade, consoante o caso, tomando por referência a média dos três últimos anos, incluindo o ano em curso.

2 – Excetua-se igualmente do disposto do nº 1 do artigo anterior a atividade de alimentação de redes públicas de prestação de serviços ao público no domínio da produção de gás ou de combustível para aquecimento quando:

a) A produção de gás ou de combustível para aquecimento pela entidade adjudicante seja a consequência inevitável do exercício de uma atividade diferente das referidas no artigo anterior;

b) A alimentação daquela rede se destine apenas a explorar de maneira mais económica a produção de gás ou de combustível para aquecimento e não represente mais de 20% do volume de negócios da entidade adjudicante, tomando por referência a média dos três últimos anos, incluindo o ano em curso.

3 – (*Revogado.*)

ARTIGO 11º
Âmbito da contratação nos setores da água, da energia, dos transportes e dos serviços postais

1 – A parte II do presente Código só é aplicável à formação dos contratos a celebrar pelas entidades adjudicantes referidas no nº 1 do artigo 7º desde que:

a) Esses contratos digam direta e principalmente respeito a uma ou a várias das atividades por elas exercidas nos setores da água, da energia, dos transportes e dos serviços postais; e

b) O objeto desses contratos abranja prestações típicas dos seguintes contratos:

i) Empreitada de obras públicas cujo valor seja igual ou superior ao limiar referido na alínea *a*) do nº 4 do artigo 474º;

ii) Concessão de obras públicas;

iii) Concessão de serviços públicos;

iv) Locação ou aquisição de bens móveis e aquisição de serviços cujo valor seja igual ou superior ao limiar referido na alínea *b*) do nº 4 do artigo 474º;

v) Aquisição de serviços sociais ou outros específicos enumerados no anexo IX ao presente Código, cujo valor seja igual ou superior ao limiar referido na alínea *c*) do nº 4 do artigo 474º

2 – A parte II do presente Código é sempre aplicável à formação de contratos, celebrar por quaisquer entidades adjudicantes, quando estes digam direta e principalmente respeito a uma ou a várias das atividades por elas exercidas nos setores da água, da energia, dos transportes e dos serviços postais, nos seguintes casos:

a) Contratos de aquisição de serviços de caráter financeiro prestados pelo Banco de Portugal;

b) Contratos relativos à aquisição, ao desenvolvimento, à produção ou à coprodução de programas destinados a emissão por parte de entidades de radiodifusão ou relativos a tempos de emissão.

3 – A parte II do presente Código é sempre aplicável à formação dos seguintes contratos, a celebrar pelas entidades adjudicantes referidas no nº 1 do artigo 7º, quando estas exerçam uma ou várias atividades no setor da água:

a) Contratos relacionados com projetos de engenharia hidráulica, de irrigação ou de drenagem, desde que o volume de água destinada ao abastecimento de água potável represente mais de 20% do volume total de água fornecida de acordo com aqueles projetos ou por instalações de irrigação ou de drenagem;

b) (*Revogada.*)

ARTIGO 12º
Extensão do âmbito da contratação nos setores da água, da energia, dos transportes e dos serviços postais

À formação dos contratos a celebrar pelas entidades adjudicantes referidas no nº 2 do artigo 2º que exerçam uma ou várias atividades nos setores da água, da energia, dos transportes e dos serviços postais são aplicáveis as regras especiais previstas no presente Código relativas à formação dos contratos a celebrar pelas entidades adjudicantes referidas no nº 1 do artigo 7º, desde que esses contratos digam direta e principalmente respeito a uma ou a várias dessas atividades.

ARTIGO 13º
Restrição do âmbito da contratação nos setores da água, da energia, dos transportes e dos serviços postais

1 – A parte II do presente Código não é aplicável à formação dos seguintes contratos referidos nos artigos 11º e 12º:

a) A executar num país terceiro, desde que tal execução não implique a exploração física de uma rede pública ou de uma área geográfica no interior do território da União Europeia;

b) A celebrar por uma entidade adjudicante cuja atividade esteja diretamente exposta à concorrência em mercado de acesso não limitado, desde que tal seja reconhecido pela Comissão Europeia, a pedido da República Portuguesa, da entidade adjudicante em causa ou por iniciativa da própria Comissão Europeia, nos termos do disposto no artigo 34º da Diretiva nº 2014/25/UE, do Parlamento Europeu e do Conselho, de 26 de fevereiro de 2014;

c) A celebrar entre uma entidade adjudicante abrangida pelas alíneas *a*) ou *b*) do nº 2 do artigo 2º e uma empresa sua associada ou uma entidade abrangida pela alínea *d*) do mesmo número da qual aquela entidade adjudicante faça parte;

d) A celebrar entre uma entidade adjudicante abrangida pela alínea *d*) do nº 2 do artigo 2º e uma entidade abrangida pelas alíneas *a*) ou *b*) do mesmo número ou uma empresa associada a esta última;

e) A celebrar entre uma entidade adjudicante abrangida pelas alíneas *a*) ou *b*) do nº 1 do artigo 7º e uma empresa sua associada ou uma entidade abrangida pela alínea *c*) do mesmo número, da qual aquela entidade adjudicante faça parte;

f) A celebrar entre uma entidade adjudicante abrangida pela alínea *c*) do nº 1 do artigo 7º e uma entidade abrangida pelas alíneas *a*) ou *b*) do mesmo número ou uma empresa associada a esta última.

2 – Para os efeitos do disposto nas alíneas *c*) e *e*) do número anterior, as entidades referidas na alínea *d*) do nº 2 do artigo 2º ou na alínea *c*) do nº 1 do artigo 7º devem ter sido criadas para desenvolver a sua atividade no setor da água, da energia, dos transportes ou dos serviços postais durante um período mínimo de três anos e os instrumentos jurídicos que as constituem devem estabelecer que as entidades que dela fazem parte as integrem durante, pelo menos, o mesmo período.

3 – O disposto nas alíneas *c*) a *f*) do nº 1 só é aplicável desde que, pelo menos, 80% da média do volume de negócios da empresa associada nos últimos três anos, em matéria de obras, de bens móveis ou de serviços, consoante o caso, provenha da realização dessas obras, do fornecimento desses bens ou da prestação desses serviços à entidade adjudicante ou a outras empresas com as quais se encontre associada ou, caso a empresa associada esteja constituída há menos de três anos, desde que esta demonstre, nomeadamente por recurso a projeções da sua atividade, que o respetivo volume de negócios é credível.

4 – Para efeitos do apuramento da percentagem prevista no número anterior, deve ser tido em conta o volume médio de negócios ou os custos suportados pela pessoa coletiva em causa no que diz respeito a serviços, fornecimentos ou obras, nos três anos anteriores.

5 – Se, devido à reorganização das suas atividades, o volume de negócios não estiver disponível para os três anos anteriores, basta demonstrar que as atividades projetadas para os anos seguintes cumprem o disposto no nº 3.

6 – Quando as obras, os bens móveis ou os serviços sejam, respetivamente, realizadas, fornecidos ou prestados à entidade adjudicante por mais do que uma empresa associada, a percentagem referida no nº 3 é calculada tendo em conta o volume total de negócios, em matéria de obras, de bens móveis ou de serviços, de todas as empresas associadas.

ARTIGO 14º
Empresa associada

Para os efeitos do disposto no artigo anterior, considera-se empresa associada qualquer pessoa coletiva cujas contas anuais sejam consolidadas com as da entidade adjudicante, nos termos do disposto na Diretiva nº 2013/34/UE, do Parlamento Europeu e do Conselho, de 26 de junho de 2013, relativa às demonstrações financeiras anuais, às demonstrações financeiras consolidadas e aos relatórios conexos de certas formas de empresas, ou, no caso de a entidade adjudicante não se encontrar abrangida pela referida diretiva:

a) Qualquer pessoa coletiva sobre a qual a entidade adjudicante possa exercer, direta ou indiretamente, uma influência dominante em virtude, nomeadamente, de deter a maioria do capital social, a maioria dos direitos de voto, o controlo de gestão ou o direito de designar, direta ou indiretamente, a maioria dos titulares de um órgão de administração, direção ou fiscalização;

b) Qualquer pessoa coletiva que possa exercer, direta ou indiretamente, uma influência dominante sobre a entidade adjudicante, em virtude de qualquer uma das situações referidas na alínea anterior;

c) Qualquer pessoa coletiva que, conjuntamente com a entidade adjudicante, esteja sujeita, direta ou indiretamente, à influência dominante de uma terceira entidade, em virtude de qualquer uma das situações referidas na alínea *a*).

ARTIGO 15º
Comunicações à Comissão Europeia

1 – Nos casos previstos nas alíneas *c*) a *f*) do nº 1 do artigo 13º, as entidades adjudicantes devem comunicar à Comissão Europeia, a pedido desta, as seguintes informações:

a) A identificação das entidades adjudicantes e das empresas associadas em causa;

b) A natureza dos contratos celebrados e o respetivo preço contratual;

c) Outros elementos que a Comissão Europeia considere necessários para provar que as relações entre as partes nos contratos celebrados preenchem os requisitos de que depende a aplicação do disposto no artigo 13º

2 – As entidades adjudicantes devem comunicar à Comissão Europeia, a pedido desta, os contratos celebrados ao abrigo do disposto na alínea *a*) do nº 1 do artigo 13º ou os que não digam direta e principalmente respeito a uma ou a várias das atividades exercidas por essas entidades nos setores da água, da energia, dos transportes e dos serviços postais.

PARTE II
CONTRATAÇÃO PÚBLICA

TÍTULO I
Tipos e escolha de procedimentos

CAPÍTULO I
Tipos de procedimentos

ARTIGO 16º
Procedimentos para a formação de contratos

1 – Para a formação de contratos cujo objeto abranja prestações que estão ou sejam suscetíveis de estar submetidas à concorrência de mercado, as entidades adjudicantes devem adotar um dos seguintes tipos de procedimentos:

a) Ajuste direto;
b) Consulta prévia;
c) Concurso público;
d) Concurso limitado por prévia qualificação;
e) Procedimento de negociação;
f) Diálogo concorrencial;
g) Parceria para a inovação.

2 – Para os efeitos do disposto no número anterior, consideram-se submetidas à concorrência de mercado, designadamente, as prestações típicas abrangidas pelo objeto dos seguintes contratos, independentemente da sua designação ou natureza:

a) Empreitada de obras públicas;
b) Concessão de obras públicas;
c) Concessão de serviços públicos;
d) Locação ou aquisição de bens móveis;
e) Aquisição de serviços;
f) Sociedade.

CAPÍTULO II
Escolha do procedimento e valor do contrato

ARTIGO 17º
Valor do contrato

1 – Para efeitos do presente Código, o valor do contrato a celebrar é o valor máximo do benefício económico que, em função do procedimento adotado, pode ser obtido pelo adjudicatário com a execução de todas as prestações que constituem o seu objeto.

2 – O benefício económico referido no número anterior inclui, além do preço a pagar pela entidade adjudicante ou por terceiros, o valor de quaisquer contraprestações a efetuar em favor do adjudicatário e ainda o valor das vantagens que decorram diretamente para este da execução do contrato e que possam ser configuradas como contrapartidas das prestações que lhe incumbem.

3 – No caso de contratos de empreitada de obras públicas, o cálculo do valor do contrato inclui o custo da obra e o valor total dos bens móveis e serviços que são postos à disposição do adjudicatário pela entidade adjudicante.

4 – Nos acordos-quadro e nos sistemas de aquisição dinâmicos, o valor a tomar em consideração é o valor máximo de todos os contratos previstos ao seu abrigo durante a vigência do acordo-quadro ou do sistema de aquisição dinâmico.

5 – No caso das parcerias para a inovação, o valor a tomar em consideração é o valor das atividades de investigação e desenvolvimento que tenham lugar em todas

as etapas da parceria prevista, bem como dos bens, dos serviços ou das obras a serem desenvolvidos e adquiridos no final da parceria.

6 – Quando a entidade adjudicante for organizada por unidades orgânicas, na definição do valor do contrato deve ser tido em conta o valor total referente a todas elas, salvo se forem independentemente responsáveis pelas suas aquisições, nomeadamente por se tratar de serviços periféricos ou municipalizados.

7 – A fixação do valor estimado do contrato deve ser fundamentada com base em critérios objetivos, utilizando, como referência preferencial, os custos médios unitários de prestações do mesmo tipo adjudicadas em anteriores procedimentos promovidos pela entidade adjudicante.

8 – O valor do contrato não pode ser fracionado com o intuito de o excluir do cumprimento de quaisquer exigências legais, designadamente, das constantes do presente Código.

9 – Caso não se verifique qualquer das situações referidas nos números anteriores considera-se o contrato sem valor.

ARTIGO 18º
Escolha do procedimento

Sem prejuízo do disposto nos capítulos III e IV do presente título, a escolha dos procedimentos de ajuste direto, de consulta prévia, de concurso público ou de concurso limitado por prévia qualificação deve ser feita tendo por base o valor do contrato a celebrar, nos termos do disposto nos artigos seguintes do presente capítulo.

ARTIGO 19º
Escolha do procedimento de formação de contratos de empreitada de obras públicas

Para a celebração de contratos de empreitadas de obras públicas pode adotar-se um dos seguintes procedimentos:

a) Concurso público ou concurso limitado por prévia qualificação, com publicação de anúncio no *Jornal Oficial da União Europeia*, qualquer que seja o valor do contrato;

b) Concurso público ou concurso limitado por prévia qualificação, sem publicação de anúncio no *Jornal Oficial da União Europeia*, quando o valor do contrato seja inferior ao limiar referido na alínea *a*) do nº 3 do artigo 474º;

c) Consulta prévia, com convite a pelo menos três entidades, quando o valor do contrato for inferior a € 150 000;

d) Ajuste direto, quando o valor do contrato for inferior a € 30 000.

ARTIGO 20º
Escolha do procedimento de formação de contratos de locação ou de aquisição de bens móveis e de aquisição de serviços

1 – Para a celebração de contratos de locação ou de aquisição de bens móveis e de aquisição de serviços, pode adotar-se um dos seguintes procedimentos:

a) Concurso público ou concurso limitado por prévia qualificação, com publicação de anúncio no *Jornal Oficial da União Europeia*, qualquer que seja o valor do contrato;

b) Concurso público ou concurso limitado por prévia qualificação, sem publicação de anúncio no *Jornal Oficial da União Europeia*, quando o valor do contrato seja inferior ao limiares referidos nas alíneas *b*), *c*) ou *d*) do nº 3 do artigo 474º, consoante o caso;

c) Consulta prévia, com convite a pelo menos três entidades, quando o valor do contrato seja inferior a € 75 000;

d) Ajuste direto, quando o valor do contrato for inferior a € 20 000.

2 – (*Revogado.*)
3 – (*Revogado.*)
4 – (*Revogado.*)

ARTIGO 21º
Escolha do procedimento de formação de outros contratos

1 – No caso de contratos distintos dos previstos nos artigos anteriores, que não configurem contratos de concessão de obras públicas ou de concessão de serviços públicos, ou contratos de sociedade, pode adotar-se o seguinte procedimento:

a) Concurso público, concurso limitado por prévia qualificação, procedimento de negociação, diálogo concorrencial ou parceria para a inovação, sem publicação de anúncio no *Jornal Oficial da União Europeia*, qualquer que seja o valor do contrato;

b) Consulta prévia, com convite a, pelo menos, três entidades, quando o valor do contrato seja inferior a € 100 000;

c) Ajuste direto, quando o valor do contrato seja inferior a € 50 000.

2 – Para a formação de contratos sem valor, exceto se se tratar de um dos contratos mencionados no número anterior, pode ser adotado qualquer um dos procedimentos nele referidos.

ARTIGO 22º
Contratação de prestações do mesmo tipo em diferentes procedimentos

1 – Quando prestações do mesmo tipo, suscetíveis de constituírem objeto de um único contrato, sejam contratadas através de mais do que um procedimento, a escolha do procedimento a adotar deve ser efetuada tendo em conta:

a) O somatório dos valores dos vários procedimentos, caso a formação de todos os contratos a celebrar ocorra em simultâneo; ou

b) O somatório dos preços contratuais relativos a todos os contratos já celebrados e do valor de todos os procedimentos ainda em curso, quando a formação desses contratos ocorra ao longo do período de um ano, desde que a entidade adjudicante, aquando do lançamento do primeiro procedimento, devesse ter previsto a necessidade de lançamento dos procedimentos subsequentes.

2 – As entidades adjudicantes ficam dispensadas do disposto no número anterior relativamente a procedimentos de bens e serviços cujo valor seja inferior a € 80 000, ou a empreitadas de obras públicas cujo valor seja inferior a € 1 000 000, desde que o valor do conjunto dos procedimentos não exceda 20% deste limite.

3 – (*Revogado.*)

CAPÍTULO III
Escolha do procedimento em função de critérios materiais

ARTIGO 23º
Regra geral

A escolha do procedimento nos termos do disposto no presente capítulo permite a celebração de contratos de qualquer valor, sem prejuízo das exceções expressamente previstas.

ARTIGO 24º
Escolha do ajuste direto para a formação de quaisquer contratos

1 – Qualquer que seja o objeto do contrato a celebrar, pode adotar-se o ajuste direto quando:

a) Em anterior concurso público ou concurso limitado por prévia qualificação, nenhum candidato se haja apresentado ou nenhum concorrente haja apresentado proposta, e desde que o caderno de encargos e, se for o caso, os requisitos mínimos de capacidade técnica e financeira não sejam substancialmente alterados em relação aos daquele concurso;

b) Em anterior concurso público, concurso limitado por prévia qualificação ou diálogo concorrencial, todas as propostas apresentadas tenham sido excluídas, e desde que o caderno de encargos não seja substancialmente alterado em relação ao daquele procedimento;

c) Na medida do estritamente necessário e por motivos de urgência imperiosa resultante de acontecimentos imprevisíveis pela a entidade adjudicante, não possam ser cumpridos os prazos inerentes aos demais procedimentos, e desde que as circunstâncias invocadas não sejam, em caso algum, imputáveis à entidade adjudicante;

d) As prestações que constituem o seu objeto se destinem, a título principal, a permitir à entidade adjudicante a prestação ao público de um ou mais serviços de telecomunicações;

e) As prestações que constituem o objeto do contrato só possam ser confiadas a determinada entidade por uma das seguintes razões:

i) O objeto do procedimento seja a criação ou aquisição de uma obra de arte ou de um espetáculo artístico;

ii) Não exista concorrência por motivos técnicos;

iii) Seja necessário proteger direitos exclusivos, incluindo direitos de propriedade intelectual;

f) (*Revogada.*)

2 – Quando todas as propostas tenham sido excluídas com fundamento no nº 2 do artigo 70º, a adoção do ajuste direto ao abrigo do disposto na alínea *b*) do número anterior só permite a celebração de contratos de valor inferior ao:

a Referido na alínea *b*) do artigo 19º, no caso de se tratar de um contrato de empreitada de obras públicas;

b) Referido na alínea *b*) do nº 1 do artigo 20º, no caso de se tratar de um contrato de locação ou de aquisição de bens móveis ou de um contrato de aquisição de serviços;

c) (*Revogada.*)

3 – No caso previsto no número anterior, a adoção do ajuste direto só permite a celebração de contratos de valor igual ou superior aos referidos nas alíneas do mesmo número, desde que o anúncio do procedimento anterior tenha sido publicado no *Jornal Oficial da União Europeia* e sejam convidados a apresentar proposta todos, e apenas, os concorrentes cujas propostas tenham sido excluídas apenas com fundamento no nº 2 do artigo 70º

4 – O ajuste direto com fundamento no disposto nas subalíneas *ii*) e *iii*) da alínea *e*) do nº 1 só pode ser adotado quando não exista alternativa ou substituto razoável e quando a inexistência de concorrência não resulte de uma restrição desnecessária face aos aspetos do contrato a celebrar.

5 – Para a formação de contratos que digam direta e principalmente respeito a uma ou a várias das atividades exercidas nos setores da água, da energia, dos transportes e dos serviços postais pelas entidades adjudicantes referidas no nº 1 do artigo 7º, o ajuste direto só pode ser adotado ao abrigo do disposto na alínea *b*) do nº 1 do presente artigo, desde que as propostas tenham sido excluídas com fundamento diferente dos previstos no nº 2 do artigo 70º

6 – Para a formação dos contratos a que se refere o número anterior e sem prejuízo do que nele se dispõe, também pode ser adotado o ajuste direto quando as situações previstas nas alíneas *a*) e *b*) do nº 1 tenham ocorrido em anterior procedimento de negociação.

7 – A decisão de escolha do ajuste direto ao abrigo do disposto nas alíneas *a*) e *b*) do nº 1 e no número anterior só pode ser tomada no prazo de seis meses a contar:

a) Do termo do prazo fixado para a apresentação de candidaturas ou propostas, no caso previsto na alínea *a*) do nº 1;

b) Da decisão de exclusão de todas as propostas apresentadas, no caso previsto na alínea *b*) do nº 1.

8 – A decisão de escolha do ajuste direto tomada nos termos do disposto no número anterior caduca se o convite à apresentação de proposta não for formulado nos prazos previstos nas alíneas *a*) e *b*) do número anterior, consoante o caso.

9 – Para efeitos do disposto nas alíneas *a*) e *b*) do nº 1, considera-se que o caderno de encargos e os requisitos mínimos de capacidade técnica e financeira são substancialmente alterados quando as alterações sejam suscetíveis de impedir a verificação das situações previstas nessas alíneas, nomeadamente quando sejam modificados os parâmetros base fixados no caderno de encargos.

10 – As entidades adjudicantes devem comunicar à Comissão Europeia, a pedido desta, um relatório relativo aos contratos celebrados ao abrigo do disposto na alínea *a*) do nº 1.

ARTIGO 25º
Escolha do ajuste direto para a formação de contratos de empreitada de obras públicas

1 – Sem prejuízo do disposto no artigo anterior, no caso de contratos de empreitada de obras públicas, pode adotar-se o ajuste direto quando:

a) Se trate de novas obras que consistam na repetição de obras similares objeto de contrato anteriormente celebrado pela mesma entidade adjudicante, desde que, de forma cumulativa:

i) O contrato seja celebrado com a entidade com a qual foi celebrado o contrato inicial;

ii) Essas obras estejam em conformidade com um projeto base comum;

iii) Aquele contrato tenha sido celebrado, há menos de três anos, na sequência de concurso público, de concurso limitado, de procedimento de negociação, de diálogo concorrencial ou de parceria para a inovação;

iv) O anúncio do procedimento tenha sido publicado no *Jornal Oficial da União Europeia*, no caso de o somatório do valor estimado do contrato relativo ao ajuste direto e do preço contratual relativo ao contrato inicial ser igual ou superior ao limiar estabelecido na alínea *a*) do nº 3 do artigo 474º; e

v) A possibilidade de adoção do procedimento de ajuste direto tenha sido indicada no anúncio ou no programa do procedimento;

b) Se trate de obras a realizar para fins de investigação, de experimentação, de estudo ou desenvolvimento, desde que a realização dessas obras não se destine a assegurar a obtenção de lucro ou a amortizar o custo dessas atividades e o valor estimado do contrato seja inferior ao limiar estabelecido na alínea *a*) do nº 3 do artigo 474º;

c) Se trate de realizar uma obra ao abrigo de um acordo-quadro celebrado nos termos do disposto na alínea *a*) do nº 1 do artigo 252º

2 – Para a formação de contratos que digam direta e principalmente respeito a uma ou a várias das atividades exercidas nos setores da água, da energia, dos trans-

portes e dos serviços postais pelas entidades adjudicantes referidas no nº 1 do artigo 7º, a escolha do ajuste direto ao abrigo do disposto na alínea *a*) do nº 1 também permite a celebração de contratos de qualquer valor, quando a situação prevista nessa alínea tenha ocorrido em anterior procedimento de negociação.

ARTIGO 26º
Escolha do ajuste direto para a formação de contratos de locação ou de aquisição de bens móveis

1 – Sem prejuízo do disposto no artigo 24º, no caso de contratos de locação ou de aquisição de bens móveis, pode adotar-se o ajuste direto quando:

a) Se trate de bens destinados à substituição parcial ou à ampliação de bens ou equipamentos de específico uso corrente da entidade adjudicante, desde que o contrato a celebrar o seja com a entidade com a qual foi celebrado o contrato inicial de locação ou de aquisição de bens e a mudança de fornecedor obrigasse a entidade adjudicante a adquirir material de características técnicas diferentes, originando incompatibilidades ou dificuldades técnicas de utilização e manutenção desproporcionadas;

b) Se trate de bens produzidos ou a produzir para fins de investigação, de experimentação, de estudo ou desenvolvimento, desde que tais bens não sejam produzidos com finalidade comercial, ou com vista a amortizar o custo dessas atividades, e o valor estimado do contrato seja inferior aos limiares estabelecidos nas alíneas *b*) e *c*) do nº 3 do artigo 474º;

c) Se trate de adquirir bens cotados e adquiridos num mercado de matérias-primas;

d) Se trate de adquirir bens, em condições especialmente mais vantajosas do que as normalmente existentes no mercado, a entidades que cessem definitivamente a sua atividade comercial, a curadores, liquidatários, administradores de insolvência ou ainda no âmbito de acordo judicial ou procedimento da mesma natureza previsto na legislação aplicável;

e) Se trate de locar ou adquirir bens ao abrigo de um acordo-quadro celebrado nos termos do disposto na alínea *a*) do nº 1 do artigo 252º;

f) Se trate de adquirir água ou energia, desde que a entidade adjudicante exerça a atividade de colocação à disposição, de exploração ou de alimentação de redes fixas de prestação de serviços ao público no domínio da produção, do transporte ou da distribuição de, respetivamente, água potável ou eletricidade, gás ou combustível para aquecimento.

2 – Sem prejuízo do disposto no artigo 24º, para a formação de contratos que digam direta e principalmente respeito a uma ou a várias das atividades exercidas nos setores da água, da energia, dos transportes e dos serviços postais pelas entidades adjudicantes referidas no nº 1 do artigo 7º, o ajuste direto também pode ser adotado quando:

a) Se trate de adquirir bens destinados a revenda ou a locação a terceiros, diretamente ou através da sua incorporação noutros bens móveis:

i) A entidade adjudicante não goze de direitos especiais ou exclusivos para a revenda ou a locação daqueles bens; e

ii) Outras entidades possam revender ou locar livremente bens do mesmo tipo em condições idênticas às das que goza a entidade adjudicante;

b) Se trate de adquirir bens que se encontram disponíveis no mercado por um período de tempo muito curto e cujo preço seja consideravelmente inferior aos preços normalmente praticados no mercado.

3 – As entidades adjudicantes devem comunicar à Comissão Europeia, a pedido desta, as categorias de bens objeto dos contratos celebrados na sequência de ajuste direto adotado ao abrigo do disposto na alínea *a*) do número anterior.

ARTIGO 27º
Escolha do ajuste direto para a formação de contratos de aquisição de serviços

1 – Sem prejuízo do disposto no artigo 24º, no caso de contratos de aquisição de serviços, pode adotar-se o ajuste direto quando:

a) Se trate de novos serviços que consistam na repetição de serviços similares que tenham sido objeto de contrato anteriormente celebrado pela mesma entidade adjudicante com o mesmo adjudicatário, desde que, de forma cumulativa:

i) Esses serviços estejam em conformidade com um projeto base comum;

ii) Aquele contrato tenha sido celebrado, há menos de três anos, na sequência de concurso público, de concurso limitado por prévia qualificação, de procedimento de negociação, de diálogo concorrencial ou de parceria para a inovação;

iii) O anúncio do procedimento tenha sido publicado no *Jornal Oficial da União Europeia*, no caso de o somatório do valor estimado do contrato e do preço contratual relativo ao contrato inicial ser igual ou superior ao valor referido, consoante os casos, nas alíneas *b*) ou *c*) do nº 3 do artigo 474º; e

iv) A possibilidade de adoção do ajuste direto tenha sido indicada no anúncio ou no programa do concurso;

b) A natureza das respetivas prestações, nomeadamente as inerentes a serviços de natureza intelectual, não permita a elaboração de especificações contratuais suficientemente precisas para que sejam definidos os atributos qualitativos das propostas necessários à fixação de um critério de adjudicação, nos termos do disposto no artigo 74º, e desde que a definição quantitativa dos atributos das propostas, no âmbito de outros tipos de procedimento, seja desadequada a essa fixação tendo em conta os objetivos da aquisição pretendida;

c) Se trate de serviços relativos à aquisição ou à locação, independentemente da respetiva modalidade financeira, de quaisquer bens imóveis, ou a direitos sobre esses bens, salvo os contratos de prestação de serviços financeiros celebrados simultânea, prévia ou posteriormente ao contrato de aquisição ou de locação, seja qual for a sua forma;

d) Se trate de serviços de arbitragem, conciliação ou mediação;

e) Se trate de serviços de investigação e desenvolvimento não abrangidos pela alínea *j*) do nº 4 do artigo 5º, desde que o valor estimado do contrato seja inferior aos limiares estabelecidos nas alíneas *b*) e *c*) do nº 3 do artigo 474º;

f) (*Revogada.*)

g) Se trate de contrato que, na sequência de um concurso de conceção, deva ser celebrado com o concorrente selecionado ou com um dos concorrentes selecionados nesse concurso, desde que tal intenção tenha sido manifestada nos respetivos termos de referência e de acordo com as regras neles estabelecidas;

h) Se trate de adquirir serviços ao abrigo de um acordo-quadro, nos termos do disposto na alínea *a*) do nº 1 do artigo 252º;

i) Se trate de adquirir serviços, em condições especialmente mais vantajosas do que as normalmente existentes no mercado, a entidades que cessem definitivamente a sua atividade comercial, a curadores, liquidatários, administradores de insolvência ou ainda no âmbito de acordo judicial ou procedimento da mesma natureza previsto na legislação aplicável.

2 – (*Revogado.*)

3 – Só pode ser adotado o ajuste direto ao abrigo do disposto na alínea *b*) do nº 1 quando o respetivo preço base seja inferior aos valores resultantes da aplicação da alínea *b*) do nº 1 do artigo 20º

4 – Não pode ser adotado o ajuste direto ao abrigo do disposto na alínea *b*) do nº 1 quando o serviço a adquirir consista na elaboração de um plano, de um projeto ou de uma qualquer criação conceptual nos domínios artístico, do ordenamento do território, do planeamento urbanístico, da arquitetura, da engenharia ou do processamento de dados.

5 – A decisão de escolha do ajuste direto ao abrigo do disposto na alínea *g*) do nº 1 só pode ser tomada no prazo de um ano a contar da decisão de adjudicação tomada no concurso de conceção, devendo o convite à apresentação de proposta ser enviado dentro do mesmo prazo, sob pena de caducidade daquela decisão.

6 – A entidade adjudicante deve indemnizar os concorrentes pelos encargos em que comprovadamente incorreram com a elaboração das respetivas propostas apresentadas no concurso de conceção quando a decisão de escolha do ajuste direto, ao abrigo do disposto na alínea *g*) do nº 1, tenha caducado ou não tenha sido tomada no prazo previsto no número anterior.

7 – (*Revogado.*)

ARTIGO 27º-A
Consulta prévia

Nas situações previstas nos artigos 24º a 27º, deve adotar-se o procedimento de consulta prévia sempre que o recurso a mais de uma entidade seja possível e compatível com o fundamento invocado para a adoção deste procedimento.

ARTIGO 28º
Escolha de concurso sem publicação de anúncio no *Jornal Oficial da União Europeia*

Pode adotar-se o concurso público ou o concurso limitado por prévia qualificação, sem publicação do respetivo anúncio no *Jornal Oficial da União Europeia*, nos casos em que pode ser adotado o ajuste direto ao abrigo do disposto nos artigos anteriores do presente capítulo, com exceção daqueles em que só seja possível convidar uma entidade e do caso previsto na alínea *b*) do nº 1 do artigo anterior.

ARTIGO 29º
Escolha do procedimento de negociação e do diálogo concorrencial

1 – A entidade adjudicante pode adotar o procedimento de negociação ou o diálogo concorrencial quando:

a) As suas necessidades não possam ser satisfeitas sem a adaptação de soluções facilmente disponíveis;

b) Os bens ou serviços incluírem a conceção de soluções inovadoras;

c) Não for objetivamente possível adjudicar o contrato sem negociações prévias devido a circunstâncias específicas relacionadas com a sua natureza, complexidade, montagem jurídica e financeira ou devido aos riscos a ela associados;

d) Não for objetivamente possível definir com precisão as especificações técnicas por referência a uma norma, homologação técnica europeia, especificações técnicas comuns ou referência técnica;

e) (*Revogada.*)

2 – (*Revogado.*)

3 – (*Revogado.*)

4 – (*Revogado.*)

ARTIGO 30º

(*Revogado.*)

ARTIGO 30º-A
Escolha da parceria para a inovação

A entidade adjudicante pode adotar a parceria para a inovação quando pretenda a realização de atividades de investigação e o desenvolvimento de bens, serviços ou obras inovadoras, independentemente da sua natureza e das áreas de atividade, tendo em vista a sua aquisição posterior, desde que estes correspondam aos níveis de desempenho e preços máximos previamente acordados entre aquela e os participantes na parceria.

CAPÍTULO IV
Outras regras de escolha do procedimento

ARTIGO 31º
Escolha do procedimento em função do tipo de contrato

1 – Sem prejuízo do disposto nos artigos 24º e 30º-A, para a formação de contratos de concessão de obras públicas e de serviços públicos, bem como de contratos de sociedade, deve ser adotado, em alternativa, o concurso público, o concurso limitado por prévia qualificação, o procedimento de negociação ou o diálogo concorrencial.

2 – O disposto no número anterior é também aplicável quando os contratos nele referidos não impliquem o pagamento de um preço pela entidade adjudicante ou sejam contratos sem valor.

3 – Quando razões de interesse público relevante o justifiquem, pode adotar-se o ajuste direto para a formação de contratos de sociedade.

4 – Caso o valor do contrato de concessão de obra ou serviço público seja inferior a € 75 000 e a sua duração seja inferior a um ano, podem ser utilizados os procedimentos de consulta prévia ou ajuste direto.

ARTIGO 32º
Escolha do procedimento para a formação de contratos mistos

1 – Só é permitida a celebração de contratos mistos se as prestações a abranger pelo respetivo objeto forem técnica ou funcionalmente incindíveis ou, não o sendo, se a sua separação causar graves inconvenientes para a entidade adjudicante.

2 – Na formação de contrato misto cujo objeto abranja simultaneamente prestações típicas de mais do que um tipo de contrato, aplica-se, em matéria de escolha do procedimento, o regime previsto para o tipo contratual que caracteriza o objeto principal do mesmo, atendendo, designadamente, a elementos tais como o valor estimado do contrato ou as suas prestações essenciais.

3 – Quando for possível identificar separadamente as diferentes partes de um determinado contrato, o seu objeto principal é determinado em função do valor estimado mais elevado.

4 – Quando o contrato for composto por prestações típicas pertencentes a um ou mais contratos abrangidos, e a um ou mais contratos não abrangidos, pela parte II, aplica-se a todo o contrato o regime correspondente da parte II, relevando para o efeito o valor total do contrato.

5 – Se um dos tipos contratuais em causa na situação do número anterior for abrangido pelo regime do Decreto-Lei nº 104/2011, de 6 de outubro, à formação do contrato é aplicável esse regime.

6 – Sem prejuízo do disposto nos nºs 1 a 4, a formação do contrato misto está sujeita ao cumprimento dos trâmites procedimentais e outros requisitos legais específicos, devidamente conjugados, aplicáveis aos vários tipos contratuais abrangidos pelo contrato.

7 – (*Revogado.*)

8 – (*Revogado.*)

9 – (*Revogado.*)

ARTIGO 33º
Escolha do procedimento em função da entidade adjudicante

1 – Sem prejuízo do disposto nos artigos 24º a 27º, para a formação de contratos que digam direta e principalmente respeito a uma ou a várias das atividades exercidas nos setores da água, da energia, dos transportes e dos serviços postais pelas entidades adjudicantes referidas no nº 1 do artigo 7º, estas entidades devem adotar, em alternativa, o concurso público, o concurso limitado por prévia qualificação, o procedimento de negociação, o diálogo concorrencial, ou ainda, se cumpridos os pressupostos previstos no artigo 30º-A, a parceria para a inovação.

2 – (*Revogado.*)

3 – Ainda que os contratos a celebrar não digam apenas respeito a uma ou a várias das atividades por elas exercidas nos setores da água, da energia, dos transportes e dos serviços postais, o disposto no nº 1 é sempre aplicável às entidades adjudicantes referidas no nº 1 do artigo 7º, desde que não seja possível determinar a que atividade tais contratos dizem principalmente respeito.

4 – O disposto no nº 1 não é aplicável às entidades adjudicantes referidas no nº 2 do artigo 2º quando os contratos a celebrar não digam apenas respeito a uma ou a várias das atividades por elas exercidas nos setores da água, da energia, dos transportes e dos serviços postais e não seja possível determinar a que atividade tais contratos dizem principalmente respeito.

TÍTULO II
Fase de formação do contrato

CAPÍTULO I
Preparação do procedimento

ARTIGO 34º
Anúncio de pré-informação

1 – As entidades adjudicantes referidas no artigo 2º enviam para publicação no *Jornal Oficial da União Europeia* um anúncio de pré-informação, nos termos do nº 1 do artigo 48º da Diretiva nº 2014/24/UE, do Parlamento Europeu e do Conselho, de 26 de fevereiro de 2014, no qual indicam:

a) No caso de contratos de locação ou de aquisição de bens móveis ou de contratos de aquisição de serviços, o preço contratual estimado de todos os contratos a celebrar durante os 12 meses seguintes e cujo preço seja igual ou superior ao limiar aplicável nos termos do artigo 474º;

b) No caso de contratos de empreitada ou concessão de obras públicas ou concessão de serviço público, as respetivas características essenciais, quando o preço ou valor contratual estimado de todos os contratos a celebrar durante os 12 meses seguintes seja igual ou superior ao limiar aplicável nos termos do artigo 474º

2 – As entidades adjudicantes referidas no artigo 2º podem enviar para publicação no *Jornal Oficial da União Europeia* um anúncio de pré-informação, nos termos dos nºs 2 e 3 do artigo 31º da Diretiva nº 2014/23/UE, do Parlamento Europeu e do Conselho, de 26 de fevereiro de 2014, quando se trate de concessão de serviços sociais ou outros serviços específicos enumerados no anexo IV daquela diretiva.

3 – O período abrangido pelo anúncio de pré-informação não pode ser superior a 12 meses a contar da data em que o anúncio é enviado para publicação, exceto no caso dos contratos de serviços sociais e outros serviços específicos, em que o referido período pode ser superior a 12 meses.

4 – Os preços contratuais estimados de todos os contratos a celebrar previstos nos nºs 1 e 2 incluem o valor estimado dos acordos-quadro que as entidades adjudicantes estejam dispostas a celebrar naquele período e cujo objeto abranja prestações típicas dos contratos referidos no nº 1.

5 – O preço contratual estimado de todos os contratos a celebrar para cuja formação as entidades adjudicantes adotem os procedimentos de consulta prévia ou ajuste direto em função de critérios materiais não é contabilizado para efeitos do preço contratual estimado de todos os contratos a celebrar previsto no nº 1.

6 – Os anúncios de pré-informação relativos aos contratos referidos na alínea *a*) do nº 1 são enviados imediatamente após o início de cada exercício orçamental.

7 – Os anúncios de pré-informação relativos aos contratos referidos na alínea *b*) do nº 1 são enviados imediatamente após a aprovação do plano de atividades em que se inserem.

8 – O cálculo dos preços contratuais estimados referidos nos nºs 1 a 3 deve ser efetuado de acordo com as regras previstas no artigo 5º da Diretiva nº 2014/24/UE, do Parlamento Europeu e do Conselho, de 26 de fevereiro de 2014.

ARTIGO 35º
Anúncio periódico indicativo

1 – Quando os contratos a celebrar digam direta e principalmente respeito a uma ou a várias das atividades exercidas nos setores da água, da energia, dos transportes e dos serviços postais pelas entidades adjudicantes referidas no nº 1 do artigo 7º, estas podem enviar para publicação no *Jornal Oficial da União Europeia* um anúncio periódico indicativo, contendo as menções previstas no artigo 67º da Diretiva nº 2014/25/UE, do Parlamento Europeu e do Conselho, de 26 de fevereiro de 2014, ao qual é aplicável o disposto no artigo anterior, com as devidas adaptações.

2 – O período abrangido pelo anúncio de pré-informação não pode ser superior a 12 meses a contar da data em que o anúncio é enviado para publicação, exceto no caso dos contratos de serviços sociais e outros serviços específicos, em que o referido período pode ser superior a 12 meses.

ARTIGO 35º-A
Consulta preliminar ao mercado

1 – Antes da abertura de um procedimento de formação de contrato público, a entidade adjudicante pode realizar consultas informais ao mercado, designadamente através da solicitação de informações ou pareceres de peritos, autoridades independentes ou agentes económicos, que possam ser utilizados no planeamento da contratação, sem prejuízo do disposto na alínea *j*) do nº 1 do artigo 55º

2 – A consulta preliminar prevista no número anterior não pode ter por efeito distorcer a concorrência, nem resultar em qualquer violação dos princípios da não discriminação e da transparência.

3 – Quando um candidato ou concorrente, ou uma empresa associada a um candidato ou concorrente, tiver apresentado informação ou parecer à entidade adjudicante ou tiver sido consultada, nos termos dos números anteriores, ou tiver participado de qualquer outra forma na preparação do procedimento de formação do contrato, a entidade adjudicante deve tomar as medidas adequadas para evitar qualquer distorção da concorrência em virtude dessa participação.

4 – Para efeitos do disposto no número anterior, são consideradas medidas adequadas, entre outras, a comunicação aos restantes candidatos ou concorrentes de todas as informações pertinentes trocadas no âmbito da participação do candidato ou concorrente na preparação do procedimento de formação do contrato, com inclusão dessas informações nas peças do procedimento.

CAPÍTULO II
Início do procedimento

ARTIGO 36º
Decisão de contratar e decisão de autorização da despesa

1 – O procedimento de formação de qualquer contrato inicia-se com a decisão de contratar, a qual deve ser fundamentada e cabe ao órgão competente para autorizar a despesa inerente ao contrato a celebrar, podendo essa decisão estar implícita nesta última.

2 – Quando o contrato a celebrar não implique o pagamento de um preço pela entidade adjudicante, a decisão de contratar cabe ao órgão desta que for competente para o efeito nos termos da respetiva lei orgânica ou dos seus estatutos.

3 – Quando o valor do contrato for igual ou superior a € 5 000 000, a fundamentação prevista no nº 1 deve basear-se numa avaliação de custo/benefício e deve conter, nomeadamente e quando aplicável:

a) A identificação do tipo de beneficiários do contrato a celebrar;

b) A taxa prevista de utilização da infraestrutura, serviço ou bem;

c) A análise da rentabilidade;

d) Os custos de manutenção;

e) A avaliação dos riscos potenciais e formas de mitigação dos mesmos;

f) O impacto previsível para a melhoria da organização;

g) O impacto previsível no desenvolvimento ou na reconversão do país ou da região coberta pelo investimento.

4 – Quando o tipo de procedimento utilizado seja a parceria para a inovação, o limiar referido no número anterior é de € 2 500 000.

5 – As peças do procedimento devem identificar todos os pareceres prévios, licenciamentos e autorizações necessárias que possam condicionar o procedimento e a execução do contrato.

6 – O disposto nos números anteriores não prejudica a aplicação de regimes especiais.

ARTIGO 37º
Decisão de contratar nas parcerias público-privadas

Quando o contrato a celebrar por uma das entidades adjudicantes referidas nas alíneas *a*), *b*) e *d*) do nº 1 do artigo 2º configure, nos termos de legislação própria, uma parceria público-privada, a decisão de contratar compete, conjuntamente, ao membro do Governo ou ao membro do Governo Regional responsável pela área das finanças e ao membro do Governo ou ao membro do Governo Regional da tutela setorial, consoante o caso.

ARTIGO 38º
Decisão de escolha do procedimento

A decisão de escolha do procedimento de formação de contratos, de acordo com as regras fixadas no presente Código, deve ser fundamentada e cabe ao órgão competente para a decisão de contratar.

ARTIGO 39º
Agrupamento de entidades adjudicantes

1 – As entidades adjudicantes podem agrupar-se com vista à:

a) Formação de contratos cuja execução seja do interesse de todas;
b) Formação de um acordo-quadro de que todas possam beneficiar;
c) Gestão conjunta de sistemas de aquisição dinâmicos;
d) Aquisição conjunta utilizando catálogos eletrónicos.

2 – As entidades adjudicantes devem designar qual delas constitui o representante do agrupamento para efeitos de condução do procedimento de formação do contrato ou do acordo-quadro a celebrar.

3 – A decisão de contratar, a decisão de escolha do procedimento, a aprovação das peças do procedimento, a designação do júri, a decisão de qualificação dos candidatos e a decisão de adjudicação, bem como os restantes atos cuja competência esteja atribuída ao órgão com competência para a decisão de contratar, devem ser tomadas conjuntamente pelos órgãos competentes de todas as entidades que integram o agrupamento, eventualmente através de conferência procedimental, nos termos gerais.

4 – No caso de agrupamentos de entidades adjudicantes constituídos por pelo menos uma das referidas no nº 1 do artigo 2º, o ajuste direto, a consulta prévia, o concurso público ou o concurso limitado por prévia qualificação adotados nos termos do disposto nos artigos 19º e 20º só permite a celebração de contratos de valor inferior ao mais baixo dos limites neles referidos, consoante o caso.

5 – No caso de agrupamentos de entidades adjudicantes, só pode ser adotado um procedimento em função de um dos critérios materiais previstos nos capítulos III e IV do título anterior quando tal critério se verifique relativamente a todas as entidades que o constituem.

6 – As entidades adjudicantes membro do agrupamento só são solidariamente responsáveis pelo cumprimento das obrigações por si assumidas quando tais obrigações o sejam na sua totalidade pelo conjunto dos seus membros.

7 – Salvo disposição especial constante de acordo internacional celebrado entre os Estados em causa, quando o agrupamento for constituído também com entidades adjudicantes de outros Estados-Membros da União Europeia, as entidades adjudicantes devem celebrar um acordo prévio que determine:

a) As responsabilidades das partes e as disposições nacionais aplicáveis, as quais, por sua vez, devem constar dos documentos do respetivo procedimento de contratação;

b) A organização interna do procedimento de contratação, nomeadamente a sua gestão, a distribuição das obras, fornecimentos ou serviços a adjudicar e a celebração dos contratos.

8 – Tendo em vista a gestão conjunta, com caráter regular, de procedimentos de formação de contratos públicos, uma ou mais entidades adjudicantes sujeitas ao presente Código podem associar-se com uma ou mais entidades adjudicantes de outros Estados-Membros da União Europeia, constituindo uma entidade jurídica comum, nomeadamente sob a forma de agrupamento europeu de cooperação territorial.

9 – Para efeitos do disposto no número anterior, as entidades adjudicantes participantes devem definir, através de decisão do órgão competente da entidade jurídica comum, a legislação nacional aplicável em matéria de contratos públicos de entre:

a) Legislação do Estado onde a entidade jurídica comum tem a sua sede social;

b) Legislação do Estado onde a entidade jurídica comum desenvolve as suas atividades.

CAPÍTULO III
Peças do procedimento

ARTIGO 40º
Tipos de peças

1 – As peças dos procedimentos de formação de contratos são as seguintes:

a) No ajuste direto, o convite à apresentação das propostas e o caderno de encargos, sem prejuízo do disposto no artigo 128º;

b) Na consulta prévia, o convite à apresentação de propostas e o caderno de encargos;

c) No concurso público, o anúncio, o programa do procedimento e o caderno de encargos;

d) No concurso limitado por prévia qualificação, o anúncio, o programa do procedimento, o convite à apresentação de propostas e o caderno de encargos;

e) No procedimento de negociação, o anúncio, o programa do procedimento, o convite à apresentação de propostas e o caderno de encargos;

f) No diálogo concorrencial, o anúncio, o programa do procedimento, a memória descritiva, o convite à apresentação de soluções, o convite à apresentação de propostas e o caderno de encargos;

g) Na parceria para a inovação, o anúncio, o programa do procedimento, o convite à apresentação de propostas e o caderno de encargos.

2 – As peças do procedimento referidas no número anterior, incluindo a minuta do anúncio, são aprovadas pelo órgão competente para a decisão de contratar.

3 – Nos concursos de conceção, os termos de referência constituem a única peça do procedimento, sendo aprovados pelo órgão competente para a decisão de selecionar um ou vários trabalhos de conceção.

4 – As indicações constantes do programa do procedimento, do caderno de encargos e da memória descritiva prevalecem sobre as indicações do anúncio em caso de divergência.

5 – As peças do procedimento prevalecem sobre as indicações constantes da plataforma eletrónica de contratação, em caso de divergência.

ARTIGO 41º
Programa do procedimento

O programa do procedimento é o regulamento que define os termos a que obedece a fase de formação do contrato até à sua celebração.

ARTIGO 42º
Caderno de encargos

1 – O caderno de encargos é a peça do procedimento que contém as cláusulas a incluir no contrato a celebrar.

2 – Nos casos de manifesta simplicidade das prestações que constituem o objeto do contrato a celebrar, as cláusulas do caderno de encargos podem consistir numa mera fixação de especificações técnicas e numa referência a outros aspetos essenciais da execução desse contrato, tais como o preço ou o prazo.

3 – As cláusulas do caderno de encargos relativas aos aspetos da execução do contrato submetidos à concorrência podem fixar os respetivos parâmetros base a que as propostas estão vinculadas.

4 – Os parâmetros base referidos no número anterior podem dizer respeito a quaisquer aspetos da execução do contrato, tais como o preço a pagar ou a receber pela entidade adjudicante, a sua revisão, o prazo de execução das prestações objeto do contrato ou as suas características técnicas ou funcionais, bem como às condições da modificação do contrato, devendo ser definidos através de limites mínimos ou máximos, consoante os casos, sem prejuízo dos limites resultantes das vinculações legais ou regulamentares aplicáveis.

5 – O caderno de encargos pode também descrever aspetos da execução do contrato não submetidos à concorrência, nomeadamente mediante a fixação de limites mínimos ou máximos a que as propostas estão vinculadas.

6 – Os aspetos da execução do contrato, constantes das cláusulas do caderno de encargos, podem dizer respeito, desde que relacionados com tal execução, a condições de natureza social, ambiental, ou que se destinem a favorecer:

a) A aplicação de medidas de promoção da igualdade de género e da igualdade salarial no trabalho;

b) O aumento da participação das mulheres no mercado de trabalho;

c) A conciliação da vida profissional com a vida familiar e pessoal dos trabalhadores afetos à execução do contrato;

d) A inclusão de pessoas com deficiência no mercado de trabalho.

7 – (*Revogado.*)

8 – (*Revogado.*)

9 – (*Revogado.*)

10 – (*Revogado.*)

11 – Para efeitos do disposto nos nºs 3 e 5, consideram-se aspetos submetidos à concorrência todos aqueles que são objeto de avaliação de acordo com o critério de adjudicação, e aspetos não submetidos à concorrência todos aqueles que, sendo apreciados, não são objeto de avaliação e classificação.

ARTIGO 43º
Caderno de encargos do procedimento de formação de contratos de empreitada

1 – Sem prejuízo do disposto no nº 2 do artigo anterior, o caderno de encargos do procedimento de formação de contratos de empreitada de obras públicas deve incluir um projeto de execução.

2 – Quando a obra seja classificada, nos termos da portaria prevista no nº 7, na categoria iii ou superior, bem como naqueles casos em que o preço base, fixado no caderno de encargos, seja enquadrável na classe 3 de alvará ou em classe superior, o projeto de execução referido no número anterior deve ser objeto de prévia revisão por entidade devidamente qualificada para a sua elaboração, distinta do autor do mesmo.

3 – Em casos excecionais devidamente fundamentados, nos quais o adjudicatário deva assumir, nos termos do caderno de encargos, obrigações de resultado relativas à utilização da obra a realizar, ou nos quais a complexidade técnica do processo construtivo da obra a realizar requeira, em razão da tecnicidade própria dos concorrentes, a especial ligação destes à conceção daquela, a entidade adjudicante pode prever, como aspeto da execução do contrato a celebrar, a elaboração do projeto de execução, caso em que o caderno de encargos deve ser integrado apenas por um programa preliminar.

4 – Em qualquer dos casos previstos nos números anteriores, o projeto de execução deve ser acompanhado de:

a) Uma descrição dos trabalhos preparatórios ou acessórios, tal como previstos no artigo 350º;

b) Uma lista completa de todas as espécies de trabalhos necessárias à execução da obra a realizar e do respetivo mapa de quantidades.

5 – Em qualquer dos casos previstos nos nºs 1 a 3, o projeto de execução deve ser acompanhado, para além dos demais elementos legalmente exigíveis, dos que, em função das características específicas da obra, se justifiquem, nomeadamente:

a) Dos levantamentos e das análises de base e de campo;

b) Dos estudos geológicos e geotécnicos;

c) Dos estudos ambientais, incluindo a declaração de impacto ambiental, nos termos da legislação aplicável;

d) Dos estudos de impacte social, económico ou cultural, nestes se incluindo a identificação das medidas de natureza expropriatória a realizar, dos bens e direitos a adquirir e dos ónus e servidões a impor;

e) Dos resultados dos ensaios laboratoriais ou outros;

f) Do plano de prevenção e gestão de resíduos de construção e demolição, nos termos da legislação aplicável.

6 – No caso previsto no nº 1, o projeto de execução deve ainda ser acompanhado do planeamento das operações de consignação, seja esta total ou parcial nos termos do disposto nos artigos 358º e 359º

7 – O conteúdo obrigatório dos elementos referidos nos nºs 1 e 3 é fixado por portaria do membro do Governo responsável pela área das obras públicas.

8 – O caderno de encargos é nulo quando:

a) Não seja integrado pelo projeto de execução previsto no nº 1 ou pelo programa preliminar previsto na parte final do nº 3;

b) Seja elaborado em violação do disposto no nº 2;

c) O projeto de execução nele integrado não esteja acompanhado dos elementos previstos no nº 5;

d) Os elementos da solução da obra nele integrados não observem o conteúdo obrigatório previsto na portaria referida no número anterior.

9 – A nulidade prevista no número anterior é suscetível de sanação, nos termos do disposto no nº 2 do artigo 164º do Código do Procedimento Administrativo.

10 – Para efeitos do disposto no número anterior, considera-se sanada a nulidade nas seguintes situações:

a) Se, verificado o vício antes de decorrido o prazo para apresentação de propostas, a entidade adjudicante proceder à junção dos elementos em falta, no prazo de cinco dias, sendo prorrogado o prazo para apresentação de propostas, nos termos do artigo 64º;

b) Se, no prazo de cinco dias após notificação para, querendo, sanar a nulidade, o contraente público proceder à junção dos elementos em falta, desde que não alterem os pressupostos em que assentou a elaboração da proposta do adjudicatário;

c) Se, no prazo de cinco dias após notificação para, querendo, sanar a nulidade, o contraente público apresentar as razões que justificam a não exigência dos elementos previstos no nº 5.

11 – No caso previsto nº 3, o contrato a celebrar não é considerado um contrato misto para os efeitos do disposto no artigo 32º

ARTIGO 44º
Cadernos de encargos relativos a contratos de concessão

Sem prejuízo do disposto no artigo 42º, os cadernos de encargos dos procedimentos de formação de contratos de concessão de obras públicas e de concessão de serviços públicos integram um código de exploração que contém os direitos e as obrigações das partes relativas à exploração, incluindo, quando for o caso, as normas de exploração que são estabelecidas também no interesse dos utentes da obra ou do serviço a explorar.

ARTIGO 45º
Caderno de encargos das parcerias público-privadas

Os cadernos de encargos dos procedimentos de formação de contratos que configurem parcerias público-privadas devem submeter à concorrência os aspetos da sua execução relativos aos encargos para a entidade adjudicante e aos riscos a ela direta ou indiretamente afetos decorrentes da configuração do modelo contratual.

ARTIGO 46º
Formulários de caderno de encargos

Podem ser aprovados formulários de cadernos de encargos nos seguintes termos:

a) Por portaria do membro do Governo responsável pela área das obras públicas, no caso de contratos de empreitada de obras públicas;

b) Por portaria do membro do Governo responsável pela área das finanças, no caso de contratos de locação ou de aquisição de bens móveis e de aquisição de serviços;

c) Por portaria do membro do Governo responsável pela área das finanças e do membro do Governo responsável pela área em causa, no caso de contratos de concessão de obras públicas e de concessão de serviços públicos.

ARTIGO 46º-A
Adjudicação por lotes

1 – As entidades adjudicantes podem prever, nas peças do procedimento, a adjudicação por lotes.

2 – Na formação de contratos públicos de aquisição ou locação de bens, ou aquisição de serviços, de valor superior a € 135 000, e empreitadas de obras públicas de valor superior a € 500 000, a decisão de não contratação por lotes deve ser fundamentada, constituindo fundamento, designadamente, as seguintes situações:

a) Quando as prestações a abranger pelo respetivo objeto forem técnica ou funcionalmente incindíveis ou, não o sendo, a sua separação causar graves inconvenientes para a entidade adjudicante;

b) Quando, por motivos de urgência ou por imperativos técnicos ou funcionais, a gestão de um único contrato se revele mais eficiente para a entidade adjudicante.

3 – O disposto no número anterior não se aplica às entidades adjudicantes referidas nos artigos 7º e 12º

4 – A entidade adjudicante pode limitar o número máximo de lotes que podem ser adjudicados a cada concorrente, devendo indicar essas limitações no convite ou no programa do procedimento, bem como os critérios objetivos e não discriminatórios em que se baseie a escolha dos lotes a adjudicar a cada concorrente nos casos em que a aplicação dos critérios de adjudicação resulte na atribuição, ao mesmo concorrente, de um número de lotes superior ao máximo fixado.

5 – O disposto nos números anteriores não prejudica a possibilidade de a entidade adjudicante celebrar contratos que combinem vários ou a totalidade dos lotes, desde que essa possibilidade seja expressamente incluída no convite ou no programa do procedimento, caso em que devem ser previamente estabelecidos e indicados os critérios que fundamentam as várias hipóteses de combinação previstas.

ARTIGO 47º
Preço base

1 – O preço base, que deve ser definido pela entidade adjudicante no caderno de encargos, é o montante máximo que esta entidade se dispõe a pagar pela execução de todas as prestações que constituem o objeto do contrato, incluindo eventuais renovações do contrato.

2 – Quando o contrato a celebrar não implique o pagamento de um preço pela entidade adjudicante, o preço base corresponde ao montante previsível a receber pelas prestações que constituem o objeto do contrato.

3 – A fixação do preço base deve ser fundamentada com base em critérios objetivos, tais como os preços atualizados do mercado obtidos através da consulta preliminar prevista no artigo 35º-A, ou os custos médios unitários, resultantes de anteriores procedimentos, para prestações do mesmo tipo.

4 – O preço base deve respeitar os limites de valor até aos quais pode ser utilizado o tipo de procedimento em causa e os limites máximos de autorização de despesa do órgão competente para a decisão de contratar, se aplicáveis.

5 – Em casos excecionais, devidamente fundamentados, a entidade adjudicante pode não fixar preço base, desde que o procedimento permita a celebração de contratos de qualquer valor e o órgão competente para a decisão de contratar não esteja sujeito a limites máximos de autorização de despesa ou ao regime de autorização de despesas.

6 – No caso de agrupamentos de entidades adjudicantes, o valor a considerar para efeitos do nº 4, na parte em que se refere ao valor de autorização de despesa, corresponde à soma dos valores máximos até aos quais os órgãos competentes de cada uma daquelas entidades, por lei ou por delegação, podem autorizar a respetiva fração da despesa inerente ao contrato a celebrar.

ARTIGO 48º
Fundamentação do prazo de vigência

No caso de contratos de locação ou de aquisição de bens móveis ou de aquisição de serviços, a fixação no caderno de encargos de um prazo de vigência do contrato a celebrar superior a três anos deve ser fundamentada.

ARTIGO 49º
Especificações técnicas

1 – As especificações técnicas, tal como definidas no anexo VII ao presente Código, do qual faz parte integrante, devem constar no caderno de encargos e devem definir as características exigidas para as obras, bens móveis e serviços.

2 – As características exigidas para as obras, bens móveis e serviços podem também incluir uma referência ao processo ou método específico de produção ou execução das obras, bens móveis ou serviços solicitados ou a um processo específico para outra fase do seu ciclo de vida, mesmo que tais fatores não façam parte da sua substância material, desde que estejam ligados ao objeto do contrato e sejam proporcionais ao seu valor e aos seus objetivos.

3 – As especificações técnicas podem concretizar se é exigida a transmissão de direitos de propriedade intelectual.

4 – As especificações técnicas devem permitir a igualdade de acesso dos operadores económicos ao procedimento de contratação e não devem criar obstáculos injustificados à abertura dos contratos públicos à concorrência.

5 – Em relação a todos os contratos cujo objeto se destine a ser utilizado por pessoas singulares, quer seja o público em geral quer o pessoal da entidade adjudicante, as especificações técnicas devem, salvo em casos devidamente justificados, ser elaboradas de modo a ter em conta os critérios de acessibilidade para as pessoas com deficiência ou de conceção para todos os utilizadores.

6 – Sempre que existam normas de acessibilidade obrigatórias adotadas por ato legislativo da União Europeia, as especificações técnicas devem ser definidas por referência a essas normas, no que respeita aos critérios de acessibilidade para as pessoas com deficiência ou de conceção para todos os utilizadores.

7 – Sem prejuízo das regras técnicas nacionais vinculativas, na medida em que sejam compatíveis com o direito da União Europeia, as especificações técnicas devem ser formuladas segundo uma das seguintes modalidades:

a) Em termos de desempenho ou de requisitos funcionais, que podem incluir critérios ambientais, desde que os parâmetros sejam suficientemente precisos para permitir que os concorrentes determinem o objeto do contrato e que a entidade adjudicante proceda à respetiva adjudicação;

b) Por referência a especificações técnicas definidas e, por ordem de preferência, a normas nacionais que transponham normas europeias, a homologações técnicas europeias, a especificações técnicas comuns, a normas internacionais e a outros sistemas técnicos de referência estabelecidos pelos organismos europeus de normalização ou, quando estes não existam, a normas nacionais, a homologações técnicas nacionais ou a especificações técnicas nacionais em matéria de conceção, cálculo e execução das obras e de utilização dos fornecimentos, devendo cada referência ser acompanhada da menção «ou equivalente»;

c) Em termos do desempenho ou dos requisitos funcionais a que se refere a alínea *a*), com referência às especificações técnicas a que se refere a alínea *b*) como meio de presunção de conformidade com esse desempenho ou com esses requisitos funcionais;

d) Por referência às especificações técnicas a que se refere a alínea *b*), para determinadas características, e por referência ao desempenho ou aos requisitos funcionais a que se refere a alínea *a*), para outras.

8 – A menos que o objeto do contrato o justifique, as especificações técnicas não podem fazer referência a determinado fabrico ou proveniência, a um procedimento específico que caracterize os produtos ou serviços prestados por determinado fornecedor, ou a marcas comerciais, patentes, tipos, origens ou modos de produção determinados que tenham por efeito favorecer ou eliminar determinadas empresas ou produtos.

9 – As referências mencionadas no número anterior só são autorizadas, a título excecional, no caso de não ser possível uma descrição suficientemente precisa e inteligível do objeto do contrato nos termos do nº 7, devendo, no entanto, ser acompanhada da menção «ou equivalente».

10 – Sempre que a entidade adjudicante recorra à possibilidade de remeter para as especificações técnicas a que se refere na alínea *b*) do nº 7, não pode excluir uma proposta com o fundamento de que as obras, bens móveis ou serviços dela constantes não estão em conformidade com as suas especificações técnicas de referência, se o concorrente demonstrar na sua proposta por qualquer meio adequado, nomeadamente os meios de prova referidos no nº 2 do artigo 49º-A, que as soluções propostas satisfazem de modo equivalente os requisitos definidos nas especificações técnicas.

11 – Sempre que a entidade adjudicante recorra à possibilidade, prevista na alínea *a*) do nº 7, de formular especificações técnicas em termos de exigências de desempenho ou de requisitos funcionais, não deve excluir uma proposta que esteja em conformidade com uma norma nacional que transponha uma norma europeia, uma homologação técnica europeia, uma especificação técnica comum, uma norma internacional ou um sistema técnico de referência estabelecido por um organismo de normalização europeu, quando essas especificações corresponderem aos critérios de desempenho ou cumprirem os requisitos funcionais impostos.

12 – O concorrente pode demonstrar na sua proposta, por qualquer meio adequado, incluindo os meios referidos no artigo 49º-A, que a obra, bem móvel ou serviço em conformidade com a norma em questão corresponde ao desempenho exigido ou cumpre os requisitos funcionais da entidade adjudicante.

13 – (*Revogado.*)
14 – (*Revogado.*)

ARTIGO 49º-A
Rótulos e relatórios de ensaio, certificação e outros meios de prova

A entidade adjudicante pode exigir, nos termos a definir por portaria do membro do Governo responsável pela área das obras públicas:

a) Rótulo específico para atestar que as obras, bens móveis ou serviços correspondem às características exigidas;
b) Apresentação de um relatório de ensaio de um organismo de avaliação da conformidade ou um certificado emitido por tal organismo como meio de prova da conformidade com os requisitos ou critérios estabelecidos;
c) Apresentação de amostras de produtos que pretendem adquirir.

ARTIGO 50º
Esclarecimentos, retificação e alteração das peças procedimentais

1 – No primeiro terço do prazo fixado para a apresentação das propostas, os interessados podem solicitar os esclarecimentos necessários à boa compreensão e interpretação das peças do procedimento e, no mesmo prazo, devem apresentar uma lista na qual identifiquem, expressa e inequivocamente, os erros e as omissões das peças do procedimento por si detetados.

2 – Para efeitos do presente Código consideram-se erros e omissões das peças do procedimento os que digam respeito a:

a) Aspetos ou dados que se revelem desconformes com a realidade;
b) Espécie ou quantidade de prestações estritamente necessárias à integral execução do objeto do contrato a celebrar;
c) Condições técnicas de execução do objeto do contrato a celebrar que o interessado não considere exequíveis;
d) Erros e omissões do projeto de execução que não se incluam nas alíneas anteriores.

3 – A lista a apresentar ao órgão competente para a decisão de contratar deve identificar, expressa e inequivocamente, os erros ou omissões do caderno de encargos detetados, com exceção dos referidos na alínea *d*) do número anterior e daqueles que por eles apenas pudessem ser detetados na fase de execução do contrato, atuando com a diligência objetivamente exigível em face das circunstâncias concretas.

4 – O incumprimento do dever a que se referem os números anteriores tem as consequências previstas nos nºs 3 e 4 do artigo 378º

5 – Até ao termo do segundo terço do prazo fixado para a apresentação das propostas, ou até ao prazo fixado no convite ou no programa de concurso:

a) O órgão competente para a decisão de contratar, ou o órgão para o efeito indicado nas peças do procedimento, deve prestar os esclarecimentos solicitados;

b) O órgão competente para a decisão de contratar pronuncia-se sobre os erros e as omissões identificados pelos interessados, considerando-se rejeitados todos os que, até ao final daquele prazo, não sejam por ele expressamente aceites.

6 – O órgão competente para a decisão de contratar deve identificar os termos do suprimento de cada um dos erros ou das omissões aceites nos termos do disposto na alínea *b*) do número anterior.

7 – Independentemente do disposto nos números anteriores, o órgão competente para a decisão de contratar pode, oficiosamente, proceder à retificação de erros ou omissões das peças do procedimento, bem como prestar esclarecimentos, no mesmo prazo referido no nº 5, ou até ao final do prazo de entrega de candidaturas ou propostas, devendo, neste caso, atender-se ao disposto no artigo 64º

8 – Os esclarecimentos, as retificações e as listas com a identificação dos erros e omissões detetados pelos interessados devem ser disponibilizados na plataforma eletrónica utilizada pela entidade adjudicante e juntos às peças do procedimento que se encontrem patentes para consulta, devendo todos os interessados que as tenham obtido ser imediatamente notificados desse facto.

9 – Os esclarecimentos e as retificações fazem parte integrante das peças do procedimento a que dizem respeito e prevalecem sobre estas em caso de divergência.

ARTIGO 51º
Prevalência

As normas constantes do presente Código relativas às fases de formação e de execução do contrato prevalecem sobre quaisquer disposições das peças do procedimento com elas desconformes.

CAPÍTULO IV
Regras de participação

ARTIGO 52º
Candidatos

É candidato a entidade, pessoa singular ou coletiva, que participa na fase de qualificação de um concurso limitado por prévia qualificação, de um procedimento de negociação, de um diálogo concorrencial ou de uma parceria para a inovação, mediante a apresentação de uma candidatura.

ARTIGO 53º
Concorrentes

É concorrente a entidade, pessoa singular ou coletiva, que participa em qualquer procedimento de formação de um contrato mediante a apresentação de uma proposta.

ARTIGO 54º
Agrupamentos

1 – Podem ser candidatos ou concorrentes agrupamentos de pessoas singulares ou coletivas, qualquer que seja a atividade por elas exercida, sem que entre as mesmas exista qualquer modalidade jurídica de associação.

2 – Os membros de um agrupamento candidato ou de um agrupamento concorrente não podem ser candidatos ou concorrentes no mesmo procedimento, nos termos do disposto nos artigos anteriores, nem integrar outro agrupamento candidato ou outro agrupamento concorrente.

3 – Todos os membros de um agrupamento concorrente são solidariamente responsáveis, perante a entidade adjudicante, pela manutenção da proposta.

4 – Em caso de adjudicação, todos os membros do agrupamento concorrente, e apenas estes, devem associar-se, antes da celebração do contrato, na modalidade jurídica prevista no programa do procedimento.

ARTIGO 54º-A
Contratos reservados

A entidade adjudicante pode reservar a possibilidade de ser candidato ou concorrente às entidades cujo objeto principal seja a integração social e profissional de pessoas com deficiência ou desfavorecidas, desde que pelo menos 30% dos trabalhadores daquelas entidades tenham deficiência devidamente reconhecida nos termos da lei ou sejam desfavorecidos.

ARTIGO 55º
Impedimentos

1 – Não podem ser candidatos, concorrentes ou integrar qualquer agrupamento, as entidades que:

a) Se encontrem em estado de insolvência, declarada por sentença judicial, em fase de liquidação, dissolução ou cessação de atividade, sujeitas a qualquer meio preventivo de liquidação de patrimónios ou em qualquer situação análoga, ou tenham o respetivo processo pendente, salvo quando se encontrarem abrangidas ou tenham pendente um plano de recuperação de empresas, judicial ou extrajudicial, previsto na lei;

b) Tenham sido condenadas por sentença transitada em julgado por qualquer crime que afete a sua honorabilidade profissional, no caso de pessoas singulares, ou, no caso de pessoas coletivas, quando tenham sido condenados por aqueles crimes a pessoa coletiva ou os titulares dos seus órgãos sociais de administração, direção ou gerência, e estes se encontrem em efetividade de funções, em qualquer dos casos sem que entretanto tenha ocorrido a respetiva reabilitação;

c) Tenham sido objeto de aplicação de sanção administrativa por falta grave em matéria profissional, se entretanto não tiver ocorrido a sua reabilitação, no caso de se tratar de pessoas singulares, ou, no caso de se tratar de pessoas coletivas, tenham sido objeto de aplicação daquela sanção administrativa os titulares dos órgãos sociais de administração, direção ou gerência das mesmas e estes se encontrem em efetividade de funções;

d) Não tenham a sua situação regularizada relativamente a contribuições para a segurança social em Portugal ou, se for o caso, no Estado de que sejam nacionais ou no qual se situe o seu estabelecimento principal;

e) Não tenham a sua situação regularizada relativamente a impostos devidos em Portugal ou, se for o caso, no Estado de que sejam nacionais ou no qual se situe o seu estabelecimento principal;

f) Tenham sido objeto de aplicação de sanção acessória de proibição de participação em concursos públicos prevista em legislação especial, nomeadamente nos regimes contraordenacionais em matéria laboral, de concorrência e de igualdade e não-discriminação, bem como da sanção prevista no artigo 460º, durante o período fixado na decisão condenatória;

g) Tenham sido objeto de aplicação, há menos de dois anos, de sanção administrativa ou judicial pela utilização ao seu serviço de mão-de-obra legalmente sujeita ao pagamento de impostos e contribuições para a segurança social, não declarada nos termos das normas que imponham essa obrigação, em Portugal ou no Estado de que sejam nacionais ou no qual se situe o seu estabelecimento principal;

h) Tenham sido condenadas por sentença transitada em julgado por algum dos seguintes crimes, se entretanto não tiver ocorrido a sua reabilitação, no caso de se tratar de pessoas singulares, ou, no caso de se tratar de pessoas coletivas, tenham sido condenados pelos mesmos crimes a pessoa coletiva e os titulares dos seus órgãos sociais de administração, direção ou gerência das mesmas e estes se encontrem em efetividade de funções, se entretanto não tiver ocorrido a sua reabilitação:

i) Participação numa organização criminosa, tal como definida no nº 1 do artigo 2º da Decisão-Quadro 2008/841/JAI do Conselho, de 24 de outubro de 2008;

ii) Corrupção, tal como definida no artigo 3º da Convenção relativa à luta contra a corrupção em que estejam implicados funcionários da União Europeia ou dos Estados-Membros da União Europeia e no nº 1 do artigo 2º da Decisão-Quadro 2003/568/JAI do Conselho, de 22 de julho de 2003, e nos artigos 372º a 374º-B do Código Penal;

iii) Fraude, na aceção do artigo 1º da Convenção relativa à Proteção dos Interesses Financeiros das Comunidades Europeias;

iv) Branqueamento de capitais ou financiamento do terrorismo, tal como definidos no artigo 1º da Diretiva nº 2015/849, do Parlamento Europeu e do Conselho, de 20 de maio de 2015, relativa à prevenção da utilização do sistema financeiro para efeitos de branqueamento de capitais ou de financiamento do terrorismo;

v) Infrações terroristas ou infrações relacionadas com um grupo terrorista, tal como definidas nos artigos 3º e 4º da Diretiva nº 2017/541, do Parlamento Europeu e do Conselho, de 15 de março de 2017, relativa à luta contra o terrorismo, ou qualquer infração relacionada com atividades terroristas, incluindo cumplicidade, instigação e tentativa, nos termos do artigo 14º da referida diretiva;

vi) Trabalho infantil e outras formas de tráfico de seres humanos, tal como definidos no artigo 2º da Diretiva nº 2011/36/UE, do Parlamento Europeu e do Conselho, de 5 de abril de 2011;

i) Tenham, a qualquer título, prestado, direta ou indiretamente, assessoria ou apoio técnico na preparação e elaboração das peças do procedimento que lhes confira vantagem que falseie as condições normais de concorrência;

j) Tenham diligenciado no sentido de influenciar indevidamente a decisão de contratar do órgão competente, de obter informações confidenciais suscetíveis de lhe conferir vantagens indevidas no procedimento, ou tenham prestado informações erróneas suscetíveis de alterar materialmente as decisões de exclusão, qualificação ou adjudicação;

k) Estejam abrangidas por conflitos de interesses que não possam ser eficazmente corrigidos por outras medidas menos gravosas que a exclusão;

l) Tenham acusado deficiências significativas ou persistentes na execução de, pelo menos, um contrato público anterior nos últimos três anos, tendo tal facto conduzido à resolução desse contrato por incumprimento, ao pagamento de indemnização resultante de incumprimento, à aplicação de sanções que tenham atingido os valores máximos aplicáveis nos termos dos nºs 2 e 3 do artigo 329º, ou a outras sanções equivalentes.

2 – Para efeitos do disposto na alínea *k*) do número anterior, podem ser ponderadas, como medidas menos gravosas que a exclusão, designadamente, a substituição de membros do júri ou de peritos que prestem apoio ao júri, a instituição de sistemas de reconfirmação de análises, apreciações ou aferições técnicas, ou a proibição de o concorrente recorrer a um determinado subcontratado.

ARTIGO 55º-A
Relevação dos impedimentos

1 – O disposto nas alíneas *d*) e *e*) do nº 1 do artigo anterior aplica-se sem prejuízo dos regimes de regularização de dívidas fiscais e dívidas à Segurança Social em vigor.

2 – O candidato ou concorrente que se encontre numa das situações referidas nas alíneas *b*), *c*), *g*), *h*) ou *l*) do nº 1 do artigo anterior pode demonstrar que as medidas

por si tomadas são suficientes para demonstrar a sua idoneidade para a execução do contrato e a não afetação dos interesses que justificam aqueles impedimentos, não obstante a existência abstrata de causa de exclusão, nomeadamente através de:

a) Demonstração de que ressarciu ou tomou medidas para ressarcir eventuais danos causados pela infração penal ou falta grave;

b) Esclarecimento integral dos factos e circunstâncias por meio de colaboração ativa com as autoridades competentes;

c) Adoção de medidas técnicas, organizativas e de pessoal suficientemente concretas e adequadas para evitar outras infrações penais ou faltas graves.

3 – Tendo por base os elementos referidos no número anterior, bem como a gravidade e as circunstâncias específicas da infração ou falta cometida, a entidade adjudicante pode tomar a decisão de não relevar o impedimento.

4 – As sanções de proibição de participação em procedimentos de formação de contratos públicos que tenham sido aplicadas, ou consideradas válidas, mediante decisão transitada em julgado não são passíveis de relevação nos termos do presente artigo.

CAPÍTULO V
Proposta

ARTIGO 56º
Noção de proposta

1 – A proposta é a declaração pela qual o concorrente manifesta à entidade adjudicante a sua vontade de contratar e o modo pelo qual se dispõe a fazê-lo.

2 – Para efeitos do presente Código, entende-se por atributo da proposta qualquer elemento ou característica da mesma que diga respeito a um aspeto da execução do contrato submetido à concorrência pelo caderno de encargos.

ARTIGO 57º
Documentos da proposta

1 – A proposta é constituída pelos seguintes documentos:

a) Declaração do anexo I ao presente Código, do qual faz parte integrante;

b) Documentos que, em função do objeto do contrato a celebrar e dos aspetos da sua execução submetidos à concorrência pelo caderno de encargos, contenham os atributos da proposta, de acordo com os quais o concorrente se dispõe a contratar;

c) Documentos exigidos pelo programa do procedimento ou convite que contenham os termos ou condições relativos a aspetos da execução do contrato não submetidos à concorrência pelo caderno de encargos, aos quais a entidade adjudicante pretende que o concorrente se vincule;

d) (*Revogada.*)

2 – No caso de se tratar de procedimento de formação de contrato de empreitada ou de concessão de obras públicas, a proposta deve ainda ser constituída por:

a) Uma lista dos preços unitários de todas as espécies de trabalho previstas no projeto de execução;

b) Um plano de trabalhos, tal como definido no artigo 361º, quando o caderno de encargos seja integrado por um projeto de execução;

c) Um programa preliminar, nos casos previstos no nº 3 do artigo 43º, competindo a elaboração do projeto de execução ao adjudicatário.

3 – Integram também a proposta quaisquer outros documentos que o concorrente apresente por os considerar indispensáveis para os efeitos do disposto na parte final da alínea *b*) do nº 1.

4 – Os documentos referidos nos nºs 1 e 2 devem ser assinados pelo concorrente ou por representante que tenha poderes para o obrigar.

5 – Quando a proposta seja apresentada por um agrupamento concorrente, os documentos referidos no nº 1 devem ser assinados pelo representante comum dos membros que o integram, caso em que devem ser juntos à proposta os instrumentos de mandato emitidos por cada um dos seus membros ou, não existindo representante comum, devem ser assinados por todos os seus membros ou respetivos representantes.

6 – Nos procedimentos com publicação de anúncio no *Jornal Oficial da União Europeia*, é apresentado, em substituição da declaração do anexo I do presente Código, o Documento Europeu Único de Contratação Pública.

ARTIGO 58º
Idioma dos documentos da proposta

1 – Os documentos que constituem a proposta são obrigatoriamente redigidos em língua portuguesa.

2 – Em função da especificidade técnica das prestações objeto do contrato a celebrar, o programa do procedimento ou o convite, podem admitir que alguns dos documentos referidos nas alíneas *b*) e *c*) do nº 1 do artigo anterior sejam redigidos em língua estrangeira, indicando os idiomas admitidos.

3 – Os documentos referidos no nº 3 do artigo anterior podem ser redigidos em língua estrangeira, salvo se o programa do procedimento dispuser diferentemente.

4 – (*Revogado*.)

ARTIGO 59º
Propostas variantes

1 – São variantes as propostas que, relativamente a um ou mais aspetos da execução do contrato a celebrar, contenham atributos que digam respeito a condições contratuais alternativas nos termos expressamente admitidos pelo caderno de encargos.

2 – Nos casos previstos no número anterior, é sempre permitida a apresentação de propostas variantes, salvo quando o programa do procedimento não o permita expressamente, sendo que a apresentação de propostas variantes implica a apresentação de proposta base.

3 – Quando respeitem a aspetos da execução do contrato a celebrar que se encontrem submetidos à concorrência pelo caderno de encargos para efeitos da apresentação de propostas base, as alternativas referidas no nº 1 só podem ser admitidas fora dos limites daquela concorrência.

4 – Quando o caderno de encargos admita condições contratuais alternativas nos termos do disposto no nº 1, proposta base é aquela que não as apresenta.

5 – Os aspetos do caderno de encargos relativamente aos quais sejam admitidas alternativas para efeitos da apresentação de propostas variantes devem corresponder a fatores ou subfatores de densificação do critério de adjudicação da proposta economicamente mais vantajosa.

6 – A exclusão da proposta base implica necessariamente a exclusão das propostas variantes apresentadas pelo mesmo concorrente.

7 – Nos casos em que o programa do procedimento não permita a apresentação de propostas variantes, cada concorrente só pode apresentar uma única proposta.

ARTIGO 60º
Indicação do preço

1 – Os preços constantes da proposta são indicados em algarismos e não incluem o IVA.

2 – Quando os preços constantes da proposta forem também indicados por extenso, em caso de divergência, estes prevalecem, para todos os efeitos, sobre os indicados em algarismos.

3 – Sempre que na proposta sejam indicados vários preços, em caso de qualquer divergência entre eles, prevalecem sempre, para todos os efeitos, os preços parciais, unitários ou não, mais decompostos.

4 – No caso de se tratar de procedimento de formação de contrato de empreitada ou de concessão de obras públicas, o concorrente deve indicar na proposta os preços parciais dos trabalhos que se propõe executar correspondentes às habilitações contidas nos alvarás ou nos certificados de empreiteiro de obras públicas, ou nas declarações emitidas pelo Instituto dos Mercados Públicos, do Imobiliário e da Construção, I. P., nos termos da portaria referida no nº 2 do artigo 81º

5 – O disposto no número anterior é aplicável aos agrupamentos concorrentes, devendo estes, para o efeito, indicar na proposta os preços parciais dos trabalhos que cada um dos seus membros se propõe executar.

ARTIGO 61º

(*Revogado.*)

ARTIGO 62º
Modo de apresentação das propostas

1 – Os documentos que constituem a proposta são apresentados diretamente em plataforma eletrónica utilizada pela entidade adjudicante, sem prejuízo do disposto na alínea *g*) do nº 1 do artigo 115º

2 – (*Revogado.*)

3 – (*Revogado.*)

4 – Os termos a que deve obedecer a apresentação e a receção das propostas, conforme o disposto no nº 1, são definidos por diploma próprio.

5 – Quando, pela sua natureza, qualquer documento dos que constituem a proposta não possa ser apresentado nos termos do disposto no nº 1, deve ser encerrado em invólucro opaco e fechado:

a) No rosto do qual se deve indicar a designação do procedimento e da entidade adjudicante;

b) Que deve ser entregue diretamente ou enviado por correio registado à entidade adjudicante, devendo, em qualquer caso, a respetiva receção ocorrer dentro do prazo fixado para a apresentação das propostas;

c) Cuja receção deve ser registada por referência à respetiva data e hora.

6 – Na formação dos contratos de empreitada de obras públicas devem, sempre que possível, ser utilizados meios eletrónicos específicos de modelização eletrónica de dados de construção.

ARTIGO 62º-A
Catálogos eletrónicos

1 – A entidade adjudicante pode exigir que as propostas sejam apresentadas através de catálogos eletrónicos ou que incluam catálogos eletrónicos, podendo ser especificados requisitos técnicos dos catálogos, mediante portaria dos membros do Governo responsáveis pelas áreas das finanças e das obras públicas.

2 – As peças do procedimento fixam, ainda que por remissão, as especificações técnicas e outros requisitos adicionais necessários para a interligação.

3 – A entidade adjudicante pode ainda recorrer à aquisição através de catálogos eletrónicos existentes no mercado, quando se trate de adquirir bens móveis cujo valor possibilite o recurso ao procedimento de consulta prévia ou ajuste direto.

ARTIGO 63º
Fixação do prazo para a apresentação das propostas

1 – O prazo para a apresentação das propostas é fixado livremente, com respeito pelos limites mínimos estabelecidos no presente Código.

2 – Na fixação do prazo para a apresentação das propostas, deve ser tido em conta o tempo necessário à sua elaboração, em função da natureza, das características, do volume e da complexidade das prestações objeto do contrato a celebrar, em espe-

cial dos aspetos da sua execução submetidos à concorrência pelo caderno de encargos, bem como a necessidade de prévia inspeção ou visita a locais ou equipamentos, por forma a permitir a sua elaboração em condições adequadas e de efetiva concorrência.

ARTIGO 64º
Prorrogação do prazo fixado para a apresentação das propostas

1 – Quando as retificações ou os esclarecimentos previstos no artigo 50º sejam comunicados para além do prazo estabelecido para o efeito, o prazo fixado para a apresentação das propostas deve ser prorrogado, no mínimo, por período equivalente ao do atraso verificado.

2 – Quando as retificações ou a aceitação de erros ou de omissões das peças do procedimento referidas no artigo 50º, independentemente do momento da sua comunicação, implicarem alterações de aspetos fundamentais das peças do procedimento, o prazo fixado para a apresentação das propostas deve ser prorrogado, no mínimo, por período equivalente ao tempo decorrido desde o início daquele prazo até à comunicação das retificações ou à publicitação da decisão de aceitação de erros ou de omissões.

3 – A pedido fundamentado de qualquer interessado que tenha adquirido as peças do procedimento, o prazo fixado para a apresentação das propostas pode ser prorrogado pelo período considerado adequado, o qual aproveita a todos os interessados.

4 – As decisões de prorrogação nos termos do disposto nos números anteriores cabem ao órgão competente para a decisão de contratar e devem ser juntas às peças do procedimento e notificadas a todos os interessados que as tenham adquirido, publicando-se imediatamente aviso daquelas decisões, nos termos do disposto no nº 1 do artigo 130º, nos nºs 1 a 3 do artigo 131º, no nº 1 do artigo 167º, no artigo 197º e no artigo 208º

ARTIGO 65º
Prazo da obrigação de manutenção das propostas

Sem prejuízo da possibilidade de fixação de um prazo superior no programa do procedimento ou no convite, os concorrentes são obrigados a manter as respetivas propostas pelo prazo de 66 dias contados da data do termo do prazo fixado para a apresentação das propostas.

ARTIGO 66º
Classificação de documentos da proposta

1 – Por motivos de segredo comercial, industrial, militar ou outro, os interessados podem requerer, até ao termo do primeiro terço do prazo fixado para a apresentação

das propostas, a classificação, nos termos da lei, de documentos que constituem a proposta, para efeitos da restrição ou da limitação do acesso aos mesmos na medida do estritamente necessário.

2 – A decisão sobre a classificação de documentos que constituem a proposta deve ser notificada aos interessados, pelo órgão competente para a decisão de contratar, até ao termo do segundo terço do prazo fixado para a apresentação das propostas.

3 – Considera-se não escrita ou não declarada a classificação de um documento que não tenha sido expressamente autorizada nos termos do disposto nos números anteriores.

4 – Se no decurso do procedimento deixarem de se verificar os pressupostos que determinaram a classificação de documentos que constituem as propostas, o órgão competente para a decisão de contratar deve promover, oficiosamente, a respetiva desclassificação, informando do facto todos os interessados.

5 – Quando, por força da classificação de documentos que constituem a proposta, não seja possível apresentá-los nos termos do disposto no artigo 62º ou no prazo fixado no programa do procedimento, o órgão competente para a decisão de contratar pode estabelecer, oficiosamente ou a pedido do interessado, um modo alternativo de apresentação dos documentos em causa ou a prorrogação daquele prazo na medida do estritamente necessário.

6 – A entidade adjudicante não deve divulgar as informações constantes dos documentos classificados das propostas.

7 – A entidade adjudicante pode impor aos concorrentes requisitos destinados a proteger as informações de natureza confidencial por ela disponibilizadas ao longo do procedimento de formação do contrato público.

CAPÍTULO VI
Júri do procedimento

ARTIGO 67º
Júri

1 – Com exceção do ajuste direto e dos casos previstos no nº 3, os procedimentos para a formação de contratos são conduzidos por um júri, designado pelo órgão competente para a decisão de contratar, composto, em número ímpar, por um mínimo de três membros efetivos, um dos quais preside, e dois suplentes.

2 – Os titulares do órgão competente para a decisão de contratar podem ser designados membros do júri.

3 – Tratando-se de consulta prévia ou de concurso público urgente, o órgão competente para a decisão de contratar pode decidir que os procedimentos sejam conduzidos pelos serviços da entidade adjudicante, considerando-se feitas a estes as referências feitas, no presente Código, ao júri.

4 – O júri pode ser dispensado nos procedimentos em que seja apresentada apenas uma proposta.

5 – Antes do início de funções, os membros do júri e todos os demais intervenientes no processo de avaliação de propostas, designadamente peritos, subscrevem declaração de inexistência de conflitos de interesses, conforme modelo previsto no anexo XIII ao presente Código e que dele faz parte integrante.

ARTIGO 68º
Funcionamento

1 – O júri do procedimento inicia o exercício das suas funções no dia útil subsequente ao do envio do anúncio para publicação ou do convite.

2 – O júri só pode funcionar quando o número de membros presentes na reunião corresponda ao número de membros efetivos.

3 – As deliberações do júri, que devem ser sempre fundamentadas, são tomadas por maioria de votos, não sendo admitida a abstenção.

4 – Nas deliberações em que haja voto de vencido de algum membro do júri, devem constar da ata as razões da sua discordância.

5 – O júri pode designar um secretário de entre o pessoal dos serviços da entidade adjudicante, com a aprovação do respetivo dirigente máximo.

6 – Quando o considerar conveniente, o órgão competente para a decisão de contratar pode designar peritos ou consultores para apoiarem o júri do procedimento no exercício das suas funções, podendo aqueles participar, sem direito de voto, nas reuniões do júri.

ARTIGO 69º
Competência do júri

1 – Compete nomeadamente ao júri:

a) Proceder à apreciação das candidaturas;

b) Proceder à apreciação das propostas;

c) Proceder à apreciação de soluções e projetos;

d) Elaborar os relatórios de análise das candidaturas, das propostas e das soluções e projetos.

2 – Cabe ainda ao júri exercer a competência que lhe seja delegada pelo órgão competente para a decisão de contratar, não lhe podendo este, porém, delegar a competência para a retificação das peças do procedimento, a decisão sobre erros ou omissões identificados pelos interessados, a decisão de qualificação dos candidatos ou a decisão de adjudicação.

CAPÍTULO VII
Análise das propostas e adjudicação

ARTIGO 70º
Análise das propostas

1 – As propostas são analisadas em todos os seus atributos, representados pelos fatores e subfatores que densificam o critério de adjudicação, e termos ou condições.

2 – São excluídas as propostas cuja análise revele:

a) Que não apresentam algum dos atributos ou algum dos termos ou condições, nos termos, respetivamente, do disposto nas alíneas *b*) e *c*) do nº 1 do artigo 57º;

b) Que apresentam atributos que violem os parâmetros base fixados no caderno de encargos ou que apresentem quaisquer termos ou condições que violem aspetos da execução do contrato a celebrar por aquele não submetidos à concorrência, sem prejuízo do disposto nos nºs 4 a 6 e 8 a 11 do artigo 49º;

c) A impossibilidade de avaliação das mesmas em virtude da forma de apresentação de algum dos respetivos atributos;

d) Que o preço contratual seria superior ao preço base;

e) Um preço ou custo anormalmente baixo, cujos esclarecimentos justificativos não tenham sido apresentados ou não tenham sido considerados nos termos do disposto no artigo seguinte;

f) Que o contrato a celebrar implicaria a violação de quaisquer vinculações legais ou regulamentares aplicáveis;

g) A existência de fortes indícios de atos, acordos, práticas ou informações suscetíveis de falsear as regras de concorrência.

3 – A exclusão de quaisquer propostas com fundamento no disposto na alínea *e*) do número anterior, bem como a existência de indícios de práticas restritivas do comércio, ainda que não tenham dado origem à exclusão da proposta, devem ser comunicadas à Autoridade de Segurança Alimentar e Económica.

4 – A exclusão de quaisquer propostas com fundamento no disposto na alínea *g*) do nº 2, bem como a existência de indícios de práticas restritivas da concorrência, ainda que não tenham dado origem à exclusão da proposta, devem ser comunicadas à Autoridade da Concorrência.

5 – A exclusão de quaisquer propostas com fundamento no disposto na alínea *e*) do nº 2, devido ao facto do operador económico ter obtido um auxílio estatal e não puder provar que o mesmo é compatível com o mercado interno na aceção do artigo 107º do Tratado sobre o Funcionamento da União Europeia, deve ser comunicada à Autoridade da Concorrência e, quando o anúncio do respetivo procedimento tenha sido publicado no *Jornal Oficial da União Europeia*, também à Comissão Europeia.

ARTIGO 71º
Preço ou custo anormalmente baixo

1 – As entidades adjudicantes podem definir, no programa de concurso ou no convite, as situações em que o preço ou o custo de uma proposta é considerado anormalmente baixo, tendo em conta o desvio percentual em relação à média dos preços das propostas a admitir, ou outros critérios considerados adequados.

2 – A entidade adjudicante deve fundamentar a necessidade de fixação do preço ou do custo anormalmente baixo, bem como os critérios que presidiram a essa fixação, designadamente os preços médios obtidos na consulta preliminar ao mercado, se tiver existido.

3 – O órgão competente para a decisão de contratar deve fundamentar a decisão de exclusão de uma proposta com essa justificação, solicitando previamente ao respetivo concorrente que preste esclarecimentos, por escrito e em prazo adequado, relativos aos elementos constitutivos relevantes da proposta.

4 – Na análise dos esclarecimentos prestados pelo concorrente nos termos do número anterior, pode tomar-se em consideração justificações inerentes, designadamente:

a) À economia do processo de construção, de fabrico ou de prestação do serviço;

b) Às soluções técnicas adotadas ou às condições excecionalmente favoráveis de que o concorrente comprovadamente disponha para a execução da prestação objeto do contrato a celebrar;

c) À originalidade da obra, dos bens ou dos serviços propostos;

d) Às específicas condições de trabalho de que beneficia o concorrente;

e) À possibilidade de obtenção de um auxílio de Estado pelo concorrente, desde que legalmente concedido;

f) À verificação da decomposição do respetivo preço, por meio de documentos comprovativos dos preços unitários incorporados no mesmo, nomeadamente folhas de pagamento e declarações de fornecedores, que atestem a conformidade dos preços apresentados e demonstrem a sua racionalidade económica;

g) Ao cumprimento das obrigações decorrentes da legislação em matéria ambiental, social e laboral, referidas no nº 2 do artigo 1º-A.

ARTIGO 72º
Esclarecimentos e suprimento de propostas e candidaturas

1 – O júri do procedimento pode pedir aos concorrentes quaisquer esclarecimentos sobre as propostas apresentadas que considere necessários para efeito da análise e da avaliação das mesmas.

2 – Os esclarecimentos prestados pelos respetivos concorrentes fazem parte integrante das mesmas, desde que não contrariem os elementos constantes dos documentos que as constituem, não alterem ou completem os respetivos atributos, nem visem suprir omissões que determinam a sua exclusão nos termos do disposto na alínea *a*) do nº 2 do artigo 70º

3 – O júri deve solicitar aos candidatos e concorrentes que, no prazo máximo de cinco dias, procedam ao suprimento das irregularidades das suas propostas e candidaturas causadas por preterição de formalidades não essenciais e que careçam de suprimento, incluindo a apresentação de documentos que se limitem a comprovar factos ou qualidades anteriores à data de apresentação da proposta ou candidatura, e desde que tal suprimento não afete a concorrência e a igualdade de tratamento.

4 – O júri procede à retificação oficiosa de erros de escrita ou de cálculo contidos nas candidaturas ou propostas, desde que seja evidente para qualquer destinatário a existência do erro e os termos em que o mesmo deve ser corrigido.

5 – Os pedidos do júri formulados nos termos dos nºs 1 e 3, bem como as respetivas respostas, devem ser disponibilizados em plataforma eletrónica utilizada pela entidade adjudicante, devendo todos os candidatos e concorrentes ser imediatamente notificados desse facto.

ARTIGO 73º
Noção de adjudicação

1 – A adjudicação é o ato pelo qual o órgão competente para a decisão de contratar aceita a única proposta apresentada ou escolhe uma de entre as propostas apresentadas.

2 – Quando seja feita a adjudicação por lotes nos termos do artigo 46º-A, pode existir uma decisão de adjudicação para cada lote, podendo tais decisões ocorrer em momentos distintos.

ARTIGO 74º
Critério de adjudicação

1 – A adjudicação é feita de acordo com o critério da proposta economicamente mais vantajosa para a entidade adjudicante, determinada por uma das seguintes modalidades:

a) Melhor relação qualidade-preço, na qual o critério de adjudicação é composto por um conjunto de fatores, e eventuais subfatores, relacionados com diversos aspetos da execução do contrato a celebrar;

b) Avaliação do preço ou custo enquanto único aspeto da execução do contrato a celebrar.

2 – Em casos devidamente fundamentados, a entidade adjudicante pode optar por não submeter à concorrência o preço ou o custo, caso em que se estabelece obrigatoriamente um preço fixo ou um preço máximo no caderno de encargos.

3 – A utilização da modalidade prevista na alínea *b*) do nº 1 só é permitida quando as peças do procedimento definam todos os restantes elementos da execução do contrato a celebrar.

4 – O convite ou o programa do procedimento deve definir o critério de desempate na avaliação das propostas.

5 – É vedada a utilização do critério do momento de entrega da proposta como critério de desempate.

6 – Podem ser utilizados como critério de desempate, designadamente, os fatores e subfatores estabelecidos nos termos do artigo seguinte, por ordem decrescente de ponderação relativa, ou a proposta que tiver sido apresentada por empresas sociais ou por pequenas e médias empresas, por ordem crescente da categoria das empresas.

ARTIGO 75º
Fatores e subfatores

1 – Os fatores e os eventuais subfatores que densificam o critério de adjudicação da proposta economicamente mais vantajosa devem estar ligados ao objeto do contrato a celebrar, abrangendo todos, e apenas, os aspetos da execução do contrato a celebrar submetidos à concorrência pelo caderno de encargos.

2 – Os fatores e os eventuais subfatores podem ser, em função dos objetivos e das necessidades da entidade adjudicante, designadamente os seguintes:

a) Qualidade, designadamente valor técnico, características estéticas e funcionais, acessibilidade, conceção para todos os utilizadores, características sociais, ambientais e inovadoras e condições de fornecimento;

b) Organização, qualificações e experiência do pessoal encarregado da execução do contrato em questão, caso a qualidade do pessoal empregue tenha um impacto significativo no nível de execução do contrato, designadamente, em contratos de serviços de natureza intelectual, tais como a consultoria ou os serviços de projeto de obras;

c) Serviço e assistência técnica pós-venda e condições de entrega, designadamente a data de entrega, o processo de entrega, o prazo de entrega ou de execução e o tempo de prestação de assistência;

d) Sustentabilidade ambiental ou social do modo de execução do contrato, designadamente no que respeita ao tempo de transporte e de disponibilização do produto ou serviço, em especial no caso de produtos perecíveis, e a denominação de origem ou indicação geográfica, no caso de produtos certificados.

3 – Sem prejuízo do disposto na alínea *b*) do número anterior, os fatores e subfatores não podem dizer respeito, direta ou indiretamente, a situações, qualidades, características ou outros elementos de facto relativos aos concorrentes.

4 – Para os efeitos previstos no nº 1, os fatores e subfatores consideram-se ligados ao objeto do contrato quando estiverem relacionados com as obras, bens ou serviços a executar ou fornecer ao abrigo desse contrato, sob qualquer aspeto e em qualquer fase do seu ciclo de vida.

5 – Ainda que não façam parte da sua substância material, consideram-se relacionados com o objeto do contrato os fatores envolvidos no processo específico de produção ou fornecimento das obras, bens ou serviços ou num processo específico em relação a outra fase do seu ciclo de vida.

6 – Quando a organização, qualificações e experiência do pessoal encarregado da execução do contrato tenham sido adotados como fatores de avaliação da relação qualidade-preço, o contrato deve garantir que o pessoal empregue cumpre efetivamente as especificações de qualidade especificadas no caderno de encargos e nos requisitos propostos, prevendo expressamente que o pessoal proposto pelo adjudicatário só pode ser substituído com o expresso e prévio consentimento da entidade adjudicante, após verificação de que essa substituição proporciona um nível de qualidade equivalente.

7 – Quando o custo seja calculado com base no ciclo de vida, o modelo de avaliação das propostas pode abranger custos suportados ou não pela própria entidade adjudicante, como sejam:

a) Custos relacionados com a aquisição propriamente dita;

b) Custos de utilização, tais como consumo de energia, de consumíveis e de outros recursos;

c) Custos de manutenção e assistência técnica;

d) Custos de fim de vida, tais como custos de recolha e reciclagem;

e) Custos imputados a externalidades ambientais ligadas ao bem, serviço ou obra durante o seu ciclo de vida, desde que seja possível determinar e confirmar o seu valor monetário, os quais podem incluir o custo das emissões de gases com efeito de estufa e de outras emissões poluentes, assim como outros custos de atenuação das alterações climáticas.

8 – Quando o caderno de encargos submeter à concorrência os custos do ciclo de vida do objeto do contrato a celebrar, o programa do procedimento ou convite deve indicar a metodologia que será utilizada para os calcular.

9 – A metodologia referida no número anterior, quando for aplicada para o cálculo dos custos referidos na alínea *e*) do nº 7, deve basear-se também em regras objetivamente verificáveis e não discriminatórias, permitindo que os dados a fornecer pelos concorrentes sejam por estes obtidos mediante esforço razoável.

10 – Caso seja obrigatória, por força do Direito da União Europeia, a utilização de uma metodologia comum para o cálculo dos custos do ciclo de vida, a mesma deve ser aplicada.

ARTIGO 76º
Dever de adjudicação

1 – Sem prejuízo do disposto no nº 1 do artigo 79º, o órgão competente para a decisão de contratar deve tomar a decisão de adjudicação e notificá-la aos concorrentes até ao termo do prazo da obrigação de manutenção das propostas.

2 – Por motivo devidamente justificado, a decisão de adjudicação pode ser tomada e notificada aos concorrentes após o termo do prazo referido no número anterior, sem prejuízo do direito de recusa da adjudicação pelo concorrente cuja proposta foi a escolhida.

3 – Quando a decisão de adjudicação seja tomada e notificada aos concorrentes após o termo do prazo referido no nº 1, a entidade adjudicante deve indemnizar o concorrente que recuse a adjudicação pelos encargos em que comprovadamente incorreu com a elaboração da respetiva proposta.

ARTIGO 77º
Notificação da decisão de adjudicação

1 – A decisão de adjudicação é notificada em simultâneo a todos os concorrentes, indicando-se, quando aplicável, o prazo de suspensão previsto no nº 3 do artigo 95º ou na alínea *a*) do nº 1 do artigo 104º, conforme o caso.

2 – Juntamente com a notificação da decisão de adjudicação, o órgão competente para a decisão de contratar deve notificar o adjudicatário para:

a) Apresentar os documentos de habilitação exigidos nos termos do disposto no artigo 81º;

b) Prestar caução, se esta for devida, indicando expressamente o seu valor;

c) Confirmar no prazo para o efeito fixado, se for o caso, os compromissos assumidos por terceiras entidades relativos a atributos ou a termos ou condições da proposta adjudicada;

d) Se pronunciar sobre a minuta de contrato, quando este for reduzido a escrito;

e) Confirmar no prazo para o efeito fixado, se for o caso, a constituição da sociedade comercial, de acordo com os requisitos fixados nas peças do procedimento e os termos da proposta adjudicada.

3 – As notificações referidas nos números anteriores devem ser acompanhadas do relatório final de análise das propostas.

ARTIGO 78º
Anúncio da adjudicação

1 – Quando o procedimento de formação do contrato tenha sido publicitado através de anúncio publicado no *Jornal Oficial da União Europeia*, a entidade adjudicante deve publicar no referido jornal, no prazo de 30 dias após a celebração de um contrato, um anúncio conforme modelos constantes do anexo V da Diretiva nº 2014/24/UE, ou do anexo XII da Diretiva nº 2014/25/UE, ambas do Parlamento Europeu e do Conselho, de 26 de fevereiro de 2014, consoante o caso.

2 – O disposto no número anterior é também aplicável quando a adjudicação tenha sido decidida na sequência de ajuste direto adotado ao abrigo do disposto nas alíneas *a*) a *c*) e *e*) do nº 1 do artigo 24º, nas alíneas *a*) e *b*) do nº 1 do artigo 25º, nas alíneas *a*) a *d*) do nº 1 e no nº 2 do artigo 26º e nas alíneas *a*), *c*) e *d*) do nº 1 do artigo 27º, sempre que o preço contratual seja igual ou superior:

a) Ao referido na alínea *a*) do nº 3 do artigo 474º, no caso de se tratar de um contrato de empreitada de obras públicas;

b) Ao referido na alínea *c*) do nº 3 do artigo 474º, no caso de se tratar de um contrato de locação ou de aquisição de bens móveis ou de um contrato de aquisição de serviços;

c) Ao referido na alínea *b*) do nº 3 do artigo 474º no caso de se tratar de um contrato de locação ou de aquisição de bens móveis ou de um contrato de aquisição de serviços, quando a entidade adjudicante seja o Estado.

3 – Quando o contrato a celebrar diga direta e principalmente respeito a uma ou a várias das atividades exercidas nos setores da água, da energia, dos transportes e dos serviços postais pelas entidades adjudicantes referidas no nº 1 do artigo 7º, o disposto no número anterior só é aplicável quando o preço contratual seja igual ou superior:

a) Ao referido na alínea *a*) do nº 4 do artigo 474º, no caso de se tratar de um contrato de empreitada de obras públicas;

b) Ao referido na alínea *b*) do nº 4 do artigo 474º, no caso de se tratar de um contrato de locação ou de aquisição de bens móveis ou de um contrato de aquisição de serviços.

4 – O disposto no nº 1 é ainda aplicável aos procedimentos de formação de acordos-quadro e aos procedimentos de formação de contratos a celebrar ao abrigo de um sistema de aquisição dinâmico quando o anúncio com indicação expressa da instituição desse sistema tenha sido publicado no Jornal Oficial da União Europeia.

5 – A publicação referida no nº 1 é igualmente aplicável aos contratos celebrados ao abrigo de um acordo-quadro, ou de um sistema de aquisição dinâmico quando o preço contratual acumulado por trimestre ultrapassar os limiares referidos nas alíneas do nº 2, no prazo de 30 dias após o fim de cada trimestre.

6 – No caso de se tratar da adjudicação de contratos de concessão, devem ainda ser publicados os anúncios conforme os modelos aplicáveis referidos nos artigos 32º e 33º da Diretiva nº 2014/23/UE, do Parlamento Europeu e do Conselho, de 26 de fevereiro de 2014.

ARTIGO 78º-A
Anúncio voluntário de transparência

1 – Quando a decisão de adjudicação tenha sido tomada na sequência de um procedimento de formação do contrato sem publicação de anúncio no *Jornal Oficial da União Europeia*, a entidade adjudicante pode nele publicar um anúncio voluntário de transparência divulgando a sua intenção de celebrar o contrato.

2 – Quando a entidade adjudicante pretenda divulgar a sua intenção de celebrar um contrato no *Jornal Oficial da União Europeia*, nos termos do número anterior, deve fazê-lo através de um anúncio conforme modelo constante do anexo XII do Regulamento de Execução (UE) nº 2015/1986 da Comissão, de 11 de novembro de 2015, que estabelece os formulários-tipo para publicação de anúncios no âmbito dos processos de adjudicação de contratos públicos.

ARTIGO 79º
Causas de não adjudicação

1 – Não há lugar a adjudicação, extinguindo-se o procedimento, quando:

a) Nenhum candidato se haja apresentado ou nenhum concorrente haja apresentado proposta;

b) Todas as candidaturas ou todas as propostas tenham sido excluídas;

c) Por circunstâncias imprevistas, seja necessário alterar aspetos fundamentais das peças do procedimento;

d) Circunstâncias supervenientes relativas aos pressupostos da decisão de contratar o justifiquem;

e) Nos casos a que se refere o nº 5 do artigo 47º, a entidade adjudicante considere, fundamentadamente, que todos os preços apresentados são inaceitáveis;

f) No procedimento de diálogo concorrencial, nenhuma das soluções apresentadas satisfaça as necessidades e as exigências da entidade adjudicante.

g) No procedimento para a celebração de acordo-quadro com várias entidades o número de candidaturas ou propostas apresentadas ou admitidas seja inferior ao número mínimo previsto no programa de concurso.

2 – A decisão de não adjudicação, bem como os respetivos fundamentos, deve ser notificada a todos os concorrentes.

3 – No caso da alínea *c*) do nº 1, é obrigatório dar início a um novo procedimento no prazo máximo de seis meses a contar da data da notificação da decisão de não adjudicação.

4 – Quando o órgão competente para a decisão de contratar decida não adjudicar com fundamento no disposto nas alíneas *c*) e *d*) do nº 1, a entidade adjudicante deve indemnizar os concorrentes, cujas propostas não tenham sido excluídas, pelos encargos em que comprovadamente incorreram com a elaboração das respetivas propostas.

ARTIGO 80º
Revogação da decisão de contratar

1 – A decisão de não adjudicação prevista no artigo anterior determina a revogação da decisão de contratar.

2 – (*Revogado*.)

CAPÍTULO VIII
Habilitação

ARTIGO 81º
Documentos de habilitação

1 – Nos procedimentos de formação de quaisquer contratos, o adjudicatário deve apresentar os seguintes documentos de habilitação:

a) Declaração do anexo II ao presente Código, do qual faz parte integrante;

b) Documentos comprovativos de que não se encontra nas situações previstas nas alíneas *b*), *d*), *e*) e *i*) do nº 1 do artigo 55º

2 – A habilitação, designadamente a titularidade de alvará e certificado de empreiteiro de obras públicas, bem como o modo de apresentação desses documentos, obedece às regras e termos a definir por portaria do membro do Governo responsável pela área das obras públicas.

3 – (*Revogado.*)

4 – (*Revogado.*)

5 – (*Revogado.*)

6 – (*Revogado.*)

7 – (*Revogado.*)

8 – O órgão competente para a decisão de contratar pode sempre solicitar ao adjudicatário, ainda que tal não conste do programa do procedimento, a apresentação de quaisquer documentos comprovativos da titularidade das habilitações legalmente exigidas para a execução das prestações objeto do contrato a celebrar, fixando-lhe prazo para o efeito.

ARTIGO 82º

(*Revogado.*)

ARTIGO 83º

(*Revogado.*)

ARTIGO 83º-A
Força probatória dos documentos de habilitação

1 – As entidades adjudicantes devem aceitar como prova bastante de que o adjudicatário não se encontra abrangido por nenhum dos casos referidos nas alíneas *a*), *b*) e *i*) do artigo 55º a apresentação de um certificado de registo criminal ou, na sua falta, de documento equivalente emitido pela autoridade judicial ou administrativa competente, do qual resulte que aqueles requisitos se encontram satisfeitos.

2 – As entidades adjudicantes devem aceitar como prova bastante de que o adjudicatário não se encontra abrangido por nenhum dos casos referidos nas alíneas *d*) e *e*) do artigo 55º um certificado emitido pela entidade competente.

3 – No caso de não emissão dos documentos ou certificados referidos nos números anteriores ou se estes não se referirem a todos casos referidos nas alíneas *a*), *b*) e *i*) do artigo 55º, podem os mesmos ser substituídos por uma declaração solene, sob compromisso de honra, feita pelo interessado perante a autoridade judicial ou administrativa competente, um notário ou um organismo profissional qualificado.

ARTIGO 84º

(*Revogado.*)

ARTIGO 85º
Notificação da apresentação dos documentos de habilitação

1 – O órgão competente para a decisão de contratar notifica em simultâneo todos os concorrentes da apresentação dos documentos de habilitação pelo adjudicatário, indicando o dia em que ocorreu essa apresentação.

2 – Os documentos de habilitação apresentados pelo adjudicatário devem ser disponibilizados, para consulta de todos os concorrentes, em plataforma eletrónica utilizada pela entidade adjudicante.

ARTIGO 86º
Não apresentação dos documentos de habilitação

1 – A adjudicação caduca se, por facto que lhe seja imputável, o adjudicatário não apresentar os documentos de habilitação:

a) No prazo fixado no programa do procedimento;

b) No prazo fixado pelo órgão competente para a decisão de contratar, no caso previsto no nº 8 do artigo 81º;

c) Redigidos em língua portuguesa, ou acompanhados de tradução devidamente legalizada no caso de estarem, pela sua natureza ou origem, redigidos numa outra língua.

2 – Sempre que se verifique um facto que determine a caducidade da adjudicação nos termos do nº 1, o órgão competente para a decisão de contratar deve notificar o adjudicatário relativamente ao qual o facto ocorreu, fixando-lhe um prazo, não superior a 5 dias, para que se pronuncie, por escrito, ao abrigo do direito de audiência prévia.

3 – Quando as situações previstas no nº 1 se verifiquem por facto que não seja imputável ao adjudicatário, o órgão competente para a decisão de contratar deve conceder-lhe, em função das razões invocadas, um prazo adicional para a apresentação dos documentos em falta, sob pena de caducidade da adjudicação.

4 – Nos casos previstos nos números anteriores, o órgão competente para a decisão de contratar deve adjudicar a proposta ordenada em lugar subsequente.

5 – (*Revogado.*)

ARTIGO 87º
Falsidade de documentos e declarações

Sem prejuízo da participação à entidade competente para efeitos de procedimento criminal, a falsificação de qualquer documento de habilitação ou a prestação culposa de falsas declarações determina a caducidade da adjudicação, sendo aplicável o disposto nos nºs 3 e 4 do artigo anterior.

ARTIGO 87º-A
Outras causas de caducidade da adjudicação

1 – Sem prejuízo de outras causas de caducidade previstas no presente Código ou resultantes de outra legislação aplicável, determina ainda a caducidade da adjudicação a ocorrência superveniente de circunstâncias que inviabilizem a celebração do contrato, designadamente por impossibilidade natural ou jurídica, extinção da entidade adjudicante ou do adjudicatário ou por insolvência deste.

2 – Quando as causas de caducidade da adjudicação referidas no número anterior respeitem ao adjudicatário, a entidade adjudicante deve adjudicar a proposta ordenada em lugar subsequente.

3 – O adjudicatário deve indemnizar a entidade adjudicante, nos termos gerais, pelos prejuízos que culposamente tenha causado.

CAPÍTULO IX
Caução

ARTIGO 88º
Função da caução

1 – No caso de contratos que impliquem o pagamento de um preço pela entidade adjudicante, deve ser exigida ao adjudicatário a prestação de uma caução destinada a garantir a sua celebração, bem como o exato e pontual cumprimento de todas as obrigações legais e contratuais que assume com essa celebração.

2 – Pode não ser exigida prestação de caução:

a) Quando o preço contratual for inferior a € 200 000;

b) Quando se trate de contratos em que o adjudicatário seja uma entidade prevista nos artigos 2º ou 7º; ou

c) Quando se trate dos contratos previstos na alínea *c*) do nº 1 do artigo 95º, ainda que exista contrato escrito.

3 – Quando, no caso previsto no número anterior, não tenha sido exigida a prestação de caução, pode a entidade adjudicante, se o considerar conveniente, proceder à retenção de até 10% do valor dos pagamentos a efetuar, desde que tal faculdade seja prevista no caderno de encargos.

4 – Pode não ser exigida a prestação de caução, nos termos previstos no programa do procedimento ou no convite, quando o adjudicatário apresente seguro da execução do contrato a celebrar, emitido por entidade seguradora, que cubra o respetivo preço contratual, ou declaração de assunção de responsabilidade solidária com o adjudicatário, pelo mesmo montante, emitida por entidade bancária, desde que essa entidade apresente documento comprovativo de que possui sede ou sucursal em Estado membro da União Europeia, emitido pela entidade que nesse Estado exerça a supervisão seguradora ou bancária, respetivamente.

ARTIGO 89º
Valor da caução

1 – Sem prejuízo do disposto no nº 5, o valor da caução é, no máximo, de 5% do preço contratual, devendo ser fixado em função da complexidade e expressão financeira do respetivo contrato.

2 – Quando o preço total resultante da proposta adjudicada seja considerado anormalmente baixo, o valor da caução a prestar pelo adjudicatário é, no máximo, de 10% do preço contratual.

3 – Quando, em contratos que não impliquem o pagamento de um preço pela entidade adjudicante, for exigida a prestação de caução, o valor desta não pode ser superior a 2% do montante correspondente à utilidade económica imediata do contrato para a entidade adjudicante.

4 – Quando o contrato previr renovações, o valor da caução tem por referência o preço do seu período de vigência inicial e cada renovação deve ser condicionada à prestação de nova caução, que terá por referência o preço de cada um dos respetivos períodos de vigência.

5 – No caso de contratos de execução duradoura superior a cinco anos, o valor de referência para a aplicação das percentagens referidas nos nºs 1 e 2 limita-se ao primeiro terço da duração do contrato.

6 – Na falta de fixação, o valor da caução previsto nos nºs 1 e 2 é de 5% ou de 10% do preço contratual, respetivamente.

ARTIGO 90º
Modo de prestação da caução

1 – O adjudicatário deve prestar a caução no prazo de 10 dias a contar da notificação prevista no nº 2 do artigo 77º, devendo comprovar essa prestação junto da entidade adjudicante no dia imediatamente subsequente.

2 – A caução é prestada por depósito em dinheiro ou em títulos emitidos ou garantidos pelo Estado, ou mediante garantia bancária ou seguro-caução.

3 – O depósito em dinheiro ou títulos é efetuado em Portugal, em qualquer instituição de crédito, à ordem da entidade que for indicada no programa do procedimento, devendo ser especificado o fim a que se destina.

4 – Quando o depósito for efetuado em títulos, estes são avaliados pelo respetivo valor nominal, salvo se, nos últimos três meses, a média da cotação na bolsa de valores ficar abaixo do par, caso em que a avaliação é feita em 90% dessa média.

5 – O programa do procedimento deve conter os modelos referentes à caução que venha a ser prestada por garantia bancária, por seguro-caução ou por depósito em dinheiro ou títulos.

6 – Se o adjudicatário prestar a caução mediante garantia bancária, deve apresentar um documento pelo qual um estabelecimento bancário legalmente autorizado assegure, até ao limite do valor da caução, o imediato pagamento de quaisquer

importâncias exigidas pela entidade adjudicante em virtude do incumprimento de quaisquer obrigações a que a garantia respeita.

7 – Tratando-se de seguro-caução, o programa do procedimento pode exigir a apresentação de apólice pela qual uma entidade legalmente autorizada a realizar este seguro assuma, até ao limite do valor da caução, o encargo de satisfazer de imediato quaisquer importâncias exigidas pela entidade adjudicante em virtude do incumprimento de quaisquer obrigações a que o seguro respeita.

8 – Das condições da garantia bancária ou da apólice de seguro-caução não pode, em caso algum, resultar uma diminuição das garantias da entidade adjudicante, nos moldes em que são asseguradas pelas outras formas admitidas de prestação da caução.

9 – Todas as despesas relativas à prestação da caução são da responsabilidade do adjudicatário.

ARTIGO 91º
Não prestação da caução

1 – A adjudicação caduca se, por facto que lhe seja imputável, o adjudicatário não prestar, em tempo e nos termos estabelecidos nos artigos anteriores, a caução que lhe seja exigida.

2 – No caso previsto no número anterior, o órgão competente para a decisão de contratar deve adjudicar a proposta ordenada em lugar subsequente.

3 – A não prestação da caução pelo adjudicatário, no caso de empreitadas ou de concessões de obras públicas, deve ser imediatamente comunicada ao Instituto dos Mercados Públicos, do Imobiliário e da Construção, I. P.

CAPÍTULO X
Confirmação de compromissos

ARTIGO 92º
Prorrogação do prazo para a confirmação de compromissos

A pedido fundamentado do adjudicatário, o órgão competente para a decisão de contratar pode prorrogar o prazo que tenha sido fixado para a confirmação dos compromissos assumidos por terceiras entidades relativos a atributos ou a termos ou condições da sua proposta.

ARTIGO 93º
Não confirmação de compromissos

1 – A adjudicação caduca se o adjudicatário não confirmar os compromissos referidos no artigo anterior no prazo fixado para o efeito ou até ao termo da respetiva prorrogação.

2 – No caso previsto no número anterior, o órgão competente para a decisão de contratar deve adjudicar a proposta ordenada em lugar subsequente.

CAPÍTULO XI
Celebração do contrato

ARTIGO 94º
Redução do contrato a escrito

1 – Salvo nos casos previstos no artigo seguinte, o contrato deve ser reduzido a escrito através da elaboração de um clausulado em suporte papel ou em suporte informático com a aposição de assinaturas eletrónicas.

2 – Salvo disposição em contrário constante do programa do procedimento, as despesas e os encargos inerentes à redução do contrato a escrito são da responsabilidade da entidade adjudicante, com exceção dos impostos legalmente devidos pelo adjudicatário.

ARTIGO 95º
Inexigibilidade e dispensa de redução do contrato a escrito

1 – Salvo previsão expressa no programa do procedimento, não é exigível a redução do contrato a escrito:

a) Quando se trate de contrato de locação ou de aquisição de bens móveis ou de aquisição de serviços cujo preço contratual não exceda € 10 000;

b) Quando se trate de locar ou de adquirir bens móveis ou de adquirir serviços ao abrigo de um contrato público de aprovisionamento;

c) Quando se trate de locar ou de adquirir bens móveis ou de adquirir serviços nos seguintes termos:

i) O fornecimento dos bens ou a prestação dos serviços deva ocorrer integralmente no prazo máximo de 20 dias a contar da data em que o adjudicatário comprove a prestação da caução ou, se esta não for exigida, da data da notificação da adjudicação;

ii) A relação contratual se extinga com o fornecimento dos bens ou com a prestação dos serviços, sem prejuízo da manutenção de obrigações acessórias que tenham sido estabelecidas inequivocamente em favor da entidade adjudicante, tais como as de sigilo ou de garantia dos bens ou serviços adquiridos; e

iii) O contrato não esteja sujeito a fiscalização prévia do Tribunal de Contas; ou

d) Quando se trate de contrato de empreitada de obras públicas de complexidade técnica muito reduzida e cujo preço contratual não exceda € 15 000.

2 – A redução do contrato a escrito pode ser dispensada pelo órgão competente para a decisão de contratar, mediante decisão fundamentada, quando:

a) A segurança pública interna ou externa o justifique;

b) Seja adotado um concurso público urgente; ou

c) Por motivos de urgência imperiosa resultante de acontecimentos imprevisíveis pela entidade adjudicante, seja necessário dar imediata execução ao contrato.

3 – Quando a redução do contrato a escrito não tenha sido exigida ou tenha sido dispensada nos termos do disposto nos números anteriores, entende-se que o contrato resulta da conjugação do caderno de encargos com o conteúdo da proposta adjudicada, não se podendo, porém, dar início a qualquer aspeto da sua execução antes de decorrido o prazo de 10 dias a contar da data da notificação da decisão de adjudicação e, em qualquer caso, nunca antes da apresentação de todos os documentos de habilitação exigidos, da comprovação da prestação da caução, quando esta for devida, e da confirmação dos compromissos referidos na alínea *c*) do nº 2 do artigo 77º

4 – O prazo de 10 dias previsto no número anterior não é aplicável quando:

a) Não tenha sido publicado anúncio do procedimento no *Jornal Oficial da União Europeia*;

b) (*Revogada.*)

c) Se trate da celebração de contrato ao abrigo de acordo-quadro cujos termos abranjam todos os seus aspetos ou que tenha sido celebrado apenas com uma entidade.

d) Só tenha sido apresentada uma proposta.

ARTIGO 96º
Conteúdo do contrato

1 – Faz parte integrante do contrato, quando este for reduzido a escrito, um clausulado que deve conter os seguintes elementos:

a) A identificação das partes e dos respetivos representantes, assim como do título a que intervêm, com indicação dos atos que os habilitem para esse efeito;

b) A indicação do ato de adjudicação e do ato de aprovação da minuta do contrato;

c) A descrição do objeto do contrato;

d) O preço contratual ou o preço a receber pela entidade adjudicante ou, na impossibilidade do seu cálculo, os elementos necessários à sua determinação;

e) O prazo de execução das principais prestações objeto do contrato;

f) Os ajustamentos aceites pelo adjudicatário;

g) A referência à caução prestada pelo adjudicatário;

h) Se for o caso, a classificação orçamental da dotação por onde será satisfeita a despesa inerente ao contrato, a realizar no ano económico da celebração do mesmo ou, no caso de tal despesa se realizar em mais de um ano económico, a indicação da disposição legal habilitante ou do plano plurianual legalmente aprovado de que o contrato em causa constitui execução ou ainda do instrumento, legalmente previsto, que autoriza aquela repartição de despesa;

i) A identificação do gestor do contrato em nome da entidade adjudicante, nos termos do artigo 290º-A;

j) As eventuais condições de modificação do contrato expressamente previstas no caderno de encargos, incluindo cláusulas de revisão ou opção, claras, precisas e inequívocas.

2 – Fazem sempre parte integrante do contrato, independentemente da sua redução a escrito:

a) Os suprimentos dos erros e das omissões do caderno de encargos identificados pelos concorrentes, desde que esses erros e omissões tenham sido expressamente aceites pelo órgão competente para a decisão de contratar;

b) Os esclarecimentos e as retificações relativos ao caderno de encargos;

c) O caderno de encargos;

d) A proposta adjudicada;

e) Os esclarecimentos sobre a proposta adjudicada prestados pelo adjudicatário.

3 – Sempre que a entidade adjudicante considere conveniente, o clausulado do contrato pode também incluir uma reprodução do caderno de encargos completada por todos os elementos resultantes dos documentos referidos nas alíneas *a*), *b*), *d*) e *e*) do número anterior.

4 – A entidade adjudicante pode excluir expressamente do contrato os termos ou condições constantes da proposta adjudicada que se reportem a aspetos da execução do contrato não regulados pelo caderno de encargos e que não sejam considerados estritamente necessários a essa execução ou sejam considerados desproporcionados.

5 – Em caso de divergência entre os documentos referidos no nº 2, a prevalência é determinada pela ordem pela qual são indicados nesse número.

6 – Em caso de divergência entre os documentos referidos no nº 2 e o clausulado do contrato, prevalecem os primeiros, salvo quanto aos ajustamentos propostos de acordo com o disposto no artigo 99º e aceites pelo adjudicatário nos termos do disposto no artigo 101º

7 – São nulos os contratos a que falte algum dos elementos essenciais referidos nas alíneas *a*) a *i*) do nº 1, salvo se os mesmos constarem dos documentos identificados no nº 2.

ARTIGO 97º
Preço contratual

1 – Para efeitos do presente Código, entende-se por preço contratual o preço a pagar, pela entidade adjudicante, em resultado da proposta adjudicada, pela execução de todas as prestações que constituem o objeto do contrato.

2 – Está incluído no preço contratual, nomeadamente, o preço a pagar pela execução das prestações objeto do contrato na sequência de qualquer prorrogação contratualmente prevista, expressa ou tácita, do respetivo prazo.

3 – Não está incluído no preço contratual o acréscimo de preço a pagar em resultado de:

a) Modificação objetiva do contrato;
b) Reposição do equilíbrio financeiro prevista na lei ou no contrato;
c) Prémios por antecipação do cumprimento das prestações objeto do contrato.

ARTIGO 98º
Aprovação da minuta do contrato

1 – Nos casos em que a celebração do contrato implique a sua redução a escrito, a respetiva minuta é aprovada pelo órgão competente para a decisão de contratar em simultâneo com a decisão de adjudicação.
2 – (*Revogado*.)
3 – A aprovação da minuta do contrato a celebrar tem por objetivo verificar se o seu conteúdo está conforme à decisão de contratar e a todos os documentos que o integram nos termos do disposto nos nºs 2 e 5 do artigo 96º, sem prejuízo de serem propostos ajustamentos nos termos do disposto no artigo seguinte.
4 – Da minuta do contrato devem constar expressamente os termos ou condições da proposta adjudicada excluídos do contrato nos termos do disposto no nº 4 do artigo 96º

ARTIGO 99º
Ajustamentos ao conteúdo do contrato a celebrar

1 – O órgão competente para a decisão de contratar pode propor ajustamentos ao conteúdo do contrato a celebrar, desde que estes resultem de exigências de interesse público e, tratando-se de procedimento em que se tenha analisado e avaliado mais de uma proposta, seja objetivamente demonstrável que a respetiva ordenação não seria alterada se os ajustamentos propostos tivessem sido refletidos em qualquer das propostas.
2 – Os ajustamentos referidos no número anterior não podem implicar, em caso algum:

a) A violação dos parâmetros base fixados no caderno de encargos nem a dos aspetos da execução do contrato a celebrar por aquele não submetidos à concorrência;
b) A inclusão de soluções contidas em proposta apresentada por outro concorrente.

ARTIGO 100º
Notificação da minuta do contrato

1 – Depois de aprovada a minuta do contrato a celebrar, o órgão competente para a decisão de contratar notifica-a ao adjudicatário, assinalando expressamente os ajustamentos propostos nos termos do disposto no artigo anterior.
2 – (*Revogado*.)

ARTIGO 101º
Aceitação da minuta do contrato

A minuta do contrato a celebrar e os ajustamentos propostos consideram-se aceites pelo adjudicatário quando haja aceitação expressa ou quando não haja reclamação nos cinco dias subsequentes à respetiva notificação, ou nos dois dias subsequentes no caso dos procedimentos de ajuste direto ou consulta prévia.

ARTIGO 102º
Reclamação da minuta do contrato

1 – As reclamações da minuta do contrato a celebrar só podem ter por fundamento a previsão de obrigações que contrariem ou que não constem dos documentos que integram o contrato nos termos do disposto nos nºs 2 e 5 do artigo 96º ou ainda a recusa dos ajustamentos propostos.

2 – No prazo de 10 dias a contar da receção da reclamação, o órgão que aprovou a minuta do contrato notifica o adjudicatário da sua decisão, equivalendo o silêncio à rejeição da reclamação.

3 – Os ajustamentos propostos que tenham sido recusados pelo adjudicatário não fazem parte integrante do contrato.

ARTIGO 103º
Notificação dos ajustamentos ao contrato

Os ajustamentos ao contrato que sejam aceites pelo adjudicatário devem ser notificados a todos os concorrentes cujas propostas não tenham sido excluídas.

ARTIGO 104º
Outorga do contrato

1 – A outorga do contrato deve ter lugar no prazo de 30 dias contados da data da aceitação da minuta ou da decisão sobre a reclamação, mas nunca antes de:

a) Decorridos 10 dias contados da data da notificação da decisão de adjudicação a todos os concorrentes;

b) Apresentados todos os documentos de habilitação exigidos;

c) Comprovada a prestação da caução, quando esta for devida, nos termos do disposto no nº 1 do artigo 90º;

d) Confirmados os compromissos referidos na alínea *c*) do nº 2 do artigo 77º

2 – O prazo de 10 dias previsto na alínea *a*) do número anterior não é aplicável quando:

a) O contrato tenha sido celebrado ao abrigo de um procedimento de ajuste direto ou de consulta prévia ou, nos demais procedimentos, quando o anúncio não tenha sido publicado no *Jornal Oficial da União Europeia*;

b) (*Revogada.*)

c) Se trate da celebração de contrato ao abrigo de acordo-quadro cujos termos abranjam todos os seus aspetos ou que tenha sido celebrado apenas com uma entidade.
d) Só tenha sido apresentada uma proposta.

3 – Sem prejuízo do disposto nos números anteriores, o órgão competente para a decisão de contratar comunica ao adjudicatário o seguinte:

a) No caso de assinatura presencial do contrato, a data, a hora e o local em que ocorrerá a respetiva outorga, com a antecedência mínima de cinco dias;
b) No caso de assinatura por meios eletrónicos, o prazo para a outorga e remessa do contrato, não podendo em caso algum esse prazo ser inferior a três dias.

ARTIGO 105º
Não outorga do contrato

1 – A adjudicação caduca nos seguintes casos:

a) Se, por facto que lhe seja imputável, o adjudicatário não comparecer no dia, hora e local fixados para a outorga do contrato;
b) Se, por facto que lhe seja imputável, o adjudicatário não remeter o contrato assinado eletronicamente, no prazo fixado pelo órgão competente para a decisão de contratar;
c) Se, no caso de o adjudicatário ser um agrupamento, os seus membros não se tiverem associado nos termos previstos no nº 4 do artigo 54º

2 – Nos casos previstos no número anterior, o adjudicatário perde a caução prestada a favor da entidade adjudicante, devendo o órgão competente para a decisão de contratar adjudicar a proposta ordenada em lugar subsequente.
3 – Se, por facto que lhe seja imputável, a entidade adjudicante não outorgar o contrato no prazo previsto no nº 1 do artigo anterior, o adjudicatário pode desvincular-se da proposta, devendo aquela liberar a caução que este haja prestado, sem prejuízo do direito a ser indemnizado por todas as despesas e demais encargos em que comprovadamente incorreu com a elaboração da proposta e com a prestação da caução.
4 – No caso previsto no número anterior, o adjudicatário pode, em alternativa, exigir judicialmente a celebração do contrato.
5 – (*Revogado.*)

ARTIGO 106º
Representação na outorga do contrato

1 – Na outorga do contrato, a representação das entidades adjudicantes referidas nas alíneas *a*) a *c*), *f*) e *g*) do nº 1 do artigo 2º cabe ao órgão competente para a decisão de contratar.
2 – No caso das entidades adjudicantes referidas nas alíneas *d*) e *e*) do nº 1 do artigo 2º, a representação na outorga do contrato cabe ao órgão designado no res-

petivo diploma orgânico ou nos respetivos estatutos, independentemente do órgão que tenha tomado a decisão de contratar.

3 – Nos casos em que o órgão competente nos termos do disposto nos números anteriores seja um órgão colegial, a representação na outorga do contrato cabe ao presidente desse órgão.

4 – Relativamente às entidades adjudicantes referidas no nº 2 do artigo 2º ou no nº 1 do artigo 7º, a representação na outorga do contrato cabe a quem, nos termos da lei ou dos respetivos estatutos, tiver poderes para as obrigar.

5 – A competência prevista nos números anteriores para a representação da entidade adjudicante na outorga do contrato pode ser delegada nos termos gerais.

CAPÍTULO XII
Relatórios

ARTIGO 107º
Informações sobre o procedimento

1 – A entidade adjudicante deve conservar, pelo prazo de quatro anos a contar da data da celebração do contrato, todos os documentos relativos ao procedimento de formação que permitam justificar todas as decisões tomadas e fornecer à Comissão Europeia as informações que esta solicitar sobre o mesmo, nomeadamente:

a) A decisão de escolha do procedimento e respetivos fundamentos;
b) A identificação dos candidatos e dos concorrentes;
c) O teor das candidaturas e das propostas apresentadas;
d) A decisão de qualificação e respetivos fundamentos;
e) A decisão de adjudicação e respetivos fundamentos;
f) Os fundamentos da eventual exclusão de candidaturas e de propostas;
g) As eventuais causas de não adjudicação;
h) O objeto do contrato e o respetivo preço contratual.

2 – O disposto no número anterior é igualmente aplicável a todas as notificações e comunicações.

3 – A entidade adjudicante deve enviar à Comissão Europeia, a pedido desta, um relatório contendo as informações sobre o procedimento e as decisões nele tomadas.

ARTIGO 108º

(*Revogado.*)

CAPÍTULO XIII
Delegação de competências

ARTIGO 109º
Norma de habilitação

1 – Todas as competências atribuídas pelo presente Código ao órgão competente para a decisão de contratar podem ser delegadas, sem prejuízo do disposto na parte final no nº 2 do artigo 69º

2 – As competências atribuídas pelo artigo 37º ao membro do Governo ou ao membro do Governo Regional responsável pela área das finanças e ao membro do Governo ou ao membro do Governo Regional da tutela setorial só podem ser delegadas em membros do Governo ou do Governo Regional, consoante o caso.

3 – A delegação da competência para autorização da despesa inerente ao contrato a celebrar ou, quando o contrato a celebrar não implique o pagamento de um preço pela entidade adjudicante, a delegação da competência para a decisão de contratar, implica a delegação das demais competências do órgão competente para a decisão de contratar atribuídas pelo presente Código, exceto daquelas que o delegante expressamente reservar para si.

ARTIGO 110º
Delegação de competências nos órgãos dos institutos públicos

Quando a entidade adjudicante seja um instituto público e a competência para a autorização da despesa inerente ao contrato a celebrar tenha sido exercida pelo membro do Governo ou pelo membro do Governo Regional da tutela, consideram-se delegadas no respetivo órgão de direção todas as competências atribuídas pelo presente Código ao órgão competente para a decisão de contratar, sem prejuízo de o delegante poder reservar para si qualquer daquelas competências.

ARTIGO 111º
Delegação das competências do Conselho de Ministros ou do Conselho do Governo Regional

Quando o órgão competente para a decisão de contratar seja o Conselho de Ministros ou o Conselho do Governo Regional, consideram-se delegadas no Primeiro-Ministro ou no Presidente do Governo Regional, consoante o caso, todas as competências atribuídas pelo presente Código.

TÍTULO III
Tramitação procedimental

CAPÍTULO I
Consulta prévia e ajuste direto

SECÇÃO I
Disposições comuns

ARTIGO 112º
Noção de consulta prévia e de ajuste direto

1 – A consulta prévia é o procedimento em que a entidade adjudicante convida diretamente pelo menos três entidades à sua escolha a apresentar proposta, podendo com elas negociar os aspetos da execução do contrato a celebrar.

2 – O ajuste direto é o procedimento em que a entidade adjudicante convida diretamente uma entidade à sua escolha a apresentar proposta.

ARTIGO 113º
Escolha das entidades convidadas

1 – Sem prejuízo do disposto no nº 1 do artigo 128º, a escolha das entidades convidadas a apresentar proposta nos procedimentos de consulta prévia ou de ajuste direto cabe ao órgão competente para a decisão de contratar.

2 – Não podem ser convidadas a apresentar propostas, entidades às quais a entidade adjudicante já tenha adjudicado, no ano económico em curso e nos dois anos económicos anteriores, na sequência de consulta prévia ou ajuste direto adotados nos termos do disposto nas alíneas *c*) e *d*) do artigo 19º e alíneas *c*) e *d*) do nº 1 do artigo 20º, consoante o caso, propostas para a celebração de contratos cujo preço contratual acumulado seja igual ou superior aos limites referidos naquelas alíneas.

3 – Para os efeitos do disposto no número anterior, quando a entidade adjudicante seja o Estado ou uma região autónoma, apenas são tidos em conta os contratos celebrados no âmbito do mesmo gabinete governamental, serviço central ou serviço periférico de cada ministério ou secretaria regional, respetivamente.

4 – Para os efeitos do disposto no nº 2, quando a entidade adjudicante seja um município, são tidos em conta, autonomamente, os contratos celebrados no âmbito de cada serviço municipalizado.

5 – Não podem igualmente ser convidadas a apresentar propostas entidades que tenham executado obras, fornecido bens móveis ou prestado serviços à entidade adjudicante, a título gratuito, no ano económico em curso ou nos dois anos económicos anteriores, exceto se o tiverem feito ao abrigo do Estatuto do Mecenato.

SECÇÃO II
Regime geral

ARTIGO 114º
Número de entidades convidadas

1 – No procedimento de consulta prévia, a entidade adjudicante deve convidar a apresentar proposta, pelo menos, três entidades.

2 – No caso de o ajuste direto ser adotado ao abrigo do disposto na alínea *g*) do nº 1 do artigo 27º, a entidade adjudicante deve convidar a apresentar propostas para a concretização ou o desenvolvimento dos trabalhos de conceção todos os selecionados no concurso de conceção.

ARTIGO 115º
Convite

1 – O convite à apresentação de proposta deve indicar:

a) A identificação do procedimento e da entidade adjudicante;

b) O órgão que tomou a decisão de contratar e, no caso de esta ter sido tomada no uso de delegação ou subdelegação de competência, a qualidade em que aquele decidiu, com menção das decisões de delegação ou subdelegação e do local da respetiva publicação;

c) O fundamento da escolha do procedimento de consulta prévia ou de ajuste direto;

d) Os documentos referidos na alínea *c*) do nº 1 do artigo 57º, se for o caso;

e) Os documentos que constituem a proposta que podem ser redigidos em língua estrangeira, nos termos do disposto no nº 2 do artigo 58º;

f) O prazo para a apresentação da proposta;

g) O modo de apresentação da proposta, através de meio de transmissão eletrónica de dados, se diferente do previsto no nº 1 do artigo 62º;

h) O modo de prestação da caução ou os termos em que não seja exigida essa prestação de acordo com o disposto no nº 4 do artigo 88º;

i) O valor da caução, quando esta for exigida;

j) O prazo para a apresentação, pelo adjudicatário, dos documentos de habilitação, que pode ser até cinco dias, bem como o prazo a conceder pela entidade adjudicante para a supressão de irregularidades detetadas nos documentos apresentados que possam levar à caducidade da adjudicação nos termos do disposto no artigo 86º;

2 – Tratando-se de procedimento de consulta prévia, o convite deve também indicar:

a) Se as propostas apresentadas serão objeto de negociação e, em caso afirmativo:

i) Quais os aspetos da execução do contrato a celebrar que a entidade adjudicante não está disposta a negociar;

ii) Se a negociação decorrerá, parcial ou totalmente, por via eletrónica e os respetivos termos;

b) O critério de adjudicação e os eventuais fatores e subfatores que o densificam, não sendo, porém, necessário um modelo de avaliação das propostas.

3 – (*Revogado.*)

4 – O convite e a proposta devem ser enviados através de meios eletrónicos, não sendo obrigatória a utilização de plataforma eletrónica.

5 – Quando o ajuste direto seja adotado ao abrigo do disposto na alínea *g*) do nº 1 do artigo 27º:

a) O critério de adjudicação pode ter em conta a ordenação das propostas efetuada no âmbito do concurso de conceção;

b) O caderno de encargos deve ser substancialmente idêntico ao que acompanhou os termos de referência do concurso de conceção.

ARTIGO 116º
Esclarecimentos e retificação das peças do procedimento

Quando o prazo fixado para a apresentação da proposta seja inferior a nove dias, os esclarecimentos sobre as peças do procedimento podem ser prestados e as retificações das mesmas podem ser efetuadas até ao dia anterior ao termo daquele prazo.

ARTIGO 117º
Agrupamentos

1 – Pode apresentar proposta num procedimento de consulta prévia ou de ajuste direto um agrupamento de pessoas singulares ou coletivas, desde que um dos seus membros tenha sido a entidade convidada para esse efeito.

2 – A entidade convidada não pode integrar um agrupamento quando a consulta prévia ou o ajuste direto seja adotado:

a) Ao abrigo das alíneas *c*) e *d*) do artigo 19º, das alíneas *c*) e *d*) do artigo 20º e das alíneas *b*) e *c*) do artigo 21º; ou

b) Para a formação de um contrato ao abrigo de um acordo-quadro.

ARTIGO 118º
Negociações

1 – No procedimento de consulta prévia, quando constar do convite a indicação de que as propostas apresentadas são objeto de negociação, nos termos da alínea *a*) do nº 2 do artigo 115º, há lugar a uma fase de negociação, conduzida pelo júri, ou pelos serviços da entidade adjudicante, se for o caso, que deve incidir apenas sobre os atributos das propostas.

2 – O número anterior não se aplica às propostas que sejam excluídas por qualquer dos motivos previstos no nº 2 do artigo 146º, aplicáveis com as necessárias adaptações.

3 – À exclusão de propostas a que se refere o número anterior é aplicável, com as necessárias adaptações, o regime de audiência prévia constante do artigo 123º

ARTIGO 119º
Representação dos concorrentes nas sessões de negociação

Os concorrentes devem fazer-se representar nas sessões de negociação pelos seus representantes legais ou pelos representantes comuns dos agrupamentos concorrentes, se existirem, podendo ser acompanhados por técnicos por eles indicados.

ARTIGO 120º
Formalidades a observar

1 – O júri notifica os concorrentes, com uma antecedência mínima de três dias, da data, da hora e do local da primeira sessão de negociações, agendando as restantes sessões nos termos que tiver por convenientes.

2 – Na notificação referida no número anterior o júri deve indicar o formato adotado para as negociações, nomeadamente se decorrem em separado ou em conjunto com os diversos concorrentes, podendo, porém, a qualquer momento, alterar esse formato, desde que os informe previamente.

3 – De cada sessão de negociações é lavrada ata, a qual deve ser assinada pelos membros presentes do júri e pelos representantes presentes dos concorrentes, devendo fazer-se menção da recusa de algum destes em assiná-la.

4 – Os concorrentes devem ter idênticas oportunidades de propor, de aceitar e de contrapor modificações das respetivas propostas durante as sessões de negociação.

5 – As atas e quaisquer outras informações ou comunicações, escritas ou orais, prestadas pelos concorrentes à entidade adjudicante devem manter-se sigilosas durante a fase de negociação.

ARTIGO 121º
Versões finais das propostas

1 – Quando o júri der por terminada a negociação, notifica imediatamente os concorrentes para, em prazo por ele para o efeito fixado, apresentarem as versões finais integrais das propostas, as quais não podem conter atributos diferentes dos constantes das respetivas versões iniciais no que respeita aos aspetos da execução do contrato a celebrar que a entidade adjudicante tenha indicado não estar disposta a negociar.

2 – Depois de entregues as versões finais das propostas, não podem as mesmas ser objeto de quaisquer alterações.

ARTIGO 122º
Relatório preliminar

1 – Após a análise das versões iniciais e finais das propostas e a aplicação do critério de adjudicação, o júri elabora um relatório preliminar fundamentado, no prazo

de três dias, no qual deve propor a ordenação das mesmas, salvo no caso previsto no nº 4 do artigo 67º

2 – No relatório preliminar a que se refere o número anterior, o júri deve também propor, fundamentadamente, a exclusão das propostas por qualquer dos motivos previstos nos nºs 2 e 3 do artigo 146º, aplicáveis com as necessárias adaptações, bem como das que sejam apresentadas em violação do disposto na parte final do nº 1 do artigo anterior.

3 – Do relatório preliminar deve ainda constar referência aos esclarecimentos prestados pelos concorrentes nos termos do disposto no artigo 72º

ARTIGO 123º
Audiência prévia

1 – Elaborado o relatório preliminar referido no artigo anterior, o júri envia-o a todos os concorrentes, fixando-lhes um prazo, não inferior a três dias, para que se pronunciem, por escrito, ao abrigo do direito de audiência prévia.

2 – Durante a fase de audiência prévia, os concorrentes têm acesso às atas das sessões de negociação com os demais concorrentes e às informações e comunicações escritas de qualquer natureza que estes tenham prestado, bem como às versões finais integrais das propostas apresentadas.

ARTIGO 124º
Relatório final

1 – Cumprido o disposto no artigo anterior, o júri elabora um relatório final fundamentado, no qual pondera as observações dos concorrentes efetuadas ao abrigo do direito de audiência prévia, mantendo ou modificando o teor e as conclusões do relatório preliminar, podendo ainda propor a exclusão de propostas se verificar, nesta fase, a ocorrência de qualquer dos motivos previstos no nº 2 do artigo 146º

2 – No caso previsto na parte final do número anterior, bem como quando do relatório final resulte uma alteração da ordenação das propostas constante do relatório preliminar, o júri procede a nova audiência prévia, nos termos previstos no artigo anterior, restrita aos concorrentes interessados, sendo subsequentemente aplicável o disposto no número anterior.

3 – O relatório final, juntamente com os demais documentos que compõem o processo de ajuste direto, é enviado ao órgão competente para a decisão de contratar.

4 – Cabe ao órgão competente para a decisão de contratar decidir sobre a aprovação de todas as propostas contidas no relatório final, nomeadamente para efeitos de adjudicação.

ARTIGO 125º
Adjudicação no caso de apresentação de uma única proposta

1 – Quando tenha sido apresentada uma única proposta, compete aos serviços da entidade adjudicante pedir esclarecimentos sobre a mesma e submeter o projeto da decisão de adjudicação ao órgão competente para a decisão de contratar.

2 – No caso previsto no número anterior, não há lugar às fases de negociação e de audiência prévia, nem à elaboração dos relatórios preliminar e final, podendo, porém, o concorrente ser convidado a melhorar a sua proposta.

ARTIGO 126º

(*Revogado.*)

ARTIGO 127º
Publicitação e eficácia do contrato

1 – A celebração de quaisquer contratos na sequência de consulta prévia ou ajuste direto deve ser publicitada, pela entidade adjudicante, no portal dos contratos públicos através de uma ficha conforme modelo constante do anexo III ao presente Código, do qual faz parte integrante.

2 – (*Revogado.*)

3 – A publicitação referida no nº 1 é condição de eficácia do respetivo contrato, independentemente da sua redução ou não a escrito, nomeadamente para efeitos de quaisquer pagamentos.

SECÇÃO III
Ajuste direto simplificado

ARTIGO 128º
Tramitação

1 – No caso de se tratar de ajuste direto para a formação de um contrato de aquisição ou locação de bens móveis, aquisição de serviços ou empreitadas de obras públicas cujo preço contratual não seja superior a € 5 000, ou no caso de empreitadas, a € 10 000, a adjudicação pode ser feita pelo órgão competente para a decisão de contratar, diretamente, sobre uma fatura ou um documento equivalente apresentado pela entidade convidada, com dispensa de tramitação eletrónica.

2 – À decisão de adjudicação prevista no número anterior está subjacente a decisão de contratar e a decisão de escolha do ajuste direto nos termos do disposto na alínea *d*) do artigo 19º e na alínea *d*) do nº 1 do artigo 20º

3 – O procedimento de ajuste direto regulado na presente secção está dispensado de quaisquer outras formalidades previstas no presente Código, incluindo as relativas à celebração do contrato e à publicitação prevista no artigo 465º

4 – O regime previsto no presente artigo é aplicável, nos limites previstos no nº 1, às aquisições de bens e serviços realizadas através de plataformas de intermediação online.

ARTIGO 129º
Prazo e preços

Nos contratos celebrados na sequência do ajuste direto regulado na presente secção:

a) O prazo de vigência não pode ter duração superior a um ano a contar da decisão de adjudicação nem pode ser prorrogado, sem prejuízo da existência de obrigações acessórias que tenham sido estabelecidas inequivocamente em favor da entidade adjudicante, tais como as de sigilo ou de garantia dos bens ou serviços adquiridos;

b) O preço contratual não é passível de revisão.

CAPÍTULO II
Concurso público

SECÇÃO I
Anúncio e peças do concurso

ARTIGO 130º
Anúncio

1 – O concurso público é publicitado no Diário da República, através de anúncio conforme modelo aprovado por portaria dos membros do Governo responsáveis pela edição do Diário da República e pelas áreas das finanças e das obras públicas.

2 – O anúncio referido no número anterior ou um resumo dos seus elementos mais importantes pode ser posteriormente divulgado por qualquer outro meio considerado conveniente, nomeadamente através da sua publicação em plataforma eletrónica utilizada pela entidade adjudicante.

ARTIGO 131º
Anúncio no *Jornal Oficial da União Europeia*

1 – Quando a entidade adjudicante pretenda publicitar o concurso público no *Jornal Oficial da União Europeia* deve fazê-lo através de um anúncio contendo as menções previstas na parte C do anexo V da Diretiva nº 2014/24/UE, do Parlamento Europeu e do Conselho, de 26 de fevereiro de 2014.

2 – No caso de se tratar de um contrato de concessão de obras públicas, independentemente do preço base fixado no caderno de encargos, deve ser sempre publicado no *Jornal Oficial da União Europeia* um anúncio do concurso público, contendo a informação constante do anexo V da Diretiva nº 2014/23/UE, do Parlamento Europeu e do Conselho, de 26 de fevereiro de 2014.

3 – Quando o contrato a celebrar diga direta e principalmente respeito a uma ou a várias das atividades exercidas nos setores da água, da energia, dos transportes

e dos serviços postais pelas entidades adjudicantes referidas no nº 1 do artigo 7º, o anúncio a publicar no *Jornal Oficial da União Europeia* deve conter a informação constante do anexo XI da Diretiva nº 2014/25/UE, do Parlamento Europeu e do Conselho, de 26 de fevereiro de 2014.

4 – (*Revogado.*)

5 – Deve ser junto ao processo de concurso documento comprovativo da data do envio do anúncio para publicação no *Jornal Oficial da União Europeia*.

6 – A publicação do anúncio no *Jornal Oficial da União Europeia* não dispensa a publicação do anúncio referido no nº 1 do artigo anterior.

7 – O envio para publicação dos anúncios referidos no número anterior deve ocorrer em simultâneo.

8 – (*Revogado.*)

ARTIGO 132º
Programa do concurso

1 – O programa do concurso público deve indicar:

a) A identificação do concurso;

b) A entidade adjudicante;

c) O órgão que tomou a decisão de contratar e, no caso de esta ter sido tomada no uso de delegação ou subdelegação de competência, a qualidade em que aquele decidiu, com menção das decisões de delegação ou subdelegação e do local da respetiva publicação;

d) O fundamento da escolha do concurso público, quando seja feita ao abrigo do disposto no artigo 28º;

e) O órgão competente para prestar esclarecimentos;

f) Os documentos de habilitação, diretamente relacionados com o objeto do contrato a celebrar, a apresentar nos termos do artigo 81º;

g) O prazo para a apresentação dos documentos de habilitação pelo adjudicatário, bem como o prazo a conceder pela entidade adjudicante para a supressão de irregularidades detetadas nos documentos apresentados que possam levar à caducidade da adjudicação nos termos do disposto no artigo 86º;

h) Os documentos referidos nos nºs 1 e 2 do artigo 57º e no nº 4 do artigo 60º;

i) Os documentos que constituem a proposta que podem ser redigidos em língua estrangeira, nos termos do disposto no nº 2 do artigo 58º;

j) Se é ou não admissível a apresentação de propostas variantes e, em caso afirmativo, o número máximo de propostas variantes admitidas;

l) O prazo para a apresentação das propostas;

m) O prazo da obrigação de manutenção das propostas, quando superior ao previsto no artigo 65º;

n) O modelo de avaliação das propostas, nos termos do artigo 139º;

o) O modo de prestação da caução ou os termos em que não seja exigida essa prestação de acordo com o disposto no nº 4 do artigo 88º;

p) O valor da caução, quando esta for exigida;

q) A possibilidade de adoção de um ajuste direto, nos termos do disposto na alínea *a*) do nº 1 do artigo 25º ou na alínea *a*) do nº 1 do artigo 27º, ou da consulta prévia, nos termos do artigo 27º-A;

r) A indicação de que se trata de um contrato reservado, nos termos dos artigos 54º-A ou 250º-D, se for o caso.

2 – O programa de concurso pode indicar as situações em que o preço de uma proposta é considerado anormalmente baixo.

3 – (*Revogado.*)

4 – O programa do concurso pode ainda conter quaisquer regras específicas sobre o procedimento de concurso público consideradas convenientes pela entidade adjudicante, desde que não tenham por efeito impedir, restringir ou falsear a concorrência.

5 – Para a formação de contratos que digam direta e principalmente respeito a uma ou a várias das atividades exercidas nos setores da água, da energia, dos transportes e dos serviços postais pelas entidades adjudicantes referidas no nº 1 do artigo 7º, o programa do concurso pode conter regras destinadas a proteger o caráter confidencial das informações contidas nas peças do procedimento.

6 – (*Revogado.*)

ARTIGO 133º
Disponibilização eletrónica das peças do concurso

1 – As entidades adjudicantes disponibilizam na respetiva plataforma eletrónica de contratação pública de forma livre, completa e gratuita as peças do procedimento, a partir da data da publicação do respetivo anúncio.

2 – As peças procedimentais que não possam, total ou parcialmente, ser disponibilizadas sem restrições de acesso, designadamente por motivos de segurança, são disponibilizadas por outros meios adequados, que devem ser indicados aos interessados.

3 – (*Revogado.*)

4 – (*Revogado.*)

5 – (*Revogado.*)

6 – Quando, por qualquer motivo, as peças do procedimento não tiverem sido disponibilizadas, nos termos do disposto no nº 1, desde o dia da publicação do anúncio, o prazo fixado para a apresentação das propostas deve ser prorrogado, oficiosamente ou a pedido dos interessados, no mínimo pelo período equivalente ao do atraso verificado.

7 – A decisão de prorrogação prevista no número anterior cabe ao órgão competente para a decisão de contratar e deve ser junta às peças do procedimento e notificada a todos os interessados que as tenham adquirido, publicando-se imediatamente aviso daquela decisão, nos mesmos termos em que foi publicitado o anúncio do procedimento.

ARTIGO 134º

(*Revogado.*)

SECÇÃO II
Apresentação das propostas

ARTIGO 135º
Prazo mínimo para a apresentação das propostas em concursos públicos sem publicidade internacional

1 – Quando o anúncio do concurso público não seja publicado no *Jornal Oficial da União Europeia*, não pode ser fixado um prazo para a apresentação das propostas inferior a seis dias ou, no caso de se tratar de um procedimento de formação de um contrato de empreitada de obras públicas, a 14 dias, a contar da data do envio, para publicação, do anúncio previsto no nº 1 do artigo 130º

2 – Em caso de manifesta simplicidade dos trabalhos necessários à realização da obra, o prazo mínimo de 14 dias referido no número anterior pode ser reduzido até um prazo mínimo de seis dias.

ARTIGO 136º
Prazos mínimos para a apresentação das propostas em concursos públicos com publicidade internacional

1 – Quando o anúncio do concurso público seja publicado no *Jornal Oficial da União Europeia*, não pode ser fixado um prazo para a apresentação das propostas inferior a 30 dias a contar da data do envio desse anúncio ao Serviço das Publicações Oficiais da União Europeia.

2 – Quando tenha sido publicado o anúncio de pré-informação previsto no artigo 34º, ou anúncio periódico indicativo, previsto no artigo 35º, o prazo mínimo referido no número anterior é de 15 dias desde que:

a) O anúncio de pré-informação tenha sido enviado para publicação com uma antecedência mínima de 35 dias e máxima de 12 meses em relação à data do envio do anúncio previsto no número anterior; e

b) O anúncio de pré-informação tenha incluído todas as informações, disponíveis à data da sua publicação, exigidas nos termos da parte B do anexo V da Diretiva nº 2014/24/UE, do Parlamento Europeu e do Conselho, de 26 de fevereiro de 2014.

3 – O prazo mínimo previsto no nº 1 pode ser reduzido para 15 dias nos casos em que uma situação de urgência devidamente fundamentada pela entidade adjudicante inviabilize o cumprimento do prazo mínimo de 30 dias.

4 – (*Revogado.*)

ARTIGO 137º
Retirada da proposta

1 – Até ao termo do prazo fixado para a apresentação das propostas, os interessados que já as tenham apresentado podem retirá-las, bastando comunicarem tal facto à entidade adjudicante.

2 – O exercício da faculdade prevista no número anterior não prejudica o direito de apresentação de nova proposta dentro daquele prazo.

ARTIGO 138º
Lista dos concorrentes e consulta das propostas apresentadas

1 – O júri, no dia imediato ao termo do prazo fixado para a apresentação das propostas, procede à publicitação da lista dos concorrentes na plataforma eletrónica utilizada pela entidade adjudicante.

2 – Mediante a atribuição de um login e de uma password aos concorrentes incluídos na lista é facultada a consulta, diretamente na plataforma eletrónica referida no número anterior, de todas as propostas apresentadas.

3 – O interessado que não tenha sido incluído na lista dos concorrentes pode reclamar desse facto, no prazo de três dias contados da publicitação da lista, devendo para o efeito apresentar comprovativo da tempestiva apresentação da sua proposta.

4 – Caso a reclamação prevista no número anterior seja deferida mas não se encontre a proposta do reclamante, o júri fixa-lhe um novo prazo para a apresentar, sendo aplicável, com as necessárias adaptações, o disposto nos nºs 1 e 2.

SECÇÃO III
Avaliação das propostas

ARTIGO 139º
Modelo de avaliação das propostas

1 – Caso a determinação da proposta economicamente mais vantajosa se faça pela relação qualidade-preço, ou a avaliação do preço ou custo se decomponha em mais do que um fator de avaliação, o modelo de avaliação das propostas tem de observar o disposto nos números seguintes.

2 – A pontuação global de cada proposta, expressa numericamente, corresponde ao resultado da soma das pontuações parciais obtidas em cada fator ou subfator elementar, multiplicadas pelos valores dos respetivos coeficientes de ponderação.

3 – Para cada fator ou subfator elementar deve ser definida uma escala de pontuação através de uma expressão matemática ou em função de um conjunto ordenado de diferentes atributos suscetíveis de serem propostos para o aspeto da execução do contrato submetido à concorrência pelo caderno de encargos respeitante a esse fator ou subfator.

4 – Na elaboração do modelo de avaliação das propostas não podem ser utilizados quaisquer dados que dependam, direta ou indiretamente, dos atributos das propostas a apresentar, com exceção dos da proposta a avaliar.

5 – As pontuações parciais de cada proposta são atribuídas pelo júri através da aplicação da expressão matemática referida no nº 3 ou, quando esta não existir, através de um juízo de comparação do respetivo atributo com o conjunto ordenado referido no mesmo número.

SECÇÃO IV
Leilão eletrónico

ARTIGO 140º
Âmbito

1 – No caso de contratos de locação ou de aquisição de bens móveis ou de contratos de aquisição de serviços, a entidade adjudicante pode recorrer a um leilão eletrónico que consiste num processo interativo baseado num dispositivo eletrónico destinado a permitir aos concorrentes melhorar progressivamente os atributos das respetivas propostas, depois de avaliadas, obtendo-se a sua nova pontuação global através de um tratamento automático.

2 – Só podem ser objeto de um leilão eletrónico os atributos das propostas, desde que:

a) O caderno de encargos fixe os parâmetros base dos respetivos aspetos da execução do contrato a celebrar submetidos à concorrência; e

b) Tais atributos sejam definidos apenas quantitativamente.

3 – A entidade adjudicante não pode utilizar o leilão eletrónico de forma abusiva ou de modo a impedir, restringir ou falsear a concorrência.

ARTIGO 141º
Indicações relativas ao leilão eletrónico

Quando a entidade adjudicante decidir utilizar um leilão eletrónico, o programa do concurso deve indicar, para além dos elementos referidos no artigo 132º:

a) Os atributos das propostas objeto do leilão eletrónico;

b) As condições em que os concorrentes podem propor novos valores relativos aos atributos das propostas objeto do leilão eletrónico, nomeadamente as diferenças mínimas exigidas entre licitações;

c) Outras regras de funcionamento do leilão eletrónico;

d) As informações relativas ao dispositivo eletrónico a utilizar e às modalidades e especificações técnicas de ligação dos concorrentes ao mesmo.

ARTIGO 142º
Convite

1 – Todos os concorrentes são simultaneamente convidados pela entidade adjudicante, por via eletrónica, a participar no leilão eletrónico.

2 – O convite previsto no número anterior deve indicar:

a) A pontuação global e a ordenação da proposta do concorrente convidado;

b) A data e a hora de início do leilão;

c) O modo de encerramento do leilão.

ARTIGO 143º
Regras do leilão eletrónico

1 – Não pode ser dado início ao leilão eletrónico antes de decorridos, pelo menos, dois dias a contar da data do envio dos convites.

2 – O dispositivo eletrónico utilizado deve permitir informar permanentemente todos os concorrentes acerca da pontuação global e da ordenação de todas as propostas, bem como dos novos valores relativos aos atributos das propostas objeto do leilão.

ARTIGO 144º
Confidencialidade

No decurso do leilão eletrónico, a entidade adjudicante não pode divulgar, direta ou indiretamente, a identidade dos concorrentes que nele participam.

ARTIGO 145º
Modos de encerramento do leilão eletrónico

1 – A entidade adjudicante pode encerrar o leilão eletrónico:

a) Na data e hora previamente fixadas no convite para participação no leilão eletrónico; ou

b) Quando, decorrido o prazo máximo contado da receção da última licitação, não receber novos valores correspondentes às diferenças mínimas exigidas entre licitações.

2 – O prazo máximo referido na alínea *b*) do número anterior deve ser fixado no convite para participação no leilão eletrónico.

SECÇÃO V
Preparação da adjudicação

ARTIGO 146º
Relatório preliminar

1 – Após a análise das propostas, a utilização de um leilão eletrónico e a aplicação do critério de adjudicação constante do programa do concurso, o júri elabora fundamentadamente um relatório preliminar, no qual deve propor a ordenação das mesmas.

2 – No relatório preliminar a que se refere o número anterior, o júri deve também propor, fundamentadamente, a exclusão das propostas:

a) Que tenham sido apresentadas depois do termo fixado para a sua apresentação;

b) Que sejam apresentadas por concorrentes em violação do disposto no nº 2 do artigo 54º;

c) Que sejam apresentadas por concorrentes relativamente aos quais ou, no caso de agrupamentos concorrentes, relativamente a qualquer dos seus membros, a entidade adjudicante tenha conhecimento que se verifica alguma das situações previstas no artigo 55º;

d) Que não sejam constituídas por todos os documentos exigidos nos termos do disposto no nº 1 do artigo 57º;

e) Que não cumpram o disposto nos nºs 4 e 5 do artigo 57º ou nos nºs 1 e 2 do artigo 58º;

f) Que sejam apresentadas como variantes quando estas não sejam admitidas pelo programa do concurso, ou em número superior ao número máximo por ele admitido;

g) Que sejam apresentadas como variantes quando não seja apresentada a proposta base;

h) Que sejam apresentadas como variantes quando seja proposta a exclusão da respetiva proposta base;

i) Que violem o disposto no nº 7 do artigo 59º;

j) (*Revogada.*)

l) Que não observem as formalidades do modo de apresentação das propostas fixadas nos termos do disposto no artigo 62º;

m) Que sejam constituídas por documentos falsos ou nas quais os concorrentes prestem culposamente falsas declarações;

n) Que sejam apresentadas por concorrentes em violação do disposto nas regras referidas no nº 4 do artigo 132º, desde que o programa do concurso assim o preveja expressamente;

o) Cuja análise revele alguma das situações previstas no nº 2 do artigo 70º

3 – Nos casos previstos nas alíneas *f*) e *i*) do número anterior, o júri deve propor a exclusão de todas as propostas variantes, a qual não implica a exclusão da proposta base.

4 – Do relatório preliminar deve ainda constar referência aos esclarecimentos prestados pelos concorrentes nos termos do disposto no artigo 72º

5 – Quando, nos termos do disposto na secção seguinte, seja adotada uma fase de negociação aberta a todos os concorrentes cujas propostas não sejam excluídas, o júri não deve aplicar o critério de adjudicação nem propor a ordenação das propostas no relatório preliminar para efeitos do disposto no nº 1.

ARTIGO 147º
Audiência prévia

Elaborado o relatório preliminar, o júri envia-o a todos os concorrentes, fixando-lhes um prazo, não inferior a cinco dias, para que se pronunciem, por escrito, ao abrigo do direito de audiência prévia.

ARTIGO 148º
Relatório final

1 – Cumprido o disposto no artigo anterior, o júri elabora um relatório final fundamentado, no qual pondera as observações dos concorrentes efetuadas ao abrigo do direito de audiência prévia, mantendo ou modificando o teor e as conclusões do relatório preliminar, podendo ainda propor a exclusão de qualquer proposta se verificar, nesta fase, a ocorrência de qualquer dos motivos previstos no nº 2 do artigo 146º

2 – No caso previsto na parte final do número anterior, bem como quando do relatório final resulte uma alteração da ordenação das propostas constante do relatório preliminar, o júri procede a nova audiência prévia, nos termos previstos no artigo anterior, sendo subsequentemente aplicável o disposto no número anterior.

3 – O relatório final, juntamente com os demais documentos que compõem o processo de concurso, é enviado ao órgão competente para a decisão de contratar.

4 – Cabe ao órgão competente para a decisão de contratar decidir sobre a aprovação de todas as propostas contidas no relatório final, nomeadamente para efeitos de adjudicação ou para efeitos de seleção das propostas ou dos concorrentes para a fase de negociação quando, nos termos do disposto na secção seguinte, seja adotada essa fase.

SECÇÃO VI
Fase de negociação das propostas

ARTIGO 149º
Âmbito

1 – A entidade adjudicante pode adotar uma fase de negociação das propostas nos seguintes casos:

a) Na formação de contratos de concessão de obras públicas ou de concessão de serviços, independentemente do valor do contrato a celebrar;

b) Na formação de contratos de empreitadas de obras públicas cujo valor seja inferior ao limiar referido na alínea *a)* do nº 3 do artigo 474º;

c) Na formação de contratos de locação ou aquisição de bens e aquisição de serviços cujo valor seja inferior ao limiar referido na alínea *b)* do nº 3 do artigo 474º

2 – A fase de negociação das propostas pode ser restringida aos concorrentes cujas propostas sejam ordenadas nos primeiros lugares ou aberta a todos os concorrentes cujas propostas não sejam excluídas.

ARTIGO 150º
Indicações relativas à fase de negociação

1 – Quando a entidade adjudicante decidir adotar uma fase de negociação das propostas, o programa do concurso deve indicar, para além dos elementos referidos no artigo 132º:

a) Se a negociação é restringida aos concorrentes cujas propostas foram ordenadas nos primeiros lugares e, nesse caso, qual o número mínimo e máximo de propostas ou de concorrentes a selecionar;

b) Quais os aspetos da execução do contrato a celebrar que a entidade adjudicante não está disposta a negociar;

c) Se a negociação decorrerá, parcial ou totalmente, por via eletrónica e os respetivos termos.

2 – Em alternativa à indicação prevista na alínea *a)* do número anterior, o programa do concurso pode reservar, para o termo da fase de avaliação das propostas, a possibilidade de o órgão competente para a decisão de contratar adotar uma fase de negociação restringida aos concorrentes cujas propostas foram ordenadas nos primeiros lugares.

ARTIGO 151º
Remissão

À negociação e à apresentação das versões finais integrais das propostas é aplicável o disposto no nº 1 do artigo 118º e nos artigos 119º a 121º, sem prejuízo do disposto na presente secção.

ARTIGO 152º
Segundo relatório preliminar

1 – Após a análise das versões finais das propostas e a aplicação do critério de adjudicação, o júri elabora fundamentadamente um segundo relatório preliminar, no qual deve propor a ordenação das mesmas, podendo ainda propor a exclusão de

qualquer proposta se verificar, nesta fase, a ocorrência de qualquer dos motivos previstos no nº 2 do artigo 146º

2 – O júri deve também propor a exclusão das versões finais das propostas que sejam apresentadas em violação do disposto na parte final do nº 1 do artigo 121º

3 – Quando seja adotada uma fase de negociação restringida aos concorrentes cujas propostas sejam ordenadas nos primeiros lugares, o júri deve ainda propor a exclusão das versões finais cuja pontuação global seja inferior à das respetivas versões iniciais.

4 – No caso previsto no número anterior, bem como no caso de o júri propor a exclusão das versões finais das propostas por ocorrer qualquer dos motivos previstos no nº 2 do artigo 146º, ou ainda no caso de não serem apresentadas versões finais das propostas, as respetivas versões iniciais mantêm-se para efeitos de adjudicação.

ARTIGO 153º
Audiência prévia

Durante a fase de audiência prévia, cada concorrente tem acesso às atas das sessões de negociação com os demais concorrentes e às informações e comunicações escritas de qualquer natureza que estes tenham prestado à entidade adjudicante, bem como às versões finais integrais das propostas apresentadas.

ARTIGO 154º
Segundo relatório final

Ao segundo relatório final é aplicável, com as necessárias adaptações, o disposto no artigo 148º

SECÇÃO VII
Concurso público urgente

ARTIGO 155º
Âmbito e pressupostos

Em caso de urgência na celebração de um contrato de locação ou de aquisição de bens móveis ou de aquisição de serviços de uso corrente, ou de contratos de empreitada, pode adotar-se o procedimento de concurso público nos termos previstos na presente secção, desde que:

a) O valor do contrato a celebrar não exceda os limiares previstos no artigo 474º, no caso de locação ou de aquisição de bens móveis ou de aquisição de serviços, ou € 300 000, no caso de empreitada de obras públicas; e

b) O critério de adjudicação seja na modalidade prevista na alínea *b*) do nº 1 do artigo 74º

ARTIGO 156º
Tramitação

1 – O procedimento de concurso público urgente rege-se, com as necessárias adaptações, pelas disposições que regulam o concurso público, em tudo o que não esteja especialmente previsto nos artigos seguintes ou que com eles seja incompatível.

2 – Ao procedimento de concurso público urgente não é aplicável, nomeadamente, o disposto nos artigos 50º, 64º, 67º a 69º, 72º, 88º a 91º, 138º e 146º a 154º

ARTIGO 157º
Anúncio

1 – O concurso público urgente é publicitado no Diário da República através de anúncio conforme modelo aprovado por portaria dos membros do Governo responsáveis pela edição do Diário da República, pelas finanças e pelas obras públicas, aplicando-se o disposto no artigo 133º quanto à disponibilização do programa do concurso e caderno de encargos.

2 – (*Revogado.*)

ARTIGO 158º
Prazo mínimo para a apresentação das propostas

O prazo mínimo para a apresentação das propostas é de 24 horas, no caso de aquisição ou locação de bens móveis ou de aquisição de serviços, e de 72 horas, no caso de empreitada de obras públicas, desde que o prazo decorra integralmente em dias úteis.

ARTIGO 159º
Prazo da obrigação de manutenção das propostas

O prazo da obrigação de manutenção das propostas é de 10 dias, não havendo lugar a qualquer prorrogação.

ARTIGO 160º
Adjudicação

1 – Da decisão de adjudicação devem constar os motivos da exclusão de propostas enumerados nos nºs 2 e 3 do artigo 146º

2 – (*Revogado.*)

ARTIGO 161º
Prazo para a apresentação dos documentos de habilitação

Sem prejuízo de o programa do procedimento poder fixar um prazo inferior, o adjudicatário deve apresentar os documentos de habilitação exigidos no prazo de dois dias a contar da data da notificação da adjudicação.

CAPÍTULO III
Concurso limitado por prévia qualificação

SECÇÃO I
Disposições gerais

ARTIGO 162º
Regime

1 – O concurso limitado por prévia qualificação rege-se, com as necessárias adaptações, pelas disposições que regulam o concurso público, em tudo o que não esteja especialmente previsto nos artigos seguintes.

2 – Ao concurso limitado por prévia qualificação não é aplicável o disposto nos artigos 149º a 161º

ARTIGO 163º
Fases do procedimento

O procedimento de concurso limitado por prévia qualificação integra as seguintes fases:

a) Apresentação das candidaturas e qualificação dos candidatos;

b) Apresentação e análise das propostas e adjudicação.

ARTIGO 164º
Programa do concurso

1 – O programa do concurso limitado por prévia qualificação deve indicar:

a) A identificação do concurso;

b) A entidade adjudicante;

c) O órgão que tomou a decisão de contratar e, no caso de esta ter sido tomada no uso de delegação ou subdelegação de competência, a qualidade em que aquele decidiu, com menção das decisões de delegação ou subdelegação e do local da respetiva publicação;

d) O fundamento da escolha do concurso limitado, quando seja feita ao abrigo do disposto no artigo 28º;

e) O órgão competente para prestar esclarecimentos;

f) Os documentos de habilitação, diretamente relacionados com o objeto do contrato a celebrar, a apresentar nos termos do disposto no nº 2 do artigo 81º;

g) O prazo para a apresentação dos documentos de habilitação pelo adjudicatário, bem como o prazo a conceder pela entidade adjudicante para a supressão de irregularidades detetadas nos documentos apresentados que possam levar à caducidade da adjudicação nos termos do disposto no artigo 86º;

h) Os requisitos mínimos de capacidade técnica que os candidatos devem preencher;

i) (*Revogada*.)

j) Os documentos destinados à qualificação dos candidatos;

l) Os documentos que constituem a candidatura que podem ser redigidos em língua estrangeira, nos termos do disposto no nº 3 do artigo 169º;

m) No caso de a qualificação assentar no sistema de seleção:

i) O modelo de avaliação dos candidatos, explicitando claramente os fatores e eventuais subfatores que densificam o critério de qualificação, os valores dos respetivos coeficientes de ponderação e, relativamente a cada um dos fatores ou subfatores elementares, a respetiva escala de pontuação, bem como a expressão matemática ou o conjunto ordenado de diferentes níveis de capacidade suscetíveis de serem apresentados pelos candidatos que permita a atribuição das pontuações parciais;

ii) O número de candidatos a qualificar, não inferior a cinco;

n) O prazo para a apresentação das candidaturas;

o) O prazo para a decisão de qualificação, quando superior ao previsto no artigo 187º;

p) Se há lugar a um leilão eletrónico e, em caso afirmativo, estabelecer as indicações previstas no artigo 141º;

q) A modalidade do critério de adjudicação, bem como, quando seja adotado o previsto na alínea *a*) do nº 1 do artigo 74º, o modelo de avaliação das propostas, explicitando claramente os fatores e eventuais subfatores relativos aos aspetos da execução do contrato a celebrar submetidos à concorrência pelo caderno de encargos, os valores dos respetivos coeficientes de ponderação e, relativamente a cada um dos fatores ou subfatores elementares, a respetiva escala de pontuação, bem como a expressão matemática ou o conjunto ordenado de diferentes atributos suscetíveis de serem propostos que permita a atribuição das pontuações parciais;

r) A possibilidade de adoção de um ajuste direto nos termos do disposto na alínea *a*) do nº 1 do artigo 25º ou na alínea *a*) do nº 1 do artigo 27º, quando for o caso;

s) O prazo para apresentação dos documentos comprovativos do cumprimento dos requisitos mínimos de capacidade técnica e financeira após a decisão de qualificação;

t) A indicação do prazo limite para identificação de erros e omissões e para resposta quanto aos mesmos, se superior ao previsto no artigo 50º;

u) A indicação de que se trata de um contrato reservado, nos termos dos artigos 54º-A ou 250º-D, se for o caso.

2 – Quando, nos termos do disposto na alínea *j*) do número anterior, o programa do concurso exigir a apresentação de certificados emitidos por organismos independentes, nacionais ou estabelecidos noutros Estados membros da União Europeia, que atestem que o interessado respeita determinadas normas de garantia de qualidade ou normas de gestão ambiental, deve referir-se, respetivamente, aos sistemas

de garantia de qualidade ou aos sistemas de gestão ambiental baseados no Sistema Comunitário de Ecogestão e Auditoria (EMAS) ou no conjunto de normas europeias, e certificados por organismos conformes com as séries de normas europeias respeitantes à certificação.

3 – Para os efeitos do disposto no número anterior, a entidade adjudicante deve reconhecer também outras provas de medidas de garantia de qualidade ou de medidas de gestão ambiental equivalentes apresentadas por interessados que não tenham acesso aos referidos certificados ou que demonstrem que os não possam obter dentro do prazo de apresentação das candidaturas.

4 – O programa do concurso pode indicar requisitos mínimos de capacidade financeira que os candidatos devem preencher, sujeitos ao limite previsto no nº 3 do artigo seguinte.

5 – Quando o anúncio do concurso limitado por prévia qualificação não for publicado no *Jornal Oficial da União Europeia*, o programa do concurso pode estabelecer que a qualificação dos candidatos é efetuada apenas em função da capacidade técnica ou apenas em função da capacidade financeira.

ARTIGO 165º
Requisitos mínimos

1 – Os requisitos mínimos de capacidade técnica a que se refere a alínea *h*) do nº 1 do artigo anterior devem ser adequados à natureza das prestações objeto do contrato a celebrar, descrevendo situações, qualidades, características ou outros elementos de facto relativos, designadamente:

a) À experiência curricular dos candidatos;

b) Aos recursos humanos, tecnológicos, de equipamento ou outros utilizados, a qualquer título, pelos candidatos;

c) Ao modelo e à capacidade organizacionais dos candidatos, designadamente no que respeita à direção e integração de valências especializadas, aos sistemas de informação de suporte e aos sistemas de controlo de qualidade;

d) À capacidade dos candidatos adotarem medidas de gestão ambiental no âmbito da execução do contrato a celebrar;

e) (*Revogada.*)

2 – (*Revogado.*)

3 – Os requisitos mínimos de capacidade financeira a que se refere o nº 4 do artigo anterior não podem exceder o dobro do valor do contrato, salvo em casos devidamente justificados, designadamente quando se prenda com os riscos especiais associados à natureza do contrato, e devem reportar-se à aptidão estimada dos candidatos para mobilizar os meios financeiros previsivelmente necessários para o integral cumprimento das obrigações resultantes do contrato a celebrar.

4 – Quando, no caso de empreitadas ou de concessões de obras públicas, os requisitos mínimos de capacidade técnica e de capacidade financeira exigidos no

programa do concurso se basearem em elementos de facto já tidos em consideração para efeitos da concessão do alvará ou título de registo contendo as habilitações adequadas e necessárias à execução da obra a realizar, tais requisitos devem ser mais exigentes que os legalmente previstos para aquela concessão.

5 – (*Revogado.*)

ARTIGO 166º
Esclarecimentos e retificação das peças do concurso

1 – Os esclarecimentos necessários à boa compreensão e interpretação das peças do concurso podem ser solicitados e devem ser prestados nas fases referidas no artigo 163º, sendo aplicável, com as necessárias adaptações, o disposto no artigo 50º

2 – O disposto no número anterior é aplicável à retificação de erros ou omissões das peças do concurso.

SECÇÃO II
Fase da apresentação das candidaturas e da qualificação dos candidatos

ARTIGO 167º
Anúncio

1 – O concurso limitado por prévia qualificação é publicitado no Diário da República através de anúncio conforme modelo aprovado por portaria dos membros do Governo responsáveis pela edição do Diário da República e pelas áreas das finanças e das obras públicas.

2 – Ao concurso limitado por prévia qualificação é aplicável, com as necessárias adaptações, o disposto no artigo 131º.

3 – Não há lugar à publicação do anúncio previsto no número anterior nem do anúncio previsto no nº 3 do artigo 131º quando tenha sido publicado o anúncio periódico indicativo previsto no artigo 35º e este indique, expressamente:

a) As prestações objeto do contrato a celebrar;

b) O concurso limitado por prévia qualificação como o procedimento a adotar para a formação do contrato a celebrar; e

c) Um prazo, que não pode ser superior a 11 meses a contar da data da publicação do anúncio periódico indicativo, para os interessados manifestarem à entidade adjudicante o seu interesse em participar no concurso.

4 – A manifestação de interesse referida na alínea *c*) do número anterior deve ser formulada por qualquer meio escrito, contendo o nome ou a denominação social do interessado, bem como o seu número de identificação fiscal, o seu domicílio ou sede e, se o tiver, o endereço de correio eletrónico.

5 – No prazo máximo de um mês após o termo do prazo referido na alínea *c*) do nº 3, o órgão competente para a decisão de contratar envia aos interessados, em

simultâneo, um convite à apresentação de candidaturas, o qual deve ser acompanhado de um exemplar do programa do concurso.

6 – O convite referido no número anterior deve indicar:

a) O anúncio periódico indicativo do concurso no qual os interessados manifestaram o seu interesse em participar;

b) A identificação, tão completa quanto possível, das prestações que constituem o objeto do contrato a celebrar;

c) O sítio da Internet onde o caderno de encargos se encontra disponível para aquisição e o respetivo preço;

d) O prazo de vigência do contrato.

ARTIGO 168º
Documentos da candidatura

1 – A candidatura é constituída pelos documentos destinados à qualificação dos candidatos e pela declaração conforme o modelo constante no anexo V ao presente Código, do qual faz parte integrante, a qual é substituída pelo Documento Europeu Único de Contratação Pública nos procedimentos com publicação de anúncio no *Jornal Oficial da União Europeia*.

2 – A declaração do anexo V ao presente Código ou o Documento Europeu Único de Contratação Pública referidos no número anterior devem ser assinados pelo candidato ou por representante que tenha poderes para o obrigar.

3 – Quando a candidatura seja apresentada por um agrupamento candidato, a declaração do anexo V ao presente Código ou o Documento Europeu Único de Contratação Pública referidos no nº 1 devem ser assinados pelo representante comum dos membros que o integram, caso em que devem ser juntos ao respetivo documento os instrumentos de mandato emitidos por cada um dos seus membros ou, não existindo representante comum, deve ser assinada por todos os seus membros ou respetivos representantes.

4 – Quando, para efeitos do preenchimento dos requisitos mínimos de capacidade técnica, o candidato recorra a terceiros, independentemente do vínculo que com eles estabeleça, nomeadamente o de subcontratação, a respetiva candidatura é ainda constituída por uma declaração através da qual estes se comprometem, incondicionalmente, a realizar determinadas prestações objeto do contrato a celebrar.

ARTIGO 169º
Idioma dos documentos da candidatura

1 – Os documentos destinados à qualificação dos candidatos são obrigatoriamente redigidos em língua portuguesa.

2 – Quando, pela sua própria natureza ou origem, os documentos destinados à qualificação dos candidatos estiverem redigidos em língua estrangeira, deve o interessado fazê-los acompanhar de tradução devidamente legalizada.

3 – Em função da especificidade técnica dos documentos destinados à qualificação dos candidatos, o programa do procedimento pode admitir que alguns dos documentos referidos na alínea *j*) do nº 1 do artigo 164º sejam redigidos em língua estrangeira, indicando os idiomas admitidos.

ARTIGO 170º
Modo de apresentação das candidaturas

1 – Os documentos que constituem a candidatura devem ser apresentados diretamente na plataforma eletrónica utilizada pela entidade adjudicante, através de meio de transmissão escrita e eletrónica de dados.

2 – A receção das candidaturas deve ser registada com referência às respetivas data e hora, sendo entregue aos candidatos um recibo eletrónico comprovativo dessa receção.

3 – Os termos a que deve obedecer a apresentação e a receção das candidaturas nos termos do disposto nos números anteriores são definidos por diploma próprio.

4 – Quando algum documento destinado à qualificação se encontre disponível na Internet, o candidato pode, em substituição da apresentação da sua reprodução, indicar à entidade adjudicante o endereço do sítio onde aquele pode ser consultado, bem como a informação necessária a essa consulta, desde que os referidos sítio e documento dele constante estejam redigidos em língua portuguesa.

5 – O órgão competente para a decisão de contratar pode sempre exigir ao candidato a apresentação dos originais de quaisquer documentos cuja reprodução tenha sido apresentada nos termos do disposto no nº 1, em caso de dúvida fundada sobre o conteúdo ou a autenticidade destes.

6 – Quando, pela sua natureza, qualquer documento que constitui a candidatura não possa ser apresentado nos termos do disposto no nº 1, deve ser encerrado em invólucro opaco e fechado:

a) No rosto do qual se deve indicar a designação do procedimento e da entidade adjudicante;

b) Que deve ser entregue diretamente ou enviado por correio registado à entidade adjudicante, devendo, em qualquer caso, a respetiva receção ocorrer dentro do prazo fixado para a apresentação das candidaturas;

c) Cuja receção deve ser registada por referência à respetiva data e hora.

ARTIGO 171º
Apresentação das candidaturas por agrupamentos

Quando o candidato for um agrupamento de pessoas singulares ou coletivas, os documentos destinados à qualificação podem ser apresentados por apenas um ou alguns dos seus membros, salvo se o programa do concurso dispuser diferentemente.

ARTIGO 172º
Fixação do prazo para a apresentação das candidaturas

1 – O prazo para a apresentação das candidaturas é fixado livremente, com respeito pelos limites mínimos estabelecidos nos artigos seguintes.

2 – Na fixação do prazo para a apresentação das candidaturas, deve ser tido em conta o tempo necessário à respetiva elaboração, em função da natureza, das características, do volume e da complexidade dos documentos que as constituem.

ARTIGO 173º
Prazo mínimo para a apresentação das candidaturas em concursos limitados por prévia qualificação sem publicidade internacional

Quando o anúncio do concurso limitado por prévia qualificação não seja publicado no *Jornal Oficial da União Europeia*, não pode ser fixado um prazo para a apresentação das candidaturas inferior a seis dias a contar da data do envio, para publicação, do anúncio previsto no nº 1 do artigo 167º

ARTIGO 174º
Prazos mínimos para a apresentação das candidaturas em concursos limitados por prévia qualificação com publicidade internacional

1 – Quando o anúncio do concurso limitado por prévia qualificação seja publicado no *Jornal Oficial da União Europeia*, não pode ser fixado um prazo para a apresentação das candidaturas inferior a 30 dias a contar da data do envio desse anúncio ao Serviço das Publicações da União Europeia.

2 – O prazo mínimo previsto no número anterior pode ser reduzido para 15 dias nos casos em que uma situação de urgência devidamente fundamentada pela entidade adjudicante inviabilize o cumprimento do prazo mínimo de 30 dias.

3 – Quando o contrato a celebrar diga direta e principalmente respeito a uma ou a várias das atividades exercidas nos setores da água, da energia, dos transportes e dos serviços postais pelas entidades adjudicantes referidas no nº 1 do artigo 7º, o prazo mínimo para a apresentação das candidaturas é, em regra, de 30 dias a contar da data do envio do anúncio para publicação, não podendo em caso algum ser inferior a 15 dias desde aquele envio.

ARTIGO 175º
Prorrogação do prazo fixado para a apresentação das candidaturas

1 – Quando as retificações ou os esclarecimentos previstos no artigo 166º, respeitantes à fase da apresentação das candidaturas e qualificação dos candidatos, sejam comunicados para além do prazo estabelecido para o efeito, o prazo fixado para a apresentação das candidaturas deve ser prorrogado, no mínimo por período equivalente ao do atraso verificado.

2 – Quando as retificações referidas no artigo 166º implicarem alterações de aspetos fundamentais das peças do concurso, independentemente do momento da sua comunicação, o prazo fixado para a apresentação das candidaturas deve ser prorrogado, no mínimo por período equivalente ao tempo decorrido desde o início daquele prazo até à comunicação das retificações.

3 – A pedido fundamentado de qualquer interessado que tenha adquirido as peças do concurso, o prazo fixado para a apresentação das candidaturas pode ser prorrogado pelo período considerado adequado, o qual aproveita a todos os interessados.

4 – As decisões de prorrogação nos termos do disposto nos números anteriores cabem ao órgão competente para a decisão de contratar e devem ser juntas às peças do concurso e notificadas a todos os interessados que as tenham adquirido, publicando-se imediatamente aviso daquelas decisões, nos termos do disposto nos nºs 1 a 3 do artigo 131º e no nº 1 do artigo 167º

ARTIGO 176º
Retirada da candidatura

1 – Até ao termo do prazo fixado para a apresentação das candidaturas, os interessados que já as tenham apresentado podem retirá-las através de comunicação à entidade adjudicante.

2 – O exercício da faculdade prevista no número anterior não prejudica o direito de apresentação de nova candidatura dentro daquele prazo.

ARTIGO 177º
Lista dos candidatos e consulta das candidaturas apresentadas

1 – O júri, no dia imediato ao termo do prazo fixado para a apresentação das candidaturas, procede à publicitação da lista dos candidatos na plataforma eletrónica utilizada pela entidade adjudicante.

2 – Mediante a atribuição de um login e de uma password, aos candidatos incluídos na lista é facultada a consulta, diretamente na plataforma eletrónica referida no número anterior, de todas as candidaturas apresentadas.

3 – O interessado que não tenha sido incluído na lista dos candidatos pode reclamar desse facto, no prazo de três dias contados da publicitação da lista, devendo para o efeito apresentar comprovativo da tempestiva apresentação da sua candidatura.

4 – Caso a reclamação prevista no número anterior seja deferida mas não se encontre a candidatura do reclamante, o júri fixa-lhe um novo prazo para a apresentar, sendo aplicável, com as necessárias adaptações, o disposto nos nºs 1 e 2.

ARTIGO 178º
Análise das candidaturas

1 – O júri do concurso analisa as candidaturas para efeitos da qualificação dos respetivos candidatos.

2 – O preenchimento dos requisitos mínimos de capacidade técnica e de capacidade financeira referidos no artigo 165º é comprovado pela avaliação dos elementos constantes dos documentos destinados à qualificação dos candidatos.

ARTIGO 179º
Modelo simples de qualificação

1 – No caso de a qualificação não assentar no sistema de seleção, previsto no artigo 181º, são qualificados todos os candidatos que preencham os requisitos mínimos de capacidade técnica e de capacidade financeira.

2 – Quando, para efeitos do preenchimento dos requisitos mínimos de capacidade técnica, o candidato recorra a terceiras entidades, a capacidade destas apenas aproveita àquele na estrita medida das prestações objeto do contrato a celebrar que essas entidades se comprometam a realizar.

3 – Exclusivamente para os efeitos do disposto no nº 1, considera-se que equivale ao preenchimento do requisito mínimo de capacidade financeira:

a) A apresentação de declaração bancária conforme modelo constante do anexo VI ao presente Código e do qual faz parte integrante; ou

b) No caso de o candidato ser um agrupamento, um dos membros que o integram ser uma instituição de crédito que apresente documento comprovativo de que possui sede ou sucursal em Estado membro da União Europeia, emitido pela entidade que exerça a supervisão bancária nesse Estado.

ARTIGO 180º
Revogação, invalidade, ineficácia ou extinção da declaração bancária

1 – A revogação, a invalidade, a ineficácia ou a extinção, a qualquer título, da declaração que o candidato tenha apresentado nos termos do disposto na alínea *a*) do nº 3 do artigo anterior determina a sua exclusão do concurso, ou, no caso de a respetiva proposta já ter sido objeto de adjudicação, a caducidade desta última.

2 – No caso de caducidade da adjudicação previsto no número anterior, é aplicável o disposto no nº 4 do artigo 86º

3 – Quando se produza após a celebração do contrato, a revogação, a invalidade, a ineficácia ou a extinção, a qualquer título, da declaração bancária referida no nº 1 é inoponível à entidade adjudicante.

ARTIGO 181º
Modelo complexo de qualificação: Sistema de seleção

1 – O sistema de seleção consiste na qualificação efetuada segundo o critério da maior capacidade técnica e financeira.

2 – O critério de qualificação da maior capacidade técnica e financeira implica a utilização de um modelo de avaliação ao qual é aplicável, com as necessárias adaptações, o disposto no artigo 139º

3 – Os candidatos que preencham os requisitos mínimos de capacidade técnica e de capacidade financeira são ordenados de acordo com o critério de qualificação previsto no número anterior, sendo qualificados apenas os que sejam ordenados nos lugares correspondentes ao número fixado nos termos do disposto na subalínea *ii*) da alínea *m*) do nº 1 do artigo 164º, salvo se os candidatos que preencham aqueles requisitos mínimos sejam menos de cinco.

4 – No caso previsto na parte final do número anterior, são qualificados todos os candidatos que preencham os requisitos mínimos de capacidade técnica e de capacidade financeira.

ARTIGO 182º
Preenchimento dos requisitos mínimos por agrupamentos candidatos

1 – Salvo se o programa do concurso dispuser diferentemente e sem prejuízo do disposto no número seguinte, no caso de o candidato ser um agrupamento, considera-se que preenche os requisitos mínimos de capacidade técnica e de capacidade financeira, desde que, relativamente a cada requisito:

a) Algum dos membros que o integram o preencha individualmente; ou

b) Alguns dos membros que o integram o preencham conjuntamente, quando tal seja possível em função da natureza do requisito exigido.

2 – Quando os requisitos mínimos de capacidade técnica digam respeito a elementos de facto relativos ao exercício de uma atividade regulamentada, os membros do agrupamento candidato a que se referem as alíneas do número anterior devem ser entidades que prossigam aquela atividade.

ARTIGO 183º
Esclarecimentos sobre os documentos destinados à qualificação dos candidatos

1 – O júri do procedimento pode pedir aos candidatos quaisquer esclarecimentos sobre os documentos, da sua autoria, destinados à qualificação que considere necessários para efeitos da análise das candidaturas.

2 – Os esclarecimentos referidos no número anterior fazem parte integrante das respetivas candidaturas, desde que não contrariem os elementos constantes dos documentos que as constituem ou não visem suprir omissões que determinam a sua exclusão nos termos do disposto na alínea *e*) do nº 2 do artigo seguinte.

ARTIGO 184º
Relatório preliminar da fase de qualificação

1 – Após a análise das candidaturas e a aplicação às mesmas do critério de qualificação, o júri elabora fundamentadamente um relatório preliminar, no qual deve propor a qualificação dos candidatos.

2 – No relatório preliminar a que se refere o número anterior, o júri deve também propor a exclusão das candidaturas:

a) Que tenham sido apresentadas depois do termo fixado para a sua apresentação;

b) Que sejam apresentadas por candidatos em violação do disposto no nº 2 do artigo 54º;

c) Que sejam apresentadas por candidatos relativamente aos quais ou, no caso de agrupamentos candidatos, relativamente a qualquer dos seus membros, a entidade adjudicante tenha conhecimento que se verifica alguma das situações previstas no artigo 55º;

d Que sejam apresentadas por candidatos que não preencham os requisitos referidos no nº 4 do artigo 164º, desde que o programa do concurso assim o preveja expressamente;

e) Que não sejam constituídas por todos os documentos exigidos, salvo por aqueles que se refiram ao requisito de capacidade financeira e tenha sido apresentado o Documento Europeu Único de Contratação Pública ou um dos documentos previstos no nº 3 do artigo 179º;

f) Que não cumpram o disposto nos nºs 2 e 3 do artigo 168º;

g) Que sejam constituídas por documentos destinados à qualificação não redigidos em língua portuguesa ou, nos casos previstos no nº 2 do artigo 169º, não acompanhados de tradução devidamente legalizada;

h) Que sejam constituídas por documentos destinados à qualificação que contenham qualquer referência indiciadora de algum dos atributos da proposta;

i) Que não observem as formalidades do modo de apresentação das candidaturas fixadas nos termos do disposto no artigo 170º;

j) Que sejam constituídas por documentos falsos ou nas quais os candidatos prestem culposamente falsas declarações;

l) Cuja análise revele que os respetivos candidatos não preenchem os requisitos mínimos de capacidade técnica ou de capacidade financeira.

3 – No caso de a qualificação assentar no sistema de seleção, previsto no artigo 181º, o relatório preliminar da fase de qualificação deve propor a ordenação dos candidatos que preencham os requisitos mínimos de capacidade técnica e de capacidade financeira exigidos.

4 – Do relatório preliminar da fase de qualificação deve ainda constar referência aos esclarecimentos prestados pelos candidatos nos termos do disposto no artigo anterior.

ARTIGO 185º
Audiência prévia

Elaborado o relatório preliminar referido no artigo anterior, o júri envia-o a todos os candidatos, fixando-lhes um prazo, não inferior a cinco dias, para que se pronunciem, por escrito, ao abrigo do direito de audiência prévia.

ARTIGO 186º
Relatório final da fase de qualificação

1 – Cumprido o disposto no artigo anterior, o júri elabora um relatório final fundamentado, no qual pondera as observações dos candidatos efetuadas ao abrigo do direito de audiência prévia, mantendo ou modificando o teor e as conclusões do relatório preliminar, podendo ainda determinar a exclusão de qualquer candidatura se verificar, nesta fase, a ocorrência de qualquer dos motivos previstos no nº 2 do artigo 184º

2 – No caso previsto na parte final do número anterior, bem como quando do relatório final resulte uma desqualificação de candidatos relativamente ao disposto no relatório preliminar, o júri procede a nova audiência prévia, nos termos previstos no artigo anterior, sendo subsequentemente aplicável o disposto no número anterior.

3 – O relatório final, juntamente com os demais documentos que compõem o processo de concurso, é enviado ao órgão competente para a decisão de contratar.

4 – Cabe ao órgão competente para a decisão de contratar decidir sobre a aprovação de todas as propostas contidas no relatório final, nomeadamente para efeitos de qualificação de candidatos.

ARTIGO 187º
Dever de qualificação

1 – O órgão competente para a decisão de contratar deve tomar a decisão de qualificação e notificá-la aos candidatos, acompanhada do relatório final da fase de qualificação, no prazo máximo de 44 dias após o termo do prazo fixado para a apresentação das candidaturas, sem prejuízo da possibilidade de fixação de um prazo superior no programa do concurso.

2 – Juntamente com a notificação da decisão de qualificação, o órgão competente para a decisão de contratar deve notificar os candidatos, concedendo-lhes um prazo mínimo de cinco dias para:

a) Apresentar os documentos comprovativos do cumprimento dos requisitos mínimos de capacidade técnica e financeira exigidos no programa do concurso, sempre que se revele necessário e tais requisitos tenham apenas sido declarados mediante a apresentação da declaração conforme modelo constante no anexo V ao presente Código ou do Documento Europeu Único de Contratação Pública;

b) Confirmar no prazo fixado para o efeito, se for o caso, os compromissos assumidos por terceiras entidades relativos aos requisitos referidos na alínea anterior.

3 – A decisão de qualificação caduca quanto ao candidato que, no prazo fixado no programa do concurso ou na notificação a que se refere o nº 1:

a) Não apresente qualquer um dos documentos comprovativos do cumprimento dos requisitos mínimos de capacidade técnica e financeira exigidos no programa do concurso;

b) Não demonstre o cumprimento dos requisitos mínimos de capacidade técnica e financeira exigidos no programa do concurso.

4 – Sempre que se verifique um facto que determine a caducidade da qualificação nos termos do número anterior, o órgão competente para a decisão de contratar deve notificar o candidato relativamente ao qual o facto ocorreu, fixando-lhe um prazo, não superior a cinco dias, para que se pronuncie, por escrito, ao abrigo do direito de audiência prévia, sendo aplicável, com as necessárias adaptações, o disposto nos nºs 3 e 4 do artigo 86º

5 – Os candidatos qualificados passam à fase seguinte em condições de igualdade.

ARTIGO 188º
Notificação da decisão de qualificação

Cumprido o disposto no artigo anterior, o órgão competente para a decisão de contratar notifica todos os candidatos da decisão tomada.

SECÇÃO III
Fase da apresentação e análise das propostas e da adjudicação

ARTIGO 189º
Convite

1 – Com a notificação referida no artigo anterior, o órgão competente para a decisão de contratar envia aos candidatos qualificados, em simultâneo, um convite à apresentação de propostas.

2 – O convite à apresentação de propostas deve indicar:

a) A identificação do concurso;

b) A referência ao anúncio do concurso previsto no nº 1 do artigo 167º e, quando for o caso, ao previsto nos nºs 1 a 3 do artigo 131º;

c) Os documentos referidos na alínea *c*) do nº 1 do artigo 57º, se for o caso;

d) Os documentos que constituem a proposta que podem ser redigidos em língua estrangeira, nos termos do disposto no nº 2 do artigo 58º;

e) Se é admissível ou não a apresentação de propostas variantes, e o número máximo de propostas variantes admitidas;

f) O prazo para a apresentação das propostas;

g) O prazo da obrigação de manutenção das propostas, quando superior ao previsto no artigo 65º;

h) O modo de prestação da caução, ou os termos em que não seja exigida essa prestação de acordo com o disposto no nº 4 do artigo 88º;

i) O valor da caução, quando esta for exigida;

j) (*Revogada*.)

k) A indicação do prazo limite para identificação de erros e omissões e para resposta quanto aos mesmos, se superior ao previsto no artigo 50º

3 – O convite pode indicar, ainda que por referência ao preço base fixado no caderno de encargos, um valor a partir do qual o preço total resultante de uma proposta é considerado anormalmente baixo.

4 – O convite pode ainda conter quaisquer regras específicas sobre a fase da apresentação e análise das propostas e adjudicação consideradas convenientes pela entidade adjudicante, desde que não tenham por efeito impedir, restringir ou falsear a concorrência.

5 – Para a formação de contratos que digam direta e principalmente respeito a uma ou a várias das atividades exercidas nos setores da água, da energia, dos transportes e dos serviços postais pelas entidades adjudicantes referidas no nº 1 do artigo 7º, o programa do concurso pode conter regras destinadas a proteger o caráter confidencial das informações contidas nas peças do procedimento.

6 – As normas do convite prevalecem sobre quaisquer indicações constantes dos anúncios com elas desconformes, mas as normas contidas no programa do concurso prevalecem sobre aquelas.

ARTIGO 190º
Prazo mínimo para a apresentação das propostas em concursos limitados por prévia qualificação sem publicidade internacional

1 – Quando o anúncio do concurso limitado por prévia qualificação não seja publicado no *Jornal Oficial da União Europeia*, não pode ser fixado um prazo para a apresentação das propostas inferior a seis dias ou, no caso de se tratar de um procedimento de formação de um contrato de empreitada de obras públicas, inferior a 14 dias, a contar da data do envio do convite.

2 – Em caso de manifesta simplicidade dos trabalhos necessários à realização da obra, o prazo mínimo referido na parte final do número anterior pode ser reduzido até um prazo mínimo de seis dias.

ARTIGO 191º
Prazos mínimos para a apresentação das propostas em concursos limitados por prévia qualificação com publicidade internacional

1 – Quando o anúncio do concurso limitado por prévia qualificação seja publicado no *Jornal Oficial da União Europeia*, não pode ser fixado um prazo para a apresentação das propostas inferior a 25 dias a contar da data do envio do convite.

2 – Quando tenha sido publicado o anúncio de pré-informação previsto no artigo 34º e o mesmo contemple as prestações objeto do contrato a celebrar, o prazo mínimo referido no número anterior é de 10 dias, desde que:

a) O anúncio de pré-informação tenha sido enviado para publicação com uma antecedência mínima de 52 dias e máxima de 12 meses em relação à data do envio do anúncio previsto no número anterior; e *b*) O anúncio de pré-informação tenha incluído todas as informações, disponíveis à data da sua publicação, exigidas nos termos do anexo V, parte B, secção I da Diretiva nº 2014/24/UE, do Parlamento Europeu e do Conselho, de 26 de fevereiro.

3 – Quando o contrato a celebrar diga direta e principalmente respeito a uma ou a várias das atividades exercidas nos setores da água, da energia, dos transportes e dos serviços postais pelas entidades adjudicantes referidas no nº 1 do artigo 7º, o prazo mínimo para a apresentação das propostas previsto no nº 1 é de 10 dias a contar da data do envio do convite.

4 – Aos prazos mínimos para a apresentação das propostas previstos nos nºs 1 a 3 não é aplicável a redução prevista no nº 3 do artigo 136º

5 – O prazo mínimo previsto no nº 1 pode ser reduzido para 10 dias nos casos em que uma situação de urgência devidamente fundamentada pela entidade adjudicante inviabilize o cumprimento do prazo mínimo de 25 dias.

ARTIGO 192º
Acordo sobre a fixação do prazo para a apresentação das propostas

1 – Quando o concurso limitado por prévia qualificação respeitar à formação de contratos que digam direta e principalmente respeito a uma ou a várias das atividades exercidas nos setores da água, da energia, dos transportes e dos serviços postais pelas entidades adjudicantes referidas no nº 1 do artigo 7º, estas entidades podem fixar, para os efeitos do disposto na alínea *f*) do nº 2 do artigo 189º, um prazo para a apresentação das propostas inferior ao prazo mínimo previsto no nº 3 do artigo anterior.

2 – O prazo previsto no número anterior não pode, em qualquer caso, ser inferior a 10 dias a contar da data do envio do convite.

3 – Se, no prazo de dois dias a contar da receção do convite, nenhum dos candidatos qualificados manifestar discordância sobre o prazo fixado para a apresentação das propostas fixado nos termos do disposto nos números anteriores, considera-se o mesmo aceite para todos os efeitos.

4 – Se, no prazo referido no número anterior, algum dos candidatos qualificados manifestar, por qualquer meio escrito, discordância sobre o prazo fixado nos termos do disposto nos nºs 1 e 2, a entidade adjudicante deve notificar imediatamente todos os candidatos qualificados de que o prazo fixado para a apresentação das propostas passa a ser de 19 dias a contar da data do envio do convite.

5 – No caso previsto no nº 3, ao prazo fixado para a apresentação das propostas não é aplicável o disposto no artigo 64º

CAPÍTULO IV
Procedimento de negociação

SECÇÃO I
Disposições gerais

ARTIGO 193º
Regime

O procedimento de negociação rege-se, com as necessárias adaptações, pelas disposições que regulam o concurso limitado por prévia qualificação, em tudo o que não esteja especialmente previsto nos artigos seguintes.

ARTIGO 194º
Fases do procedimento

O procedimento de negociação integra as seguintes fases:

a) Apresentação das candidaturas e qualificação dos candidatos;
b) Apresentação e análise das versões iniciais das propostas;
c) Negociação das propostas;
d) Análise das versões finais das propostas e adjudicação.

ARTIGO 195º
Inadmissibilidade de leilão eletrónico

No procedimento de negociação a entidade adjudicante não pode recorrer a um leilão eletrónico.

ARTIGO 196º
Programa do procedimento de negociação

Para além dos elementos previstos na alínea *a*) do nº 1 do artigo 150º e no nº 1 do artigo 164º, o programa do procedimento de negociação deve ainda indicar:

a) No caso de a qualificação assentar no sistema de seleção, o número mínimo de candidatos a qualificar, que não pode ser inferior a três;
b) Quais os aspetos da execução do contrato a celebrar que a entidade adjudicante não está disposta a negociar;
c) Se a negociação decorrerá, parcial ou totalmente, por via eletrónica e os respetivos termos.

SECÇÃO II
Fase da apresentação das candidaturas e da qualificação dos candidatos

ARTIGO 197º
Anúncios

1 – O procedimento de negociação é publicitado no Diário da República através de anúncio conforme modelo aprovado por portaria dos membros do Governo responsáveis pela edição do Diário da República e pelas áreas das finanças e das obras públicas.

2 – Ao procedimento de negociação é aplicável, com as necessárias adaptações, o disposto no artigo 131º.

3 – Quando o procedimento de negociação seja adotado ao abrigo do disposto nas alíneas *a*) a *d*) do nº 1 do artigo 29º, independentemente do preço base fixado no caderno de encargos, deve ser sempre publicado anúncio nos termos do disposto no nº 1 do artigo 131º.

ARTIGO 198º
Prazos mínimos para a apresentação das candidaturas

1 – Não pode ser fixado um prazo para a apresentação das candidaturas inferior a 30 dias a contar da data do envio do anúncio referido no nº 2 do artigo anterior ao Serviço das Publicações da União Europeia.

2 – Quando tenha sido publicado o anúncio periódico indicativo com as indicações referidas no nº 3 do artigo 167º, não pode ser fixado um prazo para a apresentação das candidaturas inferior a 25 dias a contar da data do envio do convite previsto no nº 5 do mesmo artigo.

3 – Os prazos mínimos para a apresentação das candidaturas previstos nos números anteriores podem ser reduzidos em até sete dias quando os anúncios forem preparados e enviados por meios eletrónicos conforme formato e modalidades de transmissão indicados no portal da Internet http://simap.eu.int.

SECÇÃO III
Fase da apresentação e análise das versões iniciais das propostas

ARTIGO 199º
Convite

Para além dos elementos previstos no nº 2 do artigo 189º, o convite pode ainda conter quaisquer regras específicas sobre a fase de apresentação e análise das versões iniciais das propostas.

ARTIGO 200º
Remissão

À análise das versões iniciais das propostas é aplicável o disposto no artigo 139º e, com as necessárias adaptações, o disposto nos artigos 146º a 148º

SECÇÃO IV
Fase da negociação das propostas

ARTIGO 201º
Início da negociação

No caso de ter havido reclamação nos termos do disposto no nº 3 do artigo 138º, a negociação das propostas não pode iniciar-se:

a) Antes da notificação da decisão de indeferimento ou do decurso do respetivo prazo; ou

b) Antes de cumprido o disposto no nº 4 do artigo 138º, no caso de a reclamação ser deferida.

ARTIGO 202º
Negociação e apresentação das versões finais das propostas

À negociação e à apresentação das versões finais integrais das propostas é aplicável o disposto no nº 2 do artigo 118º e nos artigos 119º a 121º

SECÇÃO V
Fase da análise das versões finais das propostas e da adjudicação

ARTIGO 203º
Remissão

À fase da análise das versões finais das propostas e adjudicação é aplicável o disposto nos artigos 152º a 154º

CAPÍTULO V
Diálogo concorrencial

SECÇÃO I
Disposições gerais

ARTIGO 204º
Regime

1 – O procedimento de diálogo concorrencial rege-se, com as necessárias adaptações, pelas disposições que regulam o concurso limitado por prévia qualificação, em tudo o que não esteja especialmente previsto nos artigos seguintes.

2 – No procedimento de diálogo concorrencial, a entidade adjudicante não pode recorrer a um leilão eletrónico nem adotar uma fase de negociações.

ARTIGO 205º
Fases do procedimento

O procedimento de diálogo concorrencial integra as seguintes fases:

a) Apresentação das candidaturas e qualificação dos candidatos;
b) Apresentação das soluções e diálogo com os candidatos qualificados;
c) Apresentação e análise das propostas e adjudicação.

ARTIGO 206º
Programa do procedimento de diálogo concorrencial

1 – Para além dos elementos previstos no nº 1 do artigo 164º, o programa do procedimento de diálogo concorrencial deve ainda indicar o montante da eventual remuneração, ou o critério do respetivo cálculo, a atribuir aos candidatos qualificados para participar no diálogo que apresentem soluções que sejam admitidas.

2 – O número de candidatos a qualificar indicado no programa do procedimento de diálogo concorrencial não pode ser inferior a três.

3 – A modalidade do critério de adjudicação das propostas no procedimento de diálogo concorrencial é a prevista na alínea *a*) do nº 1 do artigo 74º

4 – Quando, fundamentadamente, não estiverem ainda reunidas as condições para definir os valores dos coeficientes de ponderação dos fatores e dos eventuais subfatores que densificam a modalidade prevista no número anterior, estes devem ser indicados no programa do procedimento por ordem decrescente de importância.

ARTIGO 207º
Memória descritiva e caderno de encargos

1 – No procedimento de diálogo concorrencial, o órgão competente para a decisão de contratar deve aprovar uma memória descritiva, na qual identifica as necessidades e as exigências que pretende satisfazer com o contrato a celebrar.

2 – À memória descritiva é aplicável o disposto no artigo 133º

3 – No procedimento de diálogo concorrencial só há lugar à elaboração do caderno de encargos depois de concluída a fase de apresentação das soluções e de diálogo.

SECÇÃO II
Fase da apresentação das candidaturas e da qualificação dos candidatos

ARTIGO 208º
Anúncios

1 – O procedimento do diálogo concorrencial é publicitado no Diário da República através de anúncio conforme modelo aprovado por portaria dos membros do Governo responsáveis pela edição do Diário da República e pelas áreas das finanças e das obras públicas.

2 – No caso de contratos de empreitada ou de concessão de obras públicas, de contratos de locação ou de aquisição de bens móveis ou de contratos de aquisição de serviços, deve ainda ser publicado anúncio do diálogo concorrencial nos termos do disposto no nº 1 ou no nº 2 do artigo 131º, independentemente do preço base fixado no caderno de encargos.

3 – Ao anúncio referido no número anterior é aplicável, com as necessárias adaptações, o disposto nos nºs 4 a 8 do artigo 131º.

SECÇÃO III
Fase da apresentação das soluções e de diálogo com os candidatos qualificados

ARTIGO 209º
Convite à apresentação das soluções

1 – Com a notificação da decisão de qualificação, o órgão competente para a decisão de contratar envia aos candidatos qualificados, em simultâneo, um convite à apresentação de soluções suscetíveis de satisfazer as necessidades e as exigências identificadas na memória descritiva.

2 – O convite à apresentação das soluções deve indicar:

a) A identificação do procedimento de diálogo concorrencial;

b) A referência ao anúncio do procedimento de diálogo concorrencial previsto no nº 1 do artigo anterior e, quando for o caso, ao previsto no nº 2 do mesmo artigo;

c) O prazo de apresentação das soluções elaboradas pelos candidatos qualificados;

d) Se é admissível a utilização de línguas estrangeiras na fase de diálogo e, em caso afirmativo, quais as línguas.

ARTIGO 210º
Apresentação de soluções

1 – Ao modo de apresentação das soluções é aplicável, com as necessárias adaptações, o disposto no artigo 62º

2 – Cada candidato só pode apresentar uma solução.

ARTIGO 211º
Idioma das soluções

1 – Os documentos que constituem as soluções são obrigatoriamente redigidos em língua portuguesa.

2 – Em função da especificidade técnica das prestações objeto do contrato a celebrar, o convite pode admitir que alguns dos documentos referidos no número anterior sejam redigidos em língua estrangeira, indicando os idiomas admitidos.

ARTIGO 212º
Admissão e exclusão das soluções

1 – Após a apresentação das soluções, o júri elabora um relatório preliminar onde deve propor fundamentadamente a admissão e a exclusão das soluções apresentadas.

2 – O júri deve propor a exclusão das soluções que:

a) Tenham sido apresentadas depois do termo do prazo fixado para a sua apresentação;

b) Tenham sido apresentadas em violação do disposto no artigo 210º;

c) Não cumpram o disposto no artigo anterior;

d) Se revelem manifestamente desadequadas à satisfação das necessidades ou das exigências identificadas na memória descritiva.

3 – Elaborado o relatório preliminar referido no nº 1, o júri procede à audiência prévia nos termos do disposto no nº 1 do artigo 123º

4 – Cumprido o disposto no número anterior, o júri elabora um relatório final fundamentado, no qual pondera as observações dos candidatos qualificados efetuadas ao abrigo do direito de audiência prévia, mantendo ou modificando o teor e as conclusões do relatório preliminar.

5 – O relatório final é enviado ao órgão competente para a decisão de contratar, ao qual cabe decidir sobre a admissão e a exclusão das soluções apresentadas.

6 – O órgão competente para a decisão de contratar notifica a decisão de admissão e de exclusão das soluções, acompanhada do relatório final, em simultâneo, a todos os candidatos qualificados.

ARTIGO 213º
Diálogo

O júri do procedimento estabelece com os candidatos qualificados cujas soluções tenham sido admitidas um diálogo com vista a discutir todos os aspetos nelas previstos ou omitidos relativos à execução do contrato a celebrar e que permitam a elaboração do caderno de encargos.

ARTIGO 214º
Formalidades a observar

1 – O júri notifica os candidatos qualificados cujas soluções tenham sido admitidas, com uma antecedência mínima de três dias, da data, da hora e do local da primeira sessão de diálogo, agendando as restantes sessões nos termos que tiver por convenientes.

2 – Na fase de diálogo, o júri reúne sempre em separado com cada candidato qualificado, devendo garantir a igualdade de tratamento de todos eles, designadamente não facultando, de forma discriminatória, informações que possam dar vantagem a uns relativamente a outros.

3 – As soluções apresentadas ou outras informações que, no todo ou em parte, tenham sido transmitidas com caráter de confidencialidade pelos candidatos durante as sessões da fase de diálogo, só com o consentimento expresso e por escrito dos mesmos é que podem ser divulgadas aos outros candidatos ou a terceiros.

4 – Às sessões da fase de diálogo é aplicável, com as necessárias adaptações, o disposto nos nºs 3 e 5 do artigo 120º

5 – O diálogo com os candidatos prossegue até o júri:

a) Identificar, se necessário por comparação, a solução suscetível de satisfazer as necessidades e as exigências da entidade adjudicante;

b) Declarar que nenhuma das soluções apresentadas e discutidas satisfaz as necessidades e as exigências da entidade adjudicante.

6 – Os candidatos qualificados devem fazer-se representar nas sessões da fase de diálogo pelos seus representantes legais ou pelos representantes comuns dos agrupamentos candidatos, se existirem, podendo ser acompanhados por técnicos por eles indicados.

ARTIGO 215º
Relatório do diálogo

1 – Concluída a fase do diálogo, o júri elabora um relatório fundamentado, no qual propõe, clara e distintamente, a solução suscetível de satisfazer as necessidades e as exigências da entidade adjudicante ou, em alternativa, que nenhuma das soluções apresentadas satisfaz aquelas necessidades e exigências.

2 – O relatório previsto no número anterior, juntamente com os demais documentos que compõem o processo, é enviado ao órgão competente para a decisão de contratar.

3 – Cabe ao órgão competente para a decisão de contratar decidir sobre a aprovação de todas as propostas contidas no relatório, nomeadamente para efeitos de convite à apresentação de propostas.

ARTIGO 216º
Notificação da conclusão do diálogo

O órgão competente para a decisão de contratar notifica todos os candidatos qualificados cujas soluções tenham sido admitidas da decisão tomada nos termos do disposto no nº 3 do artigo anterior, remetendo-lhes o relatório.

SECÇÃO IV
Fase da apresentação e análise das propostas e da adjudicação

ARTIGO 217º
Convite

1 – Caso tenha sido identificada uma solução suscetível de satisfazer as necessidades e as exigências da entidade adjudicante, o órgão competente para a decisão de contratar envia a todos os candidatos qualificados cujas soluções tenham sido admitidas, simultaneamente com a notificação referida no artigo anterior, um convite à apresentação de propostas.

2 – Para além dos elementos previstos nos nºs 2 a 4 do artigo 189º, o convite à apresentação das propostas deve ainda indicar o modelo de avaliação das mesmas.

3 – O convite à apresentação das propostas deve ser acompanhado do caderno de encargos ou da indicação do endereço do sítio da Internet onde este é disponibilizado.

ARTIGO 218º
Prazos mínimos para a apresentação das propostas em procedimento de diálogo concorrencial

Não pode ser fixado um prazo para a apresentação das propostas inferior a 40 dias a contar da data do envio do convite.

CAPÍTULO VI
Parceria para a inovação

ARTIGO 218º-A
Regime

1 – A parceria para a inovação integra as seguintes fases, as quais podem ser adaptadas em função da complexidade e relevância financeira da parceria a celebrar:

a) Fase de apresentação das candidaturas, podendo a respetiva seleção incluir a qualificação dos candidatos quando se trate do desenvolvimento de projetos dotados de especial complexidade;
b) Fase de apresentação de propostas de projetos de investigação e desenvolvimento;
c) Fase de análise das propostas de projetos de investigação e celebração da parceria.

2 – Aplica-se ao anúncio da parceria para a inovação, com as devidas adaptações, o disposto no artigo 167º

3 – Nas peças do procedimento a entidade adjudicante deve:

a) Identificar a necessidade de bens, serviços ou obras inovadores que não possam ser obtidos mediante a aquisição de bens, serviços ou obras já disponíveis no mercado, indicando ainda os requisitos mínimos que concretizam a necessidade;
b) Definir as disposições aplicáveis aos direitos de propriedade intelectual;
c) Incluir os requisitos inerentes às capacidades que os concorrentes devem possuir no domínio da investigação e desenvolvimento, bem como no desenvolvimento e implementação de soluções inovadoras.

4 – A parceria para a inovação não pode ser utilizada com o intuito de restringir ou falsear a concorrência.

5 – À parceria para a inovação aplica-se supletivamente o regime previsto para o procedimento de negociação.

ARTIGO 218º-B
Convite à apresentação de propostas de projetos de investigação e desenvolvimento

1 – A entidade adjudicante deve enviar aos candidatos admitidos, em simultâneo, um convite à apresentação de propostas de projetos de investigação e desenvolvimento suscetíveis de satisfazer as necessidades e as exigências identificadas nas peças do procedimento.

2 – O convite à apresentação das propostas de projetos de investigação e desenvolvimento deve indicar:

a) A identificação do procedimento de parceria para a inovação;
b) A referência ao anúncio do procedimento de parceria para a inovação;

c) O prazo de apresentação das propostas de projetos de investigação e desenvolvimento elaboradas pelos concorrentes qualificados.

3 – Ao modo de apresentação das propostas de projetos de investigação e desenvolvimento é aplicável, com as necessárias adaptações, o disposto no artigo 62º

4 – Cada concorrente só pode apresentar uma proposta de projeto de investigação e desenvolvimento.

ARTIGO 218º-C
Negociação das propostas de projetos de investigação e desenvolvimento

1 – As entidades adjudicantes devem negociar com os concorrentes a proposta inicialmente apresentada por cada um deles, bem como todas as propostas posteriormente apresentadas, com exceção da proposta final de cada um.

2 – O critério de adjudicação é o da proposta economicamente mais vantajosa na forma prevista na alínea *a)* do nº 1 do artigo 74º

3 – Os requisitos mínimos e o critério de adjudicação, incluindo os seus fatores e subfatores, não podem ser objeto de negociação.

ARTIGO 218º-D
Análise das propostas e celebração da parceria

1 – À fase de análise das propostas de projetos de investigação e desenvolvimento aplicam-se os trâmites previstos nos artigos 146º a 148º, com as necessárias adaptações.

2 – A entidade adjudicante pode decidir estabelecer a parceria para a inovação com um só concorrente ou com vários concorrentes, designados parceiros, competindo, neste caso, a cada um deles realizar atividades de investigação e desenvolvimento distintas.

3 – A parceria para a inovação deve ser estruturada em fases sucessivas de acordo com a sequência de etapas do processo de investigação e desenvolvimento, que pode incluir o fabrico do bem, a prestação do serviço ou a realização da obra.

4 – A parceria para a inovação deve fixar as metas intermédias que devem ser alcançadas pelos parceiros e prever o pagamento de remuneração em frações adequadas.

5 – A entidade adjudicante é livre de, no final de cada fase, decidir pôr termo à parceria ou, no caso de parceria com vários parceiros, reduzir o número de parceiros pondo termos a contratos individuais, desde que tal possibilidade e respetivas condições estejam previstas nas peças do procedimento.

6 – A entidade adjudicante deve assegurar que a estrutura da parceria, em especial, a duração e o valor das diferentes fases refletem o grau de inovação da solução proposta e a sequência das atividades de investigação, desenvolvimento e inovação necessárias para o desenvolvimento de uma solução inovadora que ainda não se encontre disponível no mercado.

7 – Para efeitos do disposto no número anterior, o valor estimado dos fornecimentos, serviços ou obras não deve ser desproporcionado em relação ao investimento exigido para o respetivo desenvolvimento.

TÍTULO IV
Instrumentos procedimentais especiais

CAPÍTULO I
Concurso de conceção

ARTIGO 219º

(*Revogado.*)

ARTIGO 219º-A
Âmbito e modalidades

1 – O concurso de conceção visa selecionar um ou vários trabalhos de conceção, ao nível de programa base ou similar, designadamente nos domínios artístico, do ordenamento do território, do planeamento urbanístico, da arquitetura, da engenharia ou do processamento de dados.

2 – Quando a entidade adjudicante pretenda adquirir por ajuste direto, adotado ao abrigo do disposto na alínea *g*) do nº 1 do artigo 27º, planos, projetos ou quaisquer criações conceptuais que consistam na concretização ou no desenvolvimento dos trabalhos de conceção referidos no número anterior, deve a mesma conduzir previamente um concurso de conceção, nos termos previstos no presente capítulo.

3 – O concurso de conceção reveste, em regra, a modalidade de concurso público, podendo ser adotada a modalidade de concurso limitado por prévia qualificação quando a natureza dos trabalhos de conceção exija a avaliação prévia da capacidade técnica dos concorrentes.

4 – Os requisitos mínimos da capacidade técnica referida no número anterior devem ser adequados à natureza dos trabalhos de conceção pretendidos e devem ser fixados de forma não discriminatória.

5 – A entidade adjudicante pode recorrer ao concurso de conceção simplificado, quando o valor dos prémios a pagar aos participantes, acrescido do valor de quaisquer valores a pagar na sequência do eventual ajuste direto referido na alínea *g*) do nº 1 do artigo 27º, seja igual ou inferior a € 75 000.

6 – As formalidades aplicáveis na realização dos procedimentos de concurso público, de concurso limitado por prévia qualificação e concurso de conceção simplificado são as estabelecidas no presente capítulo, aplicando-se, subsidiariamente, as restantes disposições do Código em matéria de formação dos contratos.

ARTIGO 219º-B
Disposições gerais

1 – Salvo disposição em contrário nos termos de referência, cada concorrente pode apresentar vários trabalhos de conceção, devendo organizar para cada um deles uma candidatura autónoma.

2 – Qualquer que seja a modalidade adotada, a identidade dos concorrentes autores dos trabalhos de conceção apresentados só pode ser conhecida e revelada depois de elaborado o relatório a que se refere o nº 1 do artigo 219º-I.

3 – A entidade adjudicante, o júri do concurso e os concorrentes devem praticar, ou abster-se de praticar, se for o caso, todos os atos necessários ao cumprimento do disposto no número anterior.

4 – O procedimento decorre em plataforma eletrónica, podendo ser estabelecido que certos elementos da candidatura possam ser apresentados por correio registado ou entrega presencial, com registo da data e hora da receção, que deve acontecer dentro do prazo fixado para o efeito, e em qualquer dos casos salvaguardando-se o anonimato, sob pena de exclusão da candidatura.

5 – O prazo para a apresentação dos documentos que materializam os trabalhos de conceção não pode ser inferior a 30 dias, nos concursos público e limitado, e 15 dias, no concurso simplificado.

ARTIGO 219º-C
Publicidade

1 – O concurso de conceção é publicitado no Diário da República através de anúncio conforme modelo aprovado por portaria dos membros do Governo responsáveis pela edição do Diário da República e pelas áreas das finanças e das obras públicas

2 – Deve ainda ser publicado um anúncio no *Jornal Oficial da União Europeia*, exceto se se verificarem, cumulativamente as seguintes condições:

a) A entidade adjudicante manifeste expressamente que, posteriormente, não pretende celebrar contrato, por ajuste direto ao abrigo do disposto na alínea *g*) do nº 1 do artigo 27º, de aquisição do plano, do projeto ou da criação conceptual que consista na concretização ou no desenvolvimento do ou dos trabalhos de conceção selecionados;

b) A despesa autorizada para pagamento de prémios no âmbito do concurso de conceção seja inferior aos limiares referidos nas alíneas *b*) ou *c*) do nº 3 do artigo 474º

3 – Quando o anúncio do concurso de conceção tenha sido publicado no *Jornal Oficial da União Europeia*, a entidade adjudicante deve enviar ao Serviço das Publicações da União Europeia, no prazo de 30 dias após a decisão de seleção, um anúncio conforme modelo constante do anexo X ao Regulamento de Execução (UE) nº 2015/1986, da Comissão, de 11 de novembro de 2015.

4 – O concurso de conceção simplificado é publicitado da forma mais adequada à sua plena difusão e, no mínimo, no sítio na Internet da entidade adjudicante.

ARTIGO 219º-D
Termos de referência

1 – Os termos de referência devem indicar:

a) A identificação do concurso, bem como a respetiva modalidade escolhida;

b) Uma descrição, tão completa quanto possível, das características, das particularidades, das referências e de quaisquer outros requisitos de natureza estética, funcional ou técnica que os trabalhos de conceção apresentados devem observar;

c) A entidade adjudicante e o órgão competente para a decisão de contratar;

d) A identidade dos membros, efetivos e suplentes, que compõem o júri e, quando for o caso, as respetivas habilitações profissionais específicas;

e) As habilitações profissionais específicas de que os concorrentes devem ser titulares, se for o caso;

f) Os documentos que devem materializar os trabalhos de conceção apresentados e a identificação do prazo e do local para a apresentação desses documentos;

g) O critério de seleção, explicitando claramente os fatores e eventuais subfatores que o concretizam;

h) O montante global dos eventuais prémios de participação a atribuir aos concorrentes cujos trabalhos de conceção não sejam excluídos;

i) O número de trabalhos de conceção a selecionar;

j) O valor do prémio de consagração a atribuir a cada um dos concorrentes selecionados;

k) A intenção ou não de celebrar, na sequência do concurso, por ajuste direto ao abrigo do disposto na alínea *g*) do nº 1 do artigo 27º, um contrato de prestação de serviços destinado a adquirir planos, projetos ou quaisquer criações conceptuais que consistam na concretização ou no desenvolvimento do ou dos trabalhos de conceção selecionados neste concurso.

2 – Quando for adotada a modalidade de concurso limitado por prévia qualificação, os termos de referência devem ainda indicar:

a) Os requisitos mínimos de capacidade técnica que os candidatos devem preencher;

b) Os documentos destinados à qualificação dos candidatos e a identificação do prazo e modo para a sua apresentação.

3 – Os termos de referência podem ainda conter quaisquer regras específicas sobre o concurso de conceção consideradas convenientes pela entidade adjudicante, desde que não tenham por efeito impedir, restringir ou falsear a concorrência, bem como ser acompanhados de quaisquer documentos complementares necessários à cabal descrição referida na alínea *b*) do nº 1 ou indicar a entidade e o local onde esses documentos podem ser obtidos diretamente pelos interessados.

4 – Quando se verificar a situação prevista na alínea *k*) do nº 1, os termos de referência devem ser acompanhados do caderno de encargos relativo ao procedimento de ajuste direto.

ARTIGO 219º-E
Júri do concurso de conceção

1 – O júri do concurso de conceção, designado pelo órgão competente para a decisão prevista no artigo 219º-I, é composto, em número ímpar, por um mínimo de três membros efetivos, um dos quais preside, e dois suplentes, salvo no caso do concurso de conceção simplificado, que pode ter júri singular.

2 – Quando, nos termos de referência, for exigida aos concorrentes a titularidade de habilitações profissionais específicas, um terço dos membros do júri, ou o júri singular, deve ser titular da mesma habilitação ou equivalente.

3 – As deliberações do júri do concurso de conceção sobre a ordenação dos trabalhos de conceção apresentados ou sobre a exclusão dos mesmos por inobservância da descrição a que se refere a alínea *b*) do nº 1 do artigo anterior têm caráter vinculativo para a entidade adjudicante, não podendo, em qualquer caso, ser alteradas depois de conhecida a identidade dos concorrentes.

ARTIGO 219º-F
Formalidades do concurso público de conceção

1 – Os documentos que materializam os trabalhos de conceção devem ser elaborados e apresentados de tal forma que fique assegurado o total e absoluto anonimato dos concorrentes, não podendo conter qualquer elemento que permita, de forma direta ou indireta, identificar o seu autor ou autores.

2 – O júri do concurso procede à apreciação dos trabalhos de conceção e elabora um relatório, assinado por todos os seus membros, no qual deve indicar, fundamentadamente:

a) A ordenação dos trabalhos de conceção apresentados, de acordo com o critério de seleção fixado nos termos de referência;

b) A exclusão dos trabalhos de conceção apresentados em violação de quaisquer regras relativas à apresentação dos trabalhos.

3 – O júri do concurso só pode tomar conhecimento da identidade dos concorrentes depois de integralmente cumprido o disposto no número anterior.

4 – Desde que isso tenha ficado previsto nos termos de referência, o júri pode fazer pedidos de esclarecimento aos concorrentes sobre os seus trabalhos ou realizar uma fase de demonstrações ou experiências dos trabalhos de conceção, destinadas a aferir o cumprimento dos termos de referência, a adequação ou exequibilidade das soluções propostas.

5 – Caso sejam realizadas as diligências referidas no número anterior, o júri elabora novo relatório, refletindo o resultado das mesmas e propondo a ordenação final dos concorrentes.

ARTIGO 219º-G
Formalidades do concurso limitado de conceção

1 – Quando a modalidade escolhida for a de concurso limitado por prévia qualificação, depois do termo do prazo fixado para a apresentação das candidaturas, o júri do concurso procede à sua apreciação, propondo, fundamentadamente, a qualificação dos candidatos que, tendo apresentado as respetivas candidaturas tempestivamente, cumpram os requisitos mínimos de capacidade técnica fixados nos termos de referência.

2 – Efetuada a qualificação, o júri do concurso envia aos candidatos qualificados, em simultâneo, um convite à apresentação dos trabalhos de conceção de acordo com as regras fixadas nos termos de referência.

3 – Cumprido o disposto no número anterior, o concurso de conceção prossegue os seus termos de acordo com o disposto no artigo anterior.

ARTIGO 219º-H
Formalidades do concurso de conceção simplificado

O concurso de conceção simplificado segue as formalidades determinadas nos respetivos termos de referência, devendo ser observado o disposto no artigo 219º-B e no artigo seguinte.

ARTIGO 219º-I
Decisão de seleção e prémios

1 – O órgão competente da entidade adjudicante seleciona um ou mais trabalhos de conceção, consoante o número fixado nos termos de referência do concurso, de acordo com o teor e as conclusões do relatório final, nomeadamente com as deliberações vinculativas tomadas pelo júri.

2 – Da decisão de seleção deve também constar a atribuição dos prémios de consagração aos concorrentes selecionados, bem como a atribuição dos eventuais prémios de participação.

3 – A decisão de seleção referida nos números anteriores é notificada simultaneamente a todos os concorrentes e, quando a modalidade escolhida for a de concurso limitado, também aos concorrentes excluídos.

4 – Os concorrentes sobre cujos trabalhos de conceção recaia a decisão de seleção consideram-se selecionados para efeitos do disposto na alínea *g*) do nº 1 do artigo 27º

5 – Quando os termos de referência do concurso de conceção exigirem aos concorrentes a titularidade de habilitações profissionais específicas, os concorrentes selecionados devem apresentar documentos comprovativos das mesmas no prazo de cinco dias a contar da notificação da decisão de seleção.

6 – A decisão de seleção caduca se o concorrente selecionado não apresentar os documentos referidos no número anterior no prazo nele fixado, devendo, nesse caso, selecionar-se o trabalho de conceção ordenado em lugar subsequente.

ARTIGO 219º-J
Concurso de ideias

1 – As disposições do presente capítulo aplicam-se, igualmente, aos concursos de ideias destinados a adquirir uma ou várias propostas de ideias, remuneradas através da atribuição de um prémio apropriado.

2 – O candidato ou concorrente prepara a proposta de ideia da forma que considerar mais adequada à respetiva apresentação.

3 – O prazo para a apresentação de propostas deve ser estabelecido tendo em consideração a importância e complexidade da questão e não pode ser inferior a 60 dias a partir da data de publicação do anúncio.

4 – A participação no concurso de ideias deve ser feita de forma anónima.

5 – O anúncio do procedimento prevê a atribuição de um prémio razoável, o qual não pode exceder os limiares estabelecidos nos nºs 2 e 3 do artigo 474º, à pessoa ou pessoas que desenvolverem as ideias consideradas mais adequadas ao fim público a prosseguir.

6 – A ideia ou ideias escolhidas implicam a transferência dos respetivos direitos de propriedade intelectual para a entidade adjudicante, após aceitação pelo concorrente e pagamento do respetivo prémio.

7 – Após eventuais definições das disposições técnicas a aplicar, a ideia ou ideias escolhidas podem servir de base para um procedimento pré-contratual posterior.

8 – A entidade adjudicante pode prever, no anúncio do procedimento, a possibilidade de o vencedor ou vencedores do concurso de ideias realizarem sucessivos níveis de desenvolvimento do projeto apresentado, através de um procedimento de ajuste direto, desde que se encontre demonstrado que reúnem os requisitos de capacidade técnica e financeira previstos no anúncio, em relação ao projeto a desenvolver.

ARTIGO 220º

(*Revogado.*)

ARTIGO 221º

(*Revogado.*)

ARTIGO 222º

(*Revogado.*)

ARTIGO 223º

(*Revogado.*)

ARTIGO 224º

(*Revogado.*)

ARTIGO 225º

(*Revogado.*)

ARTIGO 226º

(*Revogado.*)

ARTIGO 227º

(*Revogado.*)

ARTIGO 228º

(*Revogado.*)

ARTIGO 229º

(*Revogado.*)

ARTIGO 230º

(*Revogado.*)

ARTIGO 231º

(*Revogado.*)

ARTIGO 232º

(*Revogado.*)

ARTIGO 233º

(*Revogado.*)

ARTIGO 234º

(*Revogado.*)

ARTIGO 235º

(*Revogado.*)

ARTIGO 236º

(*Revogado.*)

CAPÍTULO II
Sistemas de aquisição dinâmicos

ARTIGO 237º
Noção

1 – A entidade adjudicante pode, através de um sistema de aquisição dinâmico celebrar contratos de locação ou de aquisição de bens móveis ou de aquisição de serviços de uso corrente, bem como contratos de empreitada de obras públicas de complexidade técnica reduzida, cujas características e modos de execução genericamente disponíveis no mercado satisfaçam as suas necessidades.

2 – O sistema de aquisição dinâmico é totalmente eletrónico e deve admitir a apresentação de candidaturas durante toda a sua vigência não podendo ser cobradas quaisquer quantias relacionadas com a instituição ou a operacionalização do sistema aos interessados, candidatos e concorrentes.

3 – O sistema de aquisição dinâmico rege-se, com as necessárias adaptações, pelas disposições que regulam o concurso limitado por prévia qualificação, em tudo o que não esteja especialmente previsto nos artigos seguintes e seja com eles compatível.

4 – A instituição de um sistema de aquisição dinâmico sem publicação no *Jornal Oficial da União Europeia* só permite a celebração de contratos ao abrigo do mesmo enquanto o somatório dos respetivos preços contratuais seja inferior ao valor referido nas alíneas *b*) ou *c*) do nº 3 do artigo 474º, a partir do qual a referida publicação é obrigatória.

5 – O sistema de aquisição dinâmico pode ser instituído por centrais de compras para a celebração de contratos por parte das entidades adjudicantes por ele abrangidas.

6 – A entidade adjudicante não pode instituir um sistema de aquisição dinâmico de modo a impedir, restringir ou falsear a concorrência.

7 – Salvo disposição em contrário constante do caderno de encargos relativo ao sistema de aquisição dinâmico, as entidades adjudicantes não são obrigadas a celebrar contratos ao seu abrigo.

ARTIGO 238º
Fases do sistema

O sistema de aquisição dinâmico compreende as seguintes fases:

a) Instituição do sistema, divulgado através da publicação de anúncio no Diário da República e no *Jornal Oficial da União Europeia*, quando obrigatório, nos termos das alíneas *b*) ou *c*) do nº 3 do artigo 474º;

b) Apresentação das candidaturas e qualificação dos candidatos, a qual se prolonga durante o período de vigência do sistema de aquisição dinâmico;

c) Apresentação e análise das propostas e adjudicação.

ARTIGO 239º

(*Revogado.*)

ARTIGO 240º
Peças do procedimento

1 – Para além do disposto no artigo 164º, o programa do procedimento deve ainda:

a) Fixar a duração do sistema de aquisição dinâmico, que não pode ser superior a quatro anos, salvo em casos excecionais devidamente fundamentados;

b) Fixar o prazo para apresentação de candidaturas até ao envio do 1º convite à apresentação de propostas ao abrigo do sistema, quando seja conhecida a data previsível em que o mesmo ocorre, o qual não pode ser inferior a 30 dias;

c) Fornecer todas as informações necessárias ao acesso dos interessados ao sistema de aquisição dinâmico, indicando o equipamento eletrónico utilizado, as modalidades e os aspetos técnicos de ligação ao sistema.

2 – O programa do procedimento do sistema de aquisição dinâmico deve prever as regras para a fase de apresentação e análise das propostas e adjudicação, designadamente o critério de adjudicação a ser adotado e desenvolvido naquela fase do procedimento, não sendo necessário um modelo de avaliação das propostas.

3 – As peças do procedimento devem ser integralmente disponibilizadas, até ao encerramento do sistema, de forma gratuita e direta, na plataforma eletrónica utilizada pela entidade adjudicante.

ARTIGO 241º

(*Revogado.*)

ARTIGO 241º-A
Participação e qualificação dos candidatos

1 – São admitidos todos os candidatos que satisfaçam os requisitos mínimos exigidos nos termos do artigo 165º durante o período de vigência do sistema.

2 – Após decurso do prazo para apresentação das candidaturas fixado nos termos da alínea *b*) do nº 1 do artigo 240º, os interessados que queiram participar no sistema de aquisição dinâmico devem apresentar a sua candidatura de acordo com as regras previstas no programa de procedimento.

3 – As candidaturas apresentadas nos termos do número anterior são analisadas pela entidade adjudicante no prazo máximo de 10 dias o qual pode ser prorrogado por mais cinco dias, caso seja necessário analisar documentação adicional ou em casos de manifesta complexidade do processo de candidatura.

4 – Os prazos previstos no número anterior podem ser prorrogados pela entidade adjudicante desde que, durante esse prazo, não sejam enviados convites à apresentação de propostas para a celebração de um contrato ao abrigo do sistema de aquisição dinâmico.

5 – As decisões de qualificação cabem ao órgão competente para a decisão de contratar e são publicadas na plataforma eletrónica utilizada pela entidade adjudicante.

ARTIGO 241º-B
Convite à apresentação de proposta

1 – Para a celebração de contratos ao abrigo do sistema de aquisição dinâmico, a entidade adjudicante deve enviar convite à apresentação de proposta aos candidatos que, à data da decisão de contratar, estejam qualificados.

2 – Caso o sistema de aquisição dinâmico tenha sido dividido em lotes, a entidade adjudicante convida apenas os candidatos qualificados para o lote que abrange o bem ou serviço a contratar.

3 – O convite à apresentação de propostas deve indicar:

a) A identificação do sistema de aquisição dinâmico;

b) O prazo para a apresentação das propostas, o qual não pode ser inferior a 10 dias;

c) O critério de adjudicação e os eventuais fatores e subfatores de avaliação;

d) O valor e o modo de prestação da caução, se exigível.

4 – O convite pode ainda conter quaisquer regras específicas sobre a fase da apresentação e análise das propostas e adjudicação consideradas convenientes pela entidade adjudicante, desde que não tenham por efeito impedir, restringir ou falsear a concorrência.

ARTIGO 241º-C
Leilão e catálogos eletrónicos

1 – As entidades adjudicantes podem recorrer ao leilão eletrónico para melhoria dos atributos das propostas, aplicando-se, com as necessárias adaptações, os artigos 140º a 145º, podendo também utilizar, nos termos gerais, catálogos eletrónicos.

2 – Desde que tal tenha ficado previsto nas peças do procedimento, a utilização dos catálogos eletrónicos pode fazer-se mediante a definição, pela entidade adjudicante, de um determinado objeto contratual, através da combinação de prestações de diferentes tipos que estejam disponíveis no catálogo eletrónico, nos termos previstos no anexo XIV ao presente Código, que dele faz parte integrante.

ARTIGO 241º-D
Atualização da documentação dos candidatos qualificados

A entidade adjudicante pode, durante a vigência do sistema de aquisição dinâmico e a qualquer momento, exigir aos candidatos admitidos que, no prazo de cinco dias, apresentem uma versão atualizada do Documento Europeu Único de Contratação Pública, se o mesmo tiver sido apresentado na fase de instituição do sistema.

ARTIGO 242º

(*Revogado.*)

ARTIGO 243º

(*Revogado.*)

ARTIGO 244º

(*Revogado.*)

CAPÍTULO III
Sistemas de qualificação

ARTIGO 245º
Instituição de sistemas de qualificação

1 – Quando o contrato a celebrar diga direta e principalmente respeito a uma ou a várias das atividades exercidas nos setores da água, da energia, dos transportes e dos serviços postais pelas entidades adjudicantes referidas no nº 1 do artigo 7º, estas podem instituir sistemas de qualificação de interessados em participar em concursos limitados por prévia qualificação ou em procedimentos de negociação para a formação de contratos de empreitada de obras públicas, de contratos de locação ou de aquisição de bens móveis ou de contratos de aquisição de serviços.

2 – A instituição de um sistema de qualificação é publicitada no Diário da República através de anúncio conforme modelo aprovado por portaria dos membros do Governo responsáveis pela edição do Diário da República e pelas áreas das finanças e das obras públicas.

3 – O anúncio referido no número anterior ou um resumo dos seus elementos mais importantes pode ser posteriormente divulgado por qualquer outro meio considerado conveniente, nomeadamente através da sua publicação em plataforma eletrónica utilizada pela entidade adjudicante.

4 – Deve ainda ser publicado no *Jornal Oficial da União Europeia* um anúncio do sistema de qualificação, conforme modelo constante do anexo VII ao Regulamento de Execução (UE) nº 2015/1986, da Comissão, de 11 de novembro de 2015.

5 – Quando o sistema de qualificação tiver uma duração superior a três anos, os anúncios previstos nos nºs 2 e 4 devem ser republicados anualmente.

6 – Aos anúncios previstos nos números anteriores é aplicável, com as necessárias adaptações, o disposto nos nºs 5 a 7 do artigo 131º

ARTIGO 246º
Regras dos sistemas de qualificação

1 – Os sistemas de qualificação, que podem compreender várias fases de qualificação, devem basear-se em regras e critérios objetivos e não discriminatórios, nomeadamente relativos ao preenchimento de requisitos mínimos de capacidade técnica ou de capacidade financeira dos interessados, devendo ser aplicados em condições de igualdade.

2 – As regras e os critérios de qualificação devem ser adequados ao tipo e às características das prestações abrangidas pelo objeto do contrato a celebrar, podendo consistir no cumprimento de especificações técnicas, caso em que é aplicável o disposto no artigo 49º

3 – No caso de a entidade adjudicante exigir a apresentação de certificados emitidos por organismos independentes, nacionais ou estabelecidos noutros Estados membros da União Europeia, que atestem que o interessado respeita determinadas normas de garantia de qualidade, deve referir-se aos sistemas de garantia de qualidade baseados no conjunto de normas europeias, certificados por organismos conformes com as séries de normas europeias respeitantes à certificação.

4 – No caso de a entidade adjudicante exigir a apresentação de certificados emitidos por organismos independentes, nacionais ou estabelecidos noutros Estados membros da União Europeia, que atestem que o interessado respeita determinadas normas de garantia de gestão ambiental, deve referir-se aos sistemas de gestão ambiental baseados no Sistema Comunitário de Ecogestão e Auditoria (EMAS) ou em normas europeias ou internacionais, certificados por organismos conformes com as séries de normas europeias ou regulamentos comunitários respeitantes à certificação.

5 – Para os efeitos do disposto no nº 3, a entidade adjudicante deve reconhecer também outras provas de medidas de garantia de qualidade equivalente apresentadas por interessados que não tenham acesso aos referidos certificados ou que demonstrem que os não possam obter dentro do prazo de duração do sistema de qualificação.

6 – A entidade adjudicante não pode exigir aos interessados testes ou outras diligências que constituam duplicação de provas objetivas já disponíveis.

7 – Os interessados podem, para preenchimento dos requisitos mínimos de capacidade técnica ou de capacidade financeira, recorrer a terceiras entidades, independentemente do vínculo que com elas estabeleçam, desde que apresentem declarações através das quais estas se comprometam, incondicionalmente, a disponibilizar, até ao termo da duração do sistema de qualificação, os meios necessários àquele preenchimento.

ARTIGO 247º
Participação num sistema de qualificação

1 – A entidade adjudicante que tenha instituído um sistema de qualificação deve assegurar que os interessados possam, durante todo o tempo de duração do sistema, solicitar a sua qualificação.

2 – A entidade adjudicante deve fornecer, a pedido dos interessados, todos os documentos que contenham regras e critérios de qualificação para além dos constantes dos anúncios previstos no artigo 245º

ARTIGO 248º
Atualização das regras e dos critérios de qualificação

1 – As regras e os critérios de qualificação podem ser atualizados pela entidade adjudicante a todo o tempo, devendo essa atualização ser comunicada aos interessados que já se encontravam qualificados, àqueles cujo pedido de qualificação foi anteriormente recusado e àqueles cujo processo se encontra pendente.

2 – A atualização das regras ou dos critérios de qualificação implica a revisão da decisão de qualificação dos interessados que já se encontrem qualificados.

ARTIGO 249º
Decisão de qualificação

1 – O órgão da entidade adjudicante que para tal for competente deve pronunciar-se sobre o pedido de qualificação, no prazo de seis meses a contar da data da respetiva apresentação, equivalendo o silêncio ao deferimento do pedido.

2 – O indeferimento do pedido de qualificação deve ser fundamentado com base nas regras e nos critérios aplicáveis e comunicado aos interessados.

3 – O órgão referido no nº 1 apenas pode revogar a decisão de qualificação de qualquer interessado por motivos relativos ao incumprimento superveniente das regras ou dos critérios aplicáveis, ainda que resultantes de uma atualização dos mesmos.

ARTIGO 250º
Seleção dos interessados qualificados

1 – Os interessados qualificados são selecionados pelo órgão referido no artigo anterior, de acordo com as regras fixadas no sistema de qualificação, para apresentarem propostas em concurso limitado por prévia qualificação ou em procedimento de negociação.

2 – O órgão referido no artigo anterior pode também recorrer a sistemas de qualificação instituídos por outras entidades adjudicantes para proceder à seleção dos interessados qualificados de acordo com as regras fixadas nesses sistemas.

3 – Aos interessados selecionados nos termos do disposto nos números anteriores é enviado o programa do procedimento contendo as regras do concurso limitado por prévia qualificação ou do procedimento de negociação aplicáveis a partir da fase da apresentação das propostas.

4 – Nos concursos limitados por prévia qualificação e nos procedimentos de negociação adotados na sequência da instituição de um sistema de qualificação não há lugar à publicação dos anúncios previstos nos artigos 167º e 197º, respetivamente.

CAPÍTULO IV
Serviços sociais e outros serviços específicos

ARTIGO 250º-A
Contratos de serviços sociais e de outros serviços específicos

Os contratos públicos de valor superior ao limiar previsto na alínea *d*) do nº 3 do artigo 474º que tenham por objeto a aquisição de serviços sociais ou de outros serviços específicos enumerados no anexo IX ao presente Código, são adjudicados em conformidade com o disposto na parte II, com as adaptações constantes dos artigos seguintes.

ARTIGO 250º-B
Publicação de anúncios

1 – As entidades adjudicantes que pretendam celebrar um contrato público para aquisição de serviços mencionados no artigo anterior devem publicitar a sua intenção no *Jornal Oficial da União Europeia* e no Diário da República por uma das seguintes formas, quando o respetivo valor seja superior ao limiar previsto na alínea *d*) do nº 3 do artigo 474º:

a) Através da publicação de um anúncio de concurso do qual constem as informações referidas no anexo XVIII do Regulamento de Execução (UE) nº 2015/1986, da Comissão, de 11 de novembro de 2015; ou

b) Através de um anúncio de pré-informação do qual constem:

i) As informações constantes do anexo referido na alínea anterior;

ii) Os tipos de serviços que são objeto dos contratos a celebrar;

iii) A indicação de que os procedimentos são adjudicados sem nova publicitação, convidando-se os operadores económicos interessados a manifestar-se por escrito.

2 – A adjudicação deve ser publicitada por meio de anúncio do qual constem as informações referidas anexo III do Regulamento de Execução (UE) nº 2015/1986, da Comissão, de 11 de novembro de 2015, em conformidade com o modelo aprovado por portaria dos membros do Governo responsáveis pela edição do Diário da República e pelas áreas das finanças e das obras públicas.

3 – Em alternativa ao disposto no número anterior, as adjudicações podem ser agrupadas e publicitadas através da publicação de um anúncio por trimestre.

ARTIGO 250º-C
Procedimentos pré-contratuais

1 – Atendendo à natureza específica das prestações a adquirir e observados os princípios gerais aplicáveis à contratação pública, as entidades adjudicantes gozam de autonomia na definição das peças procedimentais, podendo afastar ou incluir

quaisquer regras ou formalidades, desde que isso seja necessário para atingir os seguintes objetivos:

a) Garantia de uma elevada qualidade, continuidade, acessibilidade, disponibilidade e exaustividade dos serviços a adquirir;

b) Consideração adequada das necessidades específicas das diferentes categorias de utilizadores dos bens e serviços, incluindo os grupos desfavorecidos e vulneráveis;

c) Envolvimento e capacitação dos utilizadores e inovação.

2 – A modalidade do critério de adjudicação a utilizar é a prevista na alínea *a*) do nº 1 do artigo 74º, tendo em conta fatores de qualidade e sustentabilidade para os serviços sociais.

3 – Podem também ser utilizados como critérios, para a aquisição dos serviços abrangidos pela presente secção, fatores como:

a) A qualidade e humanidade dos cuidados a prestar, avaliada através de histórico de satisfação, entrevistas ou qualidade da descrição dos cuidados na proposta;

b) Os indicadores ou níveis estimados de impacto social positivo a obter com a execução do contrato.

ARTIGO 250º-D
Contratos reservados para determinados serviços

1 – As entidades adjudicantes podem lançar procedimentos de formação de contratos reservados quando estejam em causa os serviços de saúde, serviços sociais, serviços de ensino e serviços culturais que se encontrem incluídos no anexo X ao presente Código, do qual faz parte integrante.

2 – Podem ser candidatos ou concorrentes aos procedimentos referidos no número anterior quaisquer organizações que preencham, de forma cumulativa, os seguintes requisitos:

a) Terem por objeto a prossecução de uma missão de serviço público ligada à prestação dos serviços a que se refere o número anterior;

b) Reinvestirem os seus lucros com vista à consecução do objetivo da organização ou, caso sejam distribuídos ou redistribuídos, fazê-lo com base em considerações de natureza participativa;

c) Contarem com a participação dos trabalhadores no capital social da organização que executa o contrato ou basearem a sua estrutura de gestão em princípios participativos que requerem o envolvimento ativo dos trabalhadores, utilizadores ou partes interessadas;

d) Não terem celebrado nos últimos três anos, com a mesma entidade adjudicante, qualquer contrato abrangido pela presente secção.

3 – Os contratos abrangidos pela presente secção não podem ter um prazo de vigência superior a três anos.

4 – O anúncio ou convite à apresentação de propostas deve fazer referência ao presente artigo.

5 – Consideram-se preenchidos os requisitos previstos no nº 2 quando as organizações ali indicadas sejam constituídas ou participadas, nos termos legalmente admitidos, por entidades que preencham, individualmente ou em conjunto, os referidos requisitos.

6 – O regime previsto no presente artigo é, ainda, aplicável às empresas sociais, constituídas nos termos legalmente previstos, desde que se encontrem cumpridos os requisitos previstos no nº 2.

7 – Para efeitos do disposto no presente artigo, são consideradas empresas sociais aquelas que se dedicam à produção de bens e serviços com forte componente de empreendedorismo social ou de inovação social, e promovendo a integração no mercado de trabalho, através do desenvolvimento de programas de investigação, de inovação e de desenvolvimento social, nas áreas dos serviços previstos no nº 1.

TÍTULO V
Acordos-quadro

CAPÍTULO I
Celebração de acordos-quadro

ARTIGO 251º
Noção

Acordo-quadro é o contrato celebrado entre uma ou várias entidades adjudicantes e uma ou mais entidades, com vista a disciplinar relações contratuais futuras a estabelecer ao longo de um determinado período de tempo, mediante a fixação antecipada dos respetivos termos.

ARTIGO 252º
Modalidades de acordos-quadro

1 – As entidades adjudicantes só podem celebrar acordos-quadro:

a) Com uma ou várias entidades, quando neles estejam suficientemente especificados todos os aspetos da execução dos contratos a celebrar ao seu abrigo;

b) Com várias entidades, quando neles não estejam totalmente contemplados ou não estejam suficientemente especificados os aspetos da execução dos contratos a celebrar ao seu abrigo.

2 – As entidades adjudicantes não podem recorrer à celebração de acordos-quadro, em qualquer das modalidades referidas no número anterior, de forma abusiva ou de modo a impedir, restringir ou falsear a concorrência.

3 – O caderno de encargos do procedimento relativo à celebração de acordo-quadro com várias entidades deve indicar as regras para os procedimentos a realizar ao abrigo do mesmo, incluindo os critérios objetivos que permitirão selecionar o ou os cocontratantes do acordo-quadro a convidar.

ARTIGO 253º
Procedimento de formação dos acordos-quadro

1 – Em tudo o que não esteja especialmente previsto no presente capítulo, à escolha do procedimento para a formação de um acordo-quadro e à respetiva tramitação são aplicáveis, com as necessárias adaptações, as normas previstas no título I, nos capítulos II a XIII do título II e no título III da parte II do presente Código.

2 – A escolha do procedimento de formação do acordo-quadro nos termos do disposto nos artigos 19º a 21º só permite a celebração de contratos ao seu abrigo enquanto o somatório dos respetivos preços contratuais seja inferior aos valores correspondentemente aplicáveis nos termos do artigo 474º.

3 – A titularidade do alvará ou do certificado de empreiteiro de obras públicas para os efeitos do disposto no nº 2 do artigo 81º apenas é relevante para as categorias e as subcategorias, independentemente das respetivas classes.

4 – O programa do procedimento de formação de acordos-quadro com várias entidades deve indicar o número de propostas a adjudicar que não deve ser inferior a três, salvo quando o número de candidatos qualificados, ou de propostas apresentadas e não excluídas, seja inferior.

5 – (*Revogado.*)

ARTIGO 254º
Caução

1 – A entidade adjudicante pode exigir a cada adjudicatário a prestação de uma caução destinada a garantir o exato e pontual cumprimento da obrigação prevista no nº 1 do artigo seguinte.

2 – À caução referida no número anterior é aplicável o disposto nos artigos 90º e 91º

ARTIGO 255º
Obrigação de celebração de contratos ao abrigo de acordo-quadro

1 – O cocontratante do acordo-quadro obriga-se a celebrar contratos nas condições naquele previstas à medida que a entidade adjudicante parte no acordo-quadro o requeira.

2 – Salvo disposição em contrário constante do caderno de encargos relativo ao acordo-quadro, as entidades adjudicantes não são obrigadas a celebrar contratos ao seu abrigo.

ARTIGO 256º
Prazo máximo de vigência dos acordos-quadro

1 – O prazo de vigência dos acordos-quadro não pode ser superior a quatro anos, incluindo quaisquer prorrogações expressas ou tácitas.

2 – O caderno de encargos relativo ao acordo-quadro pode, excecionalmente e com respeito pelo disposto no nº 2 do artigo 252º, fixar um prazo de vigência do acordo-quadro a celebrar superior a quatro anos, desde que tal se revele necessário ou conveniente em função da natureza das prestações objeto desse acordo-quadro ou das condições da sua execução.

3 – A fixação do prazo de vigência do acordo-quadro nos termos do disposto no número anterior deve ser fundamentada.

4 – A extinção do acordo-quadro não tem qualquer efeito sobre os procedimentos já iniciados ou sobre os contratos celebrados ao abrigo do mesmo.

ARTIGO 256º-A
Obtenção de preço mais vantajoso fora do acordo-quadro

1 – As entidades adjudicantes abrangidas por sistemas de compra vinculada ao abrigo de um acordo-quadro ficam excecionadas dessa vinculação caso demonstrem que, para uma dada aquisição ou locação de bens móveis ou aquisição de serviços, a utilização do acordo-quadro levaria ao pagamento de um preço, por unidade de medida, pelo menos, 10% superior ao preço demonstrado pela entidade adjudicante para objeto com as mesmas características e nível de qualidade, nos termos dos números seguintes.

2 – Para os efeitos do número anterior, o preço por unidade de medida do acordo-quadro a considerar é:

a) O preço obtido na última aquisição realizada ao seu abrigo, nos acordos-quadro correspondentes à modalidade prevista na alínea *a*) do nº 1 do artigo 252º; ou

b) O mais baixo preço indicado pelos fornecedores nos procedimentos de aquisição ao seu abrigo, nos acordos-quadro correspondentes à modalidade prevista na alínea *b*) do nº 1 do artigo 252º

3 – A demonstração a que se refere o nº 1 é feita:

a) No caso da formação de um contrato de aquisição ou locação de bens móveis ou de aquisição de serviços cujo preço contratual não seja superior a € 5000, mediante uma fatura pró-forma ou um documento equivalente e uma declaração da entidade convidada de que o bem ou serviço tem as mesmas características e nível de qualidade dos bens ou serviços objeto do acordo-quadro;

b) No caso da formação de um contrato de aquisição ou locação de bens móveis ou de aquisição de serviços cujo preço contratual não seja superior ao previsto nos termos da alínea *b*) do nº 3 e nº 5 do artigo 474º, mediante:

i) Declaração da entidade convidada de aceitação do conteúdo do caderno de encargos do acordo-quadro, elaborada em conformidade com o modelo constante do anexo I ao presente Código;

ii) Documento que contenha versão simplificada dos atributos da proposta, de acordo com os quais a entidade convidada se dispõe a contratar, incluindo os aspetos da execução do contrato aos quais a entidade adjudicante pretende que a entidade convidada se vincule;

c) No caso da formação de um contrato de aquisição ou locação de bens móveis ou de aquisição de serviços cujo preço contratual seja superior ao previsto nos termos da alínea *b*) do nº 3 e nº 5 do artigo 474º, mediante declaração da entidade convidada de aceitação do conteúdo do caderno de encargos do acordo-quadro, elaborada em conformidade com o modelo constante do anexo I ao presente Código.

4 – Nos casos previstos na alínea *a*) do número anterior em que a entidade adjudicante demonstre os requisitos do nº 1, a adjudicação pode ser feita pelo órgão competente para a decisão de contratar, diretamente sobre a fatura pró-forma ou documento equivalente apresentado pela entidade convidada.

5 – Nos casos previstos na alínea *b*) do nº 3 em que a entidade adjudicante demonstre os requisitos do nº 1, a declaração e os documentos a que aludem as subalíneas *i*) a *ii*) da referida alínea equivalem a uma proposta, seguindo-se o procedimento subsequente conforme previsto na parte II.

6 – Nos casos previstos na alínea *c*) em que a entidade adjudicante demonstre os requisitos do nº 1, a aquisição ou locação de bens ou aquisição de serviços fora do acordo-quadro segue o procedimento aplicável nos termos da parte II, ficando a entidade convidada vinculada a apresentar proposta no âmbito do procedimento pré-contratual correspondente, por preço não superior ao declarado nos termos da referida alínea.

7 – Nos acordos-quadro correspondentes à modalidade prevista na alínea *b*) do nº 1 do artigo 252º:

a) A decisão de contratar ao abrigo do acordo-quadro deve ser tomada em simultâneo com a de remeter convite à entidade ou às entidades para efeitos do disposto no presente artigo; e

b) A apresentação das declarações e dos documentos previstos no nº 3 do presente artigo, nos casos em que permita à entidade adjudicante demonstrar os requisitos do nº 1, determina não haver lugar a adjudicação ao abrigo do acordo-quadro, aplicando-se o disposto no nº 2 do artigo 79º

8 – As entidades cocontratantes ao abrigo do acordo-quadro respetivo não podem apresentar as declarações e os documentos previstos no nº 3.

CAPÍTULO II
Celebração de contratos ao abrigo de acordos-quadro

ARTIGO 257º
Regras gerais

1 – Só podem celebrar contratos ao abrigo de um acordo-quadro as partes nesse acordo-quadro.

2 – Da celebração de contratos ao abrigo de acordos-quadro não podem resultar alterações substanciais das condições consagradas nestes últimos.

3 – Quando expressamente previsto no caderno de encargos relativo ao acordo-quadro, a entidade adjudicante pode atualizar as características dos bens ou dos serviços a adquirir ao abrigo do acordo-quadro, modificando-as ou substituindo-as por outras, desde que se mantenha o tipo de prestação e os objetivos das especificações fixadas no procedimento de formação do acordo-quadro e desde que tal se justifique em função da ocorrência de inovações tecnológicas.

4 – O disposto no nº 1 não obsta à adesão de novas entidades adjudicantes, desde que o programa do procedimento ou o convite relativos ao procedimento que deu origem à celebração do acordo-quadro tenha indicado tal possibilidade e tenha identificado, de forma suficiente, designadamente por recurso a categorias gerais ou delimitação geográfica, as entidades adjudicantes que poderiam aderir.

5 – A celebração de contratos ao abrigo de acordo-quadro pode ser realizada mediante catálogos eletrónicos desde que tal possibilidade, bem como as regras sobre o seu funcionamento e utilização, seja expressamente prevista naquele acordo-quadro.

6 – No caso previsto no número anterior, a entidade adjudicante pode definir um objeto contratual combinando prestações de diferentes tipos, desde que disponíveis no catálogo eletrónico, e nos termos do anexo XIV ao presente Código.

7 – As entidades adjudicantes responsáveis pela celebração de acordos-quadro podem disponibilizar sistemas eletrónicos de apresentação e atualização dos documentos de habilitação dos cocontratantes, permitindo a divulgação ou consulta do estado em que os mesmos se encontrem para as entidades que celebrem contratos ao abrigo daqueles acordos-quadro.

8 – Quando disponibilizado, o sistema eletrónico previsto no número anterior é de uso obrigatório para os cocontratantes do acordo-quadro, sendo dispensada a habilitação dos adjudicatários sempre que se celebrem contratos ao abrigo dos mesmos.

9 – A não atualização dos documentos de habilitação no sistema eletrónico referido no nº 7 determina a suspensão do acordo-quadro relativamente ao cocontratante em incumprimento.

10 – O procedimento por consulta prévia para a formação de contratos ao abrigo de acordos-quadro não está sujeito ao limite previsto no artigo 114º, nos termos previstos no nº 2 do artigo 259º

ARTIGO 258º
Celebração de contratos ao abrigo de acordos-quadro cujos termos abranjam todos os seus aspetos submetidos à concorrência

1 – Deve adotar-se o ajuste direto para a formação de contratos a celebrar ao abrigo de acordos-quadro na modalidade prevista na alínea *a*) do nº 1 do artigo 252º

2 – Quando exista mais do que um cocontratante no acordo-quadro, o adjudicatário é selecionado de acordo com os critérios objetivos estabelecidos no caderno de encargos do acordo-quadro, não havendo reabertura da concorrência.

3 – O conteúdo dos contratos a que se refere o nº 1 deve corresponder às condições contratuais estabelecidas no acordo-quadro, não sendo necessária a elaboração de um caderno de encargos.

4 – Caso tal se revele necessário, a entidade adjudicante pode solicitar ao cocontratante do acordo-quadro que pormenorize aspetos constantes da sua proposta.

ARTIGO 259º
Celebração de contratos ao abrigo de acordos-quadro cujos termos não abranjam todos os seus aspetos submetidos à concorrência

1 – Deve adotar-se o procedimento de consulta prévia para a formação de contratos a celebrar ao abrigo de acordos-quadro na modalidade prevista na alínea *b*) do nº 1 do artigo 252º

2 – O caderno de encargos do acordo-quadro deve prever as regras quanto aos cocontratantes a convidar em cada procedimento, designadamente em função do lote, se existente, ou do valor do contrato a celebrar.

3 – Quando o caderno de encargos do acordo-quadro preveja que a adjudicação da proposta seja determinada apenas com base no preço ou custo e a aquisição seja realizada através de sistemas de informação disponibilizados pela própria entidade adjudicante, ficam dispensadas outras formalidades previstas no presente Código, designadamente a elaboração de relatórios preliminar e final e audiência prévia.

4 – A entidade adjudicante deve convidar os cocontratantes do acordo-quadro a apresentar propostas circunscritas:

a) Aos termos do acordo-quadro, concretizando, desenvolvendo ou complementando em virtude das particularidades da necessidade cuja satisfação se visa com a celebração do contrato; ou

b) Aos aspetos da execução do contrato a celebrar submetidos à concorrência pelo caderno de encargos do acordo-quadro para os efeitos do procedimento de formação do contrato a celebrar ao seu abrigo.

5 – O convite deve indicar o prazo e o modo de apresentação das propostas, os termos ou os aspetos referidos no número anterior e o critério de adjudicação de acordo com as regras para o efeito definidas no caderno de encargos de formação do acordo-quadro, não sendo necessária a elaboração de um caderno de encargos.

6 – O convite pode ainda prever a realização de leilão eletrónico, aplicando-se, com as necessárias adaptações, os artigos 140º a 145º

7 – Sempre que o critério de adjudicação adotado em função do disposto no caderno de encargos do acordo-quadro seja o da proposta economicamente mais vantajosa, na modalidade prevista na alínea *a*) do nº 1 do artigo 74º, é ainda aplicável o disposto no artigo 139º

TÍTULO VI
Centrais de compras

CAPÍTULO I
Disposições gerais

ARTIGO 260º
Centrais de compras

1 – As entidades adjudicantes referidas nos nºs 1 e 2 do artigo 2º podem constituir centrais de compras para centralizar a contratação de empreitadas de obras públicas, de locação e de aquisição de bens móveis e de aquisição de serviços.

2 – As entidades adjudicantes referidas no número anterior podem ainda constituir centrais de compras exclusivamente destinadas a um determinado setor de atividade.

3 – A constituição, a estrutura orgânica e o funcionamento das centrais de compras regem-se por diploma próprio.

4 – As entidades adjudicantes nacionais podem recorrer a atividades de compras centralizadas oferecidas por centrais de compras situadas noutros Estados da União Europeia sempre que estas ofereçam condições mais vantajosas do que as oferecidas pelas centrais de compras previstas no nº 1.

5 – Os contratos celebrados pelas centrais de compras situadas noutros Estados da União Europeia regem-se pelas disposições nacionais do respetivo Estado.

ARTIGO 261º
Principais atividades das centrais de compras

1 – As centrais de compras destinam-se a:

a) Adjudicar propostas de execução de empreitadas de obras públicas, de fornecimento de bens móveis e de prestação de serviços, a pedido e em representação das entidades adjudicantes;

b) Locar ou adquirir bens móveis ou adquirir serviços destinados a entidades adjudicantes, nomeadamente por forma a promover o agrupamento de encomendas;

c) Celebrar acordos-quadro, designados contratos públicos de aprovisionamento, que tenham por objeto a posterior celebração de contratos de empreitadas de obras públicas ou de locação ou de aquisição de bens móveis ou de aquisição de serviços;

d) Instituir sistemas de aquisição dinâmicos para utilização por parte das entidades adjudicantes pelos mesmos abrangidos;

e) Instituir catálogos eletrónicos para utilização por parte das entidades adjudicantes;

f) Adjudicar contratos públicos de prestação de atividades auxiliares de aquisição, que consistam no apoio às atividades de aquisição.

2 – Para os efeitos do exercício das atividades previstas no número anterior, as centrais de compras estão sujeitas às disposições do presente Código.

3 – (*Revogado.*)

ARTIGO 262º
Âmbito subjetivo das centrais de compras

1 – São abrangidas pela contratação centralizada a efetuar por cada central de compras as entidades previstas no diploma que regula o seu funcionamento.

2 – As entidades não abrangidas pela contratação centralizada a efetuar por uma determinada central de compras podem dela beneficiar, para a aquisição da totalidade ou de apenas algumas categorias de obras, de bens móveis ou de serviços, nos termos previstos no diploma que regula o funcionamento da mesma.

CAPÍTULO II
Acordos-quadro celebrados por centrais de compras

ARTIGO 263º
Admissibilidade da celebração de acordos-quadro por centrais de compras

1 – As centrais de compras podem celebrar acordos-quadro, em qualquer das modalidades previstas no artigo 252º, que tenham por objeto a futura celebração de contratos de empreitada de obras públicas, de locação ou de aquisição de bens móveis ou de aquisição serviços.

2 – Salvo nos casos especialmente previstos na lei, sempre que as entidades adjudicantes referidas nas alíneas *a*) e *d*) do nº 1 do artigo 2º se encontrem abrangidas pela contratação centralizada a efetuar por uma central de compras, os acordos-quadro em qualquer das modalidades previstas no artigo 252º devem ser celebrados por essa central de compras.

ARTIGO 264º
Remissão

Em tudo o que não se encontrar especificamente regulado no presente capítulo, aos contratos públicos de aprovisionamento, bem como aos contratos celebrados ao seu abrigo, é aplicável o disposto nos capítulos I e II do título V.

ARTIGO 265º
Procedimento de formação dos contratos públicos de aprovisionamento

1 – Sem prejuízo do disposto nos artigos 24º a 29º, para a formação dos contratos públicos de aprovisionamento deve ser adotado o procedimento de concurso público ou de concurso limitado por prévia qualificação.

2 – O anúncio do concurso público ou do concurso limitado por prévia qualificação para a formação de contratos públicos de aprovisionamento deve ser sempre publicado no *Jornal Oficial da União Europeia*.

ARTIGO 266º
Prazo máximo de vigência dos contratos públicos de aprovisionamento

O prazo de vigência dos contratos públicos de aprovisionamento não pode ser superior a quatro anos.

TÍTULO VI-A
Alienação de bens móveis

ARTIGO 266º-A
Âmbito

1 – O presente título estabelece o regime da alienação dos bens móveis das entidades adjudicantes referidas no nº 1 do artigo 2º

2 – Para os efeitos do presente título entende-se por alienação qualquer forma de transmissão definitiva ou temporária da propriedade ou do gozo de bens móveis, incluindo a locação e o comodato.

3 – Não são abrangidos pelo presente título:

a) Os bens que integrem o património financeiro do Estado;

b) Os bens culturais móveis integrantes do património cultural, nos termos da Lei nº 107/2001, de 8 de setembro;

c) Os bens móveis do Estado abrangidos pelo Regulamento das Alfândegas, aprovado pelo Decreto nº 31 730, de 15 de dezembro de 1941;

d) Os bens móveis afetos às Forças Armadas e que revistam a natureza de material militar;

e) Os veículos automóveis e motociclos.

4 – O inventário e o cadastro dos bens móveis são regidos por diploma próprio.

ARTIGO 266º-B
Disponibilização

1 – Os bens móveis de que os serviços não careçam para o exercício das suas competências são disponibilizados, com vista à sua reafetação a outros serviços ou à sua alienação.

2 – São competentes para determinar a disponibilização prevista no número anterior, bem como para ordenar a destruição ou remoção dos bens que se mostrem insuscetíveis de reutilização e, ainda, para autorizar a entrega de bens disponibilizados por conta do preço a pagar em quaisquer contratos públicos, os dirigentes máximos dos serviços aos quais os móveis estejam afetos.

3 – A disponibilização é publicitada durante pelo menos cinco dias no portal dos contratos públicos.

4 – No caso de obras de arte, objetos com interesse histórico, de coleção e antiguidades, entre outros, não abrangidos pela alínea *b*) do nº 3 do artigo anterior, deve a sua disponibilização ser comunicada ao serviço competente da área da cultura.

5 – Em caso de falta de manifestações de interesse por parte de outras entidades na sequência da publicitação prevista no nº 3 ou de qualquer outro contacto que a entidade adjudicante entenda adequado fazer, pode ser promovida a alienação nos termos dos artigos seguintes.

ARTIGO 266º-C
Alienação

1 – A alienação é precedida de avaliação, que pode ser solicitada a outras entidades ou serviços públicos com conhecimentos adequados para o efeito, nos termos do artigo 66º do Código do Procedimento Administrativo.

2 – Sem prejuízo do disposto nos números seguintes, a alienação dos bens considerados disponíveis faz-se em hasta pública, com publicação de anúncio no Diário da República, e cujos trâmites e condições, designadamente a base de licitação, são fixados pela entidade alienante.

3 – A alienação pode realizar-se por negociação direta com pessoa determinada:

a) Quando o adquirente for uma entidade adjudicante;

b) Quando o valor do bem ou do conjunto de bens a alienar seja inferior a € 30 000;

c) Quando fosse possível recorrer ao ajuste direto por fundamentos materiais, designadamente por motivos de urgência imperiosa ou deserção de anterior hasta pública.

4 – Por razões de interesse público devidamente fundamentadas e, no caso das entidades ou serviços da administração direta e indireta do Estado, mediante parecer favorável da Direção-Geral do Tesouro e Finanças, pode ser autorizada pelos dirigentes máximos dos serviços a alienação a título gratuito.

5 – É dispensado o parecer referido no número anterior quando o adquirente for uma entidade adjudicante referida no nº 1 do artigo 2º, uma instituição particular de solidariedade social ou uma pessoa coletiva de utilidade pública administrativa.

6 – Salvo disposição legal em contrário, no caso de entidades adjudicantes da administração direta do Estado, 25% do produto da alienação dos bens constitui receita do serviço alienante, sendo o restante entregue nos cofres do Estado após deduzidos os encargos de alienação.

TÍTULO VII
Garantias administrativas

ARTIGO 267º
Direito aplicável

1 – As impugnações administrativas das decisões relativas à formação dos contratos públicos regem-se pelo disposto no presente título e, subsidiariamente, pelo disposto no Código do Procedimento Administrativo.

2 – Os prazos previstos no presente título contam-se nos termos do disposto no artigo 87º do Código do Procedimento Administrativo e não lhes é aplicável, em caso algum, o artigo 88º do mesmo código.

ARTIGO 268º
Natureza

As impugnações administrativas são facultativas.

ARTIGO 269º
Decisões impugnáveis

1 – São suscetíveis de impugnação administrativa quaisquer decisões administrativas ou outras àquelas equiparadas proferidas no âmbito de um procedimento de formação de um contrato público.

2 – As peças do procedimento são também suscetíveis de impugnação administrativa.

ARTIGO 270º
Prazo de impugnação

Sem prejuízo do disposto no nº 3 do artigo 138º e no nº 3 do artigo 177º, as impugnações administrativas de quaisquer decisões administrativas ou de outras àquelas equiparadas relativas à formação de um contrato público devem ser apresentadas no prazo de cinco dias a contar da respetiva notificação.

ARTIGO 271º
Apresentação da impugnação

1 – O interessado deve expor, na reclamação ou no requerimento de interposição do recurso, todos os fundamentos da impugnação, podendo juntar os documentos que considere convenientes.

2 – O recurso administrativo das deliberações do júri deve ser interposto para o órgão competente, por lei ou por delegação, para a decisão de contratar.

ARTIGO 272º
Efeitos da impugnação

1 – A apresentação de quaisquer impugnações administrativas não suspende a realização das operações subsequentes do procedimento em causa.

2 – Enquanto as impugnações administrativas não forem decididas ou não tiver decorrido o prazo para a respetiva decisão, não se pode proceder:

a) À decisão de qualificação;

b) Ao início da fase de negociação;

c) À decisão de adjudicação.

ARTIGO 273º
Audiência dos contrainteressados

Quando a impugnação administrativa tiver por objeto a decisão de qualificação, a decisão de adjudicação ou a rejeição de impugnação administrativa de qualquer dessas decisões, o órgão competente para dela conhecer deve, nos dois dias seguintes à respetiva apresentação, notificar os candidatos ou os concorrentes para, querendo, se pronunciarem no prazo de cinco dias, sobre o pedido e os seus fundamentos.

ARTIGO 274º
Decisão

1 – As impugnações administrativas são decididas no prazo de cinco dias a contar da data da sua apresentação, equivalendo o silêncio à rejeição das mesmas.

2 – Quando haja lugar a audiência dos contrainteressados nos termos do disposto no artigo anterior, o prazo para a decisão da impugnação administrativa conta-se do termo do prazo fixado para aquela audiência.

TÍTULO VIII
Extensão do âmbito de aplicação

ARTIGO 275º
Contratos subsidiados

1 – A parte II aplica-se igualmente à formação de contratos celebrados por entidades não previstas no artigo 2º e no artigo 7º, nos seguintes termos:

a) Contratos de empreitada de obras subsidiados diretamente em mais de 50% do respetivo preço contratual por entidades adjudicantes, sendo o referido preço contratual igual ou superior ao limiar previsto na alínea *a*) do nº 3 do artigo 474º, caso envolvam uma das seguintes atividades:

i) Atividades de construção civil enumeradas no anexo XI ao presente Código, do qual faz parte integrante;

ii) Obras de construção de hospitais, instalações desportivas, recreativas e de ocupação de tempos livres, estabelecimentos escolares e universitários e edifícios para uso administrativo;

b) Contratos de serviços subsidiados diretamente em mais de 50% do respetivo preço contratual por entidades adjudicantes, sendo o referido preço igual ou superior aos limiares previstos nas alíneas *b*) e *c*) do nº 3 do artigo 474º, quando estejam associados a um contrato de empreitada de obras na aceção da alínea anterior.

2 – As entidades adjudicantes que concedem os subsídios referidos no número anterior são responsáveis por assegurar o cumprimento das normas do presente Código, quando não forem elas próprias a celebrar os contratos subsidiados ou quando celebrarem esses contratos em nome e por conta de outras entidades.

3 – Fica excecionada do disposto no nº 1 a formação de contratos celebrados por entidades não previstas no artigo 2º e no artigo 7º, que sejam financiados com recurso a subsídios sujeitos a reembolso integral.

4 – Sem prejuízo do disposto no número anterior, à formação dos contratos aí previstos aplicam-se os princípios gerais da contratação pública, em especial, da concorrência, da imparcialidade, da igualdade, da boa administração, da transparência, da legalidade, da proporcionalidade, da boa-fé e da publicidade.

ARTIGO 276º
Contratos a celebrar por concessionários de obras públicas que não sejam entidades adjudicantes

1 – A intenção de celebrar contratos de empreitada de obras públicas cujo preço contratual seja igual ou superior ao valor referido na alínea *a*) do nº 3 do artigo 474º, por parte de concessionários de obras públicas que não sejam entidades adjudicantes, deve ser publicitada no Diário da República através de anúncio conforme modelo

aprovado por portaria dos membros do Governo responsáveis pela edição do Diário da República e pelas áreas das finanças e das obras públicas.

2 – Deve ainda ser publicado no *Jornal Oficial da União Europeia* um anúncio da intenção referida no nº 1, conforme modelo constante do anexo XXI do Regulamento de Execução (UE) nº 2015/1986, da Comissão, de 11 de novembro de 2015.

3 – Aos anúncios previstos nos números anteriores é aplicável, com as necessárias adaptações, o disposto nos nºs 4 e 7 do artigo 131º

4 – Os anúncios previstos nos nºs 1 e 2 não têm de ser publicados quando:

a) Se verificar alguma das situações previstas nos artigos 24º ou 25º;

b) O adjudicatário seja uma empresa associada do concessionário de obras públicas, nos termos do disposto no artigo 14º;

c) O adjudicatário seja membro do agrupamento que apresentou a proposta adjudicada no procedimento de formação do contrato de concessão ou uma empresa associada a qualquer dos seus membros nos termos do disposto no artigo 14º

5 – Para efeitos da formação dos contratos de empreitada de obras públicas referidos no nº 1, o concessionário não pode fixar um prazo para a apresentação de candidaturas inferior a 37 dias a contar da data do envio do anúncio referido no nº 2, nem um prazo para a apresentação das propostas inferior a 40 dias a contar daquela mesma data ou do convite à apresentação de propostas.

6 – Aos prazos mínimos previstos no número anterior são aplicáveis as reduções previstas no nº 3 do artigo 136º e no nº 3 do artigo 174º, consoante o caso.

7 – Quando, por qualquer motivo, as peças do procedimento não sejam disponibilizadas no prazo máximo de três dias a contar da data da sua solicitação, o prazo fixado para a apresentação das candidaturas ou das propostas deve ser prorrogado, a pedido dos interessados, por período, no mínimo, equivalente ao do atraso verificado.

ARTIGO 277º
Contratos a celebrar por entidades beneficiárias de direitos especiais ou exclusivos no exercício de atividades de serviço público

1 – Na formação de contratos de locação ou de aquisição de bens móveis por entidades não referidas no artigo 2º ou no nº 1 do artigo 7º às quais tenham sido atribuídos direitos especiais ou exclusivos no exercício de atividades de serviço público por uma das entidades adjudicantes neles referidas, devem aquelas respeitar o princípio da não discriminação em razão da nacionalidade.

2 – No ato de atribuição dos direitos especiais ou exclusivos, as entidades adjudicantes devem mencionar a obrigação prevista no número anterior.

PARTE III
REGIME SUBSTANTIVO DOS CONTRATOS ADMINISTRATIVOS

TÍTULO I
Regime substantivo dos contratos administrativos

CAPÍTULO I
Disposições gerais

ARTIGO 278º
Utilização do contrato administrativo

Na prossecução das suas atribuições ou dos seus fins, os contraentes públicos podem celebrar quaisquer contratos administrativos, salvo se outra coisa resultar da lei ou da natureza das relações a estabelecer.

ARTIGO 279º
Contrato como fonte da relação jurídica administrativa

Sem prejuízo do disposto no presente título em matéria de conformação da relação contratual, esta rege-se pelas cláusulas e pelos demais elementos integrantes do contrato que sejam conformes com a Constituição e a lei.

ARTIGO 280º
Direito aplicável

1 – A parte III aplica-se aos contratos sujeitos à parte II que configurem relações jurídicas contratuais administrativas, entendidas, para efeitos do presente Código e sem prejuízo do disposto em lei especial, como o acordo de vontades, independentemente da sua forma ou designação, em que pelo menos uma das partes seja um contraente público e que se integre em qualquer uma das seguintes categorias:

a) Contratos que, por força do presente Código, da lei ou da vontade das partes, sejam qualificados como contratos administrativos ou submetidos a um regime substantivo de direito público;

b) Contratos com objeto passível de ato administrativo e demais contratos sobre o exercício de poderes públicos;

c) Contratos que confiram ao cocontratante direitos especiais sobre coisas públicas ou o exercício de funções dos órgãos do contraente público;

d) Contratos que a lei submeta, ou que admita que sejam submetidos, a um procedimento de formação regulado por normas de direito público e em que a prestação do cocontratante possa condicionar ou substituir, de forma relevante, a realização das atribuições do contraente público.

2 – As demais relações contratuais administrativas, incluindo as estabelecidas entre contraentes públicos, são regidas pela legislação especialmente aplicável, sem prejuízo da aplicação subsidiária do regime da parte III, quando os tipos dos contratos não afastem as razões justificativas da disciplina em causa.

3 – As disposições do presente capítulo que têm por objetivo a defesa dos princípios gerais da contratação pública e dos princípios da concorrência e da igualdade de tratamento e não-discriminação, e em concreto as disposições relativas aos regimes de invalidade, limites à modificação objetiva, cessão da posição contratual e subcontratação são aplicáveis, com as devidas adaptações, aos contratos sujeitos à parte II, ainda que estes não configurem relações jurídicas contratuais administrativas.

4 – Em tudo quanto não estiver regulado no presente Código, na demais legislação administrativa ou em lei especial, e não seja suficientemente disciplinado por aplicação dos princípios gerais de direito administrativo, é subsidiariamente aplicável às relações jurídicas contratuais administrativas, com as necessárias adaptações, o direito civil.

ARTIGO 281º
Proporcionalidade e conexão material das prestações contratuais

O contraente público não pode assumir direitos ou obrigações manifestamente desproporcionados ou que não tenham uma conexão material direta com o fim do contrato.

ARTIGO 282º
Reposição do equilíbrio financeiro do contrato

1 – Há lugar à reposição do equilíbrio financeiro apenas nos casos especialmente previstos na lei ou, a título excecional, no próprio contrato.

2 – Sem prejuízo do disposto no número anterior, o cocontratante só tem direito à reposição do equilíbrio financeiro quando, tendo em conta a repartição do risco entre as partes, o facto invocado como fundamento desse direito altere os pressupostos nos quais o cocontratante determinou o valor das prestações a que se obrigou, desde que o contraente público conhecesse ou não devesse ignorar esses pressupostos.

3 – A reposição do equilíbrio financeiro produz os seus efeitos desde a data da ocorrência do facto que alterou os pressupostos referidos no número anterior, sendo efetuada, na falta de estipulação contratual, designadamente, através da prorrogação do prazo de execução das prestações ou de vigência do contrato, da revisão de preços ou da assunção, por parte do contraente público, do dever de prestar à contraparte o valor correspondente ao decréscimo das receitas esperadas ou ao agravamento dos encargos previstos com a execução do contrato.

4 – A reposição do equilíbrio financeiro efetuada nos termos do presente artigo é, relativamente ao evento que lhe deu origem, única, completa e final para todo o período do contrato, sem prejuízo de tal reposição poder ser parcialmente diferida em relação a quaisquer efeitos específicos do evento em causa que, pela sua natureza,

não sejam suscetíveis de uma razoável avaliação imediata ou sobre cuja existência, incidência ou quantificação não exista concordância entre as partes.

5 – Na falta de estipulação contratual, o valor da reposição do equilíbrio financeiro corresponde ao necessário para repor a proporção financeira em que assentou inicialmente o contrato e é calculado em função do valor das prestações a que as partes se obrigaram e dos efeitos resultantes do facto gerador do direito à reposição no valor dessas mesmas prestações.

6 – A reposição do equilíbrio financeiro não pode colocar qualquer das partes em situação mais favorável que a que resultava do equilíbrio financeiro inicialmente estabelecido, não podendo cobrir eventuais perdas que já decorriam desse equilíbrio ou eram inerentes ao risco próprio do contrato.

CAPÍTULO II
Invalidade do contrato

ARTIGO 283º
Invalidade consequente de atos procedimentais inválidos

1 – Os contratos são nulos se a nulidade do ato procedimental em tenha assentado a sua celebração tenha sido judicialmente declarada ou possa ainda sê-lo.

2 – Os contratos são anuláveis se tiverem sido anulados ou se forem anuláveis os atos procedimentais em que tenha assentado a sua celebração, devendo demonstrar-se que o vício é causa adequada e suficiente da invalidade do contrato, designadamente por implicar uma modificação subjetiva do contrato celebrado ou uma alteração do seu conteúdo essencial.

3 – (*Revogado.*)

4 – O efeito anulatório previsto no nº 2 pode ser afastado por decisão judicial ou arbitral, quando, ponderados os interesses públicos e privados em presença e a gravidade da ofensa geradora do vício do ato procedimental em causa, a anulação do contrato se revele desproporcionada ou contrária à boa-fé.

ARTIGO 283º-A

(*Revogado.*)

ARTIGO 284º
Invalidade própria do contrato

1 – Os contratos celebrados com ofensa de princípios ou normas injuntivas são anuláveis.

2 – Os contratos são nulos quando se verifique algum dos fundamentos previstos no presente Código, no artigo 161º do Código do Procedimento Administrativo ou em lei especial, designadamente:

a) Os contratos celebrados com alteração dos elementos essenciais do caderno de encargos e da proposta adjudicada que devessem constar do respetivo clausulado;

b) Os contratos celebrados com aposição de cláusulas de modificação que violem o regime previsto no presente Código quanto aos respetivos limites.

3 – São ainda aplicáveis aos contratos públicos as disposições do Código Civil relativas à falta e vícios da vontade.

ARTIGO 285º
Regime de invalidade

1 – Aos contratos com objeto passível de ato administrativo e outros contratos sobre o exercício de poderes públicos é aplicável o regime de invalidade previsto para o ato administrativo.

2 – Aos demais contratos públicos aplica-se o regime de invalidade do presente Código e o previsto na legislação administrativa.

3 – Todos os contratos públicos são suscetíveis de redução e conversão, nos termos do disposto nos artigos 292º e 293º do Código Civil, independentemente do respetivo desvalor jurídico.

4 – Caso não seja possível a redução ou a conversão do contrato e o efeito anulatório se revele desproporcionado ou contrário à boa-fé, pode este ser afastado por decisão judicial ou arbitral, ponderados os interesses público e privado em presença e a gravidade do vício do contrato em causa.

CAPÍTULO III
Execução do contrato

ARTIGO 286º
Princípios fundamentais

O contrato constitui, para o contraente público e para o cocontratante, situações subjetivas ativas e passivas que devem ser exercidas e cumpridas de boa-fé e em conformidade com os ditames do interesse público, nos termos da lei.

ARTIGO 287º
Eficácia do contrato

1 – A plena eficácia do contrato depende da emissão dos atos de aprovação, de visto, de publicidade, ou de outros atos integrativos de eficácia exigidos por lei, quer em relação ao próprio contrato, quer ao tipo de ato administrativo que o mesmo eventualmente substitua, no caso de se tratar de contrato com objeto passível de ato administrativo.

2 – As partes podem atribuir eficácia retroativa ao contrato quando razões de interesse público o justifiquem, desde que a produção antecipada de efeitos:

a) Não seja proibida por lei;
b) Não lese direitos e interesses legalmente protegidos de terceiros; e
c) Não impeça, restrinja ou falseie a concorrência garantida pelo disposto no presente Código relativamente à de formação do contrato.

3 – O contrato que constitui situações subjetivas passivas para terceiros ou do qual resultem efeitos modificativos, impeditivos ou extintivos de direitos de terceiros só se torna eficaz nessa parte mediante consentimento dos titulares dos direitos ou obrigações visados.
4 – Excetuam-se do disposto no número anterior as cláusulas contratuais de efeito normativo, cuja eficácia depende de publicidade conferida segundo as formalidades aplicáveis aos regulamentos do contraente público.
5 – São ineficazes os contratos celebrados:

a) Na sequência de um procedimento de formação de contrato sem publicação prévia de anúncio do respetivo procedimento no *Jornal Oficial da União Europeia*, quando exigível;
b) Antes de decorrido, quando aplicável, o prazo de suspensão previsto no nº 3 do artigo 95º ou na alínea *a*) do nº 1 do artigo 104º, conforme o caso.

6 – A ineficácia de um contrato com fundamento na alínea *a*) do número anterior não se verifica quando, cumulativamente:

a) O procedimento de formação do contrato tenha sido escolhido em função de um critério material previsto nos artigos 24º a 27º;
b) Tenha sido publicado o anúncio voluntário de transparência previsto no artigo 78º-A;
c) A outorga do contrato não tenha ocorrido antes de decorridos 10 dias após a data da referida publicação.

7 – A ineficácia prevista no nº 1 pode ser afastada com os fundamentos previstos no nº 4 do artigo 283º, devendo a decisão judicial ou arbitral obrigatoriamente determinar uma das seguintes sanções alternativas:

a) Redução da duração do contrato; ou
b) Sanção pecuniária de montante inferior ou igual ao preço contratual.

8 – A decisão referida no número anterior não pode afastar a ineficácia com base na ponderação do interesse económico diretamente relacionado com o contrato em causa, quando tal interesse assente, designadamente, nos custos resultantes de atraso na execução do contrato, de abertura de um novo procedimento de formação do contrato, de mudança do cocontratante ou de obrigações legais resultantes da ineficácia.

ARTIGO 288º
Execução pessoal

Sem prejuízo do disposto em matéria de cessão da posição contratual e de subcontratação, incumbe ao cocontratante a exata e pontual execução das prestações contratuais, em cumprimento do convencionado, não podendo este transmitir a terceiros as responsabilidades assumidas perante o contraente público.

ARTIGO 289º
Colaboração recíproca

As partes estão vinculadas pelo dever de colaboração mútua, designadamente no tocante à prestação recíproca de informações necessárias à boa execução do contrato.

ARTIGO 290º
Informação e sigilo

1 – O cocontratante deve prestar ao contraente público todas as informações que este lhe solicitar e que sejam necessárias à fiscalização do modo de execução do contrato, devendo o contraente público satisfazer os pedidos de informação formulados pelo cocontratante e que respeitem a elementos técnicos na sua posse cujo conhecimento se mostre necessário à execução do contrato.

2 – Salvo quando, por força do contrato, caiba ao cocontratante o exercício de poderes públicos, compete exclusivamente ao contraente público a satisfação do direito à informação por parte de particulares sobre o teor do contrato e quaisquer aspetos da respetiva execução.

3 – O contraente público e o cocontratante guardam sigilo sobre quaisquer matérias sujeitas a segredo nos termos da lei às quais tenham acesso por força da execução do contrato.

ARTIGO 290º-A
Gestor do contrato

1 – O contraente público deve designar um gestor do contrato, com a função de acompanhar permanentemente a execução deste.

2 – Quando se trate de contratos com especiais características de complexidade técnica ou financeira ou de duração superior a três anos, e sem prejuízo das funções que sejam definidas por cada contraente público, o gestor deve elaborar indicadores de execução quantitativos e qualitativos adequados a cada tipo de contrato, que permitam, entre outros aspetos, medir os níveis de desempenho do cocontratante, a execução financeira, técnica e material do contrato.

3 – Caso o gestor detete desvios, defeitos ou outras anomalias na execução do contrato, deve comunicá-los de imediato ao órgão competente, propondo em relatório fundamentado as medidas corretivas que, em cada caso, se revelem adquadas.

4 – Ao gestor do contrato podem ser delegados poderes para a adoção das medidas a que se refere o número anterior, exceto em matéria de modificação e cessação do contrato.

ARTIGO 291º
Proteção do cocontratante pelo contraente público

O contraente público deve exercer as respetivas competências de autoridade a fim de reprimir ou prevenir a violação por terceiros de vínculos jurídico-administrativos de que resulte a impossibilidade ou grave dificuldade da boa execução do contrato pelo cocontratante e da obtenção por este das receitas a que tenha direito.

ARTIGO 292º
Adiantamentos de preço

1 – No caso de contratos que impliquem o pagamento de um preço pelo contraente público, este pode efetuar adiantamentos de preço por conta de prestações a realizar ou de atos preparatórios ou acessórios das mesmas quando:

a) O valor dos adiantamentos não seja superior a 30 do preço contratual; e

b) Seja prestada caução de valor igual ou superior aos adiantamentos efetuados, sendo aplicável, com as necessárias adaptações, o disposto nos artigos 88º e 90º

2 – Sem prejuízo do disposto no número anterior, no caso de a despesa inerente ao contrato se realizar em mais de um ano económico, o contraente público só pode efetuar adiantamentos de preço quando, até ao final do ano económico no qual são efetuados os adiantamentos, sejam realizadas prestações ou praticados atos preparatórios ou acessórios das mesmas de montante igual ou superior aos valores adiantados.

3 – Em casos excecionais, podem ser efetuados adiantamentos sem que estejam reunidas as condições previstas nos números anteriores, mediante decisão fundamentada do órgão competente para autorizar a correspondente despesa.

4 – Em qualquer caso, só são admitidos adiantamentos contratualmente previstos, não podendo as partes, durante a fase de execução contratual, acordar em regime de pagamentos que implique a realização de adiantamentos inicialmente não previstos, salvo havendo fundamento de modificação do contrato que justifique uma alteração de tal regime e desde que sejam respeitados os limites previstos no presente Código.

5 – Na falta de estipulação contratual, os adiantamentos são imputados aos pagamentos contratualmente previstos.

6 – Os termos concretos da imputação a que se refere o número anterior, incluindo a aplicação das fórmulas que sejam julgadas relevantes, devem ser fixados no contrato.

ARTIGO 293º
Garantia suplementar dos adiantamentos

Nos contratos que envolvam a afetação de bens móveis à atividade do cocontratante e em que haja adiantamentos de preço por virtude de tal afetação, para além de outras garantias que sejam devidas, o contraente público goza de privilégio mobiliário especial, graduado em primeiro lugar, sobre os bens a que digam respeito os adiantamentos concedidos, não podendo o cocontratante aliená-los, onerá-los ou desafetá-los da atividade de execução do contrato sem prévio consentimento escrito daquele.

ARTIGO 294º
Substituição da caução

1 – A requerimento do cocontratante, o contraente público pode autorizar a substituição da caução que tenha sido prestada desde que fiquem salvaguardados os pagamentos já efetuados, sendo aplicável, com as necessárias adaptações, o disposto no artigo 90º

2 – Da substituição a que se refere o número anterior não pode resultar a diminuição das garantias do contraente público.

ARTIGO 295º
Liberação da caução

1 – O regime de liberação das cauções prestadas pelo cocontratante deve ser estabelecido no contrato, não podendo as partes acordar em regime diverso durante a fase de execução contratual, salvo havendo fundamento de modificação do contrato que justifique uma alteração do regime de liberação das cauções e desde que sejam respeitados os limites previstos no presente Código.

2 – A caução para garantia de adiantamentos de preço é progressivamente liberada à medida que forem prestados ou entregues os bens ou serviços correspondentes ao pagamento adiantado que tenha sido efetuado pelo contraente público.

3 – Nos contratos em que não haja obrigações de correção de defeitos pelo cocontratante, designadamente obrigações de garantia, o contraente público deve promover a liberação integral da caução destinada a garantir o exato e pontual cumprimento das obrigações contratuais no prazo de 30 dias após o cumprimento de todas as obrigações do cocontratante.

4 – Nos contratos em que haja obrigações de correção de defeitos pelo cocontratante, designadamente obrigações de garantia, sujeitas a um prazo igual ou inferior a dois anos, o contraente público deve promover a liberação integral da caução destinada a garantir o exato e pontual cumprimento das obrigações contratuais no prazo de 30 dias após o termo do respetivo prazo.

5 – Nos contratos referidos no número anterior em que o prazo aí referido das obrigações de correção de defeitos seja superior a dois anos, o contraente público

promove a liberação da caução destinada a garantir o exato e pontual cumprimento das obrigações contratuais, nos seguintes termos:

a) No final do primeiro ano, 30% do valor da caução;
b) No final do segundo ano, 30% do valor da caução;
c) No final do terceiro ano, 15% do valor da caução;
d) No final do quarto ano, 15% do valor da caução;
e) No final do quinto ano, os 10% restantes.

6 – (*Revogado.*)

7 – Nos contratos sujeitos, nos termos do disposto no nº 2 do artigo 397º, a diferentes prazos de garantia e, consequentemente, a receções provisórias e definitivas parciais, a liberação parcial da caução, nos termos do disposto nos números anteriores, é promovida na proporção do valor respeitante a cada um dos conjuntos de elementos que compõem a obra, designadamente estruturais, construtivos não estruturais ou instalações técnicas e equipamentos.

8 – A liberação da caução prevista nos nºs 4 a 7 depende da inexistência de defeitos da prestação do cocontratante ou da correção daqueles que hajam sido detetados até ao momento da liberação, sem prejuízo de o contraente público poder decidir diferentemente, designadamente por considerar que os defeitos identificados e não corrigidos são de pequena importância e não justificam a não liberação.

9 – Decorrido o prazo previsto nos números anteriores para a liberação da caução sem que esta tenha ocorrido, o cocontratante pode notificar o contraente público para que este cumpra a obrigação de liberação da caução, ficando autorizado a promovê-la, a título parcial ou integral, se, 15 dias após a notificação, o contraente público não tiver dado cumprimento à referida obrigação.

10 – A mora na liberação, total ou parcial, da caução confere ao cocontratante o direito de indemnização, designadamente pelos custos adicionais por este incorridos com a manutenção da caução prestada por período superior ao que seria devido.

ARTIGO 296º
Execução da caução

1 – As cauções prestadas pelo cocontratante podem ser executadas pelo contraente público, sem necessidade de prévia decisão judicial ou arbitral, para satisfação de quaisquer importâncias que se mostrem devidas por força do não cumprimento por aquele das obrigações legais ou contratuais, designadamente as seguintes:

a) Sanções pecuniárias aplicadas nos termos previstos no contrato;

b) Prejuízos incorridos pelo contraente público, por força do incumprimento do contrato;

c) Importâncias fixadas no contrato a título de cláusulas penais.

2 – A execução parcial ou total de caução prestada pelo cocontratante implica a renovação do respetivo valor, no prazo de 15 dias após a notificação pelo contraente público para esse efeito.

3 – A execução indevida da caução confere ao cocontratante o direito a indemnização pelos prejuízos daí advenientes.

ARTIGO 297º
Suspensão da execução

A execução das prestações que constituem o objeto do contrato pode ser, total ou parcialmente, suspensa com os seguintes fundamentos:

a) A impossibilidade temporária de cumprimento do contrato, designadamente em virtude de mora do contraente público na entrega ou na disponibilização de meios ou bens necessários à respetiva execução; ou
b) A exceção de não cumprimento.

ARTIGO 298º
Recomeço da execução

1 – A execução das prestações que constituem objeto do contrato recomeça logo que cessem as causas que determinaram a suspensão, devendo o contraente público notificar por escrito o cocontratante para o efeito.
2 – A suspensão, total ou parcial, da execução das prestações objeto do contrato determina a prorrogação do prazo de execução das mesmas por período igual ao prazo inicialmente fixado no contrato para a sua execução, acrescido do prazo estritamente necessário à organização de meios e execução de trabalhos preparatórios ou acessórios com vista ao recomeço da execução.
3 – Na determinação do prazo acrescido a que se refere a segunda parte do número anterior devem ser considerados o objeto contratual em causa, as necessidades de mobilização de meios humanos e materiais do cocontratante e a duração do período de suspensão.
4 – A prorrogação prevista no nº 2 não aproveita à parte a quem seja imputável o facto gerador da suspensão.

ARTIGO 299º
Prazo de pagamento

1 – Sempre que do contrato não conste data ou prazo de pagamento, a obrigação pecuniária vence-se, sem necessidade de novo aviso:

a) 30 dias após a data em que o contraente público tiver recebido a fatura ou documento equivalente;
b) 30 dias após a data de receção efetiva dos bens ou da prestação dos serviços quando a data de receção da fatura ou de documento equivalente seja incerta;
c) 30 dias após a data de receção efetiva dos bens ou da prestação dos serviços quando o contraente público receba a fatura ou documento equivalente antes do fornecimento dos bens ou da prestação dos serviços;

d) 30 dias após a data de aceitação ou verificação quando esteja previsto um processo mediante o qual deva ser determinada a conformidade dos bens ou serviços e o contraente público receba a fatura ou documento equivalente em data anterior.

2 – O período máximo de duração do procedimento de aceitação ou verificação referido na alínea *d*) do número anterior não pode exceder os 30 dias, salvo disposição em contrário devidamente justificada no contrato.

3 – Constando do contrato data ou prazo de pagamento, os pagamentos devidos pelo contraente público devem ser efetuados no prazo de 30 dias após a entrega das respetivas faturas, as quais só podem ser emitidas após o vencimento da obrigação a que se referem.

4 – O contrato pode estabelecer prazo diverso do fixado no número anterior, não devendo este exceder, em qualquer caso, 60 dias.

ARTIGO 299º-A
Vencimento das obrigações pecuniárias

1 – São nulas as cláusulas contratuais que, sem motivo atendível e justificado face às circunstâncias concretas, estabeleçam prazos superiores a 60 dias para o vencimento das obrigações pecuniárias.

2 – No caso previsto no número anterior, a cláusula tem-se por não escrita e a obrigação considera-se vencida de acordo com as regras do artigo anterior.

ARTIGO 299º-B
Fatura eletrónica

1 – No âmbito da execução de contratos públicos, os cocontratantes são obrigados a emitir faturas eletrónicas, as quais, sem prejuízo dos requisitos exigidos na legislação fiscal, contêm imperativamente os seguintes elementos, sempre que aplicáveis:

a) Identificadores do processo e da fatura;
b) Período de faturação;
c) Informações sobre o cocontratante;
d) Informações sobre o contraente público;
e) Informações sobre a entidade beneficiária, se distinta da anterior;
f) Informações sobre o representante fiscal do cocontratante;
g) Referência do contrato;
h) Condições de entrega;
i) Instruções de pagamento;
j) Informações sobre ajustamentos e encargos;
l) Informações sobre as rubricas da fatura;
m) Totais da fatura.

2 – Não são exigidas faturas eletrónicas quando se trate da execução de contratos declarados secretos ou acompanhados de medidas especiais de segurança.

3 – O modelo de fatura eletrónica é o estabelecido pela norma europeia respetiva aprovada pela Comissão Europeia e publicitada no portal dos contratos públicos.

4 – Os dados pessoais obtidos para efeitos de faturação eletrónica só podem ser usados para esse fim ou para fins que com ele sejam compatíveis.

5 – A regulamentação dos aspetos complementares da faturação eletrónica é feita nos termos a definir por portaria dos membros do Governo responsáveis pelas áreas das finanças e das obras públicas.

ARTIGO 300º
Revisão de preços

Sem prejuízo do disposto nos artigos 282º, 341º e 382º, só há lugar à revisão de preços se o contrato o determinar e fixar os respetivos termos, nomeadamente o método de cálculo e a periodicidade.

ARTIGO 301º
Prémios por cumprimento antecipado

1 – Salvo quando a natureza do contrato ou a lei não o permitam, o contraente público pode atribuir ao cocontratante prémios por cumprimento antecipado das prestações objeto do contrato.

2 – A possibilidade de atribuição de prémios a que se refere o número anterior, as condições da sua atribuição e o respetivo valor devem constar do contrato.

ARTIGO 301º-A
Contratos com forte componente de inovação

1 – É reconhecida a especificidade dos contratos cujo objeto abranja prestações particularmente ligadas à inovação sob qualquer das suas formas, como os contratos emergentes de parcerias para a inovação, ou relativos à aquisição de serviços sociais, de saúde ou ensino, ou de serviços de investigação e desenvolvimento.

2 – Tal especificidade traduz-se, designadamente, nos seguintes aspetos:

a) Possibilidade de definição das prestações contratuais por referência aos resultados a atingir, sem no entanto haver garantia de obtenção dos mesmos;

b) Possibilidade de adoção de mecanismos de pagamento associados ao grau de obtenção dos objetivos e resultados, podendo dar origem a situações de ausência de remuneração, com ou sem reembolso dos valores despendidos, bem como a situações em que a remuneração apenas se torna certa após o final da execução das prestações do cocontratante;

c) Nos casos em que se preveja o pagamento associado a resultados, devem ser previstos indicadores que permitam a quantificação do grau de obtenção dos mesmos e formas adequadas de o fazer, designadamente com recurso a avaliações independentes;

d) Previsão de um faseamento adequado da execução do contrato, associada à medição do grau de obtenção dos objetivos, com atribuição de adequados poderes de fiscalização por parte do contraente público;

e) Adequada flexibilidade das prestações contratuais e dos indicadores de controlo dos resultados, respeitando os limites para as modificações objetivas, nomeadamente, através da previsão no contrato de cenários alternativos;

f) Possibilidade de o contraente público pôr termo ao contrato, designadamente em fases intermédias de avaliação dos resultados, sem outra compensação além do pagamento dos valores despendidos com a tentativa de obtenção dos resultados.

CAPÍTULO IV
Conformação da relação contratual

ARTIGO 302º
Poderes do contraente público

Salvo quando outra coisa resultar da natureza do contrato ou da lei, o contraente público pode, nos termos do disposto no contrato e no presente Código:

a) Dirigir o modo de execução das prestações;

b) Fiscalizar o modo de execução do contrato;

c) Modificar unilateralmente as cláusulas respeitantes ao conteúdo e ao modo de execução das prestações previstas no contrato por razões de interesse público, com os limites previstos no presente Código;

d) Aplicar as sanções previstas para a inexecução do contrato;

e) Resolver unilateralmente o contrato;

f) Ordenar a cessão da posição contratual do cocontratante para terceiro.

ARTIGO 303º
Princípios respeitantes aos poderes de direção e de fiscalização

1 – Cabe ao contraente público assegurar, mediante o exercício de poderes de direção e de fiscalização, a funcionalidade da execução do contrato quanto à realização do interesse público visado pela decisão de contratar.

2 – O exercício dos poderes de direção e de fiscalização deve salvaguardar a autonomia do cocontratante, limitando-se ao estritamente necessário à prossecução do interesse público, e processando-se de modo a não perturbar a execução do contrato, com observância das regras legais ou contratuais aplicáveis e sem diminuir a iniciativa e a correlativa responsabilidade do cocontratante.

3 – Nos contratos que envolvam prestações de conceção por parte do cocontratante, o contraente público deve abster-se designadamente de, por via do exercício de poderes de direção e de fiscalização relativos a fases posteriores à de conceção,

diminuir a responsabilidade e o grau de risco assumido pelo cocontratante relativamente à fase de conceção.

ARTIGO 304º
Direção do modo de execução das prestações

1 – O contraente público dispõe do poder de direção do modo de execução das prestações do cocontratante no que respeita a matérias necessárias à execução do contrato carentes de regulamentação ou insuficientemente reguladas de forma a impedir que o contrato seja executado de modo inconveniente ou inoportuno para o interesse público, sem prejuízo do disposto no nº 2 do artigo anterior e, designadamente, da reserva de autonomia técnica ou de gestão do cocontratante que se encontre assegurada no contrato ou que decorra do tipo contratual aplicável ou, ainda, dos usos sociais.

2 – Para além das ações tipificadas no contrato, a Direção pelo contraente público consiste na emissão de ordens, diretivas ou instruções sobre o sentido das escolhas necessárias nos domínios da execução técnica, financeira ou jurídica das prestações contratuais, consoante o contrato em causa.

3 – As ordens, diretivas ou instruções devem ser emitidas por escrito ou, quando as circunstâncias impuserem a forma oral, reduzidas a escrito e notificadas ao cocontratante no prazo de cinco dias, salvo justo impedimento.

ARTIGO 305º
Fiscalização do modo de execução do contrato

1 – O contraente público dispõe de poderes de fiscalização técnica, financeira e jurídica do modo de execução do contrato por forma a poder determinar as necessárias correções e aplicar as devidas sanções.

2 – Sem prejuízo do disposto em matéria de segredo profissional ou comercial e do regime aplicável a outra informação protegida por lei, a fiscalização deve limitar-se a aspetos que se prendam imediatamente com o modo de execução do contrato, podendo realizar-se, designadamente, através de inspeção de locais, equipamentos, documentação, registos informáticos e contabilidade ou mediante pedidos de informação.

3 – O exercício do poder de fiscalização deve ficar documentado em autos, relatórios ou livros próprios.

4 – As tarefas de fiscalização podem ser parcial ou totalmente delegadas em comissões paritárias de acompanhamento ou entidades públicas ou privadas especializadas.

5 – À relação entre o contraente público e as entidades públicas ou privadas referidas no número anterior são aplicáveis, com as necessárias adaptações, as regras próprias da delegação de poderes constantes do Código do Procedimento Administrativo.

ARTIGO 306º
Fiscalização do modo de execução dos projetos de investigação e desenvolvimento

O regime da fiscalização da execução dos projetos de investigação e desenvolvimento é objeto de regulamentação própria, aprovada por portaria dos membros do Governo responsáveis pelas áreas das obras públicas e da ciência.

ARTIGO 307º
Natureza das declarações do contraente público

1 – Com exceção dos casos previstos no número seguinte, as declarações do contraente público sobre interpretação e validade do contrato ou sobre a sua execução são meras declarações negociais, pelo que, na falta de acordo do cocontratante, o contraente público apenas pode obter os efeitos pretendidos através do recurso à ação administrativa.

2 – Revestem a natureza de ato administrativo as declarações do contraente público sobre a execução do contrato que se traduzam em:

a) Ordens, diretivas ou instruções no exercício dos poderes de direção e de fiscalização;

b) Modificação unilateral das cláusulas respeitantes ao conteúdo e ao modo de execução das prestações previstas no contrato por razões de interesse público;

c) Aplicação das sanções previstas para a inexecução do contrato;

d) Resolução unilateral do contrato;

e) Cessão da posição contratual do cocontratante para terceiro.

ARTIGO 308º
Formação dos atos administrativos do contraente público

1 – A formação dos atos administrativos emitidos no exercício dos poderes do contraente público não está sujeita ao regime da marcha do procedimento estabelecido pelo Código do Procedimento Administrativo.

2 – Excetuam-se do disposto no número anterior a aplicação de sanções contratuais através de ato administrativo, a qual está sujeita a audiência prévia do cocontratante, nos termos previstos no Código do Procedimento Administrativo.

3 – O contraente público pode, todavia, dispensar a audiência prévia referida no número anterior se a sanção a aplicar tiver natureza pecuniária e se encontrar caucionada por garantia bancária à primeira solicitação ou por instrumento equivalente, desde que haja fundado receio de a execução da mesma se frustrar por virtude daquela audiência.

ARTIGO 309º
Executividade dos atos administrativos do contraente público

1 – Os atos administrativos do contraente público relativos à execução do contrato constituem título executivo.

2 – O cumprimento das obrigações determinadas pelos atos administrativos a que se refere o número anterior não pode ser imposto coercivamente pelo contraente público, salvo quando se trate de atos que determinem, em geral, a resolução do contrato ou, em especial, o sequestro e o resgate de concessões, bem como outras situações previstas na lei.

ARTIGO 310º
Acordos endocontratuais

1 – Salvo se outra coisa resultar da natureza dos efeitos jurídicos pretendidos, podem as partes no contrato celebrar entre si, sob forma escrita, acordos pelos quais substituam a prática de atos administrativos pelo contraente público em matéria de execução do contrato ou que tenham por objeto a definição consensual de parte ou da totalidade do conteúdo de tais atos administrativos.

2 – Os acordos endocontratuais sobre a modificação do contrato dependem dos pressupostos e estão sujeitos aos limites estatuídos no capítulo seguinte.

3 – Os acordos endocontratuais integram o contrato a que dizem respeito.

CAPÍTULO V
Modificações objetivas do contrato

ARTIGO 311º
Modificação objetiva do contrato

1 – O contrato pode ser modificado com os fundamentos previstos no artigo seguinte:

a) Por acordo entre as partes, que não pode revestir forma menos solene do que a do contrato;

b) Por decisão judicial ou arbitral.

2 – O contrato pode ainda ser modificado por ato administrativo do contraente público quando o fundamento invocado sejam razões de interesse público.

ARTIGO 312º
Fundamentos

O contrato pode ser modificado com fundamento nas condições nele previstas e ainda com os seguintes fundamentos:

a) Quando as circunstâncias em que as partes fundaram a decisão de contratar tiverem sofrido uma alteração anormal e imprevisível, desde que a exigência das obrigações por si assumidas afete gravemente os princípios da boa-fé e não esteja coberta pelos riscos próprios do contrato;

b) Por razões de interesse público decorrentes de necessidades novas ou de uma nova ponderação das circunstâncias existentes.

ARTIGO 313º
Limites

1 – A modificação de qualquer contrato público, com os fundamentos previstos no artigo anterior, encontra-se sujeita aos seguintes limites:

a) Não pode conduzir à alteração substancial do objeto do contrato;

b) Não pode configurar uma forma de impedir, restringir ou falsear a concorrência;

c) Não é permitida quando sejam introduzidas alterações que, se fizessem parte do caderno de encargos, teriam ocasionado, de forma objetivamente demonstrável, a alteração da ordenação das propostas avaliadas ou a admissão de outras propostas;

d) O aumento total de preço originado pelas eventuais modificações não pode ultrapassar 25% do preço contratual inicial, no caso da alínea *a*) do artigo anterior, e 10% do preço contratual inicial, no caso da alínea *b*) do artigo anterior;

e) Não pode alterar o equilíbrio económico do contrato a favor do cocontratante em termos de este ser colocado em situação mais favorável do que a resultante do equilíbrio inicialmente estabelecido.

2 – Não estão sujeitas às alíneas *a*), *b*) e *c*) do número anterior as modificações que resultem da natureza duradoura do vínculo contratual, desde que o decurso do tempo as justifique.

3 – A modificação dos contratos especialmente regulados no título II da parte III fica sujeita aos limites aí previstos.

4 – Nos contratos com objeto passível de ato administrativo e demais contratos sobre o exercício de poderes públicos, o fundamento previsto na alínea *b*) do artigo anterior não pode conduzir à modificação do contrato por decisão judicial ou arbitral, quando esta interfira com o resultado do exercício da margem de livre decisão administrativa subjacente ao mesmo ou implique a formulação de valorações próprias do exercício da função administrativa.

5 – As modificações que não respeitem os limites estabelecidos no presente Código determinam a adoção de um novo procedimento de formação de contrato, caso a entidade adjudicante mantenha a decisão de contratar.

ARTIGO 314º
Consequências

1 – O cocontratante tem direito à reposição do equilíbrio financeiro, sempre que o fundamento para a modificação do contrato seja, para além de outras especialmente previstas na lei:

a) A alteração anormal e imprevisível das circunstâncias imputável a decisão do contraente público, adotada fora do exercício dos seus poderes de conformação da relação contratual, que se repercuta de modo específico na situação contratual do cocontratante; ou

b) Razões de interesse público.

2 – Os demais casos de alteração anormal e imprevisível das circunstâncias conferem direito à modificação do contrato ou a uma compensação financeira, segundo critérios de equidade.

3 – Quando a modificação do contrato tenha por fundamento as circunstâncias previstas na alínea *a*) do artigo 312º, o cocontratante só tem direito à reposição do equilíbrio financeiro quando, tendo em conta a repartição do risco entre as partes, o facto invocado como fundamento desse direito altere os pressupostos com base nos quais determinou o valor das prestações a que se obrigou, desde que o contraente público conhecesse ou não devesse ignorar esses pressupostos.

ARTIGO 315º
Publicidade das modificações

1 – As modificações objetivas do contrato que representem um valor acumulado superior a 10% do preço contratual devem ser publicitadas, pelo contraente público, no portal dos contratos públicos, até cinco dias após a sua concretização, devendo a publicidade ser mantida até seis meses após a extinção do contrato.

2 – A publicitação referida no número anterior é condição de eficácia dos atos administrativos ou acordos modificativos, nomeadamente para efeitos de quaisquer pagamentos.

3 – Tratando-se de contratos celebrados na sequência de procedimento com publicação no *Jornal Oficial da União Europeia*, devem ainda ser divulgadas neste jornal oficial, mediante anúncio de modelo próprio, as modificações objetivas que tenham como fundamento o previsto no nº 4 do artigo 370º, no nº 2 do artigo 420º-A ou no nº 3 do artigo 454º

CAPÍTULO VI
Cessão da posição contratual e subcontratação

ARTIGO 316º
Âmbito

Na falta de estipulação contratual ou quando outra coisa não resultar da natureza do contrato, são admitidas a cessão da posição contratual e a subcontratação, nos termos do disposto nos artigos seguintes.

ARTIGO 317º
Limites à cessão e à subcontratação pelo cocontratante

1 – A cessão da posição contratual e a subcontratação são sempre vedadas:

a) Quando a escolha do cocontratante tenha sido determinada por ajuste direto, nos casos em que só possa ser convidada uma entidade;

b) Às entidades abrangidas pelas causas de impedimento previstas no artigo 55º;

c) Quando existam fortes indícios de que a cessão da posição contratual ou a subcontratação resultem de atos, acordos, práticas ou informações suscetíveis de falsear as regras de concorrência.

2 – Sempre que se trate de subcontratação, o limite constante da alínea *a*) do número anterior restringe-se às prestações objeto do contrato que tiverem sido determinantes para a escolha do ajuste direto.

3 – Nos casos previstos na alínea *c*) do nº 1, deve o contraente público, de imediato, comunicar, à Autoridade da Concorrência e, no caso de empreitadas ou de concessões de obras públicas, igualmente ao Instituto dos Mercados Públicos, do Imobiliário e da Construção, I. P., os indícios dos atos, acordos, práticas ou informações suscetíveis de falsear as regras de concorrência.

ARTIGO 318º
Cessão e subcontratação pelo cocontratante

1 – A possibilidade de cessão da posição contratual deve constar expressamente do contrato, em cláusula de revisão ou opção inequívoca, salvo quando se verifique uma das seguintes condições:

a) Quando haja transmissão universal ou parcial da posição do cocontratante, na sequência de reestruturação societária, nomeadamente, oferta pública de aquisição, aquisição ou fusão, a favor de cessionário que satisfaça os requisitos mínimos de habilitação e de capacidade técnica e de capacidade económica e financeira exigidos ao cocontratante;

b) Quando o próprio contraente público assume as obrigações do cocontratante para com os subcontratados.

2 – A autorização da cessão da posição contratual depende ainda:

a) Da prévia apresentação dos documentos de habilitação relativos ao potencial cessionário que sejam exigidos ao cedente na fase de formação do contrato em causa;

b) Do preenchimento, por parte do potencial cessionário, dos requisitos mínimos de capacidade técnica e de capacidade financeira exigidos ao cedente para efeitos de qualificação, quando esta tenha tido lugar na fase de formação do contrato em causa.

3 – A autorização da subcontratação depende:

a) Da prévia apresentação dos documentos de habilitação relativos ao potencial subcontratado que sejam exigidos ao subcontratante na fase de formação do contrato em causa;

b) Do preenchimento, por parte do potencial subcontratado, de requisitos mínimos de capacidade técnica ou de capacidade financeira, quando o contrato subordinar expressamente a subcontratação à avaliação dessas capacidades ou de uma delas, ou do preenchimento, por parte do potencial subcontratado, dos requisitos mínimos de capacidade técnica relativos às prestações a subcontratar, sempre que o cocontratante recorra à capacidade de potenciais subcontratados, para efeitos de qualificação na fase de formação do contrato.

4 – O contrato pode proibir a subcontratação de determinadas prestações contratuais ou de prestações cujo valor acumulado exceda uma percentagem do preço contratual.

5 – A estipulação contratual prevista no número anterior não pode ter por efeito restringir, limitar ou falsear a concorrência garantida pelo disposto no presente Código relativamente à formação do contrato, não podendo, designadamente, limitar a possibilidade de recurso à capacidade técnica de terceiras entidades que se afigure essencial para efeitos de qualificação do cocontratante.

6 – A autorização estabelecida no contrato não dispensa a observância, no momento da cessão ou subcontratação, dos limites e requisitos previstos, respetivamente, no artigo anterior e nos números anteriores.

ARTIGO 318º-A
Cessão da posição contratual por incumprimento do cocontratante

1 – O contrato pode prever que, em caso de incumprimento, pelo cocontratante, das suas obrigações, que reúna os pressupostos para a resolução do contrato, o cocontratante ceda a sua posição contratual ao concorrente do procedimento pré-contratual na sequência do qual foi celebrado o contrato em execução, que venha a ser indicado pelo contraente público, pela ordem sequencial daquele procedimento.

2 – Para o efeito previsto na parte final do número anterior, o contraente público interpela, gradual e sequencialmente, os concorrentes que participaram no procedimento pré-contratual original, de acordo com a respetiva classificação final, a fim de concluir um novo contrato para a adjudicação da conclusão dos trabalhos.

3 – A execução do contrato ocorre nas mesmas condições já propostas pelo cedente no procedimento pré-contratual original.

4 – A cessão da posição contratual opera por mero efeito de ato do contraente público, sendo eficaz a partir da data por este indicada.

5 – Os direitos e obrigações do cocontratante, desde que constituídos em data anterior à da notificação do ato referido no número anterior, transmitem-se automaticamente para o cessionário na data de produção de efeitos daquele ato, sem que este a tal se possa opor.

6 – As obrigações assumidas pelo cocontratante depois da notificação referida no nº 4 apenas vinculam a entidade cessionária quando este assim o declare, após a cessão.

7 – A caução e as garantias prestadas pelo cocontratante inicial são objeto de redução na proporção do valor das prestações efetivamente executadas e são liberadas seis meses após a data da cessão, ou, no caso de existirem obrigações de garantia,

após o final dos respetivos prazos, mediante comunicação dirigida pelo contraente público aos respetivos depositários ou emitentes.

8 – A posição contratual do cocontratante nos subcontratos por si celebrados transmite-se automaticamente para a entidade cessionária, salvo em caso de recusa por parte desta.

ARTIGO 319º
Autorização à subcontratação pelo cocontratante na fase de execução

1 – Na fase de execução do contrato é admitida a subcontratação desde que autorizada pelo contraente público.

2 – Para efeitos da autorização referida no número anterior, o cocontratante deve apresentar uma proposta fundamentada e instruída com todos os documentos comprovativos da verificação dos requisitos que seriam exigíveis para a autorização da subcontratação no próprio contrato, nos termos do disposto no artigo 318º

3 – O contraente público deve pronunciar-se sobre a proposta do cocontratante no prazo de 30 dias a contar da respetiva apresentação, desde que regularmente instruída.

4 – Se o contraente público não efetuar nenhuma comunicação ao cocontratante dentro do prazo previsto no número anterior, considera-se que a proposta deste foi rejeitada.

ARTIGO 320º
Recusa de autorização à subcontratação

Observados os limites previstos no artigo 317º e sempre que o potencial subcontratado se encontre habilitado e reúna as capacidades técnica e financeira, nos termos previstos nos artigos anteriores, o contraente público apenas pode recusar a subcontratação no contrato ou negar a sua autorização na fase de execução quando haja fundado receio de que a subcontratação envolva um aumento de risco de incumprimento das obrigações emergentes do contrato.

ARTIGO 321º
Responsabilidade do cocontratante

Nos casos de subcontratação, o cocontratante permanece integralmente responsável perante o contraente público pelo exato e pontual cumprimento de todas as obrigações contratuais.

ARTIGO 321º-A
Pagamento direto ao subcontratado

1 – O subcontratado pode reclamar, junto do contraente público, os pagamentos em atraso que lhe sejam devidos pelo cocontratante, exercendo o contraente público

o direito de retenção sobre as quantias do mesmo montante devidas ao cocontratante por força do contrato principal.

2 – O contraente público notifica o cocontratante para proceder à liquidação ou apresentar motivo justificativo para o não pagamento, devendo, neste caso, indicar o prazo, não superior a 30 dias, no qual se propõe liquidar a dívida ao subcontratado.

3 – O contraente público efetua diretamente os pagamentos ao subcontratado caso o cocontratante não se oponha nos termos do número anterior, ou não liquide os valores devidos no prazo por si indicado.

4 – O contraente público deve exercer o direito à compensação entre os valores pagos aos subcontratados e os valores por si devidos ao cocontratante.

5 – O pagamento direto aos subcontratados pelo contraente público está limitado ao valor dos débitos vencidos e não pagos ao cocontratante ou, se futuros, por aquele reconhecidos.

6 – A presente disposição não se aplica aos contratos de concessão de obra ou serviço público ou contratos que configurem uma parceria público-privada.

ARTIGO 322º
Direitos de *step in* e *step out*

1 – Quando haja estipulação contratual nesse sentido, as entidades financiadoras podem, mediante autorização do contraente público e nos termos contratualmente estabelecidos, intervir no contrato, com o objetivo de assegurar a continuidade das prestações objeto do mesmo, devendo assegurar o respeito pelas normas legais reguladoras da atividade subjacente às prestações em causa.

2 – O disposto no número anterior só é aplicável em caso de incumprimento grave pelo cocontratante de obrigações contratuais perante o contraente público ou perante terceiros com quem o cocontratante tenha celebrado subcontratos essenciais para a prossecução do objeto do contrato desde que o incumprimento esteja iminente ou se verifiquem os pressupostos para a resolução do contrato pelo contraente público ou dos subcontratos por terceiros.

3 – A intervenção das entidades financiadoras pode revestir as seguintes modalidades:

a) Transferência do controlo societário do cocontratante para as entidades financiadoras ou para a entidade indicada pelas entidades financiadoras;

b) Cessão da posição contratual do cocontratante para as entidades financiadoras ou para a entidade indicada pelas entidades financiadoras.

4 – No caso previsto na alínea *b*) do número anterior, a posição contratual do cocontratante nos subcontratos celebrados transmitir-se-á automaticamente para as entidades financiadoras ou para a entidade por esta indicada, transmitindo-se novamente para o cocontratante no termo do período de intervenção, se aplicável.

ARTIGO 323º
Alterações societárias

Nos casos em que o cocontratante deva constituir-se sob a forma de sociedade, o contrato pode sujeitar a autorização do contraente público qualquer alteração do contrato constitutivo da sociedade, bem como a alienação ou oneração das participações no respetivo capital social.

ARTIGO 324º
Cessão da posição contratual pelo contraente público

A cessão da posição contratual pelo contraente público só pode ser recusada pelo cocontratante quando haja fundado receio de que a cessão envolva um aumento do risco de incumprimento das obrigações emergentes do contrato pelo potencial cessionário ou a diminuição das garantias do cocontratante.

CAPÍTULO VII
Incumprimento do contrato

ARTIGO 325º
Incumprimento por facto imputável ao cocontratante

1 – Se o cocontratante não cumprir de forma exata e pontual as obrigações contratuais ou parte delas por facto que lhe seja imputável, deve o contraente público notificá-lo para cumprir dentro de um prazo razoável, salvo quando o cumprimento se tenha tornado impossível ou o contraente público tenha perdido o interesse na prestação.

2 – Mantendo-se a situação de incumprimento após o decurso do prazo referido no número anterior, o contraente público pode optar pela efetivação das prestações de natureza fungível em falta, diretamente ou por intermédio de terceiro, ou por resolver o contrato com fundamento em incumprimento definitivo, nos termos do disposto no artigo 333º

3 – Se o contraente público optar pela execução das prestações fungíveis por terceiro, à formação do contrato com esse terceiro é aplicável o disposto na parte II do presente Código.

4 – O disposto nos números anteriores não prejudica a aplicação pelo contraente público de sanções previstas no contrato para o caso de incumprimento pelo cocontratante, por facto que lhe seja imputável, nem a aplicação das disposições relativas à obrigação de indemnização por mora e incumprimento definitivo previstas no Código Civil.

ARTIGO 326º
Atrasos nos pagamentos

1 – Em caso de atraso do contraente público no cumprimento de obrigações pecuniárias, tem o cocontratante direito aos juros de mora sobre o montante em dívida à taxa legalmente fixada para o efeito pelo período correspondente à mora.

2 – A obrigação de pagamento de juros de mora vence-se automaticamente, sem necessidade de novo aviso, consoante o caso, uma vez vencida a obrigação pecuniária nos termos do nº 1 do artigo 299º ou decorrido o prazo previsto nos nºs 3 e 4 do mesmo artigo.

3 – São nulas as cláusulas contratuais que excluam a responsabilidade pela mora, bem como as cláusulas contratuais que, sem motivo atendível e justificado face às circunstâncias concretas, limitem a responsabilidade pela mora.

4 – Em caso de desacordo sobre o montante devido, deve o contraente público efetuar o pagamento sobre a importância em que existe concordância do cocontratante.

5 – Quando as importâncias pagas nos termos previstos no número anterior forem inferiores àquelas que sejam efetivamente devidas ao cocontratante, em função da apreciação de reclamações deduzidas, tem este direito a juros de mora sobre essa diferença, nos termos do disposto no nº 1.

6 – Na falta de disposição contratual, o atraso em um ou mais pagamentos não determina o vencimento das restantes obrigações de pagamento.

ARTIGO 327º
Exceção de não cumprimento invocável pelo cocontratante

1 – Nos contratos bilaterais, quando o incumprimento seja imputável ao contraente público, o cocontratante, independentemente do direito de resolução do contrato que lhe assista, nos termos do disposto no artigo 332º, pode invocar a exceção de não cumprimento desde que a sua recusa em cumprir não implique grave prejuízo para a realização do interesse público subjacente à relação jurídica contratual.

2 – Se a recusa de cumprir pelo cocontratante implicar grave prejuízo para a realização do interesse público nos termos do disposto na parte final do número anterior, aquele apenas pode invocar a exceção de não cumprimento quando a realização das prestações contratuais coloque manifestamente em causa a viabilidade económico-financeira do cocontratante ou se revele excessivamente onerosa, devendo, nesse último caso, ser devidamente ponderados os interesses públicos e privados em presença.

3 – O exercício pelo cocontratante do direito de recusar o cumprimento da prestação depende de prévia notificação ao contraente público da intenção de exercício do direito e dos respetivos fundamentos, com a antecedência mínima de 15 dias, se outra não for estipulada no contrato.

4 – Considera-se que a invocação da exceção de não cumprimento não implica grave prejuízo para a realização do interesse público quando o contraente público, no prazo de 15 dias contado da notificação a que se refere o número anterior não

reconhecer, mediante resolução fundamentada, que a recusa em cumprir seria gravemente prejudicial para o interesse público.

ARTIGO 328º
Direito de retenção

O disposto no artigo anterior é aplicável, com as necessárias adaptações, à invocação do direito de retenção pelo cocontratante.

ARTIGO 329º
Aplicação das sanções contratuais

1 – Nos termos previstos no presente Código, o contraente público pode, a título sancionatório, resolver o contrato e aplicar as sanções previstas no contrato ou na lei em caso de incumprimento pelo cocontratante.

2 – Quando as sanções a que se refere o número anterior revistam natureza pecuniária, o respetivo valor acumulado não pode exceder 20% do preço contratual, sem prejuízo do poder de resolução do contrato prevista no capítulo seguinte.

3 – Nos casos em que seja atingido o limite previsto no número anterior e o contraente público decida não proceder à resolução do contrato, por dela resultar grave dano para o interesse público, aquele limite é elevado para 30%.

4 – Para efeitos dos limites previstos nos nºs 2 e 3, quando o contrato previr prorrogações expressas ou tácitas, o valor das sanções a aplicar deve ter por referência o preço do seu período de vigência inicial.

CAPÍTULO VIII
Extinção do contrato em geral

ARTIGO 330º
Causas de extinção

São causas de extinção do contrato:

a) O cumprimento, a impossibilidade definitiva e todas as restantes causas de extinção das obrigações reconhecidas pelo direito civil;

b) A revogação;

c) A resolução, por via de decisão judicial ou arbitral ou por decisão do contraente público, nos casos previstos nos artigos 333º a 335º

ARTIGO 331º
Revogação

1 – As partes podem, por acordo, revogar o contrato em qualquer momento.

2 – Os efeitos da revogação são os que tiverem sido validamente fixados no acordo.

3 – A revogação não pode revestir forma menos solene do que a do contrato.

ARTIGO 332º
Resolução do contrato por iniciativa do cocontratante

1 – Sem prejuízo de outras situações de grave violação das obrigações assumidas pelo contraente público especialmente previstas no contrato e independentemente do direito de indemnização, o cocontratante tem o direito de resolver o contrato nas seguintes situações:

a) Alteração anormal e imprevisível das circunstâncias;

b) Incumprimento definitivo do contrato por facto imputável ao contraente público;

c) Incumprimento de obrigações pecuniárias pelo contraente público por período superior a seis meses ou quando o montante em dívida exceda 25% do preço contratual, excluindo juros;

d) Exercício ilícito dos poderes tipificados no capítulo sobre conformação da relação contratual pelo contraente público, quando tornem contrária à boa-fé a exigência pela parte pública da manutenção do contrato;

e) Incumprimento pelo contraente público de decisões judiciais ou arbitrais respeitantes ao contrato.

2 – No caso previsto na alínea *a*) do nº 1, apenas há direito de resolução quando esta não implique grave prejuízo para a realização do interesse público subjacente à relação jurídica contratual ou, caso implique tal prejuízo, quando a manutenção do contrato ponha manifestamente em causa a viabilidade económico-financeira do cocontratante ou se revele excessivamente onerosa, devendo, nesse último caso, ser devidamente ponderados os interesses públicos e privados em presença.

3 – O direito de resolução é exercido por via judicial ou mediante recurso a arbitragem.

4 – Nos casos previstos na alínea *c*) do nº 1, o direito de resolução pode ser exercido mediante declaração ao contraente público, produzindo efeitos 30 dias após a receção dessa declaração, salvo se o contraente público cumprir as obrigações em atraso nesse prazo, acrescidas dos juros de mora a que houver lugar.

ARTIGO 333º
Resolução sancionatória

1 – Sem prejuízo de outras situações de grave violação das obrigações assumidas pelo cocontratante especialmente previstas no contrato, o contraente público pode resolver o contrato a título sancionatório nos seguintes casos:

a) Incumprimento definitivo do contrato por facto imputável ao cocontratante;

b) Incumprimento, por parte do cocontratante, de ordens, diretivas ou instruções transmitidas no exercício do poder de direção sobre matéria relativa à execução das prestações contratuais;

c) Oposição reiterada do cocontratante ao exercício dos poderes de fiscalização do contraente público;

d) Cessão da posição contratual ou subcontratação realizadas com inobservância dos termos e limites previstos na lei ou no contrato, desde que a exigência pelo cocontratante da manutenção das obrigações assumidas pelo contraente público contrarie o princípio da boa-fé;

e) Se o valor acumulado das sanções contratuais com natureza pecuniária exceder o limite previsto no nº 2 do artigo 329º;

f) Incumprimento pelo cocontratante de decisões judiciais ou arbitrais respeitantes ao contrato;

g) Não renovação do valor da caução pelo cocontratante;

h) O cocontratante se apresente à insolvência ou esta seja declarada pelo tribunal.

2 – O disposto no número anterior não prejudica o direito de indemnização nos termos gerais, nomeadamente pelos prejuízos decorrentes da adoção de novo procedimento de formação de contrato.

3 – Nos casos de resolução sancionatória, havendo lugar a responsabilidade do cocontratante, será o montante respetivo deduzido das quantias devidas, sem prejuízo do contraente público poder executar as garantias prestadas pelo cocontratante.

ARTIGO 334º
Resolução por razões de interesse público

1 – O contraente público pode resolver o contrato por razões de interesse público, devidamente fundamentado, e mediante o pagamento ao cocontratante de justa indemnização.

2 – A indemnização a que o cocontratante tem direito corresponde aos danos emergentes e aos lucros cessantes, devendo, quanto a estes, ser deduzido o benefício que resulte da antecipação dos ganhos previstos.

3 – A falta de pagamento da indemnização prevista nos números anteriores no prazo de 30 dias contados da data em que o montante devido se encontre definitivamente apurado confere ao cocontratante o direito ao pagamento de juros de mora sobre a respetiva importância.

ARTIGO 335º
Outros fundamentos de resolução pelo contraente público

1 – O contraente público tem o direito de resolver o contrato com fundamento na alteração anormal e imprevisível das circunstâncias, nos termos do disposto na alínea *a*) do artigo 312º

2 – Quando a resolução do contrato por alteração anormal e imprevisível das circunstâncias seja imputável a decisão do contraente público adotada fora do exercício dos seus poderes de conformação da relação contratual, o cocontratante tem direito ao pagamento de justa indemnização nos termos do disposto no artigo anterior.

CAPÍTULO IX
Regras especiais

SECÇÃO I
Contratos sobre o exercício de poderes públicos

ARTIGO 336º
Negociabilidade da vigência dos vínculos contratuais

Nos contratos com objeto passível de ato administrativo e demais contratos sobre o exercício de poderes públicos, as partes têm a faculdade de fixar livremente o respetivo prazo de vigência e os pressupostos da sua modificação, caducidade, revogação ou resolução, salvo quando se trate de direitos ou interesses legalmente protegidos indisponíveis, ou quando outra coisa resultar da lei ou da natureza do poder exercido através do contrato.

ARTIGO 337º
Causas específicas de caducidade

1 – Os contratos com objeto passível de ato administrativo extinguem-se por força da verificação dos factos determinantes da caducidade dos atos administrativos que aqueles substituem.

2 – Os contratos pelos quais o contraente público se vincula a praticar, ou não praticar, um ato administrativo com certo conteúdo extinguem-se por força da alteração ou da impossibilidade superveniente de concretização dos pressupostos que ditariam o exercício da discricionariedade administrativa no sentido convencionado.

SECÇÃO II
Contratos interadministrativos

ARTIGO 338º
Contratos entre contraentes públicos

1 – A parte III é aplicável aos contratos celebrados entre contraentes públicos, sem prejuízo das necessárias adaptações quando os mesmos sejam celebrados num plano de igualdade jurídica, designadamente no que respeita ao exercício dos poderes de conformação da relação contratual.

2 – O disposto na parte final do artigo anterior não afasta a possibilidade de qualquer um dos contraentes públicos exercer o poder de resolução unilateral do contrato por razões de interesse público.

SECÇÃO III
Execução e modificação de parcerias público-privadas

ARTIGO 339º
Dever de informação

Quando o serviço ou a entidade que represente o contraente público na execução do contrato que configure uma parceria público-privada tomar conhecimento de situações suscetíveis de gerarem encargos adicionais para o parceiro público ou para o Estado, designadamente os decorrentes de atrasos imputáveis a entidades públicas intervenientes na respetiva implementação ou execução, devem, de imediato, comunicar tais factos ao membro do Governo responsável pela área das finanças e ao membro do Governo da tutela, indicando, sempre que possível, os valores estimados envolvidos.

ARTIGO 340º
Fiscalização, acompanhamento e modificação de parcerias público-privadas

1 – Nos contratos que configurem uma parceria público-privada, compete ao membro do Governo ou ao membro do Governo Regional responsável pela área das finanças ou ao membro do Governo ou ao membro do Governo Regional da tutela setorial, consoante o caso:

a) O exercício de poderes de fiscalização;

b) O acompanhamento do contrato, tendo por objetivo a avaliação dos seus custos e riscos, bem como a melhoria do processo de constituição de novas parcerias público-privadas.

2 – A modificação do contrato que configure uma parceria público-privada depende de decisão conjunta dos membros do Governo ou dos membros do Governo Regional responsáveis pelas áreas das finanças e da tutela setorial.

3 – No âmbito da administração indireta do Estado ou das Regiões Autónomas, a decisão de modificação depende de parecer favorável do membro do Governo ou do membro do Governo Regional da tutela setorial.

ARTIGO 341º
Partilha de benefícios

1 – Nos contratos que configurem uma parceria público-privada, sempre que ocorrer um acréscimo anormal e imprevisível dos benefícios financeiros para o cocon-

tratante que não resulte da sua eficiente gestão e das oportunidades por si criadas, há lugar à partilha equitativa desses benefícios entre o cocontratante e o contraente público.

2 – Na falta de estipulação contratual, a partilha equitativa dos benefícios financeiros deve ser efetuada através da revisão de preços ou da assunção, por parte do cocontratante, do dever de prestar ao contraente público o valor correspondente ao acréscimo das receitas ou ao decréscimo dos encargos previstos com a execução do contrato.

ARTIGO 342º
Acompanhamento de processos arbitrais

1 – Quando, nos termos do contrato que configure uma parceria público-privada, seja requerida a constituição de um tribunal arbitral para a resolução de litígios entre as partes, o respetivo contraente público deve comunicar imediatamente ao membro do Governo ou ao membro do Governo Regional responsável pela área das finanças ou ao membro do Governo ou ao membro do Governo Regional da tutela setorial, consoante o caso, a ocorrência desse facto, fornecendo todos os elementos que se revelem úteis ao acompanhamento do processo arbitral.

2 – Devem ser remetidas, periodicamente, à entidade diretamente incumbida de proceder ao acompanhamento do respetivo processo arbitral cópias dos atos processuais que sejam entretanto praticados por qualquer das partes e pelo tribunal, bem como dos pareces técnicos e jurídicos e quaisquer outros elementos relevantes para a compreensão, desenvolvimento ou desfecho da lide.

TÍTULO II
Contratos administrativos em especial

CAPÍTULO I
Empreitadas de obras públicas

SECÇÃO I
Disposições gerais

ARTIGO 343º
Noção

1 – Entende-se por empreitada de obras públicas o contrato oneroso que tenha por objeto quer a execução quer, conjuntamente, a conceção e a execução de uma obra pública que se enquadre nas subcategorias previstas no regime de ingresso e permanência na atividade de construção.

2 – Para efeitos do disposto no número anterior, considera-se obra pública o resultado de quaisquer trabalhos de construção, reconstrução, ampliação, alteração ou adaptação, conservação, restauro, reparação, reabilitação, beneficiação e demolição de bens imóveis executados por conta de um contraente público.

ARTIGO 344º
Partes

1 – São partes no contrato de empreitada de obras públicas o dono da obra e o empreiteiro.

2 – Durante a execução do contrato, o dono da obra é representado pelo diretor de fiscalização da obra e o empreiteiro por um diretor de obra, salvo nas matérias em que, em virtude da lei ou de estipulação contratual, se estabeleça diferente mecanismo de representação.

3 – Sem prejuízo de outras limitações previstas no contrato, o diretor de fiscalização da obra não tem poderes de representação do dono da obra em matéria de modificação, resolução ou revogação do contrato.

4 – Na falta de estipulação contratual, durante os períodos em que se encontrem ausentes ou impedidos, o diretor de fiscalização da obra e o diretor de obra são substituídos pelas pessoas que os mesmos indicarem para esse efeito, desde que, no caso do diretor de fiscalização da obra, a designação do substituto seja aceite pelo dono da obra e comunicada ao empreiteiro.

ARTIGO 345º
Garantias administrativas do empreiteiro relativamente a eventos que devam ser formalizados em auto

1 – O empreiteiro tem direito a reclamar ou a apresentar reservas ao conteúdo dos atos referentes à obra que devam ser formalizados em auto.

2 – Os autos são reduzidos a escrito e assinados pelos representantes das partes, sendo um duplicado dos mesmos entregue ao empreiteiro.

3 – As reclamações ou reservas podem ser exaradas no próprio auto ou apresentadas nos 10 dias subsequentes à notificação do mesmo ao empreiteiro.

4 – As reclamações ou reservas exaradas no próprio auto podem limitar-se ao enunciado genérico do respetivo objeto, podendo o empreiteiro, neste caso, apresentar por escrito exposição fundamentada, no prazo de 15 dias.

5 – O dono da obra decide a reclamação ou pronuncia-se sobre as reservas apresentadas e notifica o empreiteiro no prazo de 15 dias a contar da data da assinatura do auto ou da entrega da reclamação ou da exposição escrita referida no número anterior, equivalendo o silêncio a deferimento da reclamação ou aceitação da reserva.

6 – Se o empreiteiro se recusar a assinar o auto, nele se fará menção desse facto e da razão invocada para a recusa, devendo o representante do dono da obra promover a assinatura do auto por duas testemunhas que confirmem a ocorrência.

7 – Se, sem justificação nos termos do presente Código e por facto que lhe seja imputável, o dono da obra não formalizar em auto qualquer ato que esteja sujeito a essa formalidade, tal omissão não é oponível ao empreiteiro.

SECÇÃO II
Direitos e obrigações das partes

ARTIGO 346º
Manutenção da boa ordem no local dos trabalhos

1 – O empreiteiro deve manter a boa ordem no local dos trabalhos.

2 – Para os efeitos do número anterior, o empreiteiro deve retirar do local dos trabalhos, por sua iniciativa ou imediatamente após ordem do dono da obra, o pessoal que haja tido comportamento perturbador dos trabalhos, designadamente por menor probidade no desempenho dos respetivos deveres, por indisciplina ou por desrespeito de representantes ou agentes do dono da obra ou de representantes ou agentes do empreiteiro, dos subempreiteiros ou de terceiros.

ARTIGO 347º
Publicidade

A afixação pelo empreiteiro de publicidade no local dos trabalhos depende de autorização do dono da obra.

ARTIGO 348º
Menções obrigatórias no local dos trabalhos

Sem prejuízo do disposto em lei especial, o empreiteiro deve afixar no local dos trabalhos, de forma visível, a identificação da obra, do dono da obra e do empreiteiro, com menção do respetivo alvará ou número de certificado de empreiteiro de obras públicas ou dos documentos previstos na portaria referida no nº 2 do artigo 81º

ARTIGO 349º
Meios destinados à execução da obra e dos trabalhos preparatórios ou acessórios

Na falta de estipulação contratual, cabe ao empreiteiro disponibilizar e fornecer todos os meios necessários para a realização da obra e dos trabalhos preparatórios ou acessórios, incluindo, nomeadamente, os materiais e os meios humanos, técnicos e equipamentos.

ARTIGO 350º
Trabalhos preparatórios ou acessórios

Na falta de estipulação contratual, o empreiteiro tem obrigação de realizar todos os trabalhos que, por natureza, por exigência legal ou segundo o uso corrente, sejam considerados como preparatórios ou acessórios à execução da obra, designadamente:

a) Trabalhos de montagem, construção, manutenção, desmontagem e demolição do estaleiro;

b) Trabalhos necessários para garantir a segurança de todas as pessoas que trabalhem na obra ou que circulem no respetivo local, incluindo o pessoal dos subempreiteiros e terceiros em geral, para evitar danos nos prédios vizinhos e para satisfazer os regulamentos de segurança, higiene e saúde no trabalho e de polícia das vias públicas;

c) Trabalhos de restabelecimento, por meio de obras provisórias, de todas as servidões e serventias que seja indispensável alterar ou destruir para a execução dos trabalhos e para evitar a estagnação de águas que os mesmos possam originar;

d) Trabalhos de construção dos acessos ao estaleiro e das serventias internas deste.

ARTIGO 351º
Expropriações, servidões e ocupação de prédios

1 – Incumbe ao dono da obra promover os procedimentos administrativos para a realização de quaisquer expropriações que se revelem necessárias à execução da obra, bem como para a constituição das servidões e para a ocupação de prédios necessários à execução dos trabalhos.

2 – Na falta de estipulação contratual, no caso de obras públicas integradas em concessões, a promoção dos procedimentos referidos nos números anteriores incumbe ao concedente.

3 – O pagamento das indemnizações devidas por expropriação, constituição de servidões e ocupação de prédios é da responsabilidade do dono da obra.

ARTIGO 352º
Posse administrativa e constituição de servidões

1 – Antes da celebração do contrato, o dono da obra deve estar na posse administrativa da totalidade dos terrenos a expropriar, salvo quando o número de prédios a expropriar associado ao prazo de execução da obra tornem esta obrigação desproporcionada.

2 – No caso previsto na segunda parte do número anterior, o dono da obra deve, antes da celebração do contrato, estar na posse administrativa dos prédios necessários ao início da execução da obra.

3 – As servidões necessárias à execução de trabalhos preparatórios ou acessórios e ao início da execução da obra devem ser constituídas antes da celebração do contrato.

4 – O disposto nos números anteriores não é aplicável quando o empreiteiro tenha a obrigação de elaborar o projeto de execução.

5 – A posse administrativa e a constituição de servidões que, nos termos do disposto nos números anteriores, não estejam concretizadas até à celebração do contrato devem sê-lo de forma a não determinar a suspensão da obra e a não prejudicar o normal desenvolvimento do plano de trabalhos.

ARTIGO 353º
Reforço da caução

1 – Para reforço da caução prestada com vista a garantir o exato e pontual cumprimento das obrigações contratuais, às importâncias que o empreiteiro tiver a receber em cada um dos pagamentos parciais previstos é deduzido o montante correspondente a 5% desse pagamento, salvo se o contrato fixar percentagem inferior ou dispensar tal dedução.

2 – A dedução prevista no número anterior pode ser substituída por títulos emitidos ou garantidos pelo Estado, por garantia bancária à primeira solicitação ou por seguro-caução, nos mesmos termos estabelecidos para a caução destinada a garantir o exato e pontual cumprimento das obrigações contratuais.

ARTIGO 354º
Reposição do equilíbrio financeiro por agravamento dos custos na realização da obra

1 – Se o dono da obra praticar ou der causa a facto donde resulte maior dificuldade na execução da obra, com agravamentos dos encargos respetivos, o empreiteiro tem o direito à reposição do equilíbrio financeiro.

2 – O direito à reposição do equilíbrio financeiro previsto no número anterior caduca no prazo de 30 dias a contar do evento que o constitua ou do momento em que o empreiteiro dele tome conhecimento, sem que este apresente reclamação dos danos correspondentes nos termos do número seguinte, ainda que desconheça a extensão integral dos mesmos.

3 – A reclamação é apresentada por meio de requerimento no qual o empreiteiro deve expor os fundamentos de facto e de direito e oferecer os documentos ou outros meios de prova que considere convenientes.

4 – O dono da obra aprecia e decide a reclamação no prazo de 90 dias, podendo este prazo ser prorrogado por decisão daquele, caso se revele necessário proceder à realização de diligências complementares.

5 – A decisão, ou a omissão dela no prazo devido, pode ser objeto de impugnação nos tribunais administrativos, nos termos do Código de Processo nos Tribunais Administrativos.

SECÇÃO III
Consignação da obra

ARTIGO 355º
Regra geral

O regime da consignação da obra consta do contrato, sem prejuízo das disposições estabelecidas na presente secção.

ARTIGO 356º
Dever de consignar

O dono da obra deve facultar ao empreiteiro o acesso aos prédios, ou parte dos mesmos, onde os trabalhos devam ser executados e fornecer-lhe os elementos que, nos termos contratuais, sejam necessários para o início dos trabalhos.

ARTIGO 357º
Plano final de consignação

1 – O contrato pode prever a elaboração pelo dono da obra de um plano final de consignação que densifique e concretiza o plano inicialmente apresentado para efeitos de elaboração da proposta.

2 – (*Revogado.*)

ARTIGO 358º
Consignação total e parcial

1 – O dono da obra só pode proceder a consignações parciais nos seguintes casos:

a) Quando, antes da celebração do contrato, não esteja na posse administrativa da totalidade dos prédios necessários à execução da obra;

b) Quando o período de tempo necessário às operações preparatórias da consignação total sob responsabilidade do dono da obra impossibilite o início da execução dos trabalhos no momento projetado por este e o respetivo adiamento cause grave prejuízo para o interesse público;

c) Nos casos previstos no artigo 360º

2 – (*Revogado.*)

ARTIGO 359º
Prazo e auto de consignação

1 – Na falta de estipulação contratual, a consignação deve estar concluída em prazo não superior a 30 dias após a data da celebração do contrato, no caso de consignação total ou da primeira consignação parcial, ou logo que o dono da obra tenha acesso aos prédios, com a faculdade de os entregar a terceiros, no caso das demais consignações parciais.

2 – A consignação é formalizada em auto e, em caso de consignações parciais, a cada uma deve corresponder um auto autónomo.

3 – Caso o empreiteiro não compareça no local, na data e na hora que o dono da obra comunicar para efeitos de assinatura do auto de consignação, é notificado para comparecer em outra data e hora, com indicação do local, sem prejuízo de o dono da obra poder resolver o contrato, nos termos do disposto na alínea *b*) do nº 1 do artigo 405º

ARTIGO 360º
Modificação das condições locais e suspensão do procedimento de consignação

1 – Quando se verifique uma modificação relevante das condições locais existentes por comparação com os elementos da solução da obra ou com os dados que serviram de base à sua elaboração, a qual determine a necessidade de um projeto de alteração, o prazo referido no nº 1 do artigo anterior é suspenso, salvo se for possível a realização de consignações parciais quanto às zonas da obra não afetadas pelo projeto de alteração, que, nesse caso, devem respeitar os prazos ali estabelecidos.

2 – A contagem do prazo referido no nº 1 do artigo anterior só é retomada depois de terem sido notificadas ao empreiteiro as alterações introduzidas no projeto.

3 – Sem prejuízo do direito de resolução previsto na alínea *a*) do nº 1 do artigo 332º, a suspensão de prazo prevista no nº 1 implica a suspensão do prazo previsto na alínea *a*) do artigo 406º

SECÇÃO IV
Execução dos trabalhos

ARTIGO 361º
Plano de trabalhos

1 – O plano de trabalhos destina-se, com respeito pelo prazo de execução da obra, à fixação da sequência e dos prazos parciais de execução de cada uma das espécies de trabalhos previstas e à especificação dos meios com que o empreiteiro se propõe executá-los, bem como à definição do correspondente plano de pagamentos.

2 – No caso em que o empreiteiro tenha a obrigação contratual de elaborar o programa ou o projeto de execução, o plano de trabalhos compreende as prestações de conceção sob responsabilidade do empreiteiro.

3 – O plano de trabalhos constante do contrato pode ser ajustado pelo empreiteiro ao plano final de consignação apresentado pelo dono da obra nos termos do disposto no artigo 357º, bem como em caso de prorrogação do prazo de execução, de deteção de erros e omissões reclamados na fase de execução ou quando haja lugar a trabalhos complementares.

4 – Os ajustamentos referidos no número anterior não podem implicar a alteração do preço contratual, nem a alteração do prazo de execução da obra, nem ainda

alterações aos prazos parciais definidos no plano de trabalhos constante do contrato, para além do que seja estritamente necessário à adaptação do plano de trabalhos ao plano final de consignação.

5 – O plano de trabalhos ajustado carece de aprovação pelo dono da obra, no prazo de cinco dias após a notificação do mesmo pelo empreiteiro, equivalendo o silêncio a aceitação.

6 – O procedimento de ajustamento do plano de trabalhos deve ser concluído antes da data da conclusão da consignação total ou da primeira consignação parcial.

7 – O dono da obra não pode proceder à aceitação parcial do plano de trabalhos.

ARTIGO 362º
Prazo de execução da obra e das prestações de conceção

1 – O prazo de execução da obra começa a contar-se da data da conclusão da consignação total ou da primeira consignação parcial ou ainda da data em que o dono da obra comunique ao empreiteiro a aprovação do plano de segurança e saúde, nos termos previstos na lei, caso esta última data seja posterior.

2 – Nos casos em que o empreiteiro tenha a obrigação de elaborar o projeto de execução, o contrato pode estabelecer prazos de elaboração e entrega dos elementos de projeto relevantes com termo final anterior à data da consignação.

3 – Verificando-se o disposto no número anterior, o contrato deve estabelecer prazos máximos de pronúncia do dono da obra sobre os elementos de projeto entregues pelo empreiteiro de forma que a execução dos trabalhos não seja prejudicada por demoras na apreciação que ao dono da obra caiba sobre tais elementos de projeto.

4 – Na falta de estipulação contratual, entende-se que o prazo de execução da obra a que alude o nº 1 compreende a fase de conceção, seja qual for o respetivo conteúdo.

ARTIGO 363º
Início dos trabalhos

1 – A execução dos trabalhos inicia-se na data em que começa a correr o prazo de execução da obra.

2 – Sem prejuízo do disposto quanto à fase de conceção nos contratos em que o empreiteiro tenha a obrigação de elaborar o projeto de execução, o dono da obra apenas pode consentir o início dos trabalhos em data anterior ou posterior à definida no número anterior se ocorrerem circunstâncias justificativas.

ARTIGO 364º
Património cultural e restos humanos

1 – Todos os bens com valor histórico, paleontológico, arqueológico, arquitetónico, linguístico, documental, artístico, etnográfico, científico, social, industrial ou

técnico encontrados no decurso da execução da obra são entregues pelo empreiteiro ao dono da obra, acompanhados de auto donde conste especificamente o objeto da entrega.

2 – Quando se trate de bens móveis cuja extração ou desmontagem envolva trabalhos, conhecimentos ou processos especializados, o empreiteiro comunica o achado ao dono da obra e, se necessário, suspende a execução dos trabalhos até receber instruções sobre como proceder.

3 – O dono da obra está obrigado a dar conhecimento de todos os achados referidos nos números anteriores às autoridades administrativas competentes.

4 – No caso de serem detetados restos humanos, o empreiteiro deve comunicar imediatamente o facto às autoridades policiais competentes, dando conhecimento ao dono da obra.

SECÇÃO V
Suspensão dos trabalhos

ARTIGO 365º
Suspensão pelo dono da obra

Sem prejuízo dos fundamentos gerais de suspensão previstos no presente Código e de outros previstos no contrato, o dono da obra pode ordenar a suspensão da execução dos trabalhos nos seguintes casos:

a) Falta de condições de segurança;
b) Verificação da necessidade de estudar alterações a introduzir ao projeto;
c) Determinação vinculativa ou recomendação tida como relevante de quaisquer autoridades administrativas competentes.

ARTIGO 366º
Suspensão pelo empreiteiro

1 – Nos contratos que prevejam um prazo de execução da obra igual ou superior a um ano, o empreiteiro pode suspender, uma vez em cada ano, no todo ou em parte, a execução dos trabalhos por um período não superior a 10 dias seguidos desde que o dono da obra não se oponha de forma expressa e não fiquem comprometidos os prazos parciais e o termo final de execução da obra.

2 – São da responsabilidade do empreiteiro os encargos acrescidos decorrentes da suspensão prevista no número anterior.

3 – Para além dos fundamentos gerais de suspensão previstos no presente Código e de outros previstos no contrato, o empreiteiro pode suspender, no todo ou em parte, a execução dos trabalhos nos seguintes casos:

a) Falta de condições de segurança;

b) Falta de pagamento de qualquer quantia devida nos termos do contrato, desde que tenha decorrido um mês sobre a data do respetivo vencimento.

4 – A suspensão pelo empreiteiro deve ser antecedida de comunicação escrita ao dono da obra, imediatamente após a verificação do evento que a fundamenta, com menção expressa do fundamento invocado e dos factos que o concretizam.

5 – No caso da alínea *b*) do nº 3, a comunicação a que se refere o número anterior deve ser efetuada com antecedência não inferior a 15 dias relativamente à data prevista da suspensão e deve ser assegurado o normal desenvolvimento do plano de trabalhos, ficando prejudicada se, até ao termo do prazo ali referido, o dono da obra efetuar o pagamento das quantias em dívida.

6 – Quando a urgência ou a necessidade de suspensão imediata for incompatível com a exigência de prévia comunicação escrita, as comunicações referidas nos números anteriores podem ser efetuadas oralmente, devendo o empreiteiro formalizá-las por escrito nos cinco dias subsequentes.

ARTIGO 367º
Suspensão autorizada pelo dono da obra

O dono da obra pode ainda autorizar a suspensão da execução dos trabalhos se a mesma não comprometer o termo final de execução da obra e não implicar a assunção de novos encargos da sua parte.

ARTIGO 368º
Suspensão por período excessivo

Se a suspensão resultar de facto imputável ao empreiteiro e o dono da obra ordenar a manutenção da suspensão por mais tempo do que o que resultaria necessariamente do facto em causa, considera-se, para todos os efeitos, que o tempo de suspensão excedente não é imputável ao empreiteiro.

ARTIGO 369º
Auto de suspensão

A suspensão é sempre formalizada em auto, cujo conteúdo deve compreender, no mínimo, os pressupostos que a determinaram e os termos gerais do procedimento a seguir subsequentemente, se for possível determiná-los, assim como quaisquer reclamações apresentadas ou reservas apresentadas por qualquer das partes, desde que diretamente relacionadas com a suspensão.

SECÇÃO VI
Modificações objetivas

ARTIGO 370º
Trabalhos complementares

1 – São trabalhos complementares aqueles cuja espécie ou quantidade não esteja prevista no contrato.

2 – Quando os trabalhos complementares resultem de circunstâncias não previstas, pode o dono da obra ordenar a sua execução ao empreiteiro desde que, de forma cumulativa:

a) Não possam ser técnica ou economicamente separáveis do objeto do contrato sem inconvenientes graves e impliquem um aumento considerável de custos para o dono da obra;

b) O preço desses trabalhos, incluindo o de anteriores trabalhos complementares igualmente decorrentes de circunstâncias não previstas, não exceda 10% do preço contratual; e

c) O somatório do preço contratual com o preço atribuído aos trabalhos complementares não exceda os limites previstos na alínea *d*) do artigo 19º, quando o procedimento adotado tenha sido o ajuste direto, na alínea *c*) do mesmo artigo quando o procedimento tenha sido o da consulta prévia ou na alínea *b*) do artigo 19º quando o procedimento adotado tenha sido o concurso público ou o concurso limitado por prévia qualificação sem publicação do respetivo anúncio no *Jornal Oficial da União Europeia*;

d) (*Revogada.*)

3 – (*Revogado.*)

4 – Quando os trabalhos complementares resultem de circunstâncias imprevisíveis ou que uma entidade adjudicante diligente não pudesse ter previsto, pode o dono da obra ordenar a sua execução desde que, de forma cumulativa:

a) Não possam ser técnica ou economicamente separáveis do objeto do contrato sem inconvenientes graves e impliquem um aumento considerável de custos para o dono da obra; e

b) O preço desses trabalhos, incluindo o de anteriores trabalhos complementares igualmente decorrentes de circunstâncias imprevisíveis, não exceda 40% do preço contratual.

5 – Os trabalhos complementares que excedam os limites previstos no presente artigo devem ser adjudicados na sequência de novo procedimento.

ARTIGO 371º
Obrigação de execução de trabalhos complementares

1 – O empreiteiro tem a obrigação de executar os trabalhos complementares, desde que tal lhe seja ordenado por escrito pelo dono da obra e lhe sejam entregues

as alterações aos elementos da solução da obra necessárias à sua execução, quando os mesmos tenham integrado o caderno de encargos relativo ao procedimento de formação do contrato.

2 – O empreiteiro não está sujeito à obrigação prevista no número anterior quando opte por exercer o direito de resolução do contrato ou quando, sendo os trabalhos complementares de espécie diferente dos previstos no contrato ou da mesma espécie de outros nele previstos, mas a executar em condições diferentes, o empreiteiro não disponha dos meios humanos ou técnicos indispensáveis para a sua execução.

ARTIGO 372º
Recusa da execução de trabalhos complementares

1 – Para efeitos do disposto no nº 2 do artigo anterior, bem como quando entenda não estarem verificados os pressupostos constantes dos nº 2 e 4 do artigo 370º, o empreiteiro pode, no prazo de 10 dias a contar da receção da ordem do dono da obra de execução dos trabalhos complementares dela reclamar, fundamentadamente.

2 – Recebida a reclamação do empreiteiro, o dono da obra deve apreciar a mesma no prazo de 10 dias a contar da sua receção.

3 – Quanto considere injustificada a não execução dos trabalhos complementares, o dono da obra pode:

a) Notificar o empreiteiro com, pelo menos, cinco dias de antecedência, para execução os trabalhos complementares; ou

b) Optar pela execução dos trabalhos complementares, diretamente ou por intermédio de terceiro, quando o empreiteiro tenha manifestado de forma perentória a intenção de não os executar, sendo aplicável, com as necessárias adaptações, o disposto nos nºs 2 a 4 do artigo 325º

4 – No caso previsto na alínea *a*) do número anterior, quando o empreiteiro não dê início à execução dos trabalhos, pode o dono da obra, sem prejuízo do poder de resolução do contrato:

a) Aplicar ao empreiteiro uma sanção pecuniária compulsória, por cada dia de atraso, em valor correspondente a 1 (por mil) do preço contratual, sem prejuízo de o contrato poder prever valor mais elevado; ou

b) Optar pela execução dos trabalhos complementares, diretamente ou por intermédio de terceiro.

ARTIGO 373º
Preço e prazo de execução dos trabalhos complementares

1 – Na falta de estipulação contratual, o preço a pagar pelos trabalhos complementares e o respetivo prazo de execução são fixados nos seguintes termos:

a) Tratando-se de trabalhos da mesma espécie de outros previstos no contrato e a executar em condições semelhantes, são aplicáveis o preço contratual e os prazos parciais de execução previstos no plano de trabalhos para essa espécie de trabalhos;

b) Tratando-se de trabalhos de espécie diferente ou da mesma espécie de outros previstos no contrato mas a executar em condições diferentes, deve o empreiteiro apresentar uma proposta de preço e de prazo de execução.

2 – Nos casos previstos na alínea *b*) do número anterior, o empreiteiro deve apresentar ao dono da obra uma proposta de preço e de prazo de execução dos trabalhos complementares, no prazo de 10 dias a contar da data da receção da ordem de execução dos mesmos.

3 – O dono da obra dispõe de 10 dias para se pronunciar sobre a proposta do empreiteiro, podendo, em caso de não aceitação da mesma, apresentar uma contraproposta.

4 – Se o dono da obra não efetuar nenhuma comunicação ao empreiteiro dentro do prazo previsto no número anterior, considera-se que a proposta deste foi aceite.

5 – Sem prejuízo do disposto no artigo 372º, enquanto não houver acordo sobre todos ou alguns preços ou sobre o prazo de execução, os trabalhos respetivos são executados e pagos com base na contraproposta do dono da obra, efetuando-se, se for caso disso, a correspondente correção, acrescida, no que respeita aos preços, dos juros de mora devidos, logo que haja acordo ou determinação judicial ou arbitral sobre a matéria.

ARTIGO 374º
Prorrogação do prazo de execução da obra

1 – Quando haja lugar à execução de trabalhos complementares, o prazo de execução da obra é proporcionalmente prorrogado de acordo com os prazos definidos nos termos do disposto no artigo 373º

2 – O disposto no número anterior não é aplicável quando estejam em causa trabalhos complementares cuja execução não prejudique o normal desenvolvimento do plano de trabalhos.

ARTIGO 375º
Formalização dos trabalhos complementares

Definidos todos os termos e condições a que deve obedecer a execução dos trabalhos complementares, o dono da obra e o empreiteiro devem proceder à respetiva formalização por escrito.

ARTIGO 376º

(*Revogado.*)

ARTIGO 377º

(*Revogado.*)

ARTIGO 378º
Responsabilidade pelos trabalhos complementares

1 – O dono da obra é responsável pelo pagamento dos trabalhos complementares cuja execução ordene ao empreiteiro.

2 – Quando o empreiteiro tenha a obrigação de elaborar o projeto de execução, é o mesmo responsável pelos trabalhos complementares que tenham por finalidade o suprimento dos respetivos erros e omissões, exceto quando estes sejam induzidos pelos elementos elaborados ou disponibilizados pelo dono da obra.

3 – O empreiteiro deve, no prazo de 60 dias contados da data da consignação total ou da primeira consignação parcial, reclamar sobre a existência de erros ou omissões do caderno de encargos, salvo dos que só sejam detetáveis durante a execução da obra, sob pena de ser responsável por suportar metade do valor dos trabalhos complementares de suprimento desses erros e omissões.

4 – O empreiteiro é ainda responsável pelos trabalhos complementares que se destinem ao suprimento de erros e omissões que, não podendo objetivamente ser detetados na fase de formação do contrato, também não tenham sido por ele identificados no prazo de 30 dias a contar da data em que lhe fosse exigível a sua deteção.

5 – (*Revogado.*)

6 – Sem prejuízo do disposto nos números anteriores, caso os erros ou omissões decorram do incumprimento de obrigações de conceção assumidas por terceiros perante o dono da obra:

a) Deve o dono da obra exercer obrigatoriamente o direito que lhe assista de ser indemnizado por parte destes terceiros;

b) Fica o empreiteiro sub-rogado no direito de indemnização que assiste ao dono da obra perante esses terceiros até ao limite do montante que deva ser por si suportado em virtude do disposto nos nºs 3 e 4.

7 – No caso previsto no número anterior, a responsabilidade dos terceiros perante o dono da obra ou o empreiteiro, quando fundada em título contratual, é limitada ao triplo dos honorários a que tenham direito ao abrigo do respetivo contrato, salvo se a responsabilidade em causa tiver resultado de dolo ou de negligência grosseira no cumprimento das suas obrigações.

ARTIGO 379º
Trabalhos a menos

1 – Salvo em caso de impossibilidade de cumprimento, o empreiteiro só pode deixar de executar quaisquer trabalhos previstos no contrato desde que o dono da obra emita uma ordem com esse conteúdo, especificando os trabalhos a menos.

2 – O preço correspondente aos trabalhos a menos é deduzido ao preço contratual, sem prejuízo do disposto no artigo 381º

ARTIGO 380º
Inutilização de trabalhos já executados

Se da execução de trabalhos complementares ou de trabalhos a menos resultar inutilização de trabalhos já realizados em conformidade com o contrato ou com instruções do dono da obra, o seu valor não é deduzido ao preço contratual, tendo o empreiteiro direito a ser remunerado pelos trabalhos já realizados e pelos trabalhos necessários à reposição da situação anterior.

ARTIGO 381º
Indemnização por redução do preço contratual

1 – Quando, por virtude da ordem de supressão de trabalhos ou de outros atos ou factos imputáveis ao dono da obra, os trabalhos executados pelo empreiteiro tenham um valor inferior em mais de 20% ao preço contratual, este tem direito a uma indemnização correspondente a 10% do valor da diferença verificada.

2 – A indemnização prevista no número anterior é liquidada na conta final da empreitada.

ARTIGO 382º
Revisão ordinária de preços

1 – Sem prejuízo do disposto nos artigos 282º, 300º e 341º, o preço fixado no contrato para os trabalhos de execução da obra é obrigatoriamente revisto nos termos contratualmente estabelecidos e de acordo com o disposto em lei.

2 – Na falta de estipulação contratual quanto à fórmula de revisão de preços, é aplicável a fórmula tipo estabelecida para obras da mesma natureza constante de lei.

SECÇÃO VII
Subempreitadas

ARTIGO 383º
Limites às subempreitadas

1 – Sem prejuízo dos limites gerais previstos no presente Código, a subcontratação é vedada:

a) A entidades que não sejam titulares de alvará ou de título de registo emitido pelo Instituto dos Mercados Públicos, do Imobiliário e da Construção, I. P., contendo as habilitações adequadas à execução da obra a subcontratar; ou *b*) A entidades nacionais de Estado signatário do Acordo sobre o Espaço Económico Europeu ou do Acordo sobre Contratos Públicos da Organização Mundial de Comércio que, não sendo titulares do alvará ou do título de registo, não apresentem uma declaração, emitida pelo Instituto dos Mercados Públicos, do Imobiliário e da Construção, I. P., comprovativa de que podem executar as prestações objeto do contrato a celebrar por preencherem os requisitos que lhes permitiriam ser titular de um alvará ou de um título de registo contendo as habilitações adequadas à execução da obra a realizar.

2 – Sem prejuízo do disposto no número anterior, não pode o empreiteiro subcontratar prestações objeto do contrato de valor total superior a 75% do preço contratual, acrescido ou deduzido dos preços correspondentes aos trabalhos complementares ou a menos e à reposição do equilíbrio financeiro a que haja lugar no âmbito do contrato em causa.

3 – Não é aplicável o disposto no número anterior relativamente à fase de formação do contrato sempre que da limitação aí fixada decorram os efeitos previstos no nº 5 do artigo 318º

4 – O disposto no nº 1 é igualmente aplicável aos contratos de subempreitada celebrados entre o subempreiteiro e um terceiro.

ARTIGO 384º
Forma e conteúdo

1 – O subcontrato está sujeito à forma escrita e o seu clausulado deve conter, sob pena de nulidade, os seguintes elementos:

a) A identificação das partes e dos respetivos representantes, assim como do título a que intervêm, com indicação dos atos que os habilitam para esse efeito;

b) A identificação dos alvarás ou certificados de empreiteiro de obras públicas das partes;

c) A descrição do objeto do subcontrato;

d) O preço;

e) A forma e o prazo de pagamento do preço;

f) O prazo de execução das prestações objeto do subcontrato.

2 – O empreiteiro deve assegurar e certificar-se do cumprimento do disposto no número anterior, não podendo, consequentemente, invocar a nulidade aí prevista.

3 – O disposto no número anterior é igualmente aplicável aos contratos de subempreitada celebrados entre o subempreiteiro e um terceiro.

4 – Os empreiteiros, os subempreiteiros, assim como os terceiros são obrigadas a manter em arquivo os contratos celebrados em que são intervenientes pelo período de cinco anos a contar da data da conclusão das obras.

ARTIGO 385º
Subempreitadas na fase de execução

1 – A subcontratação no decurso da execução do contrato não carece de autorização do dono da obra, salvo o disposto no número seguinte.

2 – Quando as particularidades da obra justifiquem uma especial qualificação técnica do empreiteiro e a mesma tenha sido exigida ao empreiteiro na fase de formação do contrato, o contrato pode subordinar expressamente a subcontratação na fase de execução a autorização do dono da obra, dependente da verificação da capacidade técnica do potencial subcontratado em moldes semelhantes aos que hajam sido exigidos em relação ao empreiteiro.

3 – Salvo nos casos previstos no número anterior, aos quais é aplicável, com as necessárias adaptações, o disposto nos nºs 3 a 6 do artigo 318º, o empreiteiro deve, no prazo de cinco dias após a celebração de cada contrato de subempreitada, comunicar esse facto por escrito ao dono da obra, remetendo-lhe cópia do contrato em causa.

4 – Na comunicação prevista no número anterior, o empreiteiro fundamenta a decisão de recorrer à subempreitada e atesta a observância dos limites a que se referem os nºs 1 e 2 do artigo 383º

ARTIGO 386º
Oposição e recusa de autorização à subempreitada

1 – O dono da obra pode sempre opor-se ou, nos casos previstos no nº 2 do artigo anterior, recusar a autorização à subempreitada quando não sejam observados os limites fixados no artigo 383º e com os fundamentos previstos no artigo 320º

2 – Sempre que a oposição ou a recusa de autorização se fundamentem na inobservância dos limites fixados no artigo 383º, o dono da obra deve comunicar esse facto ao Instituto dos Mercados Públicos, do Imobiliário e da Construção, I. P., no prazo de cinco dias.

SECÇÃO VIII
Medição e pagamento

SUBSECÇÃO I
Medição

ARTIGO 387º
Objeto da medição

O dono da obra deve proceder à medição de todos os trabalhos executados, incluindo os trabalhos não previstos no projeto ou não devidamente ordenados pelo dono da obra.

ARTIGO 388º
Procedimento e critérios da medição

1 – Na falta de estipulação contratual, a medição é efetuada mensalmente, devendo estar concluída até ao 8º dia do mês imediatamente seguinte àquele a que respeita.

2 – As medições são feitas no local da obra com a colaboração do empreiteiro e são formalizadas em auto.

3 – Os métodos e os critérios a adotar para realização das medições devem ser definidos no contrato.

ARTIGO 389º
Situação de trabalhos

1 – Feita a medição, elabora-se a respetiva conta corrente no prazo de 10 dias, com especificação das quantidades de trabalhos apuradas, dos respetivos preços unitários, do total creditado, dos descontos a efetuar, dos adiantamentos concedidos ao empreiteiro e do saldo a pagar a este.

2 – A conta corrente e os demais documentos que constituem a situação de trabalhos devem ser verificados e assinados pelo empreiteiro, ficando um duplicado na posse deste.

3 – Quando considerar que existe algum erro em qualquer dos documentos referidos no número anterior, o empreiteiro deve apresentar a correspondente reserva no momento da sua assinatura, sendo aplicável o disposto no artigo 345º

ARTIGO 390º
Erros de medição

1 – Se, até à conclusão da obra, forem detetados erros ou faltas em qualquer auto de medição anteriormente lavrado, a correção deve ser efetuada no auto de medição imediatamente posterior pelo dono da obra caso este e o empreiteiro estejam de acordo em relação ao objeto e às quantidades a corrigir.

2 – A correção da medição é refletida na conta corrente elaborada no mês seguinte, nos termos do disposto no artigo anterior.

ARTIGO 391º
Situação provisória de trabalhos

1 – Quando seja impossível a realização da medição nos termos do nº 1 do artigo 388º e, bem assim, quando o dono da obra, por qualquer motivo, deixe de fazê-la, o empreiteiro deve apresentar, até ao fim do mês seguinte, um mapa das quantidades dos trabalhos efetuados no mês em causa, juntamente com os documentos respetivos.

2 – O mapa apresentado nos termos do número anterior é considerado como situação de trabalhos provisória para os efeitos do artigo 389º

3 – A exatidão das quantidades inscritas nos mapas apresentados nos termos dos números anteriores é verificada no primeiro auto de medição posterior à sua apresentação, no qual o dono da obra procede às retificações a que houver lugar, ou, estando concluída a obra, em auto de medição avulso, a elaborar até à receção provisória.

4 – Se o empreiteiro inscrever, dolosamente, trabalhos não efetuados nos mapas apresentados nos termos dos números anteriores, tal facto deve ser participado ao Ministério Público para competente procedimento criminal e ao Instituto dos Mercados Públicos, do Imobiliário e da Construção, I. P., que, sendo o caso, comunica o mesmo à entidade que comprova a inscrição na lista oficial de empreiteiros aprovados do país de que seja nacional ou no qual se situe o estabelecimento principal do empreiteiro.

SUBSECÇÃO II
Pagamento

ARTIGO 392º
Liquidação e pagamento

1 – Após a assinatura pelo empreiteiro dos documentos que constituem a situação de trabalhos, promove-se a liquidação do preço correspondente às quantidades de trabalhos medidos sobre as quais não haja divergências, depois de deduzidos os descontos a que houver lugar nos termos contratuais, notificando-se o empreiteiro dessa liquidação para efeito do respetivo pagamento, no prazo estipulado.

2 – Quando não forem liquidados todos os trabalhos medidos, nos termos do disposto no número anterior, menciona-se o facto mediante nota explicativa inserta na respetiva conta corrente.

3 – Logo que sejam resolvidas as reclamações apresentadas pelo empreiteiro, o dono da obra procede, sendo caso disso, à retificação da conta corrente, liquidando e efetuando o pagamento ao empreiteiro da importância apurada a seu favor, no prazo estipulado.

ARTIGO 393º
Pagamento provisório

1 – Se nas datas dos autos de medição ou nas datas de apresentação dos mapas a que se refere o nº 1 do artigo 391º ainda não forem conhecidos os valores finais dos indicadores económicos a utilizar na revisão dos preços dos trabalhos executados, o dono da obra deve proceder ao pagamento provisório com base no respetivo preço previsto no contrato, revisto em função dos últimos indicadores conhecidos.

2 – Nos casos previstos no número anterior, logo que sejam publicados os indicadores económicos respeitantes ao mês de execução dos trabalhos ou do período para tal previsto no plano de trabalhos, o dono da obra procede imediatamente ao

cálculo definitivo da revisão, pagando ao empreiteiro ou deduzindo, na situação de trabalhos que se seguir, a diferença apurada.

SECÇÃO IX
Receção provisória e definitiva

ARTIGO 394º
Vistoria

1 – A receção provisória da obra depende da realização de vistoria, que deve ser efetuada logo que a obra esteja concluída no todo ou em parte, mediante solicitação do empreiteiro ou por iniciativa do dono da obra, tendo em conta o termo final do prazo total ou dos prazos parciais de execução da obra.

2 – A vistoria é feita pelo dono da obra, com a colaboração do empreiteiro, e tem como finalidade, em relação à obra a receber, designadamente:

a) Verificar se todas as obrigações contratuais e legais do empreiteiro estão cumpridas de forma integral e perfeita;

b) Atestar a correta execução do plano de prevenção e gestão de resíduos de construção e demolição, nos termos da legislação aplicável.

3 – O dono da obra convoca, por escrito, o empreiteiro para a vistoria com a antecedência mínima de cinco dias e, no caso de este não comparecer nem justificar a falta, a vistoria tem lugar com a intervenção de duas testemunhas, que também assinam o respetivo auto.

4 – No caso a que se refere o número anterior, o auto é imediatamente notificado ao empreiteiro para os efeitos previstos nos artigos seguintes.

5 – Quando a vistoria for solicitada pelo empreiteiro, o dono da obra deve realizá-la no prazo de 30 dias contados da data da receção da referida solicitação, convocando o empreiteiro nos termos do nº 3.

6 – O não agendamento ou realização atempada e sem motivo justificado da vistoria por facto imputável ao dono da obra tem os efeitos previstos no direito civil para a mora do credor.

7 – No caso previsto no número anterior, a obra considera-se tacitamente recebida se o dono da obra não agendar ou não proceder à vistoria no prazo de 30 dias a contar do termo do prazo previsto no nº 5, sem prejuízo das sanções a que haja lugar, nos termos da legislação aplicável, designadamente quando o empreiteiro não executou corretamente o plano de prevenção e gestão de resíduos de construção e demolição.

ARTIGO 395º
Auto de receção provisória

1 – Da vistoria é lavrado auto, assinado pelos intervenientes, que deve declarar se a obra está, no todo ou em parte, em condições de ser recebida.

2 – O auto a que se refere o número anterior deve conter informação sobre:

a) O modo como se encontram cumpridas as obrigações contratuais e legais do empreiteiro, identificando, nomeadamente, os defeitos da obra;

b) O modo como foi executado o plano de prevenção e gestão de resíduos de construção e demolição, nos termos da legislação aplicável;

c) Quaisquer condições que o dono da obra julgue necessário impor, nos termos do presente Código ou da lei, bem como o prazo para o seu cumprimento.

3 – Sem prejuízo de estipulação contratual que exclua a receção provisória parcial, se a obra estiver, no todo ou em parte, em condições de ser recebida, a assinatura do auto de receção nos termos do disposto nos números anteriores autoriza, no todo ou em parte, a abertura da obra ao uso público ou a sua entrada em funcionamento e implica, sendo caso disso, a sua transferência para o domínio público, sem prejuízo das obrigações de garantia que impendem sobre o empreiteiro.

4 – Considera-se que a obra não está em condições de ser recebida se o dono da obra não atestar a correta execução do plano de prevenção e gestão de resíduos de construção e demolição, nos termos da legislação aplicável, devendo tal condição ser declarada no auto de receção provisória.

5 – No caso de serem identificados defeitos da obra que impeçam, no todo ou em parte, a receção provisória da mesma, a especificação de tais defeitos no auto nos termos do disposto na alínea *a*) do nº 2 é acrescida da declaração de não receção da obra ou da parte da mesma que não estiver em condições de ser recebida e dos respetivos fundamentos.

6 – Caso o dono da obra se recusar a assinar o auto, a obra não é recebida no todo ou em parte.

7 – A recusa injustificada do dono da obra em assinar o auto de receção provisória na sequência da vistoria tem os efeitos previstos no direito civil para a mora do credor.

8 – Ainda que não tenha sido observado o disposto nos números anteriores, a obra considera-se tacitamente recebida sempre que a mesma seja afeta pelo dono da obra aos fins a que se destina, sem prejuízo da obrigação de garantia regulada na presente secção e das sanções a que haja lugar nos termos da legislação aplicável, designadamente quando o empreiteiro não executou corretamente o plano de prevenção e gestão de resíduos de construção e demolição.

ARTIGO 396º
Defeitos da obra

1 – O auto que declare a não receção da obra, no todo ou em parte, em virtude de defeitos da obra detetados na vistoria é notificado ao empreiteiro, sendo-lhe concedido um prazo razoável para os corrigir.

2 – O prazo fixado para correção de defeitos da obra que se revele necessária após a realização de vistoria não começa a contar antes do decurso do prazo para

apresentação de reclamação ou reservas pelo empreiteiro ou da decisão do dono da obra que sobre elas incida.

3 – Se a correção dos defeitos ordenada não for executada no prazo fixado, o dono da obra pode optar pela execução dos referidos trabalhos, diretamente ou por intermédio de terceiro, sendo aplicável, com as necessárias adaptações, o disposto nos nºs 2 a 4 do artigo 325º

4 – Logo que os trabalhos de correção de defeitos estejam concluídos, há lugar a novo procedimento de receção provisória.

ARTIGO 397º
Garantia da obra

1 – Na data da assinatura do auto de receção provisória inicia-se o prazo de garantia, durante o qual o empreiteiro está obrigado a corrigir todos os defeitos da obra.

2 – O prazo de garantia varia de acordo com o defeito da obra, nos seguintes termos:

a) 10 anos, no caso de defeitos relativos a elementos construtivos estruturais;

b) 5 anos, no caso de defeitos relativos a elementos construtivos não estruturais ou a instalações técnicas;

c) 2 anos, no caso de defeitos relativos a equipamentos afetos à obra, mas dela autonomizáveis.

3 – O contrato pode estipular prazos de garantia diferentes dos previstos no número anterior, mas tais prazos apenas podem ser superiores àqueles quando, tratando-se de aspeto da execução do contrato submetido à concorrência pelo caderno de encargos, o empreiteiro o tenha proposto.

4 – Se, quanto aos bens referidos na alínea *c*) do nº 2, o empreiteiro beneficiar de prazo de garantia superior ao previsto neste preceito face aos terceiros a quem os tenha adquirido, é esse o prazo de garantia a que fica vinculado.

5 – O empreiteiro tem a obrigação de corrigir, a expensas suas, todos os defeitos da obra e dos equipamentos nela integrados que sejam identificados até ao termo do prazo de garantia, entendendo-se como tais, designadamente, quaisquer desconformidades entre a obra executada e os equipamentos fornecidos ou integrados e o previsto no contrato.

6 – Se os defeitos identificados não forem suscetíveis de correção, o dono da obra pode, sem custos adicionais, exigir ao empreiteiro que repita a execução da obra com defeito ou que substitua os equipamentos defeituosos, salvo se tal se revelar impossível ou constituir abuso de direito, nos termos gerais.

7 – Sem prejuízo da opção pelo exercício do direito de resolução do contrato, não sendo corrigidos os defeitos nem cumprido o disposto no número anterior, ainda que se verifiquem os casos previstos na sua parte final, o dono da obra pode exigir a redução do preço e tem direito de ser indemnizado nos termos gerais.

ARTIGO 398º
Receção definitiva

1 – Findo o período de garantia, há lugar, em relação à totalidade ou a cada uma das partes da obra, a nova vistoria para efeitos de receção definitiva da empreitada, cujo procedimento deve ser definido no contrato.

2 – A receção definitiva é formalizada em auto.

3 – A receção definitiva depende da verificação cumulativa dos seguintes pressupostos:

a) Funcionalidade regular, no termo do período de garantia, em condições normais de exploração, operação ou utilização, da obra e respetivos equipamentos, de forma que cumpram todas as exigências contratualmente previstas;

b) Cumprimento, pelo empreiteiro, de todas as obrigações decorrentes do período de garantia relativamente à totalidade ou à parte da obra a receber.

4 – O disposto no número anterior é aplicável, com as necessárias adaptações, aos casos de receção definitiva parcial.

5 – Se, em consequência da vistoria prevista no presente artigo, se verificar que existem defeitos da obra da responsabilidade do empreiteiro, apenas podem ser recebidas as obras que reúnam as condições enunciadas no nº 3 e que sejam suscetíveis de receção parcial, procedendo o dono da obra, em relação às restantes, nos termos previstos no artigo 396º

6 – São aplicáveis à vistoria e ao auto de receção definitiva, bem como à falta de agendamento ou realização da vistoria pelo dono da obra, os preceitos que regulam a receção provisória quanto às mesmas matérias.

7 – O empreiteiro fica exonerado da responsabilidade pelos defeitos da obra que sejam verificados após a receção definitiva, salvo quando o dono da obra prove que os defeitos lhe são culposamente imputáveis.

SECÇÃO X
Liquidação da empreitada e relatório final

ARTIGO 399º
Elaboração da conta

1 – Na falta de estipulação contratual, a conta final da empreitada é elaborada no prazo de dois meses após a primeira revisão ordinária de preços subsequente à receção provisória.

2 – Se não houver lugar à revisão ordinária de preços, o prazo a que se refere o número anterior inicia-se na data da receção provisória.

3 – Os trabalhos e os valores em relação aos quais existam reclamações pendentes de decisão são liquidados à medida que aquelas forem definitivamente decididas.

ARTIGO 400º
Elementos da conta

Da conta final da empreitada devem constar os seguintes elementos:

a) Uma conta corrente à qual são levados, por verbas globais, os valores de todas as medições e revisões ou acertos decorrentes de reclamações decididas, o prémio por cumprimento antecipado do contrato e as sanções contratuais aplicadas;

b) Um mapa dos trabalhos complementares e dos trabalhos a menos, com a indicação dos preços unitários pelos quais se procedeu à sua liquidação;

c) Um mapa de todos os trabalhos e valores sobre os quais subsistam reclamações ou reservas do empreiteiro ainda não decididas, com expressa referência ao mapa da alínea anterior, sempre que os mesmos também constem daquele.

ARTIGO 401º
Notificação da conta final ao empreiteiro

1 – Elaborada a conta final da empreitada, a mesma é enviada, no prazo de 15 dias, ao empreiteiro, podendo este, no mesmo prazo, proceder à sua assinatura ou, discordando da mesma, apresentar reclamação fundamentada.

2 – Para efeitos do disposto no número anterior, o empreiteiro pode consultar e examinar os documentos de suporte à elaboração da conta final da empreitada.

3 – O dono da obra comunica ao empreiteiro a sua decisão sobre a reclamação apresentada no prazo de 30 dias a contar da receção desta.

4 – Independentemente da assinatura da conta final da empreitada, a não apresentação, no prazo fixado no nº 1, de reclamação pelo empreiteiro equivale à aceitação da mesma, sem prejuízo das reclamações pendentes.

ARTIGO 402º
Relatório final da obra

1 – No prazo de 10 dias a contar da data da assinatura da conta final ou da data em que a conta final se considera aceite pelo empreiteiro, o dono da obra deve enviar ao Instituto dos Mercados Públicos, do Imobiliário e da Construção, I. P., o relatório final da obra.

2 – O disposto no número anterior é aplicável a empreitadas de obras públicas integradas em concessões, incumbindo ao concessionário a elaboração e o envio do referido relatório.

3 – O modelo do relatório referido no nº 1 é aprovado por portaria do membro do Governo responsável pela área das obras públicas e deve conter todos os elementos e menções exigíveis, nos termos do presente Código.

SECÇÃO XI
Incumprimento do contrato

ARTIGO 403º
Atraso na execução da obra

1 – Em caso de atraso no início ou na conclusão da execução da obra por facto imputável ao empreiteiro, o dono da obra pode aplicar uma sanção contratual, por cada dia de atraso, em valor correspondente a 1 (por mil) do preço contratual, sem prejuízo de o contrato poder prever valor mais elevado, até ao dobro daquele valor.

2 – Em caso de incumprimento de prazos parciais de execução da obra por facto imputável ao empreiteiro, é aplicável o disposto no número anterior, sendo o montante da sanção contratual aí prevista reduzido a metade.

3 – O empreiteiro tem direito ao reembolso das quantias pagas a título de sanção contratual por incumprimento de prazos parciais de execução da obra quando recupere o atraso na execução dos trabalhos e a obra seja concluída dentro do prazo de execução do contrato.

ARTIGO 404º
Desvio do plano de trabalhos

1 – Em caso de desvio do plano de trabalhos que, injustificadamente, ponha em risco o cumprimento do prazo de execução da obra ou dos respetivos prazos parcelares, o dono da obra pode notificar o empreiteiro para apresentar, no prazo de 10 dias, um plano de trabalhos modificado, adotando as medidas de correção que sejam necessárias à recuperação do atraso verificado.

2 – Realizada a notificação prevista no número anterior, se o empreiteiro não apresentar um plano de trabalhos modificado em moldes considerados adequados pelo dono da obra, este pode elaborar novo plano de trabalhos, acompanhado de uma memória justificativa da sua viabilidade, devendo notificá-lo ao empreiteiro.

3 – Caso se verifiquem novos desvios, seja relativamente ao plano de trabalhos modificado pelo empreiteiro ou ao plano de trabalhos notificado pelo dono da obra nos termos do disposto no número anterior, este pode tomar a posse administrativa da obra, bem como dos bens móveis e imóveis à mesma afetos, e executar a obra, diretamente ou por intermédio de terceiro, nos termos previstos nos nºs 2 a 4 do artigo 325º, procedendo aos inventários, medições e avaliações necessários.

4 – Sem prejuízo do disposto nos números anteriores, o empreiteiro é responsável perante o dono da obra ou perante terceiros pelos danos decorrentes do desvio injustificado do plano de trabalhos, quer no que respeita ao conteúdo da respetiva prestação quer no que respeita ao prazo de execução da obra.

SECÇÃO XII
Extinção do contrato

ARTIGO 405º
Resolução pelo dono da obra

1 – Sem prejuízo dos fundamentos gerais de resolução do contrato e de outros neste previstos e do direito de indemnização nos termos gerais, o dono da obra pode resolver o contrato nos seguintes casos:

a) Se o empreiteiro, de forma grave ou reiterada, não cumprir o disposto na legislação sobre segurança, higiene e saúde no trabalho;

b) Se, tendo faltado à consignação sem justificação aceite pelo dono da obra, o empreiteiro não comparecer, após segunda notificação, no local, na data e na hora indicados pelo dono da obra para nova consignação desde que não apresente justificação de tal falta aceite pelo dono da obra;

c) Se ocorrer um atraso no início da execução dos trabalhos imputável ao empreiteiro que seja superior a 1/40 do prazo de execução da obra;

d) Se o empreiteiro não der início à execução dos trabalhos complementares decorridos 15 dias da notificação da decisão do dono da obra que indefere a reclamação apresentada por aquele e reitera a ordem para a sua execução;

e) Se houver suspensão da execução dos trabalhos pelo dono da obra por facto imputável ao empreiteiro ou se este suspender a execução dos trabalhos sem fundamento e fora dos casos previstos no nº 1 do artigo 366º, desde que da suspensão advenham graves prejuízos para o interesse público;

f) Se ocorrerem desvios ao plano de trabalhos nos termos do disposto no nº 3 do artigo 404º;

g) Se não foram corrigidos os defeitos detetados no período de garantia da obra ou se não for repetida a execução da obra com defeito ou substituídos os equipamentos defeituosos, nos termos do disposto no artigo 397º

2 – Em caso de resolução, o dono da obra deve informar o Instituto dos Mercados Públicos, do Imobiliário e da Construção, I. P., e, no caso previsto na alínea *a*) do número anterior, a Autoridade para as Condições de Trabalho.

3 – O Instituto dos Mercados Públicos, do Imobiliário e da Construção, I. P., sendo o caso, dá conhecimento da resolução do contrato à entidade que comprova a inscrição na lista oficial de empreiteiros aprovados do país de que seja nacional ou no qual se situe o estabelecimento principal do empreiteiro.

4 – O disposto nos números anteriores não prejudica a aplicação das sanções que se mostrem devidas nos termos da legislação que regula o exercício da atividade de construção.

ARTIGO 406º
Resolução pelo empreiteiro

Sem prejuízo dos fundamentos gerais de resolução do contrato e de outros neste previstos e do direito de indemnização nos termos gerais, o empreiteiro tem o direito de resolver o contrato nos seguintes casos:

a) Se não for feita consignação da obra no prazo de seis meses contados da data da celebração do contrato por facto não imputável ao empreiteiro;

b) Se, havendo sido feitas uma ou mais consignações parciais, o retardamento da consignação ou consignações subsequentes acarretar a interrupção dos trabalhos por mais de 120 dias, seguidos ou interpolados;

c) Se, avaliados os trabalhos complementares e os trabalhos a menos, relativos ao contrato e resultantes de atos ou factos não imputáveis ao empreiteiro, ocorrer uma redução superior a 20% do preço contratual;

d) Se a suspensão da empreitada se mantiver:

i) Por período superior a um quinto do prazo de execução da obra, quando resulte de caso de força maior;

ii) Por período superior a um décimo do mesmo prazo, quando resulte de facto imputável ao dono da obra;

e) Se, verificando-se os pressupostos do artigo 354º, os danos do empreiteiro excederem 20% do preço contratual.

CAPÍTULO II
Concessões de obras públicas e de serviços públicos

SECÇÃO I
Disposições gerais

ARTIGO 407º
Noção

1 – Entende-se por concessão de obras públicas o contrato pelo qual o cocontratante se obriga à execução ou à conceção e execução de obras públicas, adquirindo em contrapartida o direito de proceder, durante um determinado período, à respetiva exploração, e, se assim estipulado, o direito ao pagamento de um preço.

2 – Entende-se por concessão de serviços públicos o contrato pelo qual o cocontratante se obriga a gerir, em nome próprio e sob sua responsabilidade, uma atividade de serviço público, durante um determinado período, sendo remunerado pelos resultados financeiros dessa gestão ou, diretamente, pelo contraente público.

3 – São partes nos contratos referidos nos números anteriores o concedente e o concessionário.

ARTIGO 408º
Aplicação subsidiária

A presente secção é aplicável, subsidiariamente, ao contrato de concessão de exploração de bens do domínio público.

ARTIGO 409º
Exercício de poderes e prerrogativas de autoridade

1 – As entidades adjudicantes podem conceder a execução ou a conceção e execução de obras públicas ou a gestão de serviços públicos.

2 – Mediante estipulação contratual, o concessionário pode exercer os seguintes poderes e prerrogativas de autoridade:

a) Expropriação por utilidade pública;

b) Utilização, proteção e gestão das infraestruturas afetas ao serviço público;

c) Licenciamento e concessão, nos termos da legislação aplicável à utilização do domínio público, da ocupação ou do exercício de qualquer atividade nos terrenos, edificações e outras infraestruturas que lhe estejam afetas.

ARTIGO 410º
Prazo

1 – O prazo de vigência do contrato é fixado em função do período de tempo necessário para amortização e remuneração, em normais condições de rendibilidade da exploração, do capital investido pelo concessionário.

2 – Na falta de estipulação contratual, o prazo a que se refere o número anterior é 30 anos, nele se incluindo a duração de qualquer prorrogação contratualmente prevista, sem prejuízo de lei especial que fixe prazo supletivo diferente, ou prazo máximo.

3 – Sem prejuízo do disposto no nº 1, o prazo inicial da concessão pode ser prorrogado com fundamento na necessidade de assegurar a amortização e remuneração, em normais condições de rendibilidade da exploração, do capital investido pelo concessionário, nos termos previstos no artigo 282º

ARTIGO 410º-A
Valor do contrato de concessão

1 – O valor de um contrato de concessão corresponde ao total do volume de negócios do concessionário gerado ao longo da duração do contrato, sem IVA, conforme estipulado no contrato, em contrapartida das obras e dos serviços que foram objeto da concessão, bem como dos fornecimentos relacionados com tais obras e serviços.

2 – O valor do contrato deve ter em conta, nomeadamente, o seguinte:

a) O valor de qualquer tipo de opção e eventuais prorrogações da duração da concessão;

b) As receitas provenientes do pagamento de taxas pelos utilizadores das obras ou dos serviços distintas das cobradas em nome da entidade adjudicante;

c) Os pagamentos ou qualquer vantagem financeira, independentemente da forma, que a entidade adjudicante ou qualquer outra autoridade pública proporcione ao concessionário, incluindo a compensação pelo cumprimento de uma obrigação de serviço público e os subsídios ao investimento público;

d) O valor das subvenções ou de quaisquer outras vantagens financeiras, independentemente da forma, provenientes de terceiros pela execução da concessão;

e) A receita da venda de ativos que façam parte do estabelecimento da concessão;

f) O valor de todos os fornecimentos e serviços postos à disposição do concessionário pelas entidades adjudicantes, desde que sejam necessários à execução das obras ou à prestação dos serviços;

g) Os prémios ou pagamentos a candidatos ou proponentes.

ARTIGO 411º
Concessionário

1 – Na falta de estipulação contratual, o concessionário deve manter a sua sede em Portugal e a forma de sociedade anónima.

2 – O concessionário deve ter por objeto social exclusivo, ao longo de todo o período de duração do contrato, as atividades que se encontram integradas na concessão.

ARTIGO 412º
Outras atividades

1 – Mediante autorização do concedente, o concessionário pode exercer atividades não previstas no contrato desde que complementares ou acessórias das que constituem o objeto principal do mesmo.

2 – A autorização referida no número anterior pressupõe a apresentação pelo concessionário de uma projeção económico-financeira da atividade ou atividades a desenvolver e de uma proposta de partilha da correspondente receita entre as partes.

3 – Mediante acordo do concedente, a partilha de receita entre as partes pode ser substituída, total ou parcialmente, pela redução do valor das tarifas aplicadas pelo concessionário ou por outras contrapartidas, com expressão financeira, que beneficiem os utilizadores da obra ou dos serviços concedidos ou o próprio concedente.

ARTIGO 413º
Partilha de riscos

1 – O contrato deve implicar uma significativa e efetiva transferência para o concessionário do risco de exploração dessas obras ou serviços, que se traduz no risco ligado à procura ou à oferta, ou a ambos.

2 – Para efeitos do disposto no número anterior, considera-se que o concessionário assume o risco de exploração quando:

a) Em condições normais de exploração, não há garantia de que recupere os investimentos efetuados ou as despesas suportadas no âmbito da exploração das obras ou dos serviços que são objeto da concessão; ou

b) A parte do risco transferido para o concessionário envolve uma exposição real à imprevisibilidade do mercado, o que implica que quaisquer perdas potenciais por ele incorridas não sejam meramente nominais ou insignificantes.

ARTIGO 414º
Obrigações do concessionário

Constituem obrigações do concessionário:

a) Informar o concedente de qualquer circunstância que possa condicionar o normal desenvolvimento das atividades concedidas;

b) Fornecer ao concedente, ou a quem este designar para o efeito, qualquer informação ou elaborar relatórios específicos sobre aspetos relacionados com a execução do contrato, desde que solicitados por escrito;

c) Obter todas as licenças, certificações, credenciações e autorizações necessárias ao exercício das atividades integradas ou de algum modo relacionadas com o objeto do contrato, salvo estipulação contratual em contrário;

d) Quaisquer outras previstas na lei ou no contrato.

ARTIGO 415º
Direitos do concessionário

Constituem direitos do concessionário:

a) Explorar, em regime de exclusivo, a obra pública ou o serviço público concedidos;

b) Receber a retribuição prevista no contrato;

c) Utilizar, nos termos da lei e do contrato, os bens do domínio público necessários ao desenvolvimento das atividades concedidas;

d) Quaisquer outros previstos na lei ou no contrato.

ARTIGO 416º
Viabilidade económico-financeira do projeto

O contrato só pode atribuir ao concessionário o direito a prestações económico-financeiras desde que as mesmas não violem as regras comunitárias e nacionais da concorrência, sejam essenciais à viabilidade económico-financeira da concessão e não eliminem a efetiva e significativa transferência do risco da concessão para o concessionário.

ARTIGO 417º
Cedência de elementos ao concedente

1 – O concessionário deve disponibilizar ao concedente todos os projetos, planos, plantas e outros elementos, de qualquer natureza, que se revelem necessários

ou úteis ao exercício dos direitos ou ao desempenho de funções atribuídas pela lei ou pelo contrato ao concedente.

2 – O disposto no número anterior é aplicável aos elementos adquiridos ou criados no desenvolvimento das atividades concedidas, seja diretamente pelo concessionário seja por terceiros por aquele subcontratados.

ARTIGO 418º
Indicadores de acompanhamento e avaliação do desempenho do concessionário

1 – Salvo quando incompatível ou desnecessário em face da natureza da obra pública ou do serviço público concedidos, o contrato deve estabelecer indicadores de acompanhamento e de avaliação do desempenho do concessionário, da perspetiva do utilizador e do interesse público, bem como procedimentos de cálculo para a sua aferição periódica, designadamente no que respeita ao número de utilizadores e seus níveis de satisfação.

2 – O concedente pode, nos termos do contrato e em função dos resultados da aplicação dos indicadores referidos no número anterior, atribuir vantagens económicas ou aplicar penalizações económicas ao concessionário.

ARTIGO 419º
Bens afetos à concessão

1 – À concessão corresponde um estabelecimento, que integra os bens móveis e imóveis afetos àquela e os direitos e obrigações destinados à realização do interesse público subjacente à celebração do contrato.

2 – Para efeitos do disposto no número anterior, consideram-se afetos à concessão todos os bens existentes à data de celebração do contrato, assim como os bens a criar, construir, adquirir ou instalar pelo concessionário em cumprimento do mesmo, que sejam indispensáveis para o adequado desenvolvimento das atividades concedidas, independentemente de o direito de propriedade pertencer ao concedente, ao concessionário ou a terceiros.

3 – O concessionário só pode onerar bens do domínio público afetos à concessão mediante autorização, que deve acautelar a compatibilidade daquela oneração com o normal desenvolvimento das atividades concedidas.

4 – O concessionário só pode alienar ou onerar bens próprios essenciais ao desenvolvimento das atividades concedidas mediante autorização do concedente, que deve salvaguardar a existência de bens funcionalmente aptos à prossecução daquelas atividades.

5 – O concessionário pode alienar ou onerar bens próprios não essenciais ao desenvolvimento das atividades concedidas desde que garanta a existência de bens funcionalmente aptos à prossecução daquelas atividades.

6 – Tratando-se de bens abrangidos, nos termos do contrato, por cláusula de transferência, à respetiva alienação ou oneração é aplicável o disposto no nº 4.

7 – O concessionário pode tomar de aluguer, por locação financeira ou por figuras contratuais afins bens e equipamentos a afetar à concessão desde que seja reservado ao concedente o direito de, mediante contrapartida, aceder ao uso desses bens e suceder na respetiva posição contratual em caso de sequestro, resgate ou resolução da concessão, não devendo, em qualquer caso, o prazo de vigência do respetivo contrato exceder o prazo de vigência do contrato de concessão a que diga respeito.

ARTIGO 420º
Direitos do concedente

Constituem direitos do concedente, a exercer nos termos e condições do contrato ou da lei e com os efeitos que destes resultem:

a) Estabelecer as tarifas mínimas e máximas pela utilização das obras públicas ou dos serviços públicos;

b) Sequestrar a concessão;

c) Resgatar a concessão;

d) Exigir a partilha equitativa do acréscimo de benefícios financeiros, nos termos do disposto no artigo 341º;

e) Quaisquer outros previstos na lei ou no contrato.

ARTIGO 420º-A
Modificações ao contrato

1 – O concedente apenas pode ampliar a quantidade de obras ou serviços abrangidos pelo contrato, com fundamento em circunstâncias não previstas, se:

a) As mesmas não puderem ser técnica ou economicamente separáveis do objeto do contrato sem inconvenientes graves ou que impliquem um aumento considerável de custos para concedente;

b) O valor dessas obras ou serviços não exceder 10% do valor do contrato.

2 – Quando a modificação do contrato se fundar em circunstâncias imprevisíveis, o valor da modificação não pode ultrapassar 50% do valor do contrato.

ARTIGO 421º
Sequestro

1 – Em caso de incumprimento grave pelo concessionário de obrigações contratuais, ou estando o mesmo iminente, o concedente pode, mediante sequestro, tomar a seu cargo o desenvolvimento das atividades concedidas.

2 – O sequestro pode ter lugar, designadamente, nas seguintes situações:

a) Quando ocorra ou esteja iminente a cessação ou suspensão, total ou parcial, de atividades concedidas;

b) Quando se verifiquem perturbações ou deficiências graves na organização e regular desenvolvimento das atividades concedidas ou no estado geral das instalações e equipamentos que comprometam a continuidade ou a regularidade daquelas atividades ou a integridade e segurança de pessoas e bens.

3 – Verificada a ocorrência de uma situação que pode determinar o sequestro da concessão, o concedente notifica o concessionário para, no prazo que lhe for razoavelmente fixado, cumprir integralmente as suas obrigações e corrigir ou reparar as consequências dos seus atos, exceto tratando-se de uma violação não sanável.

4 – Nos casos em que esteja previsto, em acordo entre o concedente e as entidades financiadoras, o direito destas de intervir na concessão nas situações de iminência de sequestro, este apenas pode ter lugar depois de o concedente notificar a sua intenção às entidades financiadoras.

5 – Em caso de sequestro, o concessionário suporta os encargos do desenvolvimento das atividades concedidas, bem como quaisquer despesas extraordinárias necessárias ao restabelecimento da normalidade da execução ou exploração da obra pública ou da normalidade da exploração do serviço público.

6 – O sequestro mantém-se pelo tempo julgado necessário pelo concedente, com o limite máximo de um ano, sendo o concessionário notificado pelo concedente para retomar o desenvolvimento das atividades concedidas, na data que lhe for fixada.

7 – Se o concessionário não puder ou se se opuser a retomar o desenvolvimento das atividades concedidas ou se, tendo-o feito, continuarem a verificar-se os factos que deram origem ao sequestro, o concedente pode resolver o contrato.

ARTIGO 422º
Resgate

1 – O concedente pode resgatar a concessão, por razões de interesse público, após o decurso do prazo fixado no contrato ou, na sua falta, decorrido um terço do prazo de vigência do contrato.

2 – O resgate é notificado ao concessionário no prazo previsto no contrato ou, na sua falta, com pelo menos seis meses de antecedência.

3 – Em caso de resgate, o concedente assume automaticamente os direitos e obrigações do concessionário diretamente relacionados com as atividades concedidas desde que constituídos em data anterior à da notificação referida no número anterior.

4 – As obrigações assumidas pelo concessionário após a notificação referida no nº 2 apenas vinculam o concedente quando este haja autorizado, prévia e expressamente, a sua assunção.

5 – Em caso de resgate, o concessionário tem direito a uma indemnização correspondente aos danos emergentes e aos lucros cessantes, devendo, quanto a estes, deduzir-se o benefício que resulte da antecipação dos ganhos previstos.

6 – A indemnização referida no número anterior é determinada nos termos do contrato ou, quando deste não resulte o respetivo montante exato, nos termos do disposto no nº 3 do artigo 566º do Código Civil.

7 – O resgate determina a reversão dos bens do concedente afetos à concessão, bem como a obrigação de o concessionário entregar àquele os bens abrangidos, nos termos do contrato, por cláusula de transferência.

8 – A caução e as garantias prestadas são liberadas um ano após a data do resgate, mediante comunicação dirigida pelo concedente aos respetivos depositários ou emitentes.

ARTIGO 423º
Resolução pelo concedente

1 – Sem prejuízo dos fundamentos gerais de resolução do contrato e de outros neste previstos e do direito de indemnização nos termos gerais, o concedente só pode resolver o contrato quando se verifique:

a) Desvio do objeto da concessão;

b) Cessação ou suspensão, total ou parcial, pelo concessionário da execução ou exploração de obras públicas ou da gestão do serviço público, sem que tenham sido tomadas medidas adequadas à remoção da respetiva causa;

c) Recusa ou impossibilidade do concessionário em retomar a concessão na sequência de sequestro;

d) Repetição, após a retoma da concessão, das situações que motivaram o sequestro;

e) Ocorrência de deficiência grave na organização e desenvolvimento pelo concessionário das atividades concedidas, em termos que possam comprometer a sua continuidade ou regularidade nas condições exigidas pela lei e pelo contrato;

f) Obstrução ao sequestro;

g) Sequestro da concessão pelo prazo máximo permitido pela lei ou pelo contrato.

2 – Nos casos em que esteja previsto, em acordo entre o concedente e as entidades financiadoras, o direito destas de intervir na concessão nas situações de iminência de resolução da concessão pelo concedente, esta apenas pode ter lugar depois de o concedente notificar a sua intenção às entidades financiadoras.

3 – A resolução do contrato determina, além dos efeitos previstos no contrato, a reversão dos bens do concedente e a obrigação de o concessionário entregar àquele, no prazo que lhe seja fixado na notificação a que se refere o número anterior, os bens afetos à concessão abrangidos por eventual cláusula de transferência.

ARTIGO 424º
Responsabilidade perante terceiros

1 – O concedente responde por danos causados pelo concessionário a terceiros no desenvolvimento das atividades concedidas por facto que ao primeiro seja imputável.

2 – O concedente responde ainda por facto que não lhe seja imputável, mas neste caso só depois de exercidos quaisquer direitos resultantes de contrato de seguro que no caso caibam e de excutidos os bens do património do concessionário.

ARTIGO 425º
Efeitos da extinção do contrato no termo previsto

1 – No termo do contrato, não são oponíveis ao concedente os contratos celebrados pelo concessionário com terceiros para efeitos do desenvolvimento das atividades concedidas, sem prejuízo do disposto no número seguinte.

2 – Sem prejuízo do disposto no nº 1 do artigo 417º, os direitos de propriedade intelectual sobre os estudos e projetos elaborados para os fins específicos das atividades integradas na concessão, bem como os projetos, planos, plantas, documentos e outros elementos referidos no mesmo artigo, são transmitidos gratuitamente e em regime de exclusividade ao concedente no termo do prazo de vigência do contrato, cabendo ao concessionário adotar todas as medidas para o efeito necessárias.

3 – No termo da concessão, revertem gratuitamente para o concedente todos os seus bens que integram o estabelecimento da concessão, obrigando-se o concessionário a entregá-los em bom estado de conservação e funcionamento, sem prejuízo do normal desgaste resultante do seu uso para efeitos de execução do contrato.

4 – No caso de o contrato prever a transferência, gratuita ou onerosa, para o concedente de bens do concessionário afetos à concessão, este é obrigado, no termo do prazo de vigência do contrato, a entregá-los livres de quaisquer ónus ou encargos, nos termos referidos na parte final do número anterior.

SECÇÃO II
Concessão de obras públicas

ARTIGO 426º
Remissão

Em tudo quanto respeite às empreitadas de obras públicas cuja execução seja necessária para a realização do objeto da concessão e não seja regulado pela presente secção ou pelo contrato de concessão, é aplicável, com as necessárias adaptações, o regime previsto no capítulo I do título II da parte III do presente Código.

ARTIGO 427º
Conservação e uso da obra e dos bens afetos à concessão

1 – O concessionário deve manter a obra em bom estado de conservação e em perfeitas condições de utilização, realizando todos os trabalhos necessários para que as mesmas satisfaçam, cabal e permanentemente, o fim a que se destinam.

2 – Caso se revele necessário e na impossibilidade de intervenção atempada da autoridade pública competente, o concessionário pode adotar as medidas necessá-

rias com vista à utilização da obra pública, devendo, nesse caso, dar imediato conhecimento deste facto à autoridade pública competente.

3 – O concessionário apenas pode impedir o uso da obra pública nas situações previstas no contrato, sem prejuízo do que, a este respeito, se estabeleça em legislação especial.

ARTIGO 428º
Zonas de exploração comercial

1 – Para além dos espaços que integram as obras públicas por natureza, estas podem incluir, quando previsto no contrato, outras zonas ligadas funcionalmente à concessão destinadas a atividades comerciais ou industriais que sejam suscetíveis de um aproveitamento económico diferenciado, designadamente estabelecimentos de hotelaria, estações de serviço, zonas de lazer, estacionamentos e centros comerciais.

2 – O desenvolvimento das atividades previstas no número anterior não dispensa o cumprimento das normas aplicáveis, designadamente em matéria de instalação comercial ou industrial e, bem assim, em matéria ambiental.

3 – As zonas ou espaços ligados funcionalmente à concessão são sujeitos ao princípio de unidade de gestão e controlo pelo concedente e são explorados conjuntamente com a obra pública pelo concessionário, diretamente ou por intermédio de terceiros, nos termos previstos no contrato.

4 – Os bens e instalações incluídos na zona de atividades complementares da obra concedida são entregues ao concedente no termo da concessão nos mesmos termos em que o são os bens afetos à concessão.

SECÇÃO III
Concessão de serviços públicos

ARTIGO 429º
Princípios gerais e regime especial

1 – Na exploração de uma atividade de serviço público, o concessionário está sujeito aos seguintes princípios:

a) Continuidade e regularidade;
b) Igualdade;
c) Adaptação às necessidades.

2 – Sem prejuízo do disposto no presente Código, o regime das concessões de serviços públicos, designadamente o de concessões portuárias, é definido em legislação especial.

ARTIGO 430º
Contratos afins

Os princípios do serviço público referidos no artigo anterior, bem como o regime definido na secção I do presente capítulo, são aplicáveis, com as necessárias adaptações, a contratos afins do contrato de concessão de serviços públicos.

CAPÍTULO III
Locação de bens móveis

ARTIGO 431º
Noção

1 – Entende-se por locação de bens móveis o contrato pelo qual um locador se obriga a proporcionar a um contraente público o gozo temporário de bens móveis, mediante retribuição.

2 – Para efeitos do presente capítulo, a locação de bens móveis compreende a locação financeira e a locação que envolva a opção de compra dos bens locados.

ARTIGO 432º
Remissão

Em tudo quanto não estiver regulado no presente capítulo, é aplicável aos contratos de locação de bens móveis, com as necessárias adaptações, o disposto no capítulo sobre contratos de aquisição de bens móveis.

ARTIGO 433º
Obrigações de reparação e manutenção

1 – Na falta de estipulação contratual, o locador tem obrigação de manter o bem locado em perfeitas condições de utilização, efetuando as reparações e os trabalhos de manutenção que se tornarem necessários num prazo razoável.

2 – Quando as reparações e os trabalhos de manutenção se tornarem necessários por facto imputável ao contraente público, este suportará as despesas inerentes na medida em que tenha concorrido para a deterioração do bem.

ARTIGO 434º
Indemnização por mora do contraente público nos pagamentos

Em caso de mora do contraente público, o locador apenas tem direito a exigir o pagamento de juros de mora a título de indemnização.

ARTIGO 435º
Cedência do gozo e sublocação do bem locado

O contraente público pode ceder o gozo ou sublocar o bem locado a qualquer entidade sobre a qual tenha poderes de direção, superintendência ou tutela de mérito ou que sobre ele exerça tais poderes sem necessidade de autorização por parte do locador.

ARTIGO 436º
Resolução pelo contraente público

Sem prejuízo dos fundamentos gerais de resolução do contrato e de outros neste previstos e do direito de indemnização nos termos gerais, pode o contraente público resolver o contrato quando o cumprimento de qualquer obrigação de reparação ou de manutenção do bem se atrase por mais de três meses ou o locador declarar por escrito que o atraso excederá esse prazo.

CAPÍTULO IV
Aquisição de bens móveis

ARTIGO 437º
Noção

Entende-se por aquisição de bens móveis o contrato pelo qual um contraente público compra bens móveis a um fornecedor.

ARTIGO 438º
Remissão

É aplicável aos contratos de aquisição de bens, com as necessárias adaptações, o disposto no capítulo sobre contratos de empreitadas de obras públicas no que respeita a trabalhos complementares.

ARTIGO 439º
Objeto

O contrato de aquisição de bens móveis pode ter por objeto a aquisição de bens a fabricar ou a adaptar em momento posterior à celebração do contrato, de acordo com características específicas estabelecidas pelo contraente público.

ARTIGO 440º
Prazo

1 – O prazo de vigência do contrato não pode ser superior a três anos, incluindo quaisquer prorrogações expressas ou tácitas do prazo de execução das prestações

que constituem o seu objeto, salvo se tal se revelar necessário ou conveniente em função da natureza das prestações objeto do contrato ou das condições da sua execução.

2 – O disposto no número anterior não é aplicável a obrigações acessórias que tenham sido estabelecidas inequivocamente em favor do contraente público, designadamente obrigações de sigilo, de conformidade dos bens adquiridos e de garantia dos mesmos.

ARTIGO 441º
Conformidade dos bens a entregar

1 – O fornecedor está obrigado a entregar todos os bens objeto do contrato em conformidade com os termos no mesmo estabelecidos, tendo em conta a respetiva natureza e o fim a que se destinam.

2 – Na falta de estipulação contratual, todos os bens objeto do contrato bem como as respetivas peças, componentes ou equipamentos devem ser novos.

3 – É aplicável, com as necessárias adaptações, aos contratos regulados no presente capítulo o disposto na lei que disciplina os aspetos relativos à venda de bens de consumo e das garantias a ela relativas no que respeita à conformidade dos bens com o contrato.

ARTIGO 442º
Acompanhamento do fabrico

1 – Na falta de estipulação contratual, nos contratos de aquisição de bens a fabricar, o contraente público pode manter nas instalações do fabricante ou dos fabricantes dos bens objeto do contrato missões de acompanhamento, cuja composição, competências e modo de funcionamento devem ser definidos por acordo das partes.

2 – No caso de, num prazo razoável, as partes não chegarem a acordo quanto aos aspetos referidos no número anterior, os mesmos são definidos pelo contraente público, em obediência a critérios de proporcionalidade e razoabilidade.

3 – Em qualquer caso, o acesso dos membros das missões de acompanhamento às instalações do fabricante deve ser feito de forma a evitar qualquer interferência nociva na gestão e operação das instalações e no processo de fabrico dos bens, devendo os referidos membros cumprir as normas de segurança aplicáveis às instalações a que tenham acesso, bem como as instruções para o efeito impostas pelo fabricante.

4 – Quando o fornecedor não seja o fabricante dos bens, aquele tem a obrigação de assegurar o acesso e o desenvolvimento dos trabalhos das missões de acompanhamento nas instalações do fabricante.

5 – O desempenho das funções da missão de acompanhamento não exime o fornecedor de responsabilidade por quaisquer defeitos dos bens objeto do contrato ou não conformidade destes com as características, especificações e requisitos estabelecidos no contrato.

6 – O disposto no presente artigo é aplicável, com as necessárias adaptações, aos contratos que tenham por objeto a adaptação ou modificação de bens.

ARTIGO 443º
Entrega dos bens

1 – Na falta de estipulação contratual, o fornecedor deve entregar os bens objeto do contrato na sede do contraente público.

2 – Conjuntamente com os bens objeto do contrato, o fornecedor deve entregar todos os documentos que sejam necessários para a boa e integral utilização, funcionamento ou consumo daqueles.

3 – Entre a entrega e a receção dos bens objeto do contrato, o contraente público é obrigado a cooperar com o fornecedor para que sejam criadas as condições de segurança dos bens que o fornecedor considere necessárias, suportando este os custos daí resultantes.

ARTIGO 444º
Obrigações do fornecedor em relação aos bens entregues

1 – É aplicável, com as necessárias adaptações, aos contratos regulados no presente capítulo o disposto na lei que disciplina os aspetos relativos à venda de bens de consumo e das garantias a ela relativas no que respeita à responsabilidade e obrigações do fornecedor e do produtor e aos direitos do consumidor.

2 – O prazo das obrigações de reposição da conformidade dos bens fornecidos conta-se a partir de cada receção individualmente considerada ou da data em que ocorrer a receção dos últimos bens fornecidos, consoante esteja em causa contrato que estabeleça entregas faseadas de bens com ou sem autonomia funcional entre si, respetivamente.

3 – As obrigações do fornecedor a que se refere o nº 1 abrangem ainda todos os encargos com os testes, a realizar pelo fornecedor, que o contraente público considere, justificadamente, necessário efetuar para verificação funcional dos bens objeto do contrato.

4 – Para além das obrigações que resultam para o fornecedor do disposto nos números anteriores, pode o contrato estipular uma obrigação de garantia, cujas condições concretas, designadamente as respeitantes ao respetivo prazo e às obrigações do fornecedor, são fixadas no contrato, sendo aplicável nesta matéria o disposto na lei a que se refere o nº 1.

5 – O prazo da garantia a que se refere o número anterior não deve exceder dois anos, podendo ser superior quando, tratando-se de aspeto da execução do contrato submetido à concorrência pelo caderno de encargos, o fornecedor o tenha proposto.

ARTIGO 445º
Encargos gerais

Na falta de estipulação contratual, constituem obrigações do fornecedor:

a) O pagamento de quaisquer impostos, taxas, direitos de qualquer natureza ou outros encargos exigidos pelas autoridades competentes e relativos à execução do contrato nos territórios do país ou países do fornecedor, dos seus subcontratados ou de passagem em transporte;

b) A obtenção de quaisquer autorizações e o pagamento de quaisquer emolumentos exigidos pelas autoridades competentes relativamente ao cumprimento das obrigações que impendem sobre o fornecedor no âmbito do contrato;

c) A realização de todas as diligências necessárias ou convenientes à obtenção de quaisquer licenças de exportação e de importação exigidas pelos países envolvidos na execução do contrato e a esta respeitantes, bem como o pagamento das taxas ou demais encargos a que houver lugar;

d) O pagamento de quaisquer despesas resultantes da prestação das cauções previstas nos artigos 88º a 91º e 292º

ARTIGO 446º
Continuidade de fabrico

Na falta de estipulação contratual e salvo quando outra coisa resultar da natureza do bem a fornecer, o fornecedor deve assegurar a continuidade do fabrico e do fornecimento de todas as peças, componentes e equipamentos que integrem os bens objeto do contrato pelo prazo estimado da respetiva vida útil, sem prejuízo do disposto nos artigos 297º e 298º

ARTIGO 447º
Direitos de propriedade intelectual

1 – Na falta de estipulação contratual, correm integralmente por conta do fornecedor os encargos ou a responsabilidade civil decorrentes da incorporação em qualquer dos bens objeto do contrato, ou da utilização nesses mesmos bens, de elementos de construção, de hardware, de software ou de outros que respeitem a quaisquer patentes, licenças, marcas, desenhos registados e outros direitos de propriedade industrial ou direitos de autor ou conexos.

2 – Se o contraente público vier a ser demandado por ter infringido, na execução do contrato ou na posterior utilização dos bens objeto do mesmo, qualquer dos direitos referidos no número anterior, terá direito de regresso contra o fornecedor por quaisquer quantias pagas, seja a que título for.

3 – Os encargos e a responsabilidade civil perante terceiros decorrentes dos factos mencionados nos nºs 1 e 2 não correm por conta do fornecedor se este demonstrar que os mesmos são imputáveis ao contraente público ou a terceiros que não sejam seus subcontratados.

ARTIGO 448º
Resolução pelo contraente público

1 – Sem prejuízo dos fundamentos gerais de resolução do contrato e de outros neste previstos e do direito de indemnização nos termos gerais, pode o contraente público resolver o contrato no caso de o fornecedor violar de forma grave ou reiterada qualquer das obrigações que lhe incumbem, nomeadamente quando a entrega de qualquer bem objeto do fornecimento se atrase por mais de três meses ou o fornecedor declarar por escrito que o atraso na entrega excederá esse prazo.

2 – A resolução do contrato nos termos do presente artigo abrange a repetição das prestações já realizadas pelo fornecedor se assim for determinado pelo contraente público.

ARTIGO 449º
Resolução pelo fornecedor

Na falta de estipulação contratual, a resolução do contrato pelo fornecedor não determina a repetição das prestações já realizadas, cessando, porém, todas as obrigações do fornecedor previstas no contrato, com exceção das obrigações a que se refere o artigo 444º

CAPÍTULO V
Aquisição de serviços

ARTIGO 450º
Noção

Entende-se por aquisição de serviços o contrato pelo qual um contraente público adquire a prestação de um ou vários tipos de serviços mediante o pagamento de um preço.

ARTIGO 451º
Remissão

Em tudo quanto não estiver regulado no presente capítulo, é aplicável aos contratos de aquisição de serviços, com as necessárias adaptações, o disposto no capítulo sobre contratos de aquisição de bens móveis.

ARTIGO 452º
Instalações e equipamentos

Na falta de estipulação contratual, as instalações, os equipamentos e quaisquer outros meios necessários ao exato e pontual cumprimento das obrigações contratuais são da responsabilidade do prestador de serviços.

ARTIGO 453º
Obrigações de serviço público

1 – Quando o objeto do contrato de aquisição de serviços esteja diretamente relacionado com uma atividade de serviço público, o respetivo contrato deve prever as obrigações de serviço público, compatíveis com as normas e os princípios comunitários aplicáveis, a que o prestador de serviços fica sujeito.

2 – Como contrapartida do cumprimento das obrigações de serviço público, o contraente público pode atribuir uma compensação financeira ao prestador de serviços.

ARTIGO 454º
Serviços complementares

1 – São serviços complementares aqueles cuja espécie ou quantidade não esteja prevista no contrato.

2 – Quando os serviços complementares resultem de circunstâncias não previstas, pode o contraente público ordenar a sua execução ao cocontratante desde que:

a) Não possam ser técnica ou economicamente separáveis do objeto do contrato sem inconvenientes graves e impliquem um aumento considerável de custos;

b) O preço desses serviços, incluindo o de anteriores serviços complementares igualmente decorrentes de circunstâncias não previstas, não exceda 10% do preço contratual; e

c) O somatório do preço contratual com o preço atribuído aos serviços complementares não exceda os limites previstos na alínea *b*) do nº 1 do artigo 20º, quando o procedimento adotado tenha sido o concurso público ou o limitado por prévia qualificação sem publicação de anúncio no *Jornal Oficial da União Europeia*, na alínea *c*) do nº 1 do mesmo artigo, quando o procedimento adotado tenha sido a consulta prévia, ou na alínea *d*) do nº 1 do mesmo artigo, quando o procedimento adotado tenha sido o ajuste direto;

d) (*Revogada.*)

3 – Quando os serviços complementares resultem de circunstâncias imprevisíveis, ou que uma entidade adjudicante diligente não pudesse ter previsto, pode o contraente público ordenar a sua execução ao cocontratante desde que:

a) Não possam ser técnica ou economicamente separáveis do objeto do contrato sem inconvenientes graves e impliquem um aumento considerável de custos; e

b) O preço desses serviços, incluindo o de anteriores serviços complementares igualmente decorrentes de circunstâncias imprevisíveis, não exceda 40% do preço contratual.

4 – (*Revogado.*)

5 – Caso não se verifique alguma das condições previstas no nº 2, os serviços complementares devem ser objeto de contrato celebrado na sequência de procedimento adotado nos termos do disposto no título I da parte II.

6 – Aos serviços complementares e aos serviços a menos é aplicável, com as necessárias adaptações, o disposto nos artigos 371º a 375º e 379º a 381º

PARTE IV
GOVERNAÇÃO E REGIME SANCIONATÓRIO

CAPÍTULO I
Governação

ARTIGO 454º-A
Acompanhamento e monitorização dos contratos públicos

O Instituto dos Mercados Públicos, do Imobiliário e da Construção, I. P., é, nos termos da lei, o organismo responsável pela regulação dos contratos públicos e é o ponto de referência de cooperação com a Comissão Europeia, para efeitos do disposto no nº 5 do artigo 83º da Diretiva nº 2014/24/UE, do Parlamento Europeu e do Conselho, de 26 de fevereiro de 2014.

ARTIGO 454º-B
Auditoria e fiscalização dos contratos públicos

A auditoria e a fiscalização dos contratos públicos compete ao Tribunal de Contas, à Inspeção-Geral de Finanças e às entidades com competências de inspeção e controlo interno, nos termos previstos em legislação própria.

ARTIGO 454º-C
Dever de colaboração com outras autoridades

1 – As entidades adjudicantes e o Instituto dos Mercados Públicos, do Imobiliário e da Construção, I. P., devem prestar prontamente a colaboração requerida pelo Ministério Público, pela Autoridade da Concorrência e pelas entidades de auditoria e fiscalização referidas no artigo anterior, para o desempenho da respetiva missão, nomeadamente garantindo o acesso direto às bases de dados de informações de contratos públicos e apresentando os documentos ou registos solicitados.

2 – As informações disponibilizadas nos termos do número anterior apenas podem ser utilizadas no âmbito das competências das referidas autoridades.

CAPÍTULO II
Regime sancionatório

ARTIGO 455º
Restrição do âmbito de aplicação

1 – Caso o objeto do contrato a celebrar ou celebrado abranja prestações típicas do contrato de empreitada de obras públicas, incluindo aquelas realizadas ou a realizar no âmbito de concessões, o regime contraordenacional aplicável consta do regime jurídico aplicável ao exercício da atividade da construção, estabelecido pela Lei nº 41/2015, de 3 de junho.

2 – As entidades adjudicantes, os donos de obra ou os concessionários devem participar ao Instituto dos Mercados Públicos, do Imobiliário e da Construção, I. P., logo que tomem conhecimento da sua ocorrência, quaisquer factos suscetíveis de constituírem contraordenação prevista na lei referida no número anterior e na demais legislação especificamente aplicável à atividade de construção.

ARTIGO 456º
Contraordenações muito graves

Constitui contraordenação punível com coima de € 2000 a € 3700 ou de € 7500 a € 44 800, consoante seja aplicada a pessoa singular ou a pessoa coletiva:

a) A participação de candidato ou de concorrente que se encontre em alguma das situações previstas no artigo 55º no momento da apresentação da respetiva candidatura ou proposta, da adjudicação ou da celebração do contrato;

b) A não apresentação pelo adjudicatário, no prazo fixado para o efeito, de quaisquer documentos de habilitação exigidos no presente Código ou pelo órgão competente para a decisão de contratar;

c) A não apresentação de documentos comprovativos da titularidade de habilitação profissional específica pelo adjudicatário, em violação do disposto no nº 5 do artigo 219º-I;

d) A apresentação de documentos falsos de habilitação, de documentos que constituem a proposta e de documentos destinados à qualificação;

e) A prestação de falsas declarações no decurso da fase de formação do contrato por qualquer candidato ou concorrente.

ARTIGO 457º
Contraordenações graves

Constitui contraordenação punível com coima de € 1000 a € 3000 ou de € 5000 a € 30 000, consoante seja aplicada a pessoa singular ou a pessoa coletiva:

a) A não prestação da caução pelo adjudicatário no tempo e nos termos previstos no presente Código, em violação do disposto no artigo 90º;

b) A não comparência do adjudicatário no dia, na hora e no local fixados para a outorga do contrato pelo órgão competente para a decisão de contratar, em violação do disposto no nº 3 do artigo 104º;

c) A não remessa do contrato assinado eletronicamente, no prazo fixado pelo órgão competente para a decisão de contratar, em violação do disposto no nº 3 do artigo 104º;

d) No caso de o adjudicatário ser um agrupamento, o facto de os seus membros não se associarem, antes da celebração do contrato, na modalidade jurídica prevista no programa do procedimento, em violação do disposto no nº 4 do artigo 54º

ARTIGO 458º
Contraordenações simples

Constitui contraordenação punível com coima de € 500 a € 1500 ou de € 3000 a € 20 000, consoante seja aplicada a pessoa singular ou a pessoa coletiva:

a) A violação do disposto no nº 2 do artigo 54º;

b) A verificação de que a declaração necessária nos termos da alínea *a*) do nº 3 do artigo 256º-A não corresponde à verdade;

c) A não apresentação de uma proposta nos termos previstos na parte final do nº 6 do artigo 256º-A;

d) A violação do disposto no nº 8 do artigo 256º-A.

ARTIGO 459º
Tentativa e negligência

1 – A tentativa e a negligência são puníveis.

2 – Em caso de negligência, os limites mínimos e máximos das coimas previstas nos artigos anteriores são reduzidos para metade.

ARTIGO 460º
Sanção de proibição de participação

1 – Pode ser aplicada ao infrator a sanção de proibição de participar, como candidato, como concorrente ou como membro de agrupamento candidato ou concorrente, em qualquer procedimento adotado para a formação de contratos públicos, quando a gravidade da infração e a culpa do agente o justifiquem.

2 – A sanção a que se refere o número anterior deve ser fixada segundo a gravidade da infração e a culpa do agente e não pode, em caso algum, exceder dois anos.

ARTIGO 461º
Competência para o processo de contraordenação

1 – A instauração e arquivamento dos processos, bem como a aplicação de coimas e sanções acessórias, cabem ao Instituto dos Mercados Públicos, do Imobiliário e da Construção, I. P..

2 – (*Revogado.*)

3 – As entidades adjudicantes devem participar ao Instituto dos Mercados Públicos, do Imobiliário e da Construção, I. P., quaisquer factos suscetíveis de constituírem contraordenações nos termos do disposto nos artigos 456º a 458º.

ARTIGO 462º
Cobrança das coimas

1 – O produto das coimas reverte em 60% para o Estado, em 30% para o Instituto dos Mercados Públicos, do Imobiliário e da Construção, I. P., e em 10% para as entidades adjudicantes que tenham participado os factos que determinaram a aplicação da coima.

2 – Quando não pagas, as coimas aplicadas em processos de contraordenação são cobradas coercivamente.

ARTIGO 463º
Publicidade da sanção

As decisões definitivas de aplicação da sanção prevista no artigo 460º são publicitadas no portal dos contratos públicos durante todo o período da respetiva inabilidade.

ARTIGO 464º
Responsabilidade criminal

O desrespeito, pelo infrator, da sanção prevista no artigo 460º constitui crime de desobediência nos termos do Código Penal.

ARTIGO 464º-A
Proibição de participação decorrente de incumprimento contratual

1 – Pode ser aplicada sanção de proibição de participação em procedimentos de formação de contratos públicos, pelo prazo de um ano, às entidades que se encontrem em qualquer das seguintes situações:

a) Incumprimento contratual que tenha dado origem, nos três últimos anos, à aplicação de sanções que tenham atingido os valores máximos aplicáveis nos termos dos nºs 2 e 3 do artigo 329º;

b) Incumprimento contratual que tenha sido objeto de duas resoluções sancionatórias nos três últimos anos com fundamento na alínea *a*) do nº 1 do artigo 333º, em qualquer das situações das alíneas *b*) a *g*) do nº 1 do artigo 405º e as constantes do artigo 423º

2 – Para efeitos do disposto no número anterior, os contraentes públicos devem comunicar ao Instituto dos Mercados Públicos, do Imobiliário e da Construção, I. P., as situações aí referidas, no prazo de 10 dias a contar da sua ocorrência.

3 – A aplicação da sanção referida no presente artigo cabe ao Instituto dos Mercados Públicos, do Imobiliário e da Construção, I. P., e é objeto de publicitação no portal dos contratos públicos.

PARTE V
DISPOSIÇÕES FINAIS

ARTIGO 465º
Publicitação dos contratos

1 – A informação relativa à formação e à execução dos contratos públicos sujeitos à parte II é obrigatoriamente publicitada no portal dos contratos públicos, através de uma ficha conforme modelo constante do anexo III ao presente Código.

2 – (*Revogado.*)

ARTIGO 466º

(*Revogado.*)

ARTIGO 467º
Notificações

As notificações previstas no presente Código devem ser efetuadas através de correio eletrónico ou de outro meio de transmissão escrita e eletrónica de dados.

ARTIGO 468º
Comunicações

1 – Todas as comunicações entre a entidade adjudicante ou o júri do procedimento e os interessados, os candidatos, os concorrentes ou o adjudicatário relativas à fase de formação do contrato devem ser escritas e redigidas em português e efetuadas através de correio eletrónico ou de outro meio de transmissão escrita e eletrónica de dados.

2 – Na falta de estipulação contratual, as comunicações entre o contraente público e o cocontratante relativas à fase de execução do contrato devem ser escritas e redigidas em português, podendo ser efetuadas pelos meios a que se refere o número anterior, ou por via postal, por meio de carta registada ou de carta registada com aviso de receção.

3 – Para efeitos de comunicações relativas à fase de execução do contrato, as partes devem identificar no mesmo as informações de contacto dos respetivos representantes, designadamente o endereço eletrónico, o número de telecópia e o endereço postal.

4 – No contrato podem as partes estipular que a validade das comunicações efetuadas por correio eletrónico fique sujeita à condição da sua utilização obedecer a requisitos suplementares.

5 – As comunicações ao Instituto dos Mercados Públicos, do Imobiliário e da Construção, I. P., previstas no presente Código devem ser efetuadas através de correio eletrónico ou de outro meio de transmissão escrita e eletrónica de dados.

ARTIGO 469º
Data da notificação e da comunicação

1 – As notificações e as comunicações consideram-se feitas:

a) Na data da respetiva expedição, quando efetuadas através de correio eletrónico ou de outro meio de transmissão escrita e eletrónica de dados, salvo o disposto no número seguinte;

b) Na data constante do relatório de transmissão bem sucedido, quando efetuado através de telecópia, salvo o disposto no número seguinte;

c) Na data indicada pelos serviços postais, quando efetuadas por carta registada;

d) Na data da assinatura do aviso, quando efetuadas por carta registada com aviso de receção.

2 – As notificações e as comunicações que tenham como destinatário a entidade adjudicante ou o contraente público e que sejam efetuadas através de correio eletrónico, telecópia ou outro meio de transmissão escrita e eletrónica de dados, após as 17 horas do local de receção ou em dia não útil nesse mesmo local, presumem-se feitas às 10 horas do dia útil seguinte.

ARTIGO 470º
Contagem dos prazos na fase de formação dos contratos

1 – Os prazos referidos no presente Código relativos aos procedimentos de formação de contratos contam-se nos termos do disposto no artigo 87º do Código do Procedimento Administrativo e não lhes é aplicável, em caso algum, o disposto no artigo 88º do mesmo Código.

2 – Ao prazo para a apresentação das propostas no concurso público urgente não é aplicável o disposto na alínea *b*) do artigo 87º do Código do Procedimento Administrativo.

3 – Os prazos fixados para a apresentação das propostas, das candidaturas e das soluções são contínuos, não se suspendendo nos sábados, domingos e feriados.

ARTIGO 471º
Contagem dos prazos na fase de execução dos contratos

1 – À contagem de prazos na fase de execução dos contratos públicos que revistam a natureza de contrato administrativo são aplicáveis as seguintes regras:

a) Não se inclui na contagem do prazo o dia em que ocorrer o evento a partir do qual o mesmo começa a correr;

b) Os prazos são contínuos, não se suspendendo nos sábados, domingos e feriados;

c) O prazo fixado em semanas, meses ou anos, a contar de certa data, termina às 24 horas do dia que corresponda, dentro da última semana, mês ou ano, a essa data, mas se no último mês não existir dia correspondente o prazo finda no último dia desse mês;

d) O prazo que termine em sábado, domingo, feriado ou em dia em que o serviço perante o qual deva ser praticado o ato que não esteja aberto ao público, ou não funcione durante o período normal, transfere-se para o 1º dia útil seguinte.

2 – O disposto na alínea *d*) do número anterior também é aplicável aos prazos que terminem em férias judiciais se o ato sujeito a prazo tiver de ser praticado em juízo.

ARTIGO 472º
Obrigações perante a Comissão Europeia

1 – Para efeitos do cumprimento das obrigações previstas no artigo 45º da Diretiva nº 2014/23/UE, nos artigos 83º e 85º da Diretiva nº 2014/24/UE e nos artigos 99º e 101º da Diretiva nº 2014/25/UE, todas do Parlamento Europeu e do Conselho, de 26 de fevereiro de 2014, compete ao Instituto dos Mercados Públicos, Imobiliário e Construção, I. P., elaborar e remeter à Comissão Europeia, de três em três anos, um relatório relativo aos contratos de aquisição e locação de bens e de aquisição de serviços, um relatório estatístico relativo aos contratos de empreitada de obras públicas e um relatório estatístico relativo aos contratos de concessão de obras e serviços públicos, os quais devem conter dados de monitorização adequados, incluindo, se for o caso, informações sobre as situações de dúvidas mais frequentes ou de aplicação incorreta das regras de contratação pública, sobre o nível de participação das pequenas e médias empresas e a prevenção, deteção e notificação dos casos de fraude, corrupção, conflitos de interesses e outras irregularidades graves no domínio da contratação pública.

2 – Para efeitos do disposto no número anterior, o Instituto dos Mercados Públicos, Imobiliário e Construção, I. P., recolhe os dados necessários a partir do portal dos contratos públicos e dos instrumentos de comunicação da informação inerentes à sua atividade.

3 – Para efeitos do cumprimento das obrigações previstas no nº 2 do artigo 4º da Diretiva nº 89/665/CEE, do Conselho, de 21 de dezembro, e no nº 2 do artigo 12º da Diretiva nº 92/13/CEE, do Conselho, de 25 de fevereiro, compete ao Instituto dos Mercados Públicos, do Imobiliário e da Construção, I. P., comunicar à Comissão Europeia, até 30 de setembro de cada ano, de acordo com informação fornecida pelo Conselho Superior dos Tribunais Administrativos e Fiscais, a compilação de todas as decisões que tenham transitado em julgado no ano anterior, nos termos previstos no nº 4 do artigo 285º e no nº 7 do artigo 287º

4 – É obrigatória a comunicação das decisões referidas no número anterior, bem como da respetiva fundamentação, por via eletrónica, ao portal da Internet dedicado aos contratos públicos, em termos a regular por portaria dos membros do Governo responsáveis pelas áreas da justiça e das obras públicas.

ARTIGO 473º
Imposto sobre o valor acrescentado

Todas as quantias previstas no presente Código, bem como o valor do contrato, o preço base e o preço contratual, não incluem o imposto sobre o valor acrescentado.

ARTIGO 474º
Montantes dos limiares europeus

1 – Os montantes dos limiares europeus, para efeitos de publicitação obrigatória de anúncio no *Jornal Oficial da União Europeia*, previstos no artigo 8º da Diretiva nº 2014/23/UE, no artigo 4º da Diretiva nº 2014/24/UE e no artigo 15º da Diretiva nº 2014/25/UE, todas do Parlamento Europeu e do Conselho, de 26 de fevereiro, à data da publicação do presente Código, são os previstos nos números seguintes.

2 – O montante do limiar previsto para os contratos de concessão de serviços públicos e de obras públicas é de € 5 225 000.

3 – Os montantes dos limiares previstos para os contratos públicos são os seguintes:

a) € 5 225 000, para os contratos de empreitada de obras públicas;

b) € 135 000, para os contratos públicos de fornecimentos de bens, de prestação de serviços e de concursos de conceção, adjudicados pelo Estado;

c) € 209 000, para os contratos referidos na alínea anterior, adjudicados por outras entidades adjudicantes;

d) € 750 000, para os contratos públicos relativos a serviços sociais e outros serviços específicos enumerados no anexo IX ao presente Código.

4 – Os montantes dos limiares previstos para os contratos públicos celebrados pelas entidades que operam nos setores da água, da energia, dos transportes e dos serviços postais são os seguintes:

a) € 5 225 000, para os contratos de empreitada de obras públicas;

b) € 418 000, para os contratos públicos de fornecimentos de bens, de prestação de serviços e de concursos de conceção;

c) € 1 000 000, para os contratos públicos relativos a serviços sociais e outros serviços específicos enumerados no anexo IX ao presente Código.

5 – Os montantes dos limiares referidos nos números anteriores são revistos de dois em dois anos pela Comissão Europeia, constando de regulamento a publicar no *Jornal Oficial da União Europeia*, sendo posteriormente divulgados no portal dos contratos públicos.

ARTIGO 475º
Base de dados de certificados (*e-Certis*)

1 – Com vista a facilitar a apresentação de propostas transfronteiriças, as entidades adjudicantes devem recorrer ao *e-Certis* e solicitar os tipos de certificados ou provas documentais abrangidos por este sistema.

2 – No *e-Certis* são disponibilizadas todas as versões linguísticas do Documento Europeu Único de Contratação Pública.

3 – O Instituto dos Mercados Públicos, do Imobiliário e da Construção, I. P., é responsável por manter atualizada a informação da base de dados *e-Certis*.

ARTIGO 476º
Resolução alternativa de litígios

1 – O recurso à arbitragem ou a outros meios de resolução alternativa de litígios é permitido, nos termos da lei, para a resolução de litígios emergentes de procedimentos ou contratos aos quais se aplique o presente Código.

2 – Quando opte pela sujeição dos litígios a arbitragem, a entidade adjudicante prevê obrigatoriamente:

a) A aceitação, por parte de todos os interessados, candidatos e concorrentes, da jurisdição de um centro de arbitragem institucionalizado competente para o julgamento de questões relativas ao procedimento de formação de contrato, de acordo com o modelo previsto no anexo XII ao presente Código, do qual faz parte integrante, a incluir no programa do procedimento;

b) A necessidade de aceitação, por parte do cocontratante, da jurisdição do centro de arbitragem institucionalizado para a resolução de quaisquer conflitos relativos ao contrato, de acordo com o modelo previsto no anexo XII, a incluir no caderno de encargos e no contrato;

c) O modo de constituição do tribunal e o regime processual a aplicar, por remissão para as normas do regulamento do centro de arbitragem institucionalizado competente, de acordo com o modelo previsto no anexo XII.

3 – A resolução de litígios por meio de arbitragem em tribunais arbitrais não integrados em centros de arbitragem institucionalizados só pode ser determinada numa das seguintes situações:

a) Quando, face à elevada complexidade das questões jurídicas ou técnicas envolvidas, ao elevado valor económico das questões a resolver, ou à inexistência de centro de arbitragem institucionalizado competente na matéria, seja aconselhável a submissão de eventuais litígios à jurisdição de tribunal arbitral não integrado em centro de arbitragem institucionalizado;

b) Quando o processo arbitral previsto nos regulamentos do respetivo centro de arbitragem institucionalizado não se conforme com o regime de urgência previsto no Código do Processo nos Tribunais Administrativos para os contratos por ele abrangidos;

c) Quando se demonstre que a utilização de um centro de arbitragem institucionalizado teria como consequência uma resolução mais morosa do litígio;

d) Quando se demonstre que a utilização de um centro de arbitragem institucionalizado teria como consequência um custo mais elevado para as entidades adjudicantes ou contraentes públicos.

4 – Se se optar pela submissão de litígio a tribunal arbitral não integrado em centro de arbitragem institucionalizado, a entidade contratante deve elaborar uma avaliação de impacto dos custos que tal opção importa, designadamente quanto aos honorários de árbitros e advogados, taxas, custas e outras despesas.

5 – Nos litígios de valor superior a € 500 000, da decisão arbitral cabe recurso para o tribunal administrativo competente, nos termos da lei, com efeito meramente devolutivo.

ANEXO I
Modelo de declaração

[a que se refere a alínea a) do nº 1 do artigo 57º ou a subalínea i) da alínea b) e alínea c) do nº 3 do artigo 256º-A, conforme aplicável]

1 – ... (nome, número de documento de identificação e morada), na qualidade de representante legal de ([1])... (firma, número de identificação fiscal e sede ou, no caso de agrupamento concorrente, firmas, números de identificação fiscal e sedes), tendo tomado inteiro e perfeito conhecimento do caderno de encargos relativo à execução do contrato a celebrar na sequência do procedimento de... (designação ou referência ao procedimento em causa) e, se for o caso, do caderno de encargos do acordo-quadro aplicável ao procedimento, declara, sob compromisso de honra, que a sua representada ([2]) se obriga a executar o referido contrato em conformidade com o conteúdo do mencionado caderno de encargos, relativamente ao qual declara aceitar, sem reservas, todas as suas cláusulas.

2 – Declara também que executa o referido contrato nos termos previstos nos seguintes documentos, que junta em anexo ([3]):

a) ...
b) ...

3 – Declara ainda que renuncia a foro especial e se submete, em tudo o que respeitar à execução do referido contrato, ao disposto na legislação portuguesa aplicável.

4 – Mais declara, sob compromisso de honra, que não se encontra em nenhuma das situações previstas no nº 1 do artigo 55º do Código dos Contratos Públicos.

5 – O declarante tem pleno conhecimento de que a prestação de falsas declarações implica, consoante o caso, a exclusão da proposta apresentada ou a caducidade da adjudicação que eventualmente sobre ela recaia e constitui contraordenação muito grave, nos termos do artigo 456º do Código dos Contratos Públicos, a qual

pode determinar a aplicação da sanção acessória de privação do direito de participar, como candidato, como concorrente ou como membro de agrupamento candidato ou concorrente, em qualquer procedimento adotado para a formação de contratos públicos, sem prejuízo da participação à entidade competente para efeitos de procedimento criminal.

6 – Quando a entidade adjudicante o solicitar, o concorrente obriga-se, nos termos do disposto no artigo 81º do Código dos Contratos Públicos, a apresentar os documentos comprovativos de que não se encontra nas situações previstas nas alíneas *b*), *d*), *e*) e *i*) do nº 1 do artigo 55º do referido Código.

7 – O declarante tem ainda pleno conhecimento de que a não apresentação dos documentos solicitados nos termos do número anterior, por motivo que lhe seja imputável, determina a caducidade da adjudicação que eventualmente recaia sobre a proposta apresentada e constitui contraordenação muito grave, nos termos do artigo 456º do Código dos Contratos Públicos, a qual pode determinar a aplicação da sanção acessória de privação do direito de participar, como candidato, como concorrente ou como membro de agrupamento candidato ou concorrente, em qualquer procedimento adotado para a formação de contratos públicos, sem prejuízo da participação à entidade competente para efeitos de procedimento criminal.

... (local),... (data),... [assinatura (4)].

(1) Aplicável apenas a concorrentes que sejam pessoas coletivas.

(2) No caso de o concorrente ser uma pessoa singular, suprimir a expressão «a sua representada».

(3) Enumerar todos os documentos que constituem a proposta, para além desta declaração, nos termos do disposto nas alíneas *b*), *c*) e *d*) do nº 1 e nos nºs 2 e 3 do artigo 57º

(4) Nos termos do disposto nos nºs 4 e 5 do artigo 57º

ANEXO II
Modelo de declaração
[a que se refere a alínea a) do nº 1 do artigo 81º]

1 – ... (nome, número de documento de identificação e morada), na qualidade de representante legal de (1)... (firma, número de identificação fiscal e sede ou, no caso de agrupamento concorrente, firmas, números de identificação fiscal e sedes), adjudicatário(a) no procedimento de... (designação ou referência ao procedimento em causa), declara, sob compromisso de honra, que a sua representada (2) não se encontra em nenhuma das situações previstas no nº 1 do artigo 55º do Código dos Contratos Públicos:

2 – O declarante junta em anexo [ou indica...como endereço do sítio da Internet onde podem ser consultados (3)] os documentos comprovativos de que a sua representada (4) não se encontra nas situações previstas nas alíneas *b*), *d*), *e*) e *i*) do nº 1 do artigo 55º do Código dos Contratos Públicos.

3 – O declarante tem pleno conhecimento de que a prestação de falsas declarações implica a caducidade da adjudicação e constitui contraordenação muito grave, nos

termos do artigo 456º do Código dos Contratos Públicos, a qual pode determinar a aplicação da sanção acessória de privação do direito de participar, como candidato, como concorrente ou como membro de agrupamento candidato ou concorrente, em qualquer procedimento adotado para a formação de contratos públicos, sem prejuízo da participação à entidade competente para efeitos de procedimento criminal.

... (local),... (data),... [assinatura (5)].

(1) Aplicável apenas a concorrentes que sejam pessoas coletivas.
(2) No caso de o concorrente ser uma pessoa singular, suprimir a expressão «a sua representada».
(3) Acrescentar as informações necessárias à consulta, se for o caso.
(4) No caso de o concorrente ser uma pessoa singular, suprimir a expressão «a sua representada».
(5) Nos termos do disposto nos nºs 4 e 5 do artigo 57º

ANEXO III
Modelo de ficha
(a que se refere o nº 1 do artigo 127º e o nº 1 do artigo 465º)

Entidade adjudicante	Identificação da entidade adjudicante.
Adjudicatário	Identificação do adjudicatário.
Objeto do contrato	Descrição sumária.
Preço contratual	Preço calculado nos termos do disposto no artigo 17.º
Prazo da execução das principais prestações objeto do contrato.	
Local da execução das principais prestações objeto do contrato.	
Critério material de escolha do ajuste direto (se aplicável).	(1)
Critério de escolha da entidade, quando utilizada a consulta prévia.	

(1) Indicar o fundamento da escolha do procedimento de ajuste direto, incluindo a não opção pela consulta prévia nos termos do artigo 27º-A, quando este tiver sido adotado ao abrigo do disposto nos artigos 24º a 27º

ANEXO IV
(*Revogado.*)

ANEXO V
Modelo de declaração
(a que se refere o nº 1 do artigo 168º)

1 – ... (nome, número de documento de identificação e morada), na qualidade de representante legal de (1) ... (firma, número de identificação fiscal e sede ou, no caso

de agrupamento concorrente, firmas, números de identificação fiscal e sedes), tendo tomado conhecimento das peças do procedimento de... (designação ou referência ao procedimento em causa), vem por este meio apresentar a respetiva candidatura, juntando em anexo, para o efeito, os seguintes documentos destinados à qualificação (2):

2 – Para o efeito declara, sob compromisso de honra, que não se encontra em nenhuma das situações previstas no nº 1 do artigo 55º do Código dos Contratos Públicos.

3 – O declarante tem pleno conhecimento de que a prestação de falsas declarações implica a exclusão da candidatura apresentada e constitui contraordenação muito grave, nos termos do artigo 456º do Código dos Contratos Públicos, a qual pode determinar a aplicação da sanção acessória de privação do direito de participar, como candidato, como concorrente ou como membro de agrupamento candidato ou concorrente, em qualquer procedimento adotado para a formação de contratos públicos, sem prejuízo da participação à entidade competente para efeitos de procedimento criminal.

... (local),... (data),... [assinatura (3)].

(1) Aplicável apenas a concorrentes que sejam pessoas coletivas.

(2) Enumerar todos os documentos que constituem a candidatura, para além desta declaração, indicados no programa do procedimento.

(3) Nos termos do disposto nos nºs 2 e 3 do artigo 168º

ANEXO VI
Modelo de declaração bancária
[a que se refere a alínea a) do nº 3 do artigo 179º]

Procedimento de... (designação ou referência ao procedimento em causa), cujo anúncio foi publicado no Diário da República de..., e no *Jornal Oficial da União Europeia* de... (se aplicável)

... (designação, número de identificação fiscal e sede) (adiante, instituição de crédito), neste ato representada por... (nome, número de documento de identificação e morada), na qualidade de... (qualidade em que declara: representante legal, procurador ou outra), com poderes para o ato, declara, para os efeitos do disposto na alínea *a*) do nº 3 do artigo 179º do Código dos Contratos Públicos e da eventual adjudicação da proposta que... (firma, número de identificação fiscal e sede ou, no caso de agrupamento concorrente, firmas, números de identificação fiscal e sedes) (adiante, candidato) venha a apresentar no referido procedimento, o seguinte:

a) A instituição de crédito obriga-se, perante o candidato e... (designação, número de identificação fiscal e sede da entidade adjudicante), a pôr à disposição do candidato todos os meios financeiros previsivelmente necessários ao integral cumprimento das obrigações resultantes do contrato a celebrar no caso de a adjudicação recair sobre a proposta a apresentar;

b) Em cumprimento da obrigação prevista no número anterior, que vigora desde o início do prazo de vigência do contrato, a instituição de crédito atribui ao candidato uma linha de crédito que o habilita a sacar, para o efeito da execução do contrato, os referidos meios financeiros;

c) A emissão, a validade e a eficácia da presente declaração e a constituição, a modificação e a extinção, a qualquer título, das obrigações por ela constituídas, são integralmente disciplinadas pela legislação portuguesa aplicável.

... (local),... (data),... (assinatura).

ANEXO VII
Especificações técnicas
(a que se refere o nº 1 do artigo 49º)

1 – Entende-se por «Especificação técnica»:

a) No caso dos contratos de empreitada de obras públicas, a totalidade das prescrições técnicas constantes, nomeadamente, dos documentos do procedimento, que definem as características exigidas ao material ou produto e que permitem caracterizá-los de modo a que correspondam à utilização a que a entidade adjudicante os destina; essas características incluem os níveis de desempenho ambiental e climático, a conceção que preveja todas as utilizações (incluindo a acessibilidade por parte das pessoas com deficiência) e a avaliação da conformidade, o desempenho, a segurança ou as dimensões, incluindo os procedimentos relativos à garantia de qualidade, a terminologia, os símbolos, os ensaios e métodos de ensaio, a embalagem, a marcação e a rotulagem, as instruções de utilização, bem como os procedimentos e métodos de produção em qualquer das fases do ciclo de vida dos trabalhos; as características incluem igualmente as regras de conceção e cálculo dos custos, as condições de ensaio, de controlo e de receção das obras, bem como as técnicas ou métodos de construção e todas as outras condições de caráter técnico que a autoridade adjudicante possa exigir, por meio de regulamentação geral ou especial, no que respeita às obras acabadas e aos materiais ou elementos integrantes dessas obras;

b) No caso de contratos de aquisição ou locação de bens móveis e de aquisição de serviços, uma especificação constante de um documento que define as características exigidas a um produto ou a um serviço, tais como os níveis de qualidade, os níveis de desempenho ambiental e climático, a conceção que preveja todas as utilizações (incluindo a acessibilidade por parte das pessoas com deficiência) e a avaliação da conformidade, o desempenho, a utilização do produto, a segurança ou as dimensões, incluindo as prescrições aplicáveis ao produto no que se refere ao nome sob o qual é vendido, a terminologia, os símbolos, os ensaios e métodos de ensaio, a embalagem, a marcação e rotulagem, as instruções de utilização, os procedimentos e métodos de produção em qualquer fase do ciclo de vida do produto ou serviço e os procedimentos de avaliação da conformidade.

2 – Entende-se por «Norma»: uma especificação técnica aprovada por um organismo de normalização reconhecido para aplicação repetida ou continuada, cuja observância não é obrigatória e que se enquadra no âmbito de uma das seguintes categorias:

a) «Norma internacional»: uma norma aprovada por um organismo internacional de normalização e acessível ao público em geral;

b) «Norma europeia»: uma norma aprovada por um organismo europeu de normalização e acessível ao público em geral;

c) «Norma nacional»: uma norma aprovada por um organismo nacional de normalização e acessível ao público em geral.

3 – Entende-se por «Avaliação Técnica Europeia»: a avaliação documentada do desempenho de um produto de construção, em relação às suas características essenciais, em conformidade com o respetivo documento de avaliação europeu, conforme definido no ponto 12 do artigo 2º do Regulamento (UE) nº 305/2011 do Parlamento Europeu e do Conselho, de 9 de março.

4 – Entende-se por «Especificação técnica comum», uma especificação técnica no domínio das Tecnologias de Informação e Comunicação estabelecida de acordo com o disposto nos artigos 13º e 14º do Regulamento (UE) nº 1025/2012 do Parlamento Europeu e do Conselho, de 25 de outubro de 2012.

5 – Entende-se por «Referencial técnico»: qualquer produto elaborado por organismos europeus de normalização, que não as normas europeias, em conformidade com procedimentos adaptados à evolução das necessidades do mercado.

ANEXO VIII
Lista de serviços de investigação e de desenvolvimento
[a que se refere a alínea j) do nº 4 do artigo 5º e alínea e) do nº 1 do artigo 27º]

Código CPV	Descrição
73000000-2	Serviços de investigação e desenvolvimento e serviços de consultoria conexos.
73100000-3	Serviços de desenvolvimento experimental e de investigação.
73110000-6	Serviços de investigação.
73111000-3	Serviços relacionados com laboratórios de investigação.
73112000-0	Serviços de investigação marinha.
73120000-9	Serviços de desenvolvimento experimental.
73300000-5	Conceção e execução em matéria de investigação e desenvolvimento.
73420000-2	Estudo de pré-viabilidade e demonstração tecnológica.
73430000-5	Ensaios e avaliações.

ANEXO IX
Lista de serviços de saúde, serviços sociais, serviços de ensino e outros serviços específicos
[a que se refere o artigo 6º-A, a subalínea v) da alínea b) do nº 1 do artigo 11º, o artigo 250º-A e a alínea d) do nº 3 do artigo 474º]

Código CPV	Descrição
75200000-8; 75231200-6; 75231240-8; 79611000-0; 79622000-0 [Serviços de fornecimento de pessoal auxiliar doméstico]; 79624000-4 [Serviços de fornecimento de pessoal de enfermagem] e 79625000-1 [Serviços de fornecimento de pessoal médico] de 85000000-9 a 85323000-9; 98133100-5, 98133000-4; 98200000-5; 98500000-8 [Residências particulares com empregados domésticos] e 98513000-2 a 98514000-9 [Serviços de fornecimento de pessoal para agregados familiares, serviços de agências de pessoal para agregados familiares, serviços de empregados para agregados familiares, pessoal temporário para agregados familiares, serviços de assistência ao domicílio e serviços domésticos].	Saúde, serviços sociais e serviços conexos.
85321000-5 e 85322000-2, 75000000-6 [Serviços relacionados com a administração pública, a defesa e a segurança social], 75121000-0, 75122000-7, 75124000-1; de 79995000-5 a 79995200-7; de 80000000-4 [Serviços de educação e formação profissional] a 80660000-8.	Serviços administrativos nas áreas social, da educação e da saúde.
98000000-3; 98120000-0; 98132000-7; 98133110-8 e 98130000-3.	Outros serviços coletivos, sociais e pessoais, incluindo serviços prestados por organizações sindicais, organizações políticas, organizações de juventude e outras organizações associativas.
98131000-0	Serviços prestados por organizações religiosas.
De 75100000-7 a 75120000-3; 75123000-4; de 75125000-8 a 75131000-3.	Outros serviços administrativos e das administrações públicas.
De 75200000-8 a 75231000-4	Prestação de serviços à comunidade.
98900000-2 [Serviços prestados por organizações e entidades extraterritoriais] e 98910000-5 [Serviços específicos às organizações e entidades extraterritoriais].	Serviços internacionais.

ANEXO X

Lista de serviços de saúde, serviços sociais e serviços culturais que podem participar em procedimentos reservados

(a que se refere o nº 1 do artigo 250º-D)

Código CPV	Descrição
75121000-0	Serviços administrativos na área da educação.
75122000-7	Serviços administrativos na área da saúde.
75123000-4	Serviços administrativos na área da habitação.
79622000-0	Serviços de fornecimento de pessoal auxiliar doméstico.
79624000-4	Serviços de fornecimento de pessoal de enfermagem.
79625000-1	Serviços de fornecimento de pessoal médico.
80110000-8	Serviços de ensino pré-escolar.
80300000-7	Serviços de ensino superior.
80420000-4	Serviços de aprendizagem eletrónica (*e-learning*).
80430000-7	Serviços de ensino de nível superior para adultos.
80511000-9	Serviços de formação de quadros.
80520000-5	Instalações para formação.
80590000-6	Serviços de tutoria.
85000000-9 a 85323000-9	Serviços de saúde e ação social, vários serviços de saúde, médicos e hospitalares, serviços de assistência social, até serviços comunitários de saúde.
92500000-6	Serviços de bibliotecas, arquivos e museus e outros serviços culturais.
92600000-7	Serviços de desporto.
98133000-4	Serviços prestados por organizações associativas de caráter social.
98133110-8	Serviços prestados por organizações de juventude.

ANEXO XI

Lista de atividades de construção civil

[a que se refere a subalínea i) da alínea a) do nº 1 do artigo 275º]

Em caso de divergências de interpretação entre a CPV e a NACE, é aplicável a nomenclatura CPV.

NACE Rev. 1 (1)					Código CPV
Secção F			Construção		
Divisão	Grupo	Classe	Objeto	Notas	
45			Construção	Esta divisão inclui: — Novas construções, restauração e reparação de rotina.	45000000
	45.1		Preparação dos locais de construção		45100000
		45.11	Demolição e destruição de edifícios; terraplenagens.	Esta classe inclui: — Demolição de edifícios e outras estruturas,	45110000

NACE Rev. 1 (1)					
Secção F			Construção		Código CPV
Divisão	Grupo	Classe	Objeto	Notas	
				— Limpeza de estaleiros de construção, — Terraplanagens: desaterros, aterros, nivelamento de estaleiros de construção, escavação de valas, remoção de rochas, destruição por meio de explosivos, etc. — Preparação de estaleiros para mineração, — Remoção de obstáculos e outras atividades de desenvolvimento e de preparação de propriedades e de estaleiros associados a minas. Esta classe inclui ainda: — Drenagem de estaleiros de construção, — Drenagem de terras dedicadas à agricultura ou à silvicultura.	
		45.12	Perfurações e sondagens	Esta classe inclui: — Perfurações, sondagens e recolha de amostras com fins geofísicos, geológicos, de construção ou semelhantes. Esta classe não inclui: — Perfuração de poços de petróleo ou de gás, ver 11.20, — Perfuração de poços de água, ver 45.25, — Abertura de poços, ver 45.25, — Exploração de campos de petróleo e de gás, prospeção geofísica, geológica e sísmica, ver 74.20.	45120000
	45.2		Construção de edifícios (no todo ou em parte); engenharia civil.		45200000
		45.21	Construção geral de edifícios e engenharia civil.	Esta classe inclui: — Construção de todo o tipo de edifícios construção de obras de engenharia civil, — Pontes, incluindo as que se destinam a estradas em passagens superiores, viadutos, túneis e passagens inferiores, — Condutas de longa distância, linhas de comunicações e de transporte de energia, — Condutas urbanas, linhas urbanas de comunicações e de transporte de energia, — Obras urbanas associadas, — Montagem e edificação, no local, de construções pré--fabricadas. Esta classe não inclui: — Atividades dos serviços relacionados com a extração de petróleo e de gás, ver 11.20, — Edificação de construções totalmente pré-fabricadas a partir de partes fabricadas automaticamente, não de betão, ver divisões 20, 26 e 28, — Obras de construção, exceto de edifícios, em estádios, piscinas, ginásios, campos de ténis e de golfe e em outras instalações desportivas, ver 45.23, — Instalações especiais, ver 45.3, — Acabamento de edifícios, ver 45.4, — Atividades de arquitetura e de engenharia, ver 74.20, — Gestão de projetos para a construção, ver 74.20.	45210000 Exceto: 45213316 45220000 45231000 45232000
		45.22	Construção de coberturas e estruturas	Esta classe inclui: — Construção de telhados, — Cobertura de telhados, — Impermeabilização.	45261000
		45.23	Construção de estradas, vias férreas, aeroportos e de instalações desportivas.	Esta classe inclui: — Construção de estradas, ruas e outras vias para veículos e peões, — Construção de vias férreas, — Construção de pistas de aeroportos, — Obras de construção, exceto de edifícios, em estádios, piscinas, ginásios, campos de ténis, campos de golfe, e outras instalações desportivas, — Pintura de sinalização horizontal em estradas e parques de estacionamento.	45212212 e DA03 45230000 Exceto: 45231000 45232000 45234115

NACE Rev. 1 (1)					
Secção F			Construção		Código CPV
Divisão	Grupo	Classe	Objeto	Notas	
				Esta classe não inclui: — Terraplanagens prévias, ver 45.11.	
		45.24	Engenharia hidráulica	Esta classe inclui: — Construção de: — Vias aquáticas, portos e obras fluviais, portos de recreio (marinas), eclusas, etc., — Barragens e diques, — Dragagens, — Obras abaixo da superfície.	45240000
		45.25	Outras obras especializadas de construção	Esta classe inclui: — Atividades de construção especializadas num aspeto comum a diferentes tipos de estruturas e que requeiram aptidões ou equipamento especializados, — Construção de fundações, incluindo cravação de estacas, — Perfuração e construção de poços de água, abertura de poços, — Edificação de elementos de aço não fabricados automaticamente, — Moldagem de aço, — Assentamento de tijolos e de pedras, — Montagem e desmontagem de andaimes e plataformas de construção, incluindo o aluguer dos mesmos, — Edificação de chaminés e de fornos industriais. Esta classe não inclui: — Aluguer de andaimes que não implique montagem nem desmontagem, ver 71.32	45250000 45262000
	45.3		Instalações especiais		45300000
		45.31	Instalação elétrica.	Esta classe inclui: Instalação, em edifícios ou em outros projetos de construção, de: — Instalação elétrica, — Sistemas de telecomunicações, — Sistemas elétricos de aquecimento, — Antenas residenciais, — Alarmes contra incêndio, — Alarmes contra roubo, — Elevadores e escadas rolantes, — Condutores de para-raios, etc.	45213316 45310000 Exceto: 45316000
		45.32	Obras de isolamento.	Esta classe inclui: — Instalação, em edifícios ou em outros projetos de construção, de isolamento térmico, sonoro ou contra vibrações. Esta classe não inclui: — Impermeabilização, ver 45.22.	45320000
		45.33	Instalação de canalizações e de climatização.	Esta classe inclui: — Instalação, em edifícios ou em outros projetos de construção, de: — Canalizações e equipamento sanitário, — Artefactos para instalações de distribuição de gás, — Equipamento e condutas para aquecimento, ventilação, refrigeração ou climatização, — Sistemas de aspersão. Esta classe não inclui: — Realização de instalações de aquecimento elétrico, ver 45.31.	45330000

NACE Rev. 1 (1)					Código CPV
Secção F			Construção		
Divisão	Grupo	Classe	Objeto	Notas	
		45.34	Instalações, n.e.	Esta classe inclui: — Instalação de sistemas de iluminação e de sinalização para estradas, caminho-de-ferro, aeroportos e portos, — Instalação, em edifícios ou em outros projetos de construção, de equipamento e acessórios não especificados noutra posição.	45234115 45316000 45340000
	45.4		Atividades de acabamento		45400000
		45.41	Estucagem	Esta classe inclui: — Aplicação, em edifícios ou em outros projetos de construção, de estuque interior e exterior, incluindo materiais de revestimento associados.	45410000
		45.42	Montagem de trabalhos de carpintaria e de caixilharia.	Esta classe inclui: — Instalação de portas, janelas, caixilhos de portas e janelas, cozinhas equipadas, escadas, equipamento para estabelecimentos comerciais e semelhantes não fabricados automaticamente, de madeira ou de outros materiais, — Acabamentos de interior, tais como tetos, revestimentos de madeira para paredes, divisórias móveis, etc. Esta classe não inclui: — Colocação de parquet e outros revestimentos de madeira para pavimentos, ver 45.43.	45420000
		45.43	Revestimento de pavimentos e de paredes	Esta classe inclui: — Colocação, aplicação, suspensão ou assentamento, em edifícios ou em outros projetos de construção, de: — Paredes de cerâmica, de betão ou de cantaria, ou ladrilhos para pavimentos, — Parquet e outros revestimentos de madeira para pavimentos, alcatifas e revestimentos em linóleo para pavimentos, — Incluindo de borracha ou plástico, — Revestimentos de granito artificial, mármore, granito ou ardósia para pavimentos e paredes, — Papel de parede.	45430000
		45.44	Pintura e colocação de vidros	Esta classe inclui: — Pintura interior e exterior de edifícios, — Pintura de estruturas de engenharia civil, — Colocação de vidros, espelhos, etc. Esta classe não inclui: — Instalação de janelas, ver 45.42.	45440000
		45.45	Atividades de acabamento, n.e.	Esta classe inclui: — Instalação de piscinas privadas, — Limpeza a vapor ou com jato de areia e outras atividades semelhantes em exteriores de edifícios, — Outras obras de acabamento de edifícios n.e. Esta classe não inclui: — Limpeza interior de edifícios e de outras estruturas, ver 74.70.	45212212 e DA04 45450000
	45.5		Aluguer de equipamento de construção e de demolição com operador.		45500000
		45.50	Aluguer de equipamento de construção e de demolição com operador.	Esta classe não inclui: — Aluguer de maquinaria e equipamento de construção ou demolição sem operador, ver 71.32.	45500000

(1) Regulamento (CEE) nº 3037/90 do Conselho, de 9 de outubro de 1990, relativo à nomenclatura estatística das atividades económicas na Comunidade Europeia (JO L 293 de 24.10.1990, p. 1).

ANEXO XII
Modelos para a aceitação da jurisdição de centro de arbitragem institucionalizado
(a que se refere o artigo 476º)

1 – Modelo previsto na alínea *a*) do nº 2 do artigo 476º, a incluir no programa do procedimento:

A (*designação oficial da entidade pública adjudicante*) aceita a jurisdição do Centro de Arbitragem Institucionalizado (*designação e identificação do Centro de Arbitragem Institucionalizado*) para a resolução de qualquer litígio respeitante ao presente procedimento pré-contratual, seguindo-se os respetivos regulamentos, designadamente quanto ao respetivo modo de constituição e regime processual.

2 – Modelo previsto na alínea *a*) do nº 2 do artigo 476º, a incluir no caderno de encargos:

O interessado aceita submeter a resolução de qualquer litígio respeitante ao contrato a celebrar ou a aspetos respeitantes ao procedimento de formação ao Centro de Arbitragem Institucionalizado (*designação e identificação do Centro de Arbitragem Institucionalizado*), incluindo os aspetos que resultem do procedimento pré-contratual que lhe deu origem, nos termos dos respetivos regulamentos.

3 – Modelo previsto no nº 3 do artigo 476º, a incluir no contrato:

As partes contratantes aceitam atribuir a competência para a resolução de litígios relativos ao contrato ao Centro de Arbitragem Institucionalizado (*designação e identificação do Centro de Arbitragem Institucionalizado*).

ANEXO XIII
Modelo de declaração de inexistência de conflito de interesses
(a que se refere o nº 5 do artigo 67º)

... (nome, número de documento de identificação e morada), na qualidade de ... (dirigente, trabalhador, ou prestador de serviço atuando em nome da entidade adjudicante) da ... (entidade adjudicante), participando (se for o caso, como membro do júri) no procedimento de formação do contrato nº ... relativo a ... (objeto do contrato), declara não estar abrangido, na presente data, por quaisquer conflitos de interesses relacionados com o objeto ou com os participantes no procedimento em causa.

Mais declara que se durante o procedimento de formação do contrato tiver conhecimento da participação nele de operadores económicos relativamente aos quais possa existir um conflito de interesses, disso dará imediato conhecimento ao órgão competente da entidade adjudicante, para efeitos de impedimento ou escusa de participação no procedimento, nos termos do disposto nos artigos 45º a 50º do Código do Procedimento Administrativo.

... (local), ... (data), ... (assinatura).

ANEXO XIV
Recurso a catálogos eletrónicos no sistema de aquisição dinâmico e nos acordos-quadro
(a que se refere o nº 2 do artigo 241º-C e o nº 6 do artigo 257º)

I – Sistema de aquisição dinâmico

1 – A entidade adjudicante notifica os participantes no sistema da sua intenção de proceder à composição do objeto e do momento em que o fará;

2 – É conferido aos participantes um prazo razoável antes de a entidade adjudicante efetivar a recolha de informação;

3 – A entidade adjudicante recolhe a informação, compõe o objeto contratual pretendido e leva a cabo a tramitação do procedimento de formação de contrato, nos termos previstos nos artigos anteriores;

4 – Os participantes no sistema podem escusar-se a apresentar proposta, indicando, de forma fundamentada, que a concreta combinação de prestações escolhida pela entidade adjudicante apresenta erros, ou é técnica ou funcionalmente inexequível;

5 – A entidade adjudicante adota as medidas tendentes a assegurar que este modo de utilização de catálogos eletrónicos não viola ou restringe a concorrência ou a igualdade de tratamento, designadamente, no que diz respeito à comparabilidade entre propostas.

II – Acordos-quadro

Na utilização dos catálogos eletrónicos deve ser observado o seguinte:

a) A entidade adjudicante notifica o ou os participantes no acordo-quadro da sua intenção de proceder à composição do objeto e do momento em que o fará;

b) É conferido ao ou aos participantes um prazo razoável antes de a entidade adjudicante efetivar a recolha de informação;

c) A entidade adjudicante recolhe a informação, compõe o objeto contratual pretendido e, consoante o tipo de acordo-quadro, envia convite para ajuste direto nos termos do artigo 258º, ou submete esse objeto a consulta prévia nos termos do artigo 259º;

d) O ou os participantes no acordo-quadro podem escusar-se a apresentar proposta, indicando, de forma fundamentada, que a concreta combinação de prestações escolhida pela entidade adjudicante apresenta erros, ou é técnica ou funcionalmente inexequível;

e) Nos casos do artigo 259º, a entidade adjudicante adota as medidas que assegurem que este modo de utilização de catálogos eletrónicos não viola ou restringe a concorrência ou a igualdade de tratamento, designadamente no que diz respeito à comparabilidade entre propostas.

Legislação Complementar

Modelos de Anúncio de Procedimentos Pré-Contratuais Previstos no Código dos Contratos Públicos

Portaria nº 701-A/2008, de 29 de Julho

As Directivas nºs 2004/17/CE e 2004/18/CE, ambas do Parlamento Europeu e do Conselho, de 31 de Março, relativas à coordenação dos processos de adjudicação dos contratos de empreitada de obras públicas, dos contratos públicos de fornecimento e dos contratos públicos de serviços, foram transpostas para a ordem jurídica interna pelo Decreto-Lei nº 18/2008, de 29 de Janeiro, que aprovou o Código dos Contratos Públicos.

De acordo com o previsto no nº 1 do artigo 130º, no nº 1 do artigo 157º, no nº 1 do artigo 167º, no nº 1 do artigo 197º, no nº 1 do artigo 208º, no nº 1 do artigo 224º, na alínea *a*) do nº 1 do artigo 242º, no nº 2 do artigo 245º e no nº 1 do artigo 276º do Código dos Contratos Públicos, aprovado pelo Decreto-Lei nº 18/2008, de 29 de Janeiro, cada um dos procedimentos pré-contratuais em causa deve ser publicitado no *Diário da República* através de anúncio, cujo modelo deve ser aprovado por portaria do Governo.

Torna-se, pois, necessário aprovar os respectivos modelos, estabelecendo a informação que deve constar do anúncio, os formatos a adoptar, os campos de preenchimento obrigatório, consoante o tipo de concurso, bem como a sequência e opções do preenchimento.

Tendo em conta que o Código dos Contratos Públicos prevê que o prazo para entrega de propostas, candidaturas ou soluções relativamente a determinado procedimento seja contado a partir da data de envio do respectivo anúncio para publicação no *Diário da República*, importa ainda definir, nos termos do artigo 3º do Decreto-Lei nº 18/2008, de 29 de Janeiro, o formato e as modalidades de transmissão electrónica de anúncios para a *Imprensa Nacional-Casa da Moeda, S. A.*

O regime previsto na presente portaria aplica-se exclusivamente aos anúncios de procedimentos pré-contratuais previstos no Código dos Contratos Públicos cuja publicitação seja exigível, por razões de transparência, no *Diário da República*, sem prejuízo de a *Imprensa Nacional-Casa da Moeda, S. A.*, por ser reconhecida como e-sender autorizado pelo Serviço das Publicações Oficiais das Comunidades Europeias, poder assegurar, caso o procedimento careça de publicitação no *Jornal Oficial da União Europeia* e a entidade adjudicante assim o entenda, o envio simultâneo do anúncio para o Sistema de Informação para os Contratos Públicos (SIMAP), tal como previsto no nº 7 do artigo 131º e no nº 8 do artigo 225º do Código dos Contratos Públicos.

Assim:

Manda o Governo, pelos Ministros de Estado e das Finanças e das Obras Públicas, Transportes e Comunicações e pelo Secretário de Estado da Presidência do Conselho de Ministros, ao abrigo do disposto no nº 1 do artigo 130º, no nº 1 do artigo 157º, no nº 1 do artigo 167º, no nº 1 do artigo 197º, no nº 1 do artigo 208º, no nº 1 do artigo 224º, na alínea *a*) do nº 1 do artigo 242º, no nº 2 do artigo 245º e no nº 1 do artigo 276º do Código dos Contratos Públicos, aprovado pelo Decreto-Lei nº 18/2008, de 29 de Janeiro, e do nº 2 do despacho nº 14 405/2005 (2ª série), de 21 de Junho, publicado no *Diário da República*, 2ª série, nº 124, de 30 de Junho de 2005, o seguinte:

ARTIGO 1º
Objecto

1 – A presente portaria estabelece os modelos de anúncio aplicáveis aos procedimentos pré-contratuais previstos no Código dos Contratos Públicos, aprovado pelo Decreto-Lei nº 18/2008, de 29 de Janeiro, a seguir referidos:

a) O modelo de anúncio do concurso público, nos termos do nº 1 do artigo 130º do Código dos Contratos Públicos, constante do anexo I da presente portaria e da qual faz parte integrante;

b) O modelo de anúncio do concurso público urgente, nos termos do nº 1 do artigo 157º do Código dos Contratos Públicos, constante do anexo II da presente portaria e da qual faz parte integrante;

c) O modelo de anúncio do concurso limitado por prévia qualificação, nos termos do nº 1 do artigo 167º do Código dos Contratos Públicos, constante do anexo III da presente portaria e da qual faz parte integrante;

d) O modelo de anúncio do procedimento de negociação, nos termos do nº 1 do artigo 197º do Código dos Contratos Públicos, constante do anexo IV da presente portaria e da qual faz parte integrante;

e) O modelo de anúncio do diálogo concorrencial, nos termos do nº 1 do artigo 208º do Código dos Contratos Públicos, constante do anexo V da presente portaria e da qual faz parte integrante;

f) O modelo de anúncio do concurso de concepção, nos termos do nº 1 do artigo 224º do Código dos Contratos Públicos, constante do anexo VI da presente portaria e da qual faz parte integrante;

g) O modelo de anúncio simplificado, nos termos da alínea *a*) do nº 1 do artigo 242º do Código dos Contratos Públicos, constante do anexo VII da presente portaria e da qual faz parte integrante;

h) O modelo de anúncio da instituição de um sistema de qualificação, nos termos do nº 2 do artigo 245º do Código dos Contratos Públicos, constante do anexo VIII da presente portaria e da qual faz parte integrante;

i) O modelo de anúncio da intenção de celebração de contratos de empreitadas de obras públicas por parte de concessionários de obras públicas que não sejam entidades adjudicantes, nos termos do nº 1 do artigo 276º do Código dos Contratos Públicos, constante do anexo IX da presente portaria e da qual faz parte integrante.

2 – A presente portaria estabelece, ainda, as condições de preenchimento dos formulários dos anúncios referidos no número anterior, bem como os mecanismos do respectivo envio para publicação no *Diário da República*.

ARTIGO 2º
Preenchimento do formulário de anúncio

1 – O preenchimento do formulário de anúncio, de acordo com os modelos referidos no nº 1 do artigo anterior, é realizado no portal do *Diário da República Electrónico*, gerido pela *Imprensa Nacional-Casa da Moeda, S. A.* (INCM), ou, em alternativa, e caso se reúnam as condições previstas no artigo 7º, com recurso às plataformas electrónicas utilizadas pela entidade adjudicante.

2 – O acesso aos formulários de anúncio faz-se mediante autenticação da entidade adjudicante, previamente acreditada pela INCM, nos termos aplicáveis para o envio de actos para publicação nas 1ª e 2ª séries do *Diário da República*.

3 – O sistema de preenchimento de formulários encontra-se disponível vinte e quatro horas por dia, nos dias úteis ou não úteis, sem prejuízo da ocorrência de limitações de acesso por razões de manutenção ou avaria do sistema.

4 – No momento da abertura do procedimento de envio, o sistema fornece à entidade adjudicante um código identificador do anúncio em causa.

ARTIGO 3º
Envio de um anúncio para publicação

1 – O preenchimento de um formulário de anúncio para publicação no *Diário da República* não pode ser realizado durante um período superior a 30 dias, sendo o termo inicial contado a partir da data da respectiva abertura pela entidade adjudicante, findo o qual o procedimento de envio é anulado de forma automática e irreversível.

2 – O procedimento de envio pode ser anulado a qualquer momento, por iniciativa da entidade adjudicante, antes de completado o preenchimento e realizada a respectiva submissão, sem prejuízo do disposto no nº 4.

3 – A conclusão do procedimento de envio encontra-se dependente do preenchimento completo dos dados referidos no artigo 4º, da submissão válida dos mesmos e da realização do respectivo pagamento nos termos do artigo 5º

4 – Após ter sido realizada a submissão do anúncio, este mantém-se em estado pendente, a aguardar pagamento, durante o período máximo de cinco dias, findo o qual o procedimento de envio é anulado de forma automática e irreversível.

5 – No caso de anulação do procedimento de envio, os dados introduzidos pela entidade adjudicante não são recuperáveis.

6 – O sistema de preenchimento assegura, a todo o tempo, a possibilidade de gravação dos dados já introduzidos, sendo permanentemente recuperáveis pela entidade adjudicante durante o período referido no nº 1.

7 – Durante o período referido no nº 1, e até uma eventual anulação, a entidade adjudicante pode, em qualquer momento, suspender temporariamente o preenchimento do formulário de anúncio e voltar posteriormente a aceder aos dados já preenchidos, nos termos do número anterior, mediante a utilização do código identificador do anúncio a que se refere o nº 4 do artigo anterior.

8 – Os prazos referidos no presente artigo contam-se sem interrupção aos sábados, domingos e feriados.

ARTIGO 4º
Introdução de dados

1 – A entidade adjudicante deve preencher um primeiro bloco de dados relativo ao conteúdo aplicável ao anúncio, tal como previsto nos anexos da presente portaria.

2 – Para efeitos do disposto na portaria que institui o sistema de informação designado por Observatório das Obras Públicas, previsto no nº 1 do artigo 466º do Código dos Contratos Públicos, e na portaria relativa ao bloco de dados, a que se referem o nº 2 do artigo 108º, o nº 3 do artigo 402º e o artigo 465º do Código dos Contratos Públicos, caso o procedimento diga respeito à formação de um contrato de empreitada de obras públicas, a entidade adjudicante deve preencher um segundo bloco de dados, designado bloco técnico de dados, relativo à informação estatística destinada ao Observatório das Obras Públicas, sem o qual não pode concluir-se o procedimento de envio do anúncio para publicação no *Diário da República*.

3 – O conteúdo do primeiro bloco de dados encontra-se regulado na presente portaria e o conteúdo do segundo bloco de dados encontra-se regulado na portaria relativa ao bloco de dados, a que se referem o nº 2 do artigo 108º, o nº 3 do artigo 402º e o artigo 465º do Código dos Contratos Públicos.

4 – O preenchimento do bloco técnico de dados é realizado na sequência de interligação imediata ao portal único dos contratos públicos, a que se refere o nº 1 do artigo 4º do Decreto-Lei nº 18/2008, de 29 de Janeiro.

ARTIGO 5º
Pagamento do anúncio

1 – O pagamento do anúncio só pode ter lugar após reconhecimento, por parte do sistema, de que a introdução de todos os dados se encontra completa.

2 – A INCM disponibiliza aos utilizadores meios de pagamento em tempo real, quer por via electrónica quer por via presencial, que permitam o reconhecimento imediato do pagamento efectuado.

3 – O procedimento de envio do anúncio para publicação só é concluído com o reconhecimento automático do pagamento por parte da INCM.

4 – A conclusão do procedimento de envio do anúncio é automática, não carecendo de intervenção por parte da entidade adjudicante, a qual pode aceder à informação sobre a data e hora da mesma com recurso ao código referido no nº 7 do artigo 3º

5 – A data de envio do anúncio para publicação no *Diário da República* ou, se for o caso, no *Jornal Oficial da União Europeia* é inserida automaticamente no corpo do anúncio, após o pagamento, bem como a respectiva hora, no caso de anúncio do concurso público urgente.

ARTIGO 6º
Rectificação ou anulação do anúncio

1 – A rectificação do conteúdo de um anúncio já publicado ou a sua anulação nos termos previstos no presente artigo implica a publicação de um novo anúncio, nos mesmos termos previstos para a publicação do anúncio rectificando ou do anúncio que deva ser anulado.

2 – A rectificação de um anúncio consiste num texto específico com indicação dos aspectos que sofrem alteração, devendo, em qualquer caso, a INCM assegurar a republicação do anúncio integral com as alterações introduzidas.

3 – No âmbito de uma rectificação de um anúncio apenas é exigido o preenchimento dos campos a alterar, mediante acesso ao formulário original através do código identificador referido no nº 4 do artigo 2º

4 – Durante o preenchimento da rectificação do anúncio, o sistema permite o acesso automático ao bloco técnico de dados, referido no nº 2 do artigo 4º, mesmo que este não venha a sofrer qualquer alteração.

5 – O sistema de preenchimento de anúncios preserva o formulário preenchido correspondente a cada anúncio publicado durante o período máximo de um ano, findo o qual, e sem prejuízo das normais gerais estabelecidas no Código dos Contratos Públicos, a funcionalidade prevista no nº 3 deixa de estar disponível.

6 – A anulação de um anúncio apenas pode ocorrer nas situações em que tenham sido publicados dois ou mais anúncios referentes ao mesmo procedimento, não podendo, em caso algum, ser anulado o anúncio cujo envio tenha ocorrido em primeiro lugar.

7 – A anulação de um anúncio não pode, em caso algum, ter por efeito, directo ou indirecto, a anulação de um procedimento de formação do contrato.

ARTIGO 7º
Plataformas electrónicas

1 – Podem ser celebrados protocolos entre a INCM e as entidades gestoras das plataformas electrónicas que sejam utilizadas por entidades adjudicantes para suportar os procedimentos de formação de contratos públicos, com vista a estabelecer a solução informática que permita que o preenchimento dos dados ou de parte dos dados necessários à publicação do anúncio seja efectuado a partir da plataforma electrónica, sem prejuízo do disposto na presente portaria.

2 – Os protocolos referidos no número anterior só podem ser efectivados se todas as funcionalidades e todas as regras aplicáveis à solução que envolve exclusivamente o portal da INCM e o portal único dos contratos públicos estiverem disponibilizadas e respeitadas, sem prejuízo de eventuais funcionalidades complementares que as plataformas electrónicas possam oferecer.

ARTIGO 8º
Regime transitório

Os modelos de anúncio relativos a procedimentos pré-contratuais publicitados antes da data de entrada em vigor do Código dos Contratos Públicos mantêm-se disponíveis para efeitos da submissão de anúncios de rectificação ou de anúncios relativos a procedimentos de formação de contratos públicos iniciados antes da data de entrada em vigor do Código dos Contratos Públicos.

ARTIGO 9º
Entrada em vigor

1 – A presente portaria entra em vigor na data da entrada em vigor do Código dos Contratos Públicos, aprovado pelo Decreto-Lei nº 18/2008, de 29 de Janeiro, sem prejuízo do disposto nos números seguintes.

2 – A funcionalidade prevista nos nºs 6 e 7 do artigo 3º é disponibilizada pela sistema de preenchimento gerido pela INCM até 1 de Janeiro de 2009.

3 – O preenchimento do bloco técnico de dados, previsto nos nºs 2, 3 e 4 do artigo 4º e no nº 4 do artigo 6º, é apenas exigido a partir de 1 de Novembro de 2008.

Em 25 de Julho de 2008.

O Ministro de Estado e das Finanças, *Fernando Teixeira dos Santos.* – O Ministro das Obras Públicas, Transportes e Comunicações, *Mário Lino Soares Correia.* – O Secretário de Estado da Presidência do Conselho de Ministros, *Jorge Lacão Costa.*

ANEXO I
MODELO DE ANÚNCIO DO CONCURSO PÚBLICO

[a que se refere a alínea a) do artigo 1º]

Anúncio de procedimento/aviso de prorrogação de prazo/ /declaração de rectificação de anúncio

O anúncio do concurso público a que se refere o nº 1 do artigo 130º do Código dos Contratos Públicos inclui a seguinte informação:

1 – Identificação e contactos da entidade adjudicante:
Designação da entidade adjudicante(*)
Serviço/órgão/pessoa de contacto
Endereço(*)
Código postal(*)
Localidade(*)
Telefone (00351)
Fax (00351)
Endereço electrónico(*)

2 – Objecto do contrato:
Designação do contrato(*)
Descrição sucinta do objecto do contrato
Tipo de contrato(*) (empreitada de obras públicas/locação de bens móveis/ /aquisição de bens móveis/aquisição de serviços/concessão de obras públicas/concessão de serviços públicos/contrato de sociedade/outro)
Classificação CPV([1]): [objecto principal/objectos complementares + vocabulário principal/vocabulário complementar (se aplicável)](*)

3 – Indicações adicionais:
O concurso destina-se à celebração de um acordo quadro?(*) (sim/não)
[Em caso afirmativo]
Modalidade(*)
(com uma entidade/com várias entidades)
Prazo de vigência(*)
Até «aaaa/mm/dd» ou «por XX meses ou XX anos»
O concurso destina-se à instituição de um sistema de aquisição dinâmico?(*) (sim/não)
É utilizado um leilão electrónico?(*) (sim/não)

É adoptada uma fase de negociação?(*) (sim/não)

4 – Admissibilidade da apresentação de propostas variantes(*) (sim/não)

5 – Divisão em lotes, se for o caso:
Lote nº
Designação do lote(*)
Descrição sucinta do objecto do lote
Classificação CPV([2]): [objecto principal/objectos complementares + vocabulário principal/vocabulário complementar (se aplicável)](*)
[repete-se para tantos lotes quantos se revelem necessários]

6 – Local da execução do contrato(*)

7 – Prazo de execução do contrato(*):
Empreitadas de obras públicas: «Prazo contratual de XXXX dias ou XXXX meses contados nos termos do disposto no nº 1 do artigo 362º do CCP»/restantes contratos: «Prazo contratual de XXXX dias ou XXXX meses a contar da celebração do contrato»

8 – Documentos de habilitação

9 – Acesso às peças do concurso e apresentação das propostas:
9.1 – Consulta das peças do concurso:
Designação do serviço da entidade adjudicante onde se encontram disponíveis as peças do concurso para consulta dos interessados(*)
Endereço desse serviço(*)
Código postal(*)
Localidade(*)
Telefone (00351)
Fax (00351)
Endereço electrónico(*)
9.2 – Meio electrónico de fornecimento das peças do concurso e de apresentação das propostas:
Plataforma electrónica utilizada pela entidade adjudicante(*)
Preço a pagar pelo fornecimento das peças do concurso (se for o caso)

10 – Prazo para apresentação das propostas ou das versões iniciais das propostas sempre que se trate de um sistema de aquisição dinâmico(*):
Até às HH:MM do XXXº dia a contar da data de envio do presente anúncio

11 – Prazo durante o qual os concorrentes são obrigados a manter as respectivas propostas(*):
XXX dias a contar do termo do prazo para a apresentação das propostas

12 – Critério de adjudicação(*)
(mais baixo preço/proposta economicamente mais vantajosa)
[No 2º caso]
Factores e eventuais subfactores acompanhados dos respectivos coeficientes de ponderação(*)

13 – Dispensa de prestação de caução (sim/não)

14 – Identificação e contactos do órgão de recurso administrativo:
Designação(*)
Endereço(*)
Código postal(*)
Localidade(*)
Telefone (00351)
Fax (00351)
Endereço electrónico(*)
Prazo de interposição do recurso: «XX dias»

15 – Data de envio do anúncio para publicação no *Diário da República*(*)

16 – O procedimento a que este anúncio diz respeito também é publicitado no *Jornal Oficial da União Europeia*?(*)

17 – Outras informações

18 – Identificação do autor do anúncio:
Nome(*)
Cargo(*)

Nota. – As normas do programa do concurso prevalecem sobre quaisquer indicações constantes do presente anúncio com elas desconformes, nos termos do disposto no nº 6 do artigo 132º do Código dos Contratos Públicos.

(*) Preenchimento obrigatório.

(1) Cf. Vocabulário Comum para os Contratos Públicos (Common Procurement Vocabulary – CPV), instituído pelo Regulamento (CE) nº 2195/2002, do Parlamento Europeu e do Conselho, de 5 de Novembro, publicado no *Jornal Oficial da União Europeia*, nº L 340, de 16 de Dezembro de 2002, alterado pelo Regulamento (CE) nº 2151/2003, da Comissão, de 16 de Dezembro, publicado no *Jornal Oficial da União Europeia*, nº L 329, de 17 de Dezembro de 2003 (rectificado pela rectificação publicada no *Jornal Oficial da União Europeia*, nº L 330, de 18 de Dezembro de 2003), e pelo Regulamento (CE) nº 213/2008, da Comissão, de 28 de Novembro de 2007, publicado no *Jornal Oficial da União Europeia*, nº L 74, de 15 de Março de 2008.

(2) Idem.

ANEXO II
MODELO DE ANÚNCIO DO CONCURSO PÚBLICO URGENTE

[a que se refere a alínea b) do artigo 1º]

Anúncio de concurso urgente/declaração de rectificação de anúncio

O anúncio do concurso público a que se refere o nº 1 do artigo 157º do Código dos Contratos Públicos inclui a seguinte informação:

1 – Identificação e contactos da entidade adjudicante:
Designação da entidade adjudicante(*)
Serviço/órgão/pessoa de contacto
Endereço(*)
Código postal(*)
Localidade(*)
Telefone (00351)
Fax (00351)
Endereço electrónico(*)

2 – Objecto do contrato:
Designação do contrato(*)
Descrição sucinta do objecto do contrato
Tipo de contrato(*) (locação de bens móveis/aquisição de bens móveis/aquisição de serviços)
Classificação CPV([1]): [objecto principal/objectos complementares + vocabulário principal/vocabulário complementar (se aplicável)](*)

3 – Leilão electrónico(*):
É utilizado um leilão electrónico? (sim/não)

4 – Divisão em lotes, se for o caso:
Lote nº
Designação do lote(*)
Descrição sucinta do objecto do lote
Classificação CPV([2]): [objecto principal/objectos complementares + vocabulário principal/vocabulário complementar (se aplicável)](*)
[repete-se para tantos lotes quantos se revelem necessários]

5 – Local da execução do contrato(*)

6 – Prazo de execução do contrato(*):
Prazo contratual de XXXX dias ou XXXX meses a contar da celebração do contrato

7 – Documentos de habilitação

8 – Acesso às peças do concurso e apresentação das propostas:
8.1 – Consulta das peças do concurso:
Designação do serviço da entidade adjudicante onde se encontram disponíveis as peças do concurso para consulta dos interessados(*)
Endereço desse serviço(*)
Código postal(*)
Localidade(*)
Telefone (00351)
Fax (00351)
Endereço electrónico(*)
8.2 – Meio electrónico de apresentação das propostas(*):
Plataforma electrónica utilizada pela entidade adjudicante

9 – Prazo para apresentação das propostas(*):
Até às HH:MM do XXº dia a contar da data de envio do presente anúncio/XXX horas ou XX dias a contar da data e hora de envio do presente anúncio

10 – Identificação e contactos do órgão de recurso administrativo:
Designação(*)
Endereço(*)
Código postal(*)
Localidade(*)
Telefone (00351)
Fax (00351)
Endereço electrónico(*)
Prazo de interposição do recurso

11 – Data e hora de envio do anúncio para publicação no *Diário da República*(*)

12 – Programa do concurso(*)

13 – Caderno de encargos(*)

14 – Outras informações

15 – Identificação do autor do anúncio:
Nome(*)
Cargo(*)

(*) Preenchimento obrigatório.

(1) Cf. Vocabulário Comum para os Contratos Públicos (Common Procurement Vocabulary – CPV), instituído pelo Regulamento (CE) nº 2195/2002, do Parlamento Europeu e do Conselho, de 5 de Novembro, publicado no *Jornal Oficial da União Europeia*, nº L 340, de 16 de Dezembro de 2002, alterado pelo Regulamento (CE) nº 2151/2003, da Comissão, de 16 de Dezembro, publicado no *Jornal Oficial da União Europeia*, nº L 329, de 17 de Dezembro de 2003 (rectificado pela rectificação publicada no *Jornal Oficial da União Europeia*, nº L 330, de 18 de Dezembro de 2003), e pelo Regulamento (CE) nº 213/2008, da Comissão, de 28 de Novembro de 2007, publicado no *Jornal Oficial da União Europeia*, nº L 74, de 15 de Março de 2008.

(2) Idem.

ANEXO III

MODELO DE ANÚNCIO DO CONCURSO LIMITADO POR PRÉVIA QUALIFICAÇÃO

[a que se refere a alínea c) do artigo 1º]

Anúncio de procedimento/aviso de prorrogação de prazo/ /declaração de rectificação de anúncio

O anúncio do concurso público a que se refere o nº 1 do artigo 167º do Código dos Contratos Públicos inclui a seguinte informação:

1 – Identificação e contactos da entidade adjudicante:
Designação da entidade adjudicante(*)
Serviço/órgão/pessoa de contacto
Endereço(*)
Código postal(*)
Localidade(*)
Telefone (00351)
Fax (00351)
Endereço electrónico(*)

2 – Objecto do contrato:
Designação do contrato(*)
Descrição sucinta do objecto do contrato
Tipo de contrato(*) (empreitada de obras públicas/locação de bens móveis/ /aquisição de bens móveis/aquisição de serviços/concessão de obras públicas/concessão de serviços públicos/contrato de sociedade/outro)
Classificação CPV([1]): [objecto principal/objectos complementares + vocabulário principal/vocabulário complementar (se aplicável)](*)

3 – Indicações adicionais:
O concurso destina-se à celebração de um acordo quadro?(*) (sim/não)
[Em caso afirmativo]
Modalidade(*)
(com uma entidade/com várias entidades)
Prazo de vigência(*)
«até aaaa/mm/dd» ou «por XX meses ou XX anos»
É utilizado um leilão electrónico?(*) (sim/não)

4 – Admissibilidade da apresentação de propostas variantes(*) (sim/não)

5 – Divisão em lotes, se for o caso:
Lote nº
Designação do lote(*)
Descrição sucinta do objecto do lote
Classificação CPV(2): [objecto principal/objectos complementares + vocabulário principal/vocabulário complementar (se aplicável)](*)
[repete-se para tantos lotes quantos se revelem necessários]

6 – Local da execução do contrato(*)

7 – Prazo de execução do contrato(*):
Empreitadas de obras públicas: «Prazo contratual de XXXX dias ou XXXX meses contados nos termos do disposto no nº 1 do artigo 362º do CCP»/restantes contratos: «Prazo contratual de XXXX dias ou XXXX meses a contar da celebração do contrato»

8 – Documentos de habilitação

9 – Acesso às peças do concurso e apresentação das candidaturas e das propostas:
9.1 – Consulta das peças do concurso:
Designação do serviço da entidade adjudicante onde se encontram disponíveis as peças do concurso para consulta dos interessados(*)
Endereço desse serviço(*)
Código postal(*)
Localidade(*)
Telefone (00351)
Fax (00351)
Endereço electrónico(*)
9.2 – Meio electrónico de fornecimento das peças do concurso e de apresentação das candidaturas e das propostas:
Plataforma electrónica utilizada pela entidade adjudicante(*)
Preço a pagar pelo fornecimento das peças do concurso (se for o caso)

10 – Prazo para apresentação das candidaturas(*):
Até às HH:MM do XXXº dia a contar da data de envio do presente anúncio

11 – Prazo para a decisão de qualificação:
XXX dias a contar do termo do prazo para a apresentação das candidaturas

12 – Requisitos mínimos:
12.1 – Requisitos mínimos de capacidade técnica(*)
12.2 – Requisitos mínimos de capacidade financeira(*)

13 – Modelo de qualificação(*)
(modelo simples/modelo complexo)
[No 2º caso]
Número de candidatos a qualificar(*)
Factores e eventuais subfactores que densificam o critério de qualificação acompanhados dos respectivos coeficientes de ponderação(*)

14 – Prazo para apresentação das propostas(*):
Até às HH:MM do XXXº dia a contar da data de envio do convite

15 – Prazo durante o qual os concorrentes são obrigados a manter as respectivas propostas(*):
XXX dias a contar do termo do prazo para a apresentação das propostas

16 – Critério de adjudicação(*)
(mais baixo preço/proposta economicamente mais vantajosa)
[No 2º caso]
Factores e eventuais subfactores acompanhados dos respectivos coeficientes de ponderação(*)

17 – Dispensa de prestação de caução (sim/não)

18 – Identificação e contactos do órgão de recurso administrativo:
Designação(*)
Endereço(*)
Código postal(*)
Localidade(*)
Telefone (00351)
Fax (00351)
Endereço electrónico(*)
Prazo de interposição do recurso «XX dias»

19 – Data de envio do anúncio para publicação no *Diário da República*(*)

20 – O procedimento a que este anúncio diz respeito também é publicitado no *Jornal Oficial da União Europeia*?(*)

21 – Outras informações

22 – Identificação do autor do anúncio
Nome(*)
Cargo(*)

Nota. – As normas do programa do concurso e do convite prevalecem sobre quaisquer indicações constantes do presente anúncio com elas desconformes, nos termos do disposto nos nºs 6 dos artigos 132º e 189º, ambos do Código dos Contratos Públicos.

(*) Preenchimento obrigatório.

(1) Cf. Vocabulário Comum para os Contratos Públicos (Common Procurement Vocabulary – CPV), instituído pelo Regulamento (CE) nº 2195/2002, do Parlamento Europeu e do Conselho, de 5 de Novembro, publicado no *Jornal Oficial da União Europeia*, nº L 340, de 16 de Dezembro de 2002, alterado pelo Regulamento (CE) nº 2151/2003, da Comissão, de 16 de Dezembro, publicado no *Jornal Oficial da União Europeia*, nº L 329, de 17 de Dezembro de 2003 (rectificado pela rectificação publicada no *Jornal Oficial da União Europeia*, nº L 330, de 18 de Dezembro de 2003), e pelo Regulamento (CE) nº 213/2008, da Comissão, de 28 de Novembro de 2007, publicado no *Jornal Oficial da União Europeia*, nº L 74, de 15 de Março de 2008.

(2) Idem.

ANEXO IV

MODELO DE ANÚNCIO DO PROCEDIMENTO DE NEGOCIAÇÃO

[a que se refere a alínea d) do artigo 1º]

Anúncio de procedimento/aviso de prorrogação de prazo/ /declaração de rectificação de anúncio

O anúncio do concurso público a que se refere o nº 1 do artigo 197º do Código dos Contratos Públicos inclui a seguinte informação:

1 – Identificação e contactos da entidade adjudicante:
Designação da entidade adjudicante(*)
Serviço/órgão/pessoa de contacto
Endereço(*)
Código postal(*)
Localidade(*)
Telefone (00351)
Fax (00351)
Endereço electrónico(*)

2 – Objecto do contrato:
Designação do contrato(*)
Descrição sucinta do objecto do contrato
Tipo de contrato(*) (empreitada de obras públicas/locação de bens móveis/ /aquisição de bens móveis/aquisição de serviços/concessão de obras públicas/concessão de serviços públicos/contrato de sociedade/outro)
Classificação CPV([1]): [objecto principal/objectos complementares + vocabulário principal/vocabulário complementar (se aplicável)](*)

3 – Indicação adicional:
O procedimento destina-se à celebração de um acordo quadro?(*) (sim/não)
[Em caso afirmativo]
Modalidade(*)
(com uma entidade/com várias entidades)
Prazo de vigência(*)
«até aaaa/mm/dd» ou «por XX meses ou XX anos»

4 – Admissibilidade da apresentação de propostas variantes(*) (sim/não)

5 – Divisão em lotes, se for o caso:
Lote nº
Designação do lote(*)
Descrição sucinta do objecto do lote
Classificação CPV([2]): [objecto principal/objectos complementares + vocabulário principal/vocabulário complementar (se aplicável)](*)
[repete-se para tantos lotes quantos se revelem necessários]

6 – Local da execução do contrato(*)

7 – Prazo de execução do contrato(*):
Empreitadas de obras públicas: «Prazo contratual de XXXX dias ou XXXX meses contados nos termos do disposto no nº 1 do artigo 362º do CCP»/restantes contratos: «Prazo contratual de XXXX dias ou XXXX meses a contar da celebração do contrato»

8 – Documentos de habilitação

9 – Acesso às peças do procedimento e apresentação das candidaturas e das propostas:
9.1 – Consulta das peças do procedimento:
Designação do serviço da entidade adjudicante onde se encontram disponíveis as peças do procedimento para consulta dos interessados(*)
Endereço desse serviço(*)
Código postal(*)
Localidade(*)
Telefone (00351)
Fax (00351)
Endereço electrónico(*)
9.2 – Meio electrónico de fornecimento das peças do procedimento e de apresentação das candidaturas e das propostas:
Plataforma electrónica utilizada pela entidade adjudicante(*)
Preço a pagar pelo fornecimento das peças do procedimento (se for o caso)

10 – Prazo para apresentação das candidaturas(*):
Até às HH:MM do XXXº dia a contar da data de envio do presente anúncio

11 – Prazo para a decisão de qualificação:
XXX dias a contar do termo do prazo para a apresentação das candidaturas

12 – Requisitos mínimos:
12.1 – Requisitos mínimos de capacidade técnica(*)
12.2 – Requisitos mínimos de capacidade financeira(*)

13 – Modelo de qualificação(*)
(modelo simples/modelo complexo)
[No 2º caso]
Número de candidatos a qualificar(*)
Factores e eventuais subfactores que densificam o critério de qualificação acompanhados dos respectivos coeficientes de ponderação(*)

14 – Prazo para apresentação das propostas(*):
Até às HH:MM do XXXº dia a contar da data de envio do convite

15 – Prazo durante o qual os concorrentes são obrigados a manter as respectivas propostas(*):
XXX dias a contar do termo do prazo para a apresentação das propostas

16 – Critério de adjudicação(*)
(mais baixo preço/proposta economicamente mais vantajosa)
[No 2º caso]
Factores e eventuais subfactores acompanhados dos respectivos coeficientes de ponderação(*)

17 – Dispensa de prestação de caução (sim/não)

18 – Identificação e contactos do órgão de recurso administrativo:
Designação(*)
Endereço(*)
Código postal(*)
Localidade(*)
Telefone (00351)
Fax (00351)
Endereço electrónico(*)
Prazo de interposição do recurso: «XX dias»

19 – Data de envio do anúncio para publicação no *Diário da República*(*)

20 – O procedimento a que este anúncio diz respeito também é publicitado no *Jornal Oficial da União Europeia*?(*)

21 – Outras informações

22 – Identificação do autor do anúncio
Nome(*)
Cargo(*)

Nota. – As normas do programa do procedimento de negociação e do convite prevalecem sobre quaisquer indicações constantes do presente anúncio com elas desconformes, nos termos do disposto nos nºs 6 dos artigos 132º e 189º, ambos do Código dos Contratos Públicos.

(*) Preenchimento obrigatório.

(1) Cf. Vocabulário Comum para os Contratos Públicos (Common Procurement Vocabulary – CPV), instituído pelo Regulamento (CE) nº 2195/2002, do Parlamento Europeu e do Conselho, de 5 de Novembro, publicado no *Jornal Oficial da União Europeia*, nº L 340, de 16 de Dezembro de 2002, alterado pelo Regulamento (CE) nº 2151/2003, da Comissão, de 16 de Dezembro, publicado no *Jornal Oficial da União Europeia*, nº L 329, de 17 de Dezembro de 2003 (rectificado pela rectificação publicada no *Jornal Oficial da União Europeia*, nº L 330, de 18 de Dezembro de 2003), e pelo Regulamento (CE) nº 213/2008, da Comissão, de 28 de Novembro de 2007, publicado no *Jornal Oficial da União Europeia*, nº L 74, de 15 de Março de 2008.

(2) Idem.

ANEXO V
MODELO DE ANÚNCIO DO DIÁLOGO CONCORRENCIAL

[a que se refere a alínea e) do artigo 1º]

Anúncio de procedimento/aviso de prorrogação de prazo/ /declaração de rectificação de anúncio

O anúncio do concurso público a que se refere o nº 1 do artigo 208º do Código dos Contratos Públicos inclui a seguinte informação:

1 – Identificação e contactos da entidade adjudicante:
Designação da entidade adjudicante(*)
Serviço/órgão/pessoa de contacto
Endereço(*)
Código postal(*)
Localidade(*)
Telefone (00351)
Fax (00351)
Endereço electrónico(*)

2 – Objecto do contrato:
Designação do contrato(*)
Descrição sucinta do objecto do contrato
Tipo de contrato(*) (empreitada de obras públicas/locação de bens móveis/ /aquisição de bens móveis/aquisição de serviços/concessão de obras públicas/concessão de serviços públicos/contrato de sociedade/outro)
Classificação CPV([1]): [objecto principal/objectos complementares + vocabulário principal/vocabulário complementar (se aplicável)](*)

3 – Admissibilidade da apresentação de propostas variantes(*) (sim/não)

4 – Divisão em lotes, se for o caso:
Lote nº
Designação do lote(*)
Descrição sucinta do objecto do lote
Classificação CPV([2]): [objecto principal/objectos complementares + vocabulário principal/vocabulário complementar (se aplicável)](*)
[repete-se para tantos lotes quantos se revelem necessários]

5 – Local da execução do contrato(*)

6 – Prazo de execução do contrato(*):
Empreitadas de obras públicas: «Prazo contratual de XXXX dias ou XXXX meses contados nos termos do disposto no nº 1 do artigo 362º do CCP»/restantes contratos: «Prazo contratual de XXXX dias ou XXXX meses a contar da celebração do contrato»

7 – Documentos de habilitação

8 – Acesso às peças do diálogo e apresentação das candidaturas, das soluções e das propostas:
8.1 – Consulta das peças do diálogo:
Designação do serviço da entidade adjudicante onde se encontram disponíveis as peças do diálogo para consulta dos interessados(*)
Endereço desse serviço(*)
Código postal(*)
Localidade(*)
Telefone (00351)
Fax (00351)
Endereço electrónico(*)
8.2 – Meio electrónico de fornecimento das peças do diálogo e de apresentação das candidaturas, das soluções e das propostas:
Plataforma electrónica utilizada pela entidade adjudicante(*)
Preço a pagar pelo fornecimento das peças do diálogo (se for o caso)

9 – Prazo para apresentação das candidaturas(*):
Até às HH:MM do XXXº dia a contar da data de envio do presente anúncio

10 – Prazo para a decisão de qualificação:
XXX dias a contar do termo do prazo para a apresentação das candidaturas

11 – Requisitos mínimos:
11.1 – Requisitos mínimos de capacidade técnica(*)
11.2 – Requisitos mínimos de capacidade financeira(*)

12 – Modelo de qualificação(*)
(modelo simples/modelo complexo)
[No 2º caso]
Número de candidatos a qualificar(*)
Factores e eventuais subfactores que densificam o critério de qualificação acompanhados dos respectivos coeficientes de ponderação(*)

13 – Prazo para apresentação das soluções(*):
Até às HH:MM do XXXº dia a contar da data de envio do convite à apresentação das soluções

14 – Remuneração pela participação no diálogo, ou critério do respectivo cálculo

15 – Prazo para apresentação das propostas(*):
Até às HH:MM do XXXº dia a contar da data de envio do convite à apresentação das propostas

16 – Prazo durante o qual os concorrentes são obrigados a manter as respectivas propostas(*):
XXX dias a contar do termo do prazo para a apresentação das propostas

17 – Factores e eventuais subfactores que densificam o critério de adjudicação da proposta economicamente mais vantajosa([3])

18 – Dispensa de prestação de caução (sim/não)

19 – Identificação e contactos do órgão de recurso administrativo:
Designação(*)
Endereço(*)
Código postal(*)
Localidade(*)
Telefone (00351)
Fax (00351)
Endereço electrónico(*)
Prazo de interposição do recurso: «XX dias»

20 – Data de envio do anúncio para publicação no *Diário da República*(*)

21 – O procedimento a que este anúncio diz respeito também é publicitado no *Jornal Oficial da União Europeia*?(*)

22 – Outras informações

23 – Identificação do autor do anúncio
Nome(*)
Cargo(*)

Nota. – As normas do programa do diálogo concorrencial e do convite à apresentação das propostas prevalecem sobre quaisquer indicações constantes do presente anúncio com elas desconformes, nos termos do disposto nos nºs 6 dos artigos 132º e 189º, ambos do Código dos Contratos Públicos.

(*) Preenchimento obrigatório.

(1) Cf. Vocabulário Comum para os Contratos Públicos (Common Procurement Vocabulary – CPV), instituído pelo Regulamento (CE) nº 2195/2002, do Parlamento Europeu e do Conselho, de 5 de Novembro, publicado no *Jornal Oficial da União Europeia*, nº L 340, de 16 de Dezembro de 2002, alterado pelo Regulamento (CE) nº 2151/2003, da Comissão, de 16 de Dezembro, publicado no *Jornal Oficial da União Europeia*, nº L 329, de 17 de Dezembro de 2003 (rectificado pela rectificação publicada no *Jornal Oficial da União Europeia*, nº L 330, de 18 de Dezembro de 2003), e pelo Regulamento (CE) nº 213/2008, da Comissão, de 28 de Novembro de 2007, publicado no *Jornal Oficial da União Europeia*, nº L 74, de 15 de Março de 2008.

(2) Idem.

(3) Acompanhados dos respectivos coeficientes de ponderação ou, na falta destes, indicados por ordem decrescente de importância.

ANEXO VI
MODELO DE ANÚNCIO DO CONCURSO DE CONCEPÇÃO

[a que se refere a alínea f) do artigo 1º]

Anúncio de procedimento/declaração de rectificação de anúncio

O anúncio do concurso público a que se refere o nº 1 do artigo 224º do Código dos Contratos Públicos inclui a seguinte informação:

1 – Identificação e contactos da entidade adjudicante:
Designação da entidade adjudicante(*)
Serviço/órgão/pessoa de contacto
Endereço(*)
Código postal(*)
Localidade(*)
Telefone (00351)
Fax (00351)
Endereço electrónico(*)

2 – Identificação do trabalho de concepção:
Designação do trabalho de concepção(*)
Descrição sucinta do trabalho de concepção
Classificação CPV([1]): [objecto principal/objectos complementares + vocabulário principal/vocabulário complementar (se aplicável)](*)

3 – Acesso aos termos de referência:
3.1 – Consulta dos termos de referência:
Designação do serviço da entidade adjudicante onde se encontram disponíveis os termos de referência para consulta dos interessados(*)
Endereço desse serviço(*)
Código postal(*)
Localidade(*)
Telefone (00351)
Fax (00351)
Endereço electrónico(*)
3.2 – Meio electrónico de fornecimento dos termos de referência:
Plataforma electrónica utilizada pela entidade adjudicante(*)

4 – Modalidade do concurso de concepção
(concurso público/concurso limitado)(*)
[No 1º caso]
Prazo para apresentação dos trabalhos de concepção(*)
Até às HH:MM do XXXº dia a contar da data de envio do presente anúncio
[No 2º caso]
Prazo para apresentação das candidaturas(*):
Até às HH:MM do XXXº dia a contar da data de envio do presente anúncio
Requisitos mínimos de capacidade técnica(*)
Prazo para apresentação dos trabalhos de concepção(*)
Até às HH:MM do XXXº dia a contar da data de envio do convite à apresentação dos trabalhos de concepção

5 – Habilitações profissionais específicas de que os concorrentes devem ser titulares, se for o caso

6 – Modo de apresentação dos trabalhos de concepção([2])

7 – Factores e eventuais subfactores que densificam o critério de selecção(*)

8 – Número de trabalhos de concepção a seleccionar(*)

9 – Prémios:
9.1 – Montante global dos prémios de participação
9.2 – Valor do prémio de consagração a atribuir a cada um dos concorrentes seleccionados(*)

10 – Identificação e contactos do órgão de recurso administrativo:
Designação(*)
Endereço(*)
Código postal(*)
Localidade(*)
Telefone (00351)
Fax (00351)
Endereço electrónico(*)
Prazo de interposição do recurso: «XX dias»
11 – Data de envio do anúncio para publicação no *Diário da República*(*)

12 – O procedimento a que este anúncio diz respeito também é publicitado no *Jornal Oficial da União Europeia*?(*)

13 – Outras informações

14 – Identificação do autor do anúncio:
Nome(*)
Cargo(*)

Nota. – As normas dos termos de referência prevalecem sobre quaisquer indicações constantes do presente anúncio com elas desconformes, nos termos do disposto no nº 5 do artigo 226º do Código dos Contratos Públicos.

(*) Preenchimento obrigatório.

(1) Cf. Vocabulário Comum para os Contratos Públicos (Common Procurement Vocabulary – CPV), instituído pelo Regulamento (CE) nº 2195/2002, do Parlamento Europeu e do Conselho, de 5 de Novembro, publicado no *Jornal Oficial da União Europeia*, nº L 340, de 16 de Dezembro de 2002, alterado pelo Regulamento (CE) nº 2151/2003, da Comissão, de 16 de Dezembro, publicado no *Jornal Oficial da União Europeia*, nº L 329, de 17 de Dezembro de 2003 (rectificado pela rectificação publicada no *Jornal Oficial da União Europeia*, nº L 330, de 18 de Dezembro de 2003), e pelo Regulamento (CE) nº 213/2008, da Comissão, de 28 de Novembro de 2007, publicado no *Jornal Oficial da União Europeia*, nº L 74, de 15 de Março de 2008.

(2) De preenchimento obrigatório apenas na situação prevista no nº 4 do artigo 226º do Código dos Contratos Públicos.

ANEXO VII
MODELO DE ANÚNCIO SIMPLIFICADO

[a que se refere a alínea g) do artigo 1º]

Anúncio de procedimento/declaração de rectificação de anúncio

O anúncio do simplificado a que se refere a alínea a) do nº 1 do artigo 242º do Código dos Contratos Públicos inclui a seguinte informação:

1 – Identificação e contactos da entidade adjudicante:
Designação da entidade adjudicante(*)
Serviço/órgão/pessoa de contacto
Endereço(*)
Código postal(*)
Localidade(*)
Telefone (00351)
Fax (00351)
Endereço electrónico(*)

2 – Anúncio de concurso público para instituição do sistema de aquisição dinâmico:
2.1 – Local da publicação(*)
(*Diário da República/Jornal Oficial da União Europeia*)
2.2 – Data do envio do anúncio para publicação(*):
aaaa/mm/dd
2.3 – Identificação do anúncio([1]):
a) No *Diário da República*(*)
b) No *Jornal Oficial da União Europeia*, se tiver sido o caso

3 – Objecto do contrato:
Designação do contrato(*)
Descrição sucinta do objecto do contrato
Tipo de contrato(*) (empreitada de obras públicas/locação de bens móveis/ / aquisição de bens móveis/aquisição de serviços/concessão de obras públicas/concessão de serviços públicos/contrato de sociedade/outro)
Classificação CPV([2]): [objecto principal/objectos complementares + vocabulário principal/vocabulário complementar (se aplicável)](*)
Quantidade de cada bem ou serviço identificado no campo anterior(*)

4 – Plataforma electrónica utilizada pela entidade adjudicante onde são disponibilizadas as peças do procedimento(*)

5 – Prazo de apresentação das versões iniciais de proposta(*):
Até às HH:MM do XXº dia a contar da data de envio do presente anúncio

6 – Data de envio do anúncio para publicação no *Diário da República*(*)

7 – O procedimento a que este anúncio diz respeito também é publicitado no *Jornal Oficial da União Europeia*?(*)

8 – Outras informações

9 – Identificação do autor do anúncio:
Nome(*)
Cargo(*)

(*) Preenchimento obrigatório.

(1) Por referência ao número de ordem, à data da publicação.

(2) Cf. Vocabulário Comum para os Contratos Públicos (Common Procurement Vocabulary – CPV), instituído pelo Regulamento (CE) nº 2195/2002, do Parlamento Europeu e do Conselho, de 5 de Novembro, publicado no *Jornal Oficial da União Europeia*, nº L 340, de 16 de Dezembro de 2002, alterado pelo Regulamento (CE) nº 2151/2003, da Comissão, de 16 de Dezembro, publicado no *Jornal Oficial da União Europeia*, nº L 329, de 17 de Dezembro de 2003 (rectificado pela rectificação publicada no *Jornal Oficial da União Europeia*, nº L 330, de 18 de Dezembro de 2003), e pelo Regulamento (CE) nº 213/2008, da Comissão, de 28 de Novembro de 2007, publicado no *Jornal Oficial da União Europeia*, nº L 74, de 15 de Março de 2008.

ANEXO VIII
MODELO DE ANÚNCIO DA INSTITUIÇÃO DE UM SISTEMA DE QUALIFICAÇÃO

[a que se refere a alínea h) do artigo 1º]

Anúncio de procedimento/declaração de rectificação de anúncio

O anúncio do concurso público a que se refere o nº 2 do artigo 245º do Código dos Contratos Públicos inclui a seguinte informação:

1 – Identificação e contactos da entidade adjudicante:
Designação da entidade adjudicante(*)
Serviço/órgão/pessoa de contacto
Endereço(*)
Código postal(*)
Localidade(*)
Telefone (00351)
Fax (00351)
Endereço electrónico(*)

2 – Objecto dos futuros contratos:
Designação dos contratos(*)
Descrição sucinta dos objectos dos contratos
Tipos de contrato(*) (empreitada de obras públicas/locação de bens móveis/ /aquisição de bens móveis/aquisição de serviços/concessão de obras públicas/concessão de serviços públicos/contrato de sociedade/outro)
Classificação CPV([1]): [objecto principal/objectos complementares + vocabulário principal/vocabulário complementar (se aplicável)](*)

3 – Acesso aos documentos que contêm as regras e os critérios de qualificação:
3.1 – Consulta desses documentos:
Designação do serviço da entidade adjudicante onde se encontram disponíveis as peças do concurso para consulta dos interessados(*)
Endereço desse serviço(*)
Código postal(*)
Localidade(*)
Telefone (00351)
Fax (00351)
Endereço electrónico(*)

3.2 – Meio electrónico de fornecimento desses documentos:
Plataforma electrónica utilizada pela entidade adjudicante(*)
Preço a pagar pelo fornecimento desses documentos (se for o caso)

4 – Requisitos mínimos de capacidade técnica e financeira

5 – Duração do sistema de qualificação(*):
«XXXX dias ou XXX meses ou XX anos» a contar da data de envio do presente anúncio

6 – Critério de adjudicação dos futuros contratos([2])
(mais baixo preço/proposta economicamente mais vantajosa)
[No 2º caso]
Factores e eventuais subfactores([3]) que densificam o critério de adjudicação(*)

7 – Data de envio do anúncio para publicação no *Diário da República*(*)

8 – O procedimento a que este anúncio diz respeito também é publicitado no *Jornal Oficial da União Europeia*?(*)

9 – Outras informações

10 – Identificação do autor do anúncio:
Nome(*)
Cargo(*)

(*) Preenchimento obrigatório.

([1]) Cf. Vocabulário Comum para os Contratos Públicos (Common Procurement Vocabulary – CPV), instituído pelo Regulamento (CE) nº 2195/2002, do Parlamento Europeu e do Conselho, de 5 de Novembro, publicado no *Jornal Oficial da União Europeia*, nº L 340, de 16 de Dezembro de 2002, alterado pelo Regulamento (CE) nº 2151/2003, da Comissão, de 16 de Dezembro, publicado no *Jornal Oficial da União Europeia*, nº L 329, de 17 de Dezembro de 2003 (rectificado pela rectificação publicada no *Jornal Oficial da União Europeia*, nº L 330, de 18 de Dezembro de 2003), e pelo Regulamento (CE) nº 213/2008, da Comissão, de 28 de Novembro de 2007, publicado no *Jornal Oficial da União Europeia*, nº L 74, de 15 de Março de 2008.

([2]) De preenchimento obrigatório apenas se o critério de adjudicação dos futuros contratos já for conhecido ao tempo do envio do presente anúncio.

([3]) Acompanhados dos respectivos coeficientes de ponderação ou, na falta destes, indicados por ordem decrescente de importância.

ANEXO IX
MODELO DE ANÚNCIO DA INTENÇÃO DE CELEBRAÇÃO DE CONTRATOS DE EMPREITADAS DE OBRAS PÚBLICAS POR PARTE DE CONCESSIONÁRIOS DE OBRAS PÚBLICAS QUE NÃO SEJAM ENTIDADES ADJUDICANTES

[a que se refere a alínea i) do artigo 1º]

Anúncio de procedimento/declaração de rectificação de anúncio

O anúncio do concurso público a que se refere o nº 1 do artigo 276º do Código dos Contratos Públicos inclui a seguinte informação:

1 – Identificação e contactos da entidade adjudicante:
Designação da entidade adjudicante(*)
Serviço/órgão/pessoa de contacto
Endereço(*)
Código postal(*)
Localidade(*)
Telefone (00351)
Fax (00351)
Endereço electrónico(*)

2 – Tipo de procedimento(*)

3 – Natureza e extensão dos trabalhos e características gerais da obra (descrição sucinta)(*)

4 – Local de execução da obra(*)

5 – Prazo de execução da obra(*):
Prazo contratual de XXXX dias ou XXXX meses a contar da celebração do contrato

6 – Acesso às peças do procedimento:
6.1 – Consulta das peças do procedimento:
Designação do serviço da entidade adjudicante onde se encontram disponíveis as peças do procedimento para consulta dos interessados(*)
Endereço desse serviço(*)
Código postal(*)

Localidade(*)
Telefone (00351)
Fax (00351)
Endereço electrónico(*)
6.2 – Meio electrónico de fornecimento das peças do procedimento:
Plataforma electrónica utilizada pela entidade adjudicante

7 – Requisitos mínimos de capacidade técnica e financeira

8 – Apresentação de candidaturas e ou propostas:
8.1 – Prazo para apresentação das candidaturas e ou das propostas(*):
Até às HH:MM do XXXº dia a contar da data de envio do presente anúncio
8.2 – Modo de apresentação das candidaturas e ou das propostas(*)

9 – Critério de adjudicação(*)

10 – Prestação de cauções ou garantias, quando for o caso

11 – Data de envio do anúncio para publicação no *Diário da República*(*)

12 – O procedimento a que este anúncio diz respeito também é publicitado no *Jornal Oficial da União Europeia?*(*)

13 – Outras informações

14 – Identificação do autor do anúncio:
Nome(*)
Cargo(*)

(*) Preenchimento obrigatório.

Obras Públicas – Conteúdo Obrigatório do Programa e do Projeto de Execução, Instruções para a Elaboração de Projetos e Classificação por Categorias

Portaria nº 701-H/2008, de 29 de Julho

A portaria de 7 de Fevereiro de 1972, publicada no Diário do Governo, 2ª série, nº 35 (suplemento), de 11 de Fevereiro de 1972, aprovou as instruções para o cálculo dos honorários referentes aos projectos de obras públicas, definindo, em particular, os métodos de cálculos de honorários a cobrar pelos autores de projectos de obras públicas, bem como as diversas fases em que o projecto se desenvolve e as informações que devem constar dos documentos elaborados em cada fase.

A longa experiência na aplicação desta portaria conjugada com a evolução natural da tipologia de obras públicas e dos correspondentes sistemas técnicos e tecnológicos de construção impõem uma revisão aprofundada daquelas instruções, de forma a adequá-las à realidade actual das obras públicas que exigem a elaboração de projectos cada vez mais complexos.

Igualmente, a recente publicação e entrada em vigor a curto prazo do Decreto-Lei nº 18/2008, de 29 de Janeiro, que aprovou o Código dos Contratos Públicos (CCP), vem também impor que sejam feitas alterações à portaria de 1972. O CCP veio introduzir alterações profundas na legislação anteriormente aplicável à formação e execução dos contratos de empreitada de obras públicas. Em particular, e subjacente a esta revisão, encontra-se o desígnio do legislador de impor uma maior exigência na elaboração dos projectos, visando uma melhoria na qualidade dos mesmos.

O nº 1 do artigo 43º do CCP estabelece que o caderno de encargos do procedimento de formação dos contratos de empreitadas de obras públicas deve ser integrado por um programa e um projecto de execução, admitindo-se, apenas em casos excepcionais, que o projecto de execução possa ser elaborado pelos concorrentes.

Nos termos do nº 7 do mesmo artigo, o conteúdo obrigatório do programa e do projecto de execução que integram o caderno de encargos de um procedimento de formação de um contrato de obras públicas é fixado por portaria do ministro responsável pelas obras públicas.

Conjugados todos estes factores, entendeu-se necessário regulamentar este artigo do CCP, aproveitando para revogar a referida portaria de 7 de Fevereiro, uma vez que, não obstante para efeitos do CCP ser essencial o programa e o projecto de execução, a verdade é que muitos dos projectos de obras públicas passam por fases anteriores, cujo conteúdo importa também regulamentar.

A revisão agora efectuada, cujos trabalhos foram inicialmente desenvolvidos e coordenados pelo Conselho Superior de Obras Públicas e Transportes (CSOPT) e, posteriormente, em conjugação com o Instituto da Construção e do Imobiliário, I. P. (InCI, I. P.), tiveram o contributo de diversos outros organismos e entidades do sector.

No que respeita ao seu conteúdo, a presente portaria dá maior importância às exigências e requisitos na elaboração dos projectos de obras públicas, mantendo e reforçando o seu carácter vinculativo para as entidades envolvidas.

Decidiu-se, assim, consagrar na presente portaria as instruções para a elaboração de projectos de obras, tendo o trabalho desenvolvido sido norteado, em linhas gerais, pelas seguintes orientações:

a) Actualizar e completar os conceitos e definições;

b) Levar em consideração as profundas alterações na legislação aplicável aos contratos públicos desencadeada pelo novo Código dos Contratos Públicos;

c) Eliminar todos os procedimentos de cálculo e de avaliação de honorários, incompatíveis com a actual economia de mercado;

d) Aperfeiçoar e desenvolver os requisitos mínimos exigidos em cada fase do projecto;

e) Completar e actualizar as especificações de projecto definidas para cada tipo de obra;

f) Atribuir maior responsabilização aos autores do projecto;

g) Ajustar as fases de projecto aos actuais conceitos de gestão na execução das obras;

h) Introduzir maior rigor nas estimativas orçamentais elaboradas nas diferentes fases do projecto.

Foram ouvidas a Ordem dos Engenheiros, a Ordem dos Arquitectos, a Associação Portuguesa de Projectistas e Consultores e a Associação Portuguesa dos Arquitectos Paisagistas.

Assim:

Ao abrigo do nº 7 do artigo 43º do Código dos Contratos Públicos, aprovado pelo Decreto-Lei nº 18/2008, de 29 de Janeiro, manda o Governo, pelo Ministro das Obras Públicas, Transportes e Comunicações, o seguinte:

ARTIGO 1º
Objecto

1 – A presente portaria aprova, ao abrigo do nº 7 do artigo 43º do Código dos Contratos Públicos (CCP), o conteúdo obrigatório do programa e do projecto de execução, a que se referem os nºs 1 e 3 do artigo 43º do CCP, bem como os procedimentos e normas a adoptar na elaboração e faseamento de projectos de obras públicas, designados como instruções para a elaboração de projectos de obras, constantes do anexo I à presente portaria, da qual faz parte integrante.

2 – A presente portaria aprova, ainda, a classificação de obras por categorias, a qual consta do anexo II à presente portaria, da qual faz parte integrante.

ARTIGO 2º
Âmbito

1 – As disposições constantes da presente portaria aplicam-se nos casos em que o dono da obra, a entidade responsável pela concepção e execução de obra ou a entidade adquirente de serviços de elaboração de projectos de obras públicas sejam entidades adjudicantes, nos termos previstos no artigo 2º do CCP, aprovado pelo Decreto-Lei nº 18/2008, de 29 de Janeiro.

2 – A presente portaria aplica-se, ainda, aos projectos apresentados pelos concorrentes em procedimentos pré-contratuais públicos, nas situações previstas no nº 3 do artigo 43º do CCP.

ARTIGO 3º
Norma revogatória

Sem prejuízo do disposto no nº 3 do artigo seguinte, com a entrada em vigor da presente portaria é revogada a portaria de 7 de Fevereiro de 1972, publicada no Diário do Governo, 2ª série, nº 35 (suplemento), de 11 de Fevereiro de 1972, alterada pela portaria de 22 de Novembro de 1974, publicada no Diário do Governo, 2ª série, nº 2, de 3 de Janeiro de 1975, e pela portaria de 27 de Janeiro de 1986, publicada no *Diário da República*, 2ª série, nº 53, de 5 de Março de 1986.

ARTIGO 4º
Entrada em vigor

1 – A presente portaria entra em vigor na data de entrada em vigor do CCP, aplicando-se à elaboração de todos os projectos cujo procedimento de contratação tenha sido iniciado após aquela data, sem prejuízo do disposto no número seguinte.

2 – Para efeitos do cumprimento do disposto do nº 1 do artigo 43º do CCP, relativamente a procedimentos de formação de contratos de empreitada de obras públicas que se iniciem seis meses após a data de entrada em vigor do CCP, é aplicável o disposto na presente portaria independentemente da data de início da elaboração do projecto.

3 – Até ao termo do prazo referido no número anterior, aplica-se, para efeitos do disposto no nº 7 do artigo 43º do CCP, a portaria de 7 de Fevereiro de 1972, publicada no Diário do Governo, 2ª série, nº 35 (suplemento), de 11 de Fevereiro de 1972, e respectivas alterações.

O Ministro das Obras Públicas, Transportes e Comunicações, *Mário Lino Soares Correia*, em 28 de Julho de 2008.

ANEXO I
INSTRUÇÕES PARA A ELABORAÇÃO DE PROJECTOS DE OBRAS

(a que se refere o nº 1 do artigo 1º da presente portaria)

CAPÍTULO I
Disposições Gerais

ARTIGO 1º
Definições

Para efeitos do presente Anexo, entende-se por:

a) «Anteprojecto», ou «Projecto base», o documento a elaborar pelo Projectista, correspondente ao desenvolvimento do Estudo prévio aprovado pelo Dono da Obra, destinado a estabelecer, em definitivo, as bases a que deve obedecer a continuação do estudo sob a forma de Projecto de execução;

b) «Assistência técnica», as prestações acessórias a realizar pelo Projectista perante o Dono da Obra, sem prejuízo do cumprimento de outras obrigações legais ou contratuais que lhe incumbam, que visam, designadamente, assegurar a correcta execução da obra, a conformidade da obra executada com o projecto e com o caderno de encargos e o cumprimento das normas legais e regulamentares aplicáveis. A Assistência Técnica consiste, entre outras actividades, na prestação de informações e esclarecimentos, bem como no acompanhamento da execução da obra, a prestar pelo Coordenador de Projecto e pelos Autores do Projecto ao Dono da Obra, ou quando previsto, ao empreiteiro geral, a qual deve realizar-se, sempre que for solicitado, ou quando tal se revele necessário, e preferencialmente, de forma presencial, podendo ocorrer:

i) durante a fase de preparação do procedimento de formação de um contrato público;
ii) durante a fase de formação do contrato público, em particular durante a apreciação das propostas, visando nomeadamente a correcta interpretação do projecto e a escolha do adjudicatário; ou
iii) durante a execução da obra;

c) «Assistência técnica especial», os serviços complementares a prestar, quando contratualmente previstos, pelo Projectista ao Dono da Obra, visando a apreciação da qualidade de equipamentos, elementos ou ensaios ligados à execução da obra, à sua monitorização ou manutenção, bem como à recepção da obra;

d) «Autor do projecto», o técnico que elabora e subscreve, com autonomia, o projecto, os projectos parcelares ou parte de projecto e subscreve as declarações e os termos de responsabilidade respectivos, devendo, nos projectos que elaboram, assegurar o cumprimento das disposições legais e regulamentares aplicáveis;

e) «Coordenador do projecto», o técnico a quem compete, satisfazendo as condições exigíveis ao autor de projecto, garantir a adequada articulação da equipa de projecto em função das características da obra, assegurando a participação dos técnicos autores, a compatibilidade entre os diversos projectos necessários e o cumprimento das disposições legais e regulamentares aplicáveis a cada especialidade;

f) «Coordenador de segurança e saúde em fase de projecto», a pessoa singular ou colectiva, que executa, durante a elaboração do projecto, as tarefas de coordenação em matéria de segurança e saúde, previstas na legislação aplicável podendo também participar na preparação do processo de negociação da empreitada e de outros actos preparatórios da execução da obra, na parte respeitante à segurança e saúde no trabalho;

g) «Dono da Obra», o dono de obra pública ou entidade adjudicante tal como definido no Código dos Contratos Públicos ou o concessionário relativamente a obra executada com base em contrato relativamente a obra executada com base em contrato de concessão de obra pública;

h) «Empreendimento», o conjunto de uma ou mais obras integradas para uma determinada função ou objectivo.

i) «Equipa de projecto», a equipa multidisciplinar, tendo por finalidade a elaboração de um projecto contratado pelo Dono da Obra ou especialmente regulamentado por lei ou previsto em procedimento contratual público, constituída por vários autores de projecto e orientada por coordenador de projecto, cumprindo os correspondentes deveres;

j) «Estudo prévio», o documento elaborado pelo Projectista, depois da aprovação do programa base, visando a opção pela solução que melhor se ajuste ao programa, essencialmente no que respeita à concepção geral da obra;

l) «Peças do projecto», os documentos, escritos ou desenhados que caracterizam as diferentes partes de um projecto:

m) «Programa base», o documento elaborado pelo Projectista a partir do programa preliminar resultando da particularização deste, visando a verificação da viabilidade da obra e do estudo de soluções alternativas, o qual, depois de aprovado pelo Dono da Obra, serve de base ao desenvolvimento das fases ulteriores do projecto;

n) «Programa preliminar», o documento fornecido pelo Dono da Obra ao Projectista para definição dos objectivos, características orgânicas e funcionais e condicionamentos financeiros da obra, bem como dos respectivos custos e prazos de execução a observar; corresponde ao programa previsto no artigo 43º do CCP.

o) «Programa de reconhecimento», o documento que integra as acções de prospecção, medição e ensaio das condições existentes;

p) «Projectista», a entidade singular ou colectiva que assume a responsabilidade pela elaboração de projecto ou programa, no âmbito, ou tendo em vista, a realização de um procedimento pré-contratual público;

q) «Projecto», o conjunto de documentos escritos e desenhados que definem e caracterizam a concepção funcional, estética e construtiva de uma obra, compreendendo, designadamente, o projecto de arquitectura e projectos de engenharia;

r) «Projecto de ampliação», o projecto com base numa construção existente que visa ampliar a capacidade de utilização, com o correspondente aumento da área de construção ou do volume da obra;

s) «Projecto de demolição», o projecto com base numa construção existente que visa a sua total ou parcial destruição;

t) «Projecto de execução», o documento elaborado pelo Projectista, a partir do estudo prévio ou do anteprojecto aprovado pelo Dono da Obra, destinado a facultar todos os elementos necessários à definição rigorosa dos trabalhos a executar;

u) «Projecto de reabilitação», o projecto com base numa construção existente que tem por objectivo fundamental repor ou melhorar as suas condições de funcionamento;

v) «Projecto de reforço», o projecto com base numa construção existente que visa conferir-lhe maior capacidade;

x) «Projecto de remodelação», o projecto com base numa construção existente tendo em vista introduzir quaisquer alterações incluindo as mudanças de utilização;

z) «Projecto variante», o projecto elaborado no todo ou em parte como alternativa a outro já existente, sem modificação dos seus objectivos e condicionantes;

aa) «Revisão do projecto», a análise crítica do projecto e emissão dos respectivos pareceres, por outrem que não o Projectista;

bb) «Revisor do projecto», a pessoa singular ou colectiva devidamente qualificada para a elaboração desse projecto e distinta do autor do mesmo;

cc) «Telas finais», o conjunto de desenhos finais do projecto, integrando as rectificações alterações introduzidas no decurso da obra e que traduzem o que foi efectivamente construído.

ARTIGO 2º
Programa preliminar

1 – O Programa preliminar contém, além de elementos específicos constantes da legislação e regulamentação aplicável, os seguintes elementos, podendo alguns destes ser dispensados consoante a obra a projectar:

a) Objectivos da obra;

b) Características gerais da obra;

c) Dados sobre a localização do empreendimento;

d) Elementos topográficos, cartográficos e geotécnicos, levantamento das construções existentes e das redes de infra-estruturas locais, coberto vegetal, características ambientais e outros eventualmente disponíveis, a escalas convenientes;

e) Dados básicos relativos às exigências de comportamento, funcionamento, exploração e conservação da obra, tendo em atenção as disposições regulamentares;

f) Estimativa de custo e respectivo limite dos desvios e, eventualmente, indicações relativas ao financiamento do empreendimento;

g) Indicação geral dos prazos para a elaboração do projecto e para a execução da obra.

ARTIGO 3º
Fases do Projecto

1 – O projecto desenvolve-se de acordo com as fases a seguir indicadas, podendo, algumas delas, ser dispensadas de apresentação formal, por especificação do caderno de encargos ou acordo entre o Dono da Obra e o Projectista:

a) Programa base;

b) Estudo prévio;

c) Anteprojecto;

d) Projecto de execução e Assistência técnica.

2 – O faseamento dos Projectos de remodelação, ampliação, reabilitação, reforço e demolição pode ser ajustado à respectiva especificidade, por especificação do caderno de encargos ou acordo entre o Dono da Obra e o Projectista.

3 – O faseamento da Revisão de projecto segue o da respectiva elaboração, salvo acordo diverso entre o Dono da Obra e o revisor do projecto.

ARTIGO 4º
Programa Base

1 – O Programa base é apresentado de forma a proporcionar ao Dono da Obra a compreensão clara das soluções propostas pelo Projectista, com base nas indicações expressas no programa preliminar.

2 – Caso o contrato não especifique outras condições, entende-se que o Programa base a apresentar à aprovação do Dono da Obra inclui os elementos seguintes, sem prejuízo dos constantes de regulamentação aplicável:

a) Esquema da obra e programação das diversas operações a realizar, quando aplicável;

b) Definição dos critérios gerais de dimensionamento das diferentes partes constitutivas da obra;

c) Indicação dos condicionamentos principais relativos à ocupação do terreno, nomeadamente os legais, topográficos, urbanísticos, geotécnicos, ambientais, em particular, os térmicos e acústicos;

d) Peças escritas e desenhadas e outros elementos informativos necessários para o perfeito esclarecimento do Programa base, no todo ou em qualquer das suas partes, incluindo as que porventura se justifiquem para definir as alternativas de solução propostas pelo Projectista e avaliar a sua viabilidade, em função das condições de espaço, técnicas, de custos e de prazos;

e) Estimativa geral do custo da obra, tomando em conta os encargos mais significativos com a sua realização e análise comparativa dos custos de manutenção e consumos da obra nas soluções propostas;

f) Descrição sumária das opções relacionadas com o comportamento, funcionamento, exploração e conservação da obra;

g) Informação sobre a necessidade de obtenção de elementos topográficos, geológicos, geotécnicos, hidrológicos, climáticos, características da componente acústica do ambiente, redes de infra-estruturas ou de qualquer outra natureza que interessem à elaboração do projecto, bem como sobre a realização de estudos em modelos, ensaios, maquetes, trabalhos de investigação e quaisquer outras actividades ou formalidades que podem ser exigidas, quer para a elaboração do projecto, quer para a execução da obra.

ARTIGO 5º
Estudo prévio

1 – O Estudo prévio desenvolve as soluções aprovadas no Programa base, sendo constituído por peças escritas e desenhadas e por outros elementos informativos, de modo a possibilitar ao Dono da Obra a fácil apreciação das soluções propostas pelo Projectista e o seu confronto com os elementos constantes naquele.

2 – Se outras condições não forem fixadas no contrato, o Estudo prévio contém, para cada uma das soluções alternativas apresentadas à aprovação do Dono da Obra, e sem prejuízo dos elementos constantes da regulamentação aplicável, os elementos seguintes:

a) Memória descritiva e justificativa, incluindo capítulos respeitantes a cada um dos objectivos relevantes do estudo prévio;

b) Elementos gráficos elucidativos sob a forma de plantas, alçados, cortes, perfis, esquemas de princípio e outros elementos, em escala apropriada;

c) Dimensionamento aproximado e características principais dos elementos fundamentais da obra;

d) Definição geral dos processos de construção e da natureza dos materiais e equipamentos mais significativos;

e) Análise prospectiva do desempenho térmico e energético e da qualidade do ar interior nos edifícios no seu conjunto e dos diferentes sistemas activos em particular;

f) Análise prospectiva de desempenho acústico relativa, nomeadamente, à propagação sonora, aérea e estrutural, entre espaços e para o exterior;

g) Estimativa do custo da obra e do seu prazo de execução.

ARTIGO 6º
Anteprojecto ou Projecto base

1 – O Anteprojecto, ou Projecto base, desenvolve a solução do Estudo prévio aprovado, sendo constituído por peças escritas e desenhadas e outros elementos de

natureza informativa que permitam a conveniente definição e dimensionamento da obra, bem como o esclarecimento do modo da sua execução.

2 – Se outras condições não forem fixadas no contrato, o anteprojecto deve conter, para além dos elementos constantes da regulamentação aplicável os seguintes:

a) Memórias descritivas e justificativas da solução adoptada, incluindo capítulos especialmente destinados a cada um dos objectivos especificados para o anteprojecto, onde figuram designadamente descrições da solução orgânica, funcional e estética da obra, dos sistemas e dos processos de construção previstos para a sua execução e das características técnicas e funcionais dos materiais, elementos de construção, sistemas e equipamentos;

b) Avaliação das quantidades de trabalho a realizar por grandes itens e respectivos mapas;

c) Estimativa de custo actualizada;

d) Peças desenhadas a escalas convenientes e outros elementos gráficos que explicitem a localização da obra, a planimetria e a altimetria das suas diferentes partes componentes e o seu dimensionamento bem como os esquemas de princípio detalhados para cada uma das Instalações Técnicas, garantindo a sua compatibilidade;

e) Identificação de locais técnicos, centrais interiores e exteriores, bem como mapa de espaços técnicos verticais e horizontais para instalação de equipamentos terminais e redes.

f) Os elementos de estudo que serviram de base às opções tomadas, de preferência constituindo anexos ou volumes individualizados identificados nas memórias;

g) Programa geral dos trabalhos.

ARTIGO 7º
Projecto de execução

1 – O Projecto de execução desenvolve o Projecto base aprovado, sendo constituído por um conjunto coordenado das informações escritas e desenhadas de fácil e inequívoca interpretação por parte das entidades intervenientes na execução da obra, obedecendo ao disposto na legislação e regulamentação aplicável.

2 – Se outras condições não forem fixadas no contrato, o Projecto de execução inclui, além de outros elementos constantes de regulamentação aplicável, as seguintes peças:

a) Memória descritiva e justificativa, incluindo a disposição e descrição geral da obra, evidenciando quando aplicável a justificação da implantação da obra e da sua integração nos condicionamentos locais existentes ou planeados; descrição genérica da solução adoptada com vista à satisfação das disposições legais e regulamentares em vigor; indicação das características dos materiais, dos elementos da construção, dos sistemas, equipamentos e redes associadas às Instalações Técnicas;

b) Cálculos relativos às diferentes partes da obra apresentados de modo a definirem, pelo menos, os elementos referidos na regulamentação aplicável a cada tipo de obra e a justificarem as soluções adoptadas;

c) Medições e mapas de quantidade de trabalhos, dando a indicação da natureza e da quantidade dos trabalhos necessários para a execução da obra;

d) Orçamento baseado nas quantidades e qualidades de trabalho constantes das medições;

e) Peças desenhadas de acordo com o estabelecido para cada tipo de obra na regulamentação aplicável, devendo conter as indicações numéricas indispensáveis e a representação de todos os pormenores necessários à perfeita compreensão, implantação e execução da obra;

f) Condições técnicas, gerais e especiais, do caderno de encargos.

3 – Compete ao Projectista em face da natureza da obra, por sua iniciativa ou por solicitação do Dono da Obra, elaborar plano de observação, que assegure as condições de segurança da obra.

ARTIGO 8º
Programação e Coordenação do Projecto

1 – A coordenação das actividades dos intervenientes no projecto tem como objectivo a integração das suas diferentes partes num conjunto harmónico, de fácil interpretação e capaz de fornecer todos os elementos necessários à execução da obra, garantindo a adequada articulação da equipa de projecto em função das características da obra e assegurando a participação dos técnicos autores, a compatibilidade entre os diversos projectos necessários e o cumprimento das disposições legais e regulamentares aplicáveis a cada especialidade, bem como a relação com o Dono da Obra ou o seu representante.

2 – A programação do projecto visa o escalonamento das suas diferentes fases e das actividades de cada interveniente, de modo a ser dado cumprimento ao contrato.

3 – O Coordenador do projecto deve compatibilizar a sua acção com a do coordenador de segurança e saúde em fase de projecto, quando este existir.

ARTIGO 9º
Assistência Técnica

1 – O Projectista tem o direito de exigir e a obrigação de garantir a assistência técnica necessária.

2 – Na fase do procedimento de formação do contrato, e até à adjudicação da obra, a Assistência técnica do Projectista ao Dono da Obra compreende as actividades seguintes:

a) Esclarecimento de dúvidas relativas ao projecto durante a preparação do processo do concurso para adjudicação da empreitada ou fornecimento;

b) Prestação de informações e esclarecimentos solicitados por candidatos a concorrentes, sob a forma escrita e exclusivamente por intermédio do Dono da Obra, sobre problemas relativos à interpretação das peças escritas e desenhadas do projecto;

c) Prestação do apoio ao Dono da Obra na apreciação e comparação das condições da qualidade das soluções técnicas das propostas de molde a permitir a sua correcta ponderação por aquele, incluindo a apreciação de compatibilidade com o projecto de execução, constante do caderno de encargos, de variantes ou alterações que sejam apresentadas;

3 – Durante a execução da obra, a assistência técnica compreende:

a) Esclarecimento de dúvidas de interpretação de informações complementares relativas a ambiguidades ou omissões do projecto, bem como elaboração das peças de alteração do projecto necessárias à respectiva correcção e à integral e correcta caracterização dos trabalhos a executar no âmbito da referida correcção;

b) Apreciação de documentos de ordem técnica apresentados pelo empreiteiro ou Dono da Obra, incluindo, quando apropriado, a sua compatibilidade com o projecto;

c) Proceder, concluída a execução da obra, à elaboração das Telas finais a ela respeitantes, verificando a conformidade das mesmas com o projecto de execução e das eventuais alterações nele introduzidas, de acordo com as informações fornecidas pelo Dono da Obra.

4 – A assistência técnica não abrange a direcção técnica, a administração, a coordenação da segurança, a organização da compilação técnica em matéria de segurança e saúde e a fiscalização da obra, nem a adaptação dos projectos às condições reais das empreitadas não previsíveis na fase do projecto.

ARTIGO 10º
Assistência Técnica Especial

O Projectista encontra-se sempre disponível para contratar os serviços de Assistência técnica especial, os quais envolvem, nomeadamente:

a) Apreciação técnico-económica de projectos variantes apresentados a concurso, sem prejuízo do disposto no artigo anterior;

b) Apreciação técnico-económica de alternativas que venham a ser propostas pelos empreiteiros, sem prejuízo do disposto no artigo anterior;

c) Verificação da qualidade dos materiais, da qualidade de execução dos trabalhos relevantes, do fornecimento e montagem dos equipamentos e instalações, bem como a elaboração dos respectivos pareceres;

d) Elaboração dos planos ou projectos de monitorização e manutenção;

e) Elaboração de desenhos de preparação de obra, quando os mesmos não sejam elaborados pelo empreiteiro;

f) Participação nos ensaios e recepção das obras.

ARTIGO 11º
Categorias de Obras

1 – As obras são classificadas em quatro categorias consoante a maior ou menor dificuldade da concepção e o grau de complexidade do projecto, nos termos definidos nos números seguintes e de acordo com o Anexo II à presente Portaria.

2 – A categoria I abrange as obras de natureza simples em que sejam dominantes as características seguintes:

a) Concepção fácil pela simplicidade de satisfação do programa de exigências funcionais;

b) Elevado grau de repetição das diferentes partes componentes da obra;

c) Sistemas ou métodos de execução correntes.

3 – Na categoria II incluem-se as obras de características correntes e onde sejam predominantes os seguintes aspectos:

a) Concepção simples, baseada em programas funcionais com exigências correntes;

b) Instalações e equipamentos correspondentes a soluções sem complexidades específicas;

c) Pequeno grau de repetição das diferentes partes componentes da obra;

d) Solução da concepção e construção sem condicionamentos especiais de custos.

4 – Na categoria III incluem-se as obras em que a elaboração do projecto está condicionada relativamente às obras correntes, por algum dos factores seguintes:

a) Concepção fundamentada em programas funcionais com exigências especiais;

b) Instalações técnicas que, pela sua complexidade, tornem necessário o estudo de soluções pouco correntes que exijam soluções elaboradas de compatibilização com as diferentes partes componentes da obra;

c) Obrigatoriedade de pesquisa de várias soluções que conduzam a novos sistemas e métodos e à aplicação de materiais e elementos de construção diferentes das correntes na prática respectiva.

d) Integração num contexto natural ou construído que determine exigências relevantes, correspondentes a, designadamente, aspectos relacionados com contextos ambientais ou visuais de excepção, históricos;

e) Obrigação especial de inovação técnica ou artística do programa;

f) Obrigatoriedade de pesquisa de soluções que garantam uma contenção de custos particularmente reduzidos.

5 – A categoria IV compreende obras com imposições e características mais severas do que as anteriormente especificadas, ou, ainda, em que seja dominante a pesquisa de soluções individualizadas.

6 – Os projectos cujas obras exijam a execução de trabalhos em circunstâncias excepcionais, tais como, por exemplo, com risco de acidentes, climas severos, com

prazos de execução particularmente reduzidos, ou que incluam a responsabilidade por novas concepções ou métodos muito especiais de construção, podem ser classificados em categorias superiores às que lhes corresponderiam sem a ocorrência de tais circunstâncias.

ARTIGO 12º
Importância das fases do projecto

Para efeitos de planeamento, o peso relativo de cada fase de projecto poderá traduzir-se pelas seguintes percentagens:

Fases do projecto	Percentagem
Programa base	10
Estudo prévio	20
Anteprojecto	20
Projecto de execução	35
Assistência técnica	15

ARTIGO 13º
Alteração do peso das fases de projecto

1 – Em função da complexidade e dimensão de cada a projecto, e mediante fundamentação especificada das divergências dos impactos de cada fase no processo de elaboração do projecto que justifique a alteração, podem ser definidos outros pesos relativos ou percentagens para cada fase de projecto, sem prejuízo do disposto no número seguinte.

2 – Nos casos previstos no número anterior não pode ser atribuído uma percentagem acumulada superior a 50% para o Programa base, Estudo prévio e Anteprojecto.

CAPÍTULO II
Disposições especiais

ARTIGO 14º
Disposição Introdutória

Além dos elementos referidos no Capítulo I, o Programa preliminar e as diversas fases do Projecto devem conter os elementos especiais constantes das secções seguintes, bem como os constantes da legislação aplicável às respectivas obras.

SECÇÃO I
Edifícios

ARTIGO 15º
Programa Preliminar

São elementos especiais do Programa preliminar, da responsabilidade do Dono da Obra:

a) Os diferentes tipos de utentes do edifício, a natureza e a medida das respectivas actividades e as suas interligações;

b) As características evolutivas das funções a que o edifício se deve adequar;

c) A ordem de grandeza das áreas e volumes, as necessidades genéricas de mobiliário, máquinas, instalações, instrumentos e aparelhagem e as eventuais condições específicas de ambiente exigidas, designadamente, isolamento térmico, renovação de ar, condicionamento acústico, condições de iluminação e incidência solar;

d) O reconhecimento geotécnico do terreno nos termos definidos pelo Autor do projecto no Programa base.

ARTIGO 16º
Programa base

São elementos especiais do Programa base:

a) Organograma das funções e das actividades dos utentes do edifício, com discriminação dos factores principais que foram tidos em consideração, nomeadamente: estrutura orgânica, funções e actividades, número e qualificação dos utentes.

b) Representação gráfica de interdependência das funções e das actividades dos utentes.

c) Descrição e avaliação das condições de utilização, de segurança, de conforto e de ambiente exigidas, seja qual for a sua natureza, e a definição e justificação das soluções a adoptar para satisfação daquelas exigências.

d) Discriminação e justificação das necessidades de instalações e de equipamentos, de circulações e comunicações e outras fixadas no Programa Preliminar.

e) Definição e justificação dos critérios gerais de compartimentação e de dimensionamento, em função da forma de ocupação, das exigências de ambiente e de conforto e das necessidades de instalações e de equipamentos.

f) Definição e justificação do programa de reconhecimento geotécnico, incluindo as respectivas especificações, necessário ao desenvolvimento dos estudos geológico e geotécnico.

ARTIGO 17º
Estudo Prévio

São elementos especiais do Estudo prévio:

a) Os elementos necessários à definição esquemática:

i) Da implantação do edifício, a qual deverá ser efectuada sobre planta topográfica a escala adequada, a fornecer pelo Dono da Obra.
ii) Da integração urbana e paisagística do edifício.
iii) Dos acessos ao terreno e da disposição das redes gerais de água, de drenagem de águas residuais domésticas e pluviais, gás, electricidade, comunicações e outras.
iv) Das necessidades mais importantes de infra-estruturas a executar no terreno e dos critérios propostos para a conservação ou para a demolição de construções ou de outros elementos existentes no terreno e para o desvio e reposição das infra-estruturas existentes, quando for caso.

b) Representação gráfica da forma, da organização de espaços e volume e da composição do edifício que evidencie:

i) As características morfológicas dominantes do edifício e das suas partes componentes.
ii) A organização dos espaços e a interdependência de áreas e volumes que explicitem as inter-relações das partes componentes e destas com o conjunto do edifício.
iii) A compartimentação genérica do edifício, com indicação da forma como são solucionados os sistemas de comunicações e de circulações estabelecidas no Programa base.

c) Descrição e justificação das soluções estruturais propostas, incluindo:

i) O pré-dimensionamento da solução estrutural proposta.
ii) O pré-dimensionamento das soluções de escavação e de contenção periférica proposta, caso aplicável.

d) Descrição, justificação e pré-dimensionamento das instalações e dos equipamentos propostos;
e) Pré-dimensionamento das medidas de condicionamento térmico e acústico.
f) Relatório com os resultados do reconhecimento geotécnico do terreno, fornecido pelo Dono da Obra, justificação das soluções de fundação preconizadas e, quando for o caso, a justificação das soluções de escavação e de contenção periférica;
g) Descrição genérica das medidas de condicionamento acústico e dos modelos de conservação de energia e de conforto térmico.

ARTIGO 18º
Anteprojecto

São elementos especiais do Anteprojecto:

a) Planta topográfica de implantação do edifício e perfis do terreno que definam a implantação do edifício e das infra-estruturas e expressem, com clareza, a sua integração urbana e paisagística.

b) Plantas, alçados e cortes, em escalas apropriadas, que discriminem a compartimentação e indiquem as áreas, os volumes e as dimensões principais da construção, do mobiliário e de outros elementos acessórios do edifício.

c) O reconhecimento geológico e o estudo geotécnico, fornecidos pelo Dono da Obra.

d) O dimensionamento da solução estrutural proposta e da solução de escavação e de contenção periférica proposta, caso aplicável.

e) O dimensionamento das instalações e dos equipamentos.

f) O dimensionamento da solução de condicionamento acústico, incluindo uma análise prospectiva de desempenhos e a demonstração de conformidade com os critérios de qualidade aplicáveis, nomeadamente os regulamentares.

g) O dimensionamento da solução de condicionamento térmico.

h) A localização e caracterização do mobiliário fixo.

i) As peças necessárias à organização dos processos de licenciamento quando exigíveis.

ARTIGO 19º
Projecto de Execução

1 – São elementos especiais do Projecto de execução em geral:

a) Os resultados da análise do reconhecimento geotécnico e do estudo geológico, fornecidos pelo Dono da Obra.

b) A planta de localização do edifício e do conjunto em que se insere, incluindo a topografia, as vias públicas que o servem, com a indicação das respectivas redes de drenagem de águas residuais domésticas e pluviais, abastecimento de água, electricidade, gás, comunicações e outras que sejam indispensáveis à natureza do edifício, na escala mínima de 1:2000.

c) A planta geral do edifício e do conjunto em que se insere, perfis longitudinais e transversais e outras peças desenhadas, a escalas adequadas a cada caso, que representem as informações relativas à execução de todos os trabalhos exteriores do edifício, nomeadamente:

- *i*) Movimento de terras exigido para a implantação do edifício e para a adaptação do terreno às condições definidas no projecto.
- *ii*) Arruamentos, incluindo a estrutura da plataforma e do pavimento, com indicação dos perfis longitudinais e dos perfis transversais tipo.
- *iii*) Redes de águas residuais, abastecimento de água, electricidade, gás, comunicações e outras, no terreno circundante do edifício, com discri-

minação dos traçados das valas, das secções das canalizações e demais características necessárias à sua execução.

iv) Muros de suporte, vedações e outras construções exteriores ao edifício, designadamente, plantas, cortes, alçados, pormenores e outros elementos gráficos indispensáveis à sua realização.

v) Projecto de espaços exteriores, nomeadamente, arborizações, ajardinamentos e outros trabalhos relativos ao tratamento paisagístico e mobiliário urbano, com a especificação das quantidades e das espécies de trabalhos a executar.

2 – As escalas são as adequadas a cada caso, com os mínimos de 1:500 e 1:1.000, respectivamente, para as representações gerais e de pormenor.

3 – São elementos do projecto de arquitectura:

a) Plantas cotadas de cada piso, pelo menos na escala 1:100, em que sejam indicadas:

i) A compartimentação e as respectivas dimensões.

ii) A localização e as dimensões dos diversos elementos de construção, nomeadamente escadas, ascensores, portas, janelas, varandas, envidraçados, instalações sanitárias e outros necessários à definição do edifício e da execução da obra.

iii) As linhas de corte e os pormenores que sejam objecto de outras peças desenhadas.

iv) A distribuição e a tipologia do mobiliário fixo.

b) Cortes gerais do edifício, pelo menos na escala 1:100, que evidenciem a compartimentação, as dimensões dos vãos, as alturas e as larguras que interessem à construção, os diferentes níveis entre toscos, ou limpos, dos pavimentos e dos tectos, incluindo os tectos falsos, os locais destinados à passagem de canalizações e condutas, os elementos da estrutura, tais como pilares, vigas, lajes, escadas e outros elementos da construção, e outras informações necessárias à execução do edifício, nomeadamente, natureza e localização dos materiais de revestimento, articulações mais importantes entre diferentes elementos de construção e tipo de remates.

c) Alçados do edifício, pelo menos na escala 1:100, que explicitem a configuração e dimensões das paredes exteriores e de todos os elementos nelas integrados, nomeadamente, janelas, portas, vergas, palas, varandas, a natureza e a localização dos materiais utilizados nos revestimentos e nos elementos de construção e outras informações que sejam indispensáveis à construção do edifício.

d) Cortes de pormenorização, em escala adequada, que indiquem os aspectos construtivos de maior interesse para a execução da obra.

e) Mapa de vãos, com indicação da tipologia de cada vão, das respectivas dimensões e quantidades, do modo de funcionamento, da natureza e das características dos materiais e das ferragens e de outras informações necessárias ao fabrico e montagem de caixilharias, portas, envidraçados e outros elementos.

f) Mapa de acabamentos que defina claramente os materiais e a natureza dos acabamentos considerados para todos os elementos da construção.

g) Pormenores de execução dos diferentes elementos de construção com a definição precisa das dimensões e da natureza das interligações dos diferentes materiais ou partes constituintes.

h) Outras representações necessárias à definição da construção e à execução das obras.

3 – São elementos do Projecto de estruturas:

a) Memória descritiva e justificativa da escolha do tipo de fundações e de estrutura e respectivas verificações de cálculo, de acordo com os regulamentos em vigor.

b) Plantas e cortes definidores da estrutura, em escalas adequadas, em que sejam representadas:

i) A posição, devidamente cotada, de todos os elementos estruturais, nomeadamente, as vigas, pelos seus eixos ou pelos seus contornos; os pilares, pelos seus eixos e contornos; as lajes, com a indicação das suas espessuras; as aberturas nas lajes, com a indicação da sua localização e das suas dimensões; as paredes e outros elementos estruturais, pelos seus eixos e contornos.

ii) As secções em tosco de todos os elementos estruturais.

iii) As cotas de nível de toscos das faces superiores das vigas, paredes e lajes e, quando necessário, as espessuras dos revestimentos;

iv) A localização, devidamente referenciada, e as dimensões das aberturas e passagens através dos elementos estruturais, nomeadamente as relativas a canalizações e a condutas.

v) O desenvolvimento em altura dos pilares, definido nas plantas pela sua indicação nos níveis em que têm início e em que terminam.

c) Pormenores de todos os elementos da estrutura que evidenciem a sua forma e constituição e permitam a sua execução sem dúvidas ou ambiguidades, nas escalas 1:50, 1:20, 1:10 ou superior.

4 – O projecto de escavação e de contenção periférica, constitui um processo autónomo, incluindo, para efeitos de caracterização e justificação, uma memória descritiva e peças desenhadas elaboradas em conformidade com o seguinte:

a) A memória deverá incluir, nomeadamente, a descrição geral da obra, uma informação geológica e geotécnica, a caracterização dos elementos da estrutura do edifício e infra-estruturas contíguas ou vizinhas, o faseamento de trabalho e o modo de execução das obras, o dimensionamento e justificação das soluções adoptadas, de acordo com os regulamentos em vigor, e, quando for caso, o plano de observação a implementar.

b) As peças desenhadas devem incluir, para além da planta de localização sobre o levantamento topográfico actualizado, os elementos de arquitectura necessários à apreciação isolada do referido projecto e da planta de localização dos trabalhos de prospecção e dos cortes geológicos interpretativos, a planta com a indicação das soluções de escavação, de contenção ou de fundações, os cortes transversais, longitudinais e alçados contendo os elementos necessários à compreensão da solução preconizada com referência às estruturas vizinhas, em particular no subsolo, as plantas, alçados e cortes com indicação e definição de todos os elementos de contenção e de drenagem, os cortes e pormenores de betão armado e a definição e a planta de localização dos dispositivos de observação a instalar.

5 – São elementos dos projectos de instalações e equipamentos:

a) Memórias descritivas e justificativas das instalações e equipamentos descrevendo e justificando as soluções adoptadas, tendo em atenção o anteprojecto aprovado e as disposições legais e regulamentares em vigor.

b) Especificações técnicas, gerais e especiais, relativas às instalações e equipamentos, definindo as condições de montagem e as características técnicas dos materiais e equipamentos.

c) Plantas e, se necessário, alçados e cortes, em escala adequada, com o mínimo de 1:100 que definam:

i) A localização e, se necessário, o modo de implantação dos materiais e dos equipamentos afectos às instalações.

ii) O traçado e o modo de montagem das redes.

iii) As dimensões das canalizações eléctricas, de comunicações e das tubagens e condutas para abastecimento de água, águas residuais, ar, gás e outros fluidos.

iv) As interdependências mais relevantes das instalações e equipamentos com os elementos de construção, nomeadamente, aberturas em pavimentos ou paredes para passagem de canalizações, tubagens e condutas, maciços para equipamentos e revestimentos especiais, seja para atenuação acústica, seja qual for a sua finalidade.

d) Esquemas, diagramas, perspectivas, etc., necessários à definição das instalações.

e) Pormenores, em escalas adequadas, no mínimo à escala 1/50, necessários à montagem dos equipamentos e das instalações.

6 – São elementos do estudo de condicionamento acústico e de verificação do comportamento térmico:

a) Planta geral em escala adequada onde sejam evidenciadas as características das alterações determinadas na componente acústica do ambiente.

b) Plantas e cortes, em escala adequada, onde se indiquem os locais principais de intervenção em termos de condicionamento térmico e acústico.

c) Memórias descritivas e justificativas incluindo análise prospectiva de desempenhos, das intervenções de condicionamento acústico, descrevendo e justificando as soluções projectadas, tendo em atenção o anteprojecto aprovado e as disposições legais em vigor.

d) Especificações técnicas, gerais e especiais, referentes ao condicionamento térmico e acústico, especificando as condições de execução ou montagem e as características técnicas dos materiais e dos equipamentos.

ARTIGO 20º
Assistência Técnica Especial

Para efeitos do disposto no artigo 10º do presente Anexo, os elementos especiais da Assistência técnica são acordados entre o Dono da Obra e o Projectista, caso a caso e em função das características da obra.

SECÇÃO II
Instalações, Equipamentos e Sistemas em Edifícios

ARTIGO 21º
Disposição Introdutória

As instalações, equipamentos e sistemas em edifícios compreendem os seguintes projectos específicos:

a) Instalações, equipamentos e sistemas de águas e esgotos, previsto na Subsecção I da presente Portaria.

b) Instalações, equipamentos e sistemas eléctricos, previsto na Subsecção II da presente Portaria.

c) Instalações, equipamentos e sistemas de comunicações previsto, na Subsecção III da presente Portaria.

d) Instalações, equipamentos e sistemas de aquecimento, ventilação e ar condicionado, previsto na Subsecção IV da presente Portaria.

e) Instalações, equipamentos e sistemas de gás, previsto na Subsecção V da presente Portaria.

f) Instalações, equipamentos e sistemas de transporte de pessoas e cargas, previsto na Subsecção VI da presente Portaria.

g) Sistemas de segurança integrada, previsto na Subsecção VII da presente Portaria.

h) Sistemas de gestão técnica centralizada, previsto na Subsecção VIII da presente Portaria.

i) Condicionamento acústico, previsto na Subsecção IX da presente Portaria.

SUBSECÇÃO I
Instalações, equipamentos e sistemas de águas e esgotos

ARTIGO 22º
Programa Preliminar

São elementos especiais do Programa preliminar:

a) Identificação dos pontos de ligação às redes exteriores e condicionalismos a considerar, nomeadamente no que se refere a cotas, diâmetros, pressões e caudais.

b) Imposições relativas a materiais, acessórios, dispositivos de utilização e equipamentos sanitários.

c) Condicionamentos à localização das instalações e dos equipamentos de águas e esgotos e enquadramento em relação à arquitectura a às restantes especialidades.

d) Imposições relativas à eficiência hídrica dos dispositivos e aparelhos.

e) Imposições relativas à eficiência hídrica do edifício.

f) Identificação dos níveis de conforto pretendidos para os sistemas.

g) Condicionamentos a nível de manutenção e exploração a que os sistemas devem obedecer.

ARTIGO 23º
Programa Base

São elementos especiais do Programa base:

a) Bases de dimensionamento consideradas para os diferentes sistemas.

b) Configurações propostas para os diferentes sistemas, justificadas a partir dos condicionalismos e imposições constantes do Programa Preliminar.

c) Identificação das instalações e equipamentos complementares de bombagem, aquecimento ou tratamento necessários.

d) Definição dos critérios gerais dimensionamento das instalações e dos equipamentos.

e) Definição das medidas propostas para aumentar a eficiência hídrica do edifício, quando aplicável.

f) Interligações com outras especialidades e respectivas condições ou exigências.

ARTIGO 24º
Estudo Prévio

São elementos especiais do Estudo prévio:

a) Esquemas de princípio necessários à definição esquemática da concepção dos sistemas e da sua interligação espacial e funcional.

b) Elementos relevantes do estudo prévio de Segurança Integrada, quando aplicável, nomeadamente no que se refere a redes de incêndio armadas (RIA), a colunas secas, a colunas húmidas e a sistemas de sprinklers.

c) Elementos gráficos elucidativos dos traçados principais das redes e da interligação entre os diversos componentes dos sistemas, sob a forma de plantas e outros elementos, a escala apropriada.

d) Características gerais dos equipamentos complementares de bombagem, aquecimento e ou tratamento necessários.

e) Caracterização genérica dos materiais a aplicar.

f) Condições de funcionamento e utilização das instalações e da sua eventual expansão.

ARTIGO 25º
Anteprojecto

São elementos especiais do Anteprojecto:

a) Esquemas de princípio das instalações e da sua interligação espacial e funcional.

b) Plantas, em escalas apropriadas, onde se indiquem os traçados das redes principais das diversas instalações, com indicação dos seus acessórios essenciais, e a localização aproximada dos equipamentos.

c) Cortes, esquemas axinométricos ou cotagem altimétrica das plantas, sempre que isso seja necessário à boa compreensão da solução proposta.

d) Alçados dos edifícios, sempre que isso seja necessário à boa compreensão da solução proposta.

e) Dimensionamento dos troços principais das redes.

f) Caracterização e dimensionamento dos equipamentos principais.

g) Caracterização geral dos dispositivos de utilização, dos equipamentos sanitários e dos materiais e acessórios.

ARTIGO 26º
Projecto de Execução

São elementos especiais do Projecto de execução:

a) Cálculos correspondentes ao dimensionamento das diversas redes e equipamentos.

b) Esquemas de princípio das instalações e da sua interligação espacial e funcional.

c) Plantas dos pisos, à escala 1/100, pelo menos, onde se indiquem os traçados das redes das diversas instalações, com indicação das suas características e demais elementos indispensáveis a execução da obra, e a localização dos equipamentos.

d) Cortes, esquemas axinométricos ou cotagem altimétrica de plantas, sempre que isso seja necessário à boa compreensão do projecto.

e) Alçados dos edifícios, sempre que isso seja necessário à boa compreensão do projecto, a escala adequada.

f) Discriminação e especificação detalhada dos equipamentos, redes, acessórios e materiais utilizados nas diferentes instalações.

g) Caracterização dos dispositivos de utilização e dos equipamentos sanitários e, quando aplicável, dos componentes dos sistemas de combate a incêndios, em conformidade com o projecto de Segurança Integrada.

h) Pormenores necessários à definição detalhada e boa execução das instalações e equipamentos projectados, a escalas adequadas.

i) Especificação dos métodos de ensaio a considerar para as diversas instalações.

ARTIGO 27º
Assistência Técnica Especial

Para efeitos do disposto no artigo 10º do presente Anexo, constituem elementos especiais:

a) Apreciação ou elaboração de quaisquer alterações às especificações e dimensionamentos dos equipamentos e materiais ou traçados das redes, quer durante o desenvolvimento dos projectos, quer durante a execução da obra.

b) Aprovação dos mapas de ensaio.

c) Apoio e aprovação da parametrização das instalações.

d) Participação nos ensaios de recepção e aprovação dos resultados dos mesmos.

SUBSECÇÃO II
Instalações, equipamentos e sistemas eléctricos

ARTIGO 28º
Programa Preliminar

São elementos especiais do Programa preliminar:

a) Identificação de aspectos específicos do edifício ou zonas do edifício, em termos de energia eléctrica, ambiente, utilização, segurança e outros e ligações a redes ou sistemas exteriores.

b) Condicionamentos à localização dos equipamentos e das instalações necessárias ao seu funcionamento.

c) Identificação dos níveis de qualidade, disponibilidade, redundância e autonomia pretendidos.

d) Condicionamentos a nível de manutenção, exploração e expansão.

ARTIGO 29º
Programa Base

São elementos especiais do Programa base:

a) Identificação das diferentes instalações e equipamentos a considerar e suas configurações gerais justificadas a partir dos condicionamentos e imposições do Programa Preliminar.

b) Bases de dimensionamento consideradas para as diferentes instalações e equipamentos.

c) Discriminação e justificação das necessidades em termos de energia eléctrica, segurança e outras.

d) Interligações com outras especialidades e respectivas condições ou exigências.

ARTIGO 30º
Estudo Prévio

São elementos especiais do Estudo prévio:

a) Representação gráfica geral das instalações e equipamentos em concordância com o desenvolvimento das outras especialidades e com a definição das condições regulamentares de segurança, sob a forma de plantas e outros elementos, a escala apropriada.

b) Esquemas de princípio necessários à definição esquemática da concepção dos sistemas e redes que integram as instalações e equipamentos e da sua interligação espacial e funcional.

c) Caracterização genérica das instalações e equipamentos principais.

d) Pré-dimensionamento dos equipamentos e das redes principais das instalações.

e) Condições de ligação às redes de energia eléctrica (produção, consumo) e outras, de funcionamento e utilização das instalações e equipamentos e da sua eventual expansão.

ARTIGO 31º
Anteprojecto

São elementos especiais do Anteprojecto:

a) Plantas, em escalas apropriadas, onde se indiquem os traçados das redes principais das diversas instalações, com indicação da localização aproximada dos equipamentos.

b) Cortes, esquemas e diagramas, sempre que isso seja necessário à boa compreensão da solução proposta.

c) Esquemas de princípio das instalações e da sua interligação espacial e funcional.

e) Caracterização das instalações e equipamentos principais.

f) Dimensionamentos dos equipamentos e redes principais das instalações.

g) Enumeração dos principais artigos que constituem o mapa de quantidades de trabalho, dividido nos principais capítulos constituintes das instalações e equipamentos, de forma a permitir a elaboração da estimativa do custo preliminar da obra.

h) Justificação dos níveis de conforto luminotécnico, de segurança e outros, bem como de produção e consumo de energia eléctrica que suportem a solução proposta;

i) Verificação do cumprimento das regulamentações técnicas aplicáveis.

ARTIGO 32º
Projecto de Execução

São elementos especiais do Projecto de execução:

a) Memória descritiva e justificativa, incluindo a análise prospectiva de desempenhos, descrevendo e justificando as soluções projectadas, tendo em atenção o Anteprojecto aprovado e as disposições legais em vigor.

b) Condições técnicas, gerais e especiais, especificando as condições de execução ou montagem e as características técnicas das instalações e equipamentos previstos.

c) Planta geral dos locais servidos pelas instalações e equipamentos, em escala apropriada, quando não definida em regulamento aplicável, contendo os elementos de referência e de orientação necessários à fácil localização das instalações e equipamentos.

d) Plantas em escala apropriada, quando não definida em regulamento aplicável, com o traçado e constituição das redes e localização dos equipamentos, com a indicação dos elementos indispensáveis à sua conveniente apreciação.

e) Alçados e cortes dos edifícios ou partes dos edifícios, sempre que isso seja necessário à boa compreensão do projecto, a escala apropriada, quando não definida em regulamento aplicável.

f) Pormenores necessários à definição detalhada e boa execução das instalações e equipamentos projectados, a escalas apropriadas quando não definidas em regulamento aplicável.

g) Esquemas de princípio das instalações e da sua interligação espacial e funcional, quando necessárias à sua perfeita compreensão.

h) Dimensionamento das instalações e dos equipamentos, incluindo os cálculos necessários para o efeito.

i) Medições e mapas de quantidade de trabalhos, divididos nos diversos capítulos constituintes da obra.

j) Orçamento de projecto da obra.

ARTIGO 33º
Assistência Técnica Especial

Para efeitos do disposto no artigo 10º do presente Anexo, constituem elementos especiais:

a) Apreciação ou elaboração de quaisquer alterações às especificações e do dimensionamento dos equipamentos e materiais ou traçados das redes, quer durante o desenvolvimento dos projectos, quer durante a execução da obra.

b) Aprovação dos mapas de ensaio.

c) Apoio e aprovação da parametrização das instalações e equipamentos.

d) Participação nos ensaios de recepção e aprovação dos seus resultados.

SUBSECÇÃO III
Instalações, equipamentos e sistemas de comunicações

ARTIGO 34º
Programa Preliminar

São elementos especiais do Programa preliminar:

a) Identificação de aspectos específicos do edifício ou zonas do edifício, nomeadamente no que se refere a comunicações, ambiente, utilização, segurança e ligações a redes ou sistemas exteriores.
b) Condicionamentos à localização dos equipamentos e das instalações necessárias ao seu funcionamento.
c) Identificação dos níveis de qualidade, disponibilidade, redundância e autonomia pretendidos.
d) Condicionamentos a nível de manutenção, exploração e expansão.

ARTIGO 35º
Programa Base

São elementos especiais do Programa base:

a) Identificação das diferentes instalações e equipamentos a considerar e suas configurações gerais justificadas a partir dos condicionamentos e imposições constantes do Programa Preliminar.
b) Bases de dimensionamento consideradas para as diferentes instalações e equipamentos;
c) Discriminação e justificação das necessidades, nomeadamente em termos de comunicações e segurança.
d) Interligações com outras especialidades e respectivas condições ou exigências.

ARTIGO 36º
Estudo Prévio

São elementos especiais do Estudo prévio:

a) Representação gráfica geral das instalações e equipamentos em concordância com o desenvolvimento das outras especialidades e com a definição das condições regulamentares de segurança, sob a forma de plantas e outros elementos, a escala apropriada.
b) Esquemas de princípio necessários à definição esquemática da concepção dos sistemas e redes que integram as instalações e equipamentos e da sua interligação espacial e funcional.
c) Caracterização genérica das instalações e equipamentos principais.
d) Pré-dimensionamento dos equipamentos e das redes principais das instalações.

e) Condições de ligação às redes de comunicações e outras, de funcionamento e utilização das instalações e equipamentos e da sua eventual expansão.

ARTIGO 37º
Anteprojecto

São elementos especiais do Anteprojecto:

a) Plantas, em escalas apropriadas, onde se indiquem os traçados das redes principais das diversas instalações, com indicação da localização aproximada dos equipamentos.
b) Cortes, esquemas e diagramas, sempre que necessário à boa compreensão da solução proposta.
c) Esquemas de princípio das instalações e da sua interligação espacial e funcional.
d) Caracterização das instalações e equipamentos principais.
e) Dimensionamentos dos equipamentos e redes principais das instalações.
f) Enumeração dos principais artigos que constituem o mapa de quantidades de trabalho, dividido nos principais capítulos constituintes das instalações e equipamentos, de forma a permitir a elaboração da estimativa do custo preliminar da obra.
g) Justificação dos níveis de segurança e outros, que suportem a decisão da solução proposta.
e) Verificação do cumprimento da regulamentação técnica aplicável.

ARTIGO 38º
Projecto de Execução

São elementos especiais do Projecto de execução:

a) Memória descritiva e justificativa, incluindo a análise prospectiva de desempenhos, descrevendo e justificando as soluções projectadas, tendo em atenção o Anteprojecto aprovado e as disposições legais em vigor.
b) Condições técnicas, gerais e especiais, especificando as condições de execução e ou montagem e as características técnicas das instalações e equipamentos previstos.
c) Planta geral dos locais servidos pelas instalações e equipamentos, em escala apropriada, contendo os elementos de referência e a orientação necessários à fácil localização das instalações e equipamentos.
d) Plantas em escala apropriada, com o traçado e constituição das redes e localização dos equipamentos, com a indicação dos elementos indispensáveis à sua conveniente apreciação.
e) Alçados e cortes dos edifícios ou partes dos edifícios, sempre que isso seja necessário à boa compreensão do projecto, a escala apropriada.
f) Pormenores necessários à definição detalhada e boa execução das instalações e equipamentos projectados, a escalas apropriadas, quando não definidas em regulamento aplicável.

g) Esquemas de princípio das instalações e da sua interligação espacial e funcional, quando necessárias à sua perfeita compreensão.

h) Dimensionamento das instalações e dos equipamentos, incluindo os respectivos cálculos justificativos.

i) Medições e mapas de quantidade de trabalhos, divididos nos diversos capítulos constituintes da obra.

j) Orçamento de projecto da obra.

ARTIGO 39º
Assistência Técnica Especial

Para efeitos do disposto no artigo 10º do presente Anexo, constituem elementos especiais:

a) Apreciação ou elaboração de quaisquer alterações às especificações e do dimensionamento dos equipamentos e materiais ou traçados das redes, quer durante o desenvolvimento dos projectos, quer durante a execução da obra.

b) Aprovação dos mapas de ensaio.

c) Apoio e aprovação da parametrização das instalações e equipamentos.

d) Participação nos ensaios de recepção e aprovação dos seus resultados.

SUBSECÇÃO IV
Instalações, equipamentos e sistemas de aquecimento, ventilação e ar condicionado (AVAC)

ARTIGO 40º
Programa Preliminar

São elementos especiais do Programa preliminar, a fornecer pelo Dono da Obra:

a) Identificação geral dos níveis de qualidade, disponibilidade, redundância e autonomia, pretendidos;

b) Indicação do tipo de usos previstos bem como das respectivas áreas e densidades de ocupação previsíveis;

c) Identificação do nível de classificação energética pretendido;

d) Identificação de zonas especiais do edifício, cujo funcionamento se afaste significativamente da situação normal em termos de perfil de cargas térmicas, exigências de controlo termohigrométrico ou qualidade do ar ou dos parâmetros críticos de funcionamento;

e) Condicionamentos à localização de equipamentos, relativamente ao próprio edifício, bem como a outras construções, nomeadamente em termos visuais, de ruído, e de qualidade do ar interior e exterior;

f) Condicionamentos a nível de exploração, acesso e manutenção dos sistemas e equipamentos;

g) Disponibilidade local de redes urbanas de frio e de calor;
h) Estratégia para a definição do regime de propriedade horizontal
i) Orçamento previsional do investimento.

ARTIGO 41º
Programa Base

São elementos especiais do Programa base:

a) Descrição das condições exteriores do projecto consideradas para efeitos do "Dia do Projecto " e probabilidade de ocorrência.

b) Definição das condições interiores de projecto, nomeadamente temperatura seca, temperatura húmida, níveis de ruído.

c) Definição das condições de ventilação (ar novo), optimizando o QAI (Qualidade do Ar Interior) de acordo com as exigências regulamentares em vigor.

d) Definição dos critérios gerais de sectorização e de dimensionamento em função da forma de ocupação, exigências termohigrométricas e compartimentação corta-fogo.

e) Previsão da necessidade de espaços técnicos, verticais e horizontais.

f) Indicação de estratégias gerais de redução de consumos de energia e de utilização de fontes de energia renováveis, optimizando o IEE (Índice de Eficiência Energética) de acordo com as exigências regulamentares em vigor.

g) Estratégia de contagem da energia térmica para os diferentes usos e fracções.

ARTIGO 42º
Estudo Prévio

São elementos especiais do estudo Prévio:

a) Memória descritiva da concepção dos sistemas definindo as condições de funcionamento e utilização, bem como a sua modulação e eventual capacidade de expansão.

b) Esquemas de princípio dos sistemas e redes que integram as instalações e equipamentos e estabeleçam claramente a sua organização, interdependência e interligação funcional e espacial.

c) Identificação de espaços técnicos horizontais e verticais necessários (áreas e volumes associados), bem como das necessidades de ventilação e de interligação a redes exteriores e interiores, nomeadamente de drenagem, alimentação de água, alimentação eléctrica e de gás.

d) Pré-dimensionamento dos equipamentos e redes principais da instalação.

e) Implantação dos principais equipamentos e redes.

f) Estratégia de monitorização do estado e do funcionamento de equipamentos e instalações específicas.

g) Proposta do regime de contagem de energia e fluidos.

h) Estimativa expedita do custo da obra.

ARTIGO 43º
Anteprojecto

São elementos especiais do Anteprojecto:

a) Cálculos correspondentes à determinação das cargas térmicas de arrefecimento e aquecimento, bem como dos caudais de ar novo a considerar.

b) Definição dos níveis de conforto termohigrométrico e acústico, associados às instalações e equipamentos de AVAC, bem como dos consumos de energia e fluidos que suportem a decisão sobre a solução técnica adoptada, com recurso, sempre que necessário, a simulações computacionais dinâmicas.

c) Avaliação de soluções de recuperação de energia, uso de energias renováveis, ou outras e sua avaliação técnico-económica, sempre que necessário.

d) Plantas, alçados e cortes em escalas apropriadas onde se indiquem a localização de equipamentos e o traçado principal das redes associadas às diversas instalações a realizar.

e) Dimensionamento dos equipamentos principais e redes primárias das instalações.

f) Dimensionamento dos espaços técnicos principais, centrais e percursos verticais e horizontais, acima dos tectos falsos ou sob os pavimentos sobreelevados, e indicação das condições de acesso para manutenção ou reparação.

g) Enumeração dos principais artigos que constituem o mapa de quantidades de trabalho, dividida nos principais capítulos constituintes da instalação, de forma a permitir a elaboração da estimativa do custo preliminar da obra.

h) Enumeração e dimensionamento prévio dos principais quadros eléctricos de alimentação e controlo dos equipamentos e redes das instalações.

i) Verificação prévia do cumprimento da regulamentação sobre eficiência energética, qualidade do ar e condições de manutenção.

j) Verificação prévia do cumprimento da regulamentação sobre ruído.

l) Estimativa do custo da obra.

ARTIGO 44º
Projecto de Execução

São elementos especiais do projecto de execução:

a) Mapa de capacidades com identificação detalhada de todos os equipamentos a instalar, e seu dimensionamento, nomeadamente potência térmica a fornecer, caudal de ar e ou de água, pressões disponíveis, potência eléctrica aparente ou consumo de combustível correspondente.

b) Especificação detalhada de todos os equipamentos e materiais a fornecer e a instalar, nomeadamente quanto às suas características construtivas, códigos ou normas exigíveis, espessura da chapa, níveis de estanqueidade e pressão sonora, peso, dimensões.

c) Planta geral, à escala apropriada, com a localização do edifício e dos equipamentos exteriores, bem como os traçados entre uns e outros, com definição da forma de instalação, assegurando quando necessário, as condições de protecção visual, de arrefecimento e de condicionamento acústico.

d) Plantas, alçados e cortes com a pormenorização necessária à completa explicitação das instalações projectadas, a escala apropriada, com a localização de todos os equipamentos e traçados das redes de fluidos térmicos, nomeadamente de ar e água arrefecida, aquecida ou de condensação, de fluido frigorigénio, com indicação do seu dimensionamento (diâmetros, dimensões, secções) tipo e espessura dos isolamentos, modo de instalação, fixação e suporte.

e) Esquema, ou esquemas, de princípio de todos os sistemas, devidamente detalhados, com discriminação e identificação de todos os equipamentos e acessórios de comando, protecção, contagem, monitorização e controlo.

f) Representação esquemática, em perspectiva quando necessário, das redes e apresentação do diagrama de prumadas de ar e água, com identificação da ocupação prevista para os espaços técnicos verticais e horizontais.

g) Pormenores necessários à definição detalhada e boa execução das instalações e equipamentos projectados, a escalas adequadas.

h) Discriminação e especificação detalhada das medidas de condicionamento acústico, com análise prospectiva de desempenho.

i) Documentos, peças escritas e desenhadas que integrem os processos de licenciamento de acordo com a especificidade própria das instalações e as exigências das entidades licenciadoras, nomeadamente quanto à justificação da não consideração de soluções legalmente obrigatórias.

j) Apresentação dos esquemas dos quadros eléctricos de alimentação das instalações de ar condicionado e ventilação, com dimensionamento de todas as protecções e aparelhos de controlo e comando.

l) Planta a escala apropriada com a implantação dos quadros eléctricos associados ao AVAC e respectivos traçados de cabos, devidamente dimensionados de acordo com as regras técnicas em vigor.

m) Esquemas detalhados dos quadros de comando e controlo das instalações, com a definição, dimensionamento e especificação técnica de todos os sistemas de controlo, comando e medida.

n) Memória descritiva do funcionamento da instalação.

o) Mapas das quantidades dos trabalhos.

p) Confirmação de que os elementos de projecto estão em condições de verificação da sua concordância com o estipulado na legislação em vigor.

q) Orçamento de projecto da obra.

ARTIGO 45º
Assistência Técnica Especial

Para efeitos do disposto no artigo 10º do presente Anexo, constituem elementos especiais:

a) Apreciação ou elaboração de quaisquer alterações às especificações e dimensionamentos dos equipamentos e materiais ou traçados das redes, quer durante o desenvolvimento dos projectos, quer durante a execução da obra.

b) Aprovação dos mapas de ensaio.
c) Apoio e aprovação da parametrização das instalações e equipamentos.
d) Participação nos ensaios de recepção e aprovação dos resultados dos mesmos.

SUBSECÇÃO V
Instalações, equipamentos e sistemas a gás

ARTIGO 46º
Programa Preliminar

São elementos especiais do Programa preliminar:

a) Condicionamentos regulamentares dos componentes dos sistemas, nomeadamente quanto à localização das instalações e dos equipamentos a gás, e enquadramento em relação à arquitectura a às restantes especialidades.
b) Identificação dos pontos de ligação à rede de distribuição exterior e condicionalismos a considerar, nomeadamente no que se refere a pressões e caudais.
c) Identificação dos níveis de conforto pretendidos para a edificação.

ARTIGO 47º
Programa Base

São elementos especiais do Programa base:

a) Configurações propostas para os diferentes componentes dos sistemas, justificadas a partir dos condicionalismos e imposições do Programa Preliminar;
b) Identificação das instalações e equipamentos a gás.
c) Definição dos pressupostos de dimensionamento das instalações e dos equipamentos.
d) Interligações com outras especialidades e respectivas especificações regulamentares e ou normativas.

ARTIGO 48º
Estudo Prévio

São elementos especiais do Estudo prévio:

a) Pré-dimensionamento da instalação e dos equipamentos de gás.
b) Elementos gráficos elucidativos dos traçados principais das instalações de gás e sua interligação aos equipamentos a gás, sob a forma de plantas e outros elementos, a escala adequada.
c) Caracterização dos materiais a aplicar.
d) Condições de funcionamento e utilização das instalações e de uma sua eventual ampliação.

ARTIGO 49º
Anteprojecto

São elementos especiais do Anteprojecto:

a) Plantas, em escalas adequadas, dos traçados das instalações de gás, com a localização dos respectivos equipamentos e acessórios funcionais.

b) Cortes e alçados, em escala adequada, sempre que isso seja necessário à boa compreensão da solução proposta.

c) Traçado isométrico da instalação de gás, devidamente cotado.

d) Caracterização dos equipamentos a gás.

e) Cálculos do dimensionamento das instalações de gás.

f) Definição dos ensaios legalmente estabelecidos a realizar por entidades oficialmente reconhecidas.

ARTIGO 50º
Projecto de Execução

São elementos especiais do Projecto de execução:

a) Plantas, em escalas adequadas, onde se indiquem os traçados das instalações de gás, com a localização dos respectivos equipamentos e acessórios funcionais.

b) Cortes e alçados, em escala adequada, da solução proposta.

c) Traçado isométrico da instalação de gás, devidamente cotado.

d) Especificação dos equipamentos a gás.

e) Cálculos de dimensionamento das instalações de gás.

f) Definição dos ensaios legalmente estabelecidos a realizar por entidades oficialmente reconhecidas.

ARTIGO 51º
Assistência Técnica Especial

Para efeitos do disposto no artigo 10º do presente Anexo, constituem elementos especiais:

a) Aprovação prévia de eventuais alterações ao projecto de execução, nomeadamente no que se refere a traçados da instalação, diâmetros, equipamentos, regime de pressões entre outros.

b) Realização dos ensaios e inspecções legalmente estabelecidas.

c) Apoio e aprovação da parametrização das instalações.

SUBSECÇÃO VI
Instalações, equipamentos e sistemas de transporte de pessoas e cargas

ARTIGO 52º
Programa Preliminar

São elementos especiais do Programa preliminar, a fornecer pelo Dono da Obra:

a) Identificação do tipo, ou tipos, de uso previsto, bem como das respectivas áreas, e densidades de ocupação previsíveis.

b) Indicação genérica sobre o nível de qualidade do sistema de transporte de pessoas, nomeadamente no que respeita a ascensores, escadas e tapetes rolantes.

c) Identificação de zonas especiais do edifício onde esteja prevista uma ocupação de maior densidade e para as quais se prevejam acessos verticais independentes.

d) Condicionamentos de instalação, nomeadamente em termos da cércea dos edifícios e da localização das casas das máquinas.

e) Informação sobre os percursos, no que respeita à altura e número de pisos servidos e população associada a cada núcleo.

f) Orçamento previsional da obra.

ARTIGO 53º
Programa Base

São elementos especiais do Programa base:

a) Definição dos critérios gerais a utilizar na definição dos meios de transporte vertical, nomeadamente quanto à:

i) capacidade de tráfego, medida em percentagem da população transportada em 5 minutos nos períodos de pico;

ii) intervalo, ou seja, o tempo decorrido em segundos entre a partida de duas cabinas sucessivas do piso de entrada;

iii) tempo médio de espera, medido em segundos, entre a chegada ao patamar de partida e a entrada no ascensor;

iv) tempo médio de viagem, medido em segundos, entre o patamar de partida e o piso de destino; e

v) factor de ocupação das cabinas, medida como percentagem da carga nominal média em cada viagem.

b) Critérios gerais de definição das escadas e tapetes rolantes.

c) Identificação das normas e regulamentos aplicáveis.

ARTIGO 54º
Estudo Prévio

São elementos especiais do Estudo prévio:

a) Elaboração de simulações de tráfego para diferentes cenários, designados por Estudos de Tráfego, tendo em conta a distribuição da população pelos diferentes pisos, a informação do projecto de arquitectura quanto à área dos pisos servidos e respectiva altura, por forma a seleccionar soluções optimizadas, nomeadamente em termos de capacidade de tráfego, de tempos médios de espera e de viagem, do número de núcleos de ascensores, número de cabinas e sua dimensão, velocidade, aceleração, tipo e dimensão das portas e respectivo tempo de actuação.

b) Previsão de intertráfego e de contratráfego nos períodos de ponta adoptados no cálculo.

c) Dimensionamento de escadas e tapetes rolantes, nomeadamente quanto ao número, largura e profundidade dos degraus, velocidade, número de degraus planos no acesso.

d) Estimativa preliminar do custo da obra para os diferentes cenários analisados.

ARTIGO 55º
Anteprojecto

São elementos especiais do Anteprojecto:

a) Caracterização genérica da solução ou soluções seleccionadas em termos do número de núcleos e de ascensores por núcleo, número de escadas ou passadeiras rolantes, velocidade, tipo de tracção e consumos.

b) Implantação dos núcleos dos elevadores e definição das dimensões das caixas e vãos das portas, bem como da profundidade dos poços e extracursos.

c) Implantação das escadas e passadeiras rolantes.

ARTIGO 56º
Projecto de Execução

O Projecto de execução deve conter a verificação dos desenhos e especificações do fabricante.

ARTIGO 57º
Assistência Técnica Especial

Para efeitos do disposto no artigo 10º do presente Anexo, os elementos especiais da assistência técnica são acordados entre o Dono da Obra e o Projectista, caso a caso e em função das características da obra.

SUBSECÇÃO VII
Sistemas de Segurança Integrada

ARTIGO 58º
Programa Preliminar

São elementos especiais do programa preliminar:

a) Identificação do tipo ou tipos de uso previsto, bem como das respectivas áreas e densidades de ocupação previsíveis.

b) Identificação de zonas especiais do edifício, onde estejam previstas actividades ou ocupações de maior risco.

c) Indicações sobre a proximidade existente ou previsível de outros edifícios ou actividades de maior risco.

d) Condicionamentos à utilização ou localização de sistemas e equipamentos de detecção e combate a incêndios.

e) Indicação dos níveis pretendidos de protecção contra intrusão, roubo.

f) Disponibilidade para ligação a redes exteriores de água para incêndio (hidrantes exteriores).

g) Orçamento previsional do investimento.

ARTIGO 59º
Programa Base

São elementos especiais do Programa base:

a) Classificação preliminar dos locais de risco contra incêndios.

b) Indicação dos critérios gerais de compartimentação corta-fogo, estabilidade ao fogo e de reacção ao fogo aplicáveis a cada local de risco, para definição dos revestimentos em locais de risco e vias de evacuação.

c) Indicação dos critérios a seguir na definição e dimensionamento dos caminhos de evacuação.

d) Indicação sobre as condições de acesso que devem ser consideradas para viaturas de socorro, nomeadamente, ambulâncias e carros de bombeiros.

e) Indicação sobre a forma de limitação da propagação do incêndio pelo exterior.

ARTIGO 60º
Estudo Prévio

São elementos especiais do Estudo prévio:

a) Cálculo do efectivo.

b) Memória descritiva de concepção, sobre as medidas passivas de optimização das condições de resistência e de estabilidade ao fogo dos elementos estruturais, bem como sobre o isolamento e a protecção em caso de incêndio nas vias de evacuação.

c) Memória descritiva de concepção, sobre os sistemas activos, para protecção precoce e combate em caso de incêndio, nomeadamente sistemas de detecção de incêndio e gases, de combate a incêndios, fixos e portáteis, e sinalização e alarme.

d) Definição da compartimentação geral corta-fogo.

e) Definição dos caminhos de evacuação, nomeadamente em termos de localização, unidades de passagem e de protecção ao fumo e ao fogo.

f) Definição dos volumes dos reservatórios para serviço de incêndio.

g) Memória descritiva da concepção sobre os sistemas activos de controlo da intrusão, roubo ou sabotagem.

h) Esquemas de princípio dos sistemas e redes que integram as instalação e os equipamentos e que estabelecem a sua organização, interdependência e interligação funcionais e espaciais.

i) Pré-dimensionamento dos equipamentos e redes principais da instalação.

j) Implantação dos principais equipamentos e redes.

l) Estimativa expedita do custo da obra.

ARTIGO 61º
Anteprojecto

São elementos especiais do Anteprojecto:

a) Plantas, alçados e cortes em escalas apropriadas com a indicação da localização dos equipamentos e o traçado principal das redes associadas às diversas instalações a realizar;

b) Dimensionamento dos equipamentos e redes principais das instalações;

c) Verificação prévia da regulamentação aplicável a cada espaço.

d) Enumeração dos principais artigos que constituem o mapa de quantidades de trabalho, dividida nos principais capítulos constituintes da instalação, nomeadamente e quando aplicável, instalação de detecção e combate a incêndios, em particular, rede de água do serviço de incêndios, extinção fixa, sprinklers, gás, instalação de videovigilância para efeitos de controlo de acessos e intrusão, de forma a permitir a elaboração da estimativa de custo preliminar da obra.

e) Estimativa do custo da Obra.

ARTIGO 62º
Projecto de Execução

São elementos especiais:

a) Plantas, alçados e cortes em escalas apropriadas com a localização dos equipamentos e do traçado das redes associadas às diversas instalações a realizar.

b) Dimensionamento dos equipamentos e redes das instalações.

c) Planta geral, à escala 1/100, no mínimo, com a excepção de situações em que pela sua dimensão tal não seja possível, com a localização dos edifícios, dos arruamentos exteriores e da rede de hidrantes exteriores, incluindo o traçado dos acessos para viaturas de socorro.

d) Plantas, alçados e cortes, a escala adequada, com a localização dos pontos de penetração no edifício.

e) Esquema de princípio de todos os sistemas, devidamente detalhado, com discriminação e identificação de todos os equipamentos e acessórios que integram as instalações.

f) Especificação detalhada dos equipamentos, redes, componentes, acessórios e materiais utilizados nas diversas instalações.

g) Pormenores necessários à definição detalhada e boa execução das instalações e equipamentos projectados, a escalas adequadas.

h) Peças escritas e desenhadas que integram os processos de licenciamento de Segurança Integrada, de acordo com a regulamentação em vigor.

i) Mapas de quantidades de trabalhos.

j) Orçamento de projecto da obra.

ARTIGO 63º
Assistência Técnica Especial

Para efeitos do disposto no artigo 10º do presente Anexo, os elementos especiais da assistência técnica são acordados entre o Dono da Obra e o Projectista, caso a caso e em função das características da obra.

SUBSECÇÃO VIII
Sistemas de gestão técnica centralizada

ARTIGO 64º
Programa Preliminar

São elementos especiais do Programa preliminar:

a) Identificação do tipo, ou tipos, de uso previstos, bem como das respectivas áreas e densidades de ocupação.

b) Indicação de soluções de monitorização, registo e controlo do funcionamento das instalações que, para além das obrigações regulamentares, devem ser consideradas.

c) Indicação de outros sistemas de gestão de monitorização ou exploração, que possam vir a ser considerados e com os quais se deverá eventualmente prever interligação.

d) Orçamento previsional da obra.

ARTIGO 65º
Programa Base

É elemento especial do Programa base a definição dos critérios gerais para a selecção dos pontos de ligação a considerar e listagem indicativa das instalações e grandezas a monitorizar e controlar.

ARTIGO 66º
Estudo Prévio

São elementos especiais do Estudo prévio:

a) Memória descritiva da concepção dos sistemas definindo as condições de intervenção nas restantes instalações.

b) Proposta de listagem dos pontos de ligação, analógicos e digitais, a considerar e indicação das respectivas grandezas e dos estados a monitorizar, controlar ou actuar.

c) Estimativa do custo da obra.

ARTIGO 67º
Anteprojecto

São elementos especiais do Anteprojecto:

a) Memória descritiva da concepção do sistema, definindo as condições de funcionamento e utilização, bem como a sua modulação e eventual expansão.

b) Esquema de princípio do sistema, estabelecendo claramente a sua organização, interdependência e interligação funcionais e espaciais.

c) Plantas, alçados e cortes em escalas apropriadas com a localização dos equipamentos e o traçado principal das redes associadas.

d) Dimensionamento dos equipamentos e redes primárias das instalações.

e) Enumeração e pré-dimensionamento dos principais quadros eléctricos de alimentação e controlo dos equipamentos e redes associados.

f) Enumeração dos principais artigos que constituem o mapa de quantidades de trabalho, dividida nos principais capítulos constituintes da instalação, de forma a permitir a elaboração da estimativa do custo preliminar da obra.

g) Verificação do cumprimento da legislação em vigor relativa à eficiência energética, à qualidade do ar e às condições de manutenção.

h) Estimativa do custo da obra.

ARTIGO 68º
Projecto de Execução

São elementos especiais do Projecto de execução:

a) Especificação detalhada de todos os equipamentos e materiais a fornecer e a instalar, nomeadamente quanto às suas características construtivas, códigos ou normas exigíveis, espessura da chapa, níveis de estanqueidade, peso e dimensões.

b) Plantas, alçados e cortes a escala apropriada com a pormenorização necessária à completa explicitação das instalações projectadas, incluindo a localização de todos os equipamentos e traçados das redes com integração nas redes de comunicações do edifício.

c) Esquema de princípio do sistema.

d) Pormenores necessários à definição detalhada e boa execução das instalações e equipamentos projectados, a escalas adequadas.

e) Especificação e esquemas dos quadros eléctricos de controlo e comando.

f) Memória descritiva do funcionamento, com a especificação do modo de funcionamento do sistema e da sua interligação com outras diferentes instalações.

g) Listagem detalhada dos pontos de ligação, com identificação das suas características, nomeadamente tipo de sinal, entrada e saída analógicas ou digitais, esquema de alarme, sinalização, tipo de regulação, interbloqueio, temporização.

h) Orçamento de projecto da obra.

ARTIGO 69º
Assistência Técnica Especial

Para efeitos do disposto no artigo 10º do presente Anexo, os elementos especiais da assistência técnica são acordados entre o Dono da Obra e o Projectista, caso a caso e em função das características da obra.

SUBSECÇÃO IX
Condicionamento Acústico

ARTIGO 70º
Programa Preliminar

São elementos especiais do Programa preliminar:

a) Indicação das características da componente acústica do ambiente exterior e outros, como extracto do Mapa de Ruído, eventualmente disponíveis.

b) Indicação dos condicionamentos ao nível da emissão sonora de instalações e equipamentos, segundo o critério de incomodidade e de exposição máxima.

ARTIGO 71º
Programa Base

É elemento especial do Programa base a tipificação das principais limitações resultantes do critério de condicionamento acústico, designadamente quanto à orientação e inserção dos volumes a construir e à organização dos espaços interiores.

ARTIGO 72º
Estudo Prévio

É elemento especial do Estudo prévio a descrição genérica das medidas de condicionamento acústico indexadas a soluções tipo a integrar nas fases posteriores do projecto.

ARTIGO 73º
Anteprojecto

É elemento especial do Anteprojecto a elaboração de planta geral, a escala conveniente, com a implantação das principais fontes de alteração da componente acústica do ambiente, identificando os respectivos campos sonoros.

ARTIGO 74º
Projecto de Execução

São elementos especiais do Projecto de execução:

a) Planta geral, a escala conveniente, com a indicação das características das alterações determinadas na componente acústica do ambiente exterior.

b) Plantas e cortes, na escala 1/100, onde se indiquem os locais principais da intervenção de condicionamento acústico.

c) Memórias descritivas e justificativas, integrando análise prospectiva de desempenhos, das intervenções de condicionamento acústico, descrevendo e justificando as soluções projectadas, tendo em atenção o anteprojecto aprovado e as disposições legais em vigor.

d) Condições técnicas, gerais e especiais, incluindo as especificação das condições de execução ou montagem, dos materiais e dos equipamentos.

ARTIGO 75º
Assistência Técnica Especial

Para efeitos do disposto no artigo 10º do presente Anexo, os elementos especiais da assistência técnica são acordados entre o Dono da Obra e o Projectista, caso a caso e em função das características da obra.

SECÇÃO III
Pontes, Viadutos e Passadiços

ARTIGO 76º
Programa Preliminar

São elementos especiais do Programa Preliminar:

a) Condicionamentos em planta e perfil longitudinal do traçado da via onde a obra de arte se insere.

b) No caso de pontes, os condicionamentos hidráulicos a observar e os elementos necessários ao cálculo da secção de vazão, incluindo perfil longitudinal do curso de água, perfil transversal no local de atravessamento e perfis transversais em número suficiente e convenientemente distanciados.

c) Perfil transversal tipo a adoptar na obra de arte, explicitando no caso de obras ferroviárias o tipo de via a utilizar.

d) Elementos topográficos relativos ao local da obra, designadamente levantamento a clássico à escala 1/500 e, no caso de pontes, levantamento batimétrico.

e) Classe de ponte ou viaduto, fixada em conformidade com o definido na regulamentação em vigor, ou as características específicas a considerar como acção de base da sobrecarga.

f) Critérios gerais do projecto, designadamente, velocidade base, rampa máxima, raio mínimo, concordâncias convexas e côncavas e distâncias de visibilidade no caso da directriz e da rasante não se encontrarem definidas.

g) No caso de pontes, as imposições quanto a tirante de ar e à navegabilidade do curso de água.

h) No caso de viadutos ou de passadiços, os condicionamentos rodoviários ou ferroviários das vias a cruzar, nomeadamente no que se refere a gabarito ou a características do obstáculo a transpor.

i) Recolha e interpretação dos elementos geológicos e geotécnicos disponíveis e reconhecimento geológico de superfície do local com identificação de eventuais pontos críticos que constituam condicionamentos do projecto.

j) Imposições relativas aos aspectos estéticos, de integração paisagística e urbanística, definindo eventual obrigatoriedade de intervenção de especialistas nestes domínios.

l) Imposições relativas a condicionamentos de impacte ambiental.

m) Imposições relativas a iluminação pública e decorativa, definindo eventual obrigatoriedade de intervenção de especialistas nestes domínios.

n) Imposições quanto à utilização da obra por instalações de abastecimento público de água, esgoto, telefones, electricidade ou outras.

o) Condicionamentos complementares, nomeadamente, zonas de edificação, de paragem e de estacionamento e de serviços especiais.

ARTIGO 77º
Programa Base

1 – No âmbito do Programa base, compete ao Projectista, elaborar um documento síntese a partir da informação fornecida pelo Dono da Obra, sistematizando-a e preparando eventualmente soluções ou condicionamentos alternativos, quando pertinente.

2 – Do documento referido no número anterior constam ainda:

a) Especificações a que devem ficar sujeitas a realização e a verificação da prospecção geotécnica do terreno, no caso de ser conveniente a sua realização logo após a aprovação do Programa Base, ou, em caso contrário, a indicação da fase do projecto após a qual deve essa prospecção ser realizada, bem como a natureza da mesma.

b) Indicação sumária dos condicionamentos locais susceptíveis de influenciarem decisivamente a escolha da solução a adoptar.

c) Indicação dos estudos especiais que se tornem necessários realizar.

d) Indicação dos requisitos mínimos dos materiais a considerar no projecto.

e) Referência detalhada sobre as soluções técnicas mais adequadas à obra, com descrição geral dos acabamentos e justificação da exclusão de soluções alternativas.

f) Estimativa expedita do custo da Obra.

g) Desenho de dimensionamento global da obra para cada solução, constituído por alçado e planta, às escalas 1/100, 1/200 ou 1/500, consoante a dimensão da obra.

ARTIGO 78º
Estudo Prévio

O Estudo prévio é constituído por peças escritas e desenhadas com o conteúdo mínimo relativamente a cada solução proposta, sendo obrigatório que nas obras das Categorias III e IV sejam apresentadas pelo menos duas soluções.

São elementos especiais, relativamente a cada uma das soluções propostas:

a) Os elementos relativos a:

i) Demonstração da observância das normas e condicionamentos impostos.
ii) Acessos e ligações.
iii) Secção de vazão a adoptar.
iv) Redes públicas de água, esgoto, electricidade, comunicações ou outras instalações.
v) Avaliação técnico-económica das soluções estruturais propostas, nomeadamente no que se refere ao seu comportamento em serviço e durabilidade.
vi) Processos construtivos especiais, nomeadamente para a execução da superestrutura e fundações especiais.
vii) Trabalhos complementares da obra, nomeadamente arranjos paisagísticos e iluminação decorativa.
viii) Peças desenhadas com a informação necessária e suficiente para o perfeito entendimento do tipo de soluções em análise, contendo dimensionamento geral;
ix) Planta, alçados, cortes longitudinal e transversal às escalas 1/10, 1/200 ou 1/250;
x) Proposta desenhada dos principais acabamentos das obras.
xi) Critérios propostos para conservação ou para a demolição de construções ou de outros elementos existentes no terreno.

b) Especificações a que devem ficar sujeitas a realização e a verificação da prospecção geotécnica do terreno, no caso de não terem sido elaboradas em fase anterior do projecto, incluindo a definição e justificação do programa de reconhecimento necessário ao desenvolvimento do estudo geológico e geotécnico.

c) Implantação da obra e seu enquadramento, nomeadamente e quando for relevante, modelos e fotomontagens que evidenciem os aspectos estéticos e de integração paisagística da obra.

d) Plantas e perfis, longitudinais e transversais.

e) Caracterização das obras acessórias ou complementares.

f) Programa e cronograma preliminar demonstrativos dos prazos de execução de cada uma das soluções concebidas.

h) Estimativas de custo de cada solução, composta pelo somatório de custos estimados para as zonas ou peças relevantes da obra.

ARTIGO 79º
Anteprojecto

São elementos especiais do Anteprojecto:

a) Esboço corográfico à escala 1:25.000.
b) Elementos de traçado com inserção da obra.
c) Implantação à escala adequada à extensão da obra.
d) Cortes longitudinais e transversais ilustrativos da inserção da obra de arte no perfil geológico correspondente ao local de implantação.
e) Desenhos de dimensionamento geral e desenhos de pormenor a escalas adequadas, que permitam a estimativa de quantidades.
f) Elementos ilustrativos do processo construtivo.
g) Elementos demonstrativos da observância das normas, condicionamentos e procedimentos impostos para o desenvolvimento do estudo.
h) Desenhos de obras acessórias e de instalações complementares.
i) Estudo geológico e geotécnico.
j) Estudo estrutural e respectivos cálculos justificativos das peças mais representativas.
l) Estudos especiais em modelos físicos ou numéricos, quando for caso.
m) Soluções a adoptar para o tráfego durante a execução da obra.
n) Aspectos a ter em conta na inspecção, observação, manutenção e conservação da obra.
o) Lista das quantidades medidas, com base nas peças desenhadas, dos elementos relevantes da obra, complementada por estimativa devidamente justificada das quantidades relativas a pormenores e elementos não desenhados.

ARTIGO 80º
Projecto de Execução

São elementos especiais do Projecto de execução:

a) Esboço corográfico à escala 1:25.000.
b) Elementos de traçado com inserção da obra.
c) Implantação a escala adequada à extensão da obra.
d) Cortes longitudinais e transversais ilustrativos da inserção da obra de arte no perfil geológico correspondente ao local de implantação, nas escalas adequadas à extensão da obra.
e) Desenhos de execução de todos os elementos estruturais da obra.
f) Elementos demonstrativos da observância das normas, condicionamentos e procedimentos impostos para o desenvolvimento do estudo.
g) Indicações de execução, de natureza obrigatória, demonstrativas dos processos construtivos ou métodos especiais a utilizar.
h) Planos de execução, nomeadamente, faseamento construtivo, plano de betonagem e de pré-esforço, quando for caso.

i) Pormenores de execução dos diferentes elementos de construção que permitam a compreensão clara e a definição precisa do dimensionamento, da natureza das interligações dos diversos materiais de partes constituintes, nas escalas adequadas.

j) Aparelhos de apoio, juntas de dilatação e eventuais dispositivos anti-sísmicos.

l) Sistema de drenagem em escala conveniente.

m) Pormenores dos dispositivos adoptados para a montagem posterior de instalações e equipamentos necessários, nomeadamente de águas, águas residuais, electricidade, comunicações.

n) Equipamentos de serviço, nomeadamente acessos para inspecção e manutenção.

o) Tratamento arquitectónico.

p) Enquadramento paisagístico.

q) Equipamento de segurança, nomeadamente sinalização, demarcação, guardas e outros dispositivos de segurança.

r) Obras acessórias, tais como vedações, iluminação e telecomunicações.

s) Definição das soluções a adoptar para o tráfego durante a execução de obra.

t) Estudo geológico e geotécnico complementar, quando necessário.

u) Anteplano de observação estrutural e de controlo de geometria, quando for o caso.

v) Especificação de actividades periódicas de manutenção de equipamentos, designadamente, aparelhos de apoio e dispositivos anti-sísmicos.

x) Soluções resultantes das medidas de minimização do impacto ambiental.

z) Estudo de interacção via-tabuleiro em obras ferroviárias de alta velocidade e de muito alta velocidade.

aa) Lista de quantidades resultante das medições efectuadas com base nas peças desenhadas do projecto.

ARTIGO 81º
Assistência Técnica Especial

Para efeitos do disposto no artigo 10º do presente Anexo, constituem elementos especiais:

a) Apreciação em obra das condições geotécnicas para a execução das fundações de pilares e encontros.

b) Apreciação, excluindo verificação detalhada, dos projectos de cimbres e cavaletes apresentados pelo adjudicatário, no que se refere à concepção geral, à deformabilidade, ao dimensionamento das estruturas e à sua adequação à boa execução da obra.

c) Apreciação de projectos de aplicação de pré-esforço ou tensionamento de tirantes, a apresentar pelo adjudicatário.

d) Apreciação de planos de nivelamento geométrico e de planos de contraflechas em obras de arte especiais, nomeadamente, pontes construídas por avanços sucessivos e pontes de tirantes, a apresentar pelo adjudicatário.

e) Apreciação da documentação técnica relativa a equipamentos a instalar na obra nomeadamente, aparelhos de apoio, juntas de dilatação e dispositivos anti-sísmicos.

f) Apreciação dos resultados da observação da obra durante as fases construtivas, excluindo o seu tratamento e análise detalhados.

ARTIGO 82º
Serviços suplementares

O Projectista pode, sempre que lhe seja solicitado, alargar o âmbito da assistência técnica especial a uma assessoria técnica à obra que pode incluir, entre outros, a elaboração de:

a) Desenhos de construção e de preparação de obra, contendo nomeadamente esquemas de corte das armaduras.

b) Projectos de tensionamento de cabos/tirantes.

c) Planos de contraflechas, além do plano geral eventualmente previsto no projecto.

d) Estudos e ou projectos de estruturas e procedimentos auxiliares.

e) Telas finais.

SECÇÃO IV
Estradas

ARTIGO 83º
Programa Preliminar

São elementos especiais do Programa preliminar, quando aplicável:

a) Pontos obrigatórios de passagem e aglomerados a servir.

b) Características geométricas ou níveis de serviço e dados de tráfego suficientes para a sua determinação.

c) Normas e outros documentos normativos a observar.

d) Plano rodoviário nacional, estatuto das estradas nacionais e outros diplomas legais do sector rodoviário.

e) Planos directores municipais.

f) Outros instrumentos de planeamento e ordenamento legalmente eficazes.

g) Imposições relativas a condicionamentos de impacte ambiental e outros.

ARTIGO 84º
Programa Base

São elementos especiais do Programa Base:

a) Relativamente a cada uma das soluções propostas:

i) Traçado em planta na escala 1/25.000 com a localização dos principais nós de ligação e ou intersecções.

ii) Traçado em perfil longitudinal na mesma escala do traçado em planta para os comprimentos e sobreelevada dez vezes para as alturas, com a localização das obras de arte de dimensão mais significativa e dos túneis.

b) Indicação dos estudos de tráfego, económico, geológico, hidrológico, paisagístico e de ambiental que se consideram necessários efectuar.

ARTIGO 85º
Estudo Prévio

1 – Devem ser realizados, na fase de Estudo Prévio, o Estudo de Impacte Ambiental e a respectiva consulta pública, seguidos da publicação da Declaração de Impacte Ambiental (DIA), sem a qual o projecto não poderá evoluir para a fase seguinte.

2 – São elementos especiais do Estudo prévio, relativamente a cada uma das soluções propostas:

a) Esboço corográfico à escala 1:25.000.

b) Carta de restrições na escala 1:5.000.

c) Estudo de tráfego que suporte o dimensionamento da secção corrente, dos ramos dos nós de ligação, das ligações à rede viária envolvente, das intersecções, dos pavimentos e dos estudos de ruído e dos pavimentos; se necessário, o Estudo de Tráfego deverá suportar o dimensionamento das praças e equipamentos de portagem.

d) Traçado em planta na escala 1:5.000, indicando eventuais vias suplementares para veículos e incluindo o traçado dos nós de ligação, intersecções e restabelecimentos da rede viária existente, num sistema de coordenadas ligado ao nivelamento geral do país.

e) Traçado em perfil longitudinal na mesma escala do traçado em planta para os comprimentos e sobreelevada dez vezes para as alturas, com a localização das obras de arte, dos túneis e das passagens hidráulicas.

f) Perfil transversal tipo nas escalas 1:50 ou 1:100.

g) Identificação dos restabelecimentos, incluindo a demonstração da sua viabilidade.

h) Definição geral dos nós e das intersecções, incluindo a demonstração da sua viabilidade.

i) Estudo geológico e geotécnico, baseado na recolha e interpretação dos elementos geológicos e geotécnicos disponíveis, nos resultados do reconhecimento geológico de superfície do traçado e de eventuais trabalhos de prospecção geotécnica corrente realizados, com identificação de eventuais pontos críticos que constituam condicionamentos do projecto.

j) Pré-dimensionamento geral das obras geotécnicas especiais: consolidação dos taludes, estruturas de suporte, aterros de grande dimensão e travessias de baixas aluvionares.

l) Pré-dimensionamento do pavimento.

m) Pré-dimensionamento geral das obras de arte, tipos estruturais e de fundações.

n) Pré-dimensionamento geral dos túneis.

o) Estudo hidrológico sumário.

p) Estudo de enquadramento paisagístico.

q) Desenhos tipo de sinalização e segurança, vedações, iluminação e telecomunicações.

r) Localização das áreas de serviço e de repouso.

s) Localização das portagens.

t) Estudo económico e avaliação da respectiva rentabilidade (TIR).

ARTIGO 86º
Anteprojecto

1 – São elementos especiais do Anteprojecto:

a) Esboço corográfico à escala 1:25.000.

b) Traçado em planta, nas escalas 1:1.000, quando se trate de ambiente urbano ou suburbano, ou 1:2.000, quando se trate de ambiente rural, num sistema de coordenadas ligado ao nivelamento geral do país.

c) Traçado em perfil longitudinal na mesma escala do traçado em planta para os comprimentos e sobreelevada de dez vezes para as alturas.

d) Perfil ou perfis transversais tipo na escala 1:50 ou 1:100, indicando a estrutura do pavimento, tipo e dimensões das valetas e inclinações dos taludes.

e) Dimensionamento dos nós e intersecções, incluindo perfil transversal tipo nas escalas 1:50 ou 1:100.

f) Traçado em planta e em perfil longitudinal dos restabelecimentos, incluindo os perfis transversais tipo nas escalas 1:50 ou 1.100.

g) Estudo geológico e geotécnico baseado nas informações recolhidas na fase de Estudo Prévio e no reconhecimento geológico de superfície complementar, incluindo a análise das condições de fundação das obras de arte, de execução de túneis e de execução de obras geotécnicas especiais, nomeadamente consolidação de taludes, estruturas de suporte, aterros de grande dimensão e de travessia de baixas aluvionares.

h) Definição e justificação do plano de prospecção geotécnica especial, incluindo as respectivas especificações, necessário ao desenvolvimento do estudo geológico e geotécnico complementar.

i) Dimensionamento do pavimento.

j) Dimensionamento geral das obras de arte, de tipos estruturais e de fundações.

l) Dimensionamento geral dos túneis.

m) Dimensionamento geral das obras geotécnicas especiais: consolidação dos taludes, estruturas de suporte, aterros de grande dimensão e travessias de baixas aluvionares, com indicação dos processos executivos.

n) Estudo hidrológico.

o) Planta ou plantas que clarifiquem a localização relativa e as áreas destinadas a equipamentos de serviços, nomeadamente, portagens e áreas de serviço e, se julgado necessário, de equipamentos de segurança, designadamente, escapatórias, e de obras acessórias.

p) Levantamento dos serviços afectados, nomeadamente, linhas e postes de alta e média tensão, linhas eléctricas de baixa tensão, linhas telefónicas, condutas de gás, de abastecimento de água e de saneamento, oleodutos e condutas de fibra óptica.

q) Elaboração das plantas cadastrais.

r) Esquema de redes de triangulação do apoio topográfico, se julgado necessário.

2 – No caso de se prescindir desta fase do projecto, é sempre elaborada, pelo menos, a geometria do traçado com a finalidade de garantir a sua estabilização, a qual é essencial para a realização dos trabalhos topográficos, da prospecção geotécnica e das plantas cadastrais.

ARTIGO 87º
Projecto de Execução

1 – O Projecto de Execução deve ser acompanhado do Relatório de Conformidade Ambiental do Projecto de Execução (RECAPE), sem a aprovação do qual a obra não poderá ter início.

2 – São elementos especiais do Projecto de Execução:

a) Esboço corográfico à escala 1:25.000.

b) Implantação e apoio topográfico.

c) Traçado em planta, incluindo vias suplementares para veículos lentos, se necessárias, nas escalas 1:1.000 ou 1:2.000 e incluindo o traçado dos restabelecimentos da rede viária existente, num sistema de coordenadas ligado à rede geodésica do país.

d) Traçado em perfil longitudinal nas mesmas escalas do traçado em planta para os comprimentos e sobreelevado de dez vezes para as alturas, com as cotas num sistema de coordenadas referidas à rede geodésica do país.

e) Perfil ou perfis transversais tipo na escala 1:50 indicando os ângulos de rotação da plataforma a considerar ao longo do traçado, a estrutura do pavimento, tipo e dimensões das valetas e as inclinações dos taludes.

f) Perfis transversais na escala 1:200.

g) Nós de ligação, incluindo as respectivas vias de aceleração e de desaceleração, e intersecções referenciados ao sistema de coordenadas ligado à rede geodésica do país, contendo as informações referidas em *c*), *d*), *e*) e *f*).

h) Estudo geológico e geotécnico incluindo planta geológica e perfil geotécnico longitudinal e, sempre que se justifique, perfis geotécnicos transversais nas mesmas escalas adoptadas em *c*), *d*) e *f*) bem como localização e caracterização sumária de materiais.

i) Projecto de terraplenagem, incluindo tipos de equipamentos a utilizar, gráfico de distribuição de terras e identificação de zonas de depósito.

j) Dimensionamento das obras geotécnicas especiais: consolidação dos taludes, estruturas de suporte, aterros de grande dimensão e travessias de baixas aluvionares, com indicação dos processos executivos.

l) Projecto do pavimento.

m) Plantas parcelares à escala 1:1.000 ou 1: 2.000 com os limites num sistema de coordenadas ligado à rede geodésica do país e devidamente cotadas em relação ao eixo da estrada.

n) Sistema de drenagem incluindo traçado em planta e perfil longitudinal na escala de 1.1.000 ou 1:2.000, com pormenores na escala 1:50 ou 1:20.

o) Estudo de integração e enquadramento paisagístico.

p) Planta geral de localização dos serviços afectados, designadamente, linhas e postes de alta e média tensão, linhas eléctricas de baixa tensão, linhas telefónicas, condutas de gás, de abastecimento de água e de saneamento, oleodutos e condutas de fibra óptica, na escala 1:1.000 ou 1:2.000.

q) Soluções a adoptar para o tráfego durante a execução da obra, de que fazem parte o traçado em planta e perfil longitudinal dos desvios, perfil ou perfis transversais tipo, perfis transversais e sistema de drenagem nas mesmas escalas referidas em *c*), *d*), *e*) e *f*), além do dimensionamento de pavimentos e equipamentos de segurança.

r) Estudo dos equipamentos de segurança, nomeadamente, guardas de segurança, amortecedores de impacto, protecção de motociclistas, escapatórias.

s) Estudo da sinalização vertical e horizontal.

t) Estudo do equipamento de serviços, nomeadamente praças e instalações de portagens, áreas de serviço e áreas de repouso, centros de assistência e manutenção.

u) Obras de arte correntes e especiais integradas no projecto geral, com indicação dos processos construtivos.

v) Dimensionamento dos túneis, com indicação dos processos executivos.

x) Estudo das obras acessórias, tais como serventias e caminhos paralelos, vedações, iluminação e telecomunicações.

2 – O Projecto de Execução deve ser dividido nos seguintes fascículos independentes:

a) Síntese de apresentação geral do projecto.

b) Implantação e apoio topográfico.

c) Estudo geológico e geotécnico.

d) Traçado geral.

e) Nós de ligação e intersecções.

f) Restabelecimentos, serventias e caminhos paralelos.

g) Drenagem.

h) Pavimentação.

i) Integração Paisagística.

j) Equipamentos de segurança.
l) Sinalização.
m) Sistema de telemática rodoviária.
n) Canal técnico rodoviário;
o) Sistema de postos de emergência SOS.
p) Iluminação.
q) Vedações.
r) Serviços afectados.
s) Obras de arte correntes e obras de arte especiais.
t) Túneis.
u) Áreas de serviço e de repouso.
v) Projectos complementares, nomeadamente muros, desvios provisórios, barreiras acústicas, passagens para a fauna.
x) Expropriações.
z) Centros de Assistência e Manutenção.
aa) Portagens.

ARTIGO 88º
Assistência Técnica Especial

Para efeitos do disposto no artigo 10º do presente Anexo, os elementos especiais da assistência técnica são acordados entre o Dono da Obra e o Projectista, caso a caso e em função das características da Obra.

SECÇÃO V
Caminhos-de-Ferro

ARTIGO 89º
Disposições Gerais

1 – Os projectos de caminhos-de-ferro compreendem projectos específicos, os quais são objecto desta secção, e projectos cujos elementos especiais se encontram integrados em outras secções.

2 – Devem ser realizados na fase de Estudo Prévio, o Estudo de Impacte Ambiental e a respectiva consulta pública, seguidos da publicação da Declaração de Impacte Ambiental (DIA), sem a qual o projecto não poderá evoluir para a fase seguinte.

3 – O Projecto de Execução deverá ser acompanhado pelo Relatório de Conformidade Ambiental do Projecto de Execução (RECAPE), sem a aprovação do qual a obra não pode ter início.

4 – São projectos específicos os constantes nas seguintes Subsecções:

a) Subsecção I – Via férrea.
b) Subsecção I – Catenária.
c) Subsecção I – Faseamento construtivo.

SUBSECÇÃO I
Via Férrea

ARTIGO 90º
Programa Preliminar

São elementos especiais do Programa preliminar:

a) Directriz sobre base cartográfica à escala 1:25.000, identificando os pontos obrigatórios de passagem e estações.

b) Esquema geral de estações e de outros feixes de linhas e respectivos comprimentos úteis.

c) Velocidade de projecto.

d) Níveis de segurança e conforto e características geométricas ou dados de tráfego suficientes para a sua determinação.

e) Características do comboio tipo, designadamente: curva de potência, dimensões e peso por eixo.

f) Definição do armamento de via.

g) Outros critérios, disposições e documentos normativos a respeitar.

h) Plano de reclassificação e supressão de passagens de nível.

i) Estudo de exploração.

j) Imposições relativas a condicionamentos de impacte ambiental.

l) Informação sobre o número de alternativas a estudar nas fases subsequentes, nomeadamente nos estudos de novos traçados sujeitos a Avaliação de Impacte Ambiental.

ARTIGO 91º
Programa Base

São elementos especiais do Programa base:

a) A recolha e interpretação dos elementos geológicos e geotécnicos disponíveis e os resultados do reconhecimento geológico de superfície do traçado com identificação de eventuais pontos críticos que constituam condicionamentos do projecto.

b) Levantamentos topográficos a efectuar.

c) Identificação e localização de obras de arte, de túneis e de obras geotécnicas especiais, em particular, consolidação dos taludes, estruturas de suporte, aterros de grande dimensão e travessias de baixas aluvionares.

d) Identificação de outros estudos a efectuar.

ARTIGO 92º
Estudo Prévio

São elementos especiais do Estudo prévio:

a) Esboço corográfico na escala 1:25.000;

b) Traçado em planta das soluções estudadas, para plena via e estações, sobre base cartográfica à escala 1:5.000, ou 1:1.000 caso se tratem de zonas urbanas ou adjacentes a vias existentes, incluindo o traçado dos restabelecimentos da rede viária afectada.

c) Perfil longitudinal correspondente a essas soluções na mesma escala do traçado em planta para os comprimentos e dez vezes para as alturas, no qual apareçam localizadas as obras de arte e os túneis.

d) Perfil ou perfis transversais tipo nas escalas 1:100 ou 1:50.

e) A definição e justificação do programa de reconhecimento, prospecção e ensaios laboratoriais, incluindo as respectivas especificações, necessário ao desenvolvimento do estudo geológico e geotécnico.

f) Estudo hidrológico.

g) Estudo de enquadramento paisagístico.

h) Perfis transversais nas secções mais críticas, à escala 1:200.

i) Pré-dimensionamento da plataforma de via.

j) Pré-dimensionamento das obras geotécnicas especiais, em particular, consolidação dos taludes, estruturas de suporte, aterros de grande dimensão e travessias de baixas aluvionares.

ARTIGO 93º
Anteprojecto

São elementos especiais do Anteprojecto:

a) Pormenorização das recomendações e decisões resultantes da apreciação efectuada ao Estudo prévio pelo Dono da Obra.

b) Estudo geológico e geotécnico.

c) Estudo hidrológico, se necessário.

ARTIGO 94º
Projecto de Execução

São elementos especiais do Projecto de Execução:

a) Planta parcelar, nas escalas de 1:1.000, num sistema de coordenadas ligado à rede geodésica do país.

b) Traçado em planta da solução adoptada, para plena via e estações, sobre base cartográfica à escala 1:1.000, incluindo o traçado dos restabelecimentos da rede viária afectada, com todos os elementos de directriz coordenados e referidos à rede geodésica do país.

c) Perfil longitudinal correspondente à solução adoptada na mesma escala do traçado em planta para os comprimentos e dez vezes para as alturas, onde conste a localização das obras de arte, devendo as cotas estar referidas à rede geodésica do país.

d) Perfil ou perfis transversais tipo na escala 1:50.

e) Estudo geológico e geotécnico complementar, se necessário.
f) Perfis geotécnicos.
g) Dimensionamento da plataforma de via.
h) Dimensionamento das obras geotécnicas especiais, designadamente, consolidação dos taludes, estruturas de suporte, aterros de grande dimensão e travessias de baixas aluvionares.
i) Perfis transversais na escala 1:200.
j) Gráfico de distribuição de terras.
l) Estudo de integração paisagística.
m) Material de superestrutura de via.
n) Malha de apoio topográfico.

ARTIGO 95º
Assistência Técnica Especial

Para efeitos do disposto no artigo 10º do presente Anexo, os elementos especiais da assistência técnica são acordados entre o Dono da Obra e o Projectista, caso a caso e em função das características da Obra.

SUBSECÇÃO II
Catenária

ARTIGO 96º
Programa Preliminar

São elementos especiais do Programa preliminar:

a) Velocidade a praticar na linha ou nos vários troços da linha.
b) Características pretendidas para as instalações fixas de tracção eléctrica e para os diversos equipamentos.
c) Normas e especificações a que deve obedecerem o equipamento e a organização do projecto de execução.

ARTIGO 97º
Programa Base

São elementos especiais do Programa base:

a) Critérios básicos do projecto.
b) Definição das soluções tipo de catenária.
c) Identificação das fontes de alimentação.
d) Inventariação dos estudos complementares necessários.

ARTIGO 98º
Estudo Prévio

São elementos especiais do Estudo prévio:

a) Esquema eléctrico da instalação com detalhe superior ao que eventualmente conste do Programa preliminar.

b) Definição global das soluções a adoptar, particularizando os casos que sejam omissos nas normas e especificações constantes do Programa preliminar.

c) Inventariação de todas as obras que seja necessário realizar para a montagem das instalações fixas de tracção eléctrica e que não sejam abrangíveis no respectivo Projecto de execução.

ARTIGO 99º
Anteprojecto

São elementos especiais do Anteprojecto:

a) Planta de piquetagem.

b) Definição de apoios especiais, nomeadamente em pontes e edifícios.

c) Concretização de eventuais indicações de reformulação do Estudo Prévio definidas pelo Dono da Obra.

ARTIGO 100º
Projecto de Execução

São elementos especiais do Projecto de execução:

a) Cartografia e levantamento topográfico das instalações existentes ou projecto de via e terraplanagens à escala de 1:1.000 para a plena via e 1:500 para as estações.

b) Definição sobre a cartografia de todos os elementos definidores das instalações fixas de tracção eléctrica.

c) Definição pormenorizada de todos os equipamentos utilizados de acordo com as normas e especificações constantes do Programa Preliminar.

d) Cálculos relativos aos apoios de catenária e a todos os elementos estruturais do suporte.

e) Peças desenhadas dos pórticos de catenária e de todos os equipamentos específicos do projecto.

f) Listagem completa das peças constituintes da catenária.

ARTIGO 101º
Assistência Técnica Especial

Para efeitos do disposto no artigo 10º do presente Anexo, os elementos especiais da assistência técnica são acordados entre o Dono da Obra e o Projectista, caso a caso e em função das características da obra.

SUBSECÇÃO III
Faseamento Construtivo

ARTIGO 102º
Programa Preliminar

São elementos especiais do Programa preliminar:

a) Estudo de exploração.
b) Condições de exploração mínimas desejáveis, a garantir durante a execução da obra.
c) Outras restrições ou condicionantes a observar.
d) Identificação das equipas Projectistas envolvidas e das entidades a actuar ou com responsabilidades na zona objecto de intervenção.

ARTIGO 103º
Programa Base

São elementos especiais do Programa base:

a) Identificação sumária dos estudos a efectuar.
b) Recolha de elementos adicionais.

ARTIGO 104º
Estudo Prévio

É elemento especial do Estudo prévio a identificação sumária do faseamento construtivo para as várias soluções estudadas.

ARTIGO 105º
Anteprojecto

É elemento especial do Anteprojecto a verificação da validade do faseamento construtivo sumário em função dos ajustamentos e ou recomendações preconizados pelo Dono da Obra.

ARTIGO 106º
Projecto de Execução

É elemento especial do Projecto de execução a descrição do faseamento construtivo incluindo todos os projectos e estudos complementares e acessórios necessários à implementação do projecto, desde a situação inicial à situação final, de acordo com os condicionalismos estabelecidos.

ARTIGO 107º
Assistência Técnica Especial

Para efeitos do disposto no artigo 10º do presente Anexo, os elementos especiais da assistência técnica são acordados entre o Dono da Obra e o Projectista, caso a caso e em função das características da obra.

SECÇÃO VI
Aeródromos

ARTIGO 108º
Disposições Gerais

1 – Os projectos de aeródromos compreendem projectos específicos objecto desta secção e projectos objecto de outras secções, não obstante a sua valência aeronáutica, como sejam os projectos de instalações de terminais de passageiros e de carga, instalações de apoio à navegação aérea e torre de controlo, instalações meteorológicas, acessos rodo e ferroviários, passagens superiores e inferiores, estacionamento de viaturas, instalações de socorro, hangares e outros equipamentos aeronáuticos, redes telefónicas, eléctricas, de hidrantes, de combustíveis, de gás e de esgotos.

2 – São projectos específicos os constantes nas seguintes subsecções:

a) Subsecção I – Área operacional do lado ar, constituída pelas pistas, caminhos de circulação e plataformas de estacionamento, incluindo as respectivas bermas de segurança;

b) Subsecção II – Apoio à navegação aérea, compreendendo a sinalização luminosa, as ajudas à navegação aérea e a central eléctrica de emergência.

SUBSECÇÃO I
Área Operacional

ARTIGO 109º
Programa Preliminar

São elementos especiais do Programa preliminar, quando aplicáveis:

a) Tipologia do aeródromo e condições do seu funcionamento.

b) Normas internacionais ICAO e outras disposições que devam ser observadas.

c) Instrumentos de gestão territorial aplicáveis, nomeadamente planos de ordenamento e planos director municipal.

d) Disposições relativas a condicionamentos de impacte ambiental e outros.

ARTIGO 110º
Programa Base

1 – São elementos especiais do Programa base, quando aplicáveis:

a) Relativamente a cada uma das soluções propostas:

i) Traçado em planta, na escala 1.25.000, da faixa principal com a localização de cursos de água, linhas de alta tensão e orografia mais relevante e identificação de outras vias de comunicação.
ii) Traçado na mesma escala, do correspondente perfil de obstáculos.
iii) Regime e cobertura de ventos na faixa principal.
iv) Análise das condições locais de visibilidade e nebulosidade.
v) Determinação da temperatura de referência.

b) Indicação dos estudos cuja realização é necessária, nos domínios hidrológico, geológico, paisagístico, ambiental e de infra-estruturas gerais, para além dos estudos de procura de transporte, económicos e de natureza operacional.

ARTIGO 111º
Estudo Prévio

São elementos especiais do Estudo prévio relativamente a cada uma das soluções alternativas, quando aplicáveis:

a) Planta de localização à escala 1:25.000.
b) Carta de servidões, de restrições de utilidade pública e outras, nas escalas 1:5.000 ou 1:10.000.
c) Estudo de previsão de tráfego, para um determinado horizonte.
d) Gráficos de cobertura de ventos e orientação magnética das pistas.
e) Traçado em planta, nas escalas 1:5.000 ou 1:10.000, das pistas, caminhos de circulação e plataformas de estacionamento, incluindo os estabelecimentos da rede de comunicações existentes.
f) Traçado em perfil longitudinal – na mesma escala para os comprimentos e sobreelevada dez vezes para as alturas – das pistas, caminhos de circulação e plataformas de estacionamento, com localização das obras de arte, dos túneis e das passagens hidráulicas.
g) Perfil transversal – tipo à escala 1:500.
h) Especificação do avião crítico e do tipo de operação, visual ou por instrumentos.
i) Dimensionamento do comprimento das pistas, enunciadas as distâncias declaradas e estabelecimento do plano director e faseamento do seu desenvolvimento.
j) Implantação do ponto de referência (ARP) e inventariação dos meios de socorros e de combate a incêndios.
l) Estudo geológico e geotécnico, baseado na recolha e interpretação dos elementos disponíveis, nos resultados do reconhecimento geológico da superfície do traçado e em eventuais trabalhos de prospecção geotécnica corrente.

m) Estudo hidrológico sumário e esquema geral de drenagem.

n) Pré-dimensionamento geral das obras geológicas especiais, consolidação de taludes, estruturas de suporte, aterros de grande dimensão ou em baixas aluvionares.

o) Pré-dimensionamento dos pavimentos.

p) Pré-dimensionamento geral das obras de arte, tipos estruturais e de fundações.

q) Pré-dimensionamento de túneis.

r) Análise do estabelecimento de redes existentes.

ARTIGO 112º
Anteprojecto

São elementos especiais do Anteprojecto:

a) Planta de localização, à escala 1:25.000 e principais acessos aos centros urbanos servidos.

b) Traçado em planta, nas escalas 1.2.000 ou 1:5.000, num sistema de coordenadas ligado à rede geodésica do país.

c) Traçado em perfil longitudinal de pistas, caminhos de circulação e plataformas de estacionamento, na mesma escala do traçado em planta para os comprimentos e sobreelevada dez vezes para as alturas.

d) Perfis transversais tipo, na escala 1:200, com a estrutura do pavimento e inclinação de taludes, incluindo representação de dispositivos de drenagem e de infra-estruturas de sinalização luminosa.

e) Dimensionamento das intersecções de pistas e caminhos de circulação, entre estes e na sua conexão às plataformas de estacionamento.

f) Estudo geológico e geotécnico baseado nas informações recolhidas no Estudo Prévio e no reconhecimento geológico complementar, incluindo a análise das condições de fundação das obras de arte, de execução de túneis e de obras geotécnicas especiais, nomeadamente consolidação de taludes, estruturas de suporte, aterros de grandes dimensões ou em baixas aluvionares.

g) Definição e justificação do plano de prospecção geotécnica especial, incluindo as respectivas especificações necessárias ao desenvolvimento do estudo geológico e geotécnico complementar.

h) Dimensionamento do pavimento.

i) Dimensionamento geral das obras de arte, tipos estruturais e de fundações.

j) Dimensionamento geral de túneis.

l) Dimensionamento geral das obras geotécnicas especiais: consolidação de taludes, estruturas de suporte, aterros de grande dimensão ou em baixas aluvionares, com indicação dos respectivos processos executivos.

m) Estudo hidrológico e plano geral de drenagem.

n) Caracterização geral de ajudas visuais e eventuais radioajudas e sua implantação; plantas de sinalização diurna, luminosa e vertical.

o) Estudo de circulação no solo e de iluminação da plataforma de estacionamento.

p) Planta de desobstrução e de servidão aeronáutica.

ARTIGO 113º
Projecto de execução

São elementos especiais do Projecto de Execução:

a) Planta de localização à escala 1:25.000, compatibilizada com os planos directores municipais envolventes.

b) Carta de obstáculos ICAO tipo A.

c) Traçado em planta, à escala 1:1000, num sistema de coordenadas ligado à rede geodésica do país.

d) Traçado em perfil longitudinal de pistas, caminhos de circulação, plataformas de estacionamento, vias de serviço e acessos e estacionamentos do lado-terra, na mesma escala da alínea anterior para os comprimentos e sobreelevada dez vezes para as alturas, com as cotas reportadas a um sistema de coordenadas ligado à rede geodésica nacional.

e) Perfis transversais tipo na escala 1:200 com a constituição do pavimento e sua inclinação, a representação dos taludes, englobando dispositivos de drenagem, das infra-estruturas de sinalização e outras que lhes estejam associadas.

f) Perfis transversais, à escala 1:200, numa equidistância máxima de 25 metros.

g) Plantas de pormenor de altimetria e de planimetria à escala 1:500 com identificação dos pontos notáveis e o registo das respectivas coordenadas de implantação em quadros de piquetagem no sistema WGS-84.

h) Estudo final, geológico e geotécnico, incluindo planta geológica e perfil geotécnico longitudinal sempre que se justifique, perfis transversais nas mesmas escalas adoptadas em *c*), *d*) e *e*), bem como a localização e caracterização dos materiais a aplicar.

i) Projecto de terraplanagem, incluindo o tipo de equipamento a utilizar, gráfico de distribuição de terras e identificação de zonas de depósito.

j) Projecto de obras geotécnicas especiais: consolidação de taludes, estruturas de suporte, aterros de grandes dimensões ou em baixas aluvionares.

l) Projecto de pavimentação, incluindo especificação de materiais, métodos de execução e pormenorização construtiva correspondente.

m) Plantas parcelares à escala 1:1.000 ou 1:2.000 com os limites referenciados a um sistema de coordenadas ligado à rede geodésica do país.

n) Projecto de drenagem, incluindo traçado em planta e perfil na escala 1:1.000 com pormenores na escala 1:50 ou 1:20.

o) Projecto de integração paisagística.

p) Projecto de faseamento da obra, se aplicável, compatibilizando o desenvolvimento dos trabalhos com a operação do aeródromo com especial destaque para a salvaguarda dos requisitos de segurança operacional.

q) Projectos de obras de arte correntes e especiais e de túneis, quando existam, com indicação dos respectivos processos construtivos.

r) Projecto de sinalização diurna.

s) Projecto de obras complementares: vedações, iluminação e telecomunicações.

ARTIGO 114º
Assistência Técnica Especial

Para efeitos do disposto no artigo 10º do presente Anexo, os elementos especiais da assistência técnica são acordados entre o Dono da Obra e o Projectista, caso a caso e em função das características da obra.

SUBSECÇÃO II
Apoio à navegação aérea

ARTIGO 115º
Programa Preliminar

São elementos especiais do Programa preliminar, nos casos aplicáveis:

a) Tipologia de aeródromo e condições do seu funcionamento.
b) Normas internacionais ICAO e outras disposições que devam ser observadas.
c) Critério de exploração.
d) Imposições relativas a condicionamentos de impacte ambiental e outros.

ARTIGO 116º
Programa Base

São elementos especiais do Programa base:

a) Especificação do tipo de operação: visual, diurno/nocturno, por instrumentos e de precisão.
b) Caracterização das ajudas visuais necessárias, conforme normativo ICAO.

ARTIGO 117º
Estudo Prévio

São elementos especiais do Estudo prévio:

a) Implantação dos sistemas e equipamentos de sinalização luminosa, incluindo a localização e dimensionamento geral dos edifícios e instalações necessários ao seu funcionamento e enquadramento em relação a outras construções.
b) Estudo de circulação no solo.
c) Estimativa das necessidades de alimentação de energia eléctrica, normal e de emergência.

ARTIGO 118º
Anteprojecto

São elementos especiais do Anteprojecto:

a) Traçado em planta das redes de infra-estruturas de sinalização luminosa, nomeadamente de energia e de comunicações.

b) Pormenores construtivos tipo, em forma desenhada.

c) Caracterização e dimensionamento das instalações e equipamentos de selecção e regulação da sinalização luminosa.

d) Caracterização do sistema de comando e controlo da sinalização luminosa, incluindo a especificação das soluções tecnológicas e de automatismos.

ARTIGO 119º
Projecto de Execução

São elementos especiais do Projecto de execução:

a) Apresentação de esquemas lógicos e diagramas funcionais de integração dos sistemas.

b) Dimensionamento de todos os elementos constituintes dos sistemas e equipamentos, evidenciando:

- *i*) o tipo e as secções de condutores eléctricos e cabos de comunicações;
- *ii*) os esquemas de quadros eléctricos e de comando e das respectivas ligações;

c) Especificação e representação gráfica da pormenorização construtiva das redes de infra-estruturas, dos equipamentos e das condições de montagem.

ARTIGO 120º
Assistência Técnica Especial

Para efeitos do disposto no artigo 10º do presente Anexo, os elementos especiais da assistência técnica são acordados entre o Dono da Obra e o Projectista, caso a caso e em função das características da obra.

SECÇÃO VII
Obras Hidráulicas

ARTIGO 121º
Programa Preliminar

São elementos especiais do Programa preliminar:

a) Fins e objectivos a atingir, designadamente, abastecimento, rega, produção de energia, controlo de cheias, caudais e imposições ambientais e outros usos e volumes associados.

b) Localização e limites para estudo de alternativas de implantação. Elementos sobre condicionamentos de implantação e traçado.

c) Elementos e estudos de base disponíveis, nomeadamente, climáticos, hidrológicos, geológicos e ambientais.

d) Outros critérios, disposições e documentos normativos a respeitar.

e) Imposições relativas a condicionamentos de impacte ambiental.

ARTIGO 122º
Programa Base

São elementos especiais do Programa base:

a) Objectivo da obra e suas características gerais, com referência aos planos em que a obra se insere.

b) Dados sobre a zona de localização do empreendimento.

c) Dados básicos relativos às exigências de comportamento, funcionamento, exploração e conservação da obra.

d) Indicação dos condicionamentos principais relativos à ocupação do terreno, designadamente quanto a usos, aspectos de expropriações, reposição de acessos e exigências ambientais.

e) Indicação dos programas de estudos a realizar.

ARTIGO 123º
Estudo Prévio

São elementos especiais do Estudo prévio, quando aplicável, e referentes a cada uma das soluções estudadas:

a) Estudo sobre necessidades de água, elementos sobre populações e indústrias a abastecer, áreas de rega, produção de energia, controlo de cheias, caudais e imposições ambientais, outros usos.

b) Estudos de base hidrológicos, geológicos, geotécnicos, sismológicos, sócio-económicos.

c) Descrição e justificação de exigências de comportamento, funcionamento, exploração e conservação da obra.

d) Condições económicas relativas à exploração, manutenção e conservação da obra.

e) Informação sobre a necessidade de obtenção de elementos complementares topográficos, geológicos, geotécnicos, hidrológicos ou de qualquer outra natureza que interessem ao estudo do problema, bem como sobre a realização de modelos, ensaios, ou de quaisquer outras actividades que possam ser exigidas, quer para as fases seguintes de projecto quer para a execução da obra.

f) Outros elementos e estudos definidos nos Regulamentos e Normas de Barragens.

g) Estudo de impacte ambiental, se aplicável.

ARTIGO 124º
Anteprojecto

São elementos especiais do Anteprojecto:

a) Estudos hidrológicos.

b) Estudos geológicos e geotécnicos do local das obras e albufeiras e dos materiais de construção, incluindo trabalhos de prospecção geotécnica e ensaios.

c) Estudos sismológicos.
d) Justificação e atribuição do risco potencial associado.
e) Dimensionamento e características principais da solução adoptada.

ARTIGO 125º
Projecto de Execução

São elementos especiais do Projecto de Execução:

a) Definição pormenorizada do sistema hidráulico projectado, incluindo cálculos estruturais e hidráulicos relativos a cada um dos elementos da obra, apresentados de modo a justificar as soluções adoptadas.
b) Planta de localização da obra.
c) Esquema geral da obra, traçado sobre carta em escala adequada a uma visão de conjunto do sistema concebido.
d) Planta geral do conjunto do empreendimento, em escala não inferior a 1:5.000.
e) Alçado geral desenvolvido do empreendimento, em escala não inferior a 1:5.000.
f) Plantas e perfis geológicos e geotécnicos interessando as principais estruturas bem como pedreiras e manchas de empréstimo.
g) Plantas, alçados e cortes dos diversos elementos da obra, com o pormenor necessário para a sua execução, evidenciando a definição e o posicionamento dos diversos equipamentos, hidromecânico, electromecânico e eléctrico e ainda definindo as distintas fases de betonagem previstas.
h) Representação em planta e perfis dos trabalhos de tratamento de impermeabilização, de consolidação e drenagem.
i) Projecto dos acessos à obra.
j) Arranjos paisagísticos relativos às obras e seus acessos.
l) No caso de barragens, quando aplicável, anteplanos de observação e de primeiro enchimento da albufeira e estudo do sistema de aviso e alerta, bem como cálculos da onda de cheia para determinação das áreas inundadas no caso de ruptura da barragem.
m) Outros elementos e estudos definidos no Regulamento de Segurança de Barragens (RSB).

ARTIGO 126º
Assistência Técnica Especial

Para efeitos do disposto no artigo 10º do presente Anexo, os elementos especiais da assistência técnica são acordados entre o Dono da Obra e o Projectista, caso a caso e em função das características da obra.

SECÇÃO VIII
Túneis

ARTIGO 127º
Programa Preliminar

1 – São elementos especiais do Programa preliminar:

a) Justificação e objectivos da obra subterrânea.

b) Condicionamentos do traçado da via onde a obra subterrânea se insere, em planta e perfil longitudinal.

c) Elementos topográficos relativos aos corredores alternativos.

d) Secção tipo ou exigências dimensionais a adoptar.

e) Critérios gerais de projecto, designadamente, velocidade base e raio mínimo no caso da directriz e a rasante não se encontrarem definidas.

f) Documentação disponível sobre o maciço e as condições geológicas e hidrogeológicas locais.

g) Reconhecimento geológico de superfície, se existir.

h) Informação sobre a ocorrência de nascentes que possam ser afectadas pela construção.

i) Imposições relativas a condicionamentos de impacto ambiental.

j) Limitações relativas à utilização de explosivos.

l) Imposições relativas a aspectos estéticos, de integração paisagística e urbanística, nomeadamente no que se relaciona com o tratamento dos emboquilhamentos.

m) Imposições quanto à utilização da obra por instalações de abastecimento público, designadamente de água, esgotos, telefones, electricidade e gás.

n) Indicação dos requisitos mínimos de segurança.

2 – Para os túneis da rede rodoviária nacional, com extensão superior a 500 m, aplica-se o Decreto-Lei nº 75/2006, de 27 de Março.

ARTIGO 128º
Programa Base

São elementos especiais do Programa Base:

a) Interpretação sumária da estrutura geológica e geotécnica do maciço nos locais dos possíveis corredores alternativos do traçado.

b) Indicação de condicionamentos locais susceptíveis de influenciarem a escolha da solução a adoptar.

c) Programa de reconhecimento geológico e geotécnico que se entender deva ser desenvolvido na fase de estudo prévio.

d) Indicação de outros estudos e trabalhos que se considerem necessários para o desenvolvimento do projecto.

ARTIGO 129º
Estudo Prévio

São elementos especiais do Estudo prévio:

a) Estudo geológico e geotécnico e zonamento preliminar do maciço.

b) Relativamente a cada uma das soluções propostas:

i) implantação da obra;
ii) indicação de acessos e ligações;
iii) caracterização das obras acessórias ou complementares;
iv) definição do traçado em perfil longitudinal;
v) definição da secção do túnel;
vi) indicação e justificação do método construtivo e do faseamento de escavação, se aplicável;
vii) indicação dos tipos de revestimento primário e revestimento definitivo;
viii) indicação de eventuais trabalhos de melhoramento ou de reforço do maciço;
ix) indicação de eventuais impactos ambientais;
x) indicação dos trabalhos de drenagem e de impermeabilização;
xi) estudo do enquadramento paisagístico dos emboquilhamentos;
xii) estudo sobre a necessidade de ventilação, de iluminação e de alimentação de água para bocas-de-incêndio.

c) Avaliação técnica e económica das soluções propostas.

d) Definição e justificação do programa de reconhecimento necessário ao desenvolvimento de novos estudos geológicos e geotécnicos.

e) Indicação das ocupações de superfície e do subsolo, nomeadamente edificações e redes de serviços, influenciadas pela construção do túnel.

f) Definição dos critérios de danos em estruturas ou infra-estruturas situadas na vizinhança da obra.

ARTIGO 130º
Anteprojecto

São elementos especiais do Anteprojecto:

a) Elaboração do estudo geológico e geotécnico.

b) Traçado em planta na escala 1:2.000.

c) Perfil longitudinal na mesma escala do traçado em planta para os comprimentos e sobreelevado dez vezes para as alturas.

d) Zonamento definitivo do maciço e proposta de faseamento de escavação se aplicável.

e) Estudo estrutural e cálculos justificativos.

f) Pré-dimensionamento do revestimento primário, se aplicável.

g) Pré-dimensionamento do revestimento definitivo, se aplicável.

h) Descrição do processo construtivo, incluindo, eventualmente, os trabalhos de melhoramento ou reforço do maciço;

i) Descrição de eventuais trabalhos de recalce e reforço de fundações de edifícios que possam ser afectados pela construção do túnel.

j) Pré-dimensionamento dos sistemas de drenagem e de impermeabilização.

l) Localização de zonas de alargamento e das vias de evacuação e saídas de emergência, se justificado.

m) Pré-dimensionamento dos equipamentos de ventilação, de iluminação e de segurança incluindo alimentação de água para bocas-de-incêndio, se aplicável.

n) Definição geral dos emboquilhamentos e pré-dimensionamento das obras de suporte e de contenção dos taludes, tendo em consideração os resultados do estudo de enquadramento paisagístico.

o) Definição do plano geral de instrumentação e observação da obra.

p) Definição e justificação do programa de reconhecimento complementar, designadamente através de prospecção e ensaios laboratoriais, necessário ao desenvolvimento de um eventual estudo geológico e geotécnico complementar.

ARTIGO 131º
Projecto de Execução

São elementos especiais do Projecto de execução:

a) Estudo geológico e geotécnico complementar se necessário.

b) Traçado em planta na escala 1:500.

c) Perfil longitudinal na mesma escala do traçado em planta para os comprimentos e sobreelevado dez vezes para as alturas.

d) Ajuste do zonamento do maciço e do faseamento de escavação, em função dos resultados do eventual estudo geológico e geotécnico complementar.

e) Estudo estrutural e cálculos justificativos.

f) Dimensionamento do revestimento primário, se aplicável.

g) Dimensionamento do revestimento definitivo.

h) Descrição pormenorizada e definição do processo construtivo e de eventuais trabalhos de melhoramento ou de reforço do maciço e de recalce e reforço de fundações de edifícios que possam ser afectados pela obra.

i) Dimensionamento dos sistemas de drenagem e de impermeabilização.

j) Dimensionamento de eventuais zonas de alargamento e vias de evacuação e saídas de emergência.

l) Dimensionamento dos equipamentos de ventilação, de iluminação e de segurança incluindo alimentação de água para bocas-de-incêndio, se aplicável.

m) Pormenorização dos emboquilhamentos e dimensionamento das obras de suporte e de contenção dos taludes.

n) Dimensionamento das obras de enquadramento paisagístico dos emboquilhamentos;

o) Pormenorização do plano de instrumentação e observação da obra, com indicação das frequências de leitura e dos respectivos critérios de alerta.

p) Definição de alguns procedimentos gerais de actuação e de algumas medidas correctivas a implementar nos casos de activação dos critérios de alerta.

q) Informação sobre a necessidade ou interesse da obtenção de mais dados geológicos e geotécnicos durante a fase de construção, particularmente através do mapeamento das superfícies de escavação, sempre que o método construtivo o permitir, com especial referência aos tipos de terreno, graus de alteração e de fracturação e às zonas de emergência de águas.

r) Especificação de actividades periódicas de observação e de manutenção durante a vida útil da obra.

s) Avaliação das classes de danos das edificações adjacentes ao túnel com base na avaliação dos deslocamentos e definição e pré-dimensionamento dos eventuais trabalhos de recalce, de reforço e de reabilitação das estruturas que eventualmente sejam afectadas pela construção do túnel.

ARTIGO 132º
Assistência Técnica Especial

No projecto de túneis, em especial nos de grandes secções transversais, a fase de construção deve implicar uma assistência técnica especial, a prestar pelo Projectista, a qual, para além das tarefas definidas no artigo 10º do presente Anexo, compreende a elaboração de notas técnicas que contenham:

a) Apreciação das condições geológicas do maciço realmente existentes, nomeadamente através da análise do mapeamento das superfícies de escavação, sempre que o método construtivo o permitir.

b) Análise dos resultados dos ensaios de caracterização geotécnica e de caracterização de outros materiais empregues na obra, eventualmente realizados durante a fase de construção.

c) Apreciação dos resultados fornecidos pela instrumentação da obra.

d) Adaptação do projecto às reais condições do terreno encontradas.

SECÇÃO IX
Abastecimento e Tratamento de Água

ARTIGO 133º
Programa Preliminar

São elementos especiais do Programa preliminar:

a) Horizonte de projecto.

b) Caracterização dos aglomerados a abastecer.

c) Caracterização das origens e da qualidade de água a utilizar, com especificação das análises e ensaios a realizar bem como a identificação das entidades a quem compete a execução das mesmas.

d) Características das captações e resultados dos ensaios de caudal eventualmente efectuados.

e) Consumos actuais, urbanos e industriais e outros elementos disponíveis, nomeadamente de projecção referentes a população e caudais no ano de horizonte de projecto.

f) Tipo de distribuição a utilizar em cada aglomerado.

g) Relação dos prédios a abastecer, tipo e características da sua ocupação e população a servir.

h) Imposições relativas a condicionamentos de impacte ambiental.

ARTIGO 134º
Programa Base

São elementos especiais do Programa base:

a) Caracterização dos aglomerados a abastecer e indicação das respectivas populações actuais e no ano de horizonte de projecto.

b) Capacidades das origens de água utilizáveis e caudais a extrair de cada uma delas.

c) Consumos domésticos e industriais a satisfazer, discriminados por núcleos populacionais e sua evolução de acordo com a variação das capitações e o desenvolvimento demográfico e socioeconómico previsível no horizonte de projecto.

d) Avaliação do consumo total e comparação com caudais disponíveis nas origens.

e) Caracterização dos sistemas de abastecimento existentes.

f) Tipo e grau de tratamento necessários ou, na falta de elementos que permitam uma sua definição, indicação das análises e ensaios complementares a realizar.

ARTIGO 135º
Estudo Prévio

São elementos especiais do Estudo prévio:

a) Definição esquemática dos traçados alternativos, em planta e perfil, da exequibilidade técnica e ambiental e das suas condições económicas e financeiras, de primeiro investimento, de operação e de manutenção.

b) Definição esquemática dos diversos elementos que compõem o sistema de abastecimento em cada uma das soluções alternativas e para cada um dos seus componentes, nomeadamente os relativos a:

i) Captação.
ii) Adução, incluindo sistemas elevatórios.
iii) Tratamento.
iv) Armazenamento.
v) Distribuição.

c) Comparação técnico-económica e ambiental das diversas soluções alternativas.

d) Definição e justificação do programa de reconhecimento, através de prospecção geológica e geotécnica e ensaios laboratoriais, necessário ao desenvolvimento do estudo, incluindo as respectivas especificações.

ARTIGO 136º
Anteprojecto

São elementos especiais do Anteprojecto:

a) Planta e perfil do traçado das condutas adutoras, planta do traçado das redes de distribuição; dimensionamento hidráulico das condutas adutoras e de distribuição; localização, capacidade, condições de alimentação e funcionamento dos reservatórios e câmaras de manobra; localização e principais características das estações elevatórias e de tratamento e dos respectivos equipamento electromecânico e instalações eléctricas.

b) Definição das condições de funcionamento do sistema, com indicação dos dispositivos de protecção e controlo, acompanhada do dimensionamento aproximado dos seus elementos.

c) Estudo geológico e geotécnico.

d) Avaliação dos custos de investimento, incluindo medições e orçamento, e dos encargos de operação e de manutenção do sistema de abastecimento.

ARTIGO 137º
Projecto de Execução

1 – São elementos especiais do Projecto de execução:

a) Descrição pormenorizada de cada um dos elementos do sistema projectado, com os correspondentes dimensionamentos.

b) Planta do esquema geral em escala adequada a uma visão integrada do sistema.

c) Planta geral da adutora e da rede ou redes projectadas, com a indicação dos órgãos existentes a aproveitar ou integrar, localização e referências que permitam a integração no conjunto do sistema, à escala 1:1.000 ou 1:2.000.

d) Esquema geral das redes e pormenores dos respectivos nós, com a indicação dos diâmetros da tubagem a utilizar e dos órgãos e acessórios necessários.

e) Plantas e perfis longitudinais das condutas adutoras e a localização de todos os acessórios a escalas adequadas.

f) Planta geral da estação ou das estações de tratamento de água, à escala 1:500 ou 1:1000, e respectivo esquema de funcionamento.

g) Diagrama de blocos e perfil hidráulico da estação ou estações de tratamento de água.

h) Definição de edifícios e de equipamentos electromecânicos e instalações elevatórias, conforme os pontos 2 e 3 deste artigo.

i) Plantas, alçados e cortes de cada um dos elementos da obra em escalas convenientes à sua execução.

j) Avaliação de custos de investimento, incluindo medições e orçamento.

2 – A Secção I do presente Anexo é aplicável, com as necessárias adaptações, às estações elevatórias, estações de tratamento e outros edifícios.

3 – A Secção II do presente Anexo é aplicável, com as necessárias adaptações, às instalações e equipamentos.

ARTIGO 138º
Assistência Técnica Especial

No projecto de infra-estruturas de abastecimento e de tratamento de água, a fase de construção deve implicar uma assistência técnica especial, a prestar pelo Projectista, a qual, para além das tarefas definidas no artigo 10º do presente Anexo, compreende a elaboração de notas técnicas que contenham:

a) A apreciação técnico-económica de alternativas submetidas pelo empreiteiro durante a execução da obra.

b) A análise de resultados de ensaios de caracterização geotécnica, de caracterização de materiais, de equipamentos utilizados na obra ou de qualidade da água, que tenham lugar na fase de construção.

c) A apreciação dos resultados obtidos no âmbito da monitorização ou instrumentação.

d) A adaptação do projecto às condições reais da empreitada.

SECÇÃO X
Drenagem e Tratamento de Águas Residuais

ARTIGO 139º
Programa Preliminar

São elementos especiais do Programa preliminar:

a) Horizonte de projecto.

b) Caracterização dos aglomerados e ou área a servir.

c) Situação actual dos aglomerados e ou área a servir quanto ao abastecimento de água e drenagem de águas residuais domésticas, industriais e pluviais, bem como quanto ao tratamento de águas residuais.

d) Indicação das infra-estruturas existentes de drenagem e ou de tratamento de águas residuais.

e) Condicionamentos especiais que possam resultar das exigências de drenagem e ou de tratamento conjunto de águas residuais industriais, com ou sem pré-tratamento, eventualmente existentes ou de instalação previsível, nomeadamente:

i) Tipos de indústrias.

ii) Caracterização qualitativa e quantitativa das águas residuais industriais, incluindo variações previsíveis ao longo do tempo.

iii) Regulamentos locais ou regionais de exploração ou de descarga de águas residuais industriais na rede de drenagem.

f) Meio receptor da descarga do efluente da rede de drenagem ou da instalação de tratamento, actuais ou previsíveis, bem como as principais características, nomeadamente quanto a utilizações nas proximidades, caudais de estiagem e características bioquímicas.

g) Imposições relativas a condicionamentos de impacte ambiental.

ARTIGO 140º
Programa Base

São elementos especiais do Programa base:

a) Caracterização dos aglomerados ou áreas a servir e indicação das respectivas populações actuais e evolução prevista no horizonte de projecto, se aplicável.

b) Capitações de consumo de água e coeficiente de afluência à rede consideradas na avaliação dos caudais das águas residuais domésticas e critérios adoptados para a avaliação dos caudais de águas pluviais, de infiltração, bem como das componentes relativas a águas residuais industriais.

c) Caracterização qualitativa ou quantitativa das águas residuais a drenar ou afluentes às instalações de tratamento e sua provável evolução ao longo do horizonte de projecto, indicando os critérios adoptados.

d) Caracterização das infra-estruturas existentes de drenagem ou de tratamento de águas residuais que possam constituir base ou contribuir para o projecto.

e) Tipo e nível de tratamento necessário ou, na falta de elementos que os permitam definir, indicação das análises e ensaios complementares a realizar ou informação a solicitar às autoridades competentes.

f) Enunciado dos critérios gerais de projecto dos diversos elementos dos sistemas de drenagem ou de tratamento e indicação sumária dos condicionamentos locais susceptíveis de influenciar a escolha da solução a adoptar.

ARTIGO 141º
Estudo Prévio

São elementos especiais do Estudo prévio:

a) Definição esquemática do conjunto das soluções alternativas e dos principais indicadores económico-financeiros relativos à instalação e à exploração.

b) Definição esquemática, para cada uma das soluções alternativas, dos diversos elementos que compõem o sistema de drenagem ou das instalações de tratamento, ilustrando a respectiva interligação com eventuais sistemas existentes a montante ou a jusante.

ARTIGO 142º
Anteprojecto

São elementos especiais do Anteprojecto:

a) Os constantes na legislação e normas em vigor.

b) Estudo geológico e geotécnico, quando aplicável.

c) Testes, ensaios e inspecções apropriados a órgãos, edifícios e equipamentos, no caso de reabilitação ou ampliação física ou funcional dos mesmos.

ARTIGO 143º
Projecto de Execução

1 – São elementos especiais do Projecto de Execução:

a) Os constantes na legislação e normas em vigor.

b) Memória descritiva do sistema de drenagem ou do sistema de tratamento, caracterizando pormenorizadamente cada um dos principais órgãos projectados e, se aplicável, a sua interacção e integração com sistemas previamente existentes no caso de reabilitação ou de ampliação dos mesmos.

c) Cálculo justificativo para as condições de arranque e de horizonte de projecto e, também, para as demais condições pertinentes de exploração ou de afluência, por exemplo, situações de variações sazonais, nomeadamente:

- *i*) Cálculos hidráulicos, apresentando também, no caso das instalações de tratamento, o correspondente perfil hidráulico, com indicação de todos os circuitos, gravíticos e em pressão, órgãos de tratamento, equipamentos e principais acessórios.
- *ii*) Cálculos processuais dos sistemas de tratamento, por órgão de tratamento, indicando rendimentos e eficiências, emissões, produções e consumos específicos, apresentando também os resultados graficamente, nomeadamente através do balanço de massas para os parâmetros relevantes e do balanço energético da instalação.

d) Diagrama de processo e de instrumentação (P&ID), com clara indicação de todos os circuitos, órgãos, equipamentos, acessórios e instrumentos, quer para a fase líquida quer para a fase sólida e fase gasosa, nomeadamente, sistemas de desodorização e sistemas de extracção, armazenamento, tratamento e valorização de biogás, no que seja aplicável.

e) Descrição detalhada do sistema de supervisão das instalações bem como a sua interconexão com um eventual sistema de telegestão, se aplicável.

f) Descrição detalhada do modo de arranque e de paragem do sistema projectado, especificando os principais procedimentos operacionais e de segurança, bem como os recursos necessários.

g) Descrição do modo de exploração, salientando medidas de minimização relativas a eventuais avarias ou inoperacionalidade dos principais circuitos de escoamento, órgãos ou linha de tratamento ou, ainda, de determinado equipamento, no caso de este não dispor de reserva instalada.

h) Descrição dos processos construtivos e, no caso de reabilitação ou de ampliação de instalação existente que esteja em serviço, descrição detalhada do modo de construção especificando as várias fases de execução, bem como os principais impactes no modo de exploração e as correspondentes medidas minimizadoras.

i) Medições e orçamento relativo à estimativa de custos de exploração, ao longo do horizonte de projecto da instalação, nas suas principais componentes, nomeadamente recursos humanos, energéticos, reagentes, água, subprodutos, consumíveis, manutenção e taxas, considerando também resultados provenientes de eventuais sistemas de produção de energia e de água reutilizada, se aplicável.

j) Plantas, cortes e alçados das estações elevatórias, edifícios e órgãos de tratamento indicando a localização dos equipamentos, nas escalas 1:10, 1:20, 1:50 ou 1:100, pormenorizando cargas e atravancamentos dos equipamentos sobre órgãos e edifícios.

2 – A Secção I do presente Anexo é aplicável, com as necessárias adaptações, às estações elevatórias, estações de tratamento e outros edifícios.

3 – A Secção II do presente Anexo é aplicável, com as necessárias adaptações, às instalações e equipamentos.

ARTIGO 144º
Assistência Técnica Especial

Para efeitos do disposto no artigo 10º do presente Anexo, constituem elementos especiais:

a) Acompanhamento das actividades de operação ou de manutenção do sistema de drenagem e ou do sistema de tratamento, cujo âmbito e afectações são objecto de acordo prévio entre o Dono da Obra e o Projectista.

b) No que respeita a estações elevatórias, estações de tratamento e outros edifícios, os elementos especiais da assistência técnica são acordados entre o Dono da Obra e o Projectista, caso a caso e em função das características da Obra.

c) No que respeita a instalações e equipamentos, é aplicável o disposto na Secção II do presente Anexo.

SECÇÃO XI
Resíduos Urbanos e Industriais

ARTIGO 145º
Programa Preliminar

São elementos especiais do Programa preliminar:

a) Horizonte de projecto.

b) Caracterização dos aglomerados e actividades industriais a servir.

c) Caracterização qualitativa e quantitativa dos resíduos produzidos, se disponível.

d) Imposições relativas a condicionamentos de impacte ambiental.

ARTIGO 146º
Programa Base

São elementos especiais do Programa Base:

a) Caracterização da área abrangida e indicação das respectivas populações actuais e futuras ou das actividades industriais em causa.

b) Caracterização qualitativa (se necessário, especificação do programa de colheita de amostras e das análises) e quantitativa dos resíduos, discriminadas por tipo e origem e caracterizando a sua evolução previsível, incluindo os seus factores críticos.

c) Caracterização dos diversos sistemas de recolha, transporte e tratamento de resíduos existentes na área em estudo e na sua envolvente.

d) Caracterização dos condicionamentos locais susceptíveis de influenciar as soluções a considerar.

ARTIGO 147º
Estudo Prévio

São elementos especiais do Estudo prévio:

a) Definição esquemática, para cada solução alternativa, dos circuitos de recolha e transporte e da localização das instalações e seus acessos e, se aplicável, do funcionamento dos processos em causa, nomeadamente de tratamento, valorização e transferência, e da disposição aproximada dos seus elementos constituintes.

b) Avaliação da viabilidade das soluções alternativas e dos principais indicadores económico-financeiros de instalação e de exploração.

c) Definição e justificação do programa de reconhecimento necessário ao desenvolvimento do estudo geológico e geotécnico incluindo as respectivas especificações, quando aplicável.

ARTIGO 148º
Anteprojecto

São elementos especiais de Anteprojecto:

a) Características principais da instalação e definição em planta da localização dos seus órgãos e da disposição de outros elementos pertinentes, tais como veículos e equipamentos necessários ao funcionamento da instalação.

b) Descrição dos processos, designadamente, de recepção, transporte, armazenamento, valorização, tratamento e transferência, incluindo a caracterização e o cálculo justificativo dos diversos componentes da instalação.

c) Elaboração do estudo geológico e geotécnico, quando aplicável.

ARTIGO 149º
Projecto de Execução

São elementos especiais do Projecto Execução:

a) Memória descritiva do sistema projectado, caracterizando pormenorizadamente cada um dos principais componentes e, se aplicável, a sua interacção com sistemas existentes no caso de reabilitação ou de ampliação dos mesmos.

b) Cálculo justificativo para as condições de arranque e de horizonte de projecto e demais condições pertinentes de exploração e de produção de resíduos, nomeadamente em termos de dimensionamento do sistema de recolha e dimensionamento processual do sistema de valorização e tratamento por etapa, indicando, no aplicável, rendimentos e eficiências, emissões, produções e consumos específicos, incluindo os resultados gráficos através de balanço de massas para os parâmetros relevantes e de balanço energético da instalação.

c) Diagrama de P&ID das instalações de recepção, armazenamento, valorização, tratamento e transferência, com clara indicação de todos os circuitos, etapas, órgãos, equipamentos, acessórios e instrumentos, quer para as várias linhas de processamento quer para as correspondentes linhas líquidas e gasosas, no aplicável.

d) Descrição detalhada do sistema de supervisão das instalações bem como a sua interconexão com eventual sistema de telegestão, se aplicável.

e) Descrição detalhada dos modos de arranque, de paragem e, se aplicável, de encerramento operacional do sistema projectado, especificando os principais procedimentos operacionais e de segurança, bem como os recursos necessários.

f) Descrição do modo de exploração, salientando medidas minimizadoras, face a eventuais avarias ou inoperacionalidade dos principais, órgãos, etapas ou linhas e de determinado equipamento, no caso deste não dispor de reserva instalada.

g) Descrição dos processos construtivos e, no caso de reabilitação ou de ampliação de instalação existente que esteja ou não em serviço, descrição detalhada do modo de construção especificando as várias fases de execução, bem como os principais impactes no modo de exploração e as correspondentes medidas minimizadoras.

h) Medições e orçamento relativos à estimativa de custos de exploração, ao longo do horizonte de projecto da instalação, nas suas principais componentes de custos e proveitos, no aplicável.

i) Planta geral do sistema em escalas adequadas, bem como plantas e cortes com indicação das várias fases da execução e da exploração, se aplicável.

j) Para as obras geotécnicas deverá seguir-se o que se encontra especificado nas normas técnicas em vigor.

l) Aos edifícios, é aplicável a Secção I do presente Anexo.

m) Às instalações e equipamentos, é aplicável a Secção II do presente Anexo.

n) Aos caminhos de acesso e a áreas pavimentadas, é aplicável o disposto na Secção IV.

o) Aos sistemas de drenagem e tratamento de águas residuais, é aplicável, com as necessárias adaptações, a Secção X do presente Anexo.

ARTIGO 150º
Assistência Técnica Especial

Para efeitos do disposto no artigo 10º do presente Anexo, constituem elementos especiais:

a) Acompanhamento das actividades de operação ou manutenção do sistema de recolha, transferência, transporte, tratamento ou valorização de resíduos, cujo âmbito e afectações são objecto de acordo prévio entre o Dono da Obra e o Projectista.

b) No que se refere a edifícios, os elementos especiais da assistência técnica são acordados entre o Dono da Obra e o Projectista, caso a caso e em função das características da Obra.

c) No que respeita às instalações e equipamentos, é aplicável a Secção II do presente Anexo.

d) No que respeita aos caminhos de acesso e a áreas pavimentadas, é aplicável o disposto na Secção IV.

e) No que respeita aos sistemas de drenagem e tratamento de águas residuais, é aplicável, com as necessárias adaptações, a Secção X do presente Anexo.

SECÇÃO XII
Obras Portuárias e de Engenharia Costeira

ARTIGO 151º
Programa Preliminar

São elementos especiais do Programa preliminar:

a) Objectivos e o programa de necessidades.
b) Instrumentos de ordenamento e planeamento legalmente eficazes.
c) Caracterização das condições operacionais.
d) Faseamento previsional do empreendimento.
e) Condições de exploração a garantir durante a execução da obra e outras condicionantes ou restrições a observar.
f) Caracterização das condições topográficas, hidrográficas, de agitação marítima, de ventos, correntes e marés na área de intervenção.
g) Recolha e interpretação dos elementos geológicos e geotécnicos existentes sobre o local de intervenção.
h) Normas ou documentos normativos a respeitar.
i) Imposições relativas a condicionamentos de impacte ambiental.

ARTIGO 152º
Programa Base

São elementos especiais do Programa base a indicação dos estudos, de reconhecimentos de campo complementares, de ensaio laboratorial e de modelação que se torna necessário realizar nos seguintes domínios:

a) Topografia e hidrografia.

b) Hidráulica marítima e fluvial, designadamente agitação marítima, correntes e marés.

c) Geologia e geotecnia.

d) Sedimentologia e dinâmica sedimentar.

e) Meteorologia e climatologia.

f) Economia.

g) Tráfego e logística de transporte.

h) Integração urbana e paisagística.

i) Ambiente.

ARTIGO 153º
Estudo Prévio

São elementos especiais do Estudo prévio, relativamente a cada uma das soluções alternativas:

a) Definição da implantação e da integração na envolvente urbana, designadamente, acessos e ligações fluviais, marítimas e terrestres, redes públicas de água, águas residuais, electricidade e comunicações que, de forma esquemática dê resposta técnica às necessidades actuais e aos condicionamentos existentes, bem como às perspectivas de desenvolvimento futuro do empreendimento.

b) Definição da implantação das obras de protecção marítima e de defesa costeira, bem como a definição do tipo de estruturas a utilizar.

c) Especificações para ensaios laboratoriais e para modelação.

d) Especificações para colheita de elementos de base, nomeadamente topo hidrográficos e sobre a qualidade de sedimentos.

e) Elaboração do estudo geológico e geotécnico.

f) Definição das instalações e equipamento eléctrico e mecânico a prever.

g) Pré-viabilidade técnico-económica de instalação e de exploração do empreendimento;

h) Estimativa de custo das obras de protecção marítima e de defesa costeira.

i) Avaliação comparativa de soluções alternativas, caso existam.

ARTIGO 154º
Anteprojecto

São elementos especiais do Anteprojecto:

a) Conclusões dos estudos, reconhecimentos e ensaios realizados.

b) Pré-dimensionamento estrutural e respectivos cálculos justificativos.

c) Pré-dimensionamento dos sistemas e equipamentos de acostagem, amarração, sinalização e segurança.

d) Pré-dimensionamento de instalações especiais, designadamente, de águas, águas residuais, electricidade, comunicações e segurança.

e) Peças desenhadas, a escalas convenientes, que definem a localização, a implantação e o arranjo geral das obras e instalações.

f) Peças desenhadas, a escalas convenientes, que definam as obras a realizar, e as obras acessórias e instalações complementares.

g) Proposta de integração urbana e de enquadramento paisagístico.

h) Viabilidade técnico-económica do empreendimento.

ARTIGO 155º
Projecto de Execução

São elementos especiais do Projecto de execução:

a) Relatórios dos estudos, reconhecimentos e ensaios realizados.

b) Dimensionamento estrutural e respectivos cálculos justificativos das obras a realizar.

c) Ligações às infra-estruturas viárias.

d) Instalações especiais, designadamente, de águas, águas residuais, electricidade, comunicações e segurança.

e) Instalações e equipamentos fixos.

f) Equipamentos de assinalamento, sinalização, acostagem e amarração dos navios.

g) Peças desenhadas relativas a:

- *i*) Localização do empreendimento.
- *ii*) Arranjo geral.
- *iii*) Implantação, com base topohidrográfica, em escala não inferior a 1:2.000.
- *iv*) Dimensionamento geral, longitudinal e transversal contendo indicações de natureza geológica e geotécnica, quando for caso disso, em escala não inferior a 1:200.
- *v*) Localização dos órgãos acessórios e instalações complementares e respectivos pormenores, em escalas convenientes.

h) Estudo de integração urbana e enquadramento paisagístico.

i) Especificação dos ensaios a realizar no decurso da obra.

j) Plano de observação expedito do comportamento da obra ao longo do tempo.

ARTIGO 156º
Assistência Técnica Especial

Para efeitos do disposto no artigo 10º do presente Anexo, os elementos especiais da assistência técnica são acordados entre o Dono da Obra e o Projectista, caso a caso e em função das características da Obra.

SECÇÃO XIII
Espaços Exteriores

ARTIGO 157º
Programa Preliminar

É elemento especial do Programa preliminar a análise e caracterização da área de intervenção, nomeadamente quanto a:

a) Inserção contextual e relações funcionais, figurativas e simbólicas daí emergentes;

b) Fisiografia do terreno;

c) Aspectos microclimáticos, nomeadamente de exposição a ventos, ensombramentos e radiação recebida;

d) Capacidade de carga da área de intervenção e seu zonamento;

e) Características pedológicas;

f) Vegetação existente, sua identificação, dimensionamento e estado sanitário;

g) Enquadramento regulamentar da área de intervenção e outras condicionantes à intervenção;

h) Síntese de condicionamentos devidos a infra-estruturas;

i) Aspectos hidrológicos, nomeadamente o equilíbrio hídrico e a qualidade da água;

j) Caracterização da componente acústica do ambiente;

l) Imposições relativas a condicionamentos de impacte ambiental.

m) Identificação de aspectos específicos da área de intervenção, em termos de energia eléctrica, em particular no que respeita à sua produção e consumo, comunicações, segurança e outros.

ARTIGO 158º
Programa Base

São elementos especiais do Programa Base:

a) Critérios gerais de concepção.

b) Programa geral da intervenção com definição das afectações de espaço a cada utilização programática e do relacionamento entre elas, em consonância com o diagnóstico interpretativo levado a cabo no Programa preliminar.

c) Definição esquemática de áreas de sequeiro, de regadio e pavimentadas;

d) Sistema de rega e dotações consideradas.

e) Estimativa de carga de utilização esperada.

f) Definição de eventuais medidas de condicionamento acústico, visando assegurar a satisfação dos requisitos considerados para o espaço.

g) Redes de energia eléctrica, de comunicações, sistemas de segurança e outros.

ARTIGO 159º
Estudo Prévio

São elementos especiais do Estudo prévio:

a) Plano geral com descrição das opções principais tomadas na concretização do programa e relações com o lugar;

b) Definição das opções construtivas fundamentais, nomeadamente os sistemas vegetais, hidráulicos, inertes;

c) Sistemas de rega e drenagem.

d) Definição das opções relativas a redes de energia eléctrica, de comunicações, sistemas de segurança e outros.

e) Definição dos critérios gerais de sectorização e de dimensionamento das diversas redes e sistemas.

ARTIGO 160º
Anteprojecto

É elemento especial do Anteprojecto a elaboração de um plano geral, à escala conveniente, e que constitui acréscimo de rigor e pormenor em relação à fase anterior em que se indiquem:

a) Características do tratamento das superfícies homogéneas e dos seus encontros;

b) Volumes construídos ou vegetais;

c) Modelação de terreno;

d) Alçados e cortes que descrevam e justifiquem a solução apresentada;

e) Definição dos pressupostos para dimensionamento e traçado e traçados esquemáticos de todas as infra-estruturas, e estruturas construídas, nomeadamente:

i) Arruamentos e estacionamentos;
ii) Vias de circulação pedonal;
iii) Redes de energia eléctrica e comunicações;
iv) Muros de suporte e outras fundações e estruturas;
v) Drenagem de águas pluviais;
vi) Abastecimento de água e serviço de incêndio;
vii) Rede de rega, drenagem e hidráulica lúdica;
viii) Sistemas de Segurança;
ix) Orçamento preliminar detalhado por grupos de trabalhos.

f) Dimensionamento de medidas de acondicionamento acústico e análise prospectiva do seu desempenho.

ARTIGO 161º
Projecto de Execução

São elementos especiais do Projecto de execução:

a) Plano geral da intervenção, sintético e descritivo, tanto da solução programática como da situação construtiva correspondente;

b) Planta de trabalho com identificação de fases, limites e descrição que permita uma percepção global de todos os trabalhos envolvidos;

c) Planta de demolições, remoções, relocalizações e medidas cautelares;

d) Modelação geral do terreno, cortes de aterro, escavação e planta de aterro, escavação;

e) Implantação geral da obra incluindo implantação planimétrica coordenada e implantação altimétrica;

f) Planta de pavimentações e remates reportada à pormenorização construtiva;

g) Pormenorização construtiva relativa a pavimentações e remates;

h) Planta de muros e outras estruturas construídas, reportada aos elementos da correspondente especialidade;

i) Plano de drenagem, reportando à pormenorização construtiva correspondente ou à especialidade;

j) Plano de plantação de árvores, arbustos e fanerófitos escandentes, indicando claramente densidades e compassos de plantação e organização relativa da plantação dos indivíduos e identificados pela nomenclatura científica;

l) Plano de rega indicando traçados da rede eléctrica e de comandos de tubagem e seu dimensionamento, localização e definição de órgãos activos e outros acessórios, reportando à pormenorização construtiva correspondente;

m) Planos de sementeira e de plantação de herbáceas vivazes, indicando claramente densidades e compassos de plantação e organização relativa da plantação dos indivíduos;

n) Plantas das redes de energia eléctrica e de comunicações;

o) Planta ou esquema representativo do sistema de segurança;

p) Plano de manutenção de zonas verdes, incluindo indicação de áreas homogéneas por trabalho, desbastes, caracterização e calendarização dos tipos de trabalho a executar durante um ciclo vegetativo;

q) Planta de localização de mobiliário urbano e equipamento, incluindo a definição de tipos e modelos e reportada à pormenorização construtiva correspondente. A localização deverá ser coordenada com indicação das peças à escala;

r) Planta de coordenação, referindo a interacção entre as várias infra-estruturas, entre estas e a vegetação, mobiliário urbano e outros elementos construídos, recorrendo a cortes e perfis de coordenação sempre que necessário;

s) Memória descritiva e justificativa, incluindo cálculos hidráulicos da rede de rega e outra documentação justificativa;

t) Medições e Mapas de quantidade de trabalhos;

u) Orçamento detalhado;

v) Plantas e cortes, em escala adequada, onde se indiquem os locais principais de intervenção em termos de condicionamento acústico;

x) Memórias descritivas e justificativas, integrando análise prospectiva de desempenhos, das intervenções de condicionamento acústico, descrevendo e justificando as soluções projectadas, tendo em atenção o ante projecto aprovado e as disposições legais em vigor;

z) As condições técnicas, gerais e especiais, referentes às intervenções de condicionamento acústico, especificando as condições de execução e ou montagem e as características técnicas dos materiais e equipamentos;

aa) Pormenorização das intervenções mais sensíveis no sentido de facilitar a compreensão de descrições escritas.

ARTIGO 162º
Assistência técnica

Para efeitos do disposto no artigo 10º do presente Anexo, os elementos especiais da assistência técnica são acordados entre o Dono da Obra e o Projectista, caso a caso e em função das características da Obra.

SECÇÃO XIV
Produção, transformação, transporte e distribuição de Energia eléctrica

ARTIGO 163º
Programa Preliminar

São elementos especiais do Programa preliminar:

a) Plano ou programa técnico, económico, financeiro e outros em que se insere a obra.

b) Outros instrumentos de planeamento e ordenamento legalmente eficazes.

c) Imposições relativas a condicionamentos, nomeadamente de implantação e traçado, impacte ambiental, integração ou interligação com outras infra-estruturas existentes ou a construir.

d) Condicionamentos a nível de manutenção, exploração e expansão.

e) Imposições regulamentares.

ARTIGO 164º
Programa Base

São elementos especiais do Programa base:

a) Objectivo da obra e suas características gerais, com referência ao plano ou programa em que se insere.

b) Condicionamentos relativos à implantação e traçado da obra, nomeadamente quanto a usos, expropriações, acessos, exigências ambientais e outros ou, quando integrada ou interligada com outras infra-estruturas existentes ou a construir, os condicionamentos susceptíveis de influenciar a escolha da solução a adoptar.

c) Levantamentos topográficos e outros a efectuar.

d) Bases de dimensionamento consideradas.

e) Indicação dos estudos especiais que se tornem necessários realizar, nomeadamente, técnicos, económicos, financeiros, ambientais e outros.

ARTIGO 165º
Estudo Prévio

São elementos especiais do Estudo prévio:

a) Plano geral com descrição das opções principais consideradas no Programa base.

b) Indicações gerais relativas à implantação da obra e ou áreas técnicas necessárias.

c) Caracterização genérica das redes e equipamentos principais.

d) Pré-dimensionamento dos equipamentos e das redes principais.

e) Caracterização das obras acessórias ou complementares.

f) Caracterização da relação com infra-estruturas existentes ou a construir.

g) Indicação de eventuais condicionamentos técnicos, económicos, financeiros, ambientais e outros, resultantes dos estudos especiais realizados.

ARTIGO 166º
Anteprojecto

São elementos especiais do Anteprojecto:

a) Implantação geral da obra, em escala apropriada, que evidencie a sua integração urbanística, paisagística ou noutras infra-estruturas técnicas.

b) Plantas gerais e perfis ou cortes transversais e longitudinais, quando aplicável, em escalas apropriadas, das redes e equipamentos.

c) Caracterização das redes e equipamentos principais.

d) Dimensionamento das redes e equipamentos principais.

e) Análise e opções resultantes de estudos especiais realizados.

f) Definição da relação com infra-estruturas existentes ou a construir.

g) Enumeração dos principais artigos que constituem o mapa de quantidades de trabalho, dividida nos principais capítulos constituintes da obra, de forma a permitir a elaboração de uma estimativa preliminar do seu custo.

h) Verificação do cumprimento das regulamentações técnicas aplicáveis.

ARTIGO 167º
Projecto de Execução

São elementos especiais do Projecto de execução:

a) Memória descritiva e justificativa, incluindo a análise prospectiva de desempenhos, descrevendo e justificando as soluções projectadas, tendo em atenção o Anteprojecto aprovado e as disposições legais e regulamentares em vigor.

b) Condições técnicas, gerais e especiais, especificando as condições de execução e montagem e as características técnicas dos equipamentos, redes, componentes, acessórios e materiais utilizados.

c) Implantação da obra, que evidencie a sua integração urbanística, paisagística ou noutras infra-estruturas, em escala apropriada.

d) Plantas e perfis ou cortes transversais e longitudinais, quando aplicável, das redes e equipamentos, em escalas apropriadas, contendo os elementos indispensáveis à sua conveniente apreciação.

e) Pormenores necessários à definição detalhada e boa execução da obra e equipamentos projectados, a escalas apropriadas.

f) Dimensionamento das redes e dos equipamentos, com os cálculos eventualmente necessários para o efeito.

g) Estudo das obras acessórias, quando aplicável.

h) Medições e mapas de quantidade de trabalhos, divididos nos diversos capítulos constituintes da obra.

i) Orçamento de projecto da obra.

ARTIGO 168º
Assistência Técnica Especial

Para efeitos do disposto no artigo 10º do presente Anexo, constituem elementos especiais:

a) Apreciação ou elaboração de quaisquer alterações às especificações e dimensionamentos dos equipamentos e materiais ou traçados das redes, quer durante o desenvolvimento dos projectos, quer durante a execução da obra.

b) Aprovação dos mapas de ensaio.

c) Apoio e aprovação da parametrização das redes e equipamentos.

d) Participação nos ensaios de recepção e aprovação dos resultados dos mesmos.

SECÇÃO XV
Redes de comunicações

ARTIGO 169º
Programa Preliminar

São elementos especiais do Programa preliminar:

a) Plano ou programa técnico, económico, financeiro e outros em que se insere a obra.

b) Outros instrumentos de planeamento e ordenamento legalmente eficazes.

c) Imposições relativas a condicionamentos de projecto, nomeadamente de implantação e traçado, impacte ambiental, integração ou interligação com outras infra-estruturas existentes ou a construir.

d) Condicionamentos a nível de manutenção, exploração e expansão.

e) Imposições regulamentares.

ARTIGO 170º
Programa Base

São elementos especiais do Programa base:

a) Objectivo da obra e suas características gerais, com referência ao plano ou programa em que se insere.

b) Condicionamentos relativos à implantação e traçado da obra, nomeadamente quanto a usos, expropriações, acessos, exigências ambientais ou, quando integrada ou interligada com outras infra-estruturas existentes ou a construir, condicionamentos susceptíveis de influenciarem a escolha da solução a adoptar.

c) Levantamentos topográficos e outros a efectuar.

d) Bases de dimensionamento consideradas.

e) Indicação dos estudos especiais que se tornem necessários realizar, nomeadamente, técnicos, económicos, financeiros, ambientais.

ARTIGO 171º
Estudo Prévio

São elementos especiais do Estudo prévio:

a) Plano geral descrevendo as opções principais tomadas na concretização do Programa Base.

b) Indicações gerais relativas à implantação da obra e áreas técnicas necessárias.

c) Caracterização genérica das redes e equipamentos principais.

d) Pré-dimensionamento dos equipamentos e das redes principais.

e) Caracterização das obras acessórias ou complementares.

f) Caracterização da relação com infra-estruturas existentes ou a construir.

g) Indicação de eventuais condicionamentos técnicos, nomeadamente económicos, financeiros, ambientais e resultantes de estudos especiais realizados.

ARTIGO 172º
Anteprojecto

São elementos especiais do Anteprojecto:

a) Implantação geral da obra, em escala apropriada, que evidencie a sua integração urbanística, paisagística ou noutras infra-estruturas.

b) Plantas gerais e perfis ou cortes transversais e longitudinais, quando aplicável, em escalas apropriadas, das redes e equipamentos.

c) Caracterização das redes e equipamentos principais.

d) Dimensionamento das redes e equipamentos principais.

e) Análise e opções resultantes dos estudos especiais realizados.

f) Definição da relação com infra-estruturas existentes ou a construir.

g) Enumeração dos principais artigos que constituem o mapa de quantidades de trabalho, dividida nos principais capítulos constituintes da obra, de forma a permitir a elaboração de uma estimativa preliminar de custo.

h) Verificação do cumprimento das regulamentações técnicas aplicáveis.

ARTIGO 173º
Projecto de Execução

São elementos especiais do Projecto de execução:

a) Memória descritiva e justificativa, incluindo a análise prospectiva de desempenhos, descrevendo e justificando as soluções projectadas, tendo em atenção o Anteprojecto aprovado e as disposições legais e regulamentares em vigor.

b) Condições técnicas, gerais e especiais, especificando as condições de execução e montagem e as características técnicas dos equipamentos, redes, componentes, acessórios e materiais utilizados.

c) Implantação da obra, que evidencie a sua integração urbanística, paisagística ou noutras infra-estruturas técnicas, em escala apropriada.

d) Plantas e perfis ou cortes transversais e longitudinais, quando aplicável, das redes e equipamentos, em escalas apropriadas, contendo os elementos indispensáveis a uma sua conveniente apreciação.

e) Pormenores necessários à definição detalhada e boa execução da obra e equipamentos projectados, a escalas apropriadas.

f) Dimensionamento das redes e dos equipamentos, incluindo os cálculos necessários para o efeito.

g) Discriminação e especificação detalhada dos equipamentos, redes, componentes, acessórios e materiais utilizados, assim como da integração ou interligação com infra-estruturas existentes ou a construir.

h) Estudo de obras acessórias.

i) Medições e mapas de quantidade de trabalhos, divididos nos diversos capítulos constituintes da obra.

j) Orçamento de projecto da obra.

ARTIGO 174º
Assistência Técnica Especial

Para efeitos do disposto no artigo 10º do presente Anexo, constituem elementos especiais:

a) Apreciação ou elaboração de quaisquer alterações às especificações e dimensionamentos dos equipamentos e materiais ou traçados das redes, quer durante o desenvolvimento dos projectos, quer durante a execução da obra;

b) Aprovação dos mapas de ensaio;

c) Apoio e aprovação da parametrização das redes e equipamentos;

d) Participação nos ensaios de recepção e aprovação dos resultados dos mesmos.

ANEXO II

CLASSIFICAÇÃO DAS OBRAS POR CATEGORIAS

(a que se refere os nº 2 do artigo 1º da Portaria e o nº 1 do artigo 11º do Anexo I)

		CATEGORIAS			
		I	II	III	IV
I	EDIFÍCIOS				
I.1	ARQUITECTURA				
I.2	FUNDAÇÕES E ESTRUTURAS				
	Fundações directas em solo de boa qualidade	•			
	Fundações directas em solo de má qualidade		•		
	Fundações indirectas			•	
	Fundações especiais				•
	Estruturas de edificações: Correntes; Com exigências especiais.		 •	 •	
	Estruturas de hospitais estádios, e grandes instalações desportivas ou culturais Estruturas de edifícios: Com altura igual ou inferior a 30 metros; Com altura superior a 30 metros e igual ou inferior a 60 metros; Com altura superior a 60 metros.		 •	 •	• •
I.3	OBRAS DE ESCAVAÇÃO E CONTENÇÃO				
	Escavações com talude inclinado, sem necessidade de entivação, até um máximo de 6 m de altura, com contenção por muros de betão armado;	•			
	Escavações entivadas até 3 m de altura ou não entivadas acima de 6 m, com contenção por muros simples de betão armado		•		
	Escavações entivadas com mais de 3 m de altura com contenção por muros de betão armado escorados, ancorados ou com contrafortes			•	
	Escavações e contenções especiais				•
II	INSTALAÇÕES, EQUIPAMENTOS E SISTEMAS				
II.1	INSTALAÇÕES, EQUIPAMENTOS E SISTEMAS DE ÁGUAS E ESGOTOS				
	Instalações, equipamentos e sistemas de águas e esgotos para edifícios de Categoria I	•			
	Instalações, equipamentos e sistemas de águas e esgotos para edifícios de Categoria II		•		
	Instalações, equipamentos e sistemas de águas e esgotos para edifícios de Categoria III			•	
	Instalações, equipamentos e sistemas de águas e esgotos para edifícios de Categoria IV				•
II.2	INSTALAÇÕES, EQUIPAMENTOS E SISTEMAS ELÉCTRICOS (1)				
	Instalações, equipamentos e sistemas eléctricos para edifícios de Categoria I	•			
	Instalações, equipamentos e sistemas eléctricos para edifícios de Categoria II		•		
	Instalações, equipamentos e sistemas eléctricos para edifícios de Categoria III			•	
	Instalações, equipamentos e sistemas eléctricos para edifícios de Categoria IV				•

		CATEGORIAS			
		I	II	III	IV
II.3	INSTALAÇÕES, EQUIPAMENTOS E SISTEMAS DE COMUNICAÇÃO				
	Instalações, equipamentos e sistemas de comunicações (voz, dados, imagem e outros) para edifícios de Categoria I	•			
	Instalações, equipamentos e sistemas de comunicações (voz, dados, imagem e outros) para edifícios de Categoria II		•		
	Instalações, equipamentos e sistemas de comunicações (voz, dados, imagem e outros) para edifícios de Categoria III			•	
	Instalações, equipamentos e sistemas de comunicações (voz, dados, imagem e outros) para edifícios de Categoria IV				•
	Centros de comunicação telefónica e ou equipamentos de telecomunicação e centros de informática				•
	Rede de cablagem estruturada e de transmissão de dados e voz				•
II.4	INSTALAÇÕES, EQUIPAMENTOS E SISTEMAS DE AQUECIMENTO, VENTILAÇÃO E AR CONDICIONADO (AVAC)				
	Instalações de AVAC simples, com recurso a unidades individuais, com potências térmicas inferiores a 12 kW	•			
	Instalações de AVAC com potências superiores a 12 kW e inferiores a 100 kW		•		
	Instalações de AVAC com potências iguais ou superiores a 1 000 kW			•	
	Instalações de AVAC em centros de informática e outras aplicações com equivalentes densidades de potência, hospitais, "salas limpas"				•
	Sistemas urbanos de fluidos térmicos				•
	Sistemas de cogeração				•
	Sistemas de aproveitamento de energia renovável associados a ciclos de absorção ou outros				•
	Sistemas de aproveitamento de energias renováveis para aquecimento ambiente ou de águas sanitárias			•	
II.5	INSTALAÇÕES, EQUIPAMENTOS E SISTEMAS DE GÁS				
	Pequenas instalações de gás em edifícios de Categoria I	•			
	Pequenas instalações de gás em edifícios de Categoria II		•		
	Pequenas instalações de gás em edifícios de Categoria III			•	
	Pequenas instalações de gás em edifícios de Categoria IV				•
	Redes de distribuição e condutas de gás			•	
II.6	INSTALAÇÕES, EQUIPAMENTOS E SISTEMAS DE TRANSPORTE DE PESSOAS E CARGAS				
	Instalações simples de equipamentos electromecânicos	•			
	Instalações de ascensores, escadas e tapetes rolantes			•	
II.7	SEGURANÇA INTEGRADA				
	Sistemas de segurança integrada				•
II.8	SISTEMAS DE GESTÃO TÉCNICA CENTRALIZADA				
	Sistemas de gestão técnica centralizada				•

1) As instalações e equipamentos eléctricos em edifícios podem incluir no todo ou em parte:

– Produção, transformação e distribuição de energia eléctrica, sistemas de qualidade de energia (tensão, factor de potência, harmónicos, eficiência e outros), iluminação, tomadas e outras alimentações eléctricas, sistemas de controlo e de segurança (eléctrica, intrusão, acessos, vigilância, incêndio e outros), sistemas de informações e comunicações (sinalização, intercomunicação, som, vídeo, relógios e outros).

		CATEGORIAS			
		I	II	III	IV
III	PONTES, VIADUTOS E PASSADIÇOS				
III.1	Em infra-estruturas rodoviárias				
	Passadiços com vãos inferiores a 20 metros sem condicionamentos especiais	•			
	Passadiços com vãos entre 20 a 40 metros sem condicionamentos especiais		•		
	Passadiços com vãos superiores a 40 metros ou com geometria complexa e de qualquer vão			•	
	Pontes e e obras de arte similares, com vão único e igual ou inferior a 10 metros e viés superior a 70.º	•			
	Obras de Arte com vão máximo igual ou inferior a 40 metros e extensão menor que 400 m sem condicionamento de apoios		•		
	Pontes e viadutos que não sejam considerados segundo a regulamentação em vigor como pontes correntes para efeitos de análise sísmica, ou com vãos superior 40m ou com extensão superior 400 m			•	
	Pontes e viadutos fortemente enviesados ou com traçado planimétrico complexo, nomeadamente em meios urbanos			•	
	Pontes e viadutos com vão máximo igual ou superior a 60 metros, e com extensão superior a 400 metros				•
	Pontes e viadutos com vão máximo igual ou superior a 120 metros				•
III. 2	Em infra-estruturas ferroviárias				
	Pontes e obras similares ferroviárias com vão único até 10m e viés superior a 70.º	•			
	Pontes e viadutos ferroviários com vão máximo igual ou inferior a 20m e viés superior a 70.º		•		
	Pontes e viadutos ferroviários com vão superior a 20m e inferior a 40m ou viés inferior a 70.º			•	
	Pontes e viadutos ferroviários com vãos superiores a 40m				•
	Pontes e viadutos ferroviários para velocidades de projecto superiores a 220km/h e vão inferior a 20m, sem viés			•	
	Pontes e viadutos ferroviários para velocidades superiores a 220 Km/h com vão superior a 20m ou viés inferior a 70.º				•
IV	ESTRADAS E ARRUAMENTOS				
	Caminhos municipais, vicinais e estradas florestais		•		
	Arruamentos urbanos com faixa de rodagem simples		•		
	Arruamentos urbanos com dupla faixa de rodagem			•	
	Estradas nacionais e municipais com faixa de rodagem simples ou dupla			•	
	Auto-Estradas				•
V	CAMINHOS-DE-FERRO				
	Ramais de caminhos-de-ferro de características correntes e feixes industriais		•	X	
	Vias-férreas de eléctricos, de metropolitano e de linhas de rede ferroviária nacional			•	X
	Catenária			•	X
	Vias-férreas para alta velocidade e muito alta velocidade				•
	Sinalização e equipamentos de segurança de vias-férreas convencionais			•	
	Sinalização e equipamentos de segurança de vias- férreas de alta velocidade				•

X – Categoria a considerar nos projectos de obras de remodelação, ampliação e reabilitação que interfiram com vias em exploração.

		CATEGORIAS			
		I	II	III	IV
VI	AERÓDROMOS				
	Aeródromos			•	
	Aeroportos				•
	Sistemas de ajuda à navegação e controlo de tráfego aéreo				•
VII	OBRAS HIDRÁULICAS				
	Pequenos açudes de correcção torrencial e pequenas obras de regularização fluvial	•			
	Pequenas obras de rega ou de enxugo, sem obras de arte especiais	•			
	Obras de rega ou de enxugo envolvendo pequenas obras de arte ou instalações especiais		•		
	Obras importantes de correcção fluvial			•	
	Canais e vias navegáveis			•	
	Aproveitamentos hidroagrícolas e hidroeléctricos não envolvendo a construção de grandes barragens			•	
VIII	TÚNEIS				
	Túneis com escavação a céu aberto sem condicionantes geotécnicos especiais		•		
	Túneis com escavação a céu aberto com condicionantes geotécnicos especiais			•	
	Túneis subterrâneos em qualquer tipo de terreno			•	
	Túneis subterrâneos em zonas urbanas ou com intensa ocupação				•
	Túneis subaquáticos				•
IX	ABASTECIMENTO E TRATAMENTO DE ÁGUA				
	Condutas adutoras de água e de funcionamento gravítico, para aglomerados até 10 000 habitantes	•			
	Sistemas ou partes de sistemas de abastecimento de água (redes e ou adutores por bombagem), excluindo tratamento, de aglomerados até 10 000 habitantes.		•		
	Instalações simples de tratamento de água, incluindo apenas desinfecção e ou correcção de agressividade.		•		
	Sistemas ou partes de sistemas de abastecimento de água, excluindo tratamento, para mais de 10 000 habitantes			•	
	Estações de tratamento de água servindo até 50 000 habitantes desde que não apresentem exigências especiais quanto a operação e processos de tratamento e a automatismos (como ozonização ou adsorção por carvão activado).			•	
	Estações de tratamento de água para mais de 50 000 habitantes ou para população inferior mas envolvendo exigências especiais, como, por exemplo, processos de ozonização ou adsorção por meio de carvão activado.				•
X	DRENAGEM E TRATAMENTO DE ÁGUAS RESIDUAIS				
	Emissários de águas residuais de funcionamento gravítico, para aglomerados até 10 000 habitantes.	•			
	Sistemas ou partes de sistemas de águas residuais (redes), excluindo tratamento, de funcionamento gravítico, de aglomerados até 10 000 habitantes.		•		
	Instalações sumárias de tratamento de águas residuais, do tipo fossa séptica e órgão complementar ou tanque Imhoff e leitos de secagem.		•		
	Sistemas ou partes de sistemas de águas residuais, excluindo tratamento, de funcionamento gravítico, para mais de 10 000 habitantes.			•	
	Sistemas elevatórios de águas residuais				

		CATEGORIAS			
		I	II	III	IV
	Estações de tratamento de águas residuais servindo até 50 000 habitantes por processos convencionais, com produção de efluentes de qualidade correspondente a tratamento secundário.			•	
	Sifões invertidos para águas residuais				
	Emissários submarinos				
	Estações de tratamento de águas residuais para mais de 50 000 habitantes ou para população inferior desde que a linha de tratamento integre processos não convencionais, por exemplo tratamentos avançados físico-químicos, ou de origem a efluentes de qualidade superior à resultante da aplicação de um tratamento secundário.				•
	Sistemas de reutilização de águas residuais				•
XI	RESÍDUOS URBANOS E INDUSTRIAIS				
	Remoções de resíduos sólidos, de âmbito restrito, simples	•			
	Sistemas de resíduos sólidos, excluindo tratamento, de aglomerados até 10 000 habitantes.		•		
	Estações de tratamento de resíduos sólidos servindo até 10 000 habitantes, sem exigências especiais e por processos de aterro controlado		•		
	Sistemas de resíduos sólidos, excluindo tratamento, para mais de 10 000 habitantes			•	
	Estações de transferência de resíduos sólidos			•	
	Estações de tratamento de resíduos sólidos para mais de 10 000 e até 50 000 habitantes, sem exigências especiais, ou para população inferior mas tendo dessas exigências.			•	
	Estações de tratamento de resíduos sólidos para mais de 50 000 habitantes ou para população inferior mas com exigências especiais.				•
	Sistemas de recuperação de energia a partir dos resíduos sólidos				•
	Sistemas de reutilização e reciclagem de resíduos tratados				•
	Estações de tratamento de resíduos perigosos				•
XII	OBRAS PORTUÁRIAS E DE ENGENHARIA COSTEIRA				
	Obras de acostagem (cais, pontes -cais, duques d'alba, pontões flutuantes)			•	
	Docas secas e eclusas				•
	Planos inclinados e plataformas de elevação			•	
	Rampas -varadouro		•		
	Quebra -mares			•	
	Esporões, defesas frontais e retenções de protecção marginal		•		
	Alimentação artificial de praias		•		
	Tomadas e rejeições de água em costa aberta			•	
	Tomadas e rejeições de água em estuários		•		
	Tubagens submarinas em costa aberta			•	
	Tubagens submarinas em estuários		•		
	Dragagens e depósito de dragados	•			
	Terraplenos portuários	•			
	Sinalização marítima — farolins, em costa aberta no estuário			•	
	Sistemas de ajuda à navegação e controlo de tráfego marítimo				•
XIII	ESPAÇOS EXTERIORES				
	Projectos de concepção, tratamento ou recuperação de:				
	Jardins privados e públicos			•	

		CATEGORIAS			
		I	II	III	IV
	Jardins e sítios históricos				•
	Zonas Polidesportivas			•	
	Campos de golfe			•	
	Minas, pedreiras, saibreiras e areeiros			•	
	Parques infantis			•	
	Lagos artificiais			•	
	Pedonalização de ruas			•	
	Ciclovias			•	
	Estabilização e integração de taludes				•
	Matas			•	
	Compartimentação do campo		•		
	Parques de qualquer natureza			•	
	Loteamentos urbanos			•	
	Instalações industriais		•		
	Parques de campismo			•	
	Campos de golfe			•	
	Zonas desportivas, de recreio e lazer			•	
	Áreas envolventes do Património Cultural ou Natural			•	
	Espaços livres e zonas verdes urbanas			•	
	Enquadramentos de edifícios de vária natureza			•	
	Cemitérios		•		
	Áreas degradadas			•	
	Projectos de rega			•	
	Drenagem superficial			•	
	Obras de regularização fluvial e de linhas de drenagem natural			•	
	Edifícios para habitação, escolas, igrejas, hospitais, teatros, cinemas e outros			•	
	Hóteis e restaurantes				
	Conjuntos industriais			•	
	Grandes instalações de equipamentos técnicos		•		
	Integração de estradas de qualquer tipo (AE, IP, IC, EN, ER)			•	
	Arruamentos urbanos, vias e caminhos municipais			•	
	Aproveitamentos hidroagrícolas		•		
	Estações de tratamento de água e esgotos			•	
XIV	PRODUÇÃO, TRANSFORMAÇÃO, TRANSPORTE E DISTRIBUIÇÃO DE ENERGIA ELÉCTRICA				
	Produção (centrais com potências instaladas iguais ou inferiores a 5 kVA), postos de transformação com potências instaladas iguais ou inferiores a 500 kVA, redes de distribuição em baixa tensão de pequena dimensão.	•			
	Produção (centrais com potências instaladas superiores a 5 kVA e iguais ou inferiores a 1.000 kVA), postos de transformação com potências instaladas superiores a 500 kVA e iguais ou inferiores a 10 MVA, redes de distribuição de energia eléctrica em baixa tensão de média ou grande dimensão.		•		

		CATEGORIAS			
		I	II	III	IV
	Produção (centrais com potências instaladas superiores a 1.000 kVA e iguais ou inferiores a 10 MVA), subestações, postos de transformação e de seccionamento com potências instaladas superiores a 10 MVA e iguais ou inferiores a 100 MVA, linhas eléctricas de média, alta ou muito alta tensão de pequena dimensão.			•	
	Produção (centrais com potências instaladas superiores a 10 MVA), subestações, postos de transformação e de seccionamento com potências instaladas superiores a 100 MVA, linhas eléctricas de média, alta ou muito alta tensão de média ou grande dimensão.				•
XV	REDES DE COMUNICAÇÕES				
	Redes de comunicações de pequena dimensão	•			
	Redes de comunicações de média e grande dimensão		•		

Formulários de Caderno de Encargos relativo aos Contratos e Empreitadas de Obras Públicas

Portaria nº 959/2009, de 21 de Agosto

O Código dos Contratos Públicos, aprovado pelo Decreto-Lei nº 18/2008, de 29 de Janeiro, prevê, no seu artigo 46º, a publicação, através de portaria, do formulário de caderno de encargos que, embora sem carácter vinculativo, sirva de base aos procedimentos de formação de contratos de empreitada de obras públicas.

Considerando que a existência dos referidos formulários pode contribuir significativamente para agilizar e facilitar a tarefa das entidades adjudicantes na preparação de procedimentos de formação dos contratos, é aprovado, em cumprimento do disposto no Código dos Contratos Públicos, o formulário que contém as cláusulas gerais do caderno de encargos a incluir nos contratos de empreitadas de obras públicas a celebrar.

Atendendo ao carácter inovador de algumas das soluções legais consagradas no Código dos Contratos Públicos, as cláusulas gerais do caderno de encargos enunciadas no formulário contemplam, por um lado, disposições imperativas do Código dos Contratos Públicos cuja relevância pode justificar, por razões de clareza e arrumo sistemático, a sua transcrição para os cadernos de encargos a elaborar pelas entidades adjudicantes, e, por outro lado, disposições facultativas cuja decisão de inclusão nos cadernos de encargos se insere no âmbito da margem de livre decisão das entidades adjudicantes.

Refira-se ainda que as cláusulas gerais enunciadas no formulário agora aprovado necessitam de ser conjugadas com as especificações técnicas referidas no artigo 49º do Código dos Contratos Públicos, mas também com outras cláusulas gerais adoptadas habitualmente pelas entidades adjudicantes em função das especificidades próprias da sua actuação.

Alguns operadores económicos do sector da construção e obras públicas têm defendido a consagração da obrigatoriedade do conteúdo do presente formulário para todas as entidades adjudicantes. Desta forma, na opinião desses operadores, garantir-se-ia uma uniformização dos cadernos de encargos relativos a contratos de empreitada de obras públicas, permitindo uma maior estabilização contratual, bem como uma maior previsibilidade, para os operadores do sector, do seu conteúdo.

Neste momento, a opção tomada não consagra essa obrigatoriedade, considerando-se, no entanto, que o presente formulário constitui uma base recomendável para a elaboração dos cadernos de encargos por parte das entidades adjudicantes.

A eventual evolução para um regime de obrigatoriedade do conteúdo do formulário aqui aprovado deverá ser objecto de apreciação futura por parte da Comissão de Acompanhamento do Código dos Contratos Públicos.

Assim:

Ao abrigo do disposto na alínea *a*) do artigo 46º do Código dos Contratos Públicos, aprovado pelo Decreto-Lei nº 18/2008, de 29 de Janeiro, manda o Governo, pelo Ministro das Obras Públicas, Transportes e Comunicações, o seguinte:

ARTIGO 1º
Objecto

1 – É aprovado o formulário de caderno de encargos relativo aos contratos e empreitada de obras públicas anexo à presente portaria, da qual faz parte integrante.

2 – A utilização do formulário de caderno de encargos aprovado não é obrigatória.

ARTIGO 2º
Revisão

O formulário aprovado pela presente portaria é revisto no prazo máximo de um ano a contar da data da sua entrada em vigor, tendo em conta os elementos relativos à sua aplicação colhidos pela comissão de acompanhamento da aplicação do Código dos Contratos Públicos.

ARTIGO 3º
Revogação

É revogada a Portaria nº 104/2001, de 21 de Fevereiro.

ARTIGO 4º
Entrada em vigor

A presente portaria entra em vigor no dia seguinte à data da sua publicação.

O Ministro das Obras Públicas, Transportes e Comunicações, *Mário Lino Soares Correia,* em 31 de Julho de 2009.

ANEXO
FORMULÁRIO DE CADERNO DE ENCARGOS RELATIVO A CONTRATOS DE EMPREITADAS DE OBRAS PÚBLICAS

CAPÍTULO I
Disposições iniciais

CLÁUSULA 1ª
Objecto

O presente caderno de encargos compreende as cláusulas a incluir no contrato a celebrar no âmbito do concurso para a realização da empreitada de ... [identificar o objecto do contrato].

CLÁUSULA 2ª
Disposições por que se rege a empreitada

1 – A execução do contrato obedece:

a) Às cláusulas do contrato e ao estabelecido em todos os elementos e documentos que dele fazem parte integrante;
b) Ao Decreto-Lei nº 18/2008, de 29 de Janeiro (Código dos Contratos Públicos, doravante «CCP»);
c) Ao Decreto-Lei nº 273/2003, de 29 de Outubro, e respectiva legislação complementar;
d) À restante legislação e regulamentação aplicável, nomeadamente a que respeita à construção, à revisão de preços, às instalações do pessoal, à segurança social, à higiene, segurança, prevenção e medicina no trabalho e à responsabilidade civil perante terceiros;
e) Às regras da arte.

2 – Para efeitos do disposto na alínea *a*) do número anterior, consideram-se integrados no contrato, sem prejuízo do disposto no nº 4 do artigo 96º do CCP:

a) O clausulado contratual, incluindo os ajustamentos propostos de acordo com o disposto no artigo 99º do CCP e aceites pelo adjudicatário nos termos do disposto no artigo 101º desse mesmo Código [alínea não aplicável se o contrato não for reduzido a escrito nos termos da alínea *d*) do nº 1 e do nº 2 do artigo 95º do CCP];
b) Os suprimentos dos erros e das omissões do caderno de encargos identificados pelos concorrentes, desde que tais erros e omissões tenham sido expressamente aceites pelo órgão competente para a decisão de contratar, nos termos do disposto no artigo 61º do CCP;

c) Os esclarecimentos e as rectificações relativos ao caderno de encargos;

d) O caderno de encargos, integrado pelo programa e pelo projecto de execução [ou apenas pelo «programa» nos casos previstos no nº 3 do artigo 43º do CCP];

e) A proposta adjudicada;

f) Os esclarecimentos sobre a proposta adjudicada prestados pelo empreiteiro;

g) Todos os outros documentos que sejam referidos no clausulado contratual ou no caderno de encargos.

CLÁUSULA 3ª
Interpretação dos documentos que regem a empreitada

1 – No caso de existirem divergências entre os vários documentos referidos nas alíneas *b*) a *f*) do nº 2 da cláusula anterior, prevalecem os documentos pela ordem em que são aí indicados.

2 – Em caso de divergência entre o programa e o projecto de execução [ou o programa, no caso previsto no nº 3 do artigo 43º do CCP], prevalece o primeiro quanto à definição das condições jurídicas e técnicas de execução da empreitada e o segundo em tudo o que respeita à definição da própria obra.

3 – No caso de divergência entre as várias peças do projecto de execução [preceito não aplicável no caso previsto no nº 3 do artigo 43º do CCP]:

a) As peças desenhadas prevalecem sobre todas as outras quanto à localização, às características dimensionais da obra e à disposição relativa das suas diferentes partes;

b) As folhas de medições discriminadas e referenciadas e os respectivos mapas resumo de quantidades de trabalhos prevalecem sobre quaisquer outros no que se refere à natureza e quantidade dos trabalhos, sem prejuízo do disposto nos artigos 50º e 61º do CCP, e sem prejuízo da remissão directa que estes elementos fizerem para outras peças;

c) Em tudo o mais prevalece o que constar da memória descritiva e das restantes peças do projecto de execução.

4 – Em caso de divergência entre os documentos referidos nas alíneas *b*) a *f*) do nº 2 da cláusula anterior e o clausulado contratual, prevalecem os primeiros, salvo quanto aos ajustamentos propostos de acordo com o disposto no artigo 99º do CCP e aceites pelo adjudicatário nos termos do disposto no artigo 101º desse mesmo Código [preceito não aplicável se o contrato não for reduzido a escrito nos termos da alínea *d*) do nº 1 e do nº 2 do artigo 95º do CCP].

CLÁUSULA 4ª
Esclarecimento de dúvidas

1 – As dúvidas que o empreiteiro tenha na interpretação dos documentos por que se rege a empreitada devem ser submetidas ao director de fiscalização da obra antes do início da execução dos trabalhos a que respeitam.

2 – No caso de as dúvidas ocorrerem somente após o início da execução dos trabalhos a que dizem respeito, deve o empreiteiro submetê-las imediatamente ao director de fiscalização da obra, juntamente com os motivos justificativos da sua não apresentação antes do início daquela execução.

3 – O incumprimento do disposto no número anterior torna o empreiteiro responsável por todas as consequências da errada interpretação que porventura haja feito, incluindo a demolição e reconstrução das partes da obra em que o erro se tenha reflectido.

CLÁUSULA 5ª
Projecto

1 – O projecto de execução a considerar para a realização da empreitada é o patenteado no procedimento [no caso de no programa do procedimento ou no caderno de encargos ser admitida a apresentação de variantes pelos concorrentes, acrescentar:] substituído, na parte a que dizem respeito, pelas variantes apresentadas pelo empreiteiro, e aceites pelo dono da obra.

[Ou, no caso de no caderno de encargos ser determinada a elaboração do projecto de execução pelo empreiteiro:] O projecto apresentado pelo empreiteiro, e aceite pelo dono da obra, constitui o projecto de execução a considerar para a realização da empreitada.

2 – A elaboração do projecto de execução obedece aos requisitos constantes do artigo 43º do CCP [consagrar apenas no caso de caber ao empreiteiro a elaboração do projecto de execução], devendo ser acompanhado pelos seguintes elementos, de entre os referidos no nº 5 do artigo 43º do CCP [especificar os elementos, de entre os enunciados no nº 5 do artigo 43º do CCP, que, nos termos deste preceito, «se revelem necessários» à completude do projecto em causa]:

a) ... [identificar];
b) ...

3 – Os elementos do projecto de execução que não tenham sido patenteados no procedimento devem ser submetidos à aprovação do dono da obra antes do início dos trabalhos e ser sempre assinados pelos seus autores, que devem possuir para o efeito, nos termos da lei, as adequadas qualificações académicas e profissionais [aplicável apenas no caso de caber ao empreiteiro a elaboração do projecto de execução].

4 – Compete ao empreiteiro a elaboração dos desenhos, pormenores e peças desenhadas do projecto de execução previstos na alínea *f*) do nº 4 da cláusula 6ª, bem como dos desenhos correspondentes às alterações surgidas no decorrer da obra [aplicável apenas no caso de caber ao empreiteiro a elaboração do projecto de execução].

5 – Até à data da recepção provisória, o empreiteiro entrega ao dono da obra uma colecção actualizada de todos os desenhos referidos no número anterior, elaborados em transparentes sensibilizados de material indeformável e inalterável com o tempo, ou através de outros meios, desde que aceites pelo dono da obra.

CAPÍTULO II
Obrigações do empreiteiro

SECÇÃO I
Preparação e planeamento dos trabalhos

CLÁUSULA 6ª
Preparação e planeamento da execução da obra

1 – O empreiteiro é responsável:

a) Perante o dono da obra, pela preparação, planeamento e coordenação de todos os trabalhos da empreitada, ainda que em caso de subcontratação, bem como pela preparação, planeamento e execução dos trabalhos necessários à aplicação, em geral, das normas sobre segurança, higiene e saúde no trabalho vigentes e, em particular, das medidas consignadas no plano de segurança e saúde e no plano de prevenção e gestão de resíduos de construção e demolição que acompanham o projecto de execução;

b) Perante as entidades fiscalizadoras, pela preparação, planeamento e coordenação dos trabalhos necessários à aplicação das medidas sobre segurança, higiene e saúde no trabalho em vigor, bem como pela aplicação do documento indicado na alínea *i*) do nº 4 da presente cláusula.

2 – A disponibilização e o fornecimento de todos os meios necessários para a realização da obra e dos trabalhos preparatórios ou acessórios, incluindo os materiais e os meios humanos, técnicos e equipamentos, compete ao ... [indicar expressamente se a responsabilidade incumbe ao empreiteiro ou ao dono da obra].

3 – O empreiteiro realiza todos os trabalhos que, por natureza, por exigência legal ou segundo o uso corrente, sejam considerados como preparatórios ou acessórios à execução da obra, designadamente [os trabalhos preparatórios ou acessório das responsabilidade do dono da obra devem ser expressamente indicados]:

a) Trabalhos de montagem, construção, manutenção, desmontagem e demolição do estaleiro;

b) Trabalhos necessários para garantir a segurança de todas as pessoas que trabalhem na obra ou que circulem no respectivo local, incluindo o pessoal dos subempreiteiros e terceiros em geral, para evitar danos nos prédios vizinhos e para satisfazer os regulamentos de segurança, higiene e saúde no trabalho e de polícia das vias públicas;

c) Trabalhos de restabelecimento, por meio de obras provisórias, de todas as servidões e serventias que seja indispensável alterar ou destruir para a execução dos trabalhos e para evitar a estagnação de águas que os mesmos possam originar;

d) Trabalhos de construção dos acessos ao estaleiro e das serventias internas deste.

4 – A preparação e o planeamento da execução da obra compreendem ainda:

a) A apresentação pelo empreiteiro ao dono da obra de quaisquer dúvidas relativas aos materiais, aos métodos e às técnicas a utilizar na execução da empreitada;

b) O esclarecimento dessas dúvidas pelo dono da obra;

c) A apresentação pelo empreiteiro de reclamações relativamente a erros e omissões do projecto que sejam detectados nessa fase da obra, nos termos previstos no nº 4 do artigo 378º do CCP, sem prejuízo do direito de o empreiteiro apresentar reclamação relativamente aos erros e omissões que só lhe seja exigível detectar posteriormente, nos termos previstos neste preceito e no nº 2 do artigo 61º do CCP;

d) A apreciação e decisão do dono da obra das reclamações a que se refere a alínea anterior;

e) O estudo e definição pelo empreiteiro dos processos de construção a adoptar na realização dos trabalhos;

f) A apresentação pelo empreiteiro dos seguintes desenhos de construção, pormenores de execução e elementos do projecto:

– ...;

– ... [indicar, se aplicável, ao abrigo do nº 3 do artigo 43º do CCP];

g) A elaboração e apresentação pelo empreiteiro do plano de trabalhos ajustado, no caso previsto no nº 3 do artigo 361º do CCP;

h) A aprovação pelo dono da obra dos documentos referidos nas alíneas *f*) e *g*);

i) A elaboração pelo empreiteiro de documento do qual conste o desenvolvimento prático do plano de segurança e saúde, da responsabilidade do dono de obra, devendo analisar, desenvolver e complementar as medidas aí previstas em função do sistema utilizado para a execução da obra, em particular as tecnologias e a organização de trabalhos utilizados pelo empreiteiro.

CLÁUSULA 7ª
Plano de trabalhos ajustado

1 – No prazo de ... a contar da data da celebração do contrato [indicar prazo que não exceda o prazo para a conclusão da consignação total ou da primeira consignação parcial], o dono da obra pode apresentar ao empreiteiro um plano final de consignação que densifique e concretize o plano inicialmente apresentado para efeitos de elaboração da proposta.

2 – No prazo de ... a contar da data da notificação do plano final de consignação [indicar prazo que não exceda o prazo para a conclusão da consignação total ou da primeira consignação parcial], deve o empreiteiro, quando tal se revele necessário, apresentar, nos termos e para os efeitos do artigo 361º do CCP, o plano de trabalhos ajustado e o respectivo plano de pagamentos, observando na sua elaboração a metodologia fixada no presente caderno de encargos.

3 – O plano de trabalhos ajustado não pode implicar a alteração do preço contratual nem a alteração do prazo de conclusão da obra nem ainda alterações aos prazos

parciais definidos no plano de trabalhos constante do contrato para além do que seja estritamente necessário à adaptação do plano de trabalhos ao plano final de consignação.

4 – O plano de trabalhos ajustado deve, nomeadamente:

a) Definir com precisão os momentos de início e de conclusão da empreitada, bem como a sequência, o escalonamento no tempo, o intervalo e o ritmo de execução das diversas espécies de trabalho, distinguindo as fases que porventura se considerem vinculativas e a unidade de tempo que serve de base à programação;

b) Indicar as quantidades e a qualificação profissional da mão-de-obra necessária, em cada unidade de tempo, à execução da empreitada;

c) Indicar as quantidades e a natureza do equipamento necessário, em cada unidade de tempo, à execução da empreitada;

d) Especificar quaisquer outros recursos, exigidos ou não no presente caderno de encargos, que serão mobilizados para a realização da obra.

5 – O plano de pagamentos deve conter a previsão, quantificada e escalonada no tempo, do valor dos trabalhos a realizar pelo empreiteiro, na periodicidade definida para os pagamentos a efectuar pelo dono da obra, de acordo com o plano de trabalhos ajustado.

CLÁUSULA 8ª
Modificação do plano de trabalhos e do plano de pagamentos

1 – O dono da obra pode modificar em qualquer momento o plano de trabalhos em vigor por razões de interesse público.

2 – No caso previsto no número anterior, o empreiteiro tem direito à reposição do equilíbrio financeiro do contrato, se for caso disso, em função dos danos sofridos em consequência dessa modificação, mediante reclamação a apresentar no prazo de 30 dias a contar da data da notificação da mesma, que deve conter os elementos referidos no nº 3 do artigo 354º do CCP.

3 – Em quaisquer situações em que se verifique a necessidade de o plano de trabalhos em vigor ser alterado, independentemente de tal se dever a facto imputável ao empreiteiro, deve este apresentar ao dono da obra um plano de trabalhos modificado.

4 – Sem prejuízo do disposto no número anterior, em caso de desvio do plano de trabalhos que, injustificadamente, ponha em risco o cumprimento do prazo de execução da obra ou dos respectivos prazos parcelares, o dono da obra pode notificar o empreiteiro para apresentar, no prazo de 10 dias, um plano de trabalhos modificado, adoptando as medidas de correcção que sejam necessárias à recuperação do atraso verificado.

5 – Sem prejuízo do disposto no nº 3 do artigo 373º do CCP, o dono da obra pronuncia-se sobre as alterações propostas pelo empreiteiro ao abrigo dos nºs 3 e 4 da presente cláusula no prazo de 10 dias, equivalendo a falta de pronúncia a aceitação do novo plano.

6 – Em qualquer dos casos previstos nos números anteriores, o plano de trabalhos modificado apresentado pelo empreiteiro deve ser aceite pelo dono da obra desde que dele não resulte prejuízo para a obra ou prorrogação dos prazos de execução.

7 – Sempre que o plano de trabalhos seja modificado, deve ser feito o consequente reajustamento do plano de pagamentos.

SECÇÃO II
Prazos de execução

CLÁUSULA 9ª
Prazo de execução da empreitada

1 – O empreiteiro obriga-se a:

a) Iniciar a execução da obra na data da conclusão da consignação total ou da primeira consignação parcial ou ainda da data em que o dono da obra comunique ao empreiteiro a aprovação do plano de segurança e saúde, caso esta última data seja posterior, sem prejuízo do plano de trabalhos aprovado;

b) Cumprir todos os prazos parciais vinculativos de execução previstos no plano de trabalhos em vigor;

c) Concluir a execução da obra e solicitar a realização de vistoria da obra para efeitos da sua recepção provisória no prazo de ... [indicar prazo proposto pelo empreiteiro ou, no caso de o prazo de execução da obra não ser submetido à concorrência, indicar o prazo predefinido pelo dono da obra] a contar da data da sua consignação ou da data em que o dono da obra comunique ao empreiteiro a aprovação do plano de segurança e saúde, caso esta última data seja posterior.

2 – No caso de se verificarem atrasos injustificados na execução de trabalhos em relação ao plano de trabalhos em vigor que sejam imputáveis ao empreiteiro, este é obrigado, a expensas suas, a tomar todas as medidas de reforço de meios de acção e de reorganização da obra necessárias à recuperação dos atrasos e ao cumprimento do prazo de execução.

3 – Quando o empreiteiro, por sua iniciativa, proceda à execução de trabalhos fora das horas regulamentares ou por turnos, sem que tal se encontre previsto no caderno de encargos ou resulte de caso de força maior, pode o dono da obra exigir-lhe o pagamento dos acréscimos de custos das horas suplementares de serviço a prestar pelos representantes da fiscalização.

4 – Pela conclusão da execução da obra antes do prazo fixado na alínea *c*) do nº 1, o dono da obra procede ao pagamento dos seguintes prémios ao empreiteiro:

... [indicar montante dos prémios e condições de pagamento, se for o caso].

[Alternativa:] Em nenhum caso serão atribuídos prémios ao empreiteiro.

5 – Se houver lugar à execução de trabalhos a mais cuja execução prejudique o normal desenvolvimento do plano de trabalhos e desde que o empreiteiro o requeira, o prazo para a conclusão da obra será prorrogado nos seguintes termos:

a) Sempre que se trate de trabalhos a mais da mesma espécie dos definidos no contrato, proporcionalmente ao que estiver estabelecido nos prazos parcelares de execução constantes do plano de trabalhos aprovado e atendendo ao seu enquadramento geral na empreitada;

b) Quando os trabalhos forem de espécie diversa dos que constam no contrato, por acordo entre o dono da obra e o empreiteiro, considerando as particularidades técnicas da execução.

6 – Na falta de acordo quanto ao cálculo da prorrogação do prazo contratual previsto na cláusula anterior, proceder-se-á de acordo com o disposto no nº 5 do artigo 373º do CCP.

7 – Sempre que ocorra suspensão dos trabalhos não imputável ao empreiteiro, considerar-se-ão automaticamente prorrogados, por período igual ao da suspensão, o prazo global de execução da obra e os prazos parciais que, previstos no plano de trabalhos em vigor, sejam afectados por essa suspensão.

CLÁUSULA 10ª
Cumprimento do plano de trabalhos

1 – O empreiteiro informa mensalmente [indicar outra periodicidade, se for o caso] o director de fiscalização da obra dos desvios que se verifiquem entre o desenvolvimento efectivo de cada uma das espécies de trabalhos e as previsões do plano em vigor.

2 – Quando os desvios assinalados pelo empreiteiro, nos termos do número anterior, não coincidirem com os desvios reais, o director de fiscalização da obra notifica-o dos que considera existirem.

3 – No caso de o empreiteiro retardar injustificadamente a execução dos trabalhos previstos no plano em vigor, de modo a pôr em risco a conclusão da obra dentro do prazo contratual, é aplicável o disposto no nº 4 da cláusula 8ª.

CLÁUSULA 11ª
Multas por violação dos prazos contratuais

1 – Em caso de atraso no início ou na conclusão da execução da obra por facto imputável ao empreiteiro, o dono da obra pode aplicar uma sanção contratual, por cada dia de atraso, em valor correspondente a ... ‰ do preço contratual [valor mínimo de 1‰ do preço contratual com possibilidade de o contrato poder prever valor mais elevado até ao dobro daquele valor mínimo, i. e., até 2‰ do preço contratual].

2 – No caso de incumprimento de prazos parciais vinculativos de execução da obra por facto imputável ao empreiteiro, é aplicável o disposto no nº 1, sendo o montante da sanção contratual aí prevista reduzido a metade.

3 – O empreiteiro tem direito ao reembolso das quantias pagas a título de sanção contratual por incumprimento dos prazos parciais vinculativos de execução da obra quando recupere o atraso na execução dos trabalhos e a obra seja concluída dentro do prazo de execução do contrato.

CLÁUSULA 12ª
Actos e direitos de terceiros

1 – Sempre que o empreiteiro sofra atrasos na execução da obra em virtude de qualquer facto imputável a terceiros, deve, no prazo de 10 dias a contar da data em que tome conhecimento da ocorrência, informar, por escrito, o director de fiscalização da obra, a fim de o dono da obra ficar habilitado a tomar as providências necessárias para diminuir ou recuperar tais atrasos.

2 – No caso de os trabalhos a executar pelo empreiteiro serem susceptíveis de provocar prejuízos ou perturbações a um serviço de utilidade pública, o empreiteiro, se disso tiver ou dever ter conhecimento, comunica, antes do início dos trabalhos em causa, ou no decorrer destes, esse facto ao director de fiscalização da obra para que este possa tomar as providências que julgue necessárias perante a entidade concessionária ou exploradora daquele serviço.

SECÇÃO III
Condições de execução da empreitada

CLÁUSULA 13ª
Condições gerais de execução dos trabalhos

1 – A obra deve ser executada de acordo com as regras da arte e em perfeita conformidade com o projecto, com o presente caderno de encargos e com as demais condições técnicas contratualmente estipuladas.

2 – Relativamente às técnicas construtivas a adoptar, o empreiteiro fica obrigado a seguir, no que seja aplicável aos trabalhos a realizar, o conjunto de prescrições técnicas definidas nos termos da cláusula 2ª

3 – O empreiteiro pode propor ao dono da obra, mediante prévia consulta ao autor do projecto, a substituição dos métodos e técnicas de construção ou dos materiais previstos no presente caderno de encargos e no projecto por outros que considere mais adequados, sem prejuízo da obtenção das características finais especificadas para a obra.

CLÁUSULA 14ª
Especificações dos equipamentos, dos materiais e elementos de construção

1 – Os equipamentos, materiais e elementos de construção a empregar na obra terão a qualidade, as dimensões, a forma e as demais características definidas no res-

pectivo projecto e nos restantes documentos contratuais, com as tolerâncias regulamentares ou admitidas nestes documentos.

2 – Sempre que o projecto e os restantes documentos contratuais não fixem as respectivas características, o empreiteiro não poderá empregar materiais ou elementos de construção que não correspondam às características da obra ou que sejam de qualidade inferior aos usualmente empregues em obras que se destinem a idêntica utilização.

3 – No caso de dúvida quanto aos materiais e elementos de construção a empregar nos termos dos números anteriores, devem observar-se as normas portuguesas em vigor, desde que compatíveis com o direito comunitário, ou, na falta desta, as normas utilizadas na União Europeia.

4 – Sem prejuízo do disposto nos artigos 61º e 378º do CCP quando aplicáveis, nos casos previstos nos nºs 2 e 3 desta cláusula, ou sempre que o empreiteiro entenda que as características dos materiais e elementos de construção fixadas no projecto ou nos restantes documentos contratuais não são tecnicamente aconselháveis ou as mais convenientes, o empreiteiro comunicará o facto ao dono da obra e apresentará uma proposta de alteração fundamentada e acompanhada com todos os elementos técnicos necessários para a aplicação dos novos materiais e elementos de construção e para a execução dos trabalhos correspondentes, bem como da alteração de preços a que a aplicação daqueles materiais e elementos de construção possa dar lugar [esta última parte não é aplicável nos casos previstos no nº 3 do artigo 43º do CCP].

5 – A proposta prevista no número anterior deverá ser apresentada, de preferência, no período de preparação e planeamento da empreitada e sempre de modo a que as diligências de aprovação não comprometam o cumprimento do plano de trabalhos.

6 – Se o dono da obra, no prazo de 15 dias, não se pronunciar sobre a proposta e não determinar a suspensão dos respectivos trabalhos, o empreiteiro utilizará os materiais e elementos de construção previstos no projecto e nos restantes documentos contratuais.

7 – O regime de responsabilidade pelo aumento de encargos resultante de alteração das características técnicas dos materiais e elementos de construção, ou o regime aplicável à sua eventual diminuição, é o regime definido no CCP para os «trabalhos a mais e a menos» ou para a «responsabilidade por erros e omissões», consoante a referida alteração configure «trabalhos a mais ou a menos» ou «trabalhos de suprimento de erros e omissões».

CLÁUSULA 15ª
Materiais e elementos de construção pertencentes ao dono da obra

1 – Se o dono da obra, mediante prévia consulta ao autor do projecto, entender conveniente empregar na mesma materiais ou elementos de construção que lhe pertençam ou provenientes de outras obras ou demolições, o empreiteiro será

obrigado a fazê-lo, descontando-se, se for caso disso, no preço da empreitada o respectivo custo ou rectificando-se o preço dos trabalhos em que aqueles forem aplicados.

2 – O disposto no número anterior não será aplicável se o empreiteiro demonstrar já haver adquirido os materiais necessários para a execução dos trabalhos ou na medida em que o tiver feito.

CLÁUSULA 16ª
Aprovação de equipamentos, materiais e elementos de construção

1 – Sempre que deva ser verificada a conformidade das características dos equipamentos, materiais e elementos de construção a aplicar com as estabelecidas no projecto e nos restantes documentos contratuais, o empreiteiro submetê-los-á à aprovação do dono da obra.

2 – Em qualquer momento poderá o empreiteiro solicitar a referida aprovação, considerando-se a mesma concedida se o dono da obra não se pronunciar nos 15 dias subsequentes, excepto no caso de serem exigidos ensaios que impliquem o alargamento deste prazo, devendo, no entanto, tal facto ser comunicado, no mesmo período de tempo, pelo dono da obra ao empreiteiro.

3 – O empreiteiro é obrigado a fornecer ao dono da obra as amostras de materiais e elementos de construção que este lhe solicitar.

4 – A colheita e remessa das amostras deverão ser feitas de acordo com as normas oficiais em vigor ou outras que sejam contratualmente impostas.

5 – Salvo disposição em contrário, os encargos com a realização dos ensaios correrão por conta do dono da obra.

CLÁUSULA 17ª
Reclamação contra a não aprovação de materiais e elementos de construção

1 – Se for negada a aprovação dos materiais e elementos de construção e o empreiteiro entender que a mesma devia ter sido concedida pelo facto de estes satisfazerem as condições contratualmente estabelecidas, este poderá pedir a imediata colheita de amostras e apresentar ao dono da obra reclamação fundamentada no prazo de 10 dias.

2 – A reclamação considera-se deferida se o dono da obra não notificar o empreiteiro da respectiva decisão nos 15 dias subsequentes à sua apresentação, excepto no caso de serem exigidos novos ensaios que impliquem o alargamento deste prazo, devendo tal facto ser comunicado, no mesmo prazo, pelo dono da obra ao empreiteiro.

3 – Os encargos com os novos ensaios a que a reclamação do empreiteiro dê origem serão suportados pela parte que decair.

CLÁUSULA 18ª
Efeitos da aprovação dos materiais e elementos de construção

1 – Uma vez aprovados os materiais e elementos de construção para obra, não podem os mesmos ser posteriormente rejeitados, salvo se ocorrerem circunstâncias que modifiquem a sua qualidade.

2 – No acto de aprovação dos materiais e elementos de construção poderá o empreiteiro exigir que se colham amostras de qualquer deles.

3 – Se a modificação da qualidade dos materiais e elementos de construção resultar de causa imputável ao empreiteiro, este deverá substitui-los à sua custa.

CLÁUSULA 19ª
Aplicação dos materiais e elementos de construção

Os materiais e elementos de construção devem ser aplicados pelo empreiteiro em absoluta conformidade com as especificações técnicas contratualmente estabelecidas, seguindo-se, na falta de tais especificações, as normas oficiais em vigor ou, se estas não existirem, os processos propostos pelo empreiteiro e aprovados pelo dono da obra.

CLÁUSULA 20ª
Substituição de materiais e elementos de construção

1 – Serão rejeitados, removidos para fora do local dos trabalhos e substituídos por outros com os necessários requisitos os materiais e elementos de construção que:

a) Sejam diferentes dos aprovados;

b) Não sejam aplicados em conformidade com as especificações técnicas contratualmente exigidas ou, na falta destas, com as normas ou processos a observar e que não possam ser utilizados de novo.

2 – As demolições e a remoção e substituição dos materiais e elementos de construção serão da responsabilidade do empreiteiro.

3 – Se o empreiteiro entender que não se verificam as hipóteses previstas no nº 1 desta cláusula, poderá pedir a colheita de amostras e reclamar.

CLÁUSULA 21ª
Depósito de materiais e elementos de construção não destinados à obra

O empreiteiro não poderá depositar nos estaleiros, sem autorização do dono da obra, materiais e elementos de construção que não se destinem à execução dos trabalhos da empreitada.

CLÁUSULA 22ª
Erros ou omissões do projecto e de outros documentos

1 – O empreiteiro deve comunicar ao director de fiscalização da obra quaisquer erros ou omissões dos elementos da solução da obra por que se rege a execução dos trabalhos.

2 – O empreiteiro tem a obrigação de executar todos os trabalhos de suprimento de erros e omissões que lhe sejam ordenados pelo dono da obra, o qual deve entregar ao empreiteiro todos os elementos necessários para esse efeito, salvo, quanto a este último aspecto, quando o empreiteiro tenha a obrigação pré-contratual ou contratual de elaborar o projecto de execução.

3 – Só pode ser ordenada a execução de trabalhos de suprimento de erros e omissões quando o somatório do preço atribuído a tais trabalhos com o preço de anteriores trabalhos de suprimento de erros e omissões e de anteriores trabalhos a mais não exceder 50% do preço contratual.

4 – O dono da obra é responsável pelos trabalhos de suprimento dos erros e omissões resultantes dos elementos que tenham sido por si elaborados ou disponibilizados ao empreiteiro.

5 – O empreiteiro é responsável pelos trabalhos de suprimento dos erros e omissões do projecto de execução por si elaborado, excepto quando estes sejam induzidos pelos elementos elaborados ou disponibilizados pelo dono de obra [aplicável apenas no caso de caber ao empreiteiro a elaboração do projecto de execução].

6 – O empreiteiro é responsável por metade do preço dos trabalhos de suprimentos de erros ou omissões cuja detecção era exigível na fase de formação do contrato nos termos previstos nos nºs 1 e 2 do artigo 61º do CCP, excepto pelos que hajam sido identificados pelos concorrentes na fase de formação do contrato mas que não tenham sido expressamente aceites pelo dono da obra.

7 – O empreiteiro é ainda responsável pelos trabalhos de suprimento de erros e omissões que, não sendo exigível a sua detecção na fase de formação dos contratos, também não tenham sido por ele identificados no prazo de 30 dias a contar da data em que lhe fosse exigível a sua detecção.

CLÁUSULA 23ª
Alterações ao projecto propostas pelo empreiteiro

1 – Sempre que propuser qualquer alteração ao projecto, o empreiteiro deve apresentar todos os elementos necessários à sua perfeita apreciação.

2 – Os elementos referidos no número anterior devem incluir, nomeadamente, a memória ou nota descritiva e explicativa da solução seguida, com indicação das eventuais implicações nos prazos e custos e, se for caso disso, peças desenhadas e cálculos justificativos e especificações de qualidade da mesma.

3 – Não podem ser executados quaisquer trabalhos nos termos das alterações ao projecto propostas pelo empreiteiro sem que estas tenham sido expressamente aceites pelo dono da obra e apreciadas pelo autor do projecto de execução no âmbito da assistência técnica que a este compete.

4 – Se da alteração aprovada resultar economia, sem decréscimo da utilidade, duração e solidez da obra, o empreiteiro terá direito a metade do respectivo valor.

CLÁUSULA 24ª
Menções obrigatórias no local dos trabalhos

1 – Sem prejuízo do cumprimento das obrigações decorrentes da legislação em vigor, o empreiteiro deve afixar no local dos trabalhos, de forma visível, a identificação da obra, do dono da obra e do empreiteiro, com menção do respectivo alvará ou número de título de registo ou dos documentos a que se refere a alínea *a*) do nº 5 do artigo 81º do CCP, e manter cópia dos alvarás ou títulos de registo dos subcontratados ou dos documentos previstos na referida alínea, consoante os casos.

2 – O empreiteiro deve ter patente no local da obra, em bom estado de conservação, o livro de registo da obra e um exemplar do projecto, do caderno de encargos, do clausulado contratual [quando o contrato seja reduzido a escrito] e dos demais documentos a respeitar na execução da empreitada, com as alterações que neles hajam sido introduzidas.

3 – O empreiteiro obriga-se também a ter patente no local da obra o horário de trabalho em vigor, bem como a manter, à disposição de todos os interessados, o texto dos contratos colectivos de trabalho aplicáveis.

4 – Nos estaleiros de apoio da obra devem igualmente estar patentes os elementos do projecto respeitantes aos trabalhos aí em curso.

CLÁUSULA 25ª
Ensaios

1 – Os ensaios a realizar na obra ou em partes da obra para verificação das suas características e comportamentos são os especificados no presente caderno de encargos [indicar, se for o caso, quais os ensaios que o dono da obra pretende ver realizados] e os previstos nos regulamentos em vigor e constituem encargo do empreiteiro.

2 – Quando o dono da obra tiver dúvidas sobre a qualidade dos trabalhos, pode exigir a realização de quaisquer outros ensaios que se justifiquem, para além dos previstos.

3 – No caso de os resultados dos ensaios referidos no número anterior se mostrarem insatisfatórios e as deficiências encontradas forem da responsabilidade do empreiteiro, as despesas com os mesmos ensaios e com a reparação daquelas deficiências ficarão a seu cargo, sendo, no caso contrário, de conta do dono da obra.

CLÁUSULA 26ª
Medições

1 – As medições de todos os trabalhos executados, incluindo os trabalhos não previstos no projecto e os trabalhos não devidamente ordenados pelo dono da obra são feitas no local da obra com a colaboração do empreiteiro e são formalizados em auto.

2 – As medições são efectuadas mensalmente, devendo estar concluídas até ao 8º dia do mês imediatamente seguinte àquele a que respeitam [possibilidade de indicar outra periodicidade das medições nos termos do artigo 388º do CCP].

3 – A realização das medições obedece aos seguintes critérios [indicar, se for caso disso, métodos e critérios a adoptar para realização das medições].

[Ou, em alternativa] Os métodos e os critérios a adoptar para a realização das medições respeitam a seguinte ordem de prioridades [indicar outros critérios, se for o caso]:

a) As normas oficiais de medição que porventura se encontrem em vigor;
b) As normas definidas no projecto de execução;
c) As normas definidas pelo Laboratório Nacional de Engenharia Civil;
d) Os critérios geralmente utilizados ou, na falta deles, os que forem acordados entre o dono da obra e o empreiteiro.

CLÁUSULA 27ª
Patentes, licenças, marcas de fabrico ou de comércio e desenhos registados

1 – Salvo no que respeite a materiais e elementos de construção que sejam fornecidos pelo dono da obra [apenas quando esteja previsto a disponibilização pelo dono da obra de meios necessários à realização da obra] correm inteiramente por conta do empreiteiro os encargos e responsabilidades decorrentes da utilização na execução da empreitada de materiais, de elementos de construção ou de processos de construção a que respeitem quaisquer patentes, licenças, marcas, desenhos registados e outros direitos de propriedade industrial.

2 – No caso de o dono da obra ser demandado por infracção na execução dos trabalhos de qualquer dos direitos mencionados no número anterior, o empreiteiro indemniza-o por todas as despesas que, em consequência, deva suportar e por todas as quantias que tenha de pagar, seja a que título for.

3 – O disposto nos números anteriores não é, todavia, aplicável a materiais e a elementos ou processos de construção definidos neste caderno de encargos para os quais se torne indispensável o uso de direitos de propriedade industrial quando o dono da obra não indique a existência de tais direitos [não aplicável na situação prevista no nº 3 do artigo 43º do CCP].

4 – No caso previsto no número anterior, o empreiteiro, se tiver conhecimento da existência dos direitos em causa, não iniciará os trabalhos que envolvam o seu uso sem que o director de fiscalização da obra, quando para tanto for consultado, o notificar, por escrito, de como deve proceder [não aplicável na situação prevista no nº 3 do artigo 43º do CCP].

CLÁUSULA 28ª
Execução simultânea de outros trabalhos no local da obra

1 – O dono da obra reserva-se o direito de executar ele próprio ou de mandar executar por outrem, conjuntamente com os da presente empreitada e na mesma

obra, quaisquer trabalhos não incluídos no contrato, ainda que sejam de natureza idêntica à dos contratados.

2 – Os trabalhos referidos no número anterior são executados em colaboração com o director de fiscalização da obra, de modo a evitar atrasos na execução do contrato ou outros prejuízos.

3 – Quando o empreiteiro considere que a normal execução da empreitada está a ser impedida ou a sofrer atrasos em virtude da realização simultânea dos trabalhos previstos no nº 1, deve apresentar a sua reclamação no prazo de 10 dias a contar da data da ocorrência, a fim de serem adoptadas as providências adequadas à diminuição ou eliminação dos prejuízos resultantes da realização daqueles trabalhos.

4 – No caso de verificação de atrasos na execução da obra ou outros prejuízos resultantes da realização dos trabalhos previstos no nº 1, o empreiteiro tem direito à reposição do equilíbrio financeiro do contrato, de acordo com os artigos 282º e 354º do CCP, a efectuar nos seguintes termos:

a) Prorrogação do prazo do contrato por período correspondente ao do atraso eventualmente verificado na realização da obra; e

b) Indemnização pelo agravamento dos encargos previstos com a execução do contrato que demonstre ter sofrido.

SECÇÃO IV
Pessoal

CLÁUSULA 29ª
Obrigações gerais

1 – São da exclusiva responsabilidade do empreiteiro as obrigações relativas ao pessoal empregado na execução da empreitada, à sua aptidão profissional e à sua disciplina.

2 – O empreiteiro deve manter a boa ordem no local dos trabalhos, devendo retirar do local dos trabalhos, por sua iniciativa ou imediatamente após ordem do dono da obra, o pessoal que haja tido comportamento perturbador dos trabalhos, designadamente por menor probidade no desempenho dos respectivos deveres, por indisciplina ou por desrespeito de representantes ou agentes do dono da obra, do empreiteiro, dos subempreiteiros ou de terceiros.

3 – A ordem referida no número anterior deve ser fundamentada por escrito quando o empreiteiro o exija, mas sem prejuízo da imediata suspensão do pessoal.

4 – As quantidades e a qualificação profissional da mão-de-obra aplicada na empreitada devem estar de acordo com as necessidades dos trabalhos, tendo em conta o respectivo plano.

CLÁUSULA 30ª
Horário de trabalho

O empreiteiro pode realizar trabalhos fora do horário de trabalho, ou por turnos, desde que, para o efeito, obtenha autorização da entidade competente, se necessária, nos termos da legislação aplicável, e dê a conhecer, por escrito, com antecedência suficiente, o respectivo programa ao director de fiscalização da obra [se tal for pretendido, estabelecer na presente cláusula restrições à realização de trabalhos fora das horas regulamentares ou por turnos].

CLÁUSULA 31ª
Segurança, higiene e saúde no trabalho

1 – O empreiteiro fica sujeito ao cumprimento das disposições legais e regulamentares em vigor sobre segurança, higiene e saúde no trabalho relativamente a todo o pessoal empregado na obra, bem como a outras pessoas intervenientes temporária ou permanentemente no estaleiro da obra, incluindo fornecedores e visitantes autorizados, correndo por sua conta os encargos que resultem do cumprimento de tais obrigações.

2 – O empreiteiro é ainda obrigado a acautelar, em conformidade com as disposições legais e regulamentares aplicáveis, a vida e a segurança do pessoal empregado na obra e a prestar-lhe a assistência médica de que careça por motivo de acidente no trabalho.

3 – No caso de negligência do empreiteiro no cumprimento das obrigações estabelecidas nos números anteriores, o director de fiscalização da obra pode tomar, à custa daquele, as providências que se revelem necessárias, sem que tal facto diminua as responsabilidades do empreiteiro.

4 – Antes do início dos trabalhos e, posteriormente, sempre que o director de fiscalização da obra o exija, o empreiteiro apresenta apólices de seguro contra acidentes de trabalho relativamente a todo o pessoal empregado na obra, nos termos previstos no nº 1 da cláusula 41ª

5 – O empreiteiro responde, a qualquer momento, perante o director de fiscalização da obra, pela observância das obrigações previstas nos números anteriores, relativamente a todo o pessoal empregado na obra e às pessoas intervenientes temporária ou permanentemente no estaleiro da obra, incluindo fornecedores e visitantes autorizados.

CAPÍTULO III
Obrigações do dono da obra

CLÁUSULA 32ª
Preço e condições de pagamento

1 – Pela execução da empreitada e pelo cumprimento das demais obrigações decorrentes do contrato, deve o dono da obra pagar ao empreiteiro a quantia total

de € ... [a preencher com o valor que constar da proposta, o qual não pode exceder os € ... (... euros)], acrescida de IVA à taxa legal em vigor, no caso de o empreiteiro ser sujeito passivo desse imposto pela execução do contrato.

2 – Os pagamentos a efectuar pelo dono da obra têm uma periodicidade mensal, sendo o seu montante determinado por medições mensais a realizar de acordo com o disposto na cláusula 26ª

3 – Os pagamentos são efectuados no prazo máximo de ... dias [em regra 30 dias, com o limite legal de 60 dias nos termos do artigo 299º, nº 2, do CCP], após a apresentação da respectiva factura.

4 – As facturas e os respectivos autos de medição são elaborados de acordo com o modelo e respectivas instruções fornecidos pelo director de fiscalização da obra.

5 – Cada auto de medição deve referir todos os trabalhos constantes do plano de trabalhos que tenham sido concluídos durante o mês, sendo a sua aprovação pelo director de fiscalização da obra condicionada à efectiva realização daqueles.

6 – No caso de falta de aprovação de alguma factura em virtude de divergências entre o director de fiscalização da obra e o empreiteiro quanto ao seu conteúdo, deve aquele devolver a respectiva factura ao empreiteiro, para que este elabore uma factura com os valores aceites pelo director de fiscalização da obra e uma outra com os valores por este não aprovados.

7 – O disposto no número anterior não prejudica o prazo de pagamento estabelecido no nº 3 no que respeita à primeira factura emitida, que se aplica quer para os valores desde logo aceites pelo director de fiscalização da obra, quer para os valores que vierem a ser aceites em momento posterior, mas que constavam da primeira factura emitida.

8 – O pagamento dos trabalhos a mais e dos trabalhos de suprimento de erros e omissões é feito nos termos previstos nos números anteriores, mas com base nos preços que lhes forem, em cada caso, especificamente aplicáveis, nos termos do artigo 373º do CCP.

CLÁUSULA 33ª
Adiantamentos ao empreiteiro

1 – O empreiteiro pode solicitar, através de pedido fundamentado ao dono da obra, um adiantamento da parte do preço da obra necessária à aquisição de materiais ou equipamentos cuja utilização haja sido prevista no plano de trabalhos.

2 – Sem prejuízo do disposto nos artigos 292º e 293º do CCP, o adiantamento referido no número anterior só pode ser pago depois de o empreiteiro ter comprovado a prestação de uma caução do valor do adiantamento, através de títulos emitidos ou garantidos pelo Estado, garantia bancária ou seguro-caução.

3 – Todas as despesas decorrentes da prestação da caução prevista no número anterior correm por conta do empreiteiro.

4 – A caução para garantia de adiantamentos de preço é progressivamente liberada à medida que forem executados os trabalhos correspondentes ao pagamento

adiantado que tenha sido efectuado pelo dono da obra, nos termos do nº 2 do artigo 295º do CCP.

5 – Decorrido o prazo da execução dos trabalhos abrangidos pelo adiantamento sem que tenha ocorrido a liberação da correspondente caução, o empreiteiro pode notificar o dono da obra para que este cumpra a obrigação de liberação da caução, ficando autorizado a promovê-la, a título parcial ou integral, se, 15 dias após a notificação, o dono da obra não tiver dado cumprimento à referida obrigação, nos termos do nº 9 do artigo 295º do CCP.

CLÁUSULA 34ª
Reembolso dos adiantamentos

Os adiantamentos concedidos nos termos da cláusula anterior devem ser gradualmente reembolsados, mediante dedução nos respectivos pagamentos contratuais, sendo as quantias a deduzir calculadas com base nas seguintes fórmulas:

a) Sempre que o valor acumulado dos trabalhos contratuais executados seja inferior ao valor acumulado dos trabalhos contratuais que deveriam ter sido executados, segundo o previsto no plano de pagamentos em vigor:

$$Vri = \frac{Va}{Vt} \times Vpt \pm Vrt$$

b) Sempre que o valor acumulado dos trabalhos contratuais executados seja igual ou superior ao valor acumulado dos trabalhos contratuais que deveriam ter sido executados, segundo o previsto no plano de pagamentos em vigor:

$$Vri = \frac{Va}{Vt} \times V'pt \pm Vrt$$

em que:

Vri é o valor de cada reembolso a deduzir na situação de trabalhos contratuais;

Va é o valor do adiantamento;

Vt é o valor dos trabalhos contratuais por realizar à data de pagamento do adiantamento;

Vpt é o valor acumulado dos trabalhos contratuais que deveriam ter sido executados, até ao mês em que se processa o reembolso, segundo o previsto no plano de pagamentos em vigor;

V'pt é o valor acumulado dos trabalhos contratuais executados até ao mês em que se processa o reembolso;

Vrt é o valor acumulado dos reembolsos já deduzidos até ao mês em que se processa o reembolso.

CLÁUSULA 35ª
Descontos nos pagamentos

1 – Para reforço da caução prestada com vista a garantir o exacto e pontual cumprimento das obrigações contratuais, às importâncias que o empreiteiro tiver a receber em cada um dos pagamentos parciais previstos é deduzido o montante correspondente a ... % desse pagamento [nos termos do artigo 353º, nº 1, do CCP, pode ser indicada uma percentagem até ao máximo de 5% ou dispensada a dedução nos pagamentos parciais, caso em que a presente norma não deve constar do caderno de encargos].

2 – O desconto para garantia pode, a todo o tempo, ser substituído por depósito de títulos, garantia bancária ou seguro-caução, nos mesmos termos previstos no programa do procedimento para a caução referida no número anterior.

CLÁUSULA 36ª
Mora no pagamento

1 – Em caso de atraso do dono da obra no cumprimento das obrigações de pagamento do preço contratual, tem o empreiteiro direito aos juros de mora sobre o montante em dívida à taxa legalmente fixada para o efeito pelo período correspondente à mora, os quais serão obrigatoriamente abonados ao empreiteiro, independentemente de este os solicitar e incidirão sobre a totalidade da dívida.

2 – O pagamento dos juros de mora referidos no número anterior deverá ser efectuado pelo dono da obra no prazo de 15 dias a contar da data em que tenham ocorrido o pagamento dos trabalhos, as revisões ou acertos que lhes deram origem.

CLÁUSULA 37ª
Revisão de preços

1 – A revisão dos preços contratuais, como consequência de alteração dos custos de mão-de-obra, de materiais ou de equipamentos de apoio durante a execução da empreitada, é efectuada nos termos do disposto no Decreto-Lei nº 6/2004, de 6 de Janeiro, na modalidade de ... [indicar].

2 – A revisão de preços obedece à seguinte fórmula: ... [indicar].

[Ou, caso não se pretenda estipular uma fórmula expressa:] É aplicável à revisão de preços a fórmula tipo estabelecida para obras da mesma natureza constante de lei.

[Ou, se se pretender admitir que os concorrentes proponham, justificadamente, em documento anexo à sua proposta, a fórmula ou fórmulas a considerar no cálculo da revisão de preços:] É aplicável à revisão de preços a fórmula apresentada pelo empreiteiro na sua proposta.

3 – [Apenas para o caso de a revisão ser feita na modalidade de garantia de custos pelo dono da obra:] A revisão de preços obedece às seguintes condições:

a) Os custos de mão-de-obra e de materiais, fixados de acordo com os valores médios praticados no mercado, são os indicados neste caderno de encargos ou no título contratual;

b) A garantia de custo de mão-de-obra abrange exclusivamente as profissões enumeradas neste caderno de encargos;

c) A garantia de custo de mão-de-obra não abrange os encargos de deslocação e de transporte do pessoal do empreiteiro nem os agravamentos correspondentes à prestação de trabalho em horas extraordinárias que não estejam expressamente previstas neste caderno de encargos;

d) A revisão de preços relativa ao custo de mão-de-obra incidirá sobre o valor correspondente à percentagem fixada na legislação sobre revisão de preços;

e) O empreiteiro obriga-se a enviar ao director de fiscalização da obra o duplicado das folhas de salários pagos na obra, do qual lhe será passado recibo, no prazo de cinco dias a contar da data de encerramento das folhas;

f) Em anexo ao duplicado das folhas de salários, o empreiteiro obriga-se a enviar também um mapa com a relação do pessoal e respectivos salários e encargos sociais a que corresponda ajustamento de preços no qual figurem os montantes calculados na base dos que forem garantidos, dos efectivamente despendidos e as correspondentes diferenças a favor do dono da obra ou do empreiteiro;

g) O dono da obra pode exigir ao empreiteiro a justificação de quaisquer salários ou encargos sociais que figurem nas folhas enviadas ao director de fiscalização da obra;

h) Os preços garantidos para os materiais são considerados como preços no local de origem do fornecimento ao empreiteiro e não incluem, portanto, os encargos de transporte e os que a este forem inerentes, salvo se neste caderno de encargos se especificar de outra forma;

i) Se para a aquisição de materiais de preço garantido tiverem sido facultados adiantamentos ao empreiteiro, as quantidades de materiais adquiridos nessas condições não são susceptíveis de revisão de preços a partir das datas de pagamento dos respectivos adiantamentos;

j) Independentemente do direito de vigilância sobre os preços relativos à aquisição de materiais de preço garantido, o dono da obra tem o direito de exigir do empreiteiro a justificação dos respectivos preços.

4 – [Apenas para o caso de empreitadas com especial incidência de materiais sujeitos a uma flutuação aleatória de preços:] A revisão de preços obedece às seguintes condições:

a) Os materiais que o empreiteiro entenda estarem sujeitos a uma flutuação aleatória de preços devem ser por este identificados na sua proposta e constar do título contratual;

b) A garantia de custos abrange exclusivamente os materiais indicados pelo empreiteiro nos termos da alínea anterior, aplicando-se, com as devidas adaptações, o disposto nas alíneas *c*) a *h*) do nº 3;

c) Aos custos da mão-de-obra e dos materiais não identificados pelo empreiteiro nos termos da alínea *a*) aplica-se a revisão de preços por fórmula [completar com uma das opções referidas no nº 2 da presente cláusula].

5 – Os diferenciais de preços, para mais ou para menos, que resultem da revisão de preços da empreitada são incluídos nas situações de trabalhos.

SECÇÃO V
Projectos de investigação e desenvolvimento

[Nos termos do artigo 42º, nº 7, do CCP, esta secção apenas é aplicável quando o valor do contrato for igual ou superior a € 25 000 000.]

CLÁUSULA 38ª
Obrigação de elaborar projectos de investigação e desenvolvimento

1 – O empreiteiro obriga-se, através de si ou de uma entidade terceira, a elaborar e a executar um ou mais projectos de investigação e desenvolvimento, nos termos da proposta adjudicada, de valor correspondente a, pelo menos, ... % do preço contratual.

2 – Os projectos a que se refere o número anterior devem estar directamente relacionados com as prestações que constituem o objecto do contrato e devem ser concretizados no território nacional.

3 – Para os efeitos do nº 1, deve ser celebrado um contrato que regule a elaboração e execução dos projectos de investigação e desenvolvimento, na data da assinatura do contrato.

CLÁUSULA 39ª
Natureza acessória do contrato de projecto de investigação e desenvolvimento

1 – O contrato a que se refere a cláusula anterior, extingue-se em caso de extinção do contrato de empreitada, por forma diferente do cumprimento.

2 – Quando a extinção do contrato de empreitada, por forma diferente do cumprimento, for apenas parcial, esta implica apenas uma redução proporcional da obrigação de elaboração e execução dos projectos de investigação e desenvolvimento.

SECÇÃO VI
Seguros

CLÁUSULA 40ª
Contratos de seguro

1 – O empreiteiro e os seus subcontratados obrigam-se a subscrever e a manter em vigor, durante o período de execução do contrato, as apólices de seguro previstas neste caderno de encargos e na legislação aplicável, devendo exibir cópia das

mesmas, bem como do recibo de pagamento do respectivo prémio, na data da consignação.

2 – O empreiteiro é responsável pela satisfação das obrigações previstas na presente secção, devendo zelar pelo controlo efectivo da existência das apólices de seguro dos seus subcontratados.

3 – O dono da obra pode exigir, em qualquer momento, cópias das apólices e dos recibos de pagamento dos prémios dos seguros previstos na presente secção ou na legislação aplicável, não sendo admitida a entrada no estaleiro de quaisquer equipamentos sem a exibição destes documentos.

4 – Todas as apólices de seguro e respectivas franquias previstas constituem encargo único e exclusivo do empreiteiro e dos seus subcontratados, devendo os contratos de seguro ser celebrados com entidade seguradora legalmente autorizada.

5 – Os seguros previstos no presente caderno de encargos em nada diminuem ou restringem as obrigações e responsabilidades legais ou contratuais do empreiteiro.

6 – Em caso de incumprimento por parte do empreiteiro das obrigações de pagamento dos prémios referentes aos seguros mencionados, o dono da obra reserva-se o direito de se substituir àquele, ressarcindo-se de todos os encargos envolvidos e ou que tenha suportado.

7 – O empreiteiro obriga-se a manter as apólices de seguro válidas até à data da recepção provisória da obra ou, no caso do seguro relativo aos equipamentos e máquinas auxiliares que em cada momento estejam afectos à obra ou ao estaleiro, até à data em que deixem de o estar.

CLÁUSULA 41ª
Objecto dos contratos de seguro

1 – O empreiteiro obriga-se a celebrar um contrato de seguro de acidentes de trabalho, cuja apólice deve abranger todo o pessoal por si contratado, a qualquer título, bem como a apresentar comprovativo de que o pessoal contratado pelos subempreiteiros se encontra igualmente abrangido por seguro de acidentes de trabalho de acordo com a legislação em vigor em Portugal.

2 – O empreiteiro obriga-se a celebrar um contrato de seguro de responsabilidade civil automóvel cuja apólice deve abranger toda a frota de veículos de locomoção própria afectos à obra, que circulem na via pública ou no local da obra, independentemente de serem veículos de passageiros ou de carga, máquinas ou equipamentos industriais, de acordo com as normas legais sobre responsabilidade civil automóvel (riscos de circulação), bem como a apresentar comprovativo de que os veículos afectos à obra pelos subempreiteiros se encontram igualmente segurados.

3 – O empreiteiro obriga-se, ainda, a celebrar um contrato de seguro destinado a cobrir os danos próprios do equipamento, máquinas auxiliares e estaleiro, cuja apólice deve cobrir todos os meios auxiliares que vier a utilizar na obra, incluindo bens imóveis, armazéns, abarracamentos, refeitórios, camaratas, oficinas e máquinas e equipamento fixos ou móveis.

4 – No caso dos bens imóveis referidos no número anterior, a apólice deve cobrir, no mínimo, os riscos de incêndio, raio, explosão e riscos catastróficos, devendo o capital seguro corresponder ao respectivo valor patrimonial.

5 – O capital a garantir no que se refere ao seguro de responsabilidade civil automóvel previsto no nº 2 desta cláusula deverá respeitar os limites mínimos legalmente obrigatórios.

CAPÍTULO IV
Representação das partes e controlo da execução do contrato

CLÁUSULA 42ª
Representação do empreiteiro

1 – Durante a execução do contrato, o empreiteiro é representado por um director de obra, salvo nas matérias em que, em virtude da lei ou de estipulação diversa no caderno de encargos ou no contrato, se estabeleça diferente mecanismo de representação.

2 – O empreiteiro obriga-se, sob reserva de aceitação pelo dono da obra, a confiar a sua representação a um técnico com a seguinte qualificação mínima: ... [indicar].

3 – Após a assinatura do contrato e antes da consignação, o empreiteiro confirmará, por escrito, o nome do director de obra, indicando a sua qualificação técnica, devendo esta informação ser acompanhada por uma declaração subscrita pelo técnico designado, com assinatura reconhecida, assumindo a responsabilidade pela direcção técnica da obra e comprometendo-se a desempenhar essa função com proficiência e assiduidade.

4 – As ordens, os avisos e as notificações que se relacionem com os aspectos técnicos da execução da empreitada são dirigidos directamente ao director de obra.

5 – O director de obra acompanha assiduamente os trabalhos e está presente no local da obra sempre que para tal seja convocado.

6 – O dono da obra poderá impor a substituição do director de obra, devendo a ordem respectiva ser fundamentada por escrito, com base em razões objectivas e ou inerentes à actuação profissional do director de obra.

7 – Na ausência ou impedimento do director de obra, o empreiteiro é representado por quem aquele indicar para esse efeito, devendo estar habilitado com os poderes necessários para responder, perante o director de fiscalização da obra, pela marcha dos trabalhos.

8 – O empreiteiro deve designar um responsável pelo cumprimento da legislação aplicável em matéria de segurança, higiene e saúde no trabalho e, em particular, pela correcta aplicação do documento referido na alínea *i*) do nº 4 da cláusula 6ª.

9 – O empreiteiro deve designar um responsável pelo cumprimento da legislação aplicável em matéria de aplicação do plano de gestão de resíduos da construção e demolição.

CLÁUSULA 43ª
Representação do dono da obra

1 – Durante a execução o dono da obra é representado por um director de fiscalização da obra, salvo nas matérias em que, em virtude da lei ou de estipulação distinta no caderno de encargos ou no contrato, se estabeleça diferente mecanismo de representação.

2 – O dono da obra notifica o empreiteiro da identidade do director de fiscalização da obra que designe para a fiscalização local dos trabalhos até à data da consignação ou da primeira consignação parcial.

3 – O director de fiscalização da obra tem poderes de representação do dono da obra em todas as matérias relevantes para a execução dos trabalhos, nomeadamente para resolver todas as questões que lhe sejam postas pelo empreiteiro nesse âmbito, exceptuando as matérias de modificação, resolução ou revogação do contrato, e ainda quanto aos seguintes actos:

a) ... [enunciar actos ou matérias subtraídos aos poderes de representação do director de fiscalização da obra, nos termos do nº 3 do artigo 344º do CCP].

CLÁUSULA 44ª
Livro de registo da obra

1 – O empreiteiro organiza um registo da obra, em livro adequado, com as folhas numeradas e rubricadas por si e pelo director de fiscalização da obra, contendo uma informação sistemática e de fácil consulta dos acontecimentos mais importantes relacionados com a execução dos trabalhos.

2 – Os factos a consignar obrigatoriamente no registo da obra são, para além dos referidos no nº 3 do artigo 304º e no nº 3 do artigo 305º do CCP, os seguintes:

a) ...;
b) ...;
c) ... [indicar factos].

3 – O livro de registo ficará patente no local da obra, ao cuidado do director da obra, que o deverá apresentar sempre que solicitado pelo director de fiscalização da obra ou por entidades oficiais com jurisdição sobre os trabalhos.

CAPÍTULO V
Recepção e liquidação da obra

CLÁUSULA 45ª
Recepção provisória

1 – A recepção provisória da obra depende da realização de vistoria, que deve ser efectuada logo que a obra esteja concluída no todo ou em parte, mediante solicitação do empreiteiro ou por iniciativa do dono da obra, tendo em conta o termo final do prazo total ou dos prazos parciais de execução da obra.

2 – No caso de serem identificados defeitos da obra que impeçam a sua recepção provisória, esta é efectuada relativamente a toda a extensão da obra que não seja objecto de deficiência.

3 – O procedimento de recepção provisória obedece ao disposto nos artigos 394º a 396º do CCP.

CLÁUSULA 46ª
Prazo de garantia

1 – O prazo de garantia varia de acordo com os seguintes tipos de defeitos:

a) ... anos para os defeitos que incidam sobre elementos construtivos estruturais [fixar o prazo de 10 anos, de acordo com a alínea *a*) do nº 2 do artigo 397º do CCP, ou superior no caso de se tratar de aspecto da execução do contrato submetido à concorrência pelo caderno de encargos e o empreiteiro o tenha proposto, e apenas no caso de a obra em causa envolver «elementos construtivos estruturais»];

b) ... anos para os defeitos que incidam sobre elementos construtivos não estruturais ou instalações técnicas [fixar o prazo de 5 anos, de acordo com a alínea *b*) do nº 2 do artigo 397º do CCP, ou superior no caso de se tratar de aspecto da execução do contrato submetido à concorrência pelo caderno de encargos e o empreiteiro o tenha proposto, e apenas no caso de a obra em causa envolver «elementos construtivos não estruturais» ou «instalações técnicas»].

c) ... anos para os defeitos que incidam sobre equipamentos afectos à obra, mas dela autonomizáveis [fixar o prazo de 2 anos, de acordo com a alínea *c*) do nº 2 do artigo 397º do CCP, ou superior no caso de se tratar de aspecto da execução do contrato submetido à concorrência pelo caderno de encargos e o empreiteiro o tenha proposto, e apenas no caso de a obra em causa envolver «equipamentos afectos à obra, mas dela autonomizáveis»].

[Ou, em alternativa, discriminar e identificar elementos da obra a que se associam prazos de garantia específicos, com respeito pelos limites estabelecidos no nº 2 do artigo 397º do CCP].

2 – Caso tenham ocorrido recepções provisórias parcelares, o prazo de garantia fixado nos termos do número anterior é igualmente aplicável a cada uma das partes da obra que tenham sido recebidas pelo dono da obra, desde que susceptível de uso independente e autonomizável.

3 – Exceptuam-se do disposto no nº 1 as substituições e os trabalhos de conservação que derivem do uso normal da obra ou de desgaste e depreciação normais consequentes da sua utilização para os fins a que se destina.

CLÁUSULA 47ª
Recepção definitiva

1 – No final do prazo [de cada um dos prazos, se forem fixados vários] de garantia previsto na cláusula anterior, é realizada uma nova vistoria à obra para efeitos de recepção definitiva.

2 – Se a vistoria referida no número anterior permitir verificar que a obra se encontra em boas condições de funcionamento e conservação, esta será definitivamente recebida.

3 – A recepção definitiva depende, em especial, da verificação cumulativa dos seguintes pressupostos:

a) Funcionalidade regular, no termo do período de garantia, em condições normais de exploração, operação ou utilização da obra e respectivos equipamentos, de forma que cumpra todas as exigências contratualmente previstas;

b) Cumprimento, pelo empreiteiro, de todas as obrigações decorrentes do período de garantia relativamente à totalidade ou à parte da obra a receber.

4 – No caso de a vistoria referida no nº 1 permitir detectar deficiências, deteriorações, indícios de ruína ou falta de solidez, da responsabilidade do empreiteiro, ou a não verificação dos pressupostos previstos no número anterior, o dono da obra fixa o prazo para a correcção dos problemas detectados por parte do empreiteiro, findo o qual será fixado o prazo para a realização de uma nova vistoria nos termos dos números anteriores.

5 – São aplicáveis à vistoria e ao auto de recepção definitiva, bem como à falta de agendamento ou realização da vistoria pelo dono da obra, os preceitos que regulam a recepção provisória quanto às mesmas matérias, nos termos do disposto no nº 6 do artigo 398º do CCP.

CLÁUSULA 48ª
Restituição dos depósitos e quantias retidas e liberação da caução

1 – Feita a recepção definitiva de toda a obra, são restituídas ao empreiteiro as quantias retidas como garantia ou a qualquer outro título a que tiver direito.

2 – Verificada a inexistência de defeitos da prestação do empreiteiro ou corrigidos aqueles que hajam sido detectados até ao momento da liberação, ou ainda quando considere os defeitos identificados e não corrigidos como sendo de pequena importância e não justificativos da não liberação, o dono da obra promove a liberação da caução destinada a garantir o exacto e pontual cumprimento das obrigações contratuais, nos seguintes termos [apenas para os contratos em que o prazo de garantia fixado na cláusula 46ª seja superior a dois anos, pois, quando o prazo for igual ou inferior, o prazo para o dono da obra promover a liberação integral da caução é de 30 dias após o termo do prazo de garantia]:

a) 25% do valor da caução, no prazo de 30 dias após o termo do segundo ano do prazo a que estão sujeitas as obrigações de correcção de defeitos, designadamente as de garantia;

b) Os restantes 75%, no prazo de 30 dias após o termo de cada ano adicional do prazo a que estão sujeitas as obrigações de correcção de defeitos, na proporção do tempo decorrido, sem prejuízo da liberação integral, também no prazo de 30 dias, no caso de o prazo referido terminar antes de decorrido novo ano [quando o prazo de garantia fixado na cláusula 46ª for superior a cinco anos, a caução deve encontrar-se liberada em pelo menos 75%, no prazo de 30 dias após o decurso desses cinco anos, conforme determina o nº 6 do artigo 295º do CCP].

3 – No caso de haver lugar a recepções definitivas parciais, a liberação da caução prevista no número anterior é promovida na proporção do valor respeitante à recepção parcial.

4 – Decorrido o prazo fixado para a liberação da caução sem que esta tenha ocorrido, o empreiteiro pode notificar o dono da obra para que este cumpra a obrigação de liberação da caução, ficando autorizado a promovê-la, a título parcial ou integral, se, 15 dias após a notificação, o dono da obra não tiver cumprido a referida obrigação, nos termos do nº 9 do artigo 295º do CCP.

5 – A mora na liberação, total ou parcial, da caução confere ao empreiteiro o direito de indemnização, designadamente pelos custos adicionais por este incorridos com a manutenção da caução prestada por período superior ao que seria devido.

6 – Nos casos em que a caução tenha sido prestada por depósito em dinheiro ou o reforço da garantia tenha sido efectuado em numerário, o empreiteiro terá direito a exigir juros de mora calculados desde a data em que o dono da obra deveria ter restituído as quantias retidas.

CAPÍTULO VI
Disposições finais

CLÁUSULA 49ª
Deveres de colaboração recíproca e informação

As partes estão vinculadas pelo dever de colaboração mútua, designadamente no tocante à prestação recíproca de informações necessárias à boa execução do contrato, sem prejuízo dos deveres de informação previstos no artigo 290º do CCP.

CLÁUSULA 50ª
Subcontratação e cessão da posição contratual

1 – O empreiteiro pode subcontratar as entidades identificadas nos documentos de habilitação, desde que se encontrem cumpridos os requisitos constantes dos nºs 3 e 6 do artigo 318º do CCP.

2 – O dono da obra apenas pode opor-se à subcontratação na fase de execução quando não estejam verificados os limites constantes do artigo 383º do CCP, ou quando haja fundado receio de que a subcontratação envolva um aumento de risco de incumprimento das obrigações emergentes do contrato.

[Ou, nos casos previstos no nº 2 do artigo 385º do CCP:] A subcontratação na fase de execução está sujeita a autorização do dono da obra, dependente da verificação da capacidade técnica do subcontratado em moldes semelhantes aos que foram exigidos ao subempreiteiro na fase de formação do contrato, aplicando-se, com as necessária adaptações, o disposto nos nºs 3 e 6 do artigo 318º do CCP.

3 – Todos os subcontratos devem ser celebrados por escrito e conter os elementos previstos no artigo 384º do CCP, devendo ser especificados os trabalhos a realizar e expresso o que for acordado quanto à revisão de preços.

4 – O empreiteiro obriga-se a tomar as providências indicadas pelo director de fiscalização da obra para que este, em qualquer momento, possa distinguir o pessoal do empreiteiro do pessoal dos subempreiteiros presentes na obra.

5 – O disposto nos números anteriores é igualmente aplicável aos contratos celebrados entre os subcontratados e terceiros.

6 – No prazo de cinco dias após a celebração de cada contrato de subempreitada, o empreiteiro deve, nos termos do nº 3 do artigo 385º do CCP, comunicar por escrito o facto ao dono da obra, remetendo-lhe cópia do contrato em causa.

7 – A responsabilidade pelo exacto e pontual cumprimento de todas as obrigações contratuais é do empreiteiro, ainda que as mesmas sejam cumpridas por recurso a subempreiteiros.

8 – A cessão da posição contratual por qualquer das partes depende da autorização da outra, sendo em qualquer caso vedada nas situações previstas no nº 1 do artigo 317º do CCP.

[Ou, em alternativa, indicar as entidades para as quais a cessão da posição contratual de alguma das partes seja autorizada no contrato, nos termos do nº 1 do artigo 318º do CCP.]

CLÁUSULA 51ª
Resolução do contrato pelo dono da obra

1 – Sem prejuízo das indemnizações legais e contratuais devidas, o dono da obra pode resolver o contrato nos seguintes casos [conforme admitido no nº 1 do artigo 333º do CCP, podem ser consagradas outras situações de grave violação das obrigações assumidas pelo empreiteiro]:

a) Incumprimento definitivo do contrato por facto imputável ao empreiteiro;

b) Incumprimento, por parte do empreiteiro, de ordens, directivas ou instruções transmitidas no exercício do poder de direcção sobre matéria relativa à execução das prestações contratuais;

c) Oposição reiterada do empreiteiro ao exercício dos poderes de fiscalização do dono da obra;

d) Cessão da posição contratual ou subcontratação realizadas com inobservância dos termos e limites previstos na lei ou no contrato, desde que a exigência pelo empreiteiro da manutenção das obrigações assumidas pelo dono da obra contrarie o princípio da boa fé;

e) Se o valor acumulado das sanções contratuais com natureza pecuniária exceder o limite previsto no nº 2 do artigo 329º do CCP;

f) Incumprimento pelo empreiteiro de decisões judiciais ou arbitrais respeitantes ao contrato;

g) Não renovação do valor da caução pelo empreiteiro, nos casos em que a tal esteja obrigado;

h) O empreiteiro se apresente à insolvência ou esta seja declarada judicialmente;

i) Se o empreiteiro, de forma grave ou reiterada, não cumprir o disposto na legislação sobre segurança, higiene e saúde no trabalho;

j) Se, tendo faltado à consignação sem justificação aceite pelo dono da obra, o empreiteiro não comparecer, após segunda notificação, no local, na data e na hora indicados pelo dono da obra para nova consignação desde que não apresente justificação de tal falta aceite pelo dono da obra;

l) Se ocorrer um atraso no início da execução dos trabalhos imputável ao empreiteiro que seja superior a 1/40 do prazo de execução da obra;

m) Se o empreiteiro não der início à execução dos trabalhos a mais decorridos 15 dias da notificação da decisão do dono da obra que indefere a reclamação apresentada por aquele e reitera a ordem para a sua execução;

n) Se houver suspensão da execução dos trabalhos pelo dono da obra por facto imputável ao empreiteiro ou se este suspender a execução dos trabalhos sem fundamento e fora dos casos previstos no nº 1 do artigo 366º do CCP, desde que da suspensão advenham graves prejuízos para o interesse público;

o) Se ocorrerem desvios ao plano de trabalhos nos termos do disposto no nº 3 do artigo 404º do CCP;

p) Se não foram corrigidos os defeitos detectados no período de garantia da obra ou se não for repetida a execução da obra com defeito ou substituídos os equipamentos defeituosos, nos termos do disposto no artigo 397º do CCP;

q) Por razões de interesse público, devidamente fundamentado.

2 – Nos casos previstos no número anterior, havendo lugar a responsabilidade do empreiteiro, será o montante respectivo deduzido das quantias devidas, sem prejuízo de o dono da obra poder executar as garantias prestadas.

3 – No caso previsto na alínea *q*) do nº 1, o empreiteiro tem direito a indemnização correspondente aos danos emergentes e aos lucros cessantes, devendo, quanto a estes, ser deduzido o benefício que resulte da antecipação dos ganhos previstos.

4 – A falta de pagamento da indemnização prevista no número anterior no prazo de 30 dias contados da data em que o montante devido se encontre definitivamente apurado confere ao empreiteiro o direito ao pagamento de juros de mora sobre a respectiva importância.

CLÁUSULA 52ª
Resolução do contrato pelo empreiteiro

1 – Sem prejuízo das indemnizações legais e contratuais devidas, o empreiteiro pode resolver o contrato nos seguintes casos [conforme admitido no nº 1 do artigo 332º do CCP, podem ser consagradas outras situações de grave violação das obrigações assumidas pelo dono da obra]:

a) Alteração anormal e imprevisível das circunstâncias;

b) Incumprimento definitivo do contrato por facto imputável ao dono da obra;

c) Incumprimento de obrigações pecuniárias pelo dono da obra por período superior a seis meses ou quando o montante em dívida exceda 25% do preço contratual, excluindo juros;

d) Exercício ilícito dos poderes tipificados de conformação da relação contratual do dono da obra, quando tornem contrária à boa fé a exigência pela parte pública da manutenção do contrato;

e) Incumprimento pelo dono da obra de decisões judiciais ou arbitrais respeitantes ao contrato;

f) Se não for feita consignação da obra no prazo de seis meses contados da data da celebração do contrato por facto não imputável ao empreiteiro;

g) Se, havendo sido feitas uma ou mais consignações parciais, o retardamento da consignação ou consignações subsequentes acarretar a interrupção dos trabalhos por mais de 120 dias, seguidos ou interpolados;

h) Se, avaliados os trabalhos a mais, os trabalhos de suprimento de erros e omissões e os trabalhos a menos, relativos ao contrato e resultantes de actos ou factos não imputáveis ao empreiteiro, ocorrer uma redução superior a 20% do preço contratual;

i) Se a suspensão da empreitada se mantiver:

- *i*) Por período superior a um quinto do prazo de execução da obra, quando resulte de caso de força maior;
- *ii*) Por período superior a um décimo do mesmo prazo, quando resulte de facto imputável ao dono da obra;

j) Se, verificando-se os pressupostos do artigo 354º do CCP, os danos do empreiteiro excederem 20% do preço contratual.

2 – No caso previsto na alínea *a*) do número anterior, apenas há direito de resolução quando esta não implique grave prejuízo para a realização do interesse público subjacente à relação jurídica contratual ou, caso implique tal prejuízo, quando a manutenção do contrato ponha manifestamente em causa a viabilidade económico-financeira do empreiteiro ou se revele excessivamente onerosa, devendo, nesse último caso, ser devidamente ponderados os interesses públicos e privados em presença.

3 – O direito de resolução é exercido por via judicial ou mediante recurso a arbitragem.

4 – Nos casos previstos na alínea *c*) do nº 1, o direito de resolução pode ser exercido mediante declaração ao dono da obra, produzindo efeitos 30 dias após a recepção dessa declaração, salvo se o dono da obra cumprir as obrigações em atraso nesse prazo, acrescidas dos juros de mora a que houver lugar.

CLÁUSULA 53ª
Foro competente

Para resolução de todos os litígios decorrentes do contrato fica estipulada a competência do tribunal administrativo de círculo de ..., com expressa renúncia a qualquer outro.

Ou

CLÁUSULA 53ª
Arbitragem

1 – Quaisquer litígios relativos, designadamente, à interpretação, execução, incumprimento, invalidade, resolução ou redução do contrato podem ser dirimidos por tribunal arbitral, devendo, nesse caso, ser observadas as seguintes regras:

a) Sem prejuízo do disposto nas alíneas *b*) a *d*), a arbitragem respeita as regras processuais propostas pelos árbitros;

b) O tribunal arbitral tem sede em ... e é composto por três árbitros;

c) O dono da obra designa um árbitro, o empreiteiro designa um outro árbitro e o terceiro, que preside, é cooptado pelos dois designados;

d) No caso de alguma das partes não designar árbitro ou no caso de os árbitros designados pelas partes não acordarem na escolha do árbitro presidente, deve esse ser designado pelo presidente do tribunal central administrativo territorialmente competente.

2 – O tribunal arbitral decide segundo o direito constituído e da sua decisão não cabe recurso, salvo se as partes acordarem diversamente.

CLÁUSULA 54ª
Comunicações e notificações

1 – Sem prejuízo de poderem ser acordadas outras regras quanto às notificações e comunicações entre as partes do contrato, estas devem ser dirigidas, nos termos do CCP, para o domicílio ou sede contratual de cada uma, identificados no contrato.

2 – Qualquer alteração das informações de contacto constantes do contrato deve ser comunicada à outra parte.

CLÁUSULA 55ª
Contagem dos prazos

Os prazos previstos no contrato são contínuos, correndo em sábados, domingos e dias feriados.

Regras Gerais Aplicáveis à Intervenção do Estado nos Processos de Parcerias Público-Privadas

Decreto-Lei nº 111/2012, de 23 de maio

O Decreto-Lei nº 86/2003, de 26 de abril, constituiu a primeira iniciativa legislativa, de carácter transversal, especificamente dirigida às parcerias público-privadas (PPP), procurando potenciar o aproveitamento, pelo setor público, da capacidade de gestão do setor privado, melhorar a qualidade dos serviços públicos prestados e gerar economias na utilização dos recursos públicos.

Posteriormente, o Decreto-Lei nº 141/2006, de 27 de julho, veio introduzir diversas alterações ao regime então vigente, designadamente ao nível da preparação de processos de parceria e da execução dos respetivos contratos, com vista a um pretendido, mas não demonstrado, reforço da tutela do interesse financeiro público.

Mais recentemente, por força da aprovação do Código dos Contratos Públicos, o regime aplicável às PPP registou novos desenvolvimentos. Contudo, este Código não disciplinou todas as matérias relativas às PPP, em particular no que diz respeito aos procedimentos internos a observar pelo setor público, quer na fase da preparação e desenvolvimento dos projetos, quer na fase de execução e acompanhamento dos contratos. Adicionalmente, a aprovação do Código veio suscitar dúvidas quanto à vigência de algumas disposições do referido Decreto-Lei nº 86/2003.

Entretanto, a experiência adquirida recomenda vivamente que se proceda a uma modificação significativa do regime jurídico aplicável às PPP, designadamente no que diz respeito ao seu âmbito de aplicação, à organização interna do setor público, a um melhor acompanhamento, por parte do Ministério das Finanças, do desenvolvimento dos projetos e, em particular, dos contratos de PPP já celebrados, assim como à transparência, designadamente através da publicitação de documentos relacionados com esta modalidade de contratação.

Atualmente no setor público não existe uma unidade orgânica que tenha como principal missão participar na preparação, desenvolvimento, execução e, especialmente, no acompanhamento global de processos de PPP, prestando, nesse âmbito, ao Governo e a outras entidades públicas, o necessário apoio técnico especializado.

Com efeito, essas tarefas têm sido confiadas, de forma dispersa, a várias entidades do setor público, com excessiva pluralidade de intervenientes em representação de cada uma das entidades públicas envolvidas, o que tem determinado a inexistência de uma gestão pública coordenada e, bem assim, a incapacidade do setor público de acumular experiência, com a consequente necessidade de recurso recorrente a consultadoria externa, fatores que têm contribuído, de forma determinante, para o agravamento dos encargos a suportar pelo setor público com as PPP.

A necessidade de aperfeiçoar e otimizar os meios técnicos e humanos ao dispor do setor público no apoio a esta modalidade complexa de contratação justifica, à semelhança do que se verifica em vários países da União Europeia e do resto do mundo, que se concentre numa única unidade um conjunto assinalável de responsabilidades e competências, eliminando-se, assim, a dispersão de múltiplas tarefas por diferentes entidades públicas.

A unidade agora criada, designada Unidade Técnica de Acompanhamento de Projetos, que tem a natureza de entidade administrativa dotada de autonomia administrativa, na dependência direta do membro do Governo responsável pela área das finanças, assume responsabilidades no âmbito da preparação, desenvolvimento, execução e acompanhamento global dos processos de PPP e assegura um apoio técnico especializado ao Governo, e em especial ao Ministério das Finanças, em matérias de natureza económico-financeira.

Simultaneamente, reconhece-se à Unidade Técnica a possibilidade de, na área das parcerias, prestar apoio técnico a entidades públicas na gestão de contratos, assumir a qualidade de gestora de contratos e promover ações de formação, bem como de prestar apoio técnico no desenvolvimento, contratação e acompanhamento de grandes projetos de infraestruturas não enquadráveis na definição legal de PPP.

Ao criar-se a Unidade Técnica, houve necessidade de, para efeito do cabal cumprimento das suas atribuições, ajustar alguns aspetos do regime legal aplicável às PPP, designadamente em matéria procedimental, de modo a contemplar a forma e o âmbito de intervenção desta nova entidade.

O desenvolvimento e o acompanhamento de processos de parcerias passam, assim, a ser assegurados pela Unidade Técnica, em estreita colaboração com os ministérios setoriais e com as entidades públicas contratantes envolvidas, permitindo colher os seus indispensáveis contributos, que serão conjugados com as valências disponibilizadas pelos elementos que integram, com carácter permanente, os quadros da Unidade Técnica.

Com a revisão profunda operada pelo presente diploma ao regime jurídico constante do ora revogado Decreto-Lei nº 86/2003, de 26 de abril, procede-se ainda ao alargamento do seu âmbito de aplicação. Com efeito, as empresas públicas e as entidades por estas constituídas passam a considerar-se parceiros públicos na economia do diploma, sem prejuízo de se estatuir um regime especial para as empresas públicas com natureza comercial ou industrial que lancem parcerias sem apoios, diretos ou indiretos, do Estado e cujos custos daí decorrentes não sejam suscetíveis de afetar, direta ou indiretamente, a dívida pública.

No que diz respeito a decisões suscetíveis de gerar encargos, o novo diploma atribui uma assinalável relevância à sua comportabilidade orçamental, quer na vertente de lançamento de novas parcerias, quer na vertente de eventuais determinações unilaterais proferidas pelos parceiros públicos.

Deste modo, para além de se passar a exigir uma análise de comportabilidade orçamental e a realização de análises de sensibilidade, com vista à verificação da sustentabilidade de cada parceria face a variações de procura e a alterações macroeconómicas, contempla-se ainda uma análise custo-benefício e a elaboração de uma matriz de partilha de riscos, com uma clara identificação da tipologia de riscos assumidos por cada um dos parceiros, sempre que se prepare um novo projeto de parceria.

Entre as diversas inovações introduzidas por este novo regime, destaca-se ainda a adoção de medidas que visam o propósito de tornar mais transparentes os processos relativos a PPP, o que será concretizado, designadamente, mediante a publicitação obrigatória de vários documentos com aquelas relacionados.

Finalmente, importa salientar que a revisão do regime legal aplicável às PPP dá corpo aos objetivos e medidas previstas no Programa de Assistência Financeira acordado com a União Europeia, o Fundo Monetário Internacional e o Banco Central Europeu, mais concretamente no que respeita à obrigação do Estado Português de introduzir no ordenamento jurídico um quadro legal e institucional reforçado, no âmbito do Ministério das Finanças, que permita um efetivo e rigoroso controlo dos encargos, bem como dos riscos, associados às PPP.

Assim:

Nos termos da alínea *a*) do nº 1 do artigo 198º da Constituição, o Governo decreta o seguinte:

CAPÍTULO I
Disposições gerais

ARTIGO 1º
Objeto

O presente diploma tem por objeto:

a) A definição de normas gerais aplicáveis à intervenção do Estado na definição, conceção, preparação, lançamento, adjudicação, alteração, fiscalização e acompanhamento global das parcerias público-privadas;

b) A criação da Unidade Técnica de Acompanhamento de Projetos, adiante abreviadamente designada por Unidade Técnica.

ARTIGO 2º
Definição e âmbito de aplicação

1 – Para os efeitos do presente diploma, entende-se por parceria público-privada, adiante abreviadamente designada por parceria, o contrato ou a união de contratos por via dos quais entidades privadas, designadas por parceiros privados, se obrigam, de forma duradoura, perante um parceiro público, a assegurar, mediante contrapartida, o desenvolvimento de uma atividade tendente à satisfação de uma necessidade coletiva, em que a responsabilidade pelo investimento, financiamento, exploração, e riscos associados, incumbem, no todo ou em parte, ao parceiro privado.

2 – São parceiros públicos:

a) O Estado;

b) As entidades públicas estatais;

c) Os fundos e serviços autónomos;

d) As empresas públicas;

e) Outras entidades constituídas pelas entidades a que se referem as alíneas anteriores com vista à satisfação de necessidades de interesse geral.

3 – O presente diploma é igualmente aplicável a todas as parcerias em que o equivalente ao parceiro não público seja uma empresa pública, uma cooperativa ou uma instituição privada sem fins lucrativos.

4 – Constituem, entre outros, instrumentos de regulação jurídica das relações de colaboração entre entes públicos e entes privados:

a) O contrato de concessão ou de subconcessão de obras públicas;

b) O contrato de concessão ou de subconcessão de serviço público;

c) O contrato de fornecimento contínuo;

d) O contrato de prestação de serviços;

e) O contrato de gestão;

f) O contrato de colaboração, quando estiver em causa a utilização de um estabelecimento ou uma infraestrutura já existentes, pertencentes a outras entidades que não o parceiro público.

5 – Excluem-se do âmbito de aplicação do presente diploma:

a) As parcerias que envolvam, cumulativamente, em termos previsionais, para a duração de toda a parceria, um encargo bruto para o setor público inferior a 10 milhões de euros e um investimento inferior a 25 milhões de euros, a valores atualizados para o momento anterior à decisão de lançamento da parceria, de acordo com as taxas de atualização fixadas pelo membro do Governo responsável pela área das finanças para efeitos de avaliação deste tipo de projetos;

b) As concessões de sistemas multimunicipais de abastecimento de água para consumo humano, de saneamento de águas residuais e de gestão de resíduos sólidos urbanos previstas no Decreto-Lei nº 379/93, de 5 de novembro, com a redação dada pelo Decreto-Lei nº 195/2009, de 20 de agosto;

c) As concessões atribuídas pelo Estado, através de diploma legal, a entidades de natureza pública ou de capitais exclusivamente públicos, sem prejuízo de as parcerias desenvolvidas por qualquer uma destas entidades se encontrarem sujeitas ao regime previsto no presente diploma.

6 – Para efeitos do disposto no número anterior, os custos de manutenção, de conservação, de reparação e de substituição de bens afetos à parceria são considerados investimento.

7 – Sem prejuízo do disposto nos nºs 2 a 4 do presente artigo e do regime previsto no Código dos Contratos Públicos, o lançamento e a contratação de parceria abrangida pelo disposto no nº 5 deve observar o regime previsto nos artigos 4º, 5º, 6º e 7º do presente diploma.

ARTIGO 3º
Prevalência

O disposto no presente diploma prevalece sobre quaisquer outras normas, gerais ou especiais, relativas a parcerias, tal como definidas no artigo anterior.

ARTIGO 4º
Fins

1 – Constituem finalidades essenciais das parcerias a economia e o acréscimo de eficiência na afetação de recursos públicos face a outros modelos de contratação, bem como a melhoria qualitativa e quantitativa do serviço, induzida por formas de controlo eficazes que permitam a sua avaliação permanente por parte do parceiro público e dos potenciais utentes.

2 – As finalidades a que se refere o número anterior devem orientar a interpretação e aplicação das normas e princípios constantes do presente diploma.

ARTIGO 5º
Repartição de responsabilidades

No âmbito das parcerias, incumbe:

a) Ao parceiro público, o acompanhamento, a avaliação e o controlo da execução do objeto da parceria, de forma a garantir que são alcançados os fins de interesse público subjacentes;

b) Ao parceiro privado, o exercício e a gestão da atividade contratada, de acordo com os termos contratados, bem como o financiamento, no todo ou em parte.

ARTIGO 6º
Pressupostos

1 – O lançamento e a adjudicação do contrato de parceria pressupõem:

a) A configuração de um modelo de parceria que apresente para o setor público benefícios relativamente a formas alternativas de alcançar os mesmos fins, avaliadas nos termos previstos no nº 2 do artigo 19º da lei de enquadramento orçamental e que, simultaneamente, apresente para os parceiros privados uma expectativa de obtenção de remuneração adequada aos montantes investidos e ao tipo e grau de riscos em que incorrem;

b) O estudo dos impactes orçamentais previsíveis, em termos de receita e de despesa, e sua comportabilidade, bem como as respetivas análises de sensibilidade, quer em termos de procura, quer de evolução macroeconómica;

c) O cumprimento, quando for o caso, das normas relativas à programação financeira plurianual constantes da lei de enquadramento orçamental;

d) A prévia adequação às normas legais e demais instrumentos normativos;

e) A obtenção das autorizações, licenças e pareceres administrativos exigidos, tais como os de natureza ambiental e urbanísticos, dos quais dependa o desenvolvimento do projeto, de modo a permitir que todo o risco da execução seja ou possa ser adequadamente transferido para o parceiro privado;

f) A clara enunciação dos objetivos da parceria para o setor público, especificando os resultados pretendidos e as vantagens daí decorrentes, numa perspetiva de análise custo-benefício;

g) A clara enunciação dos resultados que se pretendem do parceiro privado;

h) A adequação do prazo de vigência da parceria às circunstâncias e características específicas de cada projeto, tendo, designadamente, em consideração o período de reembolso do financiamento, o escalonamento dos pagamentos pelo parceiro público e a vida útil das respetivas infraestruturas;

i) A conceção de modelos de parcerias e de estruturas contratuais que evitem ou minimizem, na medida do possível e mediante fundamentação adequada, a probabilidade da verificação de modificações unilaterais dos contratos, determinadas pelo parceiro público, ou por quaisquer outros factos ou circunstâncias geradores ou potenciadores da obrigação de reposição do equilíbrio financeiro, designadamente a indefinição das prestações contratuais, a imprevisibilidade da matéria, a extensão ou incerteza quanto à duração do compromisso, bem como a assunção de termos e condições de reposição desse equilíbrio ou outros regimes indemnizatórios que sejam injustificados ou inadequados em face do perfil de risco efetivo da parceria assumido por cada uma das partes;

j) A conceção de modelos de parcerias e de estruturas contratuais que garantam, designadamente, que o esforço financeiro do parceiro público se encontra repartido de forma adequada à comportabilidade orçamental e que permitam garantir a manutenção do interesse do parceiro privado, em qualquer dos casos, durante todo o período de vida da parceria;

k) A adoção, na fase prévia à contratação, das diligências e a consagração das exigências que se revelem adequadas à obtenção de um resultado negocial economicamente competitivo;

l) A identificação discriminada e detalhada dos riscos a assumir por cada um dos parceiros;

m) Uma adequada atribuição de responsabilidades e partilha de riscos entre os parceiros públicos e privados;

n) A identificação das situações suscetíveis de, durante a vigência do contrato, gerarem uma partilha de benefícios entre as partes e ou atribuírem ao parceiro público a totalidade dos respetivos benefícios;

o) A identificação da entidade pública que tem a responsabilidade de suportar os encargos decorrentes de pagamentos a realizar ao parceiro privado, quando se preveja que os mesmos venham a ter lugar, bem como a identificação fundamentada da origem dos respetivos fundos;

p) A identificação da entidade pública responsável pela gestão do contrato, sem prejuízo do regime previsto na alínea *b*) do nº 1 do artigo 36º

2 – Os estudos económico-financeiros de suporte ao lançamento da parceria, bem como os critérios de avaliação das propostas a apresentar pelos concorrentes, utilizam os parâmetros macroeconómicos relevantes definidos por despacho do membro do Governo responsável pela área das finanças, o qual determina, designadamente, os aspetos gerais e específicos a considerar na fixação da taxa de desconto a adotar, para efeitos das respetivas atualizações financeiras.

3 – A verificação da conformidade do projeto de parceria com os pressupostos referidos no nº 1 deve, fundamentadamente, ser realizada com o maior grau de concretização possível.

4 – No que respeita, em especial, à declaração de impacte ambiental, quando exigível segundo a lei aplicável, deve a mesma ser obtida previamente ao lançamento da parceria.

5 – Nos casos a que se refere o número anterior, os prazos de caducidade previstos nos nºs 1 e 2 do artigo 21º do Decreto-Lei nº 69/2000, de 3 de maio, são alargados para três anos.

6 – O estudo e a preparação da parceria devem ter em consideração a conveniência de averiguação prévia do posicionamento do setor privado relativamente ao tipo de parceria em estudo, tendo em vista, designadamente, a identificação de potenciais interessados e a análise das condições de mercado existentes, procedendo, quando aplicável, à atualização do estudo estratégico a que se refere a alínea *b*) do nº 2 do artigo 12º

7 – Nos casos em que sejam apresentadas propostas com variantes assentes em pressupostos diferentes daqueles que serviram de base à declaração de impacte ambiental, os riscos inerentes a essas variantes correm exclusivamente por conta do parceiro privado.

ARTIGO 7º
Partilha de riscos

1 – A partilha de riscos entre os parceiros públicos e privados deve estar claramente identificada contratualmente e obedece às seguintes regras:

a) Os diferentes riscos inerentes à parceria devem ser repartidos entre as partes de acordo com a respetiva capacidade de gerir esses mesmos riscos;

b) O estabelecimento da parceria deve implicar uma significativa e efetiva transferência de risco para o setor privado;

c) A criação de riscos que não tenham adequada e fundamentada justificação na redução significativa de outros riscos já existentes deve ser evitada;

d) O risco de insustentabilidade financeira da parceria, por causa não imputável a incumprimento ou modificação unilateral do contrato pelo parceiro público, ou a situação de força maior, deve ser, tanto quanto possível, transferido para o parceiro privado.

2 – Os contratos devem incluir um anexo com a matriz de riscos, em formato de tabela ou outro de natureza semelhante, donde conste uma descrição sumária daqueles, que permita a clara identificação da tipologia de riscos assumidos por cada um dos parceiros.

ARTIGO 8º
Programas setoriais de parcerias

De acordo com as prioridades políticas e de investimentos setoriais, podem ser desenvolvidos programas setoriais de parcerias, envolvendo um conjunto articulado de projetos com recurso à gestão e ao financiamento privado, nos termos dos artigos 18º e seguintes da lei de enquadramento orçamental.

CAPÍTULO II
Desenvolvimento do processo de contratação da parceria

SECÇÃO I
Preparação do processo

ARTIGO 9º
Início do processo

1 – Quando um serviço de um ministério ou uma das entidades mencionadas nas alíneas *b*) a *e*) do nº 2 do artigo 2º pretenda dar início ao estudo e preparação do lançamento de uma parceria, deve apresentar ao membro do Governo responsável pela respetiva área uma proposta devidamente fundamentada, indicando, nomeadamente, o objeto da parceria, os objetivos que se pretendem alcançar, a sua fundamentação económica e a respetiva viabilidade financeira do projeto.

2 – Caso o membro do Governo responsável pela área do projeto em causa decida dar início ao estudo e preparação da parceria, deve notificar o membro do Governo responsável pela área das finanças com vista à constituição de uma equipa de projeto, indicando desde logo, consoante a complexidade do processo, dois ou três membros efetivos e um ou dois suplentes, respetivamente, para integrar essa equipa.

3 – Cumprido o disposto nos números anteriores, o membro do Governo responsável pela área das finanças determina à Unidade Técnica a constituição de uma equipa de projeto.

ARTIGO 10º
Constituição da equipa de projeto

1 – Sem prejuízo do disposto no número seguinte, nos cinco dias subsequentes à determinação a que se refere o nº 3 do artigo anterior, o Coordenador da Unidade Técnica designa a equipa de projeto, indicando o respetivo presidente, devendo ser integrados naquela equipa os membros indicados pelo membro do Governo responsável pela área do projeto em causa.

2 – Por despacho do membro do Governo responsável pela área das finanças, o Coordenador da Unidade Técnica pode ser designado como presidente da equipa de projeto.

3 – A equipa de projeto deve ser constituída por cinco ou sete membros efetivos, consoante o membro do Governo responsável pela área do projeto em causa tenha indicado dois ou três membros efetivos, e por dois ou quatro suplentes, respetivamente.

ARTIGO 11º
Especificações técnicas

1 – Sem prejuízo dos ajustamentos que se revelem necessários introduzir pela equipa de projeto, compete aos serviços do ministério da área do projeto em causa ou à entidade que assume a qualidade de parceiro público definir as especificações técnicas a incluir nas peças do respetivo procedimento.

2 – Os serviços e as entidades a que se refere o número anterior, bem como as entidades por si contratadas, devem colaborar ativamente com as equipas de projeto, designadamente na elaboração dos documentos de natureza técnica que integram as peças do respetivo procedimento.

ARTIGO 12º
Competências da equipa de projeto

1 – Compete à equipa de projeto desenvolver os trabalhos preparatórios necessários ao lançamento da parceria.

2 – Compete, designadamente, à equipa de projeto:

a) Elaborar a justificação do modelo a adotar, demonstrando a inexistência de alternativas equiparáveis dotadas de maior eficiência técnica e operacional ou de maior racionalidade económica e financeira;

b) Elaborar o estudo estratégico e económico-financeiro de suporte ao lançamento da parceria;

c) Demonstrar a comportabilidade orçamental da parceria, tendo, designadamente, em consideração os encargos brutos gerados;

d) Propor as soluções e medidas que considere mais consentâneas com a defesa do interesse público;

e) Elaborar as minutas dos instrumentos jurídicos para a realização do procedimento prévio à contratação;

f) Promover uma eficaz articulação entre as entidades envolvidas, com vista a imprimir maior celeridade e eficácia à respetiva ação;

g) Colaborar com as entidades incumbidas da fiscalização e acompanhamento global das parcerias.

3 – Sem prejuízo do disposto no número anterior, compete ainda à equipa de projeto demonstrar a verificação de todos os pressupostos a que se refere o nº 1 do artigo 6º

4 – A equipa de projeto tem poderes para solicitar a qualquer serviço ou organismo do ministério da área do projeto em causa ou às entidades a que se referem as alíneas *b)* a *e)* do nº 2 do artigo 2º, consoante o caso, a informação e o apoio técnico que se revelem necessários ao desenvolvimento e execução do projeto, devendo todas estas entidades prestar a informação e o apoio técnico solicitado.

5 – A equipa de projeto deve envolver ativamente no desenvolvimento do projeto as entidades que venham a assumir responsabilidades no acompanhamento e controlo da execução do contrato de parceria a celebrar, de forma que estas possam proceder, de forma eficaz, a um acompanhamento e controlo da execução do referido contrato.

ARTIGO 13º
Alternativa ao lançamento de uma parceria

Se no desenvolvimento dos trabalhos de preparação do lançamento da parceria, tendo em consideração os fins a alcançar, se configurar um diferente modelo de contratação suscetível de apresentar vantagens para o setor público, a equipa de projeto, ouvido o órgão de gestão da entidade pública interessada, quando se trate de umas das entidades a que se referem as alíneas *b)* a *e)* do nº 2 do artigo 2º, pode imediatamente recomendar ao Governo a utilização de um modelo de contratação diferente da parceria.

ARTIGO 14º
Aprovação do lançamento da parceria

1 – Sem prejuízo do disposto no artigo anterior, a equipa de projeto, ouvido o órgão de gestão da entidade pública interessada, quando se trate de umas das entidades a que se referem as alíneas *b)* a *e)* do nº 2 do artigo 2º, submete à consideração dos membros do Governo responsáveis pelas áreas das finanças e do projeto em causa um relatório fundamentado, com uma proposta de decisão.

2 – O relatório a que se refere o número anterior deve incluir a análise, nomeadamente, da conformidade da versão definitiva do projeto de parceria com o disposto no nº 1 do artigo 6º e no artigo 7º, devendo ainda incluir a quantificação, designadamente, dos encargos brutos, diretos e indiretos, para o setor público, bem como o impacte potencial dos riscos, direta ou indiretamente, afetos ao setor público.

3 – Os membros do Governo responsáveis pelas áreas das finanças e do projeto em causa decidem quanto à aprovação do lançamento da parceria e respetivas con-

dições, mediante despacho a emitir no prazo de 30 dias a contar da apresentação do mencionado relatório.

4 – Sendo aprovado o lançamento da parceria, do teor do despacho conjunto, ou dos seus anexos, devem constar os seguintes elementos:

a) O programa do procedimento;

b) O caderno de encargos;

c) A composição do júri do procedimento;

d) A análise das opções que determinaram a configuração do projeto;

e) A descrição do projeto e do seu modo de financiamento;

f) A demonstração do seu interesse público;

g) A justificação da opção pelo modelo de parceria;

h) A demonstração da comportabilidade e do impacte dos encargos e riscos decorrentes da parceria em função da programação financeira plurianual do setor público administrativo;

i) A declaração de impacte ambiental, quando exigível nos termos da lei aplicável.

SECÇÃO II
Lançamento da parceria

ARTIGO 15º
Procedimento aplicável

1 – A escolha do procedimento para a formação do contrato de parceria deve observar o regime previsto no Código dos Contratos Públicos.

2 – No procedimento pode ser autonomizada a componente de financiamento, com respeito pelos princípios aplicáveis à contratação pública, caso em que deve indicar-se na documentação do procedimento, designadamente, a taxa global de custo de capital alheio a considerar, o nível de fundos próprios exigidos e a maturidade e composição dos fundos alheios, bem como o respetivo serviço da dívida.

3 – Os elementos a que se refere o número anterior, quando aplicáveis, servem de referência para efeitos de avaliação das propostas.

ARTIGO 16º
Decisão de contratar

1 – A decisão de contratar compete:

a) Aos membros do Governo responsáveis pelas áreas das finanças e do projeto em causa, quando se trate de parceria lançada por uma das entidades a que se referem as alíneas *a*), *b*) e *c*) do nº 2 do artigo 2º;

b) Ao respetivo órgão de gestão, quando se trate de parceria lançada por uma das entidades a que se referem as alíneas *d*) e *e*) do nº 2 do artigo 2º

2 – No caso da alínea *b*) do número anterior, o órgão de gestão deve observar as condições aprovadas no despacho conjunto a que se refere o nº 4 do artigo 14º

ARTIGO 17º
Júri do procedimento

1 – O procedimento para a formação de contrato de parceria é conduzido por um júri, designado por despacho conjunto dos membros do Governo responsáveis pelas áreas das finanças e do projeto em causa, nos termos da alínea *c*) do nº 4 do artigo 14º

2 – O júri do procedimento é constituído por três ou cinco membros efetivos, um dos quais presidirá, e dois suplentes.

3 – Um ou dois membros efetivos do júri, consoante seja constituído por três ou cinco membros, e um suplente, são indicados pelo membro do Governo responsável pela área do projeto em causa.

4 – Um ou dois membros efetivos do júri, consoante seja constituído por três ou cinco membros, e um suplente, são indicados pelo Coordenador da Unidade Técnica.

5 – O presidente do júri é escolhido de entre os técnicos que desempenham funções na Unidade Técnica, podendo, para o efeito, ser designado o respetivo Coordenador.

6 – A competência do júri e o seu funcionamento obedece ao regime previsto no Código dos Contratos Públicos.

7 – O apoio administrativo e técnico ao júri é prestado pela Unidade Técnica, sem prejuízo do dever de colaboração dos serviços da entidade que procede ao lançamento da parceria no que diz respeito à análise e avaliação das soluções técnicas preconizadas nas propostas apresentadas pelos concorrentes.

8 – O júri, no seu relatório, deve, designadamente, descrever o projeto e o seu modo de financiamento e proceder à avaliação quantitativa dos encargos previstos para o setor público, bem como da estimativa do impacte potencial dos riscos, direta ou indiretamente, afetos ao setor público, decorrentes do conteúdo e natureza de cada uma das propostas, tendo especialmente em conta o pressuposto referido na alínea *a*) do nº 1 do artigo 6º

9 – O júri deve verificar a conformidade do projeto de decisão com o disposto no nº 1 do artigo 6º e no artigo 7º, bem como demonstrar a comportabilidade dos custos e riscos decorrentes da parceria em função da programação financeira plurianual.

ARTIGO 18º
Adjudicação e reserva de não adjudicação

1 – Sem prejuízo da competência prevista na lei para a autorização da despesa, a adjudicação é realizada mediante despacho dos membros do Governo responsáveis pelas áreas das finanças e do projeto em causa ou, quando se trate de parceria lançada por uma das entidades a que se referem as alíneas *d*) e *e*) do nº 2 do artigo 2º, por ato do respetivo órgão de gestão, precedido de despacho conjunto favorável daqueles membros do Governo, aos quais compete apreciar o relatório elaborado pelo júri.

2 – O despacho conjunto referido no número anterior é emitido no prazo de 30 dias a contar da receção do relatório elaborado pelo júri do procedimento.

3 – A qualquer momento pode pôr-se termo ao procedimento em curso relativo à constituição da parceria, sem direito a qualquer indemnização, sempre que, de acordo com a apreciação dos objetivos a prosseguir, os resultados das análises e avaliações realizadas até então ou os resultados das negociações levadas a cabo com os concorrentes não correspondam, em termos satisfatórios, aos fins de interesse público subjacentes à constituição da parceria, incluindo a respetiva comportabilidade de encargos globais estimados.

4 – A decisão relativa ao termo do procedimento deve observar, com as necessárias adaptações, as formalidades previstas no nº 1 do presente artigo.

5 – O termo do procedimento relativo à constituição da parceria é obrigatório sempre que se apresente apenas um concorrente no respetivo procedimento adjudicatório, salvo decisão expressa e fundamentada dos membros do Governo responsáveis pelas áreas das finanças e do projeto em causa.

CAPÍTULO III
Execução e modificação de parcerias

ARTIGO 19º
Acompanhamento inicial

1 – Quando a complexidade, o valor ou o interesse público da parceria o justifiquem, os membros do Governo responsáveis pelas áreas das finanças e do projeto em causa podem determinar a constituição de uma equipa para acompanhar a fase inicial da execução do contrato em causa, mediante despacho conjunto, que fixa o âmbito da missão atribuída à respetiva equipa.

2 – A equipa de acompanhamento deve ser constituída nos termos do disposto no artigo 10º, com as necessárias adaptações.

ARTIGO 20º
Acréscimo e redução de encargos

1 – Quando o parceiro público pretenda, nos termos fixados no contrato ou na lei, e sem prejuízo da observância do regime jurídico relativo à realização de despesas públicas, proferir uma determinação unilateral suscetível de fundamentar um pedido de reposição do equilíbrio financeiro do respetivo contrato de parceria, deve, previamente, estimar os efeitos financeiros decorrentes dessa determinação e verificar a correspondente comportabilidade orçamental.

2 – Sem prejuízo da observância do regime jurídico relativo à realização de despesas públicas, carece de despacho prévio de concordância dos membros do Governo responsáveis pelas áreas das finanças e do projeto em causa, a emitir no prazo de 20 dias, a contar da data da receção do parecer da Unidade Técnica, qualquer decisão

do parceiro público, no âmbito da execução do respetivo contrato e das condições aí fixadas, suscetível de gerar:

a) Um acréscimo dos encargos previstos para o setor público, exceto se o respetivo valor não exceder, em termos anuais, 1 milhão de euros brutos ou em termos acumulados 10 milhões de euros brutos, em valores atualizados;
b) Uma redução de encargos para o parceiro privado.

3 – Para efeitos do disposto no número anterior, o pedido do serviço ou entidade que representa o parceiro público na execução do contrato em causa deve ser apresentado na Unidade Técnica, acompanhado da respetiva fundamentação, do orçamento apresentado pelo parceiro privado e das condições de execução e de pagamento.

4 – No caso de os membros do Governo a que se refere o nº 2 não aceitarem o orçamento apresentado ou as respetivas condições de execução e de pagamento, bem como as eventuais alterações que, entretanto, ocorram em função de um processo negocial, o parceiro público, obtido despacho de concordância daqueles membros do Governo, a emitir no prazo de 30 dias a contar da data da receção do parecer da Unidade Técnica a que se refere o número seguinte, pode, unilateralmente e nos termos fixados no contrato ou na lei, tomar a decisão que acautele em melhores condições o interesse público.

5 – Para efeitos do disposto no número anterior, deve ser emitido um novo parecer pela Unidade Técnica.

6 – A Unidade Técnica deve emitir os pareceres a que se referem os números anteriores no prazo de 15 dias a contar da receção de todos os elementos exigidos.

ARTIGO 21º
Distribuição de benefícios, reposição de equilíbrio financeiro e renegociação de contrato

1 – Quando, nos termos de contrato de parceria já celebrado, se verifiquem ou sejam invocados factos suscetíveis de fundamentar uma partilha de benefícios, ou a sua integral atribuição ao parceiro público, a reposição de equilíbrio financeiro ou a renegociação do contrato, deve ser constituída uma comissão de negociação para o efeito.

2 – Para efeitos do disposto no número anterior, o serviço ou entidade que representa o parceiro público deve apresentar ao membro do Governo responsável pela área do projeto uma proposta, devidamente fundamentada, indicando, nomeadamente, os fundamentos para o início do processo negocial e os objetivos que se pretendem alcançar.

3 – Caso o membro do Governo responsável pela área do projeto em causa decida dar início ao processo negocial, deve notificar o membro do Governo responsável pela área das finanças com vista à constituição da comissão de negociação, indicando, desde logo, consoante a complexidade do processo, dois ou três membros efetivos e um ou dois suplentes para integrar aquela comissão.

4 – Cumprido o disposto nos números anteriores, o membro do Governo responsável pela área das finanças determina à Unidade Técnica a constituição de uma comissão de negociação.

5 – Quando tomar conhecimento de que se verifica uma das situações previstas no nº 1 sem que, entretanto, tenha sido apresentada a proposta a que se refere o nº 2, a Unidade Técnica deve informar, de imediato, os membros do Governo responsáveis pelas áreas das finanças e do projeto em causa, propondo, fundamentadamente, a constituição de uma comissão de negociação.

6 – Em casos excecionais, devidamente fundamentados, os membros do Governo responsáveis pelas áreas das finanças e do projeto em causa podem dispensar a constituição da comissão de negociação.

ARTIGO 22º
Comissão de negociação

1 – À comissão de negociação aplica-se, com as necessárias adaptações, o regime previsto no artigo 10º

2 – Compete à comissão de negociação desenvolver as ações que se revelem necessárias à conclusão do processo negocial.

3 – Compete, designadamente, à comissão de negociação:

a) Representar o parceiro público nas sessões de negociação com o parceiro privado;

b) Promover, durante o processo negocial, uma eficaz articulação com o serviço ou entidade que representa o parceiro público no respetivo contrato, com vista a imprimir maior celeridade e eficácia ao desenvolvimento e conclusão do correspondente processo;

c) Negociar as soluções e medidas que considere mais consentâneas com a defesa do interesse público;

d) Quando aplicável, demonstrar a comportabilidade orçamental das soluções preconizadas e quantificar, de forma discriminada, os encargos para o setor público, bem como proceder à estimativa do impacte potencial da eventual alteração da matriz de riscos ou de novos riscos, direta ou indiretamente, afetos ao setor público;

e) Elaborar o projeto de relatório a submeter à aprovação superior, devendo no mesmo fundamentar os consensos obtidos e ou as soluções que propõe;

f) Apresentar as minutas dos instrumentos jurídicos que se revelem necessárias à conclusão do processo negocial;

g) Assegurar a manutenção do cumprimento do disposto no nº 1 do artigo 6º e no artigo 7º

ARTIGO 23º
Aprovação do relatório da negociação

1 – A comissão de negociação, ouvido o órgão de gestão da entidade pública interessada, quando for o caso, submete à consideração dos membros do Governo res-

ponsáveis pelas áreas das finanças e do projeto em causa um relatório fundamentado sobre os resultados do processo negocial, com uma proposta de decisão.

2 – O relatório a que se refere o número anterior deve ser acompanhado dos projetos dos instrumentos jurídicos necessários à concretização da proposta de decisão apresentada.

3 – Os membros do Governo responsáveis pelas áreas das finanças e do projeto em causa decidem quanto à aprovação do relatório, mediante despacho a emitir no prazo de 30 dias a contar da receção do mesmo.

CAPÍTULO IV
Empresas públicas com carácter comercial ou industrial

ARTIGO 24º
Regime especial

1 – Com exceção do que se dispõe nos números seguintes, o regime previsto nos capítulos II e III do presente diploma não é aplicável às parcerias desenvolvidas e lançadas por empresas públicas com carácter comercial ou industrial quando, cumulativamente, se verifiquem as seguintes situações:

a) As contas da respetiva empresa não consolidem com as do setor público administrativo, nos termos das regras de contabilidade pública ou nacional aplicáveis;

b) A exploração da atividade da respetiva empresa pública não é, direta ou indiretamente, subsidiada pelo Estado, ainda que mediante a atribuição de indemnizações compensatórias;

c) A parceria não carece, nem é objeto, de financiamento, direto ou indireto, por parte do Estado;

d) A parceria não carece, nem é objeto, direto ou indireto, da prestação de garantias por parte do Estado;

e) Os custos decorrentes da execução do contrato de parceria não são suscetíveis de, direta ou indiretamente, afetarem ou virem a afetar o montante da dívida pública.

2 – As empresas públicas abrangidas pelo disposto no número anterior devem, com as necessárias adaptações, considerar os elementos definidos no nº 2 do artigo 12º, no nº 2 do artigo 14º e nos nºs 8 e 9 do artigo 17º

3 – É ainda aplicável às empresas públicas abrangidas pelo disposto no nº 1 o regime previsto nos nºs 3 e 5 do artigo 18º, competindo a decisão ao respetivo órgão de gestão.

4 – Para efeitos do disposto no nº 1, considera-se que a empresa pública tem carácter comercial ou industrial quando a sua atividade económica se submete à lógica do mercado e da livre concorrência.

ARTIGO 25º
Apoio da Unidade Técnica

No desenvolvimento e execução de processos de parcerias, as empresas públicas abrangidas pelo regime especial previsto no artigo anterior devem, necessitando de apoio técnico externo, recorrer, preferencialmente, ao apoio da Unidade Técnica, nas condições que com esta forem definidas.

CAPÍTULO V
Acompanhamento global das parcerias e apoio técnico ao Governo

ARTIGO 26º
Matérias económico-financeiras

1 – Sem prejuízo das competências legalmente atribuídas a outras entidades, incumbe à Unidade Técnica, nas matérias económico-financeiras, proceder ao registo dos encargos financeiros estimados e assumidos pelo setor público no âmbito das parcerias, bem como acompanhar permanentemente a situação e evolução dos respetivos contratos.

2 – A Unidade Técnica, até ao dia 20 do mês subsequente de cada trimestre, elabora e submete à apreciação do membro do Governo responsável pela área das finanças um relatório sobre a situação dos encargos estimados e assumidos pelo setor público, complementado pelos elementos que julgue relevantes relacionados com os contratos e processos em execução.

3 – A Unidade Técnica assegura às Direções-Gerais do Tesouro e Finanças e do Orçamento o acesso, em tempo real, à base de dados que regista os encargos a que se refere o nº 1.

ARTIGO 27º
Acompanhamento de processos arbitrais

1 – Compete, igualmente, à Unidade Técnica proceder ao acompanhamento dos processos arbitrais relativos às parcerias, disponibilizando, designadamente, todo o apoio técnico que lhe for solicitado pelos mandatários do parceiro público.

2 – Para efeitos do disposto no número anterior, devem os parceiros públicos dar conhecimento, no prazo de três dias, de qualquer pedido de submissão de litígio a arbitragem.

ARTIGO 28º
Objetivos

O acompanhamento, pela Unidade Técnica, a que se refere os artigos anteriores tem, designadamente, os seguintes objetivos:

a) Assegurar a continuidade do conhecimento dos projetos, de forma a dotar o setor público de uma adequada capacidade negocial;

b) Assegurar que permaneça no setor público o conhecimento dos projetos, contribuindo-se, assim, para a progressiva redução tendente à eliminação do recurso à consultadoria externa;

c) Recolher, tratar e centralizar a informação económico-financeira relativa a contratos de parcerias a celebrar ou celebrados;

d) Informar o membro do Governo responsável pela área das finanças da situação económico-financeira dos contratos de parcerias e da sua evolução;

e) Dotar o Ministério das Finanças de adequados instrumentos de informação suscetíveis de contribuir para as decisões políticas relacionadas com parcerias;

f) Identificar situações suscetíveis de contribuir para um eventual agravamento do esforço financeiro do setor público;

g) Contribuir para a prevenção da ocorrência das situações a que se refere a alínea anterior;

h) Contribuir para melhorar o processo de constituição de novas parcerias;

i) Contribuir para uma eficaz divulgação da experiência recolhida no âmbito do setor público;

j) Avaliar os resultados de contratos de parceria celebrados, designadamente comparando-os, quando possível, com aqueles que são alcançados por outras entidades públicas ou privadas que desenvolvem atividades de conteúdo semelhante.

ARTIGO 29º
Prestação de informação

Para efeitos do disposto nos artigos anteriores, as entidades a que se refere o nº 2 do artigo 2º e os parceiros privados devem prestar toda a informação e fornecer todos os elementos solicitados pela Unidade Técnica, nos termos e nos prazos por esta definidos.

ARTIGO 30º
Apoio técnico ao Governo

1 – A Unidade Técnica presta apoio técnico ao Ministério das Finanças no âmbito do desenvolvimento, execução e acompanhamento dos processos de parcerias.

2 – O apoio técnico a que se refere o número anterior pode, igualmente, ser prestado a outras entidades envolvidas em processos de parcerias, mediante solicitação expressa do membro do Governo responsável pela área da parceria em causa ao membro do Governo responsável pela área das finanças.

3 – No âmbito do apoio técnico a que se referem os números anteriores, a Unidade Técnica emite os pareceres que lhe forem solicitados e executa as tarefas que lhe forem determinadas pelo membro do Governo responsável pela área das finanças.

CAPÍTULO VI
Fiscalização das parcerias

ARTIGO 31º
Fiscalização das parcerias

As atribuições conferidas pelo presente diploma à Unidade Técnica não prejudicam os poderes atribuídos na lei e ou nos contratos a outras entidades para fiscalizar, controlar a execução e determinar auditorias às parcerias.

CAPÍTULO VII
Transparência e publicitação

ARTIGO 32º
Sítio da Unidade Técnica

A Unidade Técnica deve dispor de um sítio próprio para efeitos de publicitação de todos os documentos julgados úteis relacionados com processos de parcerias.

ARTIGO 33º
Publicitação obrigatória

No sítio a que se refere o artigo anterior são obrigatoriamente publicitados os seguintes documentos.

a) O presente diploma;

b) Os relatórios trimestrais a que se refere o nº 2 do artigo 26º, depois de aprovados pelo membro do Governo responsável pela área das finanças;

c) O despacho relativo à designação do Coordenador da Unidade Técnica;

d) A composição das equipas de projeto, de júris de procedimento, de comissões de negociação e de equipas de acompanhamento das fases iniciais da execução de contratos;

e) Os programas de procedimento, cadernos de encargos e correspondentes anexos relativos a parcerias abrangidas pelo presente diploma;

f) Os relatórios finais de avaliação das propostas relativos a parcerias abrangidas pelo presente diploma;

g) Os contratos de parcerias já celebrados e os seus anexos, exceto quando contenham matérias legalmente protegidas;

h) As alterações a contratos de parcerias já celebrados e os seus anexos, exceto quando contenham matérias legalmente protegidas;

i) Os peritos indicados para os processos de arbitragem.

CAPÍTULO VIII
Unidade Técnica de Acompanhamento de Projetos

SECÇÃO I
Natureza, missão e atribuições

ARTIGO 34º
Natureza

A Unidade Técnica de Acompanhamento de Projetos é uma entidade administrativa dotada de autonomia administrativa, dependendo diretamente do membro do Governo responsável pela área das finanças.

ARTIGO 35º
Missão e atribuições

1 – Sem prejuízo das competências legalmente atribuídas a outras entidades e do disposto no nº 3, a Unidade Técnica tem por missão participar na preparação, desenvolvimento, execução e acompanhamento global de processos de parcerias, bem como prestar apoio técnico ao Ministério das Finanças e, nos termos previstos no presente diploma, a outras entidades em processos daquela natureza.

2 – São, designadamente, atribuições da Unidade Técnica:

a) Assegurar que a experiência e o conhecimento adquiridos pelo setor público nas matérias relacionadas com parcerias permanecem na Unidade Técnica e estejam disponíveis para outras entidades públicas;

b) Estudar e preparar processos de lançamento de parcerias;

c) Prestar apoio técnico aos membros do Governo e a outras entidades públicas no âmbito das parcerias;

d) Proceder ao acompanhamento global das parcerias nas matérias económico-financeiras;

e) Designar as equipas de projetos para o estudo, preparação e lançamento de parcerias, bem como as equipas para acompanhar a fase inicial de execução de contratos de parcerias;

f) Indicar membros para júris e comissões de negociação relativas a processos de parcerias;

g) Prestar apoio técnico e administrativo às equipas de projetos, aos júris e às comissões a que se referem as alíneas anteriores;

h) Apresentar ao membro do Governo responsável pela área das finanças os relatórios previstos no presente diploma, bem como outros estudos que superiormente lhe sejam solicitados relativos a parcerias;

i) Emitir os pareceres que lhe forem solicitados e executar as tarefas que lhe forem determinadas pelo membro do Governo responsável pela área das finanças no âmbito das parcerias;

j) Assumir a qualidade de gestora de contrato de parceria, nos termos previstos no artigo seguinte;

k) Proceder ao acompanhamento dos processos arbitrais relativos às parcerias, disponibilizando, designadamente, todo o apoio técnico que lhe for solicitado pelos mandatários do parceiro público;

l) Informar o membro do Governo responsável pela área das finanças da situação económico-financeira dos contratos de parcerias e da sua evolução;

m) Identificar situações suscetíveis de contribuir para um eventual agravamento do esforço financeiro do setor público;

n) Recolher, tratar e centralizar a informação económico-financeira e de repartição de riscos relativa a contratos de parcerias a celebrar ou já celebrados;

o) Elaborar modelos de documentos e apresentar recomendações suscetíveis de se revelarem úteis às diversas entidades que se encontrem envolvidas no lançamento, acompanhamento e gestão de parcerias;

p) Promover a publicitação em sítio próprio de matérias de interesse relacionadas com processos de parcerias;

q) Promover ações de formação, em particular dirigidas aos quadros técnicos das entidades públicas que participam em processos de parcerias;

r) Otimizar os recursos técnicos disponíveis no setor público, contribuindo para a redução do recurso à consultadoria externa;

s) Acompanhar as experiências internacionais no âmbito das parcerias, estabelecendo relações com entidades comunitárias e internacionais que intervenham nesta área.

3 – Por despacho conjunto dos ministros responsáveis pela área das finanças e do projeto em causa, e nos termos por estes definidos, a Unidade Técnica pode prestar apoio técnico no desenvolvimento, contratação e acompanhamento de grandes projetos de infraestruturas, não enquadráveis na definição de parceria público-privada, suscetíveis de serem financiados pelo setor público ou gerarem encargos para este.

4 – Para efeitos do disposto no número anterior, consideram-se grandes projetos aqueles que envolvam, em termos previsionais, para a duração de toda a parceria, um encargo bruto para o setor público igual ou superior a 10 milhões de euros ou um investimento igual ou superior a 25 milhões de euros, a valores atualizados para o momento anterior à decisão de lançamento do projeto, de acordo com as taxas de atualização fixadas pelo membro do Governo responsável pela área das finanças para efeitos de avaliação deste tipo de projetos.

ARTIGO 36º
Apoio técnico e gestão de contratos

1 – Sem prejuízo do disposto no número seguinte, para além das atribuições que lhe são conferidas pelo presente diploma, a Unidade Técnica, no âmbito de processos de parcerias por determinação dos membros do Governo responsáveis pelas áreas das finanças e da parceria em causa, segundo as condições por estes definidas, pode:

a) Prestar apoio técnico na gestão de contratos celebrados pelas entidades a que se refere o nº 2 do artigo 2º;

b) Assumir a qualidade de entidade gestora de contrato celebrado por qualquer uma das entidades a que se refere o nº 2 do artigo 2º

2 – A Unidade Técnica, por iniciativa própria, pode promover a realização de ações de formação profissional.

3 – Tratando-se de entidades a que se referem as alíneas *d*) e *e*) do nº 2 do artigo 2º, o apoio técnico e a assunção da qualidade de entidade gestora a que se referem as alíneas *a*) e *b*) do nº 1 devem ser solicitados pelo respetivo órgão de gestão aos membros do Governo responsáveis pelas áreas da parceria em causa e das finanças.

4 – Os membros do Governo a que se referem os números anteriores podem determinar que os custos, incluindo os de pessoal, com as atividades a que se refere o nº 1 sejam total ou parcialmente suportados pelas entidades públicas que delas beneficiem.

SECÇÃO II
Coordenador da Unidade Técnica

ARTIGO 37º
Designação

1 – A Unidade Técnica é dirigida por um Coordenador, cargo de direção superior de 1º grau da Administração Pública.

2 – Ao Coordenador da Unidade Técnica, adiante apenas designado por Coordenador, é aplicável o Estatuto do Pessoal Dirigente da Administração Pública em tudo o que não estiver previsto no presente diploma.

3 – Nas suas ausências e impedimentos, o Coordenador é substituído por consultor da Unidade Técnica designado por despacho do membro do Governo responsável pela área das finanças, sob proposta daquele.

ARTIGO 38º
Incompatibilidades, impedimentos e controlo público de riqueza

1 – Sem prejuízo do disposto no número seguinte, o Coordenador fica sujeito ao regime jurídico de incompatibilidades, impedimentos e de controlo público de riqueza aplicável a altos cargos públicos.

2 – Após o termo das suas funções, o Coordenador fica impedido, pelo período de três anos, de desempenhar, direta ou indiretamente, qualquer função ou de prestar qualquer serviço a entidades que sejam ou tenham sido parceiros privados em processos de parceria com a intervenção ou o apoio técnico da Unidade Técnica, bem como a entidades de grupos em que aquelas se insiram.

ARTIGO 39º
Competências do Coordenador

1 – Compete ao Coordenador a prática de todos os atos necessários à prossecução das atribuições da Unidade Técnica que não estejam, nos termos da lei, atribuídos a outras entidades.

2 – Ao Coordenador, no âmbito da atividade da Unidade Técnica, compete, nomeadamente:

a) Dirigir e assegurar a atividade da Unidade Técnica;
b) Promover a execução das tarefas que forem determinadas pelo membro do Governo responsável pela área das finanças;
c) Submeter à consideração do membro do Governo responsável pela área das finanças os relatórios produzidos pela Unidade Técnica, bem como os respetivos planos e relatórios anuais de atividades;
d) Informar o membro do Governo responsável pela área das finanças da situação económico-financeira dos contratos de parcerias e da sua evolução, identificando, nomeadamente, as situações suscetíveis de contribuir para um eventual agravamento do esforço financeiro do setor público;
e) Designar as equipas de projeto para estudo, preparação e lançamento de parcerias, indicando os respetivos presidentes;
f) Acompanhar os trabalhos das equipas de projeto e das comissões de negociação;
g) Indicar membros para júris e comissões de negociação relativas a processos de parcerias;
h) Tomar conhecimento e determinar as medidas adequadas, se for caso disso, sobre as queixas e reclamações apresentadas;
i) Exercer as competências que lhe sejam delegadas.

SECÇÃO III
Consultores da Unidade Técnica

ARTIGO 40º
Consultores

1 – Na Unidade Técnica desempenham funções, em regime de comissão de serviço ou de prestação de serviço pelo período de três anos, renovável, até quatro consultores de primeiro nível, até cinco consultores de segundo nível e até três consultores de terceiro nível, designados por despacho do membro do Governo responsável pela área das finanças, sob proposta do Coordenador da Unidade Técnica, de entre licenciados, vinculados ou não à Administração Pública, que possuam competência técnica, aptidão, experiência profissional e formação adequadas às áreas de atribuição da Unidade Técnica.

2 – O despacho de designação a que se refere o número anterior é publicado no Diário da República, juntamente com uma nota relativa ao currículo académico e profissional do designado.

3 – Os consultores exercem funções em regime de isenção de horário de trabalho e são remunerados pelos níveis 80, 70 e 50 da tabela remuneratória única dos trabalhadores que exercem funções públicas, consoante, respetivamente, se trate de consultores de primeiro, segundo e terceiro níveis.

4 – No caso de cedência de interesse público para o exercício de funções de consultor, com opção pela remuneração base devida na situação jurídico-funcional de origem que esteja constituída por tempo indeterminado, a remuneração a pagar não pode exceder a remuneração base de ministro.

5 – No exercício de funções, o consultor está impedido de, direta ou indiretamente, prestar assessoria a entidades que se apresentem como concorrentes ou a entidades financiadoras dos mesmos em processos de parceria, bem como a entidades que sejam ou tenham sido parceiros privados em processos de parceria com a intervenção ou o apoio técnico da Unidade Técnica ou a entidades de grupo em que aquelas se insiram, assim como às respetivas entidades financiadoras.

6 – A inobservância do disposto no número anterior constitui fundamento de exclusão da candidatura ou proposta apresentadas no âmbito de qualquer procedimento tendente à adjudicação da parceria, quando tal confira ao candidato ou concorrente uma vantagem passível de falsear as condições normais de concorrência, constituindo ainda facto suscetível de fundamentar a rescisão de contrato de parceria celebrado, sem prejuízo da indemnização a que o parceiro público possa ter direito, nos termos legais ou contratuais aplicáveis.

7 – É aplicável aos consultores o disposto no nº 2 do artigo 38º, com exceção do regresso à empresa ou atividade exercida imediatamente antes da data do início de funções de consultor.

SECÇÃO IV
Funcionamento da Unidade Técnica

ARTIGO 41º
Planos e relatórios de atividades

1 – Até 30 de novembro de cada ano, a Unidade Técnica deve elaborar e submeter à consideração do membro do Governo responsável pela área das finanças o seu plano de atividades para o ano imediatamente seguinte.

2 – Até 31 de março de cada ano, a Unidade Técnica deve elaborar e submeter à consideração do membro do Governo responsável pela área das finanças o relatório das atividades que desenvolveu no ano imediatamente anterior.

ARTIGO 42º
Apoio

A Secretaria-Geral do Ministério das Finanças disponibiliza à Unidade Técnica o pessoal de apoio técnico administrativo e auxiliar que se revele necessário ao seu regular funcionamento.

CAPÍTULO IX
Disposições finais

ARTIGO 43º
Prestadores de serviços

1 – Qualquer pessoa, singular ou coletiva, que preste serviços ao parceiro público ou à Unidade Técnica na preparação, avaliação, acompanhamento, renegociação ou outra intervenção referente a uma determinada parceria que lhe permita o acesso a informação não disponível publicamente fica impedido, no âmbito dessa parceria, de prestar assessoria ao parceiro privado ou a qualquer entidade que se apresente como concorrente, bem como a qualquer entidade financiadora do parceiro privado relativamente ao projeto em causa.

2 – A inobservância do disposto no número anterior constitui fundamento de exclusão de candidatura ou proposta apresentadas no âmbito de procedimento tendente à adjudicação da parceria, quando tal confira ao candidato ou concorrente uma vantagem passível de falsear as condições normais de concorrência, constituindo ainda facto suscetível de fundamentar a rescisão de contrato de parceria celebrado, sem prejuízo da indemnização a que o parceiro público possa ter direito, nos termos legais ou contratuais aplicáveis.

ARTIGO 44º
Dever geral de colaboração

1 – Os serviços e organismos do Estado, as entidades indicadas no nº 2 do artigo 2º, ainda que não tenham a qualidade de parceiro público, e os parceiros privados devem prestar à Unidade Técnica e às entidades incumbidas da fiscalização das parcerias toda a colaboração que se revele necessária, designadamente fornecendo os elementos que lhes sejam solicitados relacionados com processos de parcerias.

2 – À recusa de colaboração são aplicáveis as normais legais que regulam os casos de desobediência.

ARTIGO 45º
Partilha de benefícios e novas atividades

O regime previsto nos artigos 341º e 412º do Código dos Contratos Públicos relativo à partilha de benefícios e ao exercício de atividades não previstas em contratos celebrados aplica-se, com as necessárias adaptações, a todas as parcerias realizadas pelas entidades a que se refere o nº 2 do artigo 2º, independentemente de se encontrarem abrangidas pelo âmbito de aplicação daquele Código.

ARTIGO 46º
Disposição transitória

Durante o ano de 2012, o apoio administrativo, técnico e logístico, incluindo equipamentos e instalações, necessários ao funcionamento da Unidade Técnica são disponibilizados pela Secretaria-Geral do Ministério das Finanças.

ARTIGO 47º
Norma revogatória

1 – É revogado o Decreto-Lei nº 86/2003, de 26 de abril, sem prejuízo da manutenção em vigor do despacho nº 13208/2003, publicado na 2ª série no Diário da República de 7 de julho de 2003, até à determinação de nova taxa de desconto real a ser usada na avaliação dos projetos de parceria, sob proposta da Unidade Técnica.

2 – São revogados os artigos 3º, 4º, 6º, 7º, 11º a 13º, 18º, o nº 3 do artigo 19º, os artigos 20º a 23º, 32º, 33º, o nº 4 do artigo 35º e os artigos 37º e 38º do Decreto-Lei nº 185/2002, de 20 de agosto.

ARTIGO 48º
Aplicação no tempo

1 – Sem prejuízo do disposto nos números seguintes, o regime previsto no presente diploma aplica-se a todos os processos de parcerias, ainda que já tenham sido celebrados os respetivos contratos.

2 – Salvo despacho em contrário proferido pelos membros do Governo responsáveis pelas áreas das finanças e dos projetos em causa, mantêm-se, com as mesmas funções:

a) As comissões de avaliação de propostas e de negociação constituídas nos termos do Decreto-Lei nº 86/2003, de 26 de abril, com a redação introduzida pelo Decreto-Lei nº 141/2006, de 27 de julho, bem como os júris constituídos nos termos do Código dos Contratos Públicos, prosseguindo os respetivos processos, até à sua conclusão, nos termos previstos na data da respetiva constituição;

b) As comissões e júris relativos a processos de parcerias cuja constituição não se efetuou ao abrigo do Decreto-Lei nº 86/2003, de 26 de abril, com a redação introduzida pelo Decreto-Lei nº 141/2006, de 27 de julho, prosseguindo os respetivos processos, até à sua conclusão, nos termos previstos na data da respetiva constituição.

3 – A Unidade Técnica presta apoio técnico às comissões e aos júris a que se refere a alínea *a*) do número anterior nos mesmos termos em que, na data da entrada em vigor do presente diploma, é prestado pela Parpública – Participações Públicas, SGPS, S. A.

4 – Encontrando-se em preparação o lançamento de uma parceria público-privada sem que ainda tenha sido designada a respetiva comissão de acompanhamento, o respetivo processo prossegue, com as necessárias adaptações, nos termos fixados no presente diploma.

5 – Da aplicação do presente diploma não podem resultar alterações aos contratos de parcerias já celebrados, ou derrogações das regras neles estabelecidas, nem modificações a procedimentos de parceria lançados até à data da sua entrada em vigor.

ARTIGO 49º
Entrada em vigor

O presente diploma entra em vigor no primeiro dia do segundo mês subsequente ao da sua publicação.

Visto e aprovado em Conselho de Ministros de 22 de março de 2012. – *Pedro Passos Coelho – Vítor Louçã Rabaça Gaspar.*

Promulgado em 10 de maio de 2012.

Publique-se.

O Presidente da República, ANÍBAL CAVACO SILVA.

Referendado em 14 de maio de 2012.

O Primeiro-Ministro, *Pedro Passos Coelho.*

Regime Jurídico Aplicável à Constituição, Estrutura Orgânica e Funcionamento das Centrais de Compras

Decreto-Lei nº 200/2008, de 9 de Outubro

As Directivas nºs 2004/17/CE e 2004/18/CE, ambas do Parlamento Europeu e do Conselho, de 31 de Março, relativas à coordenação dos processos de adjudicação dos contratos públicos de fornecimento, dos contratos públicos de serviços e dos contratos de empreitada de obras públicas, foram transpostas para a ordem jurídica portuguesa pelo Decreto-Lei nº 18/2008, de 29 de Janeiro, que aprovou o Código dos Contratos Públicos (CCP).

Nos termos dos artigos 260º e seguintes do CCP, as entidades adjudicantes podem constituir centrais de compras para centralizar a contratação de empreitadas de obras públicas, de locação e de aquisição de bens móveis e de aquisição de serviços.

As principais actividades das centrais de compras residem na adjudicação de propostas, a pedido e em representação das entidades adjudicantes, na locação ou aquisição de bens e serviços destinados a entidades adjudicantes, bem como na celebração de acordos quadro.

O presente decreto-lei estabelece, assim, o regime da constituição, da estrutura orgânica e do funcionamento das centrais de compras, em cumprimento do disposto no nº 3 do artigo 260º do CCP.

O presente decreto-lei define, em primeiro lugar, as centrais de compras enquanto sistemas de negociação e aquisição centralizados em benefício de entidades adjudicantes, podendo tais sistemas ser geridos por quaisquer entidades, públicas ou privadas, ou serviços públicos ainda que desprovidos de personalidade jurídica.

No que respeita à centralização de compras do Estado, está já implementado o sistema nacional de compras públicas, aprovado pelo Decreto-Lei nº 37/2007, de 19 de Fevereiro, o qual assenta em dois principais núcleos orgânicos: a Agência Nacional de Compras Públicas, E. P. E., e as unidades ministeriais de compras.

Por conseguinte, no que toca ao Estado em especial, estabelece-se que as respectivas centrais de compras são as plasmadas no mencionado diploma, apenas podendo ser criadas outras em casos excepcionais, no âmbito de um sector específico e mediante autorização prévia do membro do Governo responsável pela área das finanças e do membro do Governo responsável pelo respectivo sector.

A criação das centrais de compras do Estado fica ainda dependente da respectiva viabilidade e racionalidade económico-financeira.

O presente decreto-lei estabelece ainda o conteúdo dos actos constitutivos das centrais de compras e, na esteira do previsto para o sistema nacional de compras públicas, os seus princípios orientadores, tais como a segregação das funções de contratação, de compras e de pagamentos, a utilização de ferramentas de compras electrónicas, a promoção da concorrência e a preferência pela aquisição de bens e serviços que promovam a protecção do ambiente.

Por outro lado, é prevista a possibilidade de as entidades gestoras das centrais de compras cometerem a gestão de algumas das suas actividades a terceiros, desde que estes ofereçam garantias de idoneidade, qualificação técnica e capacidade financeira.

Deste modo, estabelece-se a base organizacional que permitirá uma gestão centralizada e racional das compras públicas, não só através da reiteração do modelo previsto no Decreto-Lei nº 37/2007, de 19 de Fevereiro, em relação ao Estado, mas também através da definição das orientações necessárias à criação de centrais de compras no âmbito das Regiões Autónomas e das autarquias locais.

Foram ouvidos os órgãos de governo próprio das Regiões Autónomas e a Associação Nacional de Municípios Portugueses.

Foi promovida a audição à Associação Nacional de Freguesias.

Assim:

Nos termos da alínea *a*) do nº 1 do artigo 198º da Constituição, o Governo decreta o seguinte:

CAPÍTULO I
Disposições gerais

ARTIGO 1º
Objecto

1 – O presente decreto-lei estabelece o regime jurídico aplicável à constituição, estrutura orgânica e funcionamento das centrais de compras, nos termos do nº 3 do artigo 260º do Código dos Contratos Públicos, aprovado pelo Decreto-Lei nº 18/ /2008, de 29 de Janeiro.

2 – As entidades adjudicantes referidas nos nºs 1 e 2 do artigo 2º do Código dos Contratos Públicos, aprovado pelo Decreto-Lei nº 18/2008, de 29 de Janeiro, podem constituir centrais de compras, nos termos previstos no presente decreto-lei.

ARTIGO 2º
Natureza das centrais de compras

1 – Para efeitos do disposto no presente decreto-lei, consideram-se centrais de compras os sistemas de negociação e contratação centralizados, destinados à aquisição de um conjunto padronizado de bens e serviços ou à execução de empreitadas de obras públicas, em benefício das entidades adjudicantes a que se refere o artigo anterior.

2 – Podem assumir a função das centrais de compras quaisquer entidades, públicas ou privadas, ou serviços públicos ainda que desprovidos de personalidade jurídica.

3 – Para os efeitos previstos no Código dos Contratos Públicos, aprovado pelo Decreto-Lei nº 18/2008, de 29 de Janeiro, as centrais de compras têm a natureza de entidade adjudicante.

ARTIGO 3º
Princípios orientadores

No exercício das suas actividades, além do respeito pelas regras da contratação pública, as centrais de compras devem orientar-se pelos seguintes princípios:

a) Segregação das funções de contratação, de compras e de pagamentos;

b) Utilização de ferramentas de compras electrónicas com funcionalidades de catálogos electrónicos e de encomenda automatizada;

c) Adopção de práticas aquisitivas por via electrónica baseadas na acção de negociadores e especialistas de elevada qualificação técnica, com vista à redução de custos;

d) Preferência pela aquisição dos bens e serviços que promovam a protecção do ambiente e outros interesses constitucionalmente protegidos;

e) Promoção da concorrência.

ARTIGO 4º
Actos constitutivos

1 – Os actos constitutivos das centrais de compras devem regular, nomeadamente, as seguintes matérias:

a) Âmbito objectivo, designadamente as actividades a desenvolver, o tipo ou tipos de contratos abrangidos e, se for o caso, identificação do sector de actividade a que se destina;

b) Âmbito subjectivo, designadamente as entidades abrangidas;

c) Natureza obrigatória ou facultativa do recurso à central de compras por parte das entidades abrangidas.

2 – Os actos constitutivos das centrais de compras podem ainda prever critérios de remuneração dos serviços prestados, designadamente nas relações contratuais com terceiros que não sejam entidades adjudicantes, tendo em conta indicadores de desempenho adequado, como o volume de compras ou a poupança gerada.

ARTIGO 5º
Forma e publicidade

O acto constitutivo das centrais de compras deve respeitar a forma e a publicidade exigidas pela lei aplicável e adequadas à natureza jurídica da respectiva entidade gestora.

ARTIGO 6º
Gestão de actividades das centrais de compras por terceiros

1 – As entidades gestoras das centrais de compras podem cometer a gestão de algumas das suas actividades a um terceiro, independentemente da sua natureza pública ou privada, desde que tal se encontre expressamente previsto nos respectivos actos constitutivos.

2 – O terceiro referido no número anterior deve oferecer garantias de idoneidade, qualificação técnica e capacidade financeira adequadas à gestão das actividades da central de compras em causa.

3 – O contrato de gestão celebrado para os efeitos previstos no presente artigo deve ser reduzido a escrito e regular, designadamente as seguintes matérias:

a) Prestações especificamente abrangidas pelo objecto do contrato de gestão;

b) Garantia de continuidade e qualidade na execução das prestações por parte do terceiro;

c) Definição das actividades acessórias que o terceiro pode prosseguir e respectivos termos;

d) Critérios de remuneração do terceiro e modo de pagamento;

e) Duração do contrato.

4 – O disposto no presente artigo não prejudica a aplicabilidade das normas que regem a contratação pública à selecção do terceiro.

CAPÍTULO II
Centrais de compras do Estado

ARTIGO 7º
Criação

1 – As centrais de compras do Estado, incluindo institutos públicos, são as definidas no Decreto-Lei nº 37/2007, de 19 de Fevereiro, sem prejuízo do disposto no número seguinte e do disposto no artigo 10º.

2 – Em casos excepcionais, pode o Estado criar outras centrais de compras para além das mencionadas no número anterior, destinadas a um sector de actividade específico e vocacionadas para satisfazer necessidades especiais e diferenciadas, dependendo a sua criação de autorização prévia do membro do Governo responsável pela área das finanças e do membro do Governo responsável pelo respectivo sector, sob proposta da comissão interministerial de compras.

ARTIGO 8º
Viabilidade e racionalidade económico-financeira

A criação de centrais de compras é sempre precedida de um estudo que deve incidir sobre a necessidade, viabilidade económico-financeira e vantagens, designadamente na perspectiva dos ganhos de qualidade e eficiência, da criação da central de compras, bem como sobre a sua conformidade com o regime legal aplicável.

CAPÍTULO III
Disposições finais e transitórias

ARTIGO 9º
Articulação com o sistema nacional de compras públicas

O disposto no presente decreto-lei não prejudica nem derroga o regime consagrado no Decreto-Lei nº 37/2007, de 19 de Fevereiro, nem o disposto nos diplomas que o regulamentam.

ARTIGO 10º
Centrais de compras do sistema de saúde

(Revogado pelo Decreto-Lei nº 108/2011, de 17-11)

ARTIGO 11º
Norma transitória

1 – O presente decreto-lei aplica-se às centrais de compras criadas após a data da sua entrada em vigor.

2 – As centrais de compras já existentes devem, no prazo de seis meses a contar da data da entrada em vigor do presente decreto-lei, adaptar os respectivos actos constitutivos.

ARTIGO 12º
Entrada em vigor

O presente decreto-lei entra em vigor no dia seguinte ao da sua publicação.

Visto e aprovado em Conselho de Ministros de 14 de Agosto de 2008. – *José Sócrates Carvalho Pinto de Sousa – Fernando Teixeira dos Santos – Mário Lino Soares Correia – Ana Maria Teodoro Jorge.*

Promulgado em 30 de Setembro de 2008.

Publique-se.

O Presidente da República, ANÍBAL CAVACO SILVA.

Referendado em 2 de Outubro de 2008.

O Primeiro-Ministro, *José Sócrates Carvalho Pinto de Sousa.*

Regime Jurídico do Património Imobiliário Público

Decreto-Lei nº 280/2007, de 7 de Agosto

O presente decreto-lei corporiza a reforma do regime do património imobiliário público, guiando-se por objectivos de eficiência e racionalização dos recursos públicos e de adequação à actual organização do Estado.

Os contextos políticos, económicos e jurídicos existentes ao longo de mais de seis décadas, nomeadamente aquando da aprovação dos diplomas mais antigos e ainda em vigor, sofreram modificações de tal ordem que o actual quadro legal já não permite dar resposta às exigências em que se deve desenvolver a gestão do património imobiliário público. Impõe-se, pois, substituir a vasta e dispersa legislação, indo ao encontro das preocupações de simplificação e de sistematização que tornem o regime do património imobiliário público mais acessível e transparente.

Numa primeira vertente, o presente decreto-lei contempla os princípios que regulam a gestão patrimonial imobiliária. Para além de princípios comuns à actividade administrativa, aqui aplicáveis, salientam-se outros que assumem especificidades, como os da concorrência, transparência, colaboração, responsabilidade e controlo. Neste particular, integram-se ainda as regras da onerosidade e da equidade intergeracional no âmbito da actividade de gestão do património imobiliário público e estabelecem-se normas mais exigentes de gestão, controlo e avaliação patrimoniais, ao abrigo dos princípios da boa administração e da protecção dos bens públicos.

São estabelecidas, pela primeira vez, as disposições gerais e comuns aplicáveis aos bens imóveis dos domínios públicos do Estado, das Regiões Autónomas e das autarquias locais. Nesta sede, assume relevância a possibilidade de a aquisição do estatuto da dominialidade poder resultar de classificação legal e de afectação subsuntiva às utilidades públicas correspondentes. Por outro lado, prevê-se a circunstância de a perda do estatuto da dominialidade se poder verificar por desafectação das utilidades que justificavam a sujeição do imóvel a tal estatuto. O regime jurídico dos bens imóveis dos domínios públicos do Estado, das Regiões Autónomas e das autarquias locais é ainda recortado pelos princípios da inalienabilidade, imprescritibilidade e impenhorabilidade e pela possibilidade de os bens em causa serem utilizados, pela Administração, através de reservas e mutações dominiais e de cedências de utilização e, pelos particulares, designadamente através de concessões de exploração.

São estabelecidos procedimentos de coordenação na administração dos bens imóveis do domínio privado do Estado e dos institutos públicos através da criação do programa de gestão do património imobiliário, reforçando-se ainda os deveres de informação em matéria de gestão patrimonial. Sublinha-se também a utilização dos meios electrónicos e informáticos nos sistemas de informação e a existência de adequados mecanismos de controlo, avaliação e responsabilização.

Este decreto-lei é também enformado pelas regras aplicáveis à gestão dos bens imóveis do domínio privado do Estado e dos institutos públicos, não sendo, contudo, prejudicada a aplicação de normas especiais nos casos em que tal se justifica em razão da especificidade de determinados tipos de patrimónios imobiliários. Tal gestão norteia-se por exigências de rigor, eficiência e transparência e, simultaneamente, de simplificação e de celeridade dos respectivos procedimentos.

Igualmente significativas são as inovações e modificações ao nível da criação de procedimentos mais simples e céleres, mas rigorosos, como é o caso do procedimento por negociação com publicação prévia de anúncio e, bem assim, da atribuição de contornos igualmente mais simples e eficazes – mas não menos transparentes – nos procedimentos já existentes da hasta pública e do ajuste directo. De realçar é o abandono da regra da hasta pública como princípio elementar aplicável às vendas e o seu reposicionamento para procedimento residual. Atendendo à possibilidade da sujeição da venda a condições, bem como ao leque de situações em que é admissível o procedimento do ajuste directo, opta-se pelo afastamento da figura da cessão definitiva.

São igualmente regulados os instrumentos jurídicos necessários a uma eficaz administração imobiliária, designadamente a cedência de utilização, o arrendamento e a constituição do direito de superfície.

Dota-se ainda a locação financeira de uma regulamentação própria, cuja existência, ditada pela evolução sócio-económica, era há muito necessária, sendo criadas as bases legais da avaliação e de uma bolsa de avaliadores qualificados, com vista a uma redução de custos financeiros e a um melhor aproveitamento dos recursos patrimoniais existentes.

A inventariação completa dos bens imóveis dos domínios públicos do Estado, das Regiões Autónomas e das autarquias locais e dos imóveis do domínio privado do Estado e dos institutos públicos constitui uma necessidade premente para a boa gestão do património imobiliário público, razão pela qual, por último, se estabelece um programa de inventariação calendarizada dos trabalhos necessários à elaboração e actualização do inventário. E estabelecem-se ainda regras sobre a regularização matricial e o registo predial, nelas se incluindo a justificação administrativa.

Em suma, as inovações e a sistematização ora introduzidas permitem disciplinar, adequadamente, o uso mais eficiente dos recursos públicos, proporcionando racionalidade e rendibilidade nas operações patrimoniais e, consequentemente, um reforço da eficácia e rigor financeiros.

Foram ouvidos os órgãos de governo próprio das Regiões Autónomas, a Associação Nacional de Municípios Portugueses e a Associação Nacional de Freguesias.

Assim:

No uso da autorização legislativa concedida pela Lei nº 10/2007, de 6 de Março, e nos termos das alíneas *a)* e *b)* do nº 1 do artigo 198º da Constituição, o Governo decreta o seguinte:

CAPÍTULO I
Disposições gerais

ARTIGO 1º
Objecto e âmbito

1 – O presente decreto-lei estabelece:

a) As disposições gerais e comuns sobre a gestão dos bens imóveis dos domínios públicos do Estado, das Regiões Autónomas e das autarquias locais;

b) O regime jurídico da gestão dos bens imóveis do domínio privado do Estado e dos institutos públicos.

2 – O presente decreto-lei estabelece ainda os deveres de coordenação de gestão patrimonial e de informação sobre bens imóveis dos sectores públicos administrativo e empresarial, designadamente para efeitos de inventário.

ARTIGO 2º
Princípios gerais

As entidades abrangidas pelo presente decreto-lei devem observar os princípios gerais da actividade administrativa, designadamente os princípios da legalidade, da prossecução do interesse público no respeito pelos direitos e interesses legalmente protegidos dos particulares, da igualdade, da proporcionalidade, da justiça, da imparcialidade e da boa fé.

ARTIGO 3º
Boa administração

1 – A gestão, a utilização e a alienação dos bens imóveis referidos no artigo 1º devem ser realizadas de acordo com a ponderação dos custos e benefícios.

2 – As despesas com a aquisição, administração e utilização dos bens imóveis devem satisfazer os requisitos da economia, eficiência e eficácia, especialmente quando envolvam um dispêndio significativo de dinheiros públicos.

ARTIGO 4º
Onerosidade

1 – O espaço ocupado nos bens imóveis do Estado deve ser avaliado e sujeito a contrapartida.

2 – A contrapartida referida no número anterior pode assumir a forma de compensação financeira a pagar pelo serviço ou organismo utilizador.

ARTIGO 5º
Equidade

1 – As decisões relativas à alienação e oneração e à escolha das formas de administração dos bens imóveis devem atender à equidade na distribuição de benefícios e custos, designadamente entre gerações.

2 – A apreciação da equidade intergeracional na vertente patrimonial implica a ponderação entre:

a) A aptidão do bem imóvel para a prossecução de fins de interesse público nos curto, médio e longo prazos;

b) A perspectiva de evolução dos encargos com a manutenção e conservação do bem imóvel;

c) A perspectica de evolução do valor do bem imóvel de acordo com as suas características e face ao mercado imobiliário.

ARTIGO 6º
Consignação

1 – A lei do Orçamento do Estado pode determinar, nos termos da lei do enquadramento orçamental, a consignação da totalidade ou de parte da receita proveniente da alienação ou oneração, incluindo a cedência e o arrendamento dos bens imóveis referidos na alínea *b*) do nº 1 do artigo 1º, nomeadamente para cobertura de:

a) Despesas de conservação e reabilitação de imóveis;
b) Despesas de construção de infra-estruturas;
c) Despesas com a aquisição de equipamentos para a modernização dos serviços;
d) Ao pagamento de contrapartidas resultantes da implementação do princípio da onerosidade;
e) À despesa com a utilização de imóveis.

2 – Mediante despacho do membro do Governo responsável pela área das finanças, pode ser afeto ao pagamento das despesas correntes relativas à administração e gestão dos imóveis do Estado, inscritas no Orçamento do Estado, no Capítulo 60 do Ministério das Finanças, 5% da receita proveniente de operações imobiliárias realizadas sobre imóveis do Estado ou de institutos públicos.
(Redação dada pela Lei nº 83-C/2013, de 31-12)

ARTIGO 7º
Concorrência

As entidades abrangidas pelo presente decreto-lei devem, na gestão dos bens imóveis, assegurar aos interessados em contratar ou em os utilizar uma concorrência efectiva.

ARTIGO 8º
Transparência

1 – As entidades abrangidas pelo presente decreto-lei devem garantir adequada publicidade e proporcionar, tempestivamente, o mais amplo acesso aos procedimentos.

2 – As decisões nos procedimentos de gestão patrimonial devem ser documentadas e, quando for necessário, objecto de fundamentação e de notificação aos interessados.

ARTIGO 9º
Protecção

1 – As entidades abrangidas pelo presente decreto-lei, bem como os titulares dos seus órgãos e os seus funcionários, agentes e trabalhadores, devem zelar pela protecção dos bens imóveis a que se refere o artigo 1º, através dos meios legais e dos actos de gestão mais adequados.

2 – A obrigação referida no número anterior estende-se a todas as outras entidades que compõem os sectores públicos administrativo e empresarial, bem como a todas as pessoas ou entidades sujeitos de relações jurídicas contempladas no presente decreto-lei.

ARTIGO 10º
Colaboração

As entidades abrangidas pelo presente decreto-lei, bem como todas as pessoas ou entidades sujeitos de relações jurídicas nele contempladas, devem prestar às entidades responsáveis pela gestão dos bens imóveis, nos termos da lei, toda a colaboração e informação que lhes for solicitada.

ARTIGO 11º
Responsabilidade

1 – As entidades abrangidas pelo presente decreto-lei, bem como os titulares dos seus órgãos e os seus funcionários, agentes e trabalhadores, podem ser responsabilizadas, disciplinar, financeira, civil e criminalmente, nos termos da lei, pelos actos e omissões de que resulte a violação do disposto no presente decreto-lei.

2 – Os serviços públicos com competência para fiscalizar o disposto no presente decreto-lei devem, para efeitos do número anterior, comunicar às entidades competentes as infracções detectadas, sob pena de se constituírem igualmente em responsabilidade por omissão, nos termos da lei.

ARTIGO 12º
Controlo

1 – As entidades do sector público administrativo devem garantir a organização e a actualização periódica de elementos informativos relativos à natureza, ao valor e à utilização dos bens imóveis, incluindo a verificação dos requisitos previstos no nº 2 do artigo 3º.

2 – A obrigação referida no número anterior estende-se às entidades que compõem o sector empresarial do Estado, das Regiões Autónomas e das autarquias locais.

ARTIGO 13º
Direcção-Geral do Tesouro e Finanças

A gestão dos bens imóveis do domínio privado do Estado cabe à Direcção-Geral do Tesouro e Finanças, nos termos do presente decreto-lei.

CAPÍTULO II
Domínio público

SECÇÃO I
Disposições gerais

ARTIGO 14º
Classificação

Os imóveis do domínio público são os classificados pela Constituição ou por lei, individualmente ou mediante a identificação por tipos.

ARTIGO 15º
Titularidade

A titularidade dos imóveis do domínio público pertence ao Estado, às Regiões Autónomas e às autarquias locais e abrange poderes de uso, administração, tutela, defesa e disposição nos termos do presente decreto-lei e demais legislação aplicável.

ARTIGO 16º
Afectação

1 – Sempre que o interesse público subjacente ao estatuto da dominialidade de um imóvel não decorra directa e imediatamente da sua natureza, compete ao respectivo titular afectá-lo às utilidades públicas correspondentes à classificação legal.

2 – A eficácia da afectação a que se refere a parte final do número anterior fica dependente da efectiva verificação das utilidades que justificaram a sujeição do bem ao estatuto da dominialidade.

3 – Quando os imóveis do domínio público se revelem susceptíveis de proporcionar várias utilidades, estas são determinadas e ordenadas por acto ou contrato administrativos, de acordo com a sua natureza e os interesses públicos co-envolvidos.

ARTIGO 17º
Desafectação

Quando sejam desafectados das utilidades que justificam a sujeição ao regime da dominialidade, os imóveis deixam de integrar o domínio público, ingressando no domínio privado do Estado, das Regiões Autónomas ou das autarquias locais.

ARTIGO 18º
Inalienabilidade

Os imóveis do domínio público estão fora do comércio jurídico, não podendo ser objecto de direitos privados ou de transmissão por instrumentos de direito privado.

ARTIGO 19º
Imprescritibilidade

Os imóveis do domínio público não são susceptíveis de aquisição por usucapião.

ARTIGO 20º
Impenhorabilidade

Os imóveis do domínio público são absolutamente impenhoráveis.

ARTIGO 21º
Autotutela

A Administração tem a obrigação de ordenar aos particulares que cessem a adopção de comportamentos abusivos, não titulados, ou, em geral, que lesem o interesse público a satisfazer pelo imóvel e reponham a situação no estado anterior, devendo impor coercivamente a sua decisão, nos termos do Código do Procedimento Administrativo e demais legislação aplicável.

SECÇÃO II
Utilização pela Administração

ARTIGO 22º
Reservas dominiais

1 – O titular do imóvel do domínio público de uso comum pode reservar para si o uso privativo de totalidade ou parte do mesmo quando motivos de interesse público o justifiquem, designadamente fins de estudo, investigação ou exploração, durante um prazo determinado.

2 – A duração da reserva é limitada ao tempo necessário para o cumprimento dos fins em virtude dos quais foi constituída.

3 – A reserva prevalece sobre qualquer direito de utilização do imóvel prévio à sua constituição.

ARTIGO 23º
Cedências de utilização

1 – Os imóveis do domínio público podem ser cedidos a título precário para utilização por outras entidades públicas.

2 – Aos casos previstos no número anterior aplica-se, com as devidas adaptações, o disposto nos artigos 53º a 58º, cabendo, designadamente, às entidades que administram os imóveis:

a) Formalizar a entrega dos imóveis através do auto de cedência e aceitação;
b) Fiscalizar o cumprimento do fim justificativo da cedência;
c) Determinar a devolução dos imóveis à entidade cedente.

ARTIGO 24º
Mutações dominiais subjectivas

A titularidade dos imóveis do domínio público pode ser transferida, por lei, acto ou contrato administrativo, para a titularidade de outra pessoa colectiva pública territorial a fim de os imóveis serem afectados a fins integrados nas suas atribuições, nos termos previstos no Código das Expropriações.

SECÇÃO III
Utilização por particulares

SUBSECÇÃO I
Uso comum

ARTIGO 25º
Uso comum ordinário

1 – Os bens do domínio público podem ser fruídos por todos mediante condições de acesso e de uso não arbitrárias ou discriminatórias, salvo quando da sua natureza resulte o contrário.

2 – O uso comum ordinário dos imóveis do domínio público é gratuito, salvo disposição em contrário nos casos em que o aproveitamento seja divisível e proporcione vantagem especial.

ARTIGO 26º
Uso comum extraordinário

1 – O uso comum extraordinário dos imóveis do domínio público pode estar sujeito a autorização e ao pagamento de taxas.

2 – A autorização referida no número anterior deve, designadamente, assegurar a compatibilidade e a hierarquia dos múltiplos usos possíveis, a satisfação da necessidade de conservação do bem e a prevenção da produção ou ampliação de perigos decorrentes de um seu mais intenso aproveitamento.

SUBSECÇÃO II
Utilização privativa

ARTIGO 27º
Títulos de utilização privativa

Os particulares podem adquirir direitos de uso privativo do domínio público por licença ou concessão.

ARTIGO 28º
Conteúdo da utilização privativa

1 – Através de acto ou contrato administrativos podem ser conferidos a particulares, durante um período determinado de tempo, poderes exclusivos de fruição de bens do domínio público, mediante o pagamento de taxas.

2 – O prazo da concessão, salvo estipulação em contrário devidamente fundamentada, não pode ser prorrogado.

3 – O direito resultante da concessão pode constituir objecto de actos de transmissão entre vivos e de garantia real, de arresto, de penhora ou de qualquer outra providência semelhante desde que precedidos de autorização expressa da entidade concedente.

4 – A violação do disposto no número anterior determina a nulidade dos actos aí previstos.

ARTIGO 29º
Extinção

1 – A extinção da concessão antes do decurso do prazo por facto imputável ao concedente confere ao concessionário o direito a uma indemnização pelas perdas e danos sofridos correspondentes às despesas que ainda não estejam amortizadas e que representem investimentos em bens inseparáveis dos imóveis ocupados ou em bens cuja desmontagem ou separação dos imóveis ocupados implique uma deterioração desproporcionada dos mesmos.

2 – Extinta a concessão, o imóvel ocupado deve ser reposto na situação em que se encontrava à data do início da concessão, com desmontagem ou retirada de bens ou sua perda a favor do concedente, caso a desmontagem ou separação implique uma deterioração desproporcionada do imóvel ocupado.

3 – A extinção da concessão por decurso do prazo não confere ao concessionário o direito a qualquer indemnização.

SECÇÃO IV
Exploração

ARTIGO 30º
Concessão de exploração

1 – Através de acto ou contrato administrativos podem ser transferidos para particulares, durante um período determinado de tempo e mediante o pagamento de taxas, poderes de gestão e de exploração de bens do domínio público, designadamente os de autorização de uso comum e de concessão de utilização privativa.

2 – A concessão que outorgue ao concessionário o poder de conferir a terceiros a utilização privativa do domínio público deve incluir as principais cláusulas que estipulem os termos dessa utilização.

3 – O prazo da concessão, salvo estipulação em contrário devidamente fundamentada, não pode ser prorrogado.

CAPÍTULO III
Domínio privado

SECÇÃO I
Aquisição

ARTIGO 31º
Formas de aquisição

1 – As entidades referidas na alínea *b)* do artigo 1º podem, para instalação ou funcionamento de serviços públicos ou para a realização de outros fins de interesse público, adquirir o direito de propriedade ou outros direitos reais de gozo sobre imóveis, a título oneroso ou gratuito, nos termos previstos nos artigos 32º a 41º.

2 – As entidades referidas na alínea *b)* do artigo 1º podem ainda, para os mesmos fins, tomar de arrendamento bens imóveis ou celebrar contratos de locação financeira nos termos previstos nos artigos 42º a 44º.

SUBSECÇÃO I
Aquisição onerosa

ARTIGO 32º
Competência

1 – Compete ao membro do Governo responsável pela área das finanças autorizar a aquisição onerosa, para o Estado, do direito de propriedade ou de outros direitos reais de gozo sobre bens imóveis, quando o valor da aquisição seja inferior ao

montante estabelecido no regime de realização de despesa pública para os ministros autorizarem despesa.

2 – Compete ao membro do Governo responsável pela área das finanças e ao membro do Governo responsável pela tutela autorizar a aquisição onerosa, para os institutos públicos, do direito de propriedade ou de outros direitos reais de gozo sobre bens imóveis, quando o valor da aquisição seja inferior ao montante estabelecido no regime de realização de despesa pública para os ministros autorizarem despesa.

3 – A autorização referida nos números anteriores compete ao Primeiro-Ministro quando o valor da aquisição seja igual ou superior ao montante estabelecido no regime de realização de despesa pública para os ministros autorizarem a despesa.

4 – Caso o valor da aquisição exceda o montante estabelecido no regime de realização de despesa pública para o Primeiro-Ministro autorizar despesa, a autorização da aquisição compete ao Conselho de Ministros.

ARTIGO 33º
Consulta prévia

1 – Os serviços do Estado e os institutos públicos devem solicitar à Direcção-Geral do Tesouro e Finanças informação sobre a disponibilidade de imóvel adequado às suas necessidades.

2 – Para efeitos do disposto no número anterior, os serviços e os institutos públicos comunicam à Direcção-Geral do Tesouro e Finanças as principais características do imóvel pretendido, nomeadamente as relativas ao tipo, à localização e à área.

3 – Nos casos em que a Direcção-Geral do Tesouro e Finanças informe da indisponibilidade de imóvel adequado, ou na falta de resposta no prazo de 20 dias, aplica-se o disposto nos artigos seguintes.

ARTIGO 34º
Consulta ao mercado

A aquisição onerosa do direito de propriedade ou de outros direitos reais de gozo sobre bens imóveis é precedida de uma consulta ao mercado imobiliário, realizada pelo serviço ou instituto público interessado.

ARTIGO 35º
Procedimento da consulta ao mercado

1 – A consulta ao mercado imobiliário efectua-se através da publicação de anúncios em sítio da Internet de acesso público.

2 – Dos anúncios devem constar a identificação do serviço ou do instituto público interessado na aquisição, as características e a localização do imóvel pretendido, bem como o prazo de recebimento das propostas.

3 – Após consulta ao mercado imobiliário, o serviço ou o instituto público interessado deve remeter proposta fundamentada de aquisição à Direcção-Geral do Tesouro e Finanças.

4 – A Direcção-Geral do Tesouro e Finanças promove a avaliação do imóvel e emite parecer sobre a proposta de aquisição, antes de a submeter a decisão.

5 – São aplicáveis à formação do contrato, com as necessárias adaptações, as disposições do Código do Procedimento Administrativo que regulem o procedimento para a prática de actos administrativos.

ARTIGO 36º
Dispensa de consulta ao mercado

1 – Sempre que a urgência ou as especialidades da necessidade pública a satisfazer o justifiquem, o serviço ou o instituto público interessado pode propor, fundamentadamente, a dispensa da consulta a que se refere o artigo anterior, designadamente nos casos em que o imóvel a adquirir já se encontre, pelas suas características, previamente determinado.

2 – A dispensa da consulta ao mercado imobiliário é autorizada nos termos do artigo 32º, sob parecer da Direcção-Geral do Tesouro e Finanças.

ARTIGO 37º
Representação

1 – Compete ao director-geral do Tesouro e Finanças ou a funcionário devidamente credenciado representar o Estado na celebração dos contratos de aquisição previstos na presente subsecção.

2 – Os institutos públicos são representados nos termos dos respectivos estatutos.

3 – No caso de aquisição por venda judicial, o Estado é representado pelo Ministério Público.

SUBSECÇÃO II
Aquisição gratuita

ARTIGO 38º
Heranças, legados e doações

1 – Compete ao membro do Governo responsável pela área das finanças decidir sobre a aceitação, a favor do Estado como sucessor legitimário, de heranças e legados, bem como de doações.

2 – A aceitação de heranças, legados ou doações a favor dos institutos públicos compete aos seus órgãos de direcção nos termos da respectiva lei quadro dos institutos públicos.

ARTIGO 39º
Procedimento de aceitação

1 – A instrução do procedimento de aceitação cabe à Direcção-Geral do Tesouro e Finanças, à qual compete ainda promover todas as diligências necessárias à

averiguação da conveniência e da exequibilidade da aceitação da herança, legado ou doação e das suas condições ou encargos.

2 – A instrução do procedimento por parte dos institutos públicos destinatários dos bens cabe aos seus serviços, nos termos dos respectivos estatutos.

ARTIGO 40º
Representação

1 – Nos actos ou contratos decorrentes da aceitação de heranças, legados ou doações, o Estado é representado pelo director-geral do Tesouro e Finanças ou por funcionário devidamente credenciado.

2 – Nos actos a praticar em tribunal, o Estado é representado pelo Ministério Público.

3 – Os institutos públicos são representados nos termos da lei quadro.

ARTIGO 41º
Fins das heranças, legados e doações

Compete à Direcção-Geral do Tesouro e Finanças, às entidades afectatárias ou aos órgãos competentes dos institutos públicos, consoante os casos, zelar pela integral execução dos fins que condicionaram as heranças, legados ou doações.

SUBSECÇÃO III
Arrendamento e locação financeira

ARTIGO 42º
Competência

1 – O Estado e os institutos públicos podem tomar de arrendamento bens imóveis nos termos das regras de competência para autorizar despesas com arrendamento previstas no regime de realização de despesa pública, as quais se aplicam às respectivas alterações, designadamente as que impliquem aumento de renda anual não decorrente exclusivamente da lei.

2 – A revogação por acordo e a denúncia ou resolução pelo Estado ou pelos institutos públicos dos contratos de arrendamento dependem de autorização prévia do membro do Governo responsável pela área das finanças, que deve ponderar o interesse na manutenção do contrato e a possibilidade de afectação do imóvel a outros serviços públicos.

3 – Compete ao director-geral do Tesouro e Finanças afectar a serviços públicos os imóveis tomados de arrendamento pelo Estado que se encontrem disponíveis.

ARTIGO 43º
Procedimento

1 – É aplicável aos arrendamentos o procedimento previsto nos artigos 33º a 36º, com as devidas adaptações.

2 – Nos contratos de arrendamento deve constar expressamente que o imóvel se destina à instalação e ao funcionamento de serviços públicos.

3 – Os institutos públicos devem comunicar à Direcção-Geral do Tesouro e Finanças a celebração de contratos de arrendamento, bem como as respectivas alterações.

ARTIGO 44º
Locação financeira

1 – Quando, por motivos de interesse público, não seja possível ou conveniente a aquisição imediata de determinado imóvel, o Estado ou os institutos públicos podem celebrar contratos de locação financeira.

2 – A opção pela celebração de um contrato de locação financeira carece de autorização prévia do membro do Governo responsável pela área das finanças, após proposta fundamentada do serviço ou do instituto público, sem prejuízo do disposto no artigo 32º.

3 – Na proposta referida no número anterior devem constar expressamente:

a) A fundamentação das razões justificativas do recurso à locação financeira;

b) A estimativa do valor global do contrato feita com base no valor total das prestações acrescido do valor residual, se o houver;

c) A fixação do limite máximo do encargo correspondente a cada ano económico;

d) A justificação do equilíbrio na distribuição temporal dos encargos.

4 – Aos contratos de locação financeira é aplicável, com as devidas adaptações, o disposto nos artigos 32º a 37º.

SUBSECÇÃO IV
Registos

ARTIGO 45º
Competência

1 – Compete à Direcção-Geral do Tesouro e Finanças apresentar a registo os factos jurídicos a ele sujeitos, ficando os respectivos preparos e despesas a cargo das entidades afectatárias nos termos da lei.

2 – Os factos sujeitos a registo relativos aos imóveis do Estado, seja qual for a entidade afectatária, são inscritos a favor do Estado Português.

3 – Compete à Direcção-Geral do Tesouro e Finanças participar aos serviços de finanças competentes a identificação e a morada das entidades afectatárias relativamente aos imóveis do Estado, as quais devem constar das matrizes prediais, para efeitos de imputação dos respectivos encargos tributários.

4 – Os factos relativos a imóveis dos institutos públicos são apresentados a registo pelo instituto interessado, a seu favor.

ARTIGO 46º
Justificação administrativa

Sempre que pretendam justificar o seu direito para efeitos de registo predial ou quando haja dúvidas acerca dos limites ou características do prédio, podem o Estado ou os institutos públicos fazer uso do procedimento de justificação administrativa previsto na presente subsecção.

ARTIGO 47º
Listas provisórias

1 – A Direcção-Geral do Tesouro e Finanças procede à elaboração de listas, a homologar pelo membro do Governo responsável pela área das finanças, com a identificação dos imóveis do domínio privado do Estado.

2 – Cabe aos institutos públicos proceder à elaboração de listas, a homologar pelo membro do Governo responsável pela tutela, dos imóveis que integram o seu património.

3 – Das listas referidas nos números anteriores devem constar:

a) As menções relativas à descrição dos prédios, nos termos do Código do Registo Predial, bem como o número da respectiva descrição, caso exista;

b) As menções publicitadas pela descrição existente, sempre que haja dúvidas acerca dos limites ou características dos prédios.

4 – Deve também constar das listas referidas nos nºs 1 e 2 a indicação de a construção e a utilização estarem isentas de licenciamento ou de autorização administrativa por as obras terem sido promovidas pelo Estado ou pelos institutos públicos, nos termos da legislação em vigor no momento da edificação.

5 – As listas são publicadas na 2ª série do Diário da República, num jornal de grande circulação ao nível nacional e em sítio da Internet de acesso público, sendo as listas referidas no nº 2 enviadas previamente à Direcção-Geral do Tesouro e Finanças.

6 – Para efeitos de não integração de determinado imóvel na lista definitiva a que se refere o artigo seguinte e sem prejuízo do recurso aos meios comuns de defesa da propriedade, da homologação das listas provisórias pelo membro do Governo responsável pela área das finanças ou pelo membro do Governo responsável pela tutela pode ser apresentada reclamação, no prazo de 30 dias a contar da sua publicação no Diário da República.

ARTIGO 48º
Listas definitivas

Após decurso do prazo da reclamação, as listas definitivas são publicadas na 2ª série do Diário da República, constituindo título bastante para efeitos de inscrição matricial e registral dos imóveis a favor do Estado ou dos institutos públicos, nos termos dos artigos seguintes.

ARTIGO 49º
Regularização

1 – Os actos necessários à regularização matricial e registral de imóveis em situação de omissão ou de incorrecta inscrição ou descrição nas matrizes ou nos registos prediais, constantes das listas definitivas, são praticados oficiosamente pelos serviços competentes, após simples comunicação da Direcção-Geral do Tesouro e Finanças, relativamente a imóveis do domínio privado do Estado, ou dos institutos públicos, relativamente a imóveis que integram seu património, acompanhada da referência à listagem publicada no Diário da República.

2 – Para os efeitos da inscrição matricial, o valor patrimonial tributário do bem imóvel resulta de avaliação nos termos legais.

ARTIGO 50º
Isenção de licenciamento ou de autorização administrativa

1 – A titulação de actos que envolvam a transmissão da propriedade de imóveis cuja construção ou utilização estejam isentas de licenciamento ou de autorização administrativa, por as obras terem sido promovidas pelo Estado ou por institutos públicos, nos termos da legislação em vigor no momento da edificação, efectua-se sem a apresentação de licença ou de autorização administrativa.

2 – O disposto no número anterior é aplicável à transmissão e à constituição de outros direitos reais e de outras situações jurídicas relativamente às quais a apresentação de licença ou de autorização administrativa seja legalmente exigida.

3 – Para os efeitos previstos nos números anteriores, a isenção de licenciamento ou de autorização administrativa está sujeita a registo, por averbamento à descrição.

4 – No caso de bens imóveis do Estado ou de institutos públicos cuja regularização registral se verifique em termos diversos dos previstos no artigo anterior, a isenção de licenciamento ou de autorização administrativa é registada a requerimento do adquirente do imóvel ao Estado ou a instituto público, com base em documento emitido pela Direcção-Geral do Tesouro e Finanças ou pelo instituto público que certifique tal facto.

5 – O disposto nos números anteriores é aplicável, com as devidas adaptações, à titulação de atos que envolvam a transmissão e a constituição de direitos reais ou outras situações jurídicas sobre bens imóveis que:

a) Pertencendo ao património de empresas privatizadas ou reprivatizadas, não dispunham, à data da privatização ou reprivatização, de licenciamento e de autorização administrativa, nos termos da legislação aplicável;

b) Tendo ingressado, por qualquer via, no património do Estado ou de instituto público, não dispunham, à data do ingresso, de licenciamento e de autorização administrativa, nos termos da legislação aplicável.

6 – A titulação de actos que envolvam uma transmissão da propriedade de imóveis posterior à transmissão efectuada pelo Estado, pelos institutos públicos ou pelas empresas privatizadas ou reprivatizadas efectua-se igualmente sem apresentação de

licença ou autorização administrativa até que ocorra operação urbanística que, nos termos gerais, careça de licenciamento ou de autorização administrativa.

(Redacção dada pela Lei nº 83-C/2013, de 31-12)

ARTIGO 51º
Operações urbanísticas posteriores

1 – O regime jurídico da urbanização e da edificação e as disposições que exijam a apresentação de licença ou de autorização administrativa são aplicáveis a operações urbanísticas posteriores que, nos termos gerais, careçam de licenciamento ou de autorização administrativa.

2 – No caso previsto no número anterior, o registo a que se refere o nº 3 do artigo anterior deve ser cancelado, mediante requerimento do adquirente do imóvel ao Estado, ao instituto público ou à empresa privatizada ou reprivatizada, ou por estes últimos, caso a operação urbanística que determina o cancelamento seja promovida pelos mesmos.

3 – O cancelamento do registo deve ser requerido no prazo de 30 dias após a emissão de alvará que titule a licença ou a autorização ou, em qualquer caso, sobre o início efectivo da operação urbanística em causa e é efectuado oficiosamente sempre que os órgãos competentes tenham conhecimento, no exercício das suas funções e por causa delas, das operações urbanísticas que o determinam.

SECÇÃO II
Administração

ARTIGO 52º
Noção

1 – A administração de bens imóveis compreende a sua conservação, valorização e rendibilidade, tendo em vista a prossecução do interesse público e a racionalização dos recursos disponíveis, de acordo com o princípio da boa administração.

2 – Constituem, designadamente, formas de administração dos imóveis:

a) A cedência de utilização;
b) O arrendamento;
c) A constituição do direito de superfície.

SUBSECÇÃO I
Cedência de utilização

ARTIGO 53º
Competência

Os imóveis do domínio privado do Estado podem ser cedidos, a título precário, para fins de interesse público, mediante autorização do membro do Governo responsável pela área das finanças.

ARTIGO 54º
Onerosidade

1 – A cedência, incluindo a cedência aos serviços do Estado, obedece ao princípio da onerosidade.

2 – A compensação financeira a pagar por entidades diversas dos serviços do Estado é determinada por avaliação promovida pela Direcção-Geral do Tesouro e Finanças, que deve atender à responsabilidade pelos encargos e despesas com a conservação e manutenção dos imóveis.

ARTIGO 55º
Procedimento

1 – O pedido de cedência, devidamente fundamentado, deve ser apresentado na Direcção-Geral do Tesouro e Finanças.

2 – Do despacho de autorização devem constar as condições, incluindo a contrapartida e o fim de interesse público, a que a cedência fica sujeita.

3 – A cedência do imóvel é formalizada por meio de auto de cedência e de aceitação, no qual ficam exaradas, designadamente, as condições da mesma.

4 – O auto referido no número anterior é lavrado na Direcção-Geral do Tesouro e Finanças ou no serviço de finanças da situação do imóvel.

5 – Sempre que o auto de cedência seja lavrado em serviço de finanças, deve o mesmo remetê-lo à Direcção-Geral do Tesouro e Finanças.

ARTIGO 56º
Despesas e encargos com a conservação e a manutenção

As despesas e os encargos com a conservação e a manutenção do imóvel cedido são da responsabilidade do cessionário.

ARTIGO 57º
Fiscalização

Compete à Direcção-Geral do Tesouro e Finanças a fiscalização do cumprimento pelo cessionário das condições da cedência.

ARTIGO 58º
Restituição

1 – A desocupação dos imóveis deve ser comunicada pelo cessionário à Direcção-Geral do Tesouro e Finanças com uma antecedência não inferior a 120 dias.

2 – O incumprimento das condições da cedência ou a inconveniência da sua manutenção devem ser declarados pelo membro do Governo responsável pela área das finanças e constitui o cessionário no dever de restituir o imóvel cedido no prazo de 30 dias a contar da respectiva notificação, não tendo este direito a qualquer indemnização.

3 – O incumprimento dos prazos referidos nos números anteriores constitui o cessionário no dever de indemnizar o Estado por um valor correspondente a uma renda, ou fracção de renda, por cada mês, de atraso que seria devida pela utilização, até à efectiva devolução, do imóvel, sem prejuízo de eventuais responsabilidades disciplinar e financeira.

4 – O incumprimento da obrigação de restituição referida no nº 2 confere ainda à Direcção-Geral do Tesouro e Finanças o direito de recorrer ao meio previsto no artigo 76º.

SUBSECÇÃO II
Arrendamento de imóveis do Estado

ARTIGO 59º
Competência

1 – Os bens imóveis do domínio privado do Estado podem ser arrendados mediante autorização do membro do Governo responsável pela área das finanças.

2 – Os imóveis dos institutos públicos podem ser arrendados mediante autorização dos membros do Governo responsáveis pelas áreas das finanças e da tutela, após emissão de parecer da Direção-Geral do Tesouro e Finanças.

3 – O arrendamento de imóveis é precedido do procedimento de avaliação previsto nos artigos 108º e seguintes.

(Redacção dada pela Lei nº 66-B/2012, de 31-12)

ARTIGO 60º
Negociação e hasta pública

O arrendamento é realizado preferencialmente por hasta pública ou por negociação, com publicação prévia de anúncio, sendo aplicáveis, com as necessárias adaptações, os procedimentos previstos nos artigos 86º a 95º e nos artigos 96º a 104º, respectivamente.

(Redacção dada pela Lei nº 64-B/2011, de 30-12)

ARTIGO 61º
Ajuste directo

1 – Pode o membro do Governo responsável pela área das finanças autorizar o arrendamento por ajuste directo nas seguintes situações:

a) Quando o valor da renda anual seja inferior a € 7 500;

b) Quando não tenham sido apresentadas propostas no procedimento por negociação;

c) Quando a praça da hasta pública tenha ficado deserta;

d) Quando o arrendatário pertença ao sector público administrativo ou ao sector empresarial do Estado, das regiões autónomas e das autarquias locais;

e) Quando o arrendatário seja pessoa colectiva de utilidade pública e o imóvel se destine directa e imediatamente à realização dos seus fins por um período determinado;

f) Quando o imóvel esteja ocupado há mais de cinco anos e o arrendatário seja o próprio ocupante;

g) Por motivos de interesse público, devidamente fundamentado.

2 – O membro do Governo responsável pela área das finanças fixa, com base em proposta da Direcção-Geral do Tesouro e Finanças, a importância da respectiva renda e as condições a que o arrendamento fica sujeito.

3 – Tratando-se de imóvel de instituto público, a proposta referida no número anterior é apresentada pelo instituto público proprietário do imóvel, competindo aos membros do Governo responsáveis pelas áreas das finanças e da tutela autorizar o arrendamento por ajuste direto e fixar a importância da respetiva renda e as condições a que o arrendamento fica sujeito.

4 – Os institutos públicos devem remeter à Direção-Geral do Tesouro e Finanças os contratos de arrendamento que celebrem.

5 – Ao arrendamento por ajuste directo é aplicável, com as devidas adaptações, o procedimento previsto nos artigos 105º e seguintes.

6 – Nos casos previstos na alínea *f*) do nº 1 pode ser aplicável o regime da renda apoiada, desde que os arrendatários preencham os requisitos previstos na lei.

(Redação dada pela Lei n.º 82-B/2014, de 31-12)

ARTIGO 62º
Representação

Nos contratos de arrendamento, o Estado é representado pelo diretor-geral do Tesouro e Finanças, e os institutos públicos pelo respetivo órgão de direção, ou por funcionário devidamente credenciado, em qualquer um dos casos.

(Redacção dada pela Lei nº 66-B/2012, de 31-12)

ARTIGO 63º
Aplicação da lei civil

Aos arrendamentos de imóveis do Estado e dos institutos públicos é aplicável a lei civil, com exceção do disposto nos artigos seguintes.

(Redacção dada pela Lei nº 66-B/2012, de 31-12)

ARTIGO 64º
Denúncia

1 – O Estado pode denunciar os contratos de arrendamento antes do termo do prazo ou da sua renovação, sem dependência de acção judicial, quando os prédios se

destinem à instalação e ao funcionamento dos seus serviços ou a outros fins de interesse público.

2 – A denúncia, quando efectuada nos termos do número anterior, é autorizada pelo membro do Governo responsável pela área das finanças, cabendo à Direcção-Geral do Tesouro e Finanças notificar o arrendatário.

3 – Se o arrendatário não desocupar o prédio no prazo de 120 dias a contar da notificação a que se refere o número anterior, fica sujeito a despejo imediato, sem dependência de acção judicial, a executar nos termos do nº 3 do artigo 76º.

4 – O disposto nos números anteriores é aplicável, com as devidas adaptações, aos imóveis dos institutos públicos arrendados, devendo a autorização prevista no nº 2 ser igualmente concedida pelo membro do Governo da tutela.

(Redacção dada pela Lei nº 66-B/2012, de 31-12)

ARTIGO 65º
Indemnização

1 – A desocupação dos prédios, resultante de denúncia por motivos de interesse público, confere ao respectivo arrendatário o direito a uma indemnização correspondente a uma renda por cada mês de antecipação relativamente ao termo previsto para o contrato, com o limite de 12 rendas e, bem assim, a uma compensação pelas benfeitorias previamente autorizadas e não amortizadas que tenham provocado um aumento do seu valor locativo.

2 – O valor da compensação referida no número anterior não pode exceder o valor correspondente ao do referido aumento do valor locativo dos prédios.

3 – O arrendatário não tem direito a qualquer indemnização ou compensação nos casos em que venha a ocupar imóvel disponibilizado pelo Estado ou pelo instituto público que reúna condições funcionalmente idênticas às do imóvel desocupado.

(Redacção dada pela Lei nº 66-B/2012, de 31-12)

ARTIGO 66º
Antecipação de rendas

1 – O pagamento da renda pode ser antecipado por período não superior a dois terços do prazo do contrato, mediante autorização do membro do Governo responsável pela área das finanças, no caso de arrendamento de imóveis do Estado, e mediante autorização dos membros do Governo responsáveis pelas áreas das finanças e da tutela, no caso de arrendamento de imóveis de institutos públicos.

2 – Durante o período da antecipação, o Estado ou os institutos públicos não podem denunciar os contratos de arrendamento, salvo se procederem à devolução das rendas recebidas antecipadamente, acrescidas da respetiva correção monetária e sem prejuízo do disposto no artigo anterior.

(Redacção dada pela Lei nº 66-B/2012, de 31-12)

SUBSECÇÃO III
Direito de superfície

ARTIGO 67º
Constituição

1 – Podem ser constituídos direitos de superfície sobre imóveis do domínio privado do Estado e dos institutos públicos, designadamente por não serem necessários à prossecução de fins de interesse público e não ser conveniente a sua alienação.

2 – Na constituição do direito de superfície devem ser fixados:

a) O prazo do direito de superfície;
b) A quantia devida pelo superficiário e os termos do pagamento;
c) O início e a conclusão de eventuais construções a erigir nos imóveis.

ARTIGO 68º
Competência

Compete ao membro do Governo responsável pela área das finanças autorizar a constituição do direito de superfície em imóveis do domínio privado do Estado e dos institutos públicos.

ARTIGO 69º
Superficiário

1 – A designação do superficiário é realizada através dos procedimentos de hasta pública, de negociação, com publicação prévia de anúncio, ou de ajuste directo.

2 – A escolha do tipo de procedimento, de acordo com critérios que salvaguardem o interesse público e as especialidades do caso, é realizada pelo membro do Governo responsável pela área das finanças, sob proposta fundamentada da Direcção-Geral do Tesouro e Finanças.

3 – Os procedimentos referidos no nº 1 seguem, com as devidas adaptações, o estabelecido na Secção III do presente capítulo.

ARTIGO 70º
Prazo

O prazo estabelecido no acto de constituição não pode ser prorrogado, salvo convenção em contrário.

ARTIGO 71º
Transmissão

A transmissão do direito de superfície fica sujeita a autorização do membro do Governo responsável pela área das finanças.

ARTIGO 72º
Indemnização

O superficiário tem direito a indemnização pela extinção do direito de superfície quando e nos termos convencionados no título de constituição.

SUBSECÇÃO IV
Casas de função

ARTIGO 73º
Atribuição

1 – Podem ser atribuídas casas de função a funcionários, agentes e demais servidores do Estado e dos institutos públicos quando a lei lhes confira o direito a habitação por conta do Estado ou do instituto público.

2 – A atribuição da casa de função é efectuada pelo dirigente máximo do serviço ou do instituto público, mediante termo de entrega, do qual constam, designadamente, a identificação do funcionário, agente ou servidor, o carácter precário da atribuição e a compensação devida pelo utilizador.

3 – A casa de função que seja propriedade do Estado considera-se cedida, a título precário, ao serviço ou ao instituto público que a atribui, havendo lugar à aplicação, com as necessárias adaptações, do disposto nos artigos 53º a 58º.

ARTIGO 74º
Utilização

1 – Na casa de função, além do funcionário, agente ou servidor utilizador, apenas podem residir o cônjuge ou pessoa que com ele viva em união de facto ou em situação de economia comum os seus parentes e afins em linha recta ou até ao 3º grau da linha colateral e, bem assim, as pessoas relativamente às quais, por força de lei, de decisão judicial ou de negócio jurídico que não respeite directamente à habitação, haja obrigação de convivência ou de alimentos.

2 – É proibida a afectação da casa de função a qualquer outro fim, gratuito ou oneroso, diferente da mera habitação das pessoas a que se refere o número anterior.

3 – O funcionário, agente ou servidor utilizador deve manter e restituir a casa de função no estado em que lhe foi atribuída, sem prejuízo das deteriorações inerentes à sua prudente utilização, sob pena de incorrer em responsabilidade nos termos gerais de direito.

4 – As despesas de reparação extraordinária da casa de função são da responsabilidade do serviço ou do instituto público que a tenha atribuído, salvo se resultantes de uma má utilização do imóvel.

ARTIGO 75º
Restituição

1 – A casa de função é restituída ao serviço ou ao instituto público que a atribuiu, sem lugar a retenção ou a indemnização por benfeitorias, quando ocorra uma das seguintes situações:

a) A aposentação do funcionário, agente ou servidor;
b) A exoneração ou a demissão do funcionário, agente ou servidor;
c) O falecimento do funcionário, agente ou servidor;
d) A alteração da situação profissional determinante da cessação, temporária ou definitiva, da actividade do funcionário, agente ou servidor no serviço ou no instituto público em causa;
e) A transferência do funcionário, agente ou servidor para diferente localidade.

2 – Verificando-se qualquer das situações previstas no número anterior e mantendo-se a ocupação da casa de função, deve o serviço ou o instituto público que a atribuiu notificar o ocupante para a restituir no prazo de 90 dias.

3 – Caso ocorra o falecimento do funcionário, agente ou servidor e as pessoas mencionadas no nº 1 do artigo anterior residam na casa de função e não possuam outra habitação, o prazo para a restituição é de um ano.

4 – Decorridos os prazos previstos nos números anteriores sem que a casa de função tenha sido restituída, deve o ministro responsável pelo serviço ou pelo instituto público que atribuiu a casa de função determinar o despejo imediato, sem dependência de acção judicial, observando-se com as devidas adaptações no disposto no artigo seguinte.

5 – Nas situações previstas nos nºs 2 e 3, fica o ocupante sujeito aos deveres estabelecidos na presente subsecção, incluindo o do pagamento da compensação.

SUBSECÇÃO V
Ocupação sem título

ARTIGO 76º
Despejo

1 – Quem ocupar sem título imóvel do Estado ou de instituto público e o não desocupar no prazo de 90 dias a contar de notificação para o efeito fica sujeito a despejo imediato, sem dependência de acção judicial.

2 – O despejo é determinado pelo membro do Governo responsável pela área das finanças ou da tutela, consoante se trate de imóvel do Estado ou de instituto público.

3 – A notificação referida no nº 1 bem como a execução do despejo são efectuadas pela Direcção-Geral do Tesouro e Finanças, ou pelo serviço de finanças da situação do imóvel, ou pelo instituto público, podendo haver recurso às autoridades policiais competentes.

SECÇÃO III
Venda

SUBSECÇÃO I
Disposições gerais

ARTIGO 77º
Imóveis alienáveis

1 – Podem ser vendidos imóveis do domínio privado do Estado e dos institutos públicos cuja propriedade não seja necessária à prossecução de fins de interesse público e cuja manutenção na sua propriedade não seja conveniente.

2 – Podem igualmente ser vendidos imóveis afectos a fins de interesse público desde que fique assegurada a continuidade da prossecução de fins dessa natureza.

3 – Os imóveis referidos nos números anteriores podem ser vendidos em lotes desde que tal se justifique segundo o princípio da boa administração e não resulte diminuição da concorrência.

ARTIGO 78º
Competência

1 – Compete ao membro do Governo responsável pela área das finanças autorizar a venda dos imóveis do Estado e dos institutos públicos mediante negociação com publicação prévia de anúncio e ajuste direto, com exceção do procedimento por hasta pública, o qual é autorizado pelo diretor-geral do Tesouro e Finanças.

2 – No caso de imóveis dos institutos públicos, a venda depende de proposta formulada pelos órgãos de direcção respectivos, nos termos da lei e dos respectivos estatutos.

(Redacção dada pela Lei nº 83-C/2013, de 31-12)

ARTIGO 79º
Avaliação

A venda de imóveis é precedida do procedimento de avaliação previsto nos artigos 108º e seguintes.

ARTIGO 80º
Procedimentos

1 – A venda dos imóveis do Estado e dos institutos públicos é realizada por hasta pública, por negociação, com publicação prévia de anúncio, ou por ajuste directo.

2 – Na hasta pública, podem ser apresentadas propostas por quaisquer interessados.

3 – No procedimento por negociação, os interessados podem apresentar propostas desde que reúnam os requisitos de capacidade técnica e financeira fixados no anúncio, havendo sempre uma fase de negociação do conteúdo do contrato com

os vários interessados, de modo a seleccionar a proposta economicamente mais vantajosa.

ARTIGO 81º
Escolha do procedimento

1 – A venda é realizada preferencialmente por negociação, com publicação prévia de anúncio, salvo se não estiverem reunidas condições favoráveis para uma negociação.

2 – O ajuste directo só pode ser adoptado nas seguintes situações:

a) Quando o valor do imóvel seja inferior a € 150 000;

b) Quando não tenham sido apresentadas propostas no procedimento por negociação;

c) Quando a praça da hasta pública tenha ficado deserta;

d) Quando, por ameaça de ruína ou de insalubridade pública, se verifique reconhecida urgência na venda e o adquirente apresente solução para a recuperação do imóvel;

e) Quando o adquirente pertença ao sector público administrativo ou ao sector empresarial do Estado, das Regiões Autónomas e das autarquias locais;

f) Quando o adquirente seja pessoa colectiva de utilidade pública e o imóvel se destine directa e imediatamente à realização dos seus fins por um período determinado;

g) Quando o adquirente seja fundo de investimento imobiliário cujas unidades de participação sejam maioritariamente detidas pelo próprio vendedor;

h) Quando o imóvel esteja ocupado há mais de 10 anos e o adquirente seja o próprio ocupante;

i) Quando o imóvel seja vendido a um dos seus comproprietários;

j) Quando o imóvel seja objecto de litígio judicial pendente há mais de cinco anos e o adquirente seja parte principal no processo;

l) Por razões de excepcional interesse público, devidamente fundamentado.

3 – No caso da alínea *l)* do número anterior, a venda é sempre autorizada por resolução do Conselho de Ministros.

4 – Quando não sejam adoptados os procedimentos previstos nos nºs 1 e 2, a venda é realizada por hasta pública.

ARTIGO 82º
Condições

1 – A venda pode ficar sujeita a condições, suspensivas ou resolutivas, incluindo a de reserva do uso dos imóveis por parte do Estado ou dos institutos públicos, a assegurar, designadamente, mediante arrendamento.

2 – A competência para autorizar a venda e o arrendamento previstos no número anterior é do membro do Governo responsável pela área das finanças, mediante proposta da Direcção-Geral do Tesouro e Finanças ou dos órgãos de direcção dos institutos públicos, nos termos da lei e dos respectivos estatutos.

3 – O disposto no presente artigo não prejudica a observância do regime de realização de despesa pública em matéria de arrendamento.

ARTIGO 83º
Preferência

1 – Quando a venda se realize por hasta pública, os titulares dos direitos de preferência são notificados pela Direcção-Geral do Tesouro e Finanças ou pelas direcções de finanças ou serviços de finanças competentes do dia, da hora e do local da realização da hasta pública para exercerem o seu direito, querendo, no acto da praça, terminada a licitação, nos termos da lei.

2 – Os municípios gozam do direito de preferência na alienação, por hasta pública, dos imóveis sitos no respetivo concelho, sendo esse direito exercido pelo preço e demais condições resultantes da venda.

3 – Sendo a venda realizada por negociação, com publicação prévia de anúncio, ou por ajuste directo, a Direcção-Geral do Tesouro e Finanças notifica os titulares de direitos de preferência do projecto de venda e das cláusulas do respectivo contrato, nos termos da lei.

(Redacção dada pela Lei nº 83-C/2013, de 31-12)

ARTIGO 84º
Informação e publicidade

1 – Os interessados na aquisição de imóveis do Estado ou dos institutos públicos têm o direito de ser informados sobre a situação física e jurídica dos mesmos e sobre o resultado e os pressupostos da avaliação promovida pela Direcção-Geral do Tesouro e Finanças.

2 – No caso de a venda se realizar através de hasta pública ou de negociação, o respectivo anúncio público e os demais documentos publicamente disponíveis devem fixar o preço de referência e os critérios da adjudicação, sem prejuízo do disposto no artigo 96º.

3 – Sem prejuízo da utilização de outros meios de divulgação pública que sejam considerados adequados, o anúncio do procedimento de hasta pública ou de negociação, com publicação prévia de anúncio, é publicado em sítio da Internet de acesso público, não podendo fixar prazo inferior a 20 dias para apresentação de propostas.

4 – Durante o prazo a que se refere o número anterior, os interessados podem solicitar esclarecimentos sobre a situação do imóvel e requerer a respectiva visita ou inspecção, mediante o pagamento de taxas fixadas em portaria do membro do Governo responsável pela área das finanças.

5 – Sem prejuízo do disposto nos números anteriores, a Direcção-Geral do Tesouro e Finanças pode estabelecer mecanismos complementares de divulgação de operações sobre bens imóveis, incluindo a criação, com observância da lei aplicável, de uma base de dados das pessoas ou entidades interessadas no envio periódico, por via electrónica, da referida informação.

ARTIGO 85º
Modalidade de pagamento

1 – O pagamento do preço é efectuado a pronto, podendo ser admitida a modalidade do pagamento em prestações, o qual inclui juros sobre o capital em dívida de acordo com as taxas em vigor para o diferimento de pagamentos de dívidas ao Estado.

2 – O pagamento em prestações não pode exceder 15 anos, sendo o período do pagamento e a periodicidade das prestações fixados em plano de pagamentos.

3 – *(Revogado.)*

(Redacção dada pela Lei nº 83-C/2013, de 31-12)

ARTIGO 85º-A
Transmissão de propriedade

1 – O direito de propriedade do imóvel transmite-se com a emissão do despacho de adjudicação definitiva, sendo o registo definitivo da aquisição a favor do adjudicatário promovido após a emissão do título de alienação, o qual é emitido após o pagamento integral do preço.

2 – O documento de notificação da adjudicação definitiva do imóvel constitui título bastante para o registo provisório da aquisição a favor do adjudicatário.

(Aditado pela Lei nº 83-C/2013, de 31-12)

SUBSECÇÃO II
Hasta pública

ARTIGO 86º
Tramitação

1 – A venda por hasta pública de bens imóveis do Estado ou dos institutos públicos é realizada através da Direcção-Geral do Tesouro e Finanças, das direcções de finanças ou dos serviços de finanças.

2 – Compete ao director-geral do Tesouro e Finanças fixar o local, a data e a hora da realização da hasta pública e o valor base de licitação, tendo em conta a avaliação do imóvel promovida pela Direcção-Geral do Tesouro e Finanças, e as modalidades de pagamento admitidas.

3 – A hasta pública tem lugar presencialmente ou em plataforma electrónica a regular em portaria do membro do Governo responsável pela área das finanças, nos termos dos artigos seguintes.

ARTIGO 87º
Anúncio

1 – Sem prejuízo do direito à informação e publicidade previstos na subsecção anterior, a hasta pública pode ser publicitada em jornais nacionais, diários ou semanários, de grande circulação ou em jornal local ou distrital ou através da afixação de

editais no serviço de finanças e na junta de freguesia da área de localização do imóvel, na sede da entidade proprietária, na Direcção-Geral do Tesouro e Finanças e, ainda, noutros locais que, em face das circunstâncias concretas, sejam considerados mais convenientes.

2 – Todos os anúncios públicos devem conter os seguintes elementos:

a) A identificação e a localização do imóvel;

b) O valor base de licitação;

c) Os impostos e outros encargos e despesas devidos;

d) As modalidades de pagamento admitidas;

e) O local e a data limite para a apresentação de propostas;

f) O local, a data e a hora da praça;

g) A indicação de outros elementos considerados relevantes.

ARTIGO 88º
Direcção

1 – A praça é dirigida por uma comissão, composta por três funcionários, sendo presidente o de categoria superior.

2 – Os membros da comissão são designados pelo director-geral do Tesouro e Finanças, pelo director de finanças ou pelo chefe do serviço de finanças, consoante o caso.

ARTIGO 89º
Propostas

1 – As propostas a apresentar devem indicar um valor para arrematação do imóvel superior à base de licitação e ser acompanhadas de um cheque de montante correspondente à percentagem do valor da proposta que for fixada no anúncio público, emitido à ordem do Instituto de Gestão da Tesouraria e do Crédito Público, I. P.

2 – A percentagem prevista no número anterior não pode ser inferior a 5%.

3 – As propostas devem ser apresentadas em sobrescrito fechado, identificando-se no exterior do mesmo o proponente e o imóvel a que respeita, que, por sua vez, é encerrado num segundo sobrescrito dirigido ao presidente da comissão e endereçado ao serviço onde é realizada a praça.

4 – As propostas podem ser entregues pessoalmente ou enviadas por correio, sob registo.

5 – As propostas apresentadas são listadas e ordenadas de acordo com a respectiva apresentação.

(Redacção dada pela Lei nº 64-B/2011, de 30-12)

ARTIGO 90º
Participação

Podem intervir na praça os interessados, incluindo eventuais titulares de direitos de preferência, ou seus representantes.

ARTIGO 91º
Praça

1 – A praça inicia-se com a abertura das propostas recebidas, havendo lugar a licitação a partir do valor da proposta mais elevada ou, se não existirem propostas ou não existirem propostas válidas, a partir do valor base de licitação anunciado.

2 – O valor dos lanços mínimos é fixado pela comissão em montante não inferior a 1% do valor base de licitação.

3 – A licitação termina quando o presidente da comissão tiver anunciado por três vezes o lanço mais elevado e este não for coberto.

4 – Terminada a licitação, se o proponente ou proponentes que apresentaram a proposta de valor mais elevado demonstrarem interesse, reabre-se a licitação entre aqueles, independentemente de terem participado na licitação, e o interessado que licitou em último lugar, com o valor dos lanços mínimos fixado pela comissão nos termos do nº 2.

5 – Em seguida, há lugar ao exercício de eventuais direitos de preferência e, apresentando-se a preferir mais de uma pessoa com igual direito, reabre-se nova licitação entre elas, nos termos do número anterior.

ARTIGO 92º
Adjudicação

1 – Terminada a licitação nos termos do artigo anterior, a comissão adjudica provisoriamente o imóvel a quem tenha oferecido o preço mais elevado.

2 – O adjudicatário provisório deve, de imediato, efetuar o pagamento de 5% do valor da adjudicação, ou de outro montante superior que haja sido fixado no anúncio público, e declarar se opta pela modalidade do pagamento em prestações, se admitida, indicando o plano de pagamentos pretendido, bem como se pretende que o imóvel seja para pessoa a designar, a qual deve ser identificada no prazo de cinco dias.

3 – No caso de o adjudicatário provisório ter apresentado proposta nos termos do artigo 89º, tem de proceder ao pagamento apenas da diferença entre o valor a que se refere o número anterior e o valor do cheque que acompanhou a proposta, caso este seja inferior àquele.

4 – No final da praça, é elaborado o respectivo auto de arrematação, que deve ser assinado pelos membros da comissão e pelo adjudicatário provisório, se estiver presente.

5 – A decisão de adjudicação definitiva ou de não adjudicação compete ao director-geral do Tesouro e Finanças, no caso de imóveis do Estado, ou ao respectivo órgão de direcção, no caso de imóveis dos institutos públicos, devendo dela ser notificado o interessado, no prazo de 30 dias a contar da adjudicação provisória.

6 – *(Revogado.)*

(Redacção dada pela Lei nº 83-C/2013, de 31-12)

ARTIGO 93º
Idoneidade

1 – O adjudicatário provisório ou o terceiro para quem este contratou devem comprovar que têm a situação tributária e contributiva regularizada, no prazo de 10 dias a contar da data da adjudicação provisória.

2 – O prazo previsto no número anterior pode, por motivo devidamente justificado, ser prorrogado pelo director-geral do Tesouro e Finanças, no caso de imóveis do Estado, ou do respectivo órgão de direcção, no caso de imóveis dos institutos públicos.

ARTIGO 94º
Pagamento

1 – No pagamento a pronto, a quantia remanescente ao valor pago aquando da adjudicação provisória é liquidada no prazo de 30 dias contados da data da notificação da adjudicação definitiva.

2 – No pagamento a prestações, a quantia remanescente é paga nos termos fixados no plano de pagamentos previsto no nº 2 do artigo 85º

3 – O incumprimento pelo adjudicatário das obrigações previstas nos números anteriores implica a perda de quaisquer direitos eventualmente adquiridos sobre os imóveis, bem como das importâncias já entregues.

4 – *(Revogado.)*

(Redacção dada pela Lei nº 83-C/2013, de 31-12)

ARTIGO 95º
Não adjudicação

1 – Não há lugar à adjudicação, provisória ou definitiva, designadamente, quando se verifique erro relevante sobre a identificação ou a composição do imóvel, a prestação de falsas declarações, a falsificação de documentos ou o fundado indício de conluio entre os proponentes.

2 – A não comprovação da situação tributária e contributiva regularizada, por motivo imputável ao adjudicatário provisório, implica a não adjudicação definitiva do imóvel.

3 – No caso de o imóvel já ter sido adjudicado definitivamente e se apurar que o adjudicatário prestou falsas declarações ou apresentou documentos falsificados, há lugar à anulação da adjudicação, sem prejuízo de eventual responsabilidade civil e criminal.

4 – Em caso de anulação da adjudicação ou de não adjudicação por causa imputável ao interessado, pode o imóvel, sem prejuízo do exercício de eventuais direitos de preferência, ser adjudicado ao interessado que tenha apresentado a proposta ou o lanço imediatamente inferior ao valor de arrematação, excepto em caso de conluio.

5 – Quando o Estado ou o instituto público, sem causa justificativa, não procedam à adjudicação definitiva, pode o interessado eximir-se da obrigação de aquisição, tendo direito ao reembolso das quantias pagas.

SUBSECÇÃO III
Negociação

ARTIGO 96º
Objecto

Pode ser objecto de negociação, no procedimento por negociação, com publicação prévia de anúncio, designadamente:

a) O preço;

b) O prazo de pagamento e a prestação de garantia relativa ao montante em dívida;

c) A participação do Estado ou do instituto público em projecto imobiliário a desenvolver;

d) As alternativas à venda imediata, designadamente o arrendamento com opção ou promessa de compra.

ARTIGO 97º
Tramitação

1 – O procedimento por negociação abrange:

a) A publicação de anúncios;

b) A entrega, a apreciação e a selecção de candidaturas;

c) A apresentação, a apreciação e a negociação de propostas;

d) A escolha do adjudicatário.

2 – O procedimento por negociação pode ter lugar em plataforma electrónica a regular em portaria do membro do Governo responsável pela área das finanças, sendo aplicáveis, com as devidas adaptações, os artigos seguintes.

ARTIGO 98º
Anúncio

Do anúncio do procedimento constam os seguintes elementos:

a) O critério de selecção das candidaturas;

b) O local e respectivo horário de funcionamento e a data e a hora limites para a recepção das candidaturas e das propostas;

c) Os elementos que devem ser indicados nas propostas e os documentos que as instruem;

d) O modo de apresentação das propostas;

e) O local onde podem ser consultados o programa do procedimento e o caderno de encargos ou as condições e os custos do respectivo envio, quando houver lugar a tais documentos;

f) A data, a hora e o local do acto público de abertura das propostas;

g) O critério ou critérios da adjudicação, incluindo os factores que nela intervêm, por ordem decrescente de importância;

h) O prazo durante o qual os concorrentes ficam vinculados a manter as suas propostas.

ARTIGO 99º
Direcção

1 – O procedimento é dirigido por uma comissão, nomeada pelo director-geral do Tesouro e Finanças ou pelo órgão de direcção do instituto público, constituída em número ímpar com pelo menos cinco elementos, um dos quais designado presidente.

2 – O despacho constitutivo da comissão deve designar o vogal que substitui o presidente nas suas faltas e impedimentos.

ARTIGO 100º
Candidaturas

1 – A admissão das candidaturas é efectuada pela comissão no dia útil imediato ao da data limite prevista no anúncio para a sua apresentação.

2 – Na apreciação e selecção das candidaturas, a comissão exclui os candidatos que não preencham os requisitos previstos no anúncio e admite os restantes.

3 – A comissão notifica todos os candidatos da sua decisão.

4 – O número de candidatos a admitir só excepcionalmente deve ser inferior a três.

5 – Os candidatos admitidos são convidados a apresentar as respectivas propostas, nos termos do anúncio.

ARTIGO 101º
Abertura

1 – As propostas são abertas, pela comissão, em sessão privada, no dia útil imediato ao da data limite para a respectiva apresentação.

2 – A comissão exclui as propostas que não sejam recebidas no prazo fixado e notifica os respectivos concorrentes.

ARTIGO 102º
Negociação

1 – Os concorrentes cujas propostas tenham sido admitidas devem ser notificados, com uma antecedência mínima de cinco dias, da data, da hora e do local da sessão de negociação.

2 – As negociações decorrem no mesmo período e separadamente com cada um dos concorrentes, de forma a assegurar idênticas oportunidades de propor, aceitar e contrapor alterações às respectivas propostas.

3 – As condições apresentadas nas propostas são livremente negociáveis, não podendo resultar das negociações condições globalmente menos favoráveis para a entidade adjudicante do que as inicialmente apresentadas.

4 – Das sessões de negociação são lavradas actas, das quais constam a identificação dos concorrentes e o resultado final das negociações.

5 – As actas devem ser assinadas pelos membros da comissão e pelos concorrentes.

ARTIGO 103º
Apreciação

1 – A comissão aprecia as propostas alteradas e as não alteradas nas sessões de negociação, bem como as entregues pelos concorrentes faltosos.

2 – Apreciado o mérito das propostas, a comissão elabora um relatório fundamentado que inclui a identificação das propostas excluídas e procede à classificação provisória dos concorrentes.

3 – O relatório final é também elaborado pela comissão, que, para efeitos da adjudicação e após audiência prévia escrita dos concorrentes, é submetido ao membro do Governo responsável pela área das finanças.

4 – A decisão sobre a adjudicação do membro do Governo responsável pela área das finanças é notificada, no prazo de 10 dias, a todos os concorrentes.

5 – *(Revogado.)*

6 – *(Revogado.)*

(Redacção dada pela Lei nº 83-C/2013, de 31-12)

ARTIGO 104º
Regime subsidiário

1 – À não adjudicação e à anulação da adjudicação aplica-se, com as devidas adaptações, o disposto no artigo 95º.

2 – Sem prejuízo do disposto no número anterior, são aplicáveis subsidiariamente à negociação, com publicação prévia de anúncio, as disposições reguladoras do concurso público para a celebração de contratos de prestação de serviços ou fornecimento de bens móveis, os princípios gerais da contratação pública e o Código do Procedimento Administrativo.

SUBSECÇÃO IV
Ajuste directo

ARTIGO 105º
Tramitação

1 – A venda por ajuste directo de bens imóveis do Estado e dos institutos públicos é realizada através, respectivamente, da Direcção-Geral do Tesouro e Finanças ou das direcções de finanças ou dos serviços de finanças e dos órgãos de direcção dos institutos públicos.

2 – Compete ao director-geral do Tesouro e Finanças ou aos órgãos de direcção dos institutos públicos fixar o preço mínimo da venda, tendo em conta a avaliação do

imóvel promovida pela Direcção-Geral do Tesouro e Finanças, e as modalidades de pagamento admitidas, podendo ser convidados a apresentar propostas vários interessados.

3 – A decisão de adjudicação do imóvel compete ao director-geral do Tesouro e Finanças ou ao órgão de direcção do instituto público.

ARTIGO 106º
Regime subsidiário

Sem prejuízo do disposto no artigo anterior, é aplicável subsidiariamente ao ajuste directo o disposto na subsecção II do presente capítulo.

SECÇÃO IV
Permuta

ARTIGO 107º
Requisitos

1 – A permuta está sujeita às seguintes condições cumulativas:

a) Os imóveis a adquirir revistam especial interesse para o Estado ou para o instituto público;

b) O valor de avaliação dos imóveis a adquirir ou o declarado, tratando-se de bens futuros, não exceda em 50% o valor dos imóveis dados em permuta.

2 – Podem ser permutados imóveis afectos a fins de interesse público desde que fique assegurada a continuidade da prossecução de fins dessa natureza, designadamente no âmbito de operações de deslocalização ou de reinstalação de serviços ou institutos públicos.

3 – À permuta de bens imóveis do domínio privado do Estado e dos institutos públicos é aplicável, com as necessárias adaptações, o disposto nos artigos 32º e seguintes, incluindo a competência para autorizar a permuta de imóveis e a forma de representação do Estado e dos institutos públicos na outorga dos contratos de permuta.

SECÇÃO V
Avaliações

ARTIGO 108º
Competências

1 – Compete à Direcção-Geral do Tesouro e Finanças efectuar as avaliações dos imóveis previstas no presente decreto-lei, com excepção das que respeitem a imóveis dos domínios públicos das Regiões Autónomas e autarquias locais.

2 – As avaliações podem ser efectuadas com base em prévio relatório de avaliação elaborado por outras entidades públicas ou por entidades privadas selec-

cionadas pela Direcção-Geral do Tesouro e Finanças, nos termos do artigo seguinte.

3 – O valor apurado nas avaliações efectuadas pela Direcção-Geral do Tesouro e Finanças carece de homologação pelo respectivo director-geral.

4 – O valor homologado serve de referência às operações imobiliárias realizadas ao abrigo do presente decreto-lei, não podendo da utilização do procedimento da hasta pública ou do ajuste directo resultar um valor de venda inferior a esse valor.

ARTIGO 109º
Avaliadores qualificados

1 – Pode a Direcção-Geral do Tesouro e Finanças constituir uma bolsa de peritos avaliadores, observando o regime da contratação pública relativo à aquisição de serviços.

2 – A bolsa de peritos avaliadores deve ser actualizada com a periodicidade máxima de três anos.

ARTIGO 110º
Objectivos e critérios

1 – As avaliações efectuadas pela Direcção-Geral do Tesouro e Finanças para efeitos da realização de operações imobiliárias visam determinar o valor de mercado dos imóveis com base em critérios uniformes definidos em portaria do membro do Governo responsável pela área das finanças.

2 – A instrução das avaliações referidas no número anterior deve averiguar se existem interesses públicos sectoriais sobre o imóvel em resultado dos quais existam ou é previsível que venham a existir ónus ou encargos, competindo aos serviços do Estado e aos institutos públicos com atribuições na matéria prestar informação vinculativa, no prazo de 10 dias a contar da sua notificação pela Direcção-Geral do Tesouro e Finanças, sem o que se entende que aqueles ónus ou encargos não existem nem virão a existir.

3 – As avaliações efectuadas para efeitos de inventário visam fixar o valor patrimonial dos imóveis, determinado mediante os critérios de avaliação previstos no Código do Imposto Municipal sobre Imóveis.

4 – Quando se trate de imóveis classificados ou de outros que não se integrem no mercado imobiliário ou quando o resultado da avaliação efectuada nos termos do número anterior não permita, justificadamente, determinar o valor dos imóveis, este é determinado por uma comissão composta por três peritos avaliadores designados pelo director-geral do Tesouro e Finanças, a qual, no seu relatório de avaliação, fundamenta o resultado da avaliação por meio de completa exposição das razões que a motivaram.

ARTIGO 111º
Despesas

O pagamento das despesas resultantes das avaliações fica a cargo das entidades interessadas, de acordo com tabelas aprovadas por portaria do membro do Governo responsável pela área das finanças.

CAPÍTULO IV
Deveres de coordenação de gestão e de informação

SECÇÃO I
Disposições gerais

ARTIGO 112º
Objectivos de coordenação da gestão patrimonial

1 – O estabelecimento de procedimentos de coordenação na administração dos bens imóveis visa promover a eficiência da respectiva gestão e designadamente:

a) Assegurar a compatibilização dos actos de administração com as orientações da política económica e financeira global e sectorialmente definidas;

b) Adequar os actos de administração dos bens imóveis à situação e às perspectivas de evolução do mercado imobiliário;

c) Obter a utilização eficiente dos bens imóveis, em atenção ao seu valor, a índices de ocupação e às características da utilização dos mesmos pelos respectivos serviços ou organismos.

2 – A prossecução dos objectivos referidos no número anterior assenta num programa de inventariação e é realizada com base num programa de gestão do património imobiliário, através, designadamente, dos procedimentos e medidas seguintes:

a) Aprovação de critérios e adopção de medidas referentes à utilização mais eficiente dos bens imóveis;

b) Estabelecimento de índices relativos à ocupação e aos custos de utilização dos bens imóveis;

c) Planificação global e integrada das necessidades de bens imóveis pelos serviços públicos;

d) Programação de intervenções nos bens imóveis, precedidas de análises técnicas e económico-financeiras, destinadas à optimização da respectiva utilização;

e) Programação de intervenções destinadas a assegurar a conservação dos bens imóveis e condições de segurança e de utilização adequadas;

f) Programação das vendas e dos arrendamentos dos bens imóveis.

ARTIGO 113º
Programa de Gestão do Património Imobiliário

1 – O Programa de Gestão do Património Imobiliário Público, aprovado por resolução do Conselho de Ministros, sob proposta do membro do Governo responsável pela área das finanças, estabelece os procedimentos e medidas de coordenação a efectivar na administração dos bens imóveis integrantes dos domínios público e privado do Estado, tendo em conta as orientações da política económica e financeira.

2 – O Programa de Gestão do Património Imobiliário do Estado é plurianual, devendo ter a duração de quatro anos.

3 – As medidas que integram o Programa de Gestão do Património Imobiliário do Estado constam do relatório da proposta de lei do Orçamento do Estado.

4 – Compete ao membro do Governo responsável pela área das finanças zelar pelo cumprimento dos procedimentos e medidas constantes do Programa de Gestão do Património Imobiliário do Estado.

5 – O membro do Governo responsável pela área das finanças pode exigir aos serviços do Estado e aos institutos públicos informação pormenorizada e justificada sobre a elaboração e a execução dos procedimentos e medidas do Programa de Gestão do Património Imobiliário do Estado.

6 – O incumprimento do disposto no Programa de Gestão do Património Imobiliário do Estado bem como o dever de informação previsto no número anterior são comunicados ao Tribunal de Contas.

7 – Os competentes órgãos das Regiões Autónomas e das autarquias locais devem igualmente aprovar programas plurianuais que estabeleçam os procedimentos e medidas de coordenação a efectivar na administração dos bens imóveis dos respectivos domínios públicos.

8 – A aprovação do Programa de Gestão do Património Imobiliário do Estado não prejudica a aprovação e execução de programas sectoriais de gestão patrimonial relacionados com a requalificação das infra-estruturas militares, dos serviços e das forças de segurança e dos serviços prisionais.

ARTIGO 113º-A
Execução do Programa de Gestão do Património Imobiliário

1 – Para efeitos do cumprimento do Programa de Gestão do Património Imobiliário Público devem os serviços e os organismos públicos utilizadores dos imóveis pertencentes ao Estado ou a organismos públicos com personalidade jurídica, dotados ou não de autonomia financeira, que não tenham a natureza, a forma e a designação de empresa, fundação ou associação pública:

a) Apresentar ou promover a actualização junto da Direcção-Geral do Tesouro e Finanças, até 30 de Março de cada ano, através das unidades de gestão patrimonial dos respectivos ministérios, do programa das avaliações dos imóveis a levar a cabo, com especificação da calendarização em que as mesmas são realizadas por aqueles serviços e organismos públicos;

b) Fornecer à Direcção-Geral do Tesouro e Finanças, até 30 de Março de cada ano, a informação necessária à regularização registral e matricial dos imóveis do domínio privado do Estado que lhes estão afectos;

c) Promover as regularizações matriciais e registrais dos seus imóveis próprios e informar a Direcção-Geral do Tesouro e Finanças, no final de cada semestre de cada ano civil, dos imóveis por regularizar e dos imóveis que foram regularizados;

d) Prestar à Direcção-Geral do Tesouro e Finanças toda a informação necessária à inventariação dos imóveis, de acordo com o programa de inventariação previsto no artigo seguinte.

2 – Até 30 de Março de cada ano, devem os competentes serviços dos ministérios promover a actualização e enviar ao Ministério das Finanças e da Administração Pública os planos de ocupação de espaço e de conservação e reabilitação de imóveis, abrangendo os serviços e organismos sob direcção ou tutela e superintendência dos respectivos membros do Governo.

3 – A utilização pelos serviços e organismos públicos dos imóveis que forem adquiridos, cedidos, tomados de arrendamento ou objecto de locação financeira para instalação ou funcionamento de serviços públicos ou para a realização de outros fins de interesse público, deve respeitar rácios máximos de ocupação nos termos a definir por portaria do membro do Governo responsável pela área das finanças, que define ainda o prazo de que dispõem os referidos serviços e organismos para observância daqueles rácios relativamente aos imóveis já ocupados.

4 – Na instrução dos processos administrativos de aquisição, cedência, arrendamento ou locação financeira de imóveis, os serviços e organismos previstos no número anterior devem assegurar a observância dos rácios máximos de ocupação, não podendo os mesmos processos ser submetidos a aprovação nos termos legalmente previstos, caso não esteja garantida essa observância.

5 – As obrigações previstas nos números anteriores são consideradas na fixação dos objectivos regulados na Lei nº 66-B/2007, de 28 de Dezembro, alterada pela Lei nº 64-A/2008, de 31 de Dezembro, e na avaliação do respectivo cumprimento.

6 – A violação do disposto nos números anteriores implica:

a) A aplicação das penas previstas no Estatuto Disciplinar dos Trabalhadores Que Exercem Funções Públicas, aprovado pela Lei nº 58/2008, de 9 de Setembro, nos termos nele previstos;

b) A não admissão de candidaturas ao financiamento do Fundo de Reabilitação e Conservação Patrimonial que tenham por objecto imóveis afectos aos serviços ou organismos incumpridores;

c) A não afectação do produto resultante das operações de alienação ou oneração de imóveis nos termos legalmente previstos.

(Aditado pela Lei nº 55-A/2010, de 31-12)

ARTIGO 114º
Programa de inventariação

1 – O programa de inventariação estabelece, de forma calendarizada, os trabalhos destinados à elaboração e actualização dos inventários de bens imóveis do Estado e dos institutos públicos.

2 – O programa de inventariação visa:

a) Contribuir para a integral execução do Plano Oficial de Contabilidade Pública (POCP) ou do plano de contabilidade sectorial aplicável;

b) Assegurar um modelo de gestão imobiliária suportado por adequadas tecnologias de informação e que permita a compatibilização, informação recíproca e actualização entre as bases de dados respeitantes aos recursos patrimoniais públicos.

3 – O programa de inventariação referido nos números anteriores tem carácter plurianual e é aprovado por portaria do membro do Governo responsável pela área das finanças.

4 – Compete ao membro do Governo responsável pela área das finanças zelar pela execução do programa de inventariação, em articulação com a comissão de normalização contabilística.

ARTIGO 115º
Informação à Assembleia da República

1 – O Governo apresenta à Assembleia da República um relatório sobre a aquisição, oneração e alienação de bens imóveis do domínio privado do Estado e dos institutos públicos.

2 – O relatório referido no número anterior deve conter as informações seguintes:

a) Identificação e localização dos imóveis;
b) Valor da avaliação dos imóveis;
c) Valor da transacção dos imóveis;
d) Identificação dos contratantes.

3 – O relatório referido no nº 1 deve ser apresentado à Assembleia da República nos 30 dias seguintes ao do fim de cada ano civil.

SECÇÃO II
Inventário

ARTIGO 116º
Âmbito objectivo

1 – O inventário destina-se a assegurar o conhecimento da natureza, da utilização e do valor dos bens imóveis.

2 – O inventário dos bens imóveis consiste no registo dos dados relativos:

a) À identificação, classificação, avaliação e afectação dos mesmos;
b) À identificação e descrição de contratos de arrendamento e de direitos reais que onerem os imóveis.

3 – A informação resultante da elaboração e actualização do inventário serve de base à determinação global das necessidades de aquisição, à programação anual das intervenções de conservação e valorização e à venda de imóveis.

4 – A organização e a estrutura do inventário geral dos bens imóveis do Estado e dos institutos públicos são definidas em portaria do membro do Governo responsável pela área das finanças.

5 – O inventário de imóveis militares fica sujeito a regras especiais, nos termos a fixar em diploma próprio.

6 – O inventário de imóveis que integrem o património cultural, nos termos da Lei nº 107/2001, de 8 de Setembro, fica ainda sujeito a regras complementares, nos termos a fixar em diploma próprio.

ARTIGO 117º
Âmbito subjectivo

1 – O inventário abrange:

a) Os bens imóveis dos domínios públicos do Estado, das Regiões Autónomas e das autarquias locais;

b) Os bens imóveis do domínio privado do Estado, incluindo institutos públicos, e os direitos a eles inerentes.

2 – As entidades que administram os bens imóveis dos domínios públicos do Estado, das Regiões Autónomas e das autarquias locais, incluindo as do sector empresarial, devem assegurar a organização e a actualização periódica dos respectivos inventários.

3 – Todas as entidades que administrem os bens imóveis do domínio público do Estado, incluindo as do sector empresarial, devem fornecer à Direcção-Geral do Tesouro e Finanças os elementos necessários à elaboração e à actualização do inventário geral dos bens imóveis do Estado e dos institutos públicos.

4 – As entidades do sector empresarial referidas no número anterior devem também proceder, periodicamente, à reavaliação do activo imobilizado, próprio ou do domínio público afecto à sua actividade, com o objectivo de obter uma mais correcta correspondência entre o seu justo valor e o seu valor líquido contabilístico.

ARTIGO 118º
Competências

1 – Compete à Direcção-Geral do Tesouro e Finanças elaborar e manter actualizado, anualmente, com referência a 31 de Dezembro, o inventário geral dos bens imóveis do Estado e dos institutos públicos.

2 – As entidades afectatárias de imóveis do domínio privado e as que administram imóveis do domínio público do Estado devem fornecer à Direcção-Geral do Tesouro e Finanças todos os elementos necessários à elaboração e à actualização do inventário geral referido no número anterior.

3 – Os institutos públicos devem também comunicar à Direcção-Geral do Tesouro e Finanças todos os elementos necessários à elaboração e à actualização do inventário referido no nº 1, em relação a imóveis próprios e que, nos termos da lei, constam do respectivo inventário anual.

4 – A elaboração e a actualização do inventário geral dos bens imóveis do Estado e dos institutos públicos podem ser efectuadas por entidade seleccionada pela Direcção-Geral do Tesouro e Finanças, nos termos da lei.

ARTIGO 119º
Conta Geral do Estado

A inventariação de bens imóveis do Estado referida nos artigos anteriores serve de base à elaboração dos balanços que integram os mapas referentes à situação patrimonial e que devem, nos termos da lei, acompanhar a Conta Geral do Estado.

ARTIGO 120º
Responsabilidade financeira

O incumprimento dos deveres de organização e actualização do inventário previstos no presente decreto-lei, por parte dos titulares dos órgãos e seus funcionários, agentes e trabalhadores, é comunicado ao Tribunal de Contas.

CAPÍTULO V
Disposições finais e transitórias

ARTIGO 121º
Delegação de competências

As competências para a prática dos actos previstos no presente decreto-lei podem ser delegadas ou subdelegadas e são exclusivas quando conferidas a dirigente máximo do serviço.

ARTIGO 122º
Contratação de outras entidades

1 – Pode ser contratado, nos termos da lei, o serviço de quaisquer entidades, públicas ou privadas, para colaboração no exercício das competências da Direcção-Geral do Tesouro e Finanças previstas no presente decreto-lei.

2 – Por despacho do membro do Governo responsável pela área das finanças, pode a DGTF constituir uma bolsa de mediadores imobiliários, aplicando-se, com as devidas adaptações, o disposto no artigo 109.º

(Redacção dada pela Lei nº 83-C/2013, de 31-12)

ARTIGO 123º
Regulamentação

1 – Os anúncios que, nos termos do presente decreto-lei, são publicitados em sítio da Internet de acesso público devem ser regulados e seguir modelo previsto em portaria do membro do Governo responsável pela área das finanças.

2 – Para a gestão de imóveis do domínio privado do Estado podem ser constituídos fundos de investimento imobiliário, de acordo com a legislação em vigor, bem como constituídas carteiras de imóveis para administração por terceiros, no regime de administração de bens imóveis por conta de outrem, nos termos a fixar por despacho do membro do Governo responsável pela área das finanças.

3 – No âmbito de operações de deslocalização, de reinstalação ou de extinção, fusão ou reestruturação de serviços ou de organismos públicos, pode ser autorizada a alienação por ajuste direto ou a permuta de imóveis pertencentes ao domínio privado do Estado que se encontrem afetos aos serviços ou organismos a deslocalizar, a reinstalar ou a extinguir, fundir ou reestruturar ou que integrem o respetivo património privativo, a favor das entidades a quem, nos termos legalmente consagrados para a aquisição de imóveis, venha a ser adjudicada a aquisição de novas instalações.

4 – A autorização prevista no número anterior compete aos membros do Governo responsáveis pelas áreas das finanças e da tutela, que fixam as condições da operação, designadamente:

a) Identificação da entidade a quem são adquiridos os novos imóveis;

b) Identificação matricial, registal e local da situação dos imóveis a transacionar;

c) Valores de transação dos imóveis incluídos na operação, tendo por referência os respetivos valores da avaliação promovida pela DGTF;

d) Condições e prazos de disponibilização das novas instalações e das instalações que, sendo libertadas pelos serviços ocupantes, são alienadas à entidade que adquire as novas instalações;

e) Informação de cabimento orçamental e suporte da despesa;

f) Fixação do destino da receita, no caso de resultar da operação um saldo favorável ao Estado ou ao organismo alienante, em conformidade com o disposto na lei do Orçamento do Estado.

5 – Podem ser objeto de utilização por terceiros, de natureza pública ou privada, mediante modelo de gestão integrada, os imóveis ou conjuntos de imóveis do domínio privado do Estado ou dos institutos públicos, quando se entenda haver manifesta vantagem para o interesse público, de natureza económico-financeira, social, cultural ou outra, atenta designadamente, a natureza do imóvel ou conjunto de imóveis, a sua localização, o uso a que se encontram adstritos, os fins a que se destinam ou a prossecução de políticas setoriais.

6 – O modelo de gestão integrada é aprovado pelo membro do Governo responsável pela área das finanças, mediante proposta fundamentada da DGTF.

7 – Para além da contrapartida devida pela utilização, o modelo de gestão integrada fixa, entre outros:

a) A natureza das atividades que podem ser prosseguidas;

b) O prazo limite da ocupação;

c) A responsabilidade pelas despesas com a conservação e manutenção.

(Redacção dada pela Lei nº 83-C/2013, de 31-12)

ARTIGO 124º
Norma transitória

1 – O presente decreto-lei aplica-se aos procedimentos iniciados a partir da sua entrada em vigor.

2 – As medidas que integram o Programa de Gestão do Património Imobiliário do Estado previsto no artigo 113º passam a constar, a partir de 2009, do relatório da proposta de lei do Orçamento do Estado.

ARTIGO 125º
Indemnização nos contratos de arrendamento

Nos contratos de arrendamento habitacionais celebrados antes da vigência do Decreto-Lei nº 321-B/90, de 15 de Outubro, e nos contratos de arrendamento não habitacionais celebrados antes da vigência do Decreto-Lei nº 257/95, de 30 de Setembro, a indemnização referida no nº 1 do artigo 65º é calculada com base na renda actualizada nos termos dos artigos 30º e 31º da Lei nº 6/2006, de 27 de Fevereiro.

ARTIGO 126º
Arrendamento de bens imóveis do domínio privado das autarquias locais

1 – Ao arrendamento de bens imóveis do domínio privado das autarquias locais aplica-se a lei civil, salvo o disposto no número seguinte.

2 – As autarquias locais podem denunciar os contratos de arrendamento antes do termo do prazo ou da sua renovação, sem dependência de acção judicial, quando os prédios se destinem à instalação e ao funcionamento dos seus serviços, o que confere ao arrendatário o direito a uma indemnização correspondente a uma renda por cada mês de antecipação relativamente ao termo previsto para o contrato, com o limite de 12 rendas e, bem assim, a uma compensação por benfeitorias previamente autorizadas e não amortizadas que tenham provocado um aumento do seu valor locativo.

3 – No caso referido no número anterior, o arrendatário desocupa o prédio no prazo de 120 dias a contar da notificação da denúncia pelo senhorio, sob pena de despejo imediato, sem dependência de acção judicial, a determinar pelo órgão municipal competente.

4 – O disposto no artigo anterior aplica-se igualmente aos contratos de arrendamento de bens imóveis do domínio privado das autarquias locais.

ARTIGO 127º
Casas de função

1 – Nos casos de ocupação sem título, devem os ocupantes ser notificados para restituir as casas de função, no prazo máximo de dois anos, sob pena de despejo nos termos do artigo 76º.

2 – O disposto no número anterior não é aplicável caso as situações de ocupação sem título sejam regularizadas nos termos gerais.

ARTIGO 128º
Norma revogatória

São revogados:

a) A Carta de Lei de 13 de Julho de 1863;
b) O Decreto-Lei nº 23 465, de 18 de Janeiro de 1934;
c) O Decreto-Lei nº 24 489, de 13 de Setembro de 1934;
d) O Decreto-Lei nº 25 547, de 27 de Junho de 1935;
e) O Decreto-Lei nº 31 156, de 3 de Março de 1941;
f) O Decreto-Lei nº 34 050, de 21 de Outubro de 1944;
g) O Decreto-Lei nº 34 565, de 2 de Maio de 1945;
h) A Lei nº 2030, de 22 de Junho de 1948;
i) O Decreto-Lei nº 45 133, de 13 de Julho de 1963;
j) O Decreto-Lei nº 97/70, de 13 de Março;
l) O Decreto-Lei nº 27/79, de 22 de Fevereiro;
m) O Decreto-Lei nº 507-A/79, de 24 de Dezembro;
n) A Resolução do Conselho de Ministros nº 20/83, de 31 de Janeiro;
o) O Decreto-Lei nº 309/89, de 19 de Setembro;
p) O Decreto-Lei nº 228/95, de 11 de Setembro;
q) O Decreto-Lei nº 115/2000, de 4 de Julho;
r) O Despacho Normativo nº 27-A/2001, de 31 de Maio;
s) Os artigos 1º a 6º do Decreto-Lei nº 199/2004, de 18 de Agosto.

ARTIGO 129º
Entrada em vigor

O presente decreto-lei entra em vigor no prazo de 30 dias após a data da sua publicação.

Visto e aprovado em Conselho de Ministros de 1 de Junho de 2007. – *José Sócrates Carvalho Pinto de Sousa – Fernando Teixeira dos Santos – Henrique Nuno Pires Severiano Teixeira – Rui Carlos Pereira – Alberto Bernardes Costa.*

Promulgado em 16 de Julho de 2007.

Publique-se.

O Presidente da República, ANÍBAL CAVACO SILVA.

Referendado em 17 de Julho de 2007.

O Primeiro-Ministro, *José Sócrates Carvalho Pinto de Sousa.*

ÍNDICE ANALÍTICO DO CÓDIGO DOS CONTRATOS PÚBLICOS

ÍNDICE-SUMÁRIO

OBRAS PÚBLICAS – CONTEÚDO OBRIGATÓRIO DO PROGRAMA E DO PROJETO DE EXECUÇÃO, INSTRUÇÕES PARA A ELABORAÇÃO DE PROJETOS E CLASSIFICAÇÃO POR CATEGORIAS

SUMÁRIO